Über dieses Buch

Die Spionagetätigkeit der ›Roten Kapelle‹ — sie war der ausgedehnteste und wirkungsvollste sowjetische Agentenapparat zu Beginn des Zweiten Weltkriegs in Deutschland — gehört bis auf den heutigen Tag zu den großen, unheilvollen Mythen über den letzten Krieg und sein Ende. Heinz Höhne räumt mit Spekulationen und Glorifizierungen gründlich auf. Gestützt auf das bisher bekannte Material, auf Zeugenaussagen und Befragungen Überlebender und Beteiligter hat er die Arbeit der ›Roten Kapelle‹ in diesem Buch zusammengefaßt. Jede Aussage, jede Tatsache ist belegt, nicht zuletzt die Wahrheit, daß weder der Rußlandfeldzug noch Stalingrad durch den Verrat der ›Roten Kapelle‹ entschieden, daß weder Millionen noch Tausende deutscher Soldaten verraten wurden.
Als Serie im Ersten Programm des Deutschen Fernsehens und als Spiegelserie wurde diesem Bericht größte Beachtung zuteil.

Über den Autor

Heinz Höhne wurde 1926 in Berlin geboren und begann, nach Kriegsjahren als Soldat, 1947 seine journalistische Tätigkeit in München. Er ist heute Leiter der Serienredaktion des ›Spiegel‹. Höhne ist bekannt geworden durch seine überaus gewissenhafte Forschungsarbeit zu Themen der Zeitgeschichte, die mehreren Serienveröffentlichungen des ›Spiegel‹ weite Beachtung brachten; er schrieb 1967 die grundlegende Darstellung über die Geschichte der SS: ›Der Orden unter dem Totenkopf‹ (Fischer Taschenbuch Verlag Bd. 1052/1053).

Heinz Höhne

Kennwort: Direktor

Die Geschichte der Roten Kapelle

Fischer
Taschenbuch
Verlag

Fischer Taschenbuch Verlag
Dezember 1972
Ungekürzte Ausgabe

Umschlagentwurf: Christoph Laeis

Fischer Taschenbuch Verlag GmbH, Frankfurt am Main
Lizenzausgabe mit freundlicher Genehmigung
des S. Fischer Verlages GmbH, Frankfurt am Main
© S. Fischer Verlag GmbH, Frankfurt am Main, 1970
Gesamtherstellung: Hanseatische Druckanstalt GmbH, Hamburg
Printed in Germany
ISBN 3 436 01602 0

Für meine Frau

Inhalt

Einleitung 9

1. Kapitel Im Dschungel der Apparate 26
2. Kapitel Das Netz des Grand Chef 62
3. Kapitel Alarm auf Linie Adolf 93
4. Kapitel Choro ruft Moskau 128
5. Kapitel Verrat in der Prinz-Albrecht-Straße 185
6. Kapitel Der Weg nach Plötzensee 206
7. Kapitel Umgedreht 236
8. Kapitel Moskaus letzte Hoffnung: Radó 266
9. Kapitel Die Rote Kapelle: Legende und Wirklichkeit 290

Verhaftet – hingerichtet – überlebt 307

Anmerkungen 313

Quellennachweis 347

Danksagung 353

Register 355

Einleitung

Die Meldung kündigte eine Katastrophe an. Dr. Otto Pünter (Deckname: ›Pakbo‹), Chiffrierer und Gruppenleiter einer sowjetischen Spionageorganisation in der Schweiz, überflog den Klartext der Meldung, dann langte er nach dem Reisebuch »Von Pol zu Pol« des schwedischen Schriftstellers Sven Hedin, das er zum Verschlüsseln seiner Funksprüche benutzte[1]. Er schlug eine Seite auf, schrieb sich zehn Buchstaben heraus und wandelte sie in Zahlenkolonnen um. Zahl um Zahl fügte sich zu einer Hiobsbotschaft für die sowjetische Spionagezentrale im fernen Moskau:

> An Direktor. Durch Pakbo. Im September wurde in Berlin eine umfangreiche Organisation aufgedeckt, die Nachrichten an die Sowjetunion lieferte. Viele Verhaftungen sind bereits erfolgt, und weitere sollen bevorstehen. Gestapo hofft, die gesamte Organisation aufdecken zu können[2].

Kaum war Pünters Funkspruch Ende September 1942 im Hauptquartier des militärischen Geheimdienstes der Sowjetunion[3] entziffert, da wurde die Moskauer Spionageführung unruhig. Am 5. Oktober ließ Sowjetrußlands Geheimdienst-Chef, allen kommunistischen Agenten nur unter dem ewiggleichen Decknamen ›Direktor‹ bekannt[4], an die Spionagegruppe ›Dora‹ in der Schweiz funken:

> An Dora. Letzte Meldung Pakbos über Aufdeckung weitverzweigter Organisation in Berlin ist wichtig. Pakbo soll versuchen, festzustellen, wer verhaftet wurde und was konkret festgestellt wurde. Wann ist die Aufdeckung erfolgt und wann begannen die ersten Verhaftungen?[5]

Doch Pakbo konnte dem Moskauer Auftraggeber nicht helfen. Seine Nachrichtenlinien, die bis nach Berlin reichten, blieben stumm. Kein Indiz verriet, welche Mitglieder der Agentengruppe in Berlin der Gestapo in die Hände gefallen waren. Vergebens forschte Moskau nach dem Verbleib seiner deutschen V-Männer. Vergebens versuchte der sowjetische Geheimdienst zu ergründen, welche der noch immer aus Deutschland gefunkten Nachrichten echt und welche nur Spielmaterial des Gegners waren. Vergebens mahnte der Direktor am 20. November 1942:

> An Dora. Wir legen großen Wert darauf, daß Pakbo genau feststellt, wer bisher verhaftet worden ist. Wer führt die Untersuchung?[6]

Pünter-Pakbo mußte seine Erkundungsaktion ergebnislos abbrechen; Moskau tappte weiterhin im dunkeln. Mit harten Geheimhaltungsmaßnahmen verschleierten Hitler-Deutschlands Abwehrbehörden, daß einer der größten Agentenapparate in der Geschichte der internationalen Spionage unschädlich gemacht worden war.

Nur wenige Eingeweihte in Abwehr und Geheimer Staatspolizei wußten, wie sehr die Sowjetspione Hitlers Kriegsmaschine sabotiert hatten. Stärkemeldungen der Luftwaffe, geheime Statistiken der deutschen Rüstungsproduktion, politische Interna der NS-Hierarchie, Sabotage-Unternehmungen der Abwehr, hatten die Agenten Stalins in Erfahrung gebracht[7]. Schon am 17. Mai 1942 hatte Adolf Hitler zu seinen engsten Mitarbeitern gesagt: »Die Bolschewiken sind uns auf einem einzigen Gebiet überlegen: in der Spionage.«[8]

Sie hatten in deutschen Kommandostellen gesessen, spioniert, sie hatten sich die Schwatzlust von Offizieren und Sekretärinnen zunutze gemacht. Ihre Berliner Führer, der Oberleutnant der Luftwaffe Harro Schulze-Boysen und der Oberregierungsrat Dr. Arvid Harnack, kannten zahlreiche Geheimnisse des Reichsluftfahrtministeriums und des Reichswirtschaftsministeriums; ihre Mitarbeiter hatten die Abwehr, die Dechiffrierabteilung des Oberkommandos der Wehrmacht, das Propagandaministerium und das Rassenpolitische Amt der NSDAP infiltriert[9].

Was die Gruppe Schulze-Boysen/Harnack nicht wußte, hatte eine mit ihr eng zusammenarbeitende Spionageorganisation in Belgien, Holland und Frankreich zu erfahren versucht. Unter Führung von zwei Geheimdienstoffizieren aus Moskau, des Polen Leopold Trepper ›Grand Chef‹ und des Russen Viktor Sukulow-Gurewitsch alias Kent ›Petit Chef‹[10], hatten rote Tarnfirmen Geschäftsbeziehungen mit Wehrmachtsdienststellen aufgenommen und manche Truppenverschiebung im Westen, manche Personalveränderung in deutschen Stäben eruiert.

Allerdings, auch diese vielgliedrige Spionageorganisation des Kreml hatte ihre schwache Stelle. Sobald die Abwehr die ersten Geheimsender des Trepper-Kent-Apparates aufgedeckt hatte, trat ein Sowjetspion nach dem anderen auf die Seite der Deutschen. Mancher Moskau-Agent verriet seine Genossen; in relativ kurzer Zeit war der ganze Spionagering aufgerollt[11]. Mehr noch: Die umgedrehten Sowjetagenten führten im Auftrag der Gestapo das Funkspiel mit Moskau weiter, diesmal freilich mit frisierten Meldungen[12].

Der Feind aber durfte von diesem Gegenspiel nichts merken, er mußte seine Agenten noch in Freiheit wähnen. Und er vermutete sie noch wochenlang in voller Aktion, wie das

Funk-Gegenspiel der Deutschen bewies: Wann immer die Gestapo über die umgedrehten Sowjetspione Geld, Nachrichten oder gar Fallschirmagenten aus Moskau anforderte, beeilte sich der sowjetische Geheimdienst, solche Wünsche sofort zu erfüllen. Dieses Spiel aber ließ sich nur fortsetzen, wenn über die Zerschlagung des Spionagerings kein Wort an die Öffentlichkeit drang.

Nicht einmal der seltsame Kodename sollte bekannt werden, den die Abwehr der sowjetischen Agentengruppe gegeben hatte: ›Rote Kapelle‹. Er war freilich nicht, wie mißtrauische Antifaschisten später meinten, von der Gestapo zur Diffamierung kommunistischer Hitler-Gegner erfunden worden, der Ausdruck stammte vielmehr von den nüchternen Spionageprofis der Abwehr[13].

Das Wort ›Kapelle‹ gehörte seit langem zum Vokabular der Abwehr. Die Offiziere des Admirals Wilhelm Canaris bezeichneten jede feindliche Spionagegruppe mit ihren Kurzwellensendern (›Pianos‹), ihren Funkern (›Klavierspielern‹) und ihren Chefs (›Dirigenten‹) als eine Kapelle. Und da es nach dem Auftauchen zahlloser Funkgruppen der alliierten Geheimdienste üblich geworden war, die Kapelle nach ihren Operationsgebieten (etwa ›Seekapelle‹ oder ›Ardennenkapelle‹) oder nach ihren Auftraggebern zu benennen, hatte die Abwehr für den zuerst georteten Agentensender, der mit dem Rufzeichen PTX Moskau anfunkte, den Namen ›Rote Kapelle‹ geprägt[14].

Das Kodewort wurde zum Synonym einer Geheimhaltung, wie sie nur totalitäre Systeme praktizieren können. Nicht die leiseste Andeutung sollte das Geheimnis der Roten Kapelle preisgeben. Niemand durfte etwas erfahren: das deutsche Volk nicht, daß Sowjetspione und antinationalsozialistische Widerstandskämpfer jahrelang die Kriegsanstrengungen des Regimes hintertrieben hatten, und die Sowjets nicht, daß ihr Spionagering längst enttarnt war.

Der Fall wurde zur ›Geheimen Kommandosache‹ erklärt; das Reichskriegsgericht, vor dem die Mitglieder der Berliner Agentengruppe abgeurteilt wurden, tagte vor nahezu leeren Zuschauerbänken. Nur die höchsten Vorgesetzten der in Berlin angeklagten Spione wurden informiert[15].

Die Angehörigen der Angeklagten erfuhren erst spät, was das oberste Militärgericht entschieden hatte. Als die Mutter Schulze-Boysens, Frau Marie-Louise Schulze, ihrem Sohn am 27. Dezember 1942 ein Päckchen ins Gefängnis bringen wollte, trat ihr der Ankläger im Rote-Kapelle-Verfahren, Oberstkriegsgerichtsrat Dr. Manfred Roeder, barsch entgegen. Roeder bedeutete ihr: »Das ist unnötig. Ihr Sohn ist bereits am 22. Dezember auf Befehl des Führers gehängt!« Fassungslos klagte die Mutter: »Nein, das ist nicht wahr. Das können Sie doch nicht getan haben! Das vergesse ich Ihnen niemals.« Darauf Roeder: »Solange Sie so aufgeregt sind, verhandle ich nicht mit Ihnen.«[16]

Er reichte Frau Schulze und ihrem Begleiter, dem Soziologen Dr. Jan Tönnies, »ein Schriftstück, in dem wir unterschreiben mußten, daß wir und unsere Familien die schwersten Strafen zu erwarten hätten, wenn wir auch nur ein Wort über den Tod unserer Kinder sprechen würden. Darauf fragte ich ihn [Roeder] was ich sagen solle, wenn ich nach Harro gefragt werden würde. Er antwortete: Wer wird denn nach Harro fragen! Ich sagte: Alle unsere Verwandten und Freunde. Er erwiderte: Sagen Sie, Ihr Sohn sei für Sie tot.«[17]

Ebenso drohte er Falk Harnack, einem zur Wehrmacht eingezogenen Bruder des kommunistischen Agenten: »Vergessen Sie Ihren Bruder. Sie haben nie einen Bruder gehabt! Lassen Sie aber ein Wort über den Prozeß verlauten, so werden Sie als Soldat standrechtlich erschossen. Die Sache hat reichsgeheim zu bleiben.«[18]

Jeder unterschrieb die Verpflichtungserklärung, jeder schwieg. Das Diktat der Geheimhaltung erstreckte sich auch auf Gestapo und Abwehr. Die Affäre Rote Kapelle galt als ›Chefsache‹, nur Offiziere in selbständigen Führungsfunktionen und die unmittelbar mit dem Spionagefall befaßten Sachbearbeiter durften wissen, was die Rote Kapelle bedeutete[19]. Oberkommando der Wehrmacht (OKW) und Reichssicherheitshauptamt (RSHA) verlangten sture Einhaltung des ›Grundsätzlichen Befehls‹ vom 11. Januar 1940, in dem Hitler dekretiert hatte: »1. Niemand: Keine Dienststelle, kein Offizier dürfen von einer geheimzuhaltenden Sache erfahren, wenn sie nicht aus dienstlichen Gründen unbedingt davon Kenntnis erhalten müssen. 2. Keine Dienststelle und kein Offizier dürfen von einer geheimzuhaltenden Sache mehr erfahren, als für die Durchführung ihrer Aufgabe unbedingt erforderlich ist. 3. Keine Dienststelle und kein Offizier dürfen von einer geheimzuhaltenden Sache bzw. dem für sie notwendigen Teil früher erfahren, als dies für die Durchführung ihrer Aufgabe unbedingt erforderlich ist.«[20] Die Rote-Kapelle-Experten kapselten sich von Kameraden und Vorgesetzten ab. Hauptmann Harry Piepe, der für Frankreich und Belgien zuständige Sachbearbeiter der Abwehr, durfte nur die Leiter der Abwehrstellen informieren[21]; Kriminalkommissar und SS-Hauptsturmführer Heinrich Reiser, Chef des RSHA-eigenen ›Sonderkommandos Rote Kapelle‹ in Paris, hatte Weisung, weder den Befehlshaber der Sicherheitspolizei Frankreich noch dessen Referatsleiter IV (Gestapo) zu unterrichten[22].

Selbst Hitler wußten die Agentenjäger zum Schweigen zu bringen. Der Gestapo-Chef Heinrich Müller alarmierte am 22. Dezember 1942 den Reichsführer-SS Himmler, weil er gehört hatte, »daß sich der Führer und der Reichsmarschall mit der Absicht tragen, das Urteil gegen Schulze-Boysen u. a. publizistisch bekanntzugeben«. Derlei Veröffentlichungen aber hätten das Funk-Gegenspiel in Moskau gefährdet. SS-Gruppenführer Müller warnte: »Ich bitte, darauf hinweisen zu dürfen, daß in diesem Falle die aufgebauten Linien nach Moskau wieder verlorengehen.« Auch Hitler schwieg[23].

Die Geheimhaltung wurde bis Kriegsende gewahrt. Erst nach dem Untergang des Dritten Reiches erfuhr die Welt von den Triumphen und Niederlagen der Roten Kapelle. Enthüllungsschreiber machten sich auf, die Geschichte der seltsamsten Spionageorganisation des Zweiten Weltkriegs nachzuzeichnen.

Westdeutschlands Bild- und Familienblätter bemächtigten sich des Themas mit gewohnter Phantasie. Axel Springers ›Kristall‹ eröffnete 1950 den Reigen der Rote-Kapelle-Serien[24], bald gefolgt von den Enthüllungen und sogenannten Tatsachenberichten anderer Illustrierten und Zeitungen. Schon die Titel verrieten, daß oft nur Kolportage geboten wurde: »Die Katze im Kreml« (›Kristall‹)[25], »Das Geheimnis der Roten Kapelle« (›Norddeutsche Rundschau‹)[26], »Rote Agenten mitten unter uns« (›stern‹)[27], »Frauen im roten Spiel« (›Heidebote‹)[28], »Eine Armee stirbt durch Verrat« (›Der Hausfreund in Stadt und Land‹)[29].

Aber auch seriösere Autoren legten Chroniken der Roten Kapelle vor. Schon 1946 hatte der 20.-Juli-Mann Fabian von Schlabrendorff (»Offiziere gegen Hitler«) erste Informationen über die Rote Kapelle veröffentlicht[30], ein Jahr darauf war Rudolf Pechels Buch »Deutscher Widerstand« erschienen[31], 1948 publizierte die Zentrale Forschungsstelle der ›Vereinigung der Verfolgten des Naziregimes‹ (VVN) in Ostberlin die Dokumentation »Widerstandsgruppe Schulze-Boysen/Harnack«[32]. 1956 trat der russo-amerikanische Schriftsteller David Dallin mit seiner Arbeit »Die Sowjetspionage« hervor[33], 1967 brachte der französische Autor Gilles Perrault sein »L'Orchestre rouge« auf den Markt[34].

Doch seltsam: Die Darstellungen der illustrierten Blätter und der meisten Buchautoren verwirrten eher, als daß sie informierten. Die Geschichte der Roten Kapelle erwies sich bald als ein lukrativer Tummelplatz phantasievoller Autoren. Von der »verratenen« Armee in Stalingrad bis zu Stalins Fünfter Kolonne im Führerhauptquartier gab es unter dem Himmel nichts, was dem Kombinationssinn der Spionagekolporteure entging.

Da wußte die Deutsche Presse-Agentur ihren Kunden am 5. September 1950 mitzuteilen, bei der Roten Kapelle handle es sich um »eine Widerstandsgruppe, die in ihrem Kern bereits 1936 vernichtet« worden sei; ihr hätten »sehr viele jüngere Offiziere aus der Schule Seeckts« angehört[35]. Der Ex-Ankläger Roeder witterte in dem sowjetischen Schriftsteller Ilja Ehrenburg die graue Eminenz der Roten Kapelle[36], andere Autoren beförderten den in der Schweiz agierenden Residenturleiter Rado zum Boß des Spionagerings[37] oder russifizierten seinen Namen, um den gebürtigen Ungarn als Genossen Radow durch die Spalten geistern zu lassen[38].

Die angelsächsischen Verfasser eines dickleibigen Werkes über »33 Jahrhunderte der Spionage« berichteten, Schulze-Boysen und Harnack seien im sowjetischen Geheimdienst unter den Decknamen ›Caro‹ und ›Agis‹ geführt worden[39]. Bei den einen war die Bezeichnung ›Rote Kapelle‹ eine Schöpfung der Gestapo[40], bei dem Journalisten Fallen de Droog ein Kodename der Moskauer Spionageführung[41], bei einem dritten Kenner ein Spitzname, der daher rühre, daß viele Musiker Schulze-Boysens umgeben hätten[42].

Verwirrt über so viele Interpretationen, riet der Vorstand der Berufsvereinigung Hamburger Journalisten bundesdeutschen Zeitungsredaktionen, den Begriff ›Rote Kapelle‹ aus ihrem Wortschatz zu tilgen: »Es gab keine ›Rote Kapelle‹, und infolgedessen kann auch niemand Mitglied dieser ›Roten Kapelle‹ gewesen sein.«[43]

Unerschöpflich war die Phantasie der literarischen Amateurdetektive. Der britische Schriftsteller Gerald Reitlinger entdeckte, die Deutschen hätten die Führer der Spionageorganisation nie in ihre Gewalt bekommen[44]. Pechel wußte, Hitler habe die vom Reichskriegsgericht ausgesprochenen Todesurteile von 50 auf 100 erhöht[45]. Der nationalistische Autor Karl Balzer erfand sogar eine Fülle neuer Spionagezellen; da gab es eine ›Gruppe Libs‹, eine ›Gruppe Tänzerin‹, eine ›Gruppe Ingenieur‹[46].

Derart haltlose Geschichten konnten freilich nur die Runde machen, weil nach Kriegsende Akten und Zeugen verschwunden waren. Die Prozeßakten des Falles Rote Kapelle waren noch von den Demolierkommandos der nationalsozialistischen Götterdämmerung im Frühsommer 1945 zerstört worden. Der Kriminalrat und SS-Hauptsturmführer Heinz Pannwitz hatte auf Schloß Gamburg im Taubertal, dem letzten Versteck der Rote-Kapelle-Papiere, »alles verbrannt und zusammengeschlagen, bis nichts mehr da war«[47]. Den verstreuten Rest (Unterlagen von Behörden, die nicht der Gestapo unterstanden) schafften die westalliierten Geheimdienste beiseite, die in der beginnenden Ära des Kalten Krieges an jedem Hinweis auf die Arbeitsweise des sowjetischen Geheimdienstes interessiert waren.

Westdeutsche Staatsanwälte und Kriegsverbrecher-Fahnder der US-Armee protokollierten zwar jede Aussage über die Tätigkeit der Roten Kapelle, als sie Ende der vierziger Jahre prüften, ob Personen der NS-Justiz bei der Verfolgung der Sowjetspione Verbrechen gegen die Menschlichkeit verübt hatten; aber die Akten dieser Ermittlungen waren der Presse verschlossen[48]. Und die ehemaligen Akteure der deutschen Gegenspionage blieben der Öffentlichkeit entzogen, denn sie saßen in den Vernehmungsbaracken der Sieger, monatelangen Befragungen und lockenden Angeboten alliierter Spionagedienste ausgesetzt[49]. »Die Franzosen haben mir sogar einmal das Angebot gemacht, ich solle für sie tätig werden«, erinnert sich der Ex-Kommissar Reiser. »Sie würden mich rauslassen, wenn ich mich in Bewegung setzte und für sie die hohen verschwundenen Kameraden suchte, die mit der Roten Kapelle befaßt gewesen waren.«[50]

Die Masse der Eingeweihten schwieg weiterhin. Die ehemaligen Gestapo-Beamten fürchteten Anklagen wegen Aussage-Erpressungen, und die überlebenden Mitglieder der Roten Kapelle wahrten Zurückhaltung, da sie nicht als Sowjetspione, sondern als legitime demokratische Widerstandskämpfer gegen die nationalsozialistische Tyrannei gelten wollten.

Einen Augenblick lang schien es freilich, als würden die Hinterbliebenen der Roten Kapelle auf ihre Art Licht in das Dunkel bringen. Gleich nach Kriegsende hatten sich die einstigen Freunde Schulze-Boysens und Harnacks, aus Gefängnissen und Zuchthäusern befreit, zu einer Interessengemeinschaft zusammengeschlossen, die Sühne für ein erlittenes Unrecht forderte.

Zu diesem Kreis gehörten die kommunistische Funktionärin Greta Kuckhoff, Witwe des hingerichteten Schulze-Boysen-Partners Dr. Adam Kuckhoff, der Bühnenschriftsteller Günther Weisenborn und Preußens letzter sozialdemokratischer Kultusminister Dr. Adolf Grimme[51]. Ihr leidenschaftliches Interesse konzentrierte sich auf »einen der schlimmsten Verbrecher aus der Schandjustiz jener Jahre«, wie Grimme formulierte[52]: auf den ehemaligen Generalrichter der Luftwaffe Dr. Manfred Roeder, der die Anklage im Rote-Kapelle-Prozeß vertreten hatte.

Frau Kuckhoff, Weisenborn und Grimme wollten ihren alten Gegner auf das härteste bestraft sehen und nicht eher ruhen, »bis die Schande, deren Quell Männer wie Roeder sind, vom Antlitz Deutschlands ausgelöscht ist« — so Greta Kuckhoff[53]. Am 15. September 1945 zeigte Grimme den Generalrichter bei der britischen Militärregierung in Hannover an, kurz darauf forderten Frau Kuckhoff und ihre beiden Partner in einer Eingabe an das Internationale Militärgericht in Nürnberg, auch Roeder solle wegen Verbrechen gegen die Menschlichkeit zur Rechenschaft gezogen werden[54].

»Ich bin der Überzeugung«, schrieb Greta Kuckhoff an das Militärtribunal, »daß in diesem Prozeß gegen den Herrn Reichskriegsanwalt Roeder die strengste Untersuchung nötig ist. Durch die erbarmungslose einseitige Behandlung des Dr.-Harnack-Schulze-Boysen-Prozesses wurde eine der klarsten und ausgewogensten Widerstandsgruppen vernichtet, die in realer, nüchterner Weise die Möglichkeit einer Überwindung des Naziregimes von innen geprüft hatte und zu der Überzeugung gekommen war, daß nur die Zusammenarbeit mit den demokratischen und sozialistischen Völkern Erfolg versprach.«[55]

Die drei Kläger trugen vor, Roeder habe Aussagen erpreßt, Zeugen und Angehörige der Angeklagten brutal behandelt, das Gericht unter Druck gesetzt und durch seine engen Beziehungen zu Hitler Todesurteile erzwungen[56]. In Berlin und in der sowjetischen Besatzungszone rief Witwe Kuckhoff durch VVN und Zeitungen zu Zeugenaussagen auf[57]; jeder sollte sich melden, der etwas gegen »diese Bestie« vorzubringen habe[58].

Die amerikanische Anklagebehörde in Nürnberg untersuchte den Fall, doch reichte ihr das Belastungsmaterial für einen Prozeß gegen Roeder nicht aus[59]. Die drei Roeder-Gegner ließen jedoch nicht locker. Als der Ex-Ankläger 1947 aus amerikanischer Kriegsgefangenschaft entlassen wurde, forderte Frau Kuckhoff den Berliner Generalstaatsanwalt auf, Haftbefehl gegen Roeder zu erlassen[60]. Schließlich nahm sich die westdeutsche Justiz der Sache an; der Ermittlungsfall Roeder gelangte auf die Schreibtische der Lüneburger Staatsanwaltschaft, die zuständig war, weil sich Roeder inzwischen auf dem Gut seiner Frau in Neetze bei Lüneburg niedergelassen hatte[61].

Die Lüneburger Staatsanwaltschaft hatte jedoch noch nicht mit ihren Ermittlungen begonnen, da sah sie sich jäh von Greta Kuckhoff behindert. Hatte die Antifaschistin einen Wink vom sowjetischen Geheimdienst erhalten, der kein Interesse an einem Rote-Kapelle-Prozeß im Westen haben konnte, oder befürchtete sie selbst, der Prozeß werde ihre These von der Roten Kapelle als einer politischen Widerstandsbewegung allzu drastisch lädieren — Frau Kuckhoff forderte jetzt plötzlich die Auslieferung Roeders an ein Land des Ostblocks[62].

Das war ein Lieblingsprojekt der Russen. Schon im Januar 1948 hatte der Berliner Generalstaatsanwalt, wie er den US-Anklagevertreter Dr. Robert M. W. Kempner wissen ließ, erfahren, »daß zunächst die Russen beanspruchten, den Beschuldigten abzuurteilen«[63]. Die amerikanischen Behörden lehnten jedoch die Auslieferung Roeders an Moskau ab.

Da hatte Frau Kuckhoff eine neue Idee. Stadtbaurat Horst Heilmann, Vater des hingerichteten Schulze-Boysen-Freundes Horst Heilmann, erfuhr am 7. Juni 1948 vom Generalsekretär der Zonen-VVN: »Die Kameradin Kuckhoff hält es für unbedingt erforderlich, die Auslieferung Roeders an ein polnisches Gericht zu beantragen und hat die notwendigen Schritte in die Wege geleitet.«[64] Gestützt auf das vage Gerücht, Roeder habe Ende September 1939 als Luftwaffenrichter in Bromberg »Bluturteile« gegen Polen gefällt, animierte Greta Kuckhoff die polnische Regierung dazu, Roeders Auslieferung zu beantragen[65]. Vater Heilmann glaubte freilich nicht an den Erfolg der Kuckhoff-Aktion: »Roeder sitzt bei der amerikanischen Besatzungsmacht sehr stark im Sattel.«[66]

Später wunderte sich auch die Kameradin Kuckhoff, warum die Freunde in Warschau ihre Anregung nicht aufgegriffen hatten. Die Staatsanwaltschaft in Lüneburg konnte ihr das plausibel erklären: Es hatte nie einen »Bromberger Blutprozeß« gegeben; zwar waren damals polnische Geiseln von deutschen Soldaten erschossen worden, aber Roeder hatte an keinem Verfahren mitgewirkt[67]. Greta Kuckhoff beharrte gleichwohl darauf, ehemalige Militärrichter hätten ihr in einigen Briefen beschrieben, wie grausam Roeder in Bromberg vorgegangen sei[68].

Als jedoch die Staatsanwaltschaft um Vorlage der Briefe bat, lehnte die Klägerin ab. Greta Kuckhoff, damals bereits Ministerialdirektorin im Außenministerium Ostberlins und später Präsidentin der DDR-Notenbank, verweigerte die Protokollierung ihrer Aussagen und brach alle Beziehungen zur westdeutschen Justiz ab. Ein Roeder-Prozeß in Westdeutschland, schrieb sie unter dem 12. Dezember 1949, sei »völlig sinnlos«, denn »die Verhältnisse in Westdeutschland [sind] so, daß keine gerechte Klärung erwartet werden kann«[69].

Auch ihre Anzeigen-Partner Grimme und Weisenborn distanzierten sich von dem Verfahren, das sie vorher so emsig angestrengt hatten. Adolf Grimme, inzwischen zum Generaldirektor des Norddeutschen Rundfunks avanciert, hatte schon im Sommer 1949 nach Durchsicht des Protokolls seiner Aussagen vor der Staatsanwaltschaft befürchtet, er und Weisenborn würden »die Leidtragenden dieses Verfahrens [...] und durch den Prozeß wahrscheinlich unmöglich werden«[70].

Ebenso sorgte sich Weisenborn, nach dem Prozeß werde man »alle Angehörigen der ›Roten Kapelle‹ als Verräter brandmarken«[71]. Weisenborn wußte, wie man sich aus der peinlichen Situation befreien konnte. Er fragte an, ob es möglich sei, »einen Prozeß dadurch zum Scheitern zu bringen, daß man von anderer Seite den Zeugen nahelege, nicht zu erscheinen«[72]. Die Staatsanwaltschaft warnte vor einer so plumpen Zeugenbeeinflussung und kam zu einem für Roeder vorteilhaften Schluß: Sie stellte 1951 das Ermittlungsverfahren ein[73].

Von Stund an verbargen sich die ehemaligen Akteure der Roten Kapelle hinter einer Mauer des Schweigens. Frau Kuckhoff lehnte es in den meisten Fällen ab, Anfragen westlicher Forscher zu beantworten, glaubt sie doch ohnehin, nur ein Marxist könne über die Gruppe Schulze-Boysen/Harnack gerecht urteilen[74]. Günther Weisenborn flüchtete sich in die Mär von der allein politischer Aufklärung dienenden Widerstandsgruppe[75]. Und Adolf Grimme, über die Spionagearbeit seiner Freunde nur dürftig informiert, versuchte immer wieder »klarzumachen, daß es eine ›Rote Kapelle‹ in Wahrheit ja überhaupt nicht gegeben hat. Der Begriff ›Rote Kapelle‹ wurde von den nationalsozialistischen Propagandisten geprägt, um einer Reihe von Widerstandsfällen, die wenig oder nichts miteinander zu tun hatten, einen gemeinsamen Nenner zu geben.«[76]

Kaum waren diese Zeugen verstummt, da meldete sich die Gegenseite zu Wort: antikommunistische Rechthaber wie Roeder und Vergangenheitsbewältiger aus den Reihen der ehemaligen Abwehr. Zu ihnen gehörte auch der pensionierte Regierungsrat Wilhelm F. Flicke, einst Chef einer Horchleitstelle der deutschen Funkabwehr[77]; er veröffentlichte Mitte der fünfziger Jahre zwei Enthüllungsbücher über die Rote Kapelle.

Autor Flicke kannte freilich den Kampf gegen die Rote Kapelle nur vom Hörensagen, aus Berichten seiner Kameraden[78]. Er war erst 1943, nach der Liquidierung des Spionagerings, von der OKW-Abteilung »Chi« (Chiffrierwesen) zur Funkabwehr abgestellt worden, und zwar, weil Chi »bei der Bearbeitung des für die damalige Zeit immerhin sehr heiklen Aufgabengebietes keine unzuverlässigen, zwielichtigen und charakterlich nicht einwandfreien Mitarbeiter gebrauchen konnte«, wie Chi-Chef Oberst Kettler heute den Vorgang gedeutet wissen will[79].

Tatsächlich hatte Flicke seit 1915 dem Horchdienst angehört, der den Funkverkehr fremder Regierungen beobachtete und später in der Abteilung Chi zusammengefaßt war; ab Herbst 1939 leitete er eine Spezialhorchstelle in Lauf, die er im August 1943 verlassen mußte. Er wurde nach Frankreich abkommandiert und schließlich im Oktober 1944 zu einer Dienststelle der Funkabwehr in Zinna bei Jüterbog versetzt.

Dort stieß er auf »das gesamte Aktenmaterial der Funkabwehr« (so Flicke), darunter auch 250 entschlüsselte Funksprüche aus dem Fall »Rote Kapelle«[80].

Diese Funksprüche nahm er an sich und behielt sie — in wessen Auftrag, bleibt allerdings unklar: Flicke gab an, sein »einstiger Chef und Freund, General Fellgiebel«, habe ihn »schon zu einem früheren Zeitpunkt beauftragt, eine Geschichte des Horchdienstes und der daraus gewonnenen milit[ärischen] u[nd] polit[ischen] Erkenntnisse zu schreiben«; sein ehemaliger Vorgesetzter in der Funkabwehr, Major Ernst de Barry, meint hingegen, das Material sei von Flicke »aus rein materiellen Erwägungen« zum Zweck einer späteren Nutzung beiseite geschafft worden[81].

In Zinna lernte Flicke auch den Major Carl von Wedel kennen, der in der Funkabwehr-Zentrale an maßgebender Stelle den Fall Rote Kapelle bearbeitet hatte. Flicke: »Einen Großteil meiner Kenntnisse habe ich aus seinem Munde.« Um Wedels Erzählungen und die erbeuteten Funksprüche schrieb Flicke nach dem Krieg, als er in den Dienst der Historischen Abteilung der US-Armee trat, zwei Kolportageromane, in denen er Dichtung und Wahrheit unentwirrbar vermengte[82].

Kaum eines der dort behandelten Ereignisse hat sich in der vom Autor beschriebenen Form zugetragen. Schlimmer noch: Flicke verschlüsselte die Namen aller Akteure durch erfundene Pseudonyme und verwischte damit jede Spur, der ein Historiker hätte nachgehen können. Ließen sich noch die Pseudonyme der inzwischen bekannten Sowjetagenten entziffern, so war der normale Leser bei den geheimgebliebenen Namen der Abwehroffiziere vollends ratlos. Wer sollte beispielsweise wissen, daß die Romangestalt des »Oberstleutnant Bollmann« eine Kreuzung zwischen zwei Abteilungsleitern des OKW, den Oberstleutnanten Kopp und Wollmann, war?[83]

Auch andere Abwehroffiziere übten sich in Flickes Decknamen-Spiel. Im Düsseldorfer ›Mittag‹ veröffentlichte Hauptmann Harry Piepe anonym eine Artikelserie, in der sich neue Phantasiegestalten der Gegenspionage tummelten[84]. Der hilflose Leser aber sollte nun etwa entscheiden, ob der führende kommunistische Spion Müller-Boyd (wie bei Flicke)[85] oder Schmidt-Hahn (wie bei Piepe)[86] geheißen hatte. Sein wahrer Name: Schulze-Boysen.

Noch bedenklicher war, daß Presse und Historiker das Rätselspiel der Ehemaligen unterstützten. Der ›Mittag‹ brachte ein Bild des Chef-Funkers der Roten Kapelle in Westeuropa, dessen Identität als »Wilhelm Schwarz« angegeben wurde[87]. Kein Leser erfuhr, daß Schwarz nur ein von Piepe willkürlich erfundenes Pseudonym war; das Photo zeigte jedoch den echten Chef-Funker, den Komintern-Beauftragten Johann

Wenzel[88]. Der falsche Schwarz tauchte denn auch promt in der Literatur auf; selbst der schriftstellernde Abwehr-Mann Paul Leverkuehn jagte dem Piepe-Phantom hinterher[89].

Nicht anders erging es einer Romangestalt Flickes, dem Generaloberst Fjodor Kusnetzow. Seit ihn Flicke als obersten Chef der Roten Kapelle eingesetzt hatte[90], geisterte er durch Buchseiten und Ätherwellen. Ohne in russischen Quellen nachzuprüfen, wann Kusnetzow (er wurde erst nach dem Ende der Roten Kapelle ›Direktor‹) die Zeitung des sowjetischen Geheimdienstes übernommen hatte, akzeptierten die Autoren Flickes Spionagechef. Der Geheimdienst-Experte Dallin[91] glaubte an ihn ebenso wie der Rote-Kapelle-Chronist Wilhelm Ritter von Schramm[92]; noch im Juni 1968 wurden Hörer des Deutschlandfunks belehrt, wie gefährlich der Generaloberst Kusnetzow für die Soldaten der deutschen Ostfront gewesen war[93].

Die Mitteilungsscheu der ehemaligen Abwehr- und Gestapo-Funktionäre zwang zudem viele Historiker, immer weitere Pseudonyme zu erfinden. In dem Buch Dallins, der ersten seriösen Darstellung der Roten Kapelle, wimmelt es von falschen Kalthofs, Hofmanns und Webers[94], und auch der Franzose Perrault mußte abermals irreführende Pseudonyme für Personen einführen, die man bereits unter anderen — ebenso falschen — Namen kannte[95].

Ergebnis solchen Wirrwarrs: Die Geschichtsschreibung in der Bundesrepublik weiß noch heute nicht genau, was die Rote Kapelle war. Der Historiker Hans Rothfels konnte sich 1951 nicht schlüssig werden, wieweit die Gruppe Schulze-Boysen/Harnack überhaupt mit den Sowjets »in Fühlung« getreten war[96], und zehn Jahre später schien es dem Junghistoriker Helmut Heiber »noch nicht mit letzter Sicherheit geklärt«, ob es sich nicht bei der Roten Kapelle »um eine Erfindung des Reichssicherheitshauptamtes handelte«[97]. Was aber die Historiker nicht wissen, kann auch die Nation nicht kennen: Die Rote Kapelle bleibt ein Geheimnis.

Diese Unwissenheit ist doppelt bedenklich, weil sie Demagogen von rechts und links erlaubt, zum Wohl eigener Interessen die historische Wahrheit zu verdunkeln. Denn: Der Fall Rote Kapelle ist keine normale Spionageaffäre, er ist für Deutsche aufgeladen mit den Emotionen einer mißglückten Vergangenheitsbewältigung.

›Landesverrat‹ heißt die brisante Vokabel, die viele Deutsche irritiert, und darin ist eingeschlossen die Frage, wie wir zu dem Staat stehen, der sich Drittes Reich nannte. Auch an der Geschichtsschreibung über die Rote Kapelle läßt sich ablesen, wie die Deutschen ihre braune Vergangenheit aufgearbeitet haben, läßt sich erkennen, ob die Nation gelernt hat, den patriotischen und ideologischen Schlagworten zu mißtrauen, die auch dieses Kapitel deutscher Historie eher verwirren als erhellen.

So ist es ein Gebot politischer Hygiene, ein Vierteljahrhundert nach dem Untergang der Spionageorganisation die wahre Geschichte der Roten Kapelle zu erzählen, befreit von den Pseudonymen und den Selbstrechtfertigungen ihrer Akteure. Die Entdeckung bisher unbekannter Dokumente, kritisch geführte Interviews mit den Teilnehmern beider Seiten und die Durchsicht aller gedruckten Quellen in West und Ost haben dem Verfasser erlaubt, die Geschichte dieses Spionagerings aufzuzeichnen: die Geschichte von Spionen, Verrätern und Idealisten, von Verfolgten und Verfolgern, spannend wie jede Spionagestory und doch mehr als das — ein historisches Lehrstück, das offenbart, wohin Menschen getrieben werden können, wenn ihr Staat den Gleichklang mit Recht und Menschlichkeit verliert.

Dieser Darstellung bedarf es, weil in unserem Land zwei lautstarke Gruppen die Deutschen daran hindern, Umfang und Bedeutung der Roten Kapelle zu durchschauen. Rechtsextremisten haben den Fall an sich gerissen, weil sie in ihm jenen ›Landesverrat‹ wittern, den sie jeder Gruppe des innerdeutschen Widerstandes gegen Hitler anlasten möchten; ihre linken Gegenspieler wiederum frisieren die Rote Kapelle nuancenlos zu einer demokratischen Widerstandsbewegung um, da sie eine Ideologie rechtfertigen wollen, deren antifaschistische Formeln nicht darüber hinwegtäuschen können, daß ihre staatliche Praxis eine fatale Ähnlichkeit mit jener des Nationalsozialismus aufweist. Beide Gruppen verstehen sich trefflich, der eine Extremismus bedingt den anderen — wie so oft, wenn die Legendenschreiber der Ideologien die Historie okkupieren.

Die Argumente der Rechten erscheinen vielen, allzu vielen Deutschen plausibel, denn sie können sich nicht damit abfinden, daß vor allem die Gruppe Schulze-Boysen/Harnack das konventionelle Bild vom Sowjetspion sprengt. Die Führer der Berliner Agentengruppe verstanden sich als Widerstandskämpfer gegen das Dritte Reich; an die Stelle der NS-Diktatur wollten sie setzen, was sie für eine sozialistische Republik hielten, unlöslich verbunden mit der Sowjetunion[98].

Eine so problematische Vermengung von Widerstand und Spionage, von Hochverrat und Landesverrat, von demokratischer Haltung und Kommunismus aber mußte den Protest all jener kurzatmigen Superpatrioten herausfordern, die durch strammen Antikommunismus das Nachdenken über eigenes Fehlverhalten in der Hitler-Ära ersetzten. Im Kreuzzugsgeist des Kalten Krieges wurden die Hinterbliebenen der Roten Kapelle zu einer Art ideologischem Freiwild abgestempelt.

Als sei das Dritte Reich mit seinem Gewaltsystem, seinen Judenverfolgungen und seinen Kriegsabenteuern ein normaler Staat gewesen, der ein gleichsam selbstverständliches Anrecht auf die Loyalität seiner Bürger besessen habe, verbündeten sich in den ersten Nachkriegsjahren rechtsradikale Kreise zur Hatz auf die ›Verräter‹ der Roten Kapelle. Eigene Schuldkomplexe und übersteigerte Vorstellungen von der Bedeutung der Spionage ließen eine gespenstische Anklage entstehen: Die Berliner Sowjetspione hätten Tausende deutscher Landser in den Tod getrieben, die militärischen Niederlagen im Osten verursacht und das Reich dem Bolschewismus ausgeliefert.

»Verrat an Deutschland«, war noch der geringste Vorwurf, der dem ehemaligen SS-Untersturmführer Erich Kernmayr alias Erich Kern einfiel[99]. »Landesverräter wie Schulze-Boysen, Harnack und andere« hätten »Hunderttausende, wahrscheinlich sogar Millionen von deutschen Soldaten auf dem Gewissen«, befand die ›Deutsche National-Zeitung‹, stets zur Stelle, wenn es gilt, Hitler-Gegner zu verunglimpfen[100].

»Die gesamte deutsche Führung war von Stalins Agentennetz durchzogen, niemand aber kann einen Krieg gewinnen, wenn der Feind in den eigenen Kommandostellen sitzt«, eiferte die ›Reichszeitung‹[101], und Karl Balzer (»Da wurde praktisch alles verraten, was überhaupt verraten werden konnte«)[102] höhnte: »Es ist leicht, Krieg zu führen, wenn man nicht nur jeden Zug des Gegners im voraus weiß, sondern dazu noch meist sogar, mit welchen Truppenmengen und welchem Material er geführt wird.«[103]

Auch differenzierter argumentierende Publizisten wie der ehemalige NS-Diplomat Paul Schmidt alias Paul Carell arbeiteten an der Anklage gegen die Rote Kapelle mit. In seinem Ostfeldzug-Buch »Verbrannte Erde« behauptete er, nicht zuletzt durch den Verrat der Roten Kapelle sei es der sowjetischen Führung gelungen, die Schlacht im Kursker Bogen (1943) zu gewinnen[104]. Auch der ›Hausfreund für Stadt und Land‹ sah den »deutschen Aufmarschplan im Osten« preisgegeben und »die Schlacht um Stalingrad und die Kaukasus-Offensive durch Verrat [. . .] gelenkt«[105].

Nichts offenbarte den Gespensterglauben der publizistischen Rote-Kapelle-Jäger deutlicher als die Kampagne gegen Adolf Grimme, der einst als religiöser Sozialist an Diskussionsabenden der Gruppe Harnack teilgenommen hatte[106]. Auch ihn bezichtigten die selbsternannten Ankläger, für den Tod deutscher Soldaten verantwortlich zu sein.

Was nutzte ihm da die Feststellung, das Reichskriegsgericht habe ihn von jedem Spionageverdacht ausgenommen und ihn lediglich wegen »Nichtanzeige eines Vorhabens des Hochverrats« zu drei Jahren Zuchthaus verurteilt[107], was nutzte ihm die Beteuerung, »daß ich also selbst nach nationalsozialistischer Darstellung nichts an das kommunistische Rußland verraten habe«[108] — die alten Vorwürfe wurden immer und immer wiederholt. SRP-Redner Keller: »Er hat brave deutsche Soldaten an Moskau verraten!«[109]

Die Diffamierungskampagne der Rechtsextremisten aber wird noch — ungewollt — von einer durchsichtigen Verschleierungstaktik der überlebenden Mitglieder der Roten Kapelle gefördert, mit der die Spionagearbeit der Freunde Schulze-Boysens und Harnacks heruntergespielt werden soll. In unvorsichtigen Plaudereien und im engen Kreis brüsteten sich zwar Rote-Kapelle-Verteidiger wie Greta Kuckhoff und Günther Weisenborn mit den angeblich kriegsentscheidenden Erfolgen ihrer einstigen Organisation[110], aber in ihren gleichsam offiziellen Äußerungen fehlt jede detaillierte Darstellung über die Zusammenarbeit mit dem sowjetischen Geheimdienst.

Frau Kuckhoff formulierte, Schulze-Boysens Gruppe habe mit »riesigen Zettelaktionen«, mit »Flugblättern und Broschüren« und durch »die Arbeit mit Sendern« den »Widerstand gegen die Unterdrückung wecken« wollen[111]. Den ominösen Sendern kamen hier rein propagandistische Funktionen zu, sie waren gleichsam »Widerstandssender«, wie sie Weisenborn in seinem Rote-Kapelle-Drama »Die Illegalen« auf die Bühne brachte[112]. Weisenborn bog denn auch noch 1965 jede Spionageerörterung mit der Bemerkung ab, die Anhänger Schulze-Boysens »hätten anscheinend durch »einen Geheimsender« einen »Funkkontakt mit der UdSSR aufgenommen, wie der Abschlußbericht der Gestapo behauptet«. Allerdings: »Wie weit die Tatsachen gehen, wird wohl kaum festzustellen sein.«[113] Diese Formulierungen waren nur für eine ahnungslose Öffentlichkeit bestimmt; unter engsten Freunden aber ließen die beiden Apologeten private Aufzeichnungen zirkulieren, in denen sie sich recht offenherzig über die Spionagearbeit der Roten Kapelle äußern. Weisenborn entwarf vor Jahren eine Geschichte der Roten Kapelle, die er jedoch nie veröffentlichte. Da offenbart er plötzlich sehr genaue Kenntnisse. Weisenborn: »Die Sender wanderten. Ein Sender stand bei der Gräfin Erika von Brockdorff-Rantzau. Ein Sender stand bei Harnack, einer bei Graudenz am Alexanderplatz, von Kuckhoffs weitergeleitet.« Er kennt auch die Funker der Spionagegruppe: »Die Verbindung zwischen dem Funker Kurt Schulze, dessen Sendeapparat Anfang 1942 kaputtging, und Hans Coppi, der das Funken lernen wollte, stellte Walter Husemann her, der an Schulze auch Nachrichten aus seinem Rüstungsbetrieb weitergab.«[114]

Auch Greta Kuckhoff weiß in einem vertraulichen Bericht,

wie spioniert wurde: »Etwa acht Tage vor Kriegsausbruch holte ich den ersten Apparat von [dem sowjetischen Agentenwerber] Alexander Erdberg. Wir haben den Apparat ein paar Tage behalten, er ging dann weiter; acht Pfund schwer, ging er in ein kleines Köfferchen.«[115]

Nach außen hin aber wurde weiterhin retuschiert. In der Ostberliner ›Weltbühne‹ teilte Frau Kuckhoff mit, die von Harnack aus Geheimmaterialien des Reichswirtschaftsministeriums erstellten »wöchentlichen Berichte« seien für die antifaschistische »Arbeit in den Betrieben« bestimmt gewesen[116]. In ihren privaten Aufzeichnungen aber nennt sie einen ganz anderen Adressaten der Harnack-Berichte: die sowjetische Botschaft in Berlin[117].

Bei einer anderen Gelegenheit begegnete Frau Kuckhoff der Frage, warum die Rote Kapelle nur nach Osten tendiert habe, mit dem Hinweis, auch Widerstandsgruppen in Frankreich und Belgien seien kontaktiert worden[118]. Sie ließ freilich unerwähnt, daß es sich dabei um die Spionageorganisationen Treppers und Kents gehandelt hatte.

Die beiden Apologeten merkten offenbar nicht, wie sehr sie mit solchen fragwürdigen Retuschen die Kampagne der Rechtsradikalen anheizten. Ihnen war wohl entgangen, daß der Osten längst feierte, was Weisenborn und Frau Kuckhoff noch mit vieldeutigen Formulierungen zu vernebeln suchten: die enge Verflechtung der Gruppe Schulze-Boysen/Harnack mit dem sowjetischen Spionageapparat.

Ab 1960 war die Sowjetunion dazu übergegangen, die jahrzehntelang offiziell ignorierten Spione von Richard Sorge bis zu Kim Philby als Helden des Sozialismus in aller Öffentlichkeit zu feiern. Dabei ließ man auch von der Praxis ab, die Spione nur noch als Widerstandskämpfer — nicht als Agenten — figurieren zu lassen. Als das Präsidium des Obersten Sowjets der UdSSR am 6. Oktober 1969 die wichtigsten Mitglieder der Roten Kapelle, unter ihnen Schulze-Boysen, Harnack und Kuckhoff, postum mit dem Rotbannerorden dekorierte[119], rühmte die russische Presse vor allem die Spionageverdienste der Ausgezeichneten. »Die deutschen Antifaschisten«, schrieb die ›Prawda‹ dazu, »haben im Verlaufe des ersten Jahres des Großen Vaterländischen Krieges eine große Zahl wertvoller Informationen gesammelt und nach Moskau übermittelt, die die Situation im Hinterland des faschistischen Deutschlands und die Kriegspläne der Hitlerfaschisten enthüllten.«[120]

Lange Zeit — länger als in der Sowjetunion — hatte die DDR-Publizistik die nachrichtendienstliche Tätigkeit der Gruppe Schulze-Boysen/Harnack verschwiegen; noch Laschitzas und Vietzkes 1964 erschienene Arbeit über die deutsche

Arbeiterbewegung 1933-1945 und das 1967 publizierte »Die Helden der Berliner Illegalität« von Tomin und Grabowski kannten keine Spione, sie wußten nur von Widerstandskämpfern. Erst Ende 1967, anläßlich der 25. Wiederkehr der Hinrichtung von Schulze-Boysens engsten Mitarbeitern, erfuhr das Staatsvolk der DDR aus dem SED-Zentralorgan ›Neues Deutschland‹, die Widerstandsgruppe habe »wichtige Informationen per Funk und auf anderem Wege sowjetischen Dienststellen« übermittelt[121].

Was das für Informationen waren, wußte das FDJ-Organ ›Junge Welt‹: »Informationen über die laufende Kriegsproduktion, über geplante Offensiven und andere wichtige Ereignisse.«[122] Noch genauer zeigte sich die Ostberliner Frauenzeitschrift ›Für Dich‹ informiert[123]. Sie übersetzte eine fünfteilige Artikelserie der Moskauer ›Prawda‹ in die vorsichtige Antifa-Sprache der DDR-Publizistik und berichtete über eine Randfigur der Roten Kapelle, die Agentin Ilse Stöbe (Deckname: ›Alta‹), »von der die Menschen nun wissen sollen, an welchem wichtigen Abschnitt sie gegen das Naziregime gekämpft hat«[124].

Der Artikel enthielt Details, die bis dahin der breiten Öffentlichkeit unbekannt waren: Angaben über Altas Funksprüche nach Moskau, ihren Gesamtauftrag, ihre V-Leute, ihre Treffs und ihren Führungsoffizier, General ›Petrow‹. Die Annahme lag nahe: Das Alta-Material mußte vom sowjetischen Geheimdienst freigegeben worden sein.

Damit endet die Chronik der Roten Kapelle dort, wo sie einst begonnen hatte: in der Zentrale des sowjetischen Geheimdienstes. In Moskau war die Rote Kapelle entstanden, in den dreißiger Jahren, als vor den Augen der Moskauer Spionageführung die mächtigste Nachrichtenorganisation unterging, die jemals ein Geheimdienst in einem fremden Land unterhalten hat. Wie erfolgreich auch immer die Rote Kapelle sein mochte — sie war nur ein schwacher Ersatz für das engmaschige Deutschland-Netz, das Moskaus Aufklärer nach dem Ersten Weltkrieg geknüpft hatten.

Ohne diese Vorgeschichte der sowjetischen Deutschland-Spionage in den zwanziger und dreißiger Jahren läßt sich die Rote Kapelle nicht verstehen. Damals wurden jene Denk- und Verhaltensweisen geprägt, die auch für die deutschen Kommunisten der Hitler-Ära bestimmend waren. Die Geschichte begann im Herbst 1918, als die ersten sowjetischen Agenten nach Deutschland einsickerten und eines der dramatischsten Kapitel in der Chronik der internationalen Spionage eröffneten.

1. Kapitel Im Dschungel der Apparate

Angefangen hat die Geschichte der sowjetischen Deutschland-Spionage mit einem Koffer. Er gehörte zu der soeben errichteten Sowjetbotschaft in Berlin und stand auf einem Gepäckwagen mitten im Gewühl des Bahnhofs Friedrichstraße. Ein Stoß ließ den Koffer herabstürzen und auseinanderbrechen; Tausende Flugblätter mit revolutionären Aufrufen ergossen sich auf den Bahnsteig. Deutsche Polizisten griffen ein, und schon wenige Tage später war Adolf Joffe, Sowjetrußlands erster Botschafter in Berlin, mit seinem Mitarbeiterstab aus Deutschland hinauskomplimentiert[1].

Das war, im Oktober 1918, der erste sowjetische Spionagefall auf deutschem Boden[2]. Natürlich nannte man es damals noch nicht Spionage, wie es auch noch keinen sowjetischen Geheimdienst gab. Dennoch erfüllten die bolschewistischen Agenten, die seit Gründung der Sowjetrepublik in Deutschland arbeiteten, den gleichen Zweck, dem die russische Spionage stets gedient hatte: das Land zu erkunden, dessen Armeen zu jener Stunde weit in der Ukraine, im Kaukasus und in den baltischen Provinzen standen.

Seit Beginn des 20. Jahrhunderts galt Deutschland als das klassische Angriffsziel der russischen Spionage. Nach dem russisch-japanischen Krieg von 1904/05, in dem Nippons Armeen und Flotten die russische Expansion in Asien gestoppt hatten, konzentrierte sich der Geheimdienst des kaiserlich-russischen Generalstabs auf Deutschland (und dessen Bundesgenossen Österreich-Ungarn), die Macht also, die den Ausdehnungsdrang der Russen auf dem Balkan und in Osteuropa behinderte[3].

Bis dahin war der russische Spion für die Deutschen eine nahezu unbekannte Figur gewesen; als klassischer Spion galt der französische Agent. Die traditionelle Freundschaft zwischen den Militärs in Berlin und St. Petersburg hatte lange Zeit eine militärische Spionage unnötig gemacht.

Wo der Monarch des einen Landes die Feldmarschallsuniform des anderen trug, wo die Exerzierreglements der einen Armee in der anderen praktiziert wurden, da bedurfte es kaum einer geheimen Aufklärung — man kannte einander. Und wenn ein russischer Spion in Deutschland rekognoszierte, dann war er sicher ein Agent der Dritten Abteilung von ›Seiner Kaiserlichen Majestät Allerhöchsteigener Kanzlei‹ oder deren Nachfolgeorganisation Ochrana (= Schutz), auf der Suche nach zarenfeindlichen Bombenwerfern, und durfte der Unterstützung kaisertreuer deutscher Behörden gewiß sein[4].

Doch der Rückschlag im Fernen Osten hatte diese Idylle zerstört. Der russische Generalstab entsandte nach Deutschland ein Heer von Agenten, das von den Militärattachés in den Botschaften zu Berlin und Wien dirigiert wurde. Besonders erfolgreich arbeiteten die Russen im deutschen Grenzgebiet, das Geheimdienst-Teams zu je zehn Offizieren in jedem westrussischen Militärbezirk beobachteten[5]. Ihre bevorzugten Opfer: das Schreibpersonal der deutschen Festungen und der höheren Stäbe der deutschen Grenztruppen.

Erfolgreichster Führungsoffizier russischer Spionagegruppen war der Oberst Batjuschin, der die Nachrichtenabteilung beim Generalgouvernement in Warschau leitete[6]. Über seinen Schreibtisch liefen Papiere mit den sensibelsten Militärgeheimnissen des Gegners: Pläne der deutschen Festung Thorn, die deren Erster Schreiber lieferte[7], Nachrichten aus der Garnison Königsberg, von einem Regimentsschreiber angedient[8], der Mobilmachungsplan des österreichisch-ungarischen Heeres, verkauft von dem k. u. k. Geheimdienst-Obersten Alfred Redl[9].

Schließlich erwarben die Russen gleich alle deutschen Festungspläne bei einer korrupten Stelle des Berliner Generalstabs. Die Verkaufsgespräche wurden jedoch vorzeitig bekannt; der Käufer — es war der russische Militärattaché in Berlin — mußte das Land sofort verlassen[10]. »Die Kühnheit der russischen Spionageorgane in Deutschland«, klagt der deutsche Geheimdienst-Chef Wilhelm Nicolai, »ging so weit, daß sie den Schutz deutscher Polizei gegen die sie beobachtenden anstatt zugreifenden Kriminalbeamten und gegen mißtrauisch werdendes Publikum in Anspruch nahmen.«[11]

Erst der Weltkrieg setzte den Erfolgen der russischen Spionage ein Ende. Der Geheimdienst des kaiserlichen Generalstabs ging unter im Chaos des russischen Umbruchs: Er wurde im März 1917 nach dem Sturz des Zaren als Werkzeug der Unterdrückung und Konterrevolution abgeschafft[12].

Doch die geheimdienstlose Zeit konnte nicht lange währen. Nach der Unterzeichnung des deutsch-russischen Friedensvertrages von Brest-Litowsk (März 1918) sah sich die junge Sowjetmacht von allen Seiten bedroht: Im Norden, Osten und Süden rückten die Armeen der Weißgardisten mit nachfolgenden Entente-Truppen heran, im Westen stießen die Deutschen vor, ungeachtet des Friedensvertrages. Da wurde es ein Gebot des Überlebens, über jeden Zug der Gegner vorher informiert zu sein. Am gefährlichsten waren die Deutschen; sie hielten weite Gebiete Rußlands besetzt[13].

Im Moskauer Volkskommissariat für das Kriegswesen entstand Ende 1918 ein neuer Geheimdienst, der sich zunächst ›Registrierungsabteilung der Roten Armee‹ nannte[14]. Daraus wurde Anfang der zwanziger Jahre die Vierte Abteilung des Generalstabs, ein halbes Jahrzehnt später die ›Raswedupr‹, Kurzform für ›Glawnoje Raswedywatelnoje Uprawlenje‹, Hauptverwaltung für Aufklärung[15].

Seit 1924 stand ihr der Alt-Bolschewik und spätere Armeekommissar II. Ranges (Generaloberst) Jan Karlowitsch Bersin vor, ein wiederholt zum Tode und zu lebenslänglicher Verbannung verurteilter Kampfgenosse Lenins[16]. »Uniformiert, zwei Orden vom Roten Banner auf der Litewka, sehr kräftig, ungefähr 1,75 Meter groß, kahlgeschoren« — so beschreibt der französische Kommunistenführer Henri Barbé den Mann, den ausländische Genossen später herzlich verabscheuten, weil er allzu grob die Sicherheitsinteressen des sowjetischen Staates über weltkommunistische Belange stellte[17].

Spionage-Chef Bersin hatte die Arbeitsweise des zaristischen Geheimdienstes studiert, er kopierte ihn und verbesserte ihn durch neue Methoden. Er schuf im Laufe der Zeit eine Zentrale mit einem ›Direktor‹ (Uprawljajutschi) an der Spitze[18], assistiert von einem Ersten Gehilfen, dessen offizieller Name (›Kommandeur‹) schon verriet, daß ihm die verwaltungstechnische Leitung des Geheimdienstes oblag[19].

Die Zentrale gliederte Bersin in sechs Abteilungen auf: Die ›Agentura‹ bestimmte Einsatz und Steuerung der Agenten im Ausland. Die Operative Verwaltung fungierte als Befehlsstelle für militärische Aufklärung, Zersetzung und Spionage. Die Informationsverwaltung hatte das eingegangene Nachrichtenmaterial zu sammeln, auszuwerten und weiterzuleiten. Die Abteilung ›Chef für Agentenschulung‹ kontrollierte Auswahl und Ausbildung der V- oder Vertrauens-Männer. Die Abteilung ›Chef für auswärtigen Verkehr‹ beaufsichtigte die nachrichtendienstliche Vorbereitung der Militärattachés. Eine letzte, erst spät hinzugekommene Abteilung ›Gehilfen für Nachrichtenverbindungen‹ betrieb Funkaufklärung[20].

Die wichtigste Abteilung war die Operative Verwaltung. Sie hatte sechs Sektionen, von denen die ersten drei nach geographischen Gesichtspunkten geordnet waren: Sektion I bearbeitete Westeuropa, Sektion II den Nahen Osten, Sektion III Amerika, den Fernen Osten und Indien. Eine vierte Sektion beschaffte technisches Nachrichtenmaterial (Funkgeräte, geheime Tinten, Photoapparate u. a.), eine fünfte beschäftigte sich mit Terroraktionen im Ausland, und eine sechste betrieb das Spiel der ›Desinformation‹, der Irreführung des Gegners. Später, im Zweiten Weltkrieg, kamen noch Sektionen für Chiffrierwesen und für die Feindaufklärung in den westrussischen Militärbezirken hinzu[21].

Ein direkter Draht verband die Zentrale, untergebracht in

DER SOWJETISCHE GEHEIMDIENST

ZENTRALE INFORMATIONSABTEILUNG DES POLITBÜROS

VOLKSKOMMISSARIAT FÜR VERTEIDIGUNG

HAUPTVERWALTUNG FÜR AUFKLÄRUNG

- AGENTEN-EINSATZ IM NEUTRALEN AUSLAND
- MILITÄRISCHE ERKUNDUNG, SABOTAGE
- INFORMATIONS-AUSWERTUNG
- MILITÄRISCHE FUNKAUFKLÄRUNG
- AGENTEN-SCHULUNG
- SPIONAGE-AUSBILDUNG DER MILITÄR-ATTACHÉS

VOLKSKOMMISSARIAT FÜR INNERE ANGELEGENHEITEN

HAUPTVERWALTUNG FÜR STAATSSICHERHEIT

- GEHEIME POLITISCHE VERWALTUNG
- AUSLANDSVERWALTUNG, AUSLÄNDER-ÜBERWACHG.
- ABWEHR/WIRTSCHAFT
- ABWEHR/POLITIK
- ABWEHR/TRANSPORT

BOTSCHAFT
MILITÄR-ATTACHÉ | BOTSCHAFTSSEKRETÄR

RESIDENTUR-LEITER | RESIDENTUR-LEITER

Kuriere — Deckadressen

Agenten

V-Männer

einem Haus am Moskauer Kropotkin-Platz[22], mit den diplomatischen Sowjetmissionen im Ausland. Dort saß meist ein Militärattaché[23] als Beauftragter der Zentrale, der von Moskau Weisungen erhielt und sie an den Residenturleiter weitergab. Dieser war der eigentliche Agentenchef in dem jeweiligen Einsatzland[24].

Der Residenturleiter lebte außerhalb der Botschaft oder Gesandtschaft, besaß in der Regel die sowjetische Staatsbürgerschaft und unterhielt zwei oder drei Informantengruppen[25]. Er hatte dem Militärattaché zu berichten, der das einzige Verbindungsglied zur Zentrale war. Nur im Kriegsfall operierte der Residenturleiter mit seinen Agenten selbständig; der Militärattaché mußte ihm vor Ausbruch der Feindseligkeiten die in jeder Botschaft deponierten Funkgeräte aushändigen, dazu einen Kode und Gelder[26] — von nun an war sein einziger Kontaktmann zur Zentrale ein anonymes Wesen: der in Moskau stationierte Chef-Funker des Direktors.

Ein ausgeklügeltes Kontrollsystem überwachte die Arbeit der Militärattachés und Residenturleiter. Aus Moskau erschienen unangemeldet Besuchsinspektoren[27], die alle Akten des Militärattachés einsahen, denn die Zentrale verlangte buchhalterische Genauigkeit. Der Militärattaché mußte ein ›Logbuch‹[28] führen, in dem jedes Treffen mit geheimdienstlich wichtigen Personen eingetragen wurde; er war gehalten, in einem vorgedruckten Formular anzugeben, ob es sich um ein ›Treffen‹, um ein ›gewöhnliches Treffen‹ oder gar um ein ›dringendes Sondertreffen‹ gehandelt hatte[29].

Die Besuchsinspektoren hatten darauf zu achten, daß der Militärattaché ausreichenden Abstand zu dem diplomatischen Personal hielt; der Attaché arbeitete in dem Geheimdienst-Trakt, der in jeder Botschaft die Sonderbeauftragten Moskaus von den übrigen Genossen trennte. Schalldichte Mauern, elektrisch hantierbare Panzertüren und Schießscharten in den Gängen umgrenzten diese Geheimwelt. Eine Reihe von Räumen im dritten Stock der 100-Zimmer-Botschaft in Berlins Prachtstraße Unter den Linden beherbergte beispielsweise Photolabors, Waffenkammern, Sende- und Empfangsanlagen, Einrichtungen zum Fälschen von Pässen[30].

Ebenso genau kontrollierten die Besuchsinspektoren, ob die konspirativen Regeln eingehalten wurden. Jedes Mitglied eines Spionagenetzes führte einen Decknamen und eine Agentennummer, die von der Zentrale zugeteilt wurden[31]. Es war verboten, nach dem Klarnamen eines Agenten zu forschen. Es wurde auch üblich, häufig gebrauchte Begriffe in eine Art Geheimdienst-Chinesisch zu übersetzen: Da war ein Paß ein ›Schuh‹, ein Paßfälscher hieß folglich ›Schuster‹, ein Revolver wurde zum ›Photo‹, der gegnerische Abwehrmann zum ›Hund‹[32].

Strenge Bestimmungen schrieben den Agenten vor, wie sie miteinander zu verkehren hatten. Sie durften sich nicht gegenseitig besuchen, keine Decknamen, Adressen und Organisationsdetails in Briefen oder am Telephon erwähnen. Schriftliche Nachrichten waren sofort zu vernichten, Tagebücher durften nicht geführt werden[33]. Die Russen drangen auf äußerste Pünktlichkeit; trafen sich Agenten in einer illegalen Wohnung, so veranstalteten sie zunächst die ›konspirative Minute‹: Man verabredete Schutzbehauptungen für den Fall, daß der Treff von der Polizei gestört wurde[34].

In dem Spionagenetz durfte kaum einer den anderen kennen. Als Grundregel galt, so berichtet der britische Spionage-Experte E. H. Cookridge, daß der Residenturleiter A »weiß, wer die unmittelbar unter ihm stehenden B1, B2 und B3 sind, daß aber B1, B2 und B3 einander, wenigstens theoretisch, nicht kennen. B1 kennt C1, C2 und C3, die unter seiner Leitung arbeiten, obwohl er wahrscheinlich wirklich nur mit C1 zusammenkommt, der seinerseits Fühlung mit D1 hat. Nur A kennt die Namen aller Männer und Frauen in allen Gruppen, aber sie kennen einander nicht.«[35]

Woher aber sollte Rußlands militärischer Geheimdienst seine Auslandsagenten nehmen? Spionage-Chef Bersin kannte nur ein Agentenreservoir: die kommunistischen Parteien. Er konnte sich einen ausländischen Kommunisten nicht anders vorstellen denn als einen willigen Helfer der Sowjetspionage. Immer stärker wurde der Drang der Zentrale, möglichst jeden fremden Kommunisten in ihren Dienst zu nehmen[36].

Spätestens hier offenbarte sich freilich, daß die Befugnisse des Direktors nicht unbegrenzt waren. Auf das kommunistische Agentenpotential im Ausland erhob noch eine andere Macht Anspruch: die sowjetische Geheimpolizei des Gutsbesitzer-Sohns und Lenin-Gefährten Felix Dserschinsky[37]. Seit Gründung des Sowjetstaates waren Dserschinsky und Bersin erbitterte Konkurrenten, wollte die Geheimpolizei die Raswedupr auf die rein militärische Aufklärung beschränken. Solche Rivalität war allerdings keine sowjetische Spezialität: Von jeher befehden sich Geheimpolizei und Geheimdienst, ob sie sich SD und Abwehr (wie in Hitlers Deutschland) nennen oder Federal Bureau of Investigation und Central Intelligence Agency (USA).

Im Falle Sowjetrußland kam jedoch hinzu, daß Dserschinskys 1917 gegründeter ›Außerordentlicher Kommission zum Kampf gegen Konterrevolution und Sabotage‹, nach ihren russischen Anfangsbuchstaben ›Tscheka‹ genannt, die totale Kontrolle über die Staatssicherheit anvertraut worden war[38]. 1922 wurde ihr zwar unter dem neuen Namen GPU (russische Abkürzung für: ›Staatliche Politische Verwaltung‹) ein

Teil ihrer absoluten Befugnisse genommen[39], dennoch behauptete GPU-Chef Dserschinsky seine Vorrangstellung gegenüber dem Geheimdienst-Rivalen.

Die Raswedupr sah sich auf ihrem eigenen Gebiet von der GPU eingeschnürt. Feindaufklärung und Spionageabwehr in der Roten Armee und in den grenznahen Militärbezirken wurden nicht dem Geheimdienst (Vierte Abteilung) übertragen, sondern der Dritten Abteilung des Kriegskommissariats; diese Abteilung aber setzte sich nur aus GPU-Offizieren zusammen[40]. Sie unterstanden der OO, der ›Osobij Otdjel‹ (Sonderabteilung), der Geheimpolizei[41].

Diese Sonderabteilung symbolisierte eine weitere Machteinbuße des Geheimdienstes. Zur OO gehörte auch das gesamte Chiffrierwesen, das mithin dem Geheimdienst entzogen war; die Chiffrierabteilung war im Haus 6 der Moskauer Lubjankastraße untergebracht, einem GPU-Gebäude, in dem lediglich ein paar Zimmer für eine Gruppe militärischer Chiffrierer unter dem Oberst Charkewitsch reserviert waren[42]. Der Oberst unterstand dem OO-Chef Gleb I. Boki, durfte allerdings auch dem Generalstab der Roten Armee Bericht erstatten[43].

Konkurrenz erwuchs dem Spionageapparat Bersins auch durch die 1921 entstandene GPU-Abteilung INO[44] (von Inostranni = Ausland). Sie sollte ursprünglich nur die ins westliche Ausland geflohenen Weißgardisten beobachten, entwickelte jedoch bald nachrichtendienstlichen Ehrgeiz. Die INO unterhielt im Ausland Residenten mit eigenen Informanten und war später in jeglicher diplomatischen UdSSR-Mission durch einen Beauftragten vertreten, der zur Tarnung meist den Rang eines Botschaftssekretärs trug. Er wachte über die Linientreue jedes Botschaftsangehörigen einschließlich des Militärattachés und registrierte alles, was in das weitgefaßte GPU-Konzept ›Kampf gegen die Konterrevolution‹ paßte[45].

Die Geheimpolizei stand auch in enger Verbindung mit den Untergrund-Organisationen der kommunistischen Parteien im Ausland, vor allem in den Ländern, die Moskau für revolutionsreif hielt. Die GPU schmuggelte Waffen in das jeweilige Land, sie bildete Terroristengruppen aus und übte fremde Kommunisten in der Kunst der Zersetzung[46].

Auf dem Gebiet der Auslandsspionage wußte allerdings Geheimdienst-Chef Bersin seinen Konkurrenten Dserschinsky auf rein ›defensive‹ Aufgaben zurückzuweisen; die Zentrale Informationsabteilung des Politbüros der Kommunistischen Partei Sowjetrußlands, die Streitfragen zwischen Geheimdienst und Geheimpolizei entschied, hatte festgelegt, offensive Feindaufklärung stehe allein der Raswedupr zu[47]. Gleichwohl mußte der Geheimdienst immer wieder auf geheimpolizeiliche Vorstöße in seine Domäne gefaßt sein, zumal die

GPU im Ausland mit einem weiteren Konkurrenten der Raswedupr zusammenarbeitete: der Komintern.

Komintern war die Kurzform für ›Kommunistische Internationale‹ und bezeichnete die weltweite Organisation kommunistischer Parteien, die sich im März 1919 unter der Führung sowjetischer Spitzenfunktionäre in Moskau zusammengefunden hatten[48]. Ihre Gründung spiegelte die Hoffnungen europäischer Kommunisten auf eine rote Weltrevolution wider; mit Hilfe der Komintern, so glaubten ihre 32 Gründungsmitglieder, werde man die bürgerlich-kapitalistische Gesellschaftsordnung durch den Kommunismus ablösen können, der allein verhindere, daß der Imperialismus einen neuen, noch blutigeren Krieg anzettele[49].

Da aber die Weltrevolution ausblieb, wurde die Komintern immer mehr zu einem Werkzeug sowjetischer Interessen. In Moskau war sie gegründet worden, in Moskau saß ihre Zentrale, aus Moskau kamen die Orders. Sowjetische Funktionäre beherrschten die wichtigsten Kommandostellen der roten Internationale: das Exekutivkomitee (EKKI), dessen Präsidium und dessen verschiedene Abteilungen[50]. Den Vorsitz im EKKI-Präsidium führte ein Russe, grundsätzliche Komintern-Entscheidungen fällte das Politbüro der sowjetischen KP — nur die Ausführungsbestimmungen durfte das EKKI erlassen[51].

Russisch war auch die konspirative Vorstellungswelt der Komintern-Zentrale. Schon auf dem Zweiten Weltkongreß der Komintern im Juli und August 1920 setzten die sowjetischen Führer den Beschluß durch, die kommunistischen Parteien müßten neben ihren legalen Gliederungen illegale Organisationen zur Vorbereitung des bewaffneten Aufstandes bilden[52]. Offizielle Begründung: Die bürgerlich-kapitalistischen Regierungen seien »zur Ermordung der Kommunisten in allen Ländern« entschlossen, folglich müsse sich der Kommunismus mit »systematischer illegaler Arbeit« vorbereiten »auf den Augenblick, da die bürgerlichen Verfolgungen in Erscheinung treten«[53].

Der Beschluß ließ neben Geheimdienst und Geheimpolizei ein drittes Zentrum konspirativer Machenschaften entstehen; seine Sendboten führten gegen die nichtkommunistischen Staaten einen schwer erkennbaren Krieg im dunkeln. Sonderbeauftragte des EKKI, ›Internationale Instrukteure‹ genannt, überwachten den Aufbau der illegalen KP-Organisationen[54], sie sicherten Finanzierung und Bewaffnung, sie legten Paßfälscherwerkstätten an und schufen ein Kuriersystem, das die illegalen Parteiapparate mit der Komintern-Zentrale verband[55].

So unsichtbar diese Welt des politischen Untergrunds war,

so schemenhaft erschien den roten Verschwörern auch der Mann, der jenes Reich dirigierte: Ossip Pjatnitzki. Er war die graue Eminenz der Komintern, ihr Organisationschef und Schatzmeister[56]; seinen größten Einfluß übte er aber durch eine Abteilung aus, über die kein Kommunist öffentlich sprechen durfte, die OMS. Die Buchstaben standen für ›Otdjel Mjeschdunarodnoi Swajazi‹, zu deutsch: Abteilung für Internationale Verbindungen[57].

Der harmlos klingende Name verschleierte, daß Pjatnitzki mit seiner OMS in das Leben aller kommunistischen Parteien eingriff und praktisch deren Politik bestimmte. Die mächtigen internationalen Komintern-Instrukteure unterstanden ihm, seine Abteilung verfügte zudem über feste Außenstellen im Ausland und Vertreter in den diplomatischen Missionen der UdSSR. Die OMS-Vertreter in der Fremde waren oft einflußreicher als die Konkurrenten von Raswedupr und GPU[58]. Eine solche Machtfülle mußte den OMS-Chef zu einer zentralen Figur der sowjetischen Spionage machen. Ohne das kommunistische Agentenpotential und die Paßfälscherzentralen der Komintern konnten Geheimpolizei und Geheimdienst im Ausland nicht wirkungsvoll arbeiten. Raswedupr und GPU hielten daher auch engen Kontakt zur Komintern. Vertreter des Geheimdienstes saßen in der Militärabteilung Pjatnitzkis, die im Ausland Revolutionen vorbereiten sollte[59], während hohe GPU-Funktionäre zu Pjatnitzkis Internationaler Kontrollkommission gehörten, die ein vielbegehrtes Geheimarchiv mit den Personalakten aller international bedeutenden Kommunisten führte[60].

Geheimdienst, Geheimpolizei und Komintern: In dieser dreifachen Gliederung brach der sowjetische Spionageapparat nach dem Ende des Ersten Weltkriegs auf, die Länder Europas mit einem Netz unsichtbarer Informanten zu überziehen. Als wichtigstes Ziel erschien ihm nach wie vor Deutschland.

Die sowjetischen Führer hatten nie davon abgelassen, den ›deutschen Oktober‹ zu erhoffen, die kommunistische Machtübernahme in Deutschland. Ohne eine deutsche Revolution konnte sich Lenin keinen Strukturwandel der russischen Gesellschaft vorstellen; Intelligenz und Kultur der deutschen Arbeiterklasse, so glaubte er, würden den russischen Revolutionären die schier unerträgliche Bürde erleichtern, in einem Lande voll Roheit und Unwissenheit die klassenlose Gesellschaft errichten zu müssen[61].

Das sehnsüchtige Warten auf die deutschen Genossen bestimmte zunächst auch die Arbeitsweise der sowjetischen Spionage. Die Komintern war es, die das erste sowjetische Nachrichtennetz in Deutschland legte. Ein historischer Zufall half dabei: Nach der Ausweisung des Sowjetbotschafters Joffe

Ende 1918 vertraten allein Komintern-Funktionäre die Interessen des neuen Rußlands[62].

Im Sommer 1919 gründeten die beiden Bolschewiken J. Thomas und M. G. Bronskij in Berlin ein unscheinbares Propaganda-Unternehmen, das sie ›Westeuropäisches Büro‹ (WEB) nannten und dem Exekutivkomitee der Komintern unterstellten[63]. Das WEB sollte sich später zu der neben Moskau größten Informations- und Kommandozentrale geheimer Komintern-Arbeit entwickeln. Damals freilich begnügten sich seine beiden Gründer, zwei kleine Pressedienste, die ›Rätekorrespondenz‹ und die ›Russische Korrespondenz‹, herauszugeben und dem deutschen Publikum das neue Eldorado des bolschewistischen Rußlands in buntesten Farben auszumalen[64].

Thomas und Bronskij mußten monatelang auf eigene Faust agieren, denn sie verfügten nicht einmal über eine telephonische Verbindung mit Moskau; nur ein paar Kuriere erlaubten einen spärlichen Kontakt zu dem EKKI[65]. Erst nach dem Zweiten Komintern-Kongreß im Sommer 1920 wurde Moskau munterer. Der Kongreß-Beschluß, in allen Ländern illegale KP-Organisationen zu bilden, führte auch eine Gruppe russischer Komintern-Beauftragter nach Deutschland, allen voran Jelena Stassowa, Deckname: ›Herta‹, Alt-Bolschewikin und Tochter eines zaristischen Gouverneurs[66].

Die Komintern-Instrukteurin schuf mit sowjetischen Geldern und Ratgebern eine Untergrundorganisation deutscher Kommunisten, die man im Parteijargon ›den Apparat‹ nannte. Der Name ging auf eine rote Rabauken-Riege zurück, die der Linkssozialist Richard Däumig 1919 ins Leben gerufen hatte[67].

Däumig, ein ehemaliger Feldwebel der kaiserlichen Schutztruppe in Afrika und Redakteur am ›Vorwärts‹, gehörte zum linken Flügel der Unabhängigen Sozialdemokratischen Partei, der mit der im Dezember 1918 gegründeten Kommunistischen Partei Deutschlands (KPD) zusammenarbeitete[68]. Er glaubte, wie so mancher Kommunist, allein durch technische und terroristische Mittel lasse sich die Revolution verwirklichen. Mit kleinen, bewaffneten und fanatisierten Stoßtrupps wollte er Polizisten liquidieren, Politiker ermorden und öffentliche Gebäude in die Luft sprengen. Diese Kampfgruppen sollten im Untergrund arbeiten und erst am Tage X in Erscheinung treten, mit roboterhafter Präzision — daher der seltsame Name: der Apparat[69].

Terrorist Däumig hatte rasch ein paar entschlossene Revolutionäre und Vorstadt-Schläger zusammengebracht. Er verband sich mit einer ähnlichen Gruppe in der KPD, der Apparat stand. Doch seine ungezügelten Terroraktionen gingen der

Parteileitung schnell auf die Nerven, und bald schüttelte die KPD-Zentrale den unbotmäßigen Apparat wieder von sich ab[70]. Däumig mußte seine Organisation 1920 auflösen. Mancher Däumig-Aktivist sank »mehr oder weniger ins Kriminelle ab«, wie Ex-Apparatschik Erich Wollenberg bezeugt[71].

Auf die Arbeit dieses Apparates griff nun Jelena Stassowa zurück, als sie die von Moskau befohlene Untergrund-KP aufstellte. Aus Resten der Däumig-Gruppe und jungen Kommunisten entstand ein geheimer Selbstschutzverband der KPD, genannt M- oder Militär-Apparat, an dessen Schalthebel die Stassowa den Spartakuskämpfer Hugo Eberlein stellte[72].

Kurze Zeit später schob Komintern-Organisator Pjatnitzki eine weitere Gruppe erfahrener Infiltrationstechniker an die Spree. In die sowjetische Botschaft zog der russische Kommunist Mirow-Abramow, als stellvertretender Leiter der Presseabteilung getarnt, mit 25 Assistenten und Kurieren ein[73], die den Auftrag hatten, die Bürgerkriegs-Vorbereitungen der KPD zu überprüfen. Mirow-Abramow wurde zum Finanzier der KPD; regelmäßig meldete sich bei ihm der KPD-Funktionär und spätere DDR-Präsident Wilhelm Pieck, um das Geld für die Partei in Empfang zu nehmen[74].

Gleichzeitig baute das Westeuropäische Büro sein Kuriersystem aus. Die Mitarbeiter des WEB legten in Berlin illegale Wohnungen an, die geflüchteten Kommunisten Schutz vor der Polizei boten[75]. Innerhalb weniger Monate blähte sich das WEB zur Agentenzentrale auf: Mehrere Abteilungen (eine davon für Spionageabwehr) dirigierten eine Armee von Spitzeln, Infiltranten und Zersetzern, jederzeit bereit, an ihrem Platz den erträumten Aufstand auszulösen[76].

Anfang 1923 sahen Moskaus Revolutions-Astrologen die Stunde des deutschen Oktober herannahen. Im Januar besetzten französische und belgische Truppen das Ruhrgebiet, kurz darauf prasselte den Eindringlingen der Steppenbrand eines passiven Widerstandes der Deutschen entgegen[77]. Dieser Widerstand aber mußte das von Krieg und Alliierten ausgepowerte Deutschland binnen kurzer Zeit an den Abgrund des wirtschaftlichen Ruins treiben — bot sich da nicht dem Kommunismus die einmalige Chance, den nationalistisch-bürgerlichen Widerstand in eine Revolution gegen die herrschenden Klassen umzufunktionieren?

Moskau nutzte die Gunst der Stunde. Die Kaderabteilung der Komintern forderte bei Bersins Geheimdienst fünf oder sechs Offiziere an, die in der Lage sein sollten, in die deutschen Revolutionsvorbereitungen militärische Präzision zu bringen[78]. Bersin stellte eine Einsatzgruppe zusammen, zu der auch der spätere Spionage-General Walter Kriwitzki gehörte. Noch im Januar 1923 reisten die Geheimdienstler nach Deutschland ab[79].

Aus der Masse des M-Apparats der KPD bildeten sie drei verschiedene Gruppen: Der eigentliche M-Apparat wurde auf die militärisch tauglichen Mitglieder beschränkt, in denen die Bersin-Offiziere gleichsam das Führungskorps einer deutschen Roten Armee sahen. Ein N- oder Nachrichten-Apparat sollte den politischen Gegner beobachten, während ein ›Zersetzungsdienst‹ (auch Z-Apparat genannt) Vertrauensleute in Polizei und Reichswehr einsickern ließ[80].

Das professionelle Feindaufklärungs-Interesse des Geheimdienstes bewirkte, daß der größte Teil der einen Million Dollar, die Moskau 1923 für sein deutsches Abenteuer ausgab[81], in den N-Apparat und dessen Zersetzungsdienst floß. Die Sendboten Bersins hatten in dem Leipziger Pastorensohn Hans Kippenberger einen emsigen Gehilfen gefunden, dem sie die Fähigkeit zutrauten, einen leistungskräftigen Agentenapparat zu schaffen und zu lenken[82].

In der Tat erwies sich der damals 25jährige Jungkommunist Kippenberger als ein ebenso fanatischer wie erfindungsreicher Agentenchef. »Kippenberger, 15. 1. 98. Journalist, Leiter der GPU«, so wird später die Eintragung in den Fahndungslisten der Gestapo lauten[83]. In der kommunistischen Studentenbewegung zu einem ihrer führenden Sprecher aufgestiegen, »bis zum Schluß das äußere Erscheinungsbild eines idealistischen Studenten« bietend (so der Historiker Dallin)[84], war Kippenberger in kurzer Zeit im illegalen KP-Apparat Hamburgs zu einer Schlüsselfigur geworden. Er kommandierte die Roten Hundertschaften im Hamburger Arbeiterviertel Barmbek[85], und dort hatten ihn auch Kriwitzkis Kameraden aufgestöbert. Kippenberger blieb Barmbek treu, aber zugleich baute er den gewünschten Zersetzungsdienst auf. Er verfügte bald über eine wirkungsvolle Spitzelorganisation[86]. Seine Agenten, so erzählt die Ex-Kommunistin Ruth Fischer, traten »in ungenerische Organisationen ein, gaben sich dort als deren Anhänger aus und gewannen Einfluß und interne Information. Verbindungsleute in Heer und Polizei waren durch peinlichst geheimgehaltene Kontakte mit der Partei verbunden«[87].

Männer wie Kippenberger halfen den Russen, die ersten Bürgerkriegs-Brigaden aufzustellen. Viele der aktivsten Parteimitglieder mußten die KPD verlassen und in die drei Apparate eintreten. Sie bezogen illegale Wohnungen und brachen alle Kontakte zu privaten Freunden ab. Sie wurden mit Handgranaten und Pistolen ausgerüstet; auf Hinterhöfen und entlegenen Waldplätzen übten sie den Bürgerkrieg[88].

Als die ersten Kader standen, ließ Moskau eine zweite Welle sowjetischer Instrukteure über die deutsche Ostgrenze einsickern. Hunderte russischer Offiziere besetzten die Schlüsselpositionen einer inzwischen gegründeten Militär-Politischen Organisation (MP), in der alle waffenfähigen Kommunisten zusammengefaßt wurden[89]. Die MP wurde in Berlin durch eine Reichsleitung gesteuert, die über sechs Oberbezirke gebot, an deren Spitze bewährte deutsche Kommunisten standen; die eigentliche Macht in den MP-Oberbezirken übten jedoch sowjetische Offiziere aus, die als ›Berater‹ auftraten[90].

Am 11. September 1923 beschloß das sowjetische Politbüro, den Aufstand in Deutschland zu wagen[91]. Der deutsche Widerstand gegen die französischen Ruhr-Besatzer war zusammengebrochen, die Wirtschaft des Reiches dem völligen Ruin nahe, die Einheit der Republik gefährdet. Eiligst entsandte die Komintern den Mann, der den Aufstand leiten sollte: MP-Reichsleiter Peter Alexei Skoblewski ergriff das Kommando über den roten Untergrund[92].

Der ehemalige Mechaniker und Bürgerkriegs-General Skoblewski[93] ließ die Apparate alarmieren, die geheimen Waffenlager öffnen. »Sachsen und Thüringen sollten zuerst losschlagen«, erinnert sich Apparatschik Adolf Burmeister, »Hamburg, Berlin und das Ruhrgebiet sollten folgen — es war ein absolut fachmännisch ausgearbeiteter Plan zu einem Militärputsch«[94].

Doch der Aufstand scheiterte. Zwar riefen die Kommunisten in Sachsen und Thüringen gemeinsam mit linken Sozialdemokraten zwei Volksfrontregierungen aus, aber nur in Hamburg marschierten die roten Revoluzzer (am frühen Morgen des 23. Oktober) los[95]. Sie waren so kläglich bewaffnet, daß der Aufstand in knapp 48 Stunden zusammenbrach[96]. Barmbek-Kommandeur Kippenberger floh und wurde von seinen russischen Freunden nach Moskau geschleust[97].

Skoblewski glaubte jedoch weiterhin an den roten Sieg. Er setzte einen neuen Apparat in Gang, den puerilsten und kriminellsten in der Chronik der KPD: den T- oder Terror-Apparat, von den Gegnern auch ›deutsche Tscheka‹ genannt, weil er von Experten der sowjetischen Geheimpolizei für seine makabre Rolle vorbereitet worden war[98].

Anfang Oktober hatte der Schriftsetzer Felix Neumann, nach der Beschreibung eines Zeitgenossen »ein schmächtiges, blasses Männchen mit zerfurchtem, vergrübeltem Gesicht«[99], im Auftrag Skoblewskis ein aus Totschlägern und Polit-Fanatikern zusammengewürfeltes Rollkommando aufgestellt. Die Möchtegern-Henker sollten Parteifeinde in der KPD zur Strecke bringen und prominente Antikommunisten liquidieren[100].

Wichtigster Name auf ihrer Abschußliste war Hans von Seeckt, Reichswehr-General und Chef der Heeresleitung, damals der mächtigste Mann Deutschlands. Neumann schlich sich mit zwei Pistolenschützen in den Berliner Tiergarten, um Seeckt bei dessen täglichem Ritt aufzulauern. Die drei hockten sich in ein Gebüsch und warteten auf das Herankommen des prominenten Reiters. Wenige Meter vor dem Gebüsch aber bockte plötzlich Seeckts Pferd — Neumann verlor die Nerven und stürzte mit seinen Terroristen davon[101].

Dem Schriftsetzer kam eine neue Idee: Er wollte mit bazillengeimpften Karnickeln den Klassenfeind verderben[102]. Neumann tränkte Kohlblätter mit Cholerabazillen, die er einem Kaninchen verabreichte. Tag um Tag wartete er auf das Ergebnis seines Experiments, doch dem Karnickel fehlte das rechte revolutionäre Bewußtsein — es wurde fett und fetter. Eines Tages war es verschwunden; ein hungriger Genosse hatte den Stallhasen genüßlich verspeist[103]. Des Rätsels Lösung: die vermeintlichen Cholerabazillen stammten aus dem Labor eines Chemikers, der — von Neumann immer wieder gedrängt — dem Tschekisten eine harmlose Substanz in furchterregender Verpackung ausgehändigt hatte[104].

Dem Gelächter der Genossen entging Neumann nur durch eine Flucht nach vorn. Er und einige T-Apparatschiks überfielen in Berlin den Friseur Rausch, einen Kommunisten, den die KPD-Leitung für einen Polizeispitzel hielt; sie verletzten ihn dabei so schwer, daß er seinen Verwundungen erlag[105]. Aber gerade die Rausch-Tat wurde der Mord-Brigade zum Verhängnis. Eine Polizeistreife in Stuttgart griff den nach Süddeutschland entwichenen Neumann bei einer Zechtour auf; im Laufe der Vernehmung begann der T-Chef plötzlich, mit seinen Taten zu renommieren[106].

In einer Tasche Neumanns fanden die Vernehmer auch die Adresse eines Berliner Treffpunkts, den Skoblewski mit Neumann verabredet hatte. Kriminalbeamte fuhren zu der Adresse und fanden, wen sie suchten: Neumanns russischen Chef[107]. Alexei Skoblewski gab auf. 1925 standen die führenden Männer des T-Apparats vor dem Staatsgerichtshof zum Schutze der Republik: Skoblewski, Neumann und ein dritter T-Mann wurden zum Tode verurteilt, entkamen jedoch dem Galgen; ihre Komplizen wanderten in Zuchthäuser[108].

Der Terror-Apparat war tot, Moskaus Oktober-Illusion endgültig verflogen. Erhalten aber blieb das unsichtbare Gerippe des kommunistischen Spitzelsystems. Die Reste der M-, N- und Z-Apparate wurden von der deutschen Polizei nicht angetastet, und auf diesen Trümmern baute die Raswedupr »einen glänzend funktionierenden Nachrichtendienst« auf, der nach dem Urteil General Kriwitzkis den »Neid aller anderen Nationen« erregte[109].

Der Geheimdienst erhielt nun eine Vorrangstellung in der Deutschland-Spionage, denn nach dem Scheitern des deutschen Oktober war das Prestige von Komintern und Geheimpolizei arg ramponiert. Die Dreiteilung des sowjetischen Spionageapparates blieb zwar erhalten, dennoch beherrschten jetzt Bersins Beauftragte das Feld. Das scheinbar erstarkende Deutschland wurde für Moskau wieder zu einem machtpolitischen Partner — Rußlands militärischer Geheimdienst erhielt seine klassische Aufgabenstellung zurück. Nicht mehr Revolution, sondern Aufklärung über das industriell-militärische Potential Deutschlands lautete die Parole.

Zunächst hieß es, die Führer der mißglückten deutschen Oktober-Revolution in Sicherheit zu bringen und für eine neue sowjetische Spionageorganisation zu nutzen. Zu diesem Zweck hatte die Raswedupr am Stadtrand von Moskau eine M(ilitär)-Schule errichtet, deren Instrukteure deutsche Kommunisten in die Tricks des Spionagehandwerks einführten[110]. Die M-Schule unterstand der alleinigen Kontrolle des Geheimdienstes[111] — im Gegensatz zu der Lenin-Schule, in der ab 1926 unter der Oberaufsicht der Komintern (und unter entscheidender Mitwirkung der Raswedupr) ausländische Genossen Strategie und Taktik des Bürgerkrieges lernten[112].

Die 1924 gegründete M-Schule[113] blieb hingegen eine Spionageakademie, auf der sich die Rote Armee eine Elite deutscher Agenten heranbildete. Bersins Schüler büffelten das Einmaleins kommunistischer ›konspiratsia‹; sie lernten, wie man Geheimtinten benutzt und Verfolger abschüttelt, sie übten sich im Funken und Chiffrieren, sie wurden in die Arbeit eines Generalstabes eingeweiht und erhielten Schießunterricht. Anschließend wurden die Kursanten auf Sondereinheiten der Roten Armee verteilt; sie bekamen eine militärische Grundausbildung und erfuhren in Manövern, was Geheimdienst-Informationen für die kämpfende Truppe bedeuten[114].

Am Ende stand der Fahneneid auf die Rote Armee[115]. Fast jeder Teilnehmer der M-Lehrgänge trat in den Dienst des Geheimdienstes, kaum einer der Aufstands-Führer von 1923 fehlte auf der Verpflichtungsliste der Raswedupr[116]. Die M-Schule hatte die Genossen wieder alle vereinigt, den Z-Apparatschik Hans Kippenberger und den MP-Oberleiter Wilhelm Zaisser, den ostpreußischen MP-Leiter Arthur Illner und seinen Berliner Kameraden Joseph Gutsche, den Frankfurter MP-Leiter Oskar Müller und den MP-Oberleiter Albert Schreiner[117].

Einige von ihnen zogen nach China ab[118], wo Moskau eine neue Revolutions-Chance witterte, das Gros aber machte sich für den Einsatz in Deutschland bereit. Die M-Schüler rückten in die gutgetarnten Stellungen ein, die der sowjetische Geheimdienst präpariert hatte.

Gleich nach dem Skoblewski-Prozeß im Jahr 1925 war die

Raswedupr dazu übergegangen, in Deutschland eine neue Spionageorganisation zu schaffen. Der Auftrag an den Geheimdienst lautete, die deutsche Industrie zu erkunden, deren Erzeugnisse für Sowjetrußlands Wirtschaft und Wehrkraft von größter Bedeutung waren. Die Schwerpunkte der Aufklärung lagen auf dem Gebiet der Metall-, der chemischen, Elektro- und Luftfahrtindustrie[119].

Daher bediente sich die Raswedupr aller sowjetischen Institutionen, die bereits in Deutschland engen Kontakt zur Wirtschaft unterhielten. Im Vordergrund stand die sowjetische Handelsvertretung in Berlins Lindenstraße 3 (später: Lietzenburger Straße 11), die zum Hauptträger der Raswedupr-Arbeit wurde[120]. Die wichtigsten Agenten des Geheimdienstes figurierten als Angestellte der Handelsvertretung[121]; auch die Zweigstellen in Hamburg, Königsberg und Leipzig okkupierten Bersins Beauftragte[122].

Die Handelsvertretung war ein Produkt des wachsenden Handels zwischen Deutschland und Rußland; sie sollte den Warenverkehr durch Sofort-Entscheidungen an Ort und Stelle erleichtern und Verbindung zu den großen deutschen Firmen halten, die am Rußland-Geschäft interessiert waren. Zugleich diente sie als Stützpunkt sowjetischer Spionage. Die Handelsvertretung besaß eine eigene Chiffrierabteilung für den Funkverkehr mit Moskau[123], ihre wichtigste Sektion — die Technische Abteilung — leitete der Militärattaché der Sowjetbotschaft[124], Photolabors waren eingerichtet, damit entwendete Geheimpapiere in kürzester Zeit kopiert werden konnten[125].

Schon die Anlage des Hauses ließ vermuten, daß die Handelsvertretung eine Art Hochburg der sowjetischen Spionage war. An den Hinterhof schloß sich ein Gebäude an, das auf die Ritterstraße mündete und von zwei im Raswedupr-Sold stehenden Juwelieren, den Brüdern Löwenstein, bewohnt wurde. Im Falle einer Polizeirazzia konnten gefährdete Sowjetagenten durch das Juweliergeschäft Löwenstein entkommen[126].

Unsichtbare Fäden verbanden die Beobachtungsposten des Geheimdienstes mit deutsch-sowjetischen Wirtschaftsunternehmen, darunter die ›Deutsch-Russische Transportgesellschaft‹ (Derop), die ›Deutsch-Russische Luftfahrtgesellschaft‹ (Deruluft) und die ›Garantie- und Kreditbank für den Osten A. G.‹ (Garkrebo)[127]. Auch das Berliner Büro der sowjetischen Nachrichtenagentur ›Tass‹ war in den Spionageapparat eingegliedert[128].

Was den Sowjets in Deutschland fehlte, lieferten die deutschen Kommunisten. Spitzel des Zentralkomitees der KPD beobachteten jede Bewegung der deutschen Abwehrorgane und überwachten das deutsche Hilfspersonal der Handelsvertretung. Die Partei mietete Wohnungen, in denen Sowjetspione untertauchen konnten, und kaufte Geschäfte auf, die den sowjetischen Agenten als Anlaufstellen zur Verfügung gestellt wurden[129]. Die KPD ermöglichte der Raswedupr auch den Zugang zu ihrer Fälscherzentrale, die eigentlich der Komintern unterstand: dem Paßapparat.

Der KPD-Funktionär Leo Flieg gebot über ein Reich dezentralisiert angelegter Fälscherwerkstätten mit insgesamt 170 Angestellten, die keine andere Aufgabe kannten, als kommunistische Agenten mit falschen Papieren, Lebensläufen und Geldern auszustatten[130]. Stets lagen 2000 Pässe und 30000 Stempel griffbereit[131]. Die sechs Werkstätten Fliegs mit ihren 35 Zentnern Satztypen besaßen Nebenstellen in fast jeder europäischen Hauptstadt und belieferten praktisch die ganze weltkommunistische Bewegung mit den Kreationen ihrer genialen Graveure[132].

Die Leitstellen der sowjetischen Deutschland-Spionage waren einsatzbereit, die technischen Werkzeuge zur Stelle, aber noch fehlte das Heer der einheimischen Informanten. Jetzt kam die Stunde der deutschen M-Schüler: 1927/28 kehrten die Zöglinge Bersins unter Führung Hans Kippenbergers nach Deutschland zurück, entschlossen, den Sowjets ein Spitzelsystem zu schaffen, das in seiner Art einmalig war[133].

M-Schüler Kippenberger faßte die Überbleibsel der alten Untergrund-Apparate von 1923 zu einer neuen Organisation zusammen, dem AM- oder Antimilitärischen Apparat[134]. Seine Mitglieder hatten die Aufgabe, Polizei, Reichswehr und gegnerische Parteien zu infiltrieren und jede gegen KP-Umtriebe gerichtete Aktion zu sabotieren. Zugleich sollte das AM-Ressort ›Abwehr‹ das Eindringen von Polizeispitzeln in die KPD verhindern und die Partei von unzuverlässigen Elementen säubern[135].

Wichtigstes Ressort war die Gruppe ›BB‹ (Betriebsberichterstattung), die für den sowjetischen Geheimdienst bald unentbehrlich wurde[136]. 1932 löste Kippenberger die BB aus dem AM-Apparat heraus und erhob die Gruppe zu einem eigenen Apparat, den er einem Genossen aus Hamburger Tagen anvertraute: dem Reichsleiter Friedrich Burde, Decknamen: ›Edgar‹ und ›Dr. Schwartz‹, seit 1929 Chef des BB-Ressorts[137]. Bis zu seinem Ende war der BB-Apparat der lange Arm, mit dem die Raswedupr in die entlegensten Firmen und Unternehmen Deutschlands hineinlangen konnte.

Die BB ging auf die Rabkor-Aktion zurück, eine weltweite kommunistische Bewegung, die in Rußland zur Zeit Lenins entstanden war. Da es der sowjetischen Presse anfangs an ausgebildeten Journalisten fehlte, waren die Redaktionen auf die Idee gekommen, in Betrieben, Ämtern und Organisationen freiwillige Mitarbeiter zu werben, die über Vorgänge ihres Arbeitsbereichs berichten sollten; man nannte diese ungelernten Helfer ›rabotschij korrespondenti‹ (abgekürzt Rabkor), Arbeiterkorrespondenten. Bald ergoß sich ein Strom von Rabkor-Berichten in die sowjetischen Redaktionen, die plötzlich ein ungeschminktes Bild von den russischen Zuständen erhielten[138].

Die GPU wurde auf die Berichte aufmerksam, denn mancher Rabkor-Report enthüllte Mißstände in den Betrieben, Opposition gegen Partei und Regime, Korruption unter den Funktionären. Die sowjetischen Redakteure wurden daher von der Geheimpolizei angehalten, Berichte denunziatorischen Charakters sofort an sie weiterzureichen. In kurzer Zeit gerieten die russischen Arbeiterkorrespondenten (Gesamtstärke 1930: zwei Millionen) mehr oder weniger unfreiwillig in den Dienst der GPU[139].

Und da die Kommunisten Europas damals gewohnt waren, jede russische Neuheit zu adoptieren, griff die Rabkor-Bewegung auch auf den Westen über. Aus dem Werkzeug innenpolitischer Gedankenkontrolle wurde ein Mittel der Spionage. An die Stelle der GPU trat der militärische Geheimdienst, an die Stelle politischer Denunziationen rückten Meldungen über Panzerproduktion, Waffenlieferungen und Neuheiten der Rüstungsindustrie[140]. Diese Form der Spionage war nahezu unangreifbar, denn welche Behörde hätte es einem Arbeiter verwehren können, seiner Zeitung oder seiner Partei über Vorgänge in einem Betrieb zu berichten?

AM-Chef Kippenberger und BB-Leiter Burde perfektionierten ihre Spielart des Rabkor-Systems, genannt Betriebsberichterstattung, mit deutscher Gründlichkeit. V-Mann-Führer des BB-Apparates sprachen Genossen in einem Betrieb an und verpflichteten sie zur Mitarbeit; der V-Mann erhielt laufend Anweisung, was er in Erfahrung bringen sollte: Einmal ging es um die Auftragslage in seinem Betrieb, dann wieder darum, ob die für Rußland bestimmten Industrieausrüstungen einwandfreies Material enthielten, eine andere Anfrage galt der Lieferung von Rüstungsgütern an potentielle Gegner der Sowjetunion, eine weitere der Produktion von Nebel- und Giftgas[141].

Es gab schlechterdings nichts, was die deutschen Agentenführer der Raswedupr nicht wissen wollten. Hier waren es die Konstruktionspläne des ›Panzerkreuzers A‹, die sie bewegten[142], dort Flugmotoren-Zeichnungen der Versuchsanstalt für Luftfahrt[143]. Der Verfasser eines im BB-Apparat kursierenden gedruckten Fragebogens wollte wissen: »Besteht bei der Firma ein besonderer Sicherheitsdienst? Wie stark ist der Sicherheitsdienst? Wie sind die Dienstschichten eingeteilt? Wie stark sind die Tore bewacht? a) am Tage? b) bei Nacht? Ist der Sicherheitsdienst bewaffnet? Art angeben, bei Schußwaffen möglichst Kaliber oder Modell.«¹⁴⁴

Fast unauffällig verlagerten die Auftraggeber der BB-Männer ihre Fragen und Anweisungen auf das rüstungswirtschaftliche Gebiet. Eine schriftliche Anordnung der Parteiführung, vermutlich aus dem Jahr 1932, zählte zu den »Aufgaben, die stärker in den Vordergrund treten«, in erster Linie »militärstrategische Fragen: Aufmarsch- und Einsatzpläne der RW [Reichswehr], Schupo und der Wehrverbände, ihre Kräftekonzentration, Taktik, Stand der Ausbildung und Bewaffnung«¹⁴⁵.

Sosehr auch immer die Anfragen des BB-Apparates um sowjetische Interessen kreisten, die Russen traten nie in Erscheinung. Die Informanten in den Betrieben verkehrten immer nur mit dem einen deutschen Genossen, der sie angeworben hatte; sie wußten nicht, daß alle Informationen in der Berliner BB-Reichsleitung von Burde oder bei dem inzwischen zum Reichstagsabgeordneten gewählten Apparatschik Kippenberger¹⁴⁶ zusammenliefen, der ebenso wie Burde das Nachrichtenmaterial dem jeweiligen sowjetischen Vorgesetzten zuleitete: zunächst den beiden Brüdern Maschkewitsch¹⁴⁷, dann ab 1929 dem Residenturleiter Boris Basarow¹⁴⁸.

Kippenberger und Burde hielten es für geboten, gegenüber ihren 3000 oder 4000 BB-Männern das sowjetische Interesse an der Informationsarbeit herunterzuspielen.¹⁴⁹ Die Betriebsberichterstatter erfuhren lediglich von ihren Auftraggebern, die Informationen dienten in erster Linie der Vorbereitung des Kampfes für die Diktatur des Proletariats und lägen daher im Interesse der Partei. Später trat noch das Argument hinzu, alles nutze dem Kampf gegen den Faschismus¹⁵⁰.

Sensibleren Genossen, die noch zögerten, den letzten Schritt auf das Minenfeld des Landesverrats zu gehen, erzählten die Apparatschiks eine kompliziertere Geschichte. Da bekam der BB-Mann zu hören, die Arbeit solle der Sowjetunion helfen, Anschluß an den Industriestandard des Westens zu finden; wer der Sowjetunion die Kenntnis westlicher Industriegeheimnisse verweigere, sabotiere die wirtschaftlichen Anstrengungen des proletarischen Vaterlandes oder schade gar dem Frieden¹⁵¹. Wie es auf einem Kassiber hieß, der einem verhafteten BB-Mann zugeschoben wurde: »Wir nennen es nicht Spionage, sondern Wirtschaftsbeihilfe.«¹⁵²

Stück um Stück zerbrach in vielen Genossen die Scheu vor der Spionage, zerbröselten emsige Agitatoren den Landesverrat zu einer Ideologie der Ewig-Gestrigen. Tausende und aber Tausende deutscher Kommunisten begannen, in Fabriken und Labors, in Firmen und Behörden, auf Werften und in

Werkshallen zu spionieren. Es war, als sei eine ganze Partei in den Dienst eines fremden Spionagedienstes getreten. Reichstagsabgeordnete wie Jonny Scheer sammelten Spionageberichte für Moskau und horteten Pakete für sowjetische Kuriere[153], Landtagsabgeordnete wie der Bayer Eugen Herbst trieben den roten Agentenringen Mitarbeiter zu[154], ihre geheimen Parteikader stellten Armeen von Sowjetagenten.

Die Kommunistische Partei Deutschlands mit ihrer Viertelmillion Mitglieder, ihren 27 Tageszeitungen, ihren 4000 Zellen und 87 Hilfsorganisationen[155], vor allem aber ihre illegalen Apparate und geheimen Sonderdienste verwandelten sich in »bloße Auslandsabteilungen des sowjetischen Geheimdienstes« und »dienten ausschließlich den Zielen des Sowjetstaates«, wie Ex-Kommunist Wollenberg feststellt[156]. Die Kader der Partei, so Ruth Fischer, hatten nicht mehr »das Bewußtsein, eine internationale Arbeiterpartei zu repräsentieren, sondern die russische Staatspartei; sie waren Geheimagenten einer ausländischen Macht«[157].

Jeder deutsche Kommunist sah sich zum illegalen Kampf für die Sowjetunion aufgerufen, »zur Leistung einer systematischen antimilitaristischen Arbeit«, wie der VI. Weltkongreß der Komintern 1928 die Spionagearbeit umschrieb[158]. Der verhaftete V-Mann Heinrich Schmid aus dem BB-Apparat drückte es deutlicher aus. Die Partei, so gestand er 1931 vor Gericht, kenne zwei Arten von Industriespionage: die ideelle Spionage, zu der jeder Kommunist in einem Betrieb verpflichtet sei, und die praktische Spionage, zu der nur besonders begabte und vertrauenswürdige Genossen herangezogen würden[159].

In Deutschland entstand das Phänomen einer Massenspionage, wie sie die Welt noch nicht erlebt hatte. Jedes Jahr brachte neue Spionageaffären, fast in jedem Monat standen kommunistische Agenten vor Gericht:

Oktober 1930: In den Grusonwerken, einer Krupp-Filiale bei Magdeburg, fliegt ein roter Agentenring unter der Führung des Konstrukteurs Kallenbach auf[160]. Dezember 1930: Bei Siemens & Halske werden der russische Ingenieur Woloditschew und zwei deutsche Mitarbeiter wegen Spionage im Auftrage der sowjetischen Handelsvertretung festgenommen[161]. Januar 1931: In den Polysius-Zementwerken bei Dessau überführt Werkspolizei den Ingenieur Wilhelm Richter des Diebstahls von Geheimpapieren zugunsten der Sowjetunion[162]. April 1931: In Ludwigshafen wird Karl Dienstbach, V-Mann-Führer im BB-Apparat, mit einem 25 Mann starken Informantenring ausgehoben, der Rußland Nachrichten aus zahlreichen chemischen Werken Südwestdeutschlands geliefert hat[163].

Immer engmaschiger wurde das Netz der deutschen Sowjetagenten, immer kecker die Infiltrationsarbeit der roten Spitzel. Im April 1931 rechnete die ›Bayerische Staatszeitung‹ aus, zwischen 1926 und 1930 seien in einem einzigen deutschen Großunternehmen 134 Fälle schwerer Werksspionage, aufgedeckt worden[164]. Schon 1927 verzeichnete die Justiz allein für dieses Jahr 3500 Gerichtsverfahren wegen schwerer Werksspionage, in den meisten Fällen zugunsten der Sowjetunion[165]. Vom Juni 1931 bis zum Dezember 1932 wurden 111 Hauptverhandlungen in Landesverratssachen anhängig — wieder spielte dabei die sowjetische Spionage die Hauptrolle[166].

Trotz mancher Schlappe konnte Spionage-Chef Bersin mit den Erfolgen seiner deutschen Agenten zufrieden sein. Wie noch nie zuvor lag Deutschlands Industrie und Wehrkraft nahezu völlig unverschleiert vor den Augen des sowjetischen Geheimdienstes. »Der deutsche Beitrag zur sowjetischen Spionage«, sagt David Dallin, »war ungeheuerlich. Er ließ an Ausmaß die Beiträge aller anderen nichtrussischen Teile des sowjetischen Auslandsapparates hinter sich. An Qualität übertraf er sogar die russische Leistung.«[167]

Berlin war zu einer zweiten Kommandostelle der weltweiten Spionage Sowjetrußlands geworden, von Berlin gingen die Aufträge an die sowjetischen Geheimdienst-Gruppen in aller Welt. Die deutsche Hauptstadt beherbergte die Leitstellen für die sowjetische Spionage in Frankreich, Holland und Belgien[168], sie barg die Fälscherzentrale des Kommunismus, sie war »das Feldhauptquartier der gesamten Kommunistischen Internationale«, dafür eingerichtet, »alle Fäden in Berlin enden zu lassen und nur eine einzige Verbindungslinie zwischen Berlin und Moskau aufrechtzuerhalten« — so der Komintern-Kurier Richard Krebs[169].

Solche Erfolge waren freilich nur möglich in einem von der Auflösung bedrohten Staat, der sich verzweifelt gegen die totalitären Mächte der Zeit wehrte und schon längst nicht mehr auf die Loyalität seiner Bürger bauen konnte. Zudem reichten die Gesetze der liberalen Republik nicht aus, die sowjetische Spionage wirksam zu bekämpfen.

Der Schwerpunkt der russischen Aufklärung lag auf dem Gebiet der Industriespionage, das deutsche Strafrecht aber kannte nur die militärische Spionage; so konnten die roten Industriespione nur mit dem Kautschukparagraphen des unlauteren Wettbewerbs gejagt werden — ein Jahr Gefängnis war die Höchststrafe, die ein Wirtschaftsspion zu erwarten hatte. Erst im März 1932 stellte eine ›Verordnung zum Schutz der Volkswirtschaft‹ die Weitergabe von Industriegeheimnissen an unbefugte Personen unter schärfere Strafe;

jetzt konnte ein Industriespion zu drei Jahren Gefängnis verurteilt werden[170].

Nicht selten aber riet das Auswärtige Amt davon ab, der sowjetischen Spionage allzu scharf auf den Fersen zu bleiben. Sowjetrußland war einer der wenigen Staaten, auf deren Sympathie das Weimarer Deutschland im Nach-Versailles-Europa hoffen durfte. Wenn einmal die deutschen Abwehrorgane die Spur erkannter Spione bis zur sowjetischen Handelsvertretung verfolgen wollten, intervenierten die Legationsräte der Wilhelmstraße, zumal die Handelsvertretung auf jede Enttarnung eines Spionagerings mit dem Dementi reagierte, die fraglichen Agenten hätten niemals mit ihr in Verbindung gestanden.

Nie konnten die Spionejäger des Berliner Polizeipräsidiums vergessen, daß ihre größte Schlappe im Kampf gegen kommunistische Agenten auf das Eingreifen des Auswärtigen Amtes zurückzuführen war. Der Fall hatte im Frühjahr 1924 gespielt. Zwei württembergischen Polizeibeamten war der Auftrag erteilt worden, den bei Stuttgart verhafteten Kommunisten Hans Bozenhardt, einen Funktionär des Terror-Apparates der KPD und Angestellten der sowjetischen Handelsvertretung, nach Stargard in Pommern zu überführen. Die Fahrt ging über Berlin, wo die drei den Anschlußzug nach Stargard verpaßten[171].

Da schlug der Häftling seinen beiden Wächtern vor, die Wartezeit zu einer Erfrischung zu nutzen; er wisse ein hübsches kleines Lokal in der Lindenstraße. Die ortsfremden Polizisten wußten nicht, daß Bozenhardts ›Lokal‹ in Wirklichkeit die sowjetische Handelsvertretung war[172]. Kaum hatten die drei die angebliche Gaststätte betreten, da schrie der Häftling: »Ich bin Bozenhardt und hier angestellt. Dies sind zwei Polizeibeamte aus Württemberg, die mich wegen Landesverrats festgenommen haben und nach Stargard bringen!« Er riß sich los und stürmte davon, während herbeigeeilte Russen die Polizisten festhielten und in einem Zimmer einschlossen[173].

Das Berliner Polizeipräsidium witterte jäh eine Chance, endlich in die Hochburg der Sowjetspionage einzudringen. Mit der Begründung, sie müßten den Flüchtling Bozenhardt suchen, drangen Polizisten am 2. Mai 1924 in die Handelsvertretung ein und besetzten das Haus. Zimmer um Zimmer wurde durchsucht, ein Safe nach dem andern geöffnet, Papiere beschlagnahmt[174]. Eiligst alarmierte Handelsvertretungs-Chef Starkow die sowjetische Botschaft[175]; sofort fuhr Botschafter Krestinski ins Auswärtige Amt und protestierte gegen die Verletzung des exterritorialen Status der Handelsvertretung — und schon pfiff das Außenministerium die Spionejäger zurück[176]. Die Razzia mußte abgebrochen, verhaftete Sowjetbeamte entlassen werden[177].

Die Blamage in der Lindenstraße offenbarte einmal mehr, wie ohnmächtig die Spionageabwehr der deutschen Polizei war. Auf unzureichende Gesetze gestützt, von der Regierung nur halbherzig gedeckt, fast jeder Möglichkeit beraubt, in das Spinnennetz der sowjetischen Spionage einzudringen, war die Berliner Spionageabwehr für Moskau kein sonderlich ernst zu nehmender Gegner. Zudem behinderten Geld- und Personalnöte die Arbeit der beiden Behörden, die in Deutschland Spionageabwehr betrieben: der Polizei (Abwehrpolizei) und der militärischen Abwehr.

Der Horror linker Demokraten vor Macht und Geheimniskrämerei einer politischen Polizei hatte bewirkt, daß die Abwehrpolizei ihrer Arbeit nur schamhaft nachgehen konnte. Nach der Abschaffung der politischen Polizei des Kaiserreiches durfte es offiziell keine Abwehrpolizei geben, wenngleich sie inoffiziell sehr wohl existierte: in der Abteilung IA jedes Polizeipräsidiums[178]. Dort saßen die Polizisten, die mit Spionageabwehr betraut waren.

Dennoch wurden sie ihres Lebens nicht recht froh, denn den abwehrpolizeilichen Referaten oder Kommissariaten der Polizeipräsidien fehlte jeder organisatorische Zusammenhang. Es gab keine Zentralstelle, die das einlaufende Material auswertete und zu einheitlichen Aktionen nutzte; man hatte sich lediglich darauf geeinigt, in der IA-Abteilung des Berliner Polizeipräsidiums eine Art nachrichtenspeichernde Clearingstelle zu sehen — konkrete Befugnisse aber besaß das Berliner IA nicht[179].

Nicht viel hoffnungsvoller sah es bei den militärischen Spionejägern aus. Nach langem Zögern und trotz des im Versailler Friedensvertrag verhängten Verbots eines deutschen Militär-Geheimdienstes hatte es der Major Friedrich Gempp 1920 unternommen, eine kleine Geheimdienstgruppe für die Bekämpfung gegnerischer Spione zu gründen[180], aber auch diese Organisation des Reichswehrministeriums durfte nicht unter ihrem wahren Namen auftreten — sie nannte sich ›Abwehr‹, um zu demonstrieren, wie defensiv sie gemeint sei[181]. Ihr knappes Personal — in der Abwehr-Zentrale am Berliner Tirpitzufer saßen insgesamt drei Generalstabsoffiziere und sieben ins Angestelltenverhältnis übernommene Ex-Offiziere[182] — konnte einen fremden Spionagedienst von dem gigantischen Ausmaß der Raswedupr schwerlich abschrecken.

Abwehr und Abwehrpolizei konnten denn auch den Ansturm der sowjetischen Spione nicht stoppen. Die Abwehr war so machtlos, daß sie die Errichtung eines Werkssicherheitsdienstes dem Geld und der Initiative der privaten Industrie überlassen mußte[183]. In dem personalstärksten Ausgucklosch der Abwehr nach Osten, der Abwehrstelle Königsberg, besorgte ein einziger pensionierter Rittmeister die Geschäfte der Spionageabwehr[184] — er war mit der Abwehr der polnischen Spionage so sehr beschäftigt, daß er die sowjetische völlig unerforscht ließ.

Die Abwehr verzichtete von Anfang an darauf, in den sowjetischen Geheimdienst einzubrechen[185]; auch die Abwehrpolizei konnte nie das kommunistische Agentennetz durchdringen. »Die deutsche Polizei war erstaunlich schlecht über die Aktivität der verschiedenen sowjetischen Apparate unterrichtet«, urteilt Dallin[186]. Sie kannte nicht Adressen und Personal der kommunistischen Untergrundorganisationen, sie durchschaute nicht das V-Mann-System des BB-Apparates, sie wußte nichts von den Verbindungslinien des sowjetischen Geheimdienstes in Deutschland.

Das Berliner Polizeipräsidium am Alexanderplatz schickte 1932 einen 500-Seiten-Bericht über den Untergrundapparat der KPD an das Kriminalgericht in Moabit — und merkte nicht, daß der Bericht auf dem Weg ins Gericht für eine kurze Zeit in der sowjetischen Handelsvertretung verschwand und dort photographiert wurde[187]. Jahrelang hielt die Polizei fälschlicherweise die KPD-Zentrale im Berliner Karl-Liebknecht-Haus für das Hauptquartier der kommunistischen Spionage[188], achtlos ging sie an dem Führer-Verlag in Berlins Wilhelmstraße 131-132 vorbei, ohne zu ahnen, daß hinter seinen Fassaden »die Komintern ein Dutzend Abteilungen, ein Heer von Stenotypistinnen, Kurieren, Übersetzern und Wachpersonal« unterhielt[189].

Selten hatte ein Abwehrdienst auf den Angriff gegnerischer Spione hilfloser reagiert. Da aber bot sich den irritierten Polizisten und Soldaten eine rabiate politische Bewegung an, deren Führer einen radikalen Wandel in Deutschland versprachen, vor allem Befreiung von dem, was sie die ›bolschewistische Gefahr‹ nannten. Adolf Hitlers Kolonnen ergriffen die Macht im Reich.

Viele Polizisten, anfällig für autoritäre Lösungen, erlagen den Verlockungen der neuen Machthaber, mancher Soldat ergab sich den nationalistischen Versuchungen des neuen Regimes. Die Nationalsozialisten versprachen, was die Polizisten der Republik immer gefordert hatten: mehr Geld und Prestige, bessere Methoden der Verbrechens- und Spionagebekämpfung, Zentralisierung der Polizeiarbeit, Freiheit von jeder öffentlichen Kritik und von diplomatischen Rücksichten[190].

Und Deutschlands neue Herren bewiesen, daß sie meinten, was sie da versprachen: In wenigen Monaten errichteten sie einen Polizeiapparat, wie ihn die deutsche Geschichte noch nicht gesehen hatte. Die politische Polizei mit ihren Abwehrreferaten, in Weimar nur versteckt und widerwillig geduldet, wurde aus der Verwaltung herausgelöst und unter zentralem Kommando zu einer Sonderbehörde zusammengefaßt, der Geheimen Staatspolizei oder Gestapo[191] — nur noch einem Willen gehorchend, einem Zweck untergeordnet: dem Herrschaftssystem der Führerdiktatur.

Polit-Kriminalisten und Spionejäger teilten sich im Geheimen Staatspolizeiamt in Berlins Prinz-Albrecht-Straße 8 die Aufgaben: Die eigentliche Gestapo bildete (ab Sommer 1934) die Hauptabteilung II, die Abwehrpolizei die Hauptabteilung III[192]. Von nun an waren sie unzertrennlich, die beiden Regimewächter: Mit ihren gemeinsam beschickten Leitstellen und Stellen in jeder Provinz legten sie ein engmaschiges Netz über das ganze Land, beobachteten sie Regimegegner und Spione, kontrollierten sie die Reichsgrenzen und die Volksstimmung.

Noch nie hatte eine deutsche Polizei ein derartiges Kontrollsystem unterhalten. Ein differenziertes Listen- und Karteisystem sollte jeden möglichen Regimegegner, jeden potentiellen Spion registrieren, ein sorgfältig ausgetüfteltes Fahndungssystem garantieren, daß kein Flüchtiger dem Riesenauge der Gestapo entging[193]. Eine eigene Grenzpolizei hatte ausschließlich die Aufgabe, flüchtige Landesverräter und einsickernde Spione zu jagen[194]. Die Macht über die Konzentrationslager gab der Prinz-Albrecht-Straße eine zusätzliche Waffe in die Hand: Unerwünschte Ausländer konnten bis zu ihrem ›Abschub‹ in ein KZ eingewiesen werden[195].

Was durch das Beobachtungsnetz der Staatspolizeistellen und -leitstellen schlüpfte, wurde von einer zweiten Welle nationalsozialistischer Regimeschützer erfaßt: dem SS-eigenen Sicherheitsdienst (SD). Mit seiner Zentrale in Berlin, dem Sicherheitshauptamt, mit seinen über das Reich verteilten Oberabschnitten, Unterabschnitten und Außenstellen war der SD äußerlich der Gestapo ähnlich, aber mit seinem Heer unerkannter V-Männer in allen Lebensbereichen der Nation erwies er sich ungleich wirkungsvoller und gefährlicher — »das bewegliche Instrument«, wie ihn einer seiner Führer beschrieb, »das Tast- und Sinnesorgan am Körper des Volkes, in allen Gegnerkreisen, auf allen Lebensgebieten«[196].

So erweiterte sich von Jahr zu Jahr der Apparat des nationalsozialistischen Polizeistaates. Willig, ja triumphierend verfolgten die Polizisten die schubweise Ausweitung ihres Imperiums: 1933/34 die Zusammenlegung von politischer und Abwehr-Polizei zur Gestapo[197], 1936 die Vereinigung von Gestapo und Kriminalpolizei zur Sicherheitspolizei oder Sipo[198], 1939 der Zusammenschluß der Sipo mit dem SD zum Reichssicherheitshauptamt[199]. Die polizeiliche Expansion war auf ihrem Höhepunkt angelangt.

Inzwischen hatte freilich mancher in rechtsstaatlichen Normen aufgewachsene Berufs-Polizist erkannt, daß es den neuen Herren nicht allein um den selbstverständlichen Schutz des Staates vor Agenten und Saboteuren ging. Nicht ohne Neid sahen die Polizisten, daß die militärische Abwehr am Tirpitzufer trotz aller materiellen Ausweitung auch ihres Apparates durch das Regime sich von den ideologischen Zumutungen der neuen Machthaber weitgehend fernhielt – schon war es wegen gegensätzlicher Auffassungen über die Methoden der Gegnerbekämpfung zwischen den Chefs von Abwehr und Abwehrpolizei zu harten Auseinandersetzungen gekommen[200]. Am Tirpitzufer hielt man an einem gewissen Geheimdienst-Kodex fest, in die Prinz-Albrecht-Straße aber zog der Geist methodischer Skrupellosigkeit ein.

An die Seite der alten Polizeibeamten drängten sich die fanatisierten Jünger der Führerdiktatur, eine neue Garde gewissensfreier Funktionalisten, die auf den Ordensburgen und in den Schulungskursen des Nationalsozialismus gelernt hatten, jeden Befehl der Führung, auch den verbrecherischsten, automatenhaft auszuführen. Nichts war bezeichnender dafür als die Tatsache, daß die Neuen die schwarze Totenkopf-Uniform jener SS trugen, deren Führer die Macht in der Polizei an sich gerissen hatten und die Polizei zu einem von Partei und Staat unabhängigen Herrenorden umfunktionieren wollten.

Der Reichsführer-SS Heinrich Himmler, seit 1936 Chef der Deutschen Polizei, und sein dämonischer Gehilfe, der SS-Gruppenführer Reinhard Heydrich, Chef der Sicherheitspolizei und des SD, schleppten in den Polizeiapparat das Gift totalitären Funktionärsdenkens ein, das auch viele traditionalistische Polizeibeamte verdarb. Die SS-Führer der Polizei, aufgeladen mit den Wahnideen neugermanischen Heidentums und des Antisemitismus, wurden nicht müde, ihrem Staatsschutzkorps den gnadenlosen Haß auf Staatsfeinde und Spione einzuimpfen; die Polizisten sahen sich in ein Bestiarium versetzt, in dem jeder politische Gegner verteufelt war. Ob Jude oder Freimaurer, ob Kommunist oder Demokrat — jeder Feind des Regimes schien reif, aus der ›Volksgemeinschaft‹ ausgestoßen zu werden.

An der Spitze dieser Dämonologie aber stand der Kommunist, in der NS-Terminologie zum ›Bolschewisten‹ oder auch ›jüdischen Bolschewisten‹ entartet. Eine interne Dienstschrift der Gestapo interpretierte 1937: Der Kommunist sei »ein Volksfeind« und »nichts anderes als ein Instrument des Judentums, das hier nur ein Mittel zur Errichtung ihres [sic!] Zieles gefunden hat: Beherrschung der Welt«[201].

Zug um Zug wurden der kommunistische Gegner und seine illegalen Agentenapparate in den Schulungskursen der Polizei entmenschlicht, erstarrte das Gesicht des Kommunismus zur abscheulichen Fratze. Schier pausenlos hämmerte Himmler seinen Polizisten ein, daß es im Kampf gegen den Kommunismus »keine Friedensschlüsse gibt, sondern nur Sieger oder Besiegte, und daß Besiegtsein in diesem Kampf für ein Volk Totsein heißt«[202]; predigte Sipo-Chef Heydrich: »Wir brauchen Jahre erbitterten Kampfes, um den Gegner auf allen Gebieten endgültig zurückzudrängen, zu vernichten und Deutschland blutlich und geistig gegen neue Einbrüche des Gegners zu sichern.«[203]

Derartig mit den Emotionen einer Kreuzzugsideologie aufgeputscht, trat das Regime zum Kampf gegen die sowjetische Deutschland-Spionage an. Was einst der dilettantische Terror-Apparat der KPD angestrebt hatte, praktizierten jetzt Gestapo und SD mit teutonischer Perfektion gegen den kommunistischen Gegner. Deutschland wurde zum Exerzierfeld zweier totalitärer Machtapparate.

Die ersten Operationen gegen die Kommunistische Partei und ihre Organisationen waren allerdings Schläge ins Wasser. Gleich nach der nationalsozialistischen Machtübernahme waren Polizisten und Parteigenossen ausgeschwärmt, dem Kommunismus den Todesstoß zu versetzen: Auf den Brand des Reichstags in der Nacht vom 27. zum 28. Februar 1933 war sofort die Notverordnung ›zum Schutz von Volk und Staat‹ gefolgt, Auftakt einer Hexenjagd auf kommunistische Funktionäre[204].

»Zweck und Ziel der VO [Verordnung]«, erläuterte Preußens Innenminister Hermann Göring[205] seinen Polizisten am 3. März 1933, richteten sich »in erster Linie gegen die Kommunisten, dann aber auch gegen diejenigen, die mit den Kommunisten zusammenarbeiten und deren verbrecherische Ziele [...] unterstützen.« Unter dem Vorwand, die KPD plane einen bewaffneten Aufstand, zerschlugen Gestapo und andere Polizeiverbände die kommunistischen Parteiorganisationen. Sämtliche Reichstags- und Landtagsabgeordneten der KPD, soweit nicht geflohen, wurden verhaftet[206], jeder kommunistische Funktionär abgeführt, während andere Polizeitrupps die KP-Organisationen auflösten und in die roten Parteilokale eindrangen.

Überfallartig hatte schon Ende Februar ein Polizeikommando die KPD-Zentrale im Karl-Liebknecht-Haus besetzt, mit seinen rätselhaften Geheimgängen und komplizierten Warnanlagen ein heißersehntes Ziel Berliner Spionefahnder[207].

Tausende Kommunisten verschwanden hinter dem Stacheldraht der Konzentrationslager, verhöhnt und nicht selten übel mißhandelt — eingeliefert ohne jede konkrete Anklage, ohne jeden richterlichen Haftbefehl. Im April 1933 zählte allein Preußen 30 000 KZ-Häftlinge, von denen gut 80 Prozent Kommunisten sein mochten[208].

Zugleich okkupierten Polizeitrupps deutsch-sowjetische Firmen und Behörden, die man als Träger der Sowjetspionage verdächtigte. Ende März durchsuchten Polizisten in zahlreichen Städten die Büros des Ölsyndikats Derop und verhafteten einige seiner Angestellten, Anfang April richtete sich eine Polizeirazzia gegen die Leipziger Nebenstelle der sowjetischen Handelsvertretung[209]. Auch die Büros der Transportfirma Derutra und sowjetische Schiffe wurden durchleuchtet[210].

Doch die abwehrpolizeiliche Ausbeute der großangelegten Gewaltaktion war dürftig, kaum ein Spion kam zutage. »Wir waren«, erzählte ein Polizeibeamter dem Historiker Dallin, »nicht einmal in der Lage, eine Person zu identifizieren. Heute heißt sie Klara, morgen Frieda, und in einem ganz anderen Stadtteil taucht sie unter dem Namen Mizzi auf. Wir wußten oft nicht, was wir tun sollten.«[211] Selbst Himmler mußte im engen Kreis gestehen: »Wir haben mühseligste, monate-, vielleicht jahrelange Einzelarbeit gebraucht [...], um nun Stück für Stück die sich immer wieder ergänzende illegale kommunistische Organisation aufzurollen.«[212]

Die Agentenapparate der KPD blieben so unsichtbar, daß opportunistische Nazis begannen, kommunistische Geheimorganisationen zu erfinden und auf unschuldige Menschen einzuschlagen. Der ehemalige Exekutive-Leiter der Staatspolizeistelle Dortmund, Kriminalkommissar Lothar Heimbach, erinnert sich an das Treiben einer Troika fanatischer Parteigenossen, die im Kommunismus-Referat seiner Dienststelle unentwegt rote Verschwörungen produzierten[213].

»Diese Männer«, so berichtet Heimbach, »entwickelten dann spontan an irgendeinem Stammtisch zur nächtlichen Stunde die Idee, irgendwo einen ›Apparat‹ hochgehen zu lassen, und sperrten wahllos ›Staatsfeinde‹ ein. Später, als man nun tatsächlich keine Agenten und Funktionäre mehr nachweisen konnte, arbeitete man mit Agents provocateurs und baute Apparate auf, um sie hinterher zu zerschlagen und damit die erforderlichen Erfolgsziffern nach oben berichten zu können«[214].

Polizeichef Himmler aber belohnte solchen Eifer, bis auch er merkte, daß die vermeintlich aufgedeckten Geheimorganisationen ein Schwindel waren. Erst allmählich entdeckte die Gestapo, daß sie an den Spionage- und Agentenapparaten Moskaus vorbeigeschlagen hatte; später mußte sie in einem vertraulichen Bericht zugeben, daß über den Geheimapparat der KPD bei der Polizei »so gut wie keine Kenntnis vorhanden« gewesen sei[215].

Tatsächlich hatten sich die roten Apparate auf den braunen Angriff sorgfältig vorbereitet. Schon im Frühsommer 1932 waren BB-Chef Burde und sein Nachfolger Wilhelm Bahnik von Moskau angewiesen worden, ihre Organisation auf den Machtantritt des Faschismus einzustellen[216]. Ein Teil des Informantennetzes wurde stillgelegt, man stellte Ausweichquartiere bereit und stattete die wichtigsten Mitarbeiter mit falschen Papieren aus[217].

Auch die sowjetischen Führungsköpfe des Agentenapparates erhielten Order, ihre Akten zu sichten und entbehrliches Material nach Moskau abzugeben. AM-Chef Kippenberger suchte sich zuverlässige Männer heraus, mit denen er auch im nationalsozialistischen Deutschland die Arbeit fortsetzen konnte[218], während die Partei insgesamt dazu überging, ihre Kader auf Dreier- und Fünfer-Gruppen zu verkleinern, unscheinbar genug, um die Terrorwelle des Gegners zu überleben[219].

Die wilden, ungezügelten Schläge des Regimes konnten denn auch die Partei nicht tödlich treffen. Nach der Verhaftung des KP-Vorsitzenden Ernst Thälmann und seines Nachfolgers Jonny Scheer[220] zogen Wilhelm Pieck und Walter Ulbricht mit ihren Spitzengenossen ins demokratische Prag, bildeten ein neues Zentralkomitee und nahmen den illegalen Kampf gegen die Nazis auf[221]. Sogenannte Oberberater sickerten ins Reich zurück, um das derangierte Bezirkssystem der Partei wieder zu ordnen[222]; Ende 1933 hielt die Parteiführung die Lage im Deutschland Adolf Hitlers schon für so ruhig, daß sie in Berlin führende Genossen (Rembte, Maddalena und Stamm) eine »Landesleitung der KPD« bilden ließen[223].

Ebenso marschierte Agentenchef Kippenberger im alten Geist weiter. Er hatte im Prager Exil rasch ein Kuriersystem zu den zurückgebliebenen AM- und BB-Apparaten geschaffen und seine vielfältige Organisation in neue Betriebsamkeit versetzt[224]. BB-Chef Bahnik, nach Prag entkommen[225], setzte seine Informanten vor allem im westdeutschen Industriegebiet ein: Unter dem V-Mann-Führer Heinrich Fomferra arbeitete ein BB-Ring im Essener Krupp-Werk, ein zweiter unter Hermann Glöggler in den IG-Farbwerken Hoechst, im Raum Düsseldorf ein dritter unter Hans Israel, dem höchsten BB-Funktionär im westlichen Reichsgebiet[226].

Der SD mußte daraufhin »sogar eine Steigerung der unterirdischen Wühlarbeit feststellen«[227]. Das Sicherheitsamt des SD meldete im Sommer 1934 an Himmler: »Die noch tätigen

Marxisten sind erfahrene Routiniers der illegalen Kampftaktik. Es wird immer schwerer, ihre Arbeit zu beobachten und laufend zu kontrollieren. Immer schwerer, Kurieranlaufstellen, Materialverteilungsstellen, Vervielfältigungsanlagen zu entdecken und auszuheben, immer schwerer, in ihre Organisation einzudringen.«[228]

Doch allmählich wußte die Gestapo ihr Beobachtungs- und Verfolgungssystem zu perfektionieren, den Spielraum ihres Gegners immer mehr einzuschränken. Ein mit höchstem kriminalistischen Raffinement verfeinerter Fahndungsmechanismus kreiste die kommunistischen Agentenringe zusehends ein:

Jede Dienststelle der Gestapo mußte eine A-Kartei führen, die einen Überblick über jeden erkannten Regimegegner gab; in der Gruppe A1 waren »außer den gefährlichsten Hoch- und Landesverrätern vor allem Saboteure, Funktionäre und Mitarbeiter des BB- oder AM-Apparates aufgeführt«[229]. Es gab keinen Kommunisten, der nicht in einer Gestapo-Kartei erfaßt war. Tauchte ein KP-Mann unter, so erschien sein Name unweigerlich in dem gestapoeigenen »Verzeichnis der flüchtig gegangenen Kommunisten«[230].

War der Flüchtling noch in Deutschland zu vermuten, so griff ein vielarmiges Suchsystem nach ihm. Jede Polizeidienststelle mußte an der Jagd teilnehmen, ein ganzes Sortiment offizieller Fahndungsersuchen und Fahndungsmittel nötigte sie dazu: das ›Deutsche Kriminalpolizeiblatt‹ (Verzeichnis verübter Straftaten)[231], das ›Deutsche Fahndungsblatt‹ (Verzeichnis steckbrieflich gesuchter Personen)[232], die ›Aufenthaltsermittlungsliste‹ (Verzeichnis von Personen, deren Aufenthalt ermittelt werden sollte)[233] und eine G-Kartei (Liste aller unauffällig zu beobachtenden Personen)[234]. Als wichtigstes Hilfsmittel der Spionejagd galt das ›Geheime Fahndungsblatt‹, monatlich herausgegeben von der Zentrale der Abwehrpolizei; es enthielt besondere Hinweise auf einen gesuchten Agenten (Beschreibung seiner Person, seiner Arbeitsweise, Handschriftenproben, Photos, Details über den persönlichen Bekanntenkreis)[235].

Diese Systematisierung der antikommunistischen Agentenjagd war nicht zuletzt das Werk eines rundlichen, untersetzten Bayern, der seinen Gegner mit ungewöhnlicher List, Pedanterie und Brutalität verfolgte. Dem Kriminalinspektor Heinrich Müller, SS-Hauptsturmführer und Leiter des Kommunismus-Referats im Geheimen Staatspolizeiamt, ging schon vor 1933 der Ruf voraus, ein Kommunistenfresser par excellence zu sein[236]. Als junger Kriminalist, damals Hilfsarbeiter bei der Münchner Polizeidirektion, hatte er nach dem Ende der bayrischen Räterepublik die Ermordung Münchner Bürger durch Kommunisten untersuchen müssen und das Erlebnis nie wieder aus seiner Erinnerung streichen können[237].

Er spezialisierte sich auf die Bekämpfung illegaler KP-Umtriebe und arbeitete jahrelang als Kommunismus-Referent in der Abteilung VI der Münchner Polizeidirektion[238]. Das kam dem Katholiken und Rechtsdemokraten Müller zugute, als er 1933 dringend eines Persilscheins bedurfte, der ihm die berufliche Karriere auch im Dritten Reich ermöglichte. Flugs diktierte er für die neuen Herren »längere fortlaufende Berichte über den Aufbau der kommunistischen Partei, beginnend vom Spartakus-Bund bis zum Zentralen Komitee ... in Moskau«. In diesen Berichten, so erinnerte sich später Müller-Sekretärin Barbara Hellmuth, habe er »sein gesamtes Wissen über die Ziele der KPD und ihrer späteren Untergrundtätigkeit sowie die Methoden über die Führung von Ostagenten u. ä. niedergelegt«[239].

Die Müller-Berichte ließen den SD-Chef Heydrich auf den Verfasser aufmerksam werden, und bald gehörte der frömmelnde Antinazi früherer Zeiten zu den skrupellosesten und ergebensten Mitarbeitern Heydrichs. Nach der Übernahme der Gestapo durch die SS-Führung holte Heydrich seinen Ratgeber an die Spree und schob ihm immer verantwortungsvollere Posten zu, bis er ihm schließlich das Amt Gestapo im Hauptamt Sicherheitspolizei übertrug und damit aus Müller den berüchtigten ›Gestapo-Müller‹ machte[240].

Im Laufe der Zeit zog Müller jene Riege von Kommunistenjägern in sein Amt, die später den Männern und Frauen der Roten Kapelle zum Verhängnis werden sollten. Müllers Freund und Jahrgangskamerad Friedrich Panzinger[241] wurde Gruppenleiter im Müller-Amt, der Mecklenburger Karl Giering[242] trat als Kriminalkommisar in das Kommunismus-Referat ein, der Allensteiner Ex-Drogist Horst Kopkow[243] machte ein eigenes Gestapo-Referat für die Bekämpfung kommunistischer Saboteure auf, der Berliner Johann Strübing[244] spezialisierte sich auf sowjetische Funk- und Fallschirmagenten — die Eiserne Garde der antikommunistischen Agentenfahnder nahm Gestalt an.

Eine Neuheit der Gestapo sicherte den entscheidenden Durchbruch im Kampf gegen den roten Agentenapparat. Müllers Amt richtete das Halbreferat N (= Nachrichten) ein, das in jeder Dienststelle der Geheimen Staatspolizei Vertreter hatte[245]. Das Halbreferat unterhielt eine Gruppe von V-Männern, die in die illegalen KP-Organisationen einsickerten. Besonders wichtig daran war: Müllers V-Männer operierten auch im Ausland, vor allem in der Tschechoslowakei und in Frankreich, wo sie die roten Leitstellen infiltrierten[246]. Das System erwies sich bald als wirkungsvoll.

Zug um Zug enthüllte sich dem KP-Verfolger Müller das Spinnennetz der illegalen Gliederungen Moskaus. Kurierstellen, Anlaufadressen, V-Mann-Führer, tote Briefkästen — das Reich der kommunistischen Agenten wurde vor Müllers Augen sichtbar. Jetzt wußte die Gestapo, daß es sich bei dem in Nowgorod-Wolinsk geborenen Reinhold Martin »um einen sowjetrussischen Kurier [handelt], der am 6. 8. 36 auf falschem Paß die deutsche Reichsgrenze überschritten hat«[247] oder der AM-Apparatschik Leo Roth »fast nur FD-Züge II. Klasse« benutzte und »immer einen auffallend gelben Reisekoffer aus Leder mit sich« führte[248].

Und auch über ›Hugo‹ brauchte man sich keine Sorgen mehr zu machen, war doch nun bekannt, wer und was er war: »Leiter des komm[unistischen] ill[egalen] Abwehrdienstes in Prag. 1,73–1,75 m groß, 30–32 Jahre alt, Haare pechschwarz und rechts gescheitelt, Stirn mittelhoch, Augen auffallend hellblau, Nase mittelgroß und leicht gebogen, leicht aufgeworfene Lippen, frauenhaft wirkender Teint.«[249]

So genau informiert, konnte es der Gestapo nicht mehr lange schwerfallen, den unterirdischen Spionageapparat Moskaus auszuheben. Der BB-Ring im Krupp-Werk[250] flog Anfang 1935 auf, im März wurde die gesamte KP-Landesleitung ausgehoben[251], im Mai gingen BB-Unterführer Israel und der Abwehrchef des niederrheinischen AM-Apparates, Karl Tuttas, der Gestapo ins Netz[252], später fiel auch der Magdeburger BB-Funktionär Holzer[253].

Auch die Paßfälscherorganisation der KPD/Komintern war vor dem Zugriff der Gestapo nicht mehr sicher. Zwei große Werkstätten des Paßapparats fielen den Polizisten in die Hände, die Cheffälscher Richard Großkopf, Karl Wiehn und Erwin Kohlberg kamen ins KZ[254]. Allerdings mußte die Prinz-Albrecht-Straße erkennen, »daß die Annahme der Staatspolizei, sie hätte [...] die gesamte Paßfälscherorganisation zerschlagen, irrig gewesen ist. Es waren seinerzeit tatsächlich in doppelter Ausfertigung an zwei Stellen falsche Prägestempel, falsche Pässe, echte Paßformulare und andere Urkunden in großen Mengen erfaßt worden. Unbekannt blieb, daß an einer dritten Stelle genau dieselbe Anzahl von falschen Pässen usw. lagerte«[255].

Ebenso war jetzt die Masse der KP-Streiter gefährdet. Die Gestapo war auf die Idee gekommen, das Verteilersystem der aus dem Ausland einströmenden KP-Literatur zu erkunden und deren Abnehmer im Reich festzustellen[256]. »Die Folge dieser Zugriffe war«, meldete das Geheime Staatspolizeiamt, »daß große Organisationseinheiten der KPD lahmgelegt und ihre Mitglieder zu hohen Freiheitsstrafen verurteilt wurden. Der Rest der [...] noch nicht erfaßten Kommunisten wurde durch diese Tatsache abgeschreckt.«[257]

Moskau und die Exil-KPD zogen daraus ihre Konsequenzen. Ende Oktober 1935 trafen sich die deutschen Parteiführer in dem Moskauer Vorort Kuntsewo zur 4. Parteikonferenz der KPD, aus Tarnungsgründen ›Brüsseler Konferenz‹ genannt, und beschlossen die Auflösung ihrer innerdeutschen Agentenapparate²⁵⁸. An deren Stellen sollten kleine Gruppen treten, geleitet von ›Instrukteuren‹ (ab Januar 1937 waren es kollektive Abschnittsleitungen), die vom Ausland aus die Arbeit lenkten und jeweils für bestimmte Reichsgebiete zuständig waren²⁵⁹.

Ein ›Zentrum‹ (Sitz: Prag, später Stockholm) beobachtete Berlin und Mitteldeutschland, ›Nord‹ (Sitz: Kopenhagen) war für die Wasserkante und Schlesien zuständig, ›Süd‹ (Sitz in der Schweiz) für Süddeutschland, ›Saar‹ (Sitz in Frankreich) für das Saargebiet, ›Südwest‹ (Sitz: Brüssel) für den Raum des Mittelrheins und ›West‹ (Sitz: Amsterdam) für das westdeutsche Industriegebiet einschließlich Bremens²⁶⁰. Apparat-Chef Kippenberger wehrte sich gegen eine solche Zerstörung seines Lebenswerks²⁶¹, doch der Partei-Manager Ulbricht, immer mehr zum ersten Vertrauensmann der Sowjets aufsteigend, setzte sich durch, zumal die Russen nicht mehr das alte Vertrauen zu dem einstigen M-Schüler Kippenberger besaßen. In Amsterdam hatte die Holland-Sektion des AM-Apparates Beziehungen zum britischen Geheimdienst aufgenommen²⁶² — in den Augen der Sowjets eine Todsünde. Ulbricht beeilte sich, einen ZK-Mann seines Vertrauens, den Lenin-Schüler Wilhelm Knöchel, im November 1935 nach Amsterdam zu schicken und die Verräter (unter ihnen die Apparat-Instrukteure Erwin Fischer, ›Heinz‹ und ›Martin‹) abzusetzen²⁶³.

Was Ulbricht in Kuntsewo vorexerziert hatte, praktizierten die Russen im großen; auch der sowjetische Geheimdienst muß erkannt haben, daß eine erfolgreiche Arbeit in Deutschland nicht mehr möglich war. Zur Zeit der Ulbricht-Konferenz reiste aus Moskau der Besuchsinspektor Dr. Gregor Rabinowitsch an, um das einst so stolze Spionageimperium der Sowjets in Deutschland zu liquidieren. Er löste das Industriespionage-Netz des BB-Apparates auf und legte den ganzen Apparat still; selbst Name und Begriff der BB wurden aus dem Vokabular gestrichen. Außerdem baute Rabinowitsch die Deutschland-Basen der Raswedupr ab²⁶⁴.

Von dem machtvollen Gebäude der Apparate und geheimen Organisationen blieben nur 25 Agenten und V-Männer übrig, die Rabinowitsch über das Land verteilte und erneut für die Arbeit im sowjetischen Geheimdienst verpflichtete²⁶⁵. Bevor der Inspektor Anfang 1936 nach Moskau zurückkehrte, traf er sich mit den wichtigsten Mitgliedern dieser letzten Garde des sowjetischen Deutschland-Kommandos — im fernen

Kopenhagen, denn Deutschland erschien ihm nicht mehr sicher genug[266]. Dann gab er das Zeichen, die größte Absetzbewegung in der Geschichte der sowjetischen Spionage zu beginnen.

Es war ein melancholischer Rückzug: Die Deutschland-Teams der Raswedupr wanderten nach Holland und Frankreich ab, um von dort aus das Dritte Reich mit seinen wachsenden Rüstungsprogrammen zu beobachten[267], das Westeuropäische Büro der Komintern zog von Berlin nach Kopenhagen und Paris um[268], der Paßapparat oder das, was die Gestapo von ihm übriggelassen hatte, war schon früher in das damals noch internationalisierte Saargebiet geflüchtet[269]. Lange hielt es die Flüchtlinge nicht an ihrem Ort. Das Saarland war allzu sehr von der Gestapo bedroht — der Paßapparat zog nach Frankreich weiter, wohin auch die Raswedupr-Agenten, viele Komintern-Leute und die Prager Exil-KPD retirierten[270].

Der Rückzug der roten Agenten aber wurde vollends zur Katastrophe, als ihre sowjetischen Führungsspitzen in den Sog der innerrussischen Machtkämpfe gerieten. Knapp anderthalb Jahre nach Rabinowitschs Aufräumungsaktion endete die kommunistische Spionage-Elite in den Todesmühlen des Stalinismus.

Der Kampf um die Macht in der Sowjetunion hatte auch die Rivalität zwischen Geheimpolizei und Geheimdienst auf eine explosive Art wieder aufleben lassen. Je brutaler Josef Stalin nach der Alleinherrschaft strebte und jeden tatsächlichen oder eingebildeten Widersacher in Partei, Staat und Armee beseitigen ließ, desto stärker benutzte er die Geheimpolizei als tödliche Schlagwaffe. Sie war inzwischen umbenannt und mit außerordentlichen Vollmachten ausgestattet worden; die einstige GPU, seit Juli 1934 als GUGB (= Glawnoje Uprawlenije Gosudarstwennoje Besopastnosti, Hauptverwaltung für Staatssicherheit) eine Sondersektion des Volksinnenkommissariats (NKWD)[271], erstickte mit ihrem Chef Nikolai Jeschow jede Opposition im Terror der Gleichschaltung und Selbstanklagen[272].

Die ›Jeschowtschina‹ erreichte auch die klassischen Gegenspieler der Geheimpolizei, die Raswedupr und die Komintern; ihre Führer gerieten bei dem mißtrauischen Menschenfeind im Kreml in den Verdacht, Komplotte gegen ihn zu schmieden. Schon im Sommer 1935 mußte der zu mächtig gewordene Bersin seinen Posten an den Korpskommandeur (General) Semjon Petrowitsch Uritzki abtreten, der sich rasch daran gewöhnte, Erkundungsaufträge im engsten Einvernehmen mit der Auslandsabteilung der Geheimpolizei zu erteilen. Uritzki erwies sich freilich als ein so schwacher Behördenchef, daß

Bersin im Juli 1937 wieder an die Spitze der Raswedupr berufen wurde; er hatte inzwischen bei der Fernost-Armee Dienst getan und war im Herbst 1936 als Militärattaché nach Madrid gegangen, um in dem jäh entflammten Spanischen Bürgerkrieg unter dem Decknamen ›Grischin‹ militärischer Chefberater der Republikaner-Armee, praktisch deren Oberbefehlshaber, zu werden[273].

Bersins zweite Amtszeit im Geheimdienst sollte jedoch nicht lange dauern. Er verhedderte sich in den Fallstricken der GUGB, die nahezu die gesamte militärische Führung der UdSSR erdrosselten. Im Juni 1937 war der mächtigste Mann der Roten Armee, Marschall Tuchatschewski, und seine engsten Vertrauten gestürzt worden, schon vorher hatte der Komintern-Vorsitzende Sinowjew vor Gericht erscheinen müssen[274]. Sie rissen fast ihr gesamtes Untergrund-Establishment mit in den Tod.

Einer nach dem anderen starb im Exekutionsfeuer der Geheimpolizei-Kommandos. Spionage-Chef Bersin und S. P. Uritsky — liquidiert[275]. Komintern-Organisator Pjatnitzki — liquidiert[276]. Pjatnitzkis Stellvertreter Mirow-Abramow — liquidiert[277]. Der sowjetische Militärattaché in London, General Putna — liquidiert[278]. Der Raswedupr-Chef in der Schweiz, Ignaz Reiss — liquidiert[279]. Hunderte sowjetischer Geheimdienstler wurden nach Rußland zurückbeordert und erschossen, Tausende verhaftet.

Stalins Todesengel bemächtigten sich auch der deutschen Apparatführung. Kippenberger wurde unter der Beschuldigung, ein deutscher Spion zu sein, verhaftet und erschossen[280]. Den Paßapparat-Chef Flieg, den Kippenberger-Stellvertreter Roth und den einstigen M-Apparat-Chef Eberlein ereilte in Moskau das gleiche Schicksal[281]. Vielen Apparatschiks erging es wie dem einstigen BB-Chef Burde, den in Skandinavien — er leitete dort eine Spionagegruppe der Raswedupr — der Befehl zur Rückreise nach Moskau erreichte. Burde: »Ich gehe jetzt in den Tod, aber ich habe keine Wahl.« Auch er wurde hingerichtet[282].

Nur wer den Mut hatte, vor der Jeschowtschina in den Westen zu entfliehen, konnte sich retten — für eine kurze Zeit. Der Residenturleiter für Westeuropa, General Kriwitzki, flüchtete nach Amerika[283], der Geheimdienst-General Orlow folgte ihm[284], der früher in der Türkei eingesetzte Residenturleiter Agabekow versteckte sich in Belgien[285]. Doch die Spurenleser des GUGB verfolgten geduldig ihr Ziel: Im März 1938 entführten sie Agabekow[286], im Februar 1941 starb Kriwitzki unter verdächtigen Umständen (angeblich Selbstmord) in einem Washingtoner Hotelzimmer[287].

Der sowjetische Spionageapparat hatte sich selbst entleibt.

Die GUGB-Führer übernahmen die Rumpforganisation der Raswedupr, sie unterstand von nun an dem Innenkommissariat. Die Gestapo aber konnte die Namen ihrer wichtigsten Gegenspieler auf den Fahndungslisten streichen.

Schon am 22. März 1937 hatte das Geheime Staatspolizeiamt die »etwas sinkende Tendenz offener, d. h. natürlich illegaler kommunistischer Betätigung in Deutschland« registriert. Fazit: »Deutschland steht somit nicht [mehr] im direkten Brennpunkt der Komintern- und Sowjetpolitik. Es fehlt der III. Internationale an genügend geschulten Kräften, um in allen Ländern gleichzeitig und gleichmäßig aktiv zu sein.«[288] Die Raswedupr hatte in Deutschland ausgespielt — zunächst einmal.

2. Kapitel Das Netz des Grand Chef

Die Europa-Organisation des sowjetischen Geheimdienstes war zerstört, Rußlands Spionageelite lag in den Todeskellern der Geheimpolizei. Erschöpft von den blutigen Machtkämpfen in der sowjetischen Hierarchie, ihrer militärischen Führung beraubt, gelähmt von der Furcht vor dem Diktator Stalin und seinen präzise zuschlagenden Liquidationskommandos, stand die Sowjetunion jedem Zugriff ihrer Feinde offen. Kein Geheimdienst schützte Rußland vor den Machinationen der auswärtigen Gegner, kein sowjetischer Spionagering im Vorfeld Rußlands fing Signale und Indizien kommender Gefahren auf.

Doch der Krieg im dunkeln kannte keine Pause. Auch dem Herrn im Kreml dämmerte, daß er nicht lange auf den Trümmern des angeblich ›verräterischen‹ Geheimdienstes triumphieren könne. Die Sowjetunion benötigte dringender denn je einen wohlfunktionierenden Spionageapparat. Stalin gab die Weisung: »Unsere Armee, die Strafbehörden und der Nachrichtendienst haben ihr scharfes Auge nicht mehr länger auf den Gegner im Innern des Landes, sondern nach außen auf den auswärtigen Feind gerichtet.«[1]

Josef Stalin hatte allen Anlaß, die Pläne der ausländischen Mächte zu erkunden. Im Osten gewannen die Generale der japanischen Armee immer mehr an Boden, die seit Jahren die Eroberung Sibiriens planten, im Westen trieben die Führer des nationalsozialistischen Deutschlands ihr Eroberungsprogramm wuchtig voran. Schon hatten sich Deutsche und Japaner in dem gegen Moskau gerichteten Antikominternpakt gefunden, schon war manche Barrikade gefallen, die Rußland von den Deutschen fernhielt: Österreich war überrollt worden, die Tschechoslowakei der Sudetengebiete beraubt, Polen — scheinbar — für den von Adolf Hitler erträumten Ostlandritt gewonnen. Und Englands konservative Politiker schauten dem deutschen Vormarsch im Osten nicht ohne Wohlwollen zu — da mußte die Kapitulation von München im September 1938 Stalin in seinem alten Verdacht bestärken, eines Tages würden die britischen Imperialisten den deutschen Kettenhund losmachen, um nachzuholen, was ihnen mit eigener Kraft im russischen Bürgerkrieg mißlungen war: die Beseitigung des Sowjetsystems.

Angesichts solcher Gefahren war der Neuaufbau des sowjetischen Geheimdienstes ein Gebot der Stunde. Zur Renaissance der Raswedupr, die 1937 unter die Kontrolle der Geheimpolizei geraten war[2], trug freilich noch eine andere Entwicklung bei: die Reform des sowjetischen Staatssicherheitsapparates. Anfang 1938 war Stalins georgischer Landsmann

Lawrentij Pawlowitsch Berija nach Moskau gerufen und vom Diktator beauftragt worden, die Geheimpolizei — die GUGB — zu reorganisieren³. Stalin hatte über die innersowjetische Opposition gesiegt, er bedurfte nicht mehr der Henker; jetzt galt es, die Herrschaft mit differenzierteren Methoden zu befestigen.

Polizei-Reformer Berija dämmte den Terror ein und säuberte die GUGB von ihren düstersten Schergen. An die Stelle brutaler Tschekisten traten die Fachleute polizeistaatlicher Überwachung, an die Stelle der Denunzianten rückte Berija die ›sekretnij oswjedomitel‹, die geheimen Nachrichtensammler⁴. Information hieß die neue Parole. Berija schuf ein Netz von Schulen und Akademien, die den Geheimpolizisten neuen Typs heranbildeten: den wissenschaftlich trainierten Beobachter, den Experten des Aushorchens und Ermittelns, abgerichtet »auf die fachmännische Durchdringung aller Schichten der sowjetischen Gesellschaft«, wie der Historiker Lewytzkyj formuliert⁵.

Der Einbruch des Expertentums in die Welt der sowjetischen Geheimpolizei befreite auch die Raswedupr von den GUGB-Fesseln. Berija erkannte, daß man Spionage nicht mit den Mitteln des Polizeiapparates betreiben konnte; zudem legte das rasche Wiedererstarken des Militärs im Angesicht der deutsch-japanischen Bedrohung dem Polizeichef nahe, der Roten Armee nicht länger die Führung des Geheimdienstes vorzuenthalten. Ab Ende 1938 war die Raswedupr wieder Herr im eigenen Haus. Ihr Chef wurde immer mehr zu einer der zentralen Figuren der sowjetischen Militärhierarchie, zumal die Kriegsgefahr dem Generalstab der Roten Armee eine Modernisierung aufzwang, in deren Mittelpunkt die Feindaufklärung rückte. Der Raswedupr-Chef okkupierte denn auch in der Spitzengliederung der sowjetischen Streitkräfte den dritthöchsten Platz: Neben dem Chef des Generalstabes und dem Chef der Hauptverwaltung für Operationen saß der Chef der Hauptverwaltung für Aufklärung unmittelbar im Zentrum militärischer Macht; erst nach ihm folgten die Chefs der kleineren Abteilungen für Nachrichten (Fernmeldewesen), Topographie, Organisation/Mobilmachung und Geschichtsschreibung⁶.

Die mitentscheidende Bedeutung des Raswedupr-Chefs kam auch darin zum Ausdruck, daß er (wie der Operationschef) den Rang eines Stellvertretenden Chefs des Generalstabs innehatte. Er mußte zwar in der Regel seine ›Swodki‹ (Tagesmeldungen über die Feindlage) dem Chef der Hauptverwaltung für Operationen vorlegen, er konnte aber auch in dringenden Fällen der politischen Spitze der Roten Armee, dem Volkskommissar für Kriegswesen und dessen aus seinen Stellvertretern zusammengesetzten Militärrat, Vortrag halten.

In die Spionagezentrale am Moskauer Kropotkin-Platz rückte eine neue Generation sowjetischer Offiziere ein, ebenso wie ihre liquidierten Vorgänger entschlossen, der russischen Staatsräson jedes Opfer zu bringen. Den neuen Führern des Raswedupr fehlte freilich das politische Gewicht eines Jan Bersin. Sie waren militärische Techniker, anfangs kaum vertraut mit den Regeln des Kriegs im dunkeln. Die meisten von ihnen stammten aus den Reihen der Nachrichtentruppe, die man noch am ehesten für geeignet hielt, die leergeschossenen Plätze in den Führerrängen des Geheimdienstes zu füllen.

Von der Nachrichtentruppe kam auch der General Iwan Terentjewitsch Peresypkin, seit 1937 Militärkommissar am Wissenschaftlichen Forschungsinstitut für Nachrichtenwesen[7]. Seine Karriere zeigte eine Beweglichkeit, die damals das Kennzeichen vieler Sowjetoffiziere war. Peresypkin hatte als Freiwilliger der Roten Armee am Bürgerkrieg teilgenommen, war dann Bergarbeiter geworden, hatte über die Arbeit im Allunions-Lenin-Jugendbund den Weg ins Militär zurückgefunden und war rasch im Politapparat der Roten Armee aufgestiegen. 1932 war er in die Elektrotechnische Kriegsakademie eingetreten; seit der Abschlußprüfung im Jahr 1937 galt er als Funkspezialist der Armeeführung.

Ob Peresypkin bei dem Neubeginn des sowjetischen Geheimdiensts auch formal die Nachfolge des ermordeten Raswedupr-Chefs Bersin angetreten hat, läßt sich nicht feststellen. Die sowjetamtlichen Biographien lokalisieren ihn zumindest im Jahr 1939 in der Hauptverwaltung für Aufklärung des Generalstabs. Im folgte nach Ausbruch des Zweiten Weltkriegs der Generaloberst Filipp Iwanowitsch Golikow, Oberbefehlshaber der 6. Armee, ein Grünhorn des Geheimdienstmetiers; der Bauernjunge, Jahrgang 1900, Veteran des russischen Bürgerkriegs, Zögling der Frunse-Akademie, übernahm auch dem Titel nach die Leitung der Raswedupr[8]. Von Stund an war er wieder wie Bersin der ›Direktor‹, der allgegenwärtige Chef. Er und seine Kameraden brachten das Selbstbewußtsein stalintreuer Offiziere mit, denen selbst die Säuberungsexzesse der Geheimpolizei nichts hatten anhaben können. Sie drängten Schritt um Schritt die Geheimpolizei aus dem Feld des militärischen Geheimdienstes wieder hinaus.

Die GUGB mußte 1939 ihren ältesten Brückenkopf in der Zentrale des Militärs räumen: die Dritte Abteilung im Volkskommissariat für Kriegswesen, deren zur Geheimpolizei gehörende Offiziere allein zuständig waren für die Spionageabwehr in der Roten Armee[9]. Von nun an unterhielt das Militär eine eigene Abwehrbehörde, die RO (= Raswedki Otdjel, Spionageabteilung); auch die Feindaufklärung in den grenznahen

Militärbezirken geriet jetzt in den Kompetenzbereich der Raswedupr[10].

Ebenso konnte sich die neue Raswedupr-Führung Zugang zu der höchst geheimen Wissenschaft sichern, die bis dahin die Geheimpolizei für sich allein genutzt hatte: zum Chiffrierwesen. Die sowjetischen Geheimdienstoffiziere wußten nur zu genau, daß die Spionagearbeit im Krieg in erster Linie ein Kampf der Geheimsender und Funkagenten werden würde; deshalb der beschleunigte Ausbau der ›Sonderabteilung Funk‹ (Osobij Radio Divizion), die in einem als Goldforschungsinstitut getarnten Haus in den Moskauer Lenin-Bergen untergebracht war[11], deshalb die Einrichtung von Speziallehrgängen an der Schule für Radio-Telegraphie in Moskau[12]. Ohne eigene Chiffriermittel aber mußte der Geheimdienst im kommenden Krieg im Äther verlieren. Die Raswedupr erhielt daher eine eigene Chiffrierabteilung, die der Oberstleutnant Krawtschenko übernahm[13].

Mit technischen Mitteln allein konnte man freilich den Spionagekrieg der Zukunft nicht bestehen. Was der Raswedupr fehlte, waren ausgebildete Geheimdienstoffiziere, Funker und Chiffrierer. Die Zentrale am Kropotkin-Platz zog aus der Roten Armee Offiziere heraus, die an der Arbeit im Geheimdienst interessiert waren, und gewann sie für den Dienst im Untergrund. Der gute Wille der Neuen genügte freilich nicht; sie mußten geschult werden, damit sie das Handwerk der Spionage beherrschten.

Auch hier mußte die Raswedupr von Grund auf beginnen; der Liquidator Jeschow hatte selbst die Geheimdienstschulen der Sowjetarmee ›gesäubert‹. Anfang 1939 erstand die von der Geheimpolizei geschlossene Hochschule für Erkundung wieder und erhielt den Rang einer Militärakademie[14]. Die Nachrichtenschule in Sokolniti wurde mit einem anderen Armee-Institut vereinigt und zu einer zentralen Ausbildungsstätte des Geheimdienstes ausgebaut[15]; selbst die Generalstabsakademie öffnete ihre Tore für die Spionageeleven der Krasnaja Armija[16].

Doch der Zweite Weltkrieg rückte immer drohender heran, der Raswedupr blieb zusehends weniger Zeit, sich auf den Konflikt vorzubereiten. Der Direktor und seine Männer drängten zur Eile. Sie richteten ›kursy roswjetschikow‹ (Erkundungskurse) ein, in denen hastig rekrutierte Offiziere in drei bis sechs Monaten für die Geheimdienstarbeit präpariert wurden[17]. Nur die Hochschule für Erkundung erlaubte sich den Luxus anderthalbjähriger Lehrgänge, 1940 mußte aber auch sie zu Sechs-Monate-Kursen übergehen[18]. Mochten auch die Spionageprofis murren, in einem halben Jahr lasse sich kein Geheimdienstler heranbilden, für dessen Training man in normalen Zeiten drei bis vier Jahre benötige — die mittleren und unteren Führungspositionen füllten sich rasch mit neuen Männern. Eine junge Garde sowjetischer Spionagefunktionäre war entstanden: enthusiastisch, mutig, aber auch unerfahren und allzu flüchtig ausgebildet.

Mit diesem Führerkorps besetzte die Zentrale die Ausgangspositionen der sowjetischen Spionage im Ausland. Ein Blick genügte, die trostlose Lage der russischen Feindaufklärung zu erkennen: In Deutschland war die Arbeit der Raswedupr fast völlig zum Erliegen gebracht worden, der Spionageapparat in der Schweiz und in Westeuropa hatte seine Führung und seinen Elan verloren, in manchem anderen Land lähmte der ideologische Bruderzwist zwischen Stalinisten und Antistalinisten die nachrichtendienstliche Arbeit.

Nur an einigen Stellen der Weltkarte sah das Bild etwas hoffnungsvoller aus: 1937 war es noch der alten Raswedupr-Führung gelungen, eine weitverzweigte Sabotageorganisation in den Häfen Nord- und Westeuropas zu errichten, deren Fäden bei dem KPD-Apparatschik Ernst Wollweber in Oslo zusammenliefen[19]. Fast zur gleichen Zeit hatte der Raswedupr-Agent Rudolf Herrnstadt aus Warschau gemeldet, daß er den Ersten Sekretär an der dortigen deutschen Botschaft, den schlesischen Großgrundbesitzer Rudolf von Scheliha, für die Sache Moskaus gewonnen habe[20]; seither las der sowjetische Geheimdienst manchen Bericht mit, der zwischen der Botschaft und der Berliner Wilhelmstraße gewechselt wurde. Auch in der deutschen Botschaft in Tokio schrieb ein Sowjetspion mit: Richard Sorge, Fernost-Korrespondent der ›Frankfurter Zeitung‹ und Intimus des Botschafters Eugen Ott[21].

Selbst in den Ministerien des Dritten Reiches hatte die Raswedupr unterirdische Laufgräben vorangetrieben. Seit Beginn der Nazi-Herrschaft ließ der Regierungsrat Dr. Arvid Harnack Abschriften aller ihm erreichbaren Verschlußsachen des Reichswirtschaftsministeriums an sowjetische Kundschafter gelangen[22], während die antifaschistische Aufbruchstimmung des Spanischen Bürgerkrieges den Leutnant der Reserve Harro Schulze-Boysen ermuntert hatte, den Sowjets Aktenschränke des Reichsluftfahrtministeriums zu öffnen[23].

Trotz solcher Einzelerfolge beurteilte die neue Raswedupr-Führung die Chancen einer Arbeit in Deutschland pessimistisch; zwar erhielt der Raswedupr-Beauftragte in Berlin Order, die beiden Informantengruppen Harnack und Schulze-Boysen zu koordinieren, aber einen großen Durchbruch wird man sich davon in Moskau nicht versprochen haben. Die Arbeit im Reiche Adolf Hitlers war zu gefährlich, die Übermacht der Gestapo tödlich. Die deutsche Kriegsmaschine mußte von den Nachbarländern aus beobachtet und erkundet werden, jenen demokratischen Staaten des Westens, die der sowjetischen Aufklärung gegen das Dritte Reich keine allzu ernsthaften Hindernisse in den Weg legten.

Als idealer Beobachtungsplatz bot sich Belgien an, dessen Landesverratsgesetze die Spionage, sofern sie sich nicht gegen den eigenen Staat richtete, mit milden Strafen belegten[24]. Nach Belgien hatten sich Teile des einst im Weimarer Deutschland eingesetzten Komintern-Apparates zurückgezogen, von Belgien aus konnte die Raswedupr ein Nachrichtennetz in die Nachbarländer Frankreich und Holland, möglicherweise auch nach Dänemark legen[25]. Mehr noch: In Belgien ließ sich nicht nur Deutschland observieren, sondern auch England, dessen Führung von Moskau immer noch verdächtigt wurde, einen Kreuzzug mit den Nazis gegen den Bolschewismus zu planen[26].

Für die Wahl Belgiens sprach außerdem, daß es das einzige Land war, mit dem die Zentrale Moskau einen reibungslosen Funkverkehr unterhielt. Die Komintern hatte ab 1934 mit Unterstützung des Geheimdienstes begonnen, ein Funknetz zu schaffen, das Moskau mit seinen Außenstellen und einigen kommunistischen Parteien in Westeuropa verband[27].

Ursprünglich hatte die Zentrale den ungarischen Alt-Kommunisten Alexander Radó nach Belgien schicken wollen, der dort ein Agentennetz anlegen sollte. Radó fuhr im Oktober 1935 nach Brüssel, doch er erhielt keine Aufenthaltsgenehmigung[28]. Darauf erinnerte sich die Zentrale eines ostpreußischen Kommunisten, der bei seinen Genossen als ein Genie des Funkspiels galt, weshalb sie ihn auch gerne ›den Professor‹ nannten[29]. Johann Wenzel, Jahrgang 1902, bei der Gestapo unter der Fahndungsnummer 3140 und bei der Raswedupr unter dem Decknamen ›Hermann‹ geführt, stammte aus Niedau bei Königsberg und gehörte schon vor 1933 zu den Schlüsselfiguren der kommunistischen Industriespionage[30]. Noch nach der NS-Machtübernahme spähte der BB-Apparatschik Wenzel für Moskau erfolgreich aus: Er warb Ende 1934 in Düsseldorf eine Informantengruppe, die in der deutschen Rüstungsindustrie eingesetzt werden sollte, und schmuggelte Konstruktionspläne von Geschütz- und Panzerteilen, durch einen Agentenring im Essener Krupp-Werk beschafft, ins Ausland[31].

Nach der Zerstörung des BB-Apparates durch die Gestapo Anfang 1935 wurde Wenzel nach Moskau abberufen, wo er die Militärpolitische Schule der Roten Armee (eine Weiterentwicklung der alten M-Schule) besuchte[32]. Er brillierte dort in den Spionage- und Funkfächern derartig, daß noch sieben Jahre später zwei in der Slowakei verhaftete KPD-Funktionäre ihres Mitschülers Hermann erinnern und die Gestapo auf seine Spur bringen konnten[33].

Wenzel trat in den Dienst der Raswedupr und ging 1936 nach Belgien³⁴. In Brüssel sollte er eine kleine Informantengruppe aufbauen, zugleich aber der Komintern seine funktechnischen Fähigkeiten zur Verfügung stellen. Wenzel wurde zum Chef-Funker der Komintern in Westeuropa: Er nahm in Belgien ein Sendegerät in Betrieb, hielt engen Kontakt zu den Funkbeauftragten der niederländischen und französischen Parteien und begann, kommunistische Funker zu schulen³⁵. Wo immer ein Funkgerät streikte, wo immer ein Genosse an den komplizierten Wortgruppen der sowjetischen Chiffriersprache scheiterte — ›le professeur‹ stand stets bereit, den gestörten Funkverkehr wieder in Gang zu bringen.

Inzwischen hatte er aus kommunistischen Emigranten einen nachrichtendienstlichen Miniatur-Apparat zusammengestellt, dem die Gestapo später den Namen ›Gruppe Hermann‹ gab³⁶. Der Wenzel-Ring (er stellte falsche Pässe her, besorgte Postanschriften und Informationen) setzte sich aus fünf Personen zusammen: dem Chef Wenzel, seiner Geliebten Germaine Schneider, einer Schweizerin, die seit den zwanziger Jahren für die Komintern arbeitete und unter dem Decknamen ›Schmetterling‹ Kurierfahrten für die Gruppe unternahm³⁷, ihrem früheren Ehemann Franz Schneider³⁸, dem polnischen Fälscher Abraham (›Adasch‹) Rajchman³⁹ und dessen tschechischer Freundin Malvina Hofstadjerova, verehelichte Gruber⁴⁰.

Wichtigstes Mitglied der Gruppe war der ›Schuster‹ Rajchman, ohne dessen Falsifikate später keine sowjetische Spionageeinheit im Westen mehr auskommen konnte. Über seiner Vergangenheit liegt dichtes Dunkel: Der französische Schriftsteller Perrault nimmt an, Rajchman sei ein Produkt des Berliner Paßfälscher-Apparates der Komintern gewesen⁴¹, ehemalige Gestapobeamte halten hingegen diesen »zähen und geradezu teuflisch klugen polnischen Juden« (so der belgische Ex-Abwehroffizier André Moyen)⁴² für das As einer untergegangenen Fälscher- und Schmugglerbande höchst unpolitischer Gangster⁴³. Unbestritten aber ist, daß ›der Fabrikant‹ (Rajchmans Deckname) ein Fälschergenie war, in Palästina gewirkt hatte und seit 1934 den kommunistischen Untergrund in Westeuropa mit seinen Produkten belieferte⁴⁴.

Mit einem solchen Experten konnte Gruppenchef Wenzel allmählich die Aufmerksamkeit seiner Raswedupr-Oberen auf sich lenken, so gering auch der nachrichtendienstliche Wert seiner Organisation war. Ab 1938 erwies sich der winzige Apparat immer nützlicher⁴⁵. Er erschien schließlich als so zukunftsträchtig, daß die Zentrale Moskau beschloß, das Wenzel-Netz auszudehnen. Ohne es zu wissen, hatte Johann Wenzel die Urzelle der Roten Kapelle gegründet.

Auf der Lagekarte in der sowjetischen Geheimdienst-Zentrale formierten sich bereits die Steckfähnchen zu einem festen Agentenring der Zukunft: Von Brüssel aus erstreckte sich ein Spinnennetz sowjetischer Informanten über die Länder Westeuropas, stark genug, gegen Deutschland und die Westmächte zugleich aufzuklären. Die Führung sollte ein Team sowjetischer Geheimdienstler übernehmen.

Der Hauptmann Viktor Sukulow-Gurewitsch erhielt den Befehl, nach kurzer Akklimatisierung im Westen eine Agentengruppe zur Infiltration Deutschlands in Kopenhagen zu errichten[46]. Der Luftwaffen-Leutnant Michael Makarow sollte das Funken für die neue, erweiterte Organisation in Belgien besorgen[47], der Unterleutnant Anton Danilow die Verbindung zwischen der Pariser Sowjetbotschaft und den Gruppen in Belgien und in den Niederlanden halten[48]. Einem vierten Sowjetoffizier, dem Kriegsingenieur Dritten Grades (=Hauptmann) Konstantin Jefremow, war die Aufgabe übertragen, die Rüstungsindustrie Westeuropas zu beobachten[49].

Die Zentrale scheute keine Mühe, die vier Spitzenagenten sorgfältig zu tarnen. Gut präparierte Papiere verliehen ihnen neue Identitäten. Ein in New York 1936 unter der Nummer 4649 ausgestellter Paß verwandelte Sukulow-Gurewitsch in den Uruguay-Bürger Vincente Sierra, geboren am 3. November 1921, wohnhaft in Montevideo[50], Calle Colón 9, und auch Makarow, jetzt Carlos Alamo geheißen, konnte sich als Sohn Montevideos legitimieren, daselbst am 12. April 1913 geboren[51]. Den beiden anderen Agenten schminkte man einen skandinavischen Hintergrund an. Aus Danilow wurde der Norweger Albert Desmet, am 12. Oktober 1903 in Orschies geboren[52], aus dem Ukrainer Jefremow entstand der finnische Student Eric Jernstroem, am 3. November 1911 in Vasa zur Welt gekommen[53].

Kaum eine Camouflage wurde ausgelassen, um die Spur der vier Sowjetagenten zu verwischen. Sukulow-Gurewitsch mußte eigens nach Montevideo fliegen, um von dort aus in Belgien anreisen zu können[54], und Jefremow, der falsche Finne, hatte einen noch beschwerlicheren Umweg vor sich: Er reiste nach Odessa, schiffte sich dort nach Rumänien ein, fuhr weiter nach Belgrad und von dort in die Schweiz; dann ging es nach Paris, von hier nach Lüttich, wo Jefremow zunächst an der Universität ein Semester Chemie zu belegen hatte — erst danach durfte er an sein Endziel reisen: Brüssel[55].

So emsig sie aber auch ihre neuen Rollen einstudierten — die Hingabe der vier Sendboten konnte nicht darüber hinwegtäuschen, daß sie auf ihre Mission nur mangelhaft vorbereitet waren. Sie waren typische ›Produkte‹ der Raswedupr-Kurzkurse, keiner von ihnen hatte eine gründliche Geheimdienstausbildung durchlaufen. Die antikommunistische Rote-Kapelle-

Legende machte aus ihnen später raffinierte Superagenten, aber die Wirklichkeit sah prosaischer aus:

Besonders ungeeignet für das Spionagefach war der aus Kasan stammende Flieger Makarow[56], ein fröhlich-ehrlicher Naturbursche, der schnelle Autos (ein Horror für Spionageprofis, die Unfälle mit dabei verbundenen Polizeiinterventionen fürchten), Alkohol und attraktive Frauen liebte[57]. Der charmante Polterer, der Überlieferung nach ein Neffe des Außenministers Molotow[58], ignorierte Konspirations-Regeln, verstieß gerne gegen die Disziplin und sehnte sich nach kriegerischen Abenteuern, wie jenes, das er im Spanischen Bürgerkrieg bestanden hatte: Ohne als Flieger ausgebildet worden zu sein, nur zum Bodenpersonal gehörig, hatte er eigenmächtig einen Bomber gegen Franco-Truppen geflogen und die eigene Truppe vor einer Katastrophe bewahrt[59]. Auch der eitle, kleidernärrische Hauptmann Sukulow-Gurewitsch wirkte eher wie eine Karikatur des klassischen Sowjetspions[60]. Wo er eingesetzt war, hinterließ er eine breite Spur luxuriösen Lebens und amouröser Affären. Seine Spionagekarriere entbehrte nicht pathetischer Züge: Der Leningrader Arbeitersohn, auf einer guten Schule ausgebildet und sprachenbegabt, Offizier der Internationalen Brigade im Spanischen Bürgerkrieg[61], hatte in frühen Jahren N. T. Smirnows Roman »Tagebuch eines Spions« gelesen und sich in den Romanhelden, einen britischen Agenten namens Edward Kent, so hineingelebt, daß er sich von da an nur noch Kent nannte[62] – seine Kameraden in der Armee kannten ihn unter keinem anderen Namen. Allerdings, in einem Punkt unterschied er sich von Makarow: In Stunden der Gefahr wußte er zu beweisen, daß in ihm trotz allen Bramarbasierens ein kaltblütig kalkulierender Spion steckte.

Nicht sehr viel gründlicher waren die beiden anderen Agenten, Danilow und Jefremow, auf die konspirative Arbeit vorbereitet worden. Den Unterleutnant Danilow hatte man sofort nach der militärischen Ausbildung in den diplomatischen Dienst abkommandiert[63], der Hauptmann Jefremow hingegen blickte auf eine erfolgreiche Laufbahn als technischer Offizier zurück: Er galt als Spezialist des Gaskrieges, hatte in Moskau Chemie studiert und jahrelang in einer technischen Abteilung der Fernost-Armee an der sowjetisch-mandschurischen Grenze gedient[64]. Die Kurzausbildung der vier sowjetischen West-Kundschafter auf Moskaus Spionageschulen reichte schwerlich für die ehrgeizige Aufgabe aus, die ihnen die Raswedupr stellte. Makarow war kaum des Funkens mächtig (das brachte ihm erst Wenzel bei)[65]; Jefremow konnte als vermeintlicher Finne nicht die dürftigste Unterhaltung in finnischer Sprache bestreiten[66], sosehr ihm auch die Gestapo später bestätigte, seine Tarnung sei »so vorzüglich [gewesen], daß sie sich bis auf jeden KKnopf seiner Kleidung und Wäsche erstreckte«[67].

Der Beginn der Roten Kapelle hätte zu einem argen Fehlstart werden können, wäre nicht der Mann zu ihr gestoßen, der wie kein anderer den Erfolg der sowjetischen Spionage in Westeuropa ermöglichte, der Mann, den seine Gefolgsleute nicht ohne Grund den Grand Chef nannten, den Großen Chef, weil er bei all seinen Triumphen und Niederlagen bewies, daß er in jedem Trick, in jeder List des konspirativen Handwerks geschult und erfahren war. Er hieß Leopold Trepper und unterschied sich deutlich von seinen zukünftigen Mitarbeitern, denn er kam nicht aus der Roten Armee, ja er besaß nicht einmal die sowjetische Staatsbürgerschaft — er war Pole, Jude und Berufsrevolutionär[68].

Mit ihm trat ein neues Element in die Geschichte der Roten Kapelle. Seine vier sowjetischen Mitarbeiter waren Offiziere, gewohnt, jeden Befehl ihrer Vorgesetzten auszuführen, Trepper aber kannte nur die freiwillige Unterordnung unter eine Idee, glaubenstreu und kompromißlos. Befehle übergeordneter Instanzen konnten Richtung und Ziel eines Kampfes abrupt ändern, der Fanatismus des einzelgängerischen Revolutionärs jedoch erlaubte keine Abweichung von dem einmal eingeschlagenen Kurs. Und Leopold Treppers Kurs stand frühzeitig fest, Kommunismus und polnisches Judentum bestimmten ihn.

Sohn eines Kaufmanns, am 23. Februar 1904 in Neumarkt bei Zakopane geboren, seit dem frühen Tod des Vaters mit Armut und Elend vertraut, hatte Trepper aus Geldnot sein Studium (Fächer: Geschichte und Literatur) an der Universität Krakau aufgeben müssen[69]; bei Gelegenheitsarbeiten als Maurer, Schlosser und Grubenarbeiter wurde er Kommunist[70]. Mit anderen Genossen inszenierte er 1925 in der galizischen Stadt Dombrowa einen Arbeiterstreik, den polnisches Militär unterdrückte. Trepper behielt außer der Erinnerung an acht Monate harter Untersuchungshaft die ersten vier Buchstaben von Dombrowa zurück — von nun an nannte er sich Domb[71].

Doch auch das Pseudonym konnte den als Kommunisten und Juden doppelt gezeichneten Trepper nicht vor den Nachstellungen des halbfaschistischen Pilsudski-Regimes bewahren. Er sah sich so gefährdet, daß er sich zionistischen Organisationen anschloß und mit deren Hilfe 1926 nach Palästina auswanderte[72]. Er wurde Landarbeiter in einem Kibbuz, dann Lehrling in einem Elektrogeschäft, aber bald lockte ihn wieder die illegale KP-Arbeit. Er trat in die kommunistische Organisation ›Einheit‹ ein[73] und lernte dort seine spätere Frau kennen, die Lehrerin Broide Sarah (›Luba‹) Maya geschiedene Orschitzer, 1908 im polnischen Drohubucz geboren, wegen der Teilnahme an einem politischen Mord von der Polizei gesucht und nach Palästina geflohen[74].

Trepper stieß zu einem kleinen Kreis polnisch-jüdischer Kommunisten, die ein ähnliches Schicksal verband. Sie hatten meist an polnischen Universitäten studiert, waren in revolutionäre Umtriebe verwickelt gewesen und dann in Palästina untergetaucht. Nichts hielt sie an dem Gelobten Land der Juden fest. Ob es der Bürgersohn Leo Großvogel[75] war oder der Büroangestellte Hillel Katz[76], ob der Arbeiter Alter Ström[77] oder die Sekretärin Sophie Posnanska[78] — keiner wollte in Palästina bleiben, jeder sehnte sich nach Europa zurück, auf das Schlachtfeld der Revolution.

Wie aber kam man fort aus diesem glühenden, versengenden Wüstenfleck Palästina, den keiner von ihnen liebte? Es gab einen Weg: Eintritt in den Dienst der Komintern oder des sowjetischen Geheimdienstes. Einer aus diesem Kreis, der Maschinenbau-Student Isaia Bir, zeigte seinen Freunden, wie man es machte[79]. Er entschied sich für die Raswedupr, ging nach Frankreich und fing als V-Mann in einer chemischen Fabrik an. Später zog er einen Rabkor-Ring auf, der die Sowjets mit Nachrichten aus der französischen Industrie versorgte; seine Anweisungen erhielt er über die Redaktion des KP-Zentralorgans ›Humanité‹ oder über die Ortsgruppen der Kommunistischen Partei Frankreichs[80]. Bir war 1929 im sowjetischen Spionageuntergrund so etabliert, daß er seinen Freund Alter Ström aus Palästina nachkommen ließ. Ström wurde Birs wichtigster V-Mann-Führer[81]; er zog nun seinerseits die in Palästina gebliebenen Freunde nach und baute sie in Birs Informationsring ein. 1930 kam auch Trepper[82]. Er entdeckte rasch seine geheimdienstlichen Fähigkeiten und avancierte zu einem der erfolgreichsten Mitarbeiter des Agentenchefs Bir.

Begierig schaute er Bir ab, was ihn später zu einem Meister des Spurenverwischens machte: die Kunst der Verkleidung, die Fähigkeit, den Gegner zu täuschen und ihm noch in ungünstigster Lage zu entkommen. Nicht umsonst nannten die Spionejäger der Pariser Sureté (Sicherheitspolizei) den Agentenchef ›Fantomas‹[83], denn wie ein Phantom wußte Bir aufzutauchen und wieder zu verschwinden; als kenne er mit jedem Hinterausgänge aller Häuser in Paris, als sei er mit jedem Keller, mit jedem Unterschlupf vertraut, entkam er immer wieder seinen Verfolgern, die bis zum Schluß rätselten, wer ›Fantomas‹ eigentlich sei. Als sie ihn endlich im Juni 1932 stellten[84], waren sie fast enttäuscht: Statt des routinierten Superspions, den sie erwarteten, stand ihnen ein unauffälliger

Student gegenüber, der über eine Art spionierende Jugendbande (Trepper war mit 28 Jahren der älteste) gebot[85].

Die Gespräche mit dem Sureté-Kommissar Charles Faux Pas Bidet machten den verhafteten Agenten klar, daß ihre Organisation an einem Erbübel kommunistischer Spionageringe gescheitert war, dem Verrat in den eigenen Reihen. Ein Mitglied der Spionagegruppe hatte die Adresse Birs der Polizei preisgegeben und einen Treff arrangiert, der die Verhaftung von ›Fantomas‹ erleichterte[86]. Bir, Ström und fünf andere Agenten wurden Ende 1933 von einem Pariser Gericht zu dreijährigen Gefängnisstrafen verurteilt[87]. Nur einer der Führer war dem Zugriff der Polizei entronnen: Trepper.

Er fuhr nach Berlin, wo die für Frankreich zuständige Leitstelle des Geheimdienstes residierte, und meldete sich dort. Die Raswedupr-Leute setzten ihn in einen Zug nach Moskau — mit der Weisung, am Ziel alle Reisenden aussteigen zu lassen und sitzen zu bleiben, bis sich ein Mann der Zentrale zu erkennen gebe[88]. Der Flüchtling hielt sich an die Order. Leopold Trepper alias Leiba Domb hatte seine Karriere in der Raswedupr begonnen. Dennoch mußte er jahrelang auf seine Stunde warten; fast schien es, als habe die Zentrale keine Verwendung für ihn. Trepper vertrieb sich die Zeit mit Lernen und Übergangsarbeiten: Er besuchte eine Hochschule in Podrowsky, redigierte den Kulturteil der jiddischen Zeitung ›Emeth‹ und belegte die nachrichtendienstlichen Fächer der Moskauer Kriegsakademie[89]. Dann aber kam seine Chance.

Die Angehörigen des Bir-Apparats waren 1936 aus dem Gefängnis entlassen worden; sie verlangten jetzt Asyl und Versorgung in der Sowjetunion[90]. Noch immer aber war ungeklärt, wer damals für die Spionagegruppe hatte hochgehen lassen. Verdächtig war der Journalist Riquier, Redakteur der ›Humanité‹ und Mitglied eines Sechs-Mann-Ausschusses der französischen KP, der die Aufträge der sowjetischen Hintermänner an die Bir-Organisation weitergegeben hatte[91]. Andererseits ließ sich nicht ausschließen, daß Alter Ström oder ein anderer Agent die Bir-Gruppe verraten haben konnte. Um endlich die Schuldfrage zu klären, setzte die Zentrale Trepper nach Frankreich in Marsch[92]. Der Pole entfaltete seinen ganzen kriminalistischen Scharfsinn, um die Freunde zu entlasten.

Nach mühevollen Recherchen wußte er: Riquier war nicht der Spitzel gewesen. Trepper ermittelte, daß die Polizei von einem niederländischen Kommunisten informiert worden war, der zu einem Spionagering in den Vereinigten Staaten gehört hatte und nach seiner Verhaftung von der amerikanischen Abwehr umgedreht worden war[93]. Der Niederländer, von der ahnungslosen Zentrale Moskau nach Frankreich versetzt, hatte die Amerikaner informiert, die seine Nachrichten an die Sureté weitergaben. Als Trepper seinen Bericht vorlegte, verlangte die Zentrale Beweise. Trepper fuhr abermals nach Frankreich und kehrte mit unwiderlegbaren Dokumenten zurück: den Briefen, die der Spitzel an den US-Militärattaché in Paris gerichtet hatte[94].

Die französische Erkundungsfahrt überzeugte die Vorgesetzten am Kropotkin-Platz von Treppers geheimdienstlichen Talenten. Nach der Liquidierung der Raswedupr-Elite und der Flucht des Residenturleiters für Westeuropa, des Generals Kriwitzki, schien niemand qualifizierter als Trepper, die Leitung der projektierten West-Organisation zu übernehmen. Er kannte das französische Terrain, seine polnischen Freunde aus dem Bir-Apparat saßen in Frankreich oder waren in Belgien untergekommen. Er sprach Französisch wie ein Franzose, er beherrschte die deutsche Sprache, die Sprache des Hauptfeindes und die künftige Verkehrssprache sowjetischer Funker im Westen.

Leopold Trepper wurde zum Leiter des Einsatzes in Westeuropa ernannt. Der Auftrag lautete, gemeinsam mit Makarow und dem im Hintergrund bleibenden Jefremow das Wenzel-Netz in Belgien auszubauen, dann in Frankreich und in den Niederlanden weitere Informantengruppen zu schaffen und später auch Kontakt zu der Berliner Gruppe um Harnack und Schulze-Boysen zu halten; Wenzel sollte seine Brüsseler Gruppe Trepper unterstellen, zugleich aber das Netz in Holland aufbauen und die funktechnische Leitung sämtlicher Spionageringe in Westeuropa übernehmen[95].

Zur Abschirmung der Operation schien den Spionageoberen nichts mehr geeignet, als der projektierten Organisation den Tarnmantel eines kaufmännischen Unternehmens überzuwerfen. Makarow und Kent traten als reiche Südamerikaner mit Export-Interessen auf[96], Trepper wählte die Rolle eines wohlhabenden Kaufmanns aus Kanada[97]. Ein kanadischer Paß mit der Nummer 43 671, der auf einen am 2. August 1914 in Winnipeg geborenen Michael Dzumaga ausgestellt worden und im Spanischen Bürgerkrieg dem sowjetischen Geheimdienst in die Hand gefallen war, wurde auf den Kaufmann Adam Mikler umgeschrieben — Treppers neue Identität[98].

Anders als Jefremow machte sich Trepper minuziös mit seinem kanadischen Hintergrund vertraut. »Seine Erkundungen über Behörden, Geschäfts- und Privatleben in Kanada betrieb er sehr sorgsam«, weiß ein ehemaliger Gestapobeamter zu berichten, der Trepper offenbar nach dessen Gefangennahme vernommen hat. »Er ging sogar so weit, sich genaue Berichte über Industrie, Wirtschaft, Ernährung, Land- und Forstwirtschaft [Kanadas] und alle nur denkbaren Einzelheiten geben zu lassen.«[99]

Derartig präpariert, trat der Grand Chef im Frühjahr 1939 den Weg ins große Abenteuer an[100]. Da sein kanadischer Paß kein sowjetisches Visum enthalten durfte, benutzte er auf seiner Zickzacktour nach Belgien mehrere falsche Papiere: Mit einem Paß reiste er nach Finnland und Schweden, mit einem anderen landete er in Dänemark und Antwerpen; erst dort erhielt er von einem V-Mann der sowjetischen Handelsvertretung den kanadischen Paß, so abgestempelt, als sei sein Inhaber soeben aus Kanada eingetroffen[101].

Nach und nach dirigierte die sowjetische Spionagezentrale ihre Spitzenagenten nach Westeuropa. Am 6. März 1939 ließ sich Trepper in Brüssel nieder[102], im April kam Makarow[103], und am 17. Juli reiste Kent an, der allerdings nur einige Monate in Brüssel bleiben sollte[104] — so jedenfalls sah es der Plan vor. Schließlich, im September, traf auch Jefremow[105] in Brüssel ein. Danilow dagegen kam nur bis Paris; er wurde dort in das sowjetische Konsulat eingebaut[106], gehörte freilich zur Botschaft, die er jedoch nicht betreten durfte, weil niemand wissen sollte, daß er ein Mitarbeiter des Hauptmanns Karpow war, der dem sowjetischen Militärattaché, General Susloparow, als Gehilfe für Spezialaufgaben zur Seite stand[107].

Doch noch ehe die sowjetische Führungsgruppe in Belgien und Frankreich etabliert war, hatte Trepper bereits seinen künftigen Agenten eine geeignete Tarnung gesichert. Gleich nach seiner Ankunft in Brüssel setzte er sich mit Leo Großvogel in Verbindung, dem alten Freund aus der Palästina-Zeit, der sich inzwischen in der belgischen Textilindustrie einen guten Namen erworben hatte[108]. Ihm gehörte die Firma ›Au Roi du Caoutchouc‹, ein Fachgeschäft für Regenmäntel, das Niederlassungen in Ostende und Antwerpen unterhielt[109].

Trepper ließ durchblicken, was ihn nach Brüssel geführt hatte, und lud Großvogel ein, der Finanzier der Spionageorganisation zu werden. Kommunist Großvogel schlug ein. Mit 10 000 Dollar aus der Spionageschatulle Treppers gründeten die beiden Freunde in Brüssel die Regenmäntel-Exportfirma ›The Foreign Excellent Trenchcoat‹[110], zu deren Direktor sie einen ebenso ahnungslosen wie angesehenen Belgier bestellten, den ehemaligen Konsul Jules Jaspar[111]. Die neue Firma errichtete Zweigniederlassungen in belgischen, französischen, deutschen und niederländischen Hafenstädten, ideale Plätze für die Observierung Englands und Deutschlands[112].

Als sich Makarow bei Trepper meldete, stand bereits die erste Tarnorganisation, die den Agentenapparat abschirmen sollte. Doch der Grand Chef war zu vorsichtig, seinen Funker mit der ›Trenchcoat‹-Firma zu liieren. Getreu der Konspirationsregel, Agenten sollten einander so wenig wie möglich kennen, animierte er Großvogel, die Ostender Zweigstelle der ›Caoutchouc‹-Firma, bis dahin von Großvogels Frau geleitet, zu verkaufen[113]. Zugleich bewog er Makarow, sich für das Geschäft zu interessieren. Der Handel wurde abgeschlossen, Makarow zahlte 200 000 belgische Francs und war Geschäftsinhaber[114]. Ein Funkgerät im Koffer, zog er nach Ostende.

Großvogel erwies sich immer mehr als der entscheidende Helfer Treppers. Über Großvogel erreichte Trepper auch den alten Palästina-Gefährten Hillel Katz, der als Sekretär Treppers in sowjetische Dienste trat[115]; später stieß zu ihnen noch Sophie Posnanska, die sich jetzt Anette oder Anna Verlinden (Deckname: ›Jusefa‹) nannte[116], auch sie eine ehemalige Genossin aus dem Heiligen Land, inzwischen in Moskau zur Chiffriererin ausgebildet und Treppers Organisation zugeteilt[117]. Die vier Polen bildeten den harten Kern des Spionagerings, der dank Großvogels vorzüglichen Beziehungen zusehends stärker in das belgische Geschäftsleben eindrang.

Der Textilmann hatte einen Freund namens Isidor Springer, der an der Diamantenbörse in Antwerpen arbeitete und Trepper einen neuen Kreis kommunistischer Informanten erschloß. Springer war ein ehemaliger KPD-Funktionär, der mit der Partei gebrochen hatte, dennoch für die sowjetische Spionage tätig werden wollte[118]. Er brachte weitere Freunde mit: den Kurier Hermann Isbutzky[119], den Handelsmarine-Funker Augustin Sesée[120], die deutsche Emigrantin Rita Arnould[121], Springers Geliebte, und die Großvogel-Freundin Simone Phelter, Angestellte der Französisch-Belgischen Handelskammer[122].

Inzwischen schlossen sich Trepper auch die Mitarbeiter Wenzels an, der nun mit der funktechnischen Ausbildung der Organisation begann. Dank der Umsicht Wenzels verfügte der Spionageapparat in Belgien über vier leistungsfähige Funkgeräte, die einsatzbereit waren: Ein Gerät verwahrte Wenzel in seiner Brüsseler Wohnung[123], ein zweites besaß der Wenzel-Helfer Rajchman[124], ein drittes stand bei dem ›Ostender Musikanten‹, wie sich Sesée nannte[125], und das vierte hielt Makarow unter Verschluß[126]. Makarows ›Spieluhr‹ sollte als erste in den Einsatz kommen: fiel sie aus, war Wenzels Gerät an der Reihe — die beiden anderen Sender sollten in Reserve bleiben.

Dann warf Wenzel seine Netze in den Niederlanden aus, dort entstanden neue Funkgruppen. Schon Anfang 1939 hatte er über einen alten Partner aus gemeinsamen Komintern-Tagen, den niederländischen KP-Funker Daniel Goulooze[127], Verbindungen zu einem Kreis kommunistischer Funktionäre in Amsterdam aufgenommen[128]. Bald darauf wies ihn Moskau an, sich in Amsterdam zu einem Treff mit dem Komintern-Mann Winterinck einzustellen[129], der von der Raswedupr dazu auserwählt worden war, die Hollandgruppe zu leiten. Winterinck, in der Partei wegen seiner massigen Figur ›Der Große‹ genannt[130], hatte früher über Post- und Kurierverbindungen bis nach Deutschland, derer sich später auch das Stockholmer Sekretariat der Exil-KPD (Leiter: Herbert Wehner) bei seinem Versuch bediente, im Reich der Nationalsozialisten wieder Fuß zu fassen[131].

Wenzel brachte Winterinck das Einmaleins der Funkspionage bei, teilte ihm den Decknamen ›Tino‹ zu[132] und ließ ihn mit der Arbeit beginnen. Winterinck hatte in kurzer Zeit eine kleine Agentengruppe zusammen, insgesamt 12 Mitglieder einschließlich Kuriere und V-Männer[133]. KP-Funker Goulooze verfügte bereits über einen Sender, zwei weitere Geräte kamen später noch hinzu[134]. Wenzel bildete außerdem den Kommunisten Wilhelm Voegeler als Funker aus[135]. Ab Ende 1940 funkte ›Hilda‹ (so der Name der niederländischen Gruppe) Moskau an[136].

Das Ehepaar Jacob und Hendrika Rillboling, Vertreter von ›Hilda‹[137], und der belgische V-Mann Maurice Peper[138] sicherten ständigen Kontakt zwischen den beiden Organisationen in Belgien und den Niederlanden, denn auch Treppers Gruppe hatte die Arbeit aufgenommen. Der belgische Apparat hielt sich freilich noch zurück; Trepper schien es wichtiger zu sein, Informanten zu gewinnen und Beziehungen zu Geschäftswelt, Diplomatie und Militär anzubahnen, als Nachrichten in den Äther zu senden. Noch war die Stunde des Einsatzes nicht gekommen, noch verkehrten Moskau und Berlin im trügerischen Licht des eben abgeschlossenen Hitler-Stalin-Pakts; erst im Falle eines Konflikts zwischen Rußland und Deutschland sollte Treppers Spiel beginnen.

Doch der Siegesmarsch der deutschen Eroberer lockte den Grand Chef aus seiner Reserve heraus. Adolf Hitlers Armeen zwangen den sowjetischen Spionageapparat in Westeuropa, seine Pläne zu ändern, die kaum eröffnete Front des unsichtbaren Krieges zu verkürzen.

Schon Hitlers Kriegsabenteuer in Polen hatte den lautlosen Aufmarsch der Raswedupr im Westen empfindlich gestört. Der Kriegsausbruch im September 1939 verhinderte die Einrichtung des für Dänemark vorgesehenen Apparats, weil der in Brüssel weilende Kent, zum Chef der dänischen Organisation bestimmt, von der Zentrale den Befehl erhielt, in Belgien zu bleiben und sich Trepper anzuschließen[139]. Zudem nötigte der Kriegseintritt Englands die Organisation, das in den Häfen der westeuropäischen Atlantikküste gegen Westen gerichtete Observierungssystem umzubauen; jetzt war nicht länger zweifelhaft, wo England stand — die Röntgenaugen der Trepper-Organisationen blickten allmählich nur noch nach Osten.

Kaum hatte sich Trepper auf die neue Lage eingestellt, da walzten die deutschen Armeen, Panzer und Bomber eine der wichtigsten strategischen Voraussetzungen des sowjetischen Spionageaufmarsches nieder. Seine Strategie war davon ausgegangen, man müsse vom neutralen benachbarten Ausland her, den Abwehrorganen des Dritten Reiches unerreichbar, den nachrichtendienstlichen Angriff gegen Deutschland lenken. Der deutsche Westfeldzug im Mai/Juni 1940 aber konfrontierte Moskaus Agentengruppen der physischen Präsenz Hitler-Deutschlands. Spione und Spionejäger wurden unmittelbar Nachbarn, wie etwa in Brüssel, wo der Rote-Kapelle-Jäger der deutschen Abwehr mit der Hauptgeschäftsstelle einer der Tarnfirmen Treppers im selben Haus wohnte, buchstäblich Wand an Wand[140].

Die deutschen Militäroperationen an der Kanalküste machten Trepper vollends deutlich, daß er sich schnell umstellen mußte. Eine deutsche Fliegerbombe zerstörte Makarows Regenmäntel-Geschäft in Ostende[141]; Trepper konnte von Glück reden, daß er vorher Makarow veranlaßt hatte, das Funkgerät in dem weiter östlich gelegenen Ort Knokke-le-Zoute zu verstecken[142]. Makarow war so verstört, daß er sich nicht aus den Armen seiner Freundin, der Frau des Malers Guillaume Hoorickx, lösen und dem Befehl Treppers nachkommen wollte, den Sender nach Brüssel zu bringen[143].

Trepper mußte sich inmitten der vorrollenden deutschen Panzer nach Knokke durchschlagen und das Funkgerät abholen; anschließend stauchte er Makarow zusammen und drohte, ihn bei der nächsten Befehlsverweigerung nach Rußland zurückzuschicken[144]. Die Drohung wird freilich nicht allzu ernst gemeint gewesen sein, denn der Grand Chef brauchte jetzt jeden seiner Agenten. Moskau nutzte zum erstenmal sein neues Informantennetz: Der sowjetische Generalstab war wie jeder andere Führungsstab in der Welt von der Blitzstrategie der Wehrmacht überrascht worden und verlangte von seinen Spionen schnelle und gründliche Aufklärung.

Trepper alarmierte seinen Apparat. In Belgien und in den Niederlanden schwärmten Agenten und V-Männer aus, um dem Geheimnis der deutschen Westoffensive auf die Spur zu kommen. Schon auf seiner unfreiwilligen Fahrt nach Knokke hatte sich Trepper in ein Notizbuch geschrieben, was ihm an den vorüberziehenden Deutschen aufgefallen war[145]. Tag um Tag liefen neue Berichte ein, Mosaikstein um Mosaikstein fügte sich zu einem Ganzen. Anfang Juni konnte Trepper einen 80 Seiten langen Bericht für den Direktor in Moskau abgeben, übermittelt durch den Militärattaché an der sowjetischen Gesandtschaft in Brüssel[146].

Es war zugleich der letzte Dienst, den Trepper dem Militärattaché erweisen konnte. Nach der Besetzung durch die Deutschen zog der Stab der sowjetischen Gesandtschaft ab, mit ihm der Militärattaché[147]. Jetzt war die Organisation auf ihre Funkgeräte angewiesen, sie allein sicherten den Kontakt mit dem Direktor.

In einer Villa der Brüsseler Avenue Longchamp nahm die erste Funkgruppe Quartier[148]. Sie sollte gelegentlich die eine oder andere Meldung nach Moskau durchgeben, lediglich zu dem Zweck, das Funksystem zu überprüfen und mit der Zentrale ständige Verbindung zu halten; das Informationsnetz selber blieb still. Makarow bediente das Funkgerät, Sophie Posnanska chiffrierte, während Springers Freundin Rita Arnould fast ein wenig widerwillig kleine Kurierdienste versah[149]: Nur bittere Not (ihr Mann, ein belgischer Kaufmann, war wenige Wochen zuvor gestorben) und die Furcht vor den deutschen Landsleuten hatten die jüdische Exkommunistin in die Dienste der Sowjets getrieben[150].

Als Leiter der Gruppe zog Trepper immer mehr den Hauptmann Kent heran, der im vierten Stock des Hauses 106 der Avenue de Emile Beco ein fröhliches Leben führte, zumal ihn seit den deutschen Luftangriffen auf Brüssel eine Liebschaft mit einer blonden Hausbewohnerin, der tschechischen Millionärs-Witwe Margarete Barcza, verband[151]. Später siedelten die beiden in eine 27-Zimmer-Wohnung in der Avenue Slegers um, wo das Paar Mittelpunkt einer exklusiven Gesellschaft konservativ-rechtskatholischer Dandys wurde[152].

Trepper hatte Mühe, den sowjetischen Möchtegern-Gentleman an seine Pflichten zu erinnern. Sowenig er auch den kleinen, häßlichen Kent leiden mochte — Trepper brauchte ihn, da er der einzige Russe war, der den belgischen Apparat übernehmen konnte[153]. Denn Treppers Tage in Belgien gingen zu Ende; das immer straffer werdende Besatzungsregiment der Deutschen engte ihm zusehends den Spielraum ein. Er konnte nicht länger als kanadischer Kaufmann auftreten, Kanada befand sich im Kriegszustand mit Deutschland — schon hatte ihm der Fälscher Rajchman neue Papiere auf den Namen Jean Gilbert zurechtfrisiert[154]. Viele seiner engsten jüdischen Freunde waren gefährdet — schon bereiteten die Besatzungsherren antijüdische Gesetze vor, die zur Gewißheit machten, daß man Großvogel bald seines gesamten Eigentums berauben werde[155].

Es wurde höchste Zeit, nach Frankreich auszuweichen, dort herrschten nun zwar auch die deutschen Militärs, aber sie kannten nicht Belgier wie Leo Großvogel. Zudem mußte auch in Frankreich ein Nachrichtennetz gelegt werden. Im August 1940 reiste Trepper mit seiner Geliebten Georgie de Winter (Ehefrau Luba und die Kinder hatte er in die Sowjetunion zurückgeschickt)[156] und Großvogel nach Paris ab. Aus Kent wurde der ›Petit Chef‹, der Kleine Chef, aus Treppers belgischer Kreation die ›Gruppe Kent‹.

Gemeinsam mit seinen beiden Helfern Großvogel und Katz begann Trepper in Paris, ein neues Spionagenetz zu knüpfen. Zu den drei Agenten stieß ein Veteran kommunistischer Konspiration, im Geheimdienst ebenso erfahren wie in der Komintern: Henry Robinson, Jahrgang 1897, Sohn eines Frankfurter Kaufmanns, Spartakuskämpfer, Komintern-Instrukteur in Paris, Anfang der dreißiger Jahre für Industriespionage zuständiger Mitarbeiter des sowjetischen Residenturleiters ›General Muraille‹, schließlich OMS-Chef für Westeuropa[157].

Chefagent Robinson brachte in Treppers entstehende Frankreich-Organisation eine Informantengruppe ein, deren V-Männer in zahlreichen Regierungsstellen arbeiteten — bis hin zum Kabinett in Vichy und zum Geheimdienst der französischen Armee[158]. Der Robinson-Ring hatte aber auch Tuchfühlung zur Kommunistischen Partei Frankreichs und zum Schweizer Apparat der Raswedupr[159]; romantische Bande verknüpften Robinson sogar mit der Berliner Gruppe: Dort saß die Altkommunistin Klara Schabbel, seine ehemalige Lebensgefährtin und Mutter seines Sohnes, der als Obergefreiter in Adolf Hitlers Wehrmacht diente[160].

Eine zweite Agentengruppe, von Trepper mißtrauisch durchleuchtet und dann akzeptiert, erschloß ihm einen anderen Sektor der französischen Gesellschaft: Kirche, Adel und russische Emigration. An der Spitze dieser Gruppe standen die beiden Nachkommen eines Zarengenerals aus Tschernigow, der Bergingenieur Wassilij Pawlowitsch Maximowitsch und die Nervenärztin Anna Pawlowna Maximowitsch[161].

Sie hatten zunächst der jungrussischen Bewegung angehört, einer eher faschistischen Spielart der weißgardistischen Emigration in Frankreich, waren dann aber in die Dienste der Sowjets geraten, deren Geld Anna Maximowitsch erlaubte, eine Privatklinik aufzumachen[162]. Die Klinik wurde zu einem Speicher wichtigster Informationen: Die Führer des Russen-Exils, die nicht zuletzt von den Spenden Frau Maximowitschs lebten[163], verkehrten hier ebenso wie der Bischof von Paris, Monsignore Chaptal[164], und der Generalkommissar für jüdische Angelegenheiten in der Regierung von Vichy, Darquier de Pellepoix, dessen Bruder Chefarzt der Klinik war[165].

Was Trepper an den Maximowitschs besonders lebhaft interessieren mußte, waren deren Beziehungen zu den deutschen Besatzungsbehörden. Der Generals-Sohn Maximowitsch verkehrte mit deutschen Militärbeamten, seit er sich mit der Sekretärin und Wehrmachtshelferin Anna-Margaret Hoffmann-Scholtz (›Hoscho‹) liiert hatte[166]. Die Preußin war freilich keine normale Sekretärin; sie stammte aus guter Familie, ein Verwandter diente als Offizier in den besetzten Westgebieten[167]. Man hatte sie zunächst im Büro des Militäroberverwaltungsrats Hans Kuprian, Sachbearbeiter beim Beauftragten für das Flüchtlingswesen, als Sekretärin untergebracht.

Gleich nach der deutschen Besetzung Frankreichs war beim Chef der Militärverwaltung, dem administrativen (von der Truppe losgelösten) Zweig des Besatzungsapparates, ein Sonderkommando geschaffen worden, das die im Laufe der Kämpfe heimatlos gewordenen sieben Millionen Flüchtlinge Frankreichs rückführen sollte. Der Beauftragte für das Flüchtlingswesen, der zum Militärverwaltungsdienst einberufene Regierungspräsident von Pfeffer, schickte seine Beamten in die Flüchtlingslager, um die Rücktransporte vorzubereiten — und bei einer dieser Inspektionsfahrten war Kuprian und seiner Sekretärin der Flüchtling Maximowitsch begegnet[168].

Die alternde Sekretärin fand Gefallen an dem russischen Baron und ließ sich gerne hofieren, auch als sie Ende 1940 nach der Auflösung der Dienststelle des Flüchtlings-Beauftragten in das Deutsche Konsulat in Paris überwechselte. ›Hoschos‹ Vertrauensseligkeit gegenüber dem charmanten Werber kannte keine Grenzen — die Gestapo konnte später nur noch vermuten, »daß über sie Nachrichten sowohl vom Militärbefehlshaber als auch aus dem Deutschen Konsulat in Paris nach Moskau gelangt sein dürften«[169].

Baron Maximowitsch war bei den Deutschen immerhin so eingeführt, daß er manche Nachricht über interne Vorgänge bei der Besatzungsmacht auffangen konnte. Zwei Männer seines Vertrauens saßen als Dolmetscher in einer deutschen Dienststelle[170], und eine besonders leistungsfähige Informantin, die ehemalige Akrobatin Käthe Völkner, tippte im Büro des Beauftragten für den Arbeitseinsatz in Frankreich (Amt Sauckel) vertrauliche Berichte[171]. Damit ließ sich zwar keine große Militärspionage betreiben[172], dennoch inspirierte die Arbeit der beiden Maximowitschs den Trepper-Helfer Großvogel zu einem weiträumigen Unterwanderungsmanöver.

Leo Großvogel war Kaufmann, er konnte nur kaufmännisch denken. Was benötigten die deutschen Besatzer besonders dringlich? Baumaterialien, Maschinen, Waren aller Art. Man mußte also Firmen gründen, die alles lieferten, was die Deutschen brauchten; vom Orientteppich bis zur Eisenbahnschiene, vom Bagger bis zum Fahrrad — alles mußte für die Besatzungsmacht herangeschafft werden. Nur so kam man mit den deutschen Behörden ins Gespräch, konnte in ihre Reihen eindringen und sammeln, worum es ging: Nachrichten über Truppenbewegungen, Waffen, Munition, Kasernen, Befestigungen.

Doch die Deutschen waren mißtrauisch; wer ihnen seine Dienste anbot, wurde mit teutonischer Gründlichkeit durchleuchtet. Weniger verdächtig als ein Franzose oder ein Belgier erschien den Besatzern ein Geschäftsmann neutraler Staaten, nicht ohne Grund hatten die Deutschen neutrale Länder eingeladen, in den besetzten Westgebieten Handelsniederlassungen zu gründen[173]. Das brachte Großvogel auf die richtige Idee: Der als Student aus Uruguay auftretende Kent mußte in Brüssel eine Firma gründen.

Wieder zwangen die Umstände den Grand Chef, Kent den Vortritt zu lassen. Im März 1941 brach Kent sein ›Studium‹ ab und begann, politisch unverdächtige belgische Geschäftsleute für den Plan einer Warenkommissionsfirma zu interessieren, die vor allem für die deutsche Besatzungsbehörde arbeiten sollte[174]. Bald hatte er neun Belgier zusammen, mit denen er die ›Société Importation-Exportation‹ (Simexco) gründete[175]. Sie verfügte über ein Stammkapital von 288 000 belgische Francs, wurde im Brüsseler Handelsregister eingetragen und bezog Geschäftsräume im Haus 192 der Rue Royale[176].

Kent alias Vincente Sierra wurde Geschäftsführer des Unternehmens[177] und erwarb sich rasch das Vertrauen der Besatzungsmacht. »Vincente hatte mit seinen Geschäften großen Erfolg«, erinnerte sich später die Kent-Freundin Margarete Barcza[178]. Die Organisation Todt, die Bauarbeiter-Armee des Dritten Reiches, kam bald nicht mehr ohne die Lieferung der Simexco aus; wo immer Kasernen gebaut wurden, wo immer neue Befestigungsanlagen der Wehrmacht entstanden, stets schaffte Kents Firma die Baumaterialien heran[179].

Das Vertrauen der Deutschen erlaubte den Simexco-Leuten, ungehindert in Wehrmachtsanlagen einzudringen. Bedenkenlos stellte die Abwehr Ausweise für leitende Simexco-Angestellte aus und zog sie zu geheimen Bauprojekten heran[180]. Kent und seine Konfidenten reisten im deutschen Herrschaftsgebiet herum, »als gäbe es für sie keinen Krieg« — so ein ehemaliger Abwehroffizier[181]. Er bezeugt: »Dank der Simexco und den Aufträgen, die sie mit der Wehrmacht schloß, wußten die Leute in allen Einzelheiten Bescheid über die deutschen Truppenbestände in Belgien, über deren Ausrüstung, über den Bau des Atlantikwalls (die Firma arbeitete aktiv daran mit!).«[182]

Immer weiter dehnte Kent das Beziehungsnetz der roten Tarnfirma aus. Er schuf Zweigstellen in Marseille, Rom, Prag und Stockholm, er ließ Schwesterunternehmen im deutschbesetzten Protektorat Böhmen und Mähren und in Rumänien gründen[183]. Im Schutze solcher internationaler Geschäftsverbindungen konnte Kent dem sowjetischen Spionageapparat neue Stützpunkte schaffen, die kommunistische Agenten in Mitteleuropa mit der Organisation im Westen verbanden. Kent wurde zum reisenden Kontaktmann und Aufpasser der Raswedupr in Mittel- und Westeuropa.

So hielt er seit Anfang 1941 Verbindung zu isoliert operierenden Spionen in Deutschland, vermutlich sogar bereits zu der Berliner Gruppe Schulze-Boysen/Harnack[184]. Belegt ist zumindest eine Reise Kents[185] zur Leipziger Messe im Frühjahr 1941. Ein paar Monate später brach er abermals nach Leipzig auf; dort sollte er, wie später die Gestapo festhielt, »an 2 Eichen je 1000 RM verstecken und die genaue Lage der Eichen nach Moskau funken«[186]. Für wen das Geld bestimmt war, ist unbekannt.

Auch seine Reisen zu der Simexco-Zweigstelle in Prag verband Kent mit nachrichtendienstlichen Missionen. Ziel einer solchen Reise waren einmal zwei Kunsthandlungen in Prag, die den tschechischen Agenten Frantischek und Wojatschek gehörten; bei ihnen sollte er einen V-Mann namens Rudi treffen und ihm 2000 Reichsmark übergeben. Die Operation scheiterte, weil kurz zuvor die beiden Händler von der Gestapo verhaftet worden waren[187].

Kent entfaltete eine solche Betriebsamkeit, daß später seine deutschen Verfolger annahmen, er sei der eigentliche Chef der sowjetischen Spionagegruppen im Westen gewesen. Der echte Chef indes, Trepper, inzwischen zum Residenturleiter für Westeuropa ernannt[188], wird den Machtzuwachs Kents mit gemischten Gefühlen beobachtet haben. Nur mit Mühe konnte er den Petit Chef dirigieren. Jede Woche einmal ließ Trepper ihn nach Paris kommen und Bericht erstatten[189]. Diese Treffs wurden jedoch zunehmend von einer unerwarteten Seite gestört: von der eifersüchtigen Kent-Geliebten, die (in die Spionagearbeit ihres Freundes nicht eingeweiht) hinter den regelmäßigen Zusammenkünften des Petit-Chef mit Trepper neue Amouren witterte[190]. Seit sie in Kents Jackentasche ein signiertes Photo der Kabarett-Tänzerin Nila Cara gefunden hatte, pflegte sie die Trepper-Kent-Treffs durch stündliche Anrufe zu unterbrechen. Margarete Barcza weiß noch heute: »Das versetzte ihn [Kent] jedesmal in rasende Wut.«[191]

Der mißtrauische Residenturleiter Trepper fuhr häufig nach Belgien, um die Arbeit Kents besser kontrollieren zu können; ein Zimmer im Kent-Appartement mußte für ihn stets bereitgehalten werden[192]. Was er in der Brüsseler Zentrale der Simexco sah, weckte in ihm den Wunsch, nun auch in Frankreich eine ähnliche Tarnfirma unter seinem direkten Kommando zu gründen. Wieder machte sich Großvogel an die Arbeit.

Die neue Firma, genannt Simex, war eine getreue Kopie des Kent-Unternehmens. Diesmal verzichtete Großvogel jedoch auf den Tarnmantel eines neutralen Geschäftsmannes, diesmal traten die drei führenden Sowjetspione im besetzten Frankreich offen in die Firma ein: Trepper (›Gilbert‹) wurde Geschäftsführer[193] der Simex (Stammkapital: 300 000 Franc)[194], zum Chefsekretär bestellte er sich seinen Adlatus Katz[195], Großvogel figurierte als Gesellschafter[196], während die französische Kommunistin Suzanne Cointe, Tochter eines Generals, die Leitung des Pariser Simex-Sekretariats übernahm[197].

Nach der Eintragung des Unternehmens im Register der Pariser Handelskammer im Sommer 1941[198] schlugen die vier Agenten im Lido-Haus auf den Champs-Elysées ihr Quartier auf[199]. Keiner der übrigen Angestellten ahnte, daß hinter dem luxuriösen Arbeitszimmer des Geschäftsführers Gilbert die Fäden der größten sowjetischen Spionageorganisation in Westeuropa zusammenliefen; hinter dem Zimmer lag ein kleiner Raum, in dem die Schlüsselbücher und Adressenlisten des Trepper-Apparates aufbewahrt wurden[200].

Die Tarnung war perfekt. Lange Zeit hielt Emmanuel Mignon, Gehilfe des Chefsekretärs Katz, wie viele seiner Kollegen die Simex für »einen lustigen Laden, es ging immer vergnügt zu. Wir machten ausschließlich Schwarzmarktgeschäfte.«[201]

Auch die deutschen Behörden reagierten so arglos und ließen sich gerne von der Simex beliefern. Monsieur Gilbert, der jeden Wunsch erfüllte, war ein gerngesehener Begleiter deutscher Offiziere und genoß ein Privileg, dessen sich wenige Pariser Geschäftsleute rühmen konnten: Er durfte, mit einem Sonderausweis versehen, die Demarkationslinie nach dem unbesetzten Frankreich passieren[202]. Das Geschäft warf märchenhafte Gewinne ab. Mignon bestätigt: »Wir rafften ein Vermögen zusammen, aber kein Pfennig blieb im Haus. Sowie der Geldschrank voll war, schneite Katz oder Großvogel herein und schaffte schleunigst den Batzen beiseite.«[203]

Doch noch ehe die neue Tarnfirma ihr Netz auswarf, löste Adolf Hitler die Katastrophe aus, auf die Leopold Trepper und seine Agenten seit Monaten gewartet hatten: Die deutsche Kriegsmaschine rüstete sich, in Rußland einzufallen. Seit Anfang 1941 schnappten Treppers Agenten Indizien auf, die den Schluß zuließen, Deutschland marschiere mit dem Gros seiner Wehrmacht an der russischen Westgrenze auf. Die Meldungen waren indes in Moskau unwillkommen. Zum erstenmal erfuhr die Rote Kapelle, was es heißt, die vorgefaßten Meinungen einer mächtigen Führungselite zu stören. Treppers Leute sahen sich jäh als britische Agenten denunziert.

Nach dem Abschluß des Hitler-Stalin-Pakts im August 1939 glaubte kaum ein hoher Sowjetoffizier an die Möglichkeit eines Krieges zwischen Rußland und Deutschland; »unser übertriebenes Vertrauen in den Nichtangriffspakt mit Deutschland« (so der Marschall Birjusow) schläferte praktisch die Feindaufklärung des Generalstabs ein[204]. Wer dennoch den deutschen Aufmarsch konstatierte, setzte sich automatisch dem Verdacht aus, ein britischer Agent zu sein. Das war nicht ganz so unsinnig, wie es heute klingt; das von den Deutschen hart bedrängte England mußte ein Interesse daran haben, Rußland an seiner Seite in den Krieg zu ziehen.

Trepper, sein Fernost-Kollege Richard Sorge und die Berliner Gruppe um Schulze-Boysen liefen mit ihren Alarmmeldungen gegen eine Mauer der Verständnislosigkeit. Auf eine dieser Meldungen schrieb Stalin mit roter Tinte: »Diese Information ist eine englische Provokation. Herausfinden, von wem diese Provokation stammt, und ihn bestrafen.«[205] Selbst Geheimdienst-Chef Golikow mochte an die deutsche Invasionsgefahr nicht glauben. Er las Tag für Tag die Alarmmeldungen — und ignorierte sie.

Als ihm der Militärattaché in Berlin am 14. März genau detaillierte, der Angriff der drei deutschen Heeresgruppen werde zwischen 15. Mai und 15. Juni eröffnet werden, wies ihn Golikow zurück. Am 20. März analysierte der Raswedupr-Chef die Lage so: »Die Gerüchte und Dokumente, aus denen hervorgeht, daß in diesem Frühjahr ein Krieg gegen die UdSSR unvermeidlich sei, müssen als Falschmeldungen betrachtet werden, die vom britischen und vielleicht sogar vom deutschen Nachrichtendienst ausgehen.«[206] Erst ein paar Wochen später wachte Golikow aus seinen Illusionen auf. Er drängte die Führung, die Gefahr ernst zu nehmen — vergebens.

Fast jeder führende Sowjetfunktionär glaubte mit dem Stalin-Vertrauten Schdanow: »Nur ein Verrückter greift uns an.« Der Generalstabschef Schukow wurde allerdings allmählich auch skeptisch; er schlug Stalin am 14. Juni vor, die Truppen in den westlichen Wehrkreisen zu alarmieren und an die Grenze zu verlegen. Als Stalin jedoch hörte, dort stünden 149 sowjetische Divisionen, unterbrach er Schukow: »Na, ist das denn nicht genug? Die Deutschen haben nach unseren Informationen nicht so viele Truppen.« Schukow erläuterte dem Diktator, die sowjetischen Divisionen seien nur halb so stark wie die deutschen. Darauf Stalin: »Man kann dem Geheimdienst nicht alles glauben.«

So traf der Hammerschlag des deutschen Überfalls die Rote Armee unvorbereitet; selten war eine Armee so überrascht worden. Marschall Bagramiam erinnert sich: »Wo der Feind seinen Hauptschlag führen würde, wie er gruppiert war, was er vorhatte — man konnte darüber nur rätseln.«[207] Stalin setzte den diskreditierten Golikow ab, an dessen Stelle trat ein neuer Direktor: Generalmajor der Panzertruppen A. P. Panfilow. Er erwartete sich nicht zuletzt von Treppers Organisation wichtige Meldungen über den Feind.

Die Ironie aber wollte, daß just in diesem Augenblick der Grand Chef aller Mittel beraubt war, die ihm den ständigen Kontakt mit der Zentrale Moskau ermöglicht hätten. Treppers französische Organisation besaß kein Funkgerät[208]. Monatelang hatte der sowjetische Militärattaché Susloparow dem Residenturleiter Trepper für den Ernstfall die Aushändigung einiger Sender versprochen, aber als die sowjetische Botschaft in Vichy ihre Tore schloß und ihr Personal nach Moskau abreiste, da mußte der Militärattaché seinem Konfidenten gestehen, er verfüge über kein einziges Gerät[209]. Trepper war ohne eigene Funkverbindung mit Moskau.

Hätte die Zentrale nicht wenigstens eine der im Westen operierenden Gruppen anweisen können, dem Grand Chef ein Funkgerät auszuleihen? Keiner kam auf die Idee, offenbar waren sie allzu sehr in einem sterilen Kompetenzdenken befangen. Jede Gruppe hatte ihren eigenen Auftrag, man arbeitete nur lose mit dem Nebenmann zusammen. Aber die örtliche kommunistische Partei — konnte sie nicht ein Funkgerät zur Verfügung stellen? Das wäre möglich gewesen, aber die Zentrale sah die Kontakte zur KP nicht gerne, nur einmal im Jahr durfte sich der jeweilige Agentenchef mit einem Delegierten der Partei treffen, und dies auch nur auf Weisung der Moskauer Zentrale[210].

So also sah die vielgerühmte Planung und Systematik des sowjetischen Geheimdienstes aus, so also hatte man sich auf den lautlosen Krieg gegen die gefährlichste Kriegsmaschine Europas präpariert. Jahr um Jahr war in den sowjetischen Spionageakademien gelehrt worden, der künftige Krieg werde sich im Äther entscheiden, aber als endlich der Krieg begann, hatte eine der leistungsfähigsten Agentengruppen nicht einmal ein Funkgerät. Und das war kein Einzelfall: Von der Berliner Gruppe erhoffte sich die Zentrale die wichtigsten Meldungen, dennoch hatte man verabsäumt, der Gruppe einen ausgebildeten Funker zuzuweisen[211]. Das Funken war und blieb die Achillesferse der Roten Kapelle.

Der Grand Chef hatte keine andere Wahl, als nach einem Funkgerät zu suchen und derweil die anfallenden Meldungen für Moskau an Kents Funkgruppe weiterzugeben. Das machte den Petit Chef nun vollends zu einer zentralen Figur des sowjetischen Spionageapparates im Westen. Je verzweifelter sich die Lage der russischen Armeen gegenüber den deutschen Invasionstruppen entwickelte, desto schriller wurden die Rufe des Direktors nach Informationen, Analysen, Statistiken. Auskunft aber konnte allein Kent geben, denn er verfügte über die beste Funkverbindung nach Moskau.

Wochenlang kamen Kents Funker, Chiffrierer, Agenten und Kuriere nicht mehr aus den Kleidern. Kent verließ mit seinem Trupp die Villa in der Brüsseler Avenue Longchamp und bezog ein neues Quartier in dem dreistöckigen Haus 101 der Rue des Atrébates[212]; dort arbeitete die Gruppe in der alten Besetzung zusammen (Funker: Makarow, Chiffriererin: Sophie Posnanska, Kurier: Rita Arnould), ab Herbst 1941 assistiert von dem aus Vichy geflohenen Unterleutnant Danilow[213].

Von Stund an stand die Funkgruppe Kents in nahezu pausenlosem Einsatz. Während V-Männer Informationen sicherten, Kuriere zu den verabredeten Briefkästen eilten und die Chefs, der große und der kleine, die Meldungen sichteten, wurde das Sendematerial in der Rue des Atrébates chiffriert und funkfertig gemacht. Um Mitternacht hastete Makarow heran und bediente fünf Stunden lang, ohne jede Unterbrechung, sein Gerät[214]. Jede wichtige Information mußte Moskau unter dem Rufzeichen ›PTX‹ sofort durchgegeben werden, jeder Auftrag der Zentrale war umgehend auszuführen.

Und Moskau, der Generalstab von Rußlands hartbedrängten Armeen, hatte jeden Augenblick einen anderen Wunsch, einen neuen Auftrag. »An Kent von Direktor«, funkte Moskau am 10. August 1941, »Schneiders Quelle scheint gut informiert zu sein. Kontrollieren Sie durch ihn Gesamtzahlen aller bisherigen deutschen Verluste, spezialisiert nach Art und Feldzügen.«[215]

Am 29. August 1941: »Erkundungen betr. die Produktionsmöglichkeiten von chemischen Kampfstoffen in deutschen Fabriken, Vorbereitung von Sabotageakten in den betr. Werken.«[216]

Am 10. August: »Benötigen Bericht über Schweizer Armee, die in Verbindung mit möglicher deutscher Invasion interessiert. Stärke der Armee im Falle allgemeiner Mobilmachung. Art der angelegten Befestigungen. Qualität der Bewaffnung. Einzelheiten über Luftwaffe, Panzerwaffe und Artillerie. Technische Mittel nach Waffengattungen.«[217]

Es gab schlechterdings nichts, was der Direktor nicht zu wissen verlangte. Strategische Pläne der Wehrmacht, Details über deutsche Luftwaffeneinsätze, Angaben über die Beziehungen zwischen der NS-Führung und der Wehrmacht-Elite,

AUFBAU DER ROTEN KAPELLE

RESIDENTURLEITER WESTEUROPA: LEOPOLD TREPPER

BELGIEN	FRANKREICH	DEUTSCHLAND	HOLLAND
GRUPPE „KENT" Brüssel · liquidiert Dez. 1941	**GRUPPE „GILBERT"** Paris · liquidiert Herbst 1942	**GRUPPE „CHORO"** Berlin · liquidiert Sept. 1942	**GRUPPE „HILDA"** Amsterdam · liquidiert Aug. 1942
VICTOR SUKULOW-GUREWITSCH Petit Chef	LEOPOLD TREPPER Grand Chef	HARRO SCHULZE-BOYSEN Chef	ANTON WINTERINCK Chef
MICHAIL MAKAROW Funkverkehr, Chiffrierwesen	LEON GROSSVOGEL Gründer von Tarnfirmen in Frankreich und Belgien; in diesen Firmen arbeiten die Agenten	HANS COPPI Funker	JOHANN WENZEL Kominternagent; Ausbilder bis 1940, dann in Belgien
ANTON DANILOW Verbindung zu anderen Spionage-Basen	ALFRED CORBIN · ROBERT BREYER	ODA SCHOTTMÜLLER KURT SCHUMACHER ERIKA GRÄFIN VON BROCKDORFF Mitarbeiter/Funk	WILHELM VOEGELER Funker
KONSTANTIN JEFREMOW Später Chef der Gruppe „Bordo"	HERSCH und MYRA SOKOL Funker	HORST HEILMANN Informant, Bereich: Funkabwehr	JOHANNES LUTERAAN Verbindungsmann
RITA ARNOULD Vorsteherin des Brüsseler Büros	WASSILI und ANNA MAXIMOWITSCH Agenten	JOHANN GRAUDENZ Informant; Bereich: Flugzeugproduktion	DANIEL GOULOOZE · ADAM NAGEL HENDRIKA SMITH
SOPHIE POSNANSKA Schlüsselexpertin	KÄTHE VOELKNER Informantin; Bereich: Organisation Sauckel	WALTER und MARTHA HUSEMANN ANNA KRAUS-WALTER KÜCHEMEISTER Agenten	JACOB und HENDRIKA RILLBOLING Verbindung/Brüsseler Gruppen
ABRAHAM RAJCHMAN Paßfälscher; später Gruppe „Bordo"	Der Gruppe „Gilbert" unterstellte Komintern-Agenten:		1942 nach Zerschlagung der Roten Kapelle tätig
MALVINA GRUBER	HENRY ROBINSON		

SCHWEIZ

GRUPPE „DORA"
Genf-Lausanne

ALEXANDER RADO
Chef; muß Nov. 1943 fliehen

RACHEL DUBENDORFER
wird 1943 Rados Nachfolgerin

ALEXANDER FOOTE
Funker; Station „Jim", Lausanne

EDMOND und OLGA HAMEL
Funker; 1. Station Genf

MARGARET BOLLI
Funker; 2. Station Genf

RUDOLF RÖSSLER
Informant

GRUPPE „PAKBO"

OTTO PUNTER
Chef

CHRISTIAN SCHNEIDER
Informant

Berlin - liquidiert Sept. 1942

ARVID HARNACK
Chef

ADAM und GRETA KUCKHOFF
Kuriere, Chiffrierwesen

JOHN SIEG
Agent

GRUPPE „ARIER"
Berlin - liquidiert Sept. 1942

ILSE STÖBE
Direkt-Verbindung zu Moskau

RUDOLF VON SCHELIHA
Informant; Bereich: Auswärtiges Amt

KURT SCHULZE
Funker

Funker

PIERRE und LUCIENNE GIRAUD
Mitarbeiter/Funk

GRUPPE „MARSEILLE"
Marseille - seit August 1942

VICTOR SUKULOW- GUREWITSCH
Chef; vorher Chef (Gruppe „Kent") Brüssel

MAGUERITE MARIVET, ALEPEE
Agenten

GRUPPE „LYON"
Lyon-seit August 1942

JESEKIEL SCHREIBER
Chef

ISIDOR SPRINGER
Wirtschaftsinformant; vorher „Kent" Brüssel

OTTO SCHUHMACHER
Funker; vorher „Kent", Brüssel

Wirtschaftsinformant; später in Frankreich

AUGUSTIN SESÉE - HERMANN ISBUTSKY
Funker; später Gruppe „Bordo"

OTTO SCHUHMACHER
Funker; später in Frankreich

SIMONE PHELTER
Verbindung zu Frankreich

MAURICE PEPER
Verbindung zu Holland

GRUPPE „BORDO"
Brüssel - liquidiert Juli/Aug. 1942

KONSTANTIN JEFREMOW
Chef; vorher bei „Kent"

ABRAHAM RAJCHMAN
vorher bei „Kent"

JOHANN WENZEL
Cheffunker für Westeuropa

AUGUSTIN SESÉE - HERMANN ISBUTSKY
vorher bei „Kent"

FRANZ und GERMAINE SCHNEIDER
Kuriere

89

Nachrichten über die wechselnden Standorte des Führerhauptquartiers, Stärkebilder deutscher Heeresgruppen, Truppenbewegungen in den besetzten Westgebieten[218] — Moskau war an jeder kriegsrelevanten Einzelheit interessiert. Und immer wieder Ermahnungen des Direktors, schneller zu liefern, besser zu liefern, mehr zu liefern.

»Ziehen Sie Lehre aus dem Fall Lille« hieß es da zum Beispiel: »Überprüfen Sie alle Verbindungen mit politischen Kreisen. Bedenken Sie, daß derartige Verbindungen unter Umständen gefährlich für die Arbeit der ganzen Organisation sein können. Achten Sie streng auf den Verkehr Ihrer Leute.«[219] Bei einer anderen Gelegenheit: »Ihre Organisation muß in mehrere selbständige Gruppen aufgeteilt werden, zwischen denen eine Verbindung nur über Sie besteht. Ausfall einer Gruppe darf Arbeit der anderen weder behindern noch gefährden. Radiosystem muß dezentralisiert werden, und zwar raschestens. Bedenken Sie, daß Ihre Arbeit von größtem Wert ist.«[220]

»An Kent von Direktor ... An Kent von Direktor ... An Kent von Direktor« — diese Funksprüche ließen den Petit Chef kaum noch zur Ruhe kommen. Immer wieder diktierte er neue Meldungen für Moskau, neue Informationen, neue Hiobsbotschaften.

Im Oktober 1941: »Von Pierre. Gesamtstärke des deutschen Heeres 412 Divisionen. Davon in Frankreich zur Zeit 21, zumeist Divisionen zweiter Linie; ihr Bestand schwankt infolge dauernder Abgänge. Truppen, die bei und südlich Bordeaux [...] in Stellung waren, befinden sich auf dem Wege nach dem Osten; es sind etwa drei Divisionen.«[221] Neue Meldung: »Von Emil. Zwei neue deutsche Giftstoffverbindungen sind hier bekannt geworden. 1) Nitrosylfluorid. Formel: HC_2F. 2) Kakodylisocyanid. Formel: $(CH_3) 2 AsNC$.«[222] Wieder eine Nachricht: »Von José. Bei Madrid, 10 km westlich der Stadt, befindet sich deutsche Horchstelle zum Abhören britischen, amerikanischen und französischen (kolonialen) Funkverkehrs. Getarnt als Handelsorganisation mit Decknamen ›Stürmer‹. Spanische Regierung ist unterrichtet und unterstützt die Stelle.«[223] Und noch einmal: »Quelle: Jacques. Deutsche haben Elite ihrer Streitkräfte an Ostfront verloren. Überlegenheit russischer Panzer nicht abgestritten. Generalstab entmutigt durch dauernde Änderungen Hitlers bei strategischen Plänen und Zielen.«[224]

Jede Meldung dokumentierte, daß die Agenten Treppers und Kents leisteten, was man von ihnen erwarten konnte. Kein Zweifel, die Organisation im Westen hatte sich bewährt. Doch der Chefagent Kent drohte in der Flut der einlaufenden Informationen zu ertrinken; seine Gruppe allein sollte alle

Meldungen aus Belgien und Frankreich bewältigen, während der kleine, aber senderstarke Holland-Apparat ›Hilda‹ kaum ausgelastet war[225].

Die Meldungen auf dem Schreibtisch Kents häuften sich derartig, daß der Chefagent von Moskau neue Sendegeräte und Schlüsselbücher anforderte[226]. Zunächst standen keine neuen Funkgeräte zur Verfügung, dennoch versuchte der Direktor Abhilfe zu schaffen: Kent und auch der Grand Chef durften sich nun zuweilen des Reservenetzes bedienen, das die Raswedupr in der Schweiz angelegt hatte.

Dort war Anfang 1940 von Alexander Radó (Deckname: ›Dora‹) ein kleines V-Mann-Netz ausgebaut worden[227]; Radó verfügte über eine Organisation von 50 V-Männern[228]. Er besaß sogar, und das machte ihn nun für Kent und Trepper so besonders wichtig, drei Funkgeräte: Ein Gerät (›Station Jim‹) stand in Lausanne und wurde von dem britischen Funker Alexander Foote betrieben, ein zweites befand sich in der Genfer Villa des Agenten-Paars Edmond-Charles und Olga Hamel, den dritten Sender bediente die Radó-Freundin Margrit Bolli[229].

Das Schweizer Netz war für den Fall angelegt worden, daß die Spionagegruppen in Westeuropa und in Berlin ausfallen würden; erst dann sollte Radó seine eigentliche Arbeit aufnehmen. Der Sendermangel und Kents Überlastung veranlaßten jedoch den Direktor, schon jetzt Radós Sender gelegentlich einzuschalten. Radós Funksprüche waren zuweilen ebenso wichtig wie die Meldungen des Kent-Senders.

Da erfuhr Moskau am 6. September 1941: »Deutschland ist einverstanden, daß Finnland nach Einnahme Leningrads Sonderfrieden schließt, da dies Verkürzung der deutschen Front, Freiwerden deutscher Truppen, Versorgungs- und Transporterleichterung bedeuten wird.«[230] Da gab Radó am 20. September die Meldung weiter: »Nächstes Ziel der Deutschen ist Abschneidung der Verbindungen der UdSSR mit Angelsachsen durch Eroberung von Murmansk.«[231] Da tickten die Funkgeräte am 22. Oktober: »Infolge erlittener Verluste Gros deutscher Divisionen an Ostfront Homogenität verloren. Neben Leuten mit vollständiger Ausbildung bestehen sie aus Leuten mit vier bis sechs Monaten Ausbildung und aus Leuten mit nur einem Sechstel der notwendigen Ausbildungszeit.«[232] Da las die Zentrale: »Am 17. Oktober Anordnungen [der deutschen Führung] für möglicherweise lange Belagerung Moskaus. Schwere Küsten- und Marineartillerie seit Tagen von Königsberg und Breslau nach Moskauer Front unterwegs.«[233]

Kent begann soeben eine leichte Entlastung vom Druck des eingehenden Informationsmaterials zu spüren, da mutete ihm der Direktor noch mehr Arbeit zu. Am 10. Oktober 1941 fing Funker Makarow einen Spruch aus Moskau auf. Kent las:

> Begeben Sie sich sofort zu den drei angegebenen Adressen in Berlin und stellen Sie fest, weshalb Funkverbindung ständig versagt. Falls Unterbrechungen sich wiederholen, übernehmen Sie Funkübermittlung. Arbeit der Berliner Gruppen und Nachrichtenübermittlung von größter Wichtigkeit. Adressen: Neu-Westend, Altenburger Allee 19. Drei Treppen rechts. Choro. — Charlottenburg, Fredericiastraße 26a. Zwei Treppen links. Wolf. — Friedenau, Kaiserallee 18. Vier Treppen links. Bauer. Erinnern Sie hier an ›Ulenspiegel‹. — Kennwort überall: Direktor.[234]

Acht Tage später erfuhr Kent — er war noch nicht nach Berlin abgereist — aus einem Funkspruch des Direktors, daß der Verkehr zwischen der deutschen Gruppe und Moskau immer wieder durch die dilettantischen Funkversuche des Jungkommunisten Hans Coppi gestört wurde, den Gruppenchef Schulze-Boysen zum Funker bestellt hatte. Kent sollte nun den Berlinern ein neues Funkgerät überbringen und Coppi das Funken beibringen[235]. Kent fuhr nach Berlin.

Am 19. Oktober traf er die beiden Leiter der Berliner Gruppe, Schulze-Boysen und Harnack, und schärfte ihnen ein, sie müßten auf jeden Fall den Funkverkehr mit Moskau in Ordnung halten; versage aber Coppi wieder, dann stehe ein Kuriersystem zur Verfügung, das ermögliche, die Berliner Meldungen über Brüssel nach Moskau zu senden[236]. Die beiden Deutschen gelobten Besserung, am 20. Oktober reiste Kent nach Prag weiter, wo er einen anderen Auftrag des Direktors auszuführen hatte[237].

Bei seiner Rückkehr nach Brüssel aber erwartete ihn eine böse Nachricht: Coppi hatte den Funkverkehr mit Moskau wieder aufgenommen, war jedoch einige Tage später — am 21. Oktober — verstummt[238]. Kent mußte von jetzt an auch die Meldungen der Berliner Gruppe nach Moskau durchgeben, auf die der Direktor besonderen Wert legte, weil sie ihm von größter Bedeutung schienen.

Erst allmählich erfuhr Kent, warum Funker Coppi so plötzlich aus dem Äther verschwunden war. Der Funkverkehr war von ihm abgebrochen worden, weil sich die Abhörtrupps der deutschen Funkabwehr bis auf wenige Meter an ihn herangearbeitet hatten. Trepper und Kent wußten sofort, was die Berliner Hiobsbotschaft bedeutete. Die Deutschen waren ihnen auf der Spur. Die Funkabwehr holte aus zum Gegenschlag.

3. Kapitel   Alarm auf Linie Adolf

Das Einsickern sowjetischer Agentengruppen in Adolf Hitlers Machtbereich traf die deutsche Spionageabwehr völlig unvorbereitet. Ohnmächtig registrierten die Funkexperten des Dritten Reiches den Sendeverkehr ihrer Gegenspieler, vergebens fahndeten die Peiltrupps von Wehrmacht und Ordnungspolizei nach den Schlupfwinkeln des roten Spionageapparates. Die Deutschen standen vor einem schier unlösbaren Rätsel.

Funkspruch um Funkspruch demonstrierte die Hilflosigkeit der deutschen Abwehr. Mochten auch die verschlüsselten Berichte des unsichtbaren Gegners sorgfältig in den Horchstationen des Oberkommandos der Wehrmacht abgelegt, die Spruchköpfe der fremden Agentenmeldungen in den Rufnamenverzeichnissen der Funkabwehr festgehalten werden — die Geheimsprache der feindlichen Spione blieb den Deutschen unverständlich.

Am 26. Juni 1941 gegen 3.58 Uhr hatte die deutsche Funküberwachungsstelle Cranz bei Königsberg den ersten Funkspruch der Roten Kapelle aufgefangen[1]. »KLK de PTX 2606.03.30 32 wds. Nr. 14 qbv« notierte ein Funker und schrieb auf, was auch die besten Experten nicht entschlüsseln konnten: 32 Zahlengruppen zu je fünf Ziffern, abgeschlossen durch das Signum »AR 50385 KLK de PTX«[2]. Das Auftauchen des unbekannten Senders alarmierte die gesamte deutsche Funkabwehr. Schon wenige Stunden später tickten Fernschreiber eine Order an die Peilstationen der Wehrmacht: »Suchdienst nach Verkehrszeit von PTX. Frequenz nachts 10 363. Tagesfrequenz unbekannt. Dringlichkeitsstufe 1a.«[3]

Doch kaum waren die Deutschen sicher, daß der fremde Sender mit dem Rufzeichen PTX einen Empfänger bei Moskau anfunkte, da wurden neue Sender gemeldet. Am 8. Juli 1941 zählte die Funkabwehr 78 Agentensender der Komintern, bis zum Oktober kamen weitere zehn Sowjetsender hinzu[4] — im Juli 1942 funkten 325 Sendegeräte sowjetischer Spione im deutschbesetzten Europa[5], die meisten von ihnen freilich an der Ostfront eingesetzt.

Für die Spionejäger von Abwehr und Gestapo klang das Zwitschern im Äther wie ein höhnisches Echo auf ihre fruchtlosen Versuche, hinter die Geheimnisse des sowjetischen Spionageapparates zu kommen. Seit Jahren laborierte die Abwehr des Admirals Wilhelm Canaris an dem Problem, wie man in den sowjetischen Geheimdienst einbrechen und den roten Spionageaufmarsch stören könne.

Unter Führung des Fregattenkapitäns Protze war 1935 die

Abwehr-Gruppe III F entstanden[6], die Aufgaben der Gegenspionage bewältigen sollte: das Anwerben von V-Männern zur Beobachtung spionageverdächtiger Personen, das Abwehren und Unterwandern gegnerischer Spionagedienste, das Zuspielen irreführender Meldungen (›Spielmaterial‹). Aber weder dem Fregattenkapitän Protze noch seinem Nachfolger, dem ab 1938 amtierenden Oberstleutnant Joachim Rohleder[7], gelang die Infiltration in die Raswedupr.

Dabei war die Abwehr durchaus realistisch an ihre Arbeit gegangen. Sie wußte, was Heinrich Himmler mit der ihm eigenen Bewunderung für den bolschewistischen Polizeistaat so formulierte: »Rußland ist wirklich hermetisch abgeschlossen, so daß hinter seinen Mauern kein Schrei in die Welt hinauskommt, daß nichts von der für Rußland feindlichen Außenwelt nach Rußland eindringen kann.«[8] Frontal konnte man also in Rußland nicht einsickern, man mußte vom Rande aus das Riesenreich infiltrieren.

Da traf es sich gut, daß die Abwehrstelle Königsberg Kontakte zu hohen Beamten des litauischen Geheimdienstes unterhielt; die Litauer sollten helfen, Agenten über die russische Grenze zu schicken[9]. Doch die Litauer enttäuschten ihre deutschen Freunde, das Spiel gegen den mächtigen Nachbarn war ihnen zu gefährlich – sie »rührten [...] keinen Finger gegen die Sowjetunion«, wie sich der ehemalige Abwehr-Oberst Reile erinnert[10].

Was die litauischen Geheimdienstler nicht vermocht hatten, sollten die Ungarn schaffen. 1935/36 knüpfte die Abwehrstelle München Beziehungen zum ungarischen Geheimdienst an, der versprach, den Deutschen bei der Rußland-Aufklärung behilflich zu sein. Aber auch die Honved-Spione konnten das Dilemma der Abwehr nicht beseitigen[11]. Danach hatten die Kameraden von I M, dem Marine-Referat des Geheimen Meldedienstes der Abwehr, eine neue Idee: Sie schlugen vor, auf Schiffen, die sowjetische Häfen anliefen, V-Männer unterzubringen und sie dann von dort aus in Rußland einzuschleusen[12]. Das Projekt ließ sich ebensowenig verwirklichen wie der Plan, deutsche Rußland-Touristen für die Abwehr zu gewinnen[13].

Es blieb nur ein Mittel übrig: sich mit russischen Emigranten zu liieren und deren Kontakte zur alten Heimat zu nutzen. 1937 verband sich die Abwehr mit der ukrainisch-nationalistischen Exilgruppe OUN, deren Führer – Oberst Eugen Konowalez – seit 1921 mit den Deutschen zusammenarbeitete[14]. Konowalez wurde von sowjetischen Agenten ermordet, aber auch sein Nachfolger, Oberst Andrej Melnyk, wollte der Abwehr dabei helfen, in der sowjetischen Ukraine ein V-Mann-Netz zu legen[15]. Die Versprechungen erwiesen sich freilich als illusorisch; die Abwehr mußte sich damit begnügen, die Ukrainer für den Fall eines Krieges mit der Sowjetunion zu Sabotageunternehmen heranzuziehen[16].

Jedes Mittel hatte versagt, Rußland zu infiltrieren. Der Abwehr öffnete sich kein Weg in die sowjetische Geheimwelt. Oberst Ernst Köstring, der deutsche Militärattaché in Moskau, resignierte: Eher gehe »ein Araber mit wehendem weißen Burnus unbemerkt durch Berlin als ein ausländischer Agent durch Rußland«[17]. Die Sowjetunion blieb ein weißer Fleck auf den Lagekarten der Abwehr. Desto stärker geriet sie nun in die Domäne des Reichssicherheitshauptamtes unter SS-Gruppenführer Reinhard Heydrich.

Der Mißerfolg der Abwehr spornte ihre machtgierigen Konkurrenten, die Geheime Staatspolizei und den Sicherheitsdienst, zu einer Kraftanstrengung an, mit der sie die ›reaktionäre‹ Abwehr ausstechen wollten. Gestapo und SD war es Mitte der dreißiger Jahre gelungen, die illegalen Apparate der deutschen Kommunisten zu zerschlagen — warum sollte der sowjetische Geheimdienst widerstandsfähiger sein?

In der Tat hatte sich keine Organisation des Dritten Reiches länger und gründlicher auf die Beobachtung kommunistischer Spionagedienste spezialisiert als der Polizeiapparat des SS-Duos Himmler und Heydrich. Erzogen im antibolschewistischen Kreuzzugsgeist der Hitler-Partei, vorwärtsgetrieben von dem Räderwerk einer polizeistaatlichen Supermaschine, erkundeten Gestapo und SD jede Möglichkeit, in den sowjetischen Geheimdienst einzudringen. Auf dem Papier hatten die Regime-Wächter alle Aussicht, den Konkurrenten am Berliner Tirpitzufer, das Hauptquartier der Abwehr, zu überrunden.

Schon der Aktenplan der Gestapo-Zentrale offenbarte, wie nuanciert man den Gegner zu beobachten verstand: Da wurden unter der Ordnungsnummer 20^{01} alle Meldungen über ›Sowjetvertreter‹ abgeheftet, unter 20^{02} alle ›Ein- und Durchreisen von russischen Staatsangehörigen‹ registriert, unter 20^{10} ›internationale kommunistische Agenten‹, unter 20^{12} ›sowjetrussische Spionage‹ und so weiter[18]. Ein Memorandum aus dem Stab des RSHA-Chefs Heydrich nannte als Aufgaben eines Gestapo-Referats ›Sowjetrussische Angelegenheiten‹: »Erfassung und Beobachtung der Sowjetrussen und ihrer Wohnstätten, Pensionen usw. im Reich, Erfassung und Beobachtung der sowjetrussischen Diplomatenbewegung im Weltmaßstab, Behandlung und Beobachtung der sowjetrussischen Schiffe in deutschen Häfen, Behandlung und Auswertung aller Mitteilungen aus [der] bzw. über die Sowjetunion.«[19]

Nichts wurde dem Zufall überlassen, jeder Aspekt sowjetischer Spionagearbeit von dem staatspolizeilichen Überwachungs- und Erkundungsapparat behandelt, untersucht, registriert. Im RSHA-Amt IV (Gestapo, Chef: Reichskriminaldirektor Heinrich Müller) bearbeitete der Kriminalrat Horst Kopkow mit seinem Referat IV A 2 Fragen der Sabotageabwehr und des politischen Fälschungswesens, Polizeirat Matzke (IV C 1) hatte das Sachgebiet ›Auswertung, Hauptkartei, Ausländerüberwachung‹ unter sich, Kriminalkommissar Lindow war für ›Allgemeine Abwehrangelegenheiten, Erstattung von Gutachten in Hoch- und Landesverratsangelegenheiten‹ (IV E 1) federführend, während der Regierungs- und Kriminalrat Walter Kubitzky, Leiter des Referats ›Abwehr Ost‹ (IV E 5), als der eigentliche Gegenspieler des sowjetischen Geheimdienstes galt[20].

Ebenso aufgefächert waren die Rußland-Sektionen des RSHA-Amtes VI (Leiter: SS-Brigadeführer Heinz Jost, ab 1941: SS-Oberführer Walter Schellenberg), das den Auslandsnachrichtendienst des SD steuerte[21]. Der SS-Sturmbannführer Karl-Otto von Salisch koordinierte als Beauftragter III (Ost) die gegen die Sowjetunion gerichtete Nachrichtenarbeit der SD-Abschnitte in Ostdeutschland, der SS-Sturmbannführer Rudolf Seidel (VI A 3) leitete die im Ausland eingesetzten V-Männer und der Sturmbannführer Dr. Gräfe die Gruppe ›Ost‹ (VI C)[22].

Ein derart spezialisierter Apparat mußte der militärischen Abwehr zumindest materiell überlegen sein. Gestapo und SD wußten manche erfolgreiche Infiltration Rußlands zu melden. Der Ausland-SD bahnte Beziehungen zu weißgardistischen Offizieren in Paris unter dem ehemaligen Bürgerkriegs-General Nikolaj Skoblin an[23]; in der Tuchatschewski-Affäre gelang es Heydrich sogar, einen unmittelbaren Kontakt zur sowjetischen Geheimpolizei herzustellen: Beauftragte des GUGB-Chefs Jeschow verhandelten mit Heydrichs Dienststellen über Aushändigung und Bezahlung des vom SD gefälschten Belastungsmaterials, das den sowjetischen Marschall als Komplizen des westlichen Imperialismus erscheinen lassen sollte[24]. (Daß Stalin die Ausschaltung Tuchatschewskis schon Wochen zuvor beschlossen hatte, Heydrich also nur Zulieferungsdienste für Jeschow leistete, ahnte der Sipo-Chef nicht.)

Der SD schaffte auch, was der Abwehr mißlungen war. In Estland und Litauen, so meldete Amt VI am 23. Januar 1940 an Heydrich, habe der SD »wertvolle Quellen für zuverlässige Nachrichten aus Rußland« gesichert, ja es sei möglich geworden, »in Rußland selbst einzudringen, insbesondere von Polen aus, von dort sind ständig einzelne Beauftragte nach Sowjetrußland unterwegs, die Lage, die Stimmung usw. zu erkunden«[25]. Zur finnischen Armee unterhielt der SD während des russisch-finnischen Winterkrieges 1939/40 nützliche Beziehungen, die dem Amt VI »von der finnisch-russischen Front einwandfreie Berichte, insbesondere über Wert und Stärke der Roten Armee«, eintrugen[26].

Wie atemberaubend auch immer die Anstrengungen des staatspolizeilichen Apparates sein mochten — allzu oft zwangen die politischen Wahnideen des Nationalsozialismus den Spionejägern des RSHA eine Art kriminalistische Selbstverstümmlung auf. Selbst der nüchternste Beobachter wird sich des Staunens nicht erwehren können, wenn er in den erhaltenen Geheimpapieren des Reichssicherheitshauptamtes nachliest, was die SS-eigenen Staatsschützer über den sowjetischen Geheimdienst zu wissen glaubten.

»Der bolschewistische Generalstab, die jüdische Leitung« des sowjetischen Geheimdienstes wähnte Himmler allen Ernstes in — New York. In einer vertraulichen Sitzung des Preußischen Staatsrates belehrte der Reichsführer-SS und Chef der Deutschen Polizei hohe Partei- und Staatsfunktionäre, die Zentralstellen des russischen Geheimdienstes säßen »entweder in Deutschland auf exterritorialem Boden der russischen Botschaft oder weitgehend in [...] Holland, Dänemark auf fremdem Boden als kommunistische Leitung oder noch höher hinaufgehend in Rußland im Kreml [...] und schließlich zum letzten Rang gehend im jüdischen Kahal in New York«[27]. Bei solcher Weltschau konnte es dann auch nicht schwerfallen, der Überzeugung zu huldigen, die innersowjetischen Machtkämpfe seien nichts anderes als das Teufelswerk des Judentums.

»Streng vertraulich«, führte das Informationsamt des SD 1937 Stalins Säuberungsexzesse auf den Kampf zweier Machtgruppen in der Sowjetunion zurück: »Die eine kann man unter dem Sammelbegriff ›westlerisch-freimaurerisch‹ und die andere unter dem Sammelbegriff ›östlerisch-ghettojüdisch‹ zusammenfassen.«[28] Folgerichtig gehörte dann auch der Stalin-Kritiker Tuchatschewski »zu den westlerisch-jüdisch-freimaurerischen Kräften und hat in diesem Sinne, wie auch andere Trotzkisten, eine wenn auch sehr vorsichtige Tätigkeit entfaltet«[29]. Tuchatschewski und Trotzki — Marionetten der Freimaurerei!

Nicht einmal die einfachsten Organisationsdetails der Sowjetspionage waren dem Reichssicherheitshauptamt bis zum Rußlandfeldzug geläufig. Die Gutachter von IV E 1 hielten die OMS, die Sonderabteilung der Komintern-Zentrale, für eine Einrichtung sowjetischer Radioschulen[30], und sie ließen sich auch nicht davon abbringen, hinter Rußlands verstärkter Spionagearbeit die vor Jahren aufgelöste GPU zu wittern. SS-Oberführer Schellenberg klärte seinen Reichsführer auf: Die GPU sei eine ›Spionage-Spezialabteilung‹ des Volksinnenkommissariats, also identisch mit dem sowjetischen Geheimdienst — kein Wort von der Raswedupr[31].

Als arge Fehldeutungen entpuppten sich auch die Analysen und Berichte, in denen die Rußland-Spezialisten des RSHA die Frage zu klären versuchten, wo der Führungskopf der sowjetischen Spionage in Deutschland liege. Das RSHA vermutete ihn in der Berliner Sowjetbotschaft; deren Chef, der Ende 1940 an die Spree versetzte Botschafter Wladimir Dekanosow, »ein Vertrauter Stalins« und ehedem »Leiter der Nachrichtenabteilung des NKWD«, galt als eine Art Spionage-Boß, der durch sein Erscheinen in Berlin »das Signal zu noch stärkerer Intensivierung der Ausspähung in Form der politischen, wirtschaftlichen und militärischen nachrichtendienstlichen Tätigkeit« gegeben habe[32].

Das eine war so falsch wie das andere. Sicherlich konnte das RSHA nicht wissen, daß der Diplomat Dekanosow, seit Anfang 1939 im Dienst des Moskauer Außenministeriums[33], in heftiger Fehde mit der Raswedupr lag, deren zutreffende Meldungen über den deutschen Aufmarsch gegen Rußland er als pro-britische Provokationen diffamierte[34]. Aber daß sich der Führungskopf der Sowjetspionage traditionell in der russischen Handelsvertretung befand, nicht in der Botschaft, hätte sich inzwischen auch in der Prinz-Albrecht-Straße herumsprechen können.

So war der allmächtige Apparat von Gestapo und SD der sowjetischen Spionage ebensowenig gewachsen wie die Abwehr. Heydrich, Müller und Schellenberg suggerierten sich ein wirklichkeitsfremdes Überlegenheitsgefühl gegenüber der Abwehr und hemmten damit den Kampf gegen die sowjetische Spionage. Die Kompetenzfehden zwischen den beiden Machtgruppen drohten auch das einzige Kampfmittel unwirksam zu machen, mit dem die Deutschen der Raswedupr ebenbürtig, wenn nicht gar überlegen waren: die Funkabwehr.

Deutsche und Russen hatten fast gleichzeitig die Bedeutung des Kurzwellenfunks für die Spionage entdeckt. Ende der zwanziger Jahre waren Rußlands Diplomatie, Geheimdienst und Militär dazu übergegangen, den internen Nachrichtenverkehr auf Funk umzustellen. Die sowjetische Kriegsmarine, mit ihren Schiffen auf hoher See am ehesten an einer Funkverbindung mit dem Flottenstab interessiert, hatte den Anfang gemacht, die Luftwaffe war ihr gefolgt — ab 1927 war der Kurzwellenfunk auf allen wichtigen Lebensgebieten der Sowjetunion akzeptiert[35].

Auch in Deutschland hatte die Kriegsmarine den Funk eingeführt. Die Abwehr erkannte rasch die technische Umwälzung, die der Kurzwellenfunk für die Spionagearbeit bedeutete, und bediente sich in zunehmendem Maße dieser neuen Waffe. Deutschland war denn auch neben Rußland die einzige Macht, die mit funkgesteuerten Agentennetzen in den Zweiten Weltkrieg eintrat. Die Offiziere des Abwehr-Referats Ii (Agentenfunknetze und Verkehr) kommandierten eine Schattenarmee von Informanten, deren handliche Sendegeräte trotz ihrer schwachen Leistungskraft (20 bis 60 Watt) »geradezu unwahrscheinliche Entfernungen überbrücken« konnten[36].

Ebenso rasch aber, wie sich die Abwehr die Funkwaffe aneignete, entwickelten die Deutschen eine Gegenwaffe: die Funkabwehr. Die rasche Entwicklung der Funktechnik erlaubte der Abwehr nicht nur, den gegnerischen Funkverkehr abzuhören, sie ermöglichte auch in Kriegszeiten, feindliche Agentensender aufzuspüren und unschädlich zu machen.

Das eine war die Aufgabe des Horchdienstes, das andere die Mission der Funkabwehr. Der Horchdienst ging auf den Oberstleutnant Buschenhagen zurück, der 1919 mit einigen Dechiffrierern in der Berliner Friedrichstraße ein ›Auswertungsamt‹ geschaffen hatte; 1920 wechselten er und seine 12 Mitarbeiter in das Reichswehrministerium über[37], wo sie später die Abwehr-Abteilung II (Chiffrier- und Funkhorchdienst) bildeten[38]. Bereits 1926 unterhielt die Abteilung Horchstationen in sechs deutschen Großstädten[39]; die für die Abwehr sowjetischer Spionage wichtigste war die Feste Funk- und Horchstelle Königsberg, die unter dem Kommando des Majors von Richthofen den gesamten Ostraum funktechnisch überwachte[40].

Der Horchdienst von Abwehr II beobachtete den diplomatischen und geheimdienstlichen Funkverkehr der fremden Mächte, während auf einer niedrigeren, gleichsam taktischen Ebene der Horchdienst der drei Teilstreitkräfte den militärischen Funkverkehr ihrer ausländischen Nachbarn festhielt: Das Heer registrierte mit seinen Nachrichten-Aufklärungs-Regimentern den Funkbetrieb fremder Armeen, die Luftwaffe mit ihrem Funkaufklärungsdienst den Verkehr fremder Luftstreitkräfte und die Kriegsmarine mit ihrem B- oder Beobachtungs-Dienst den ausländischen Marineverkehr[41].

Hingegen fiel die Abwehr der gegnerischen Funkspionage in ein anderes Ressort des Canaris-Apparats, in das Referat III K unter dem Korvettenkapitän Schmolinski[42]. Das Referat machte sich die Fortschritte der Funkmeßtechnik zunutze, die es inzwischen ermöglichten, den Standort unbekannter Sender durch Funkpeilung zu ermitteln.

Auch hier hatte die Marine der Spionageabwehr Neuland gewonnen. Die Notwendigkeit, den Kurs und Standort weit entfernter Schiffe bestimmen zu müssen, hatte die Richtungspeilung entstehen lassen; man konnte von nun an den arbeitenden Sender eines Schiffes von zwei Landstationen aus mit richtungsempfindlich aufnehmenden Rahmenantennen anpeilen (›anschneiden‹) und durch Festlegen des Schnittpunktes

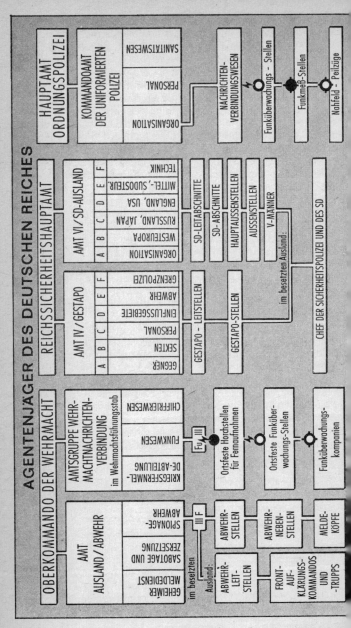

der Peilstrahlen beider Rahmenantennen den Standort des Schiffes bestimmen. Das war die Geburtsstunde der Funkabwehr.

Das Referat III K begann, zumindest auf dem Papier, den künftigen Krieg gegen feindliche Agentenfunker zu konzipieren. Mit leicht zu handhabenden Peilgeräten, so stellten es sich die Offiziere der Abwehr vor, mußte es möglich sein, die Wellen gegnerischer Sender aufzufangen und sie in kürzester Zeit zu orten. Noch gab es diese Geräte nicht, aber III K würde eines Tages die geeigneten Techniker finden, die solche Spürgeräte bauen könnten.

Doch viele konservative Abwehr-Offiziere verstanden nicht, welche Waffe ihnen mit der Funkabwehr in die Hand gegeben worden war. Bis zum Kriegsausbruch hielten sie den Einsatz von Funkspionen für ein Phantasiegespinst wilder Spionage-Romanciers. Nur so ist es zu erklären, daß sich die Abwehr widerstandslos die Kontrolle über die in ersten Ansätzen bereits vorhandene Funkabwehr aus den Händen winden ließ.

Diesmal war es ein anderer Apparat des Himmler-Imperiums, der ein Vorrecht der Abwehr an sich zu reißen versuchte: die Ordnungspolizei (Orpo) des SS-Obergruppenführers Kurt Daluege. Das Schwarzsender-Gesetz vom 24. November 1937 hatte der Orpo einen Anteil an der Funkabwehr gesichert[43]; das Militär interessierte sich ohnehin nicht für die ›Schwarzsender‹, wie man die Geräte nannte, deren Besitzer — Amateurfunker — ohne staatliche Lizenz sendeten. Durch einen pseudomilitärischen Apparat machten Dalueges Offiziere der Funkabwehr des Amtes Canaris Konkurrenz: Im Kommandoamt der Orpo leitete der Oberst der Schutzpolizei und SS-Oberführer Robert Schlake die Gruppe ›Nachrichtenverbindungswesen‹[44], die mit etwa 2000 Mann, sieben Festen Funkmeßstellen und einigen Nahfeldpeilern[45] den unbekannten Gegner im Äther jagte.

Die Expansion des Kameraden Daluege ließ seinem schärfsten Rivalen in der SS, dem RSHA-Chef Heydrich, keine Ruhe. Er wollte sich eine eigene Funküberwachung zulegen. Im September 1939 gab Heydrich Befehl, einen ›B-Funkdienst‹ zu schaffen, mit dem das Reichssicherheitshauptamt auch beobachten wollte, was nur von der Abwehr observiert wurde: »die Betriebssender gegnerischer Nachrichtendienste«[46]. Die Errichtung einer Funkschule der Sicherheitspolizei und des SD signalisierte Heydrichs Ansprüche auf dem Gebiet der Funkabwehr[47].

Die Rivalität zwischen den hohen SS-Führern setzte sich im Polizeiapparat nach unten weiter fort. Hatte Heydrich zunächst angeordnet, das Funknetz des Reichssicherheitshauptamtes solle vom RSHA-Amt III (Inland-SD) gesteuert werden[48], so machten später Gestapo-Chef Müller und Auslands-SD-Chef Schellenberg dem Kollegen vom Amt III die Führungsrolle streitig. Jeder verfolgte seine eigene Hausmachtpolitik: Müller versuchte immer mehr, dem Funkspezialisten seines Amtes, dem Kriminaldirektor Schulz, die Kontrolle über das RSHA-Funknetz zuzuschieben, während die Leitung des Amts VI forderte, die Funkabwehr gehöre in ihren Geschäftsbereich[49].

Allmählich merkten aber auch die Militärs, daß die Wehrmacht im Begriff war, in dem Kompetenzkampf der deutschen Machtgruppen eine Schlacht zu verlieren. Denn längst waren nach Kriegsausbruch an die Stelle der privaten Schwarzsender alliierte Funkspione getreten, deren Bekämpfung die Ordnungspolizei ebenfalls für sich beanspruchte. Das aber rief nun den Widerstand der Soldaten wach.

Die Wehrmacht konnte noch rechtzeitig den Vormarsch der SS-Funküberwacher stoppen. Die geringe Leistungsfähigkeit der von der Ordnungspolizei betriebenen Funkmeßstellen genügte dem Oberkommando der Wehrmacht als Vorwand, die alleinige Leitung der Funkabwehr für sich zu fordern[50]. Hitler stimmte im Spätsommer 1940 zu, und allmählich begann sich eine ganz neue Geheimtruppe zu formieren, an der letztlich die Rote Kapelle scheitern sollte[51].

Funkexperten der Wehrmacht, meist ehemalige Funkamateure, bildeten einen Führungsstab im OKW; zugleich wurden aus der Nachrichten-Aufklärungs-Truppe der drei Teilstreitkräfte funkinteressierte Soldaten und Offiziere herausgezogen und zu Funküberwachungskompanien zusammengestellt[52]. Sie blieben truppenmäßig bei der jeweiligen Teilstreitkraft: Das Heer unterhielt zunächst (bis Anfang 1942) zwei Funküberwachungskompanien neben einer Festen Funküberwachungsstelle in Köge (Dänemark), die Luftwaffe stellte eine Funküberwachungskompanie und eine Staffel von neun Fieseler-Storch-Maschinen mit eingebauten Peilgeräten, die Marine hingegen kommandierte nur einzelne Spezialisten zur Funkabwehr ab[53]. Die Leitung der neuen Truppe übernahm am 10. September 1940 ein erfahrener Nachrichtentechniker, der bayrische Oberstleutnant und Diplom-Ingenieur Hans Kopp[54].

In kurzer Zeit entstand, was man nun auch im offiziellen Sprachgebrauch Funkabwehr nannte. Der Name war insofern irreführend, als die militärischen Funküberwacher der Abwehr nicht unterstellt wurden[55]. Auch dies gehörte zum intrigenreichen Kompetenzkampf innerhalb des nationalsozialistischen Führerstaates: Die Abwehr mußte auf die Funküberwachung verzichten, ohne die eine Bekämpfung der sowjetischen Spionage undenkbar war.

Die Gegenspieler in der Sicherheits- und Ordnungspolizei

paßten auf, daß dem regimekritischen Abwehrchef Canaris keine weitere Macht zuwuchs. Im Gegenteil: Canaris mußte sein Referat III K an den Funkabwehr-Leiter Kopp abtreten, nur das Referat Ii durfte er behalten, das die Sender und Funkagenten der Abwehr steuerte[56]. Gerade die Beibehaltung der Funkabteilung Ii enthüllte aber, wie fragwürdig die offizielle Begründung für den erzwungenen Abwehr-Verzicht war: Das Amt Canaris sei nicht in der Lage, den Funküberwachungskompanien genügend Geräte und Ersatzmaterial zu stellen[57].

Diese Begründung mußte auch dazu dienen, die Unterstellung der Funkabwehr unter eine militärische Oberbehörde zu rechtfertigen, die schon manches Beutegut aus dem Haus Canaris hortete. Im Verlaufe des Jahres 1937 hatte Canaris seinen gesamten Chiffrier- und Horchdienst an die neue Abteilung für Wehrmachtnachrichtenverbindungen (WNV) verloren, die ab 1940 im Wehrmachtführungsstab des OKW ein eigenes Amt bildete[58]. Mit der WNV war ein äußerst verwirrendes Kompetenzgebilde der Wehrmachtführung entstanden.

Sechs Tage vor Kriegsbeginn hatte das Oberkommando der Wehrmacht den regimekritischen General Erich Fellgiebel zum Chef des OKW-Amts WNV berufen[59]. Er sollte die Nachrichtenverbindungen zwischen den einzelnen Teilstreitkräften der Wehrmacht überwachen und die Nachrichtenlinien vom OKW zu den Kriegsschauplätzen sichern[60]. Doch der Heeresoffizier Fellgiebel war ein recht ohnmächtiger Potentat; er verfügte nicht über einen eigenen Stab, ihm gehörte »nur ein hochtrabender Titel, denn ich hatte der Luftwaffe und Kriegsmarine nichts zu sagen«[61]. Er hätte sich kaum durchsetzen können, wäre nicht mit seinem WNV-Amt in Personalunion noch ein anderer Posten verbunden gewesen: die Stelle eines Chefs des Heeresnachrichtenwesens[62].

Diesen zweiten Posten füllte Fellgiebel über seinen Stellvertreter aus, den Generalleutnant Fritz Thiele, der unter Fellgiebel die ›Amtsgruppe Wehrmachtnachrichtenverbindungen‹ führte[63]. Thieles Amtsgruppe war praktisch die Nachrichtenabteilung des Wehrmachtführungsstabes[64], die sich gegenüber allen Teilstreitkräften Respekt zu verschaffen wußte, weil sie in der Wehrmacht eine nachrichtentechnische Monopolstellung besaß. Jede der vier Abteilungen von Thieles Amtsgruppe spiegelte diesen Vorrang wider:

Die Kriegsfernmeldeabteilung hielt im Auftrag aller drei Wehrmachtteile Kontakt zur Reichspost und vertrat die Wünsche des Militärs[65], die Funkabteilung (›Fu‹) überwachte die Großfunkstellen der Wehrmacht und verteilte die Frequenzen auf die Teilstreitkräfte[66], die Abteilung ›Chi‹ oder Chiffrierwesen (die alte Abwehr II des Hauses Canaris) entzifferte die geheimen Funksprüche fremder Regierungen[67], und die Abteilung GBN (= Generalbevollmächtigter für technische Nachrichtenmittel) kontrollierte Wartung, Verteilung und Ersatz aller Funkmaterialien[68].

Thieles mächtige Organisation erlaubte Fellgiebel erst, seinen drei Funktionen gerecht zu werden: im Oberkommando des Heeres das Heeresnachrichtenwesen zu leiten, im Oberkommando der Wehrmacht die Wehrmachtnachrichtenverbindungen zu sichern und außerdem noch als Generalbevollmächtigter für technische Nachrichtenmittel das reibungslose Funktionieren aller deutschen Funkoperationen zu garantieren[69].

In dieses Gestrüpp militärischen Kompetenzdschungels verwies nun das OKW die neue Funkabwehr. Das alte Referat III K der Abwehr und die Funkabwehr-Truppe des Oberstleutnants Kopp vereinigten sich in Thieles Amtsgruppe; dort bildeten sie die Gruppe III der Funkabteilung, oder wie es im Behörden-Abc des Dritten Reiches hieß: die Dienststelle OKW/WNV/Fu III[70]. Im Haus der WNV an Berlins Matthäikirchplatz bezogen die Führungsoffiziere der Funkabwehr Quartier[71].

Ein Führerbefehl machte später den Handel zwischen OKW und SS/Polizei perfekt. Hitler legte im Juni 1941 fest, in allen Fragen der Funküberwachung sei die Wehrmacht federführend[72]. Hitlers Befehl war eben unterzeichnet, als die Funksignale der sowjetischen Spione Funkabwehr und Ordnungspolizei gemeinsam herausforderten.

Was auch immer die Rivalen im deutschen Machtapparat voneinander trennte, wie sehr die nationalsozialistischen Scharfmacher in der Umgebung Heydrichs den konservativen NS-Kritikern im Stabe von Canaris mißtrauten und umgekehrt — der Angriff der sowjetischen Spione und Funkagenten traf die beiden verfeindeten Brüder. Einträchtig brachen sie zur Verfolgung des unsichtbaren Gegners auf. Die Militärs hatten dabei zunächst den Vortritt.

Die deutschen Spionejäger sahen anfangs nur eine geringe Chance, dem Gegner auf die Spur zu kommen. Die Peilgeräte von Fu III waren ungenügend. Die Luftwaffe besaß zwar leistungsstarke Fernpeiler in Ostpreußen, Schlesien, Ungarn und Rumänien[73], aber sie waren der Funkabwehr entzogen, solange Fellgiebel und Thiele dem Reichsmarschall Göring dessen ehrgeizigsten Wunsch abschlugen: die Abteilung ›Chi‹ an Görings telephonabhörendes Forschungsamt abzutreten[74]. Auf die Fernpeiler der Luftwaffe mußte die Funkabwehr zunächst einmal verzichten[75].

Fu III konnte in erster Linie nur Nahfeld-Peiler einsetzen,

die freilich erst arbeiten konnten, wenn feststand, an welchem Ort ein gegnerischer Sender funkte. Die Nahpeiler hatten zudem einen wesentlichen Fehler: Sie waren zu groß, um unbemerkt an den Agentensender herangeführt zu werden. Die Wehrmacht hatte einen sogenannten Bordpeiler entwickeln lassen, der nur auf einem Lastwagen transportiert werden konnte. Die kreisrund gebogene Antenne des Peilers (Durchmesser: ein Meter) mußte auf dem Lkw-Dach befestigt werden, weithin sichtbar für jeden Aufpasser, den ein Agentenfunker während der Sendezeit auf der Straße postierte[76].

Dennoch besaß die deutsche Funkabwehr kein anderes Mittel, das unsichtbare Netz der sowjetischen Spione aufzudecken. Die aufgefangenen Funksprüche waren so kompliziert verschlüsselt worden, daß die Dechiffrierer der WNV freiwillig die Waffen streckten[77]. Die Funkabwehr konnte in den Spionagering nur einbrechen, wenn sie aufspürte, was zugleich Stärke und Schwäche der modernen Spionage war: das Funkgerät.

Mochte auch der Kurzwellenfunk die Nachrichtenübermittlung beschleunigt und fast unsichtbar gemacht haben, die neue Art der Spionage bot dennoch gleichsam selbst den Angriffspunkt für ihre Entdeckung. Sobald der Funker seine Sprüche absetzen und Wellen in den Äther senden mußte, gab er sich den Abhörtrupps der feindlichen Abwehr preis. Einzige Überlebenschance: so versteckt und so kurz zu funken, daß die Sendung beendet war, ehe der Verfolger die Szene betrat.

Die Funker schirmten sich denn auch sorgfältig gegen Peiltrupps ab. Die Sender wurden in dichtbevölkerten Stadtteilen und unübersichtlichen Häuserschluchten untergebracht, sie mußten ihren Standort oft wechseln und ihre Sendezeiten variieren. Die Spruchköpfe der Meldungen wurden laufend ausgetauscht, immer wieder neue Sendefrequenzen benutzt. Aufpasser sollten rechtzeitig das Herannahen des Gegners melden. Der Funker arbeitete meist in den obersten Stockwerken eines Hauses, um notfalls im letzten Augenblick durch eine Flucht über das Dach seinen Jägern entkommen zu können.

Theoretisch war die Ortung eines Senders ein reibungsloses Unternehmen. In dem Augenblick, da der unbekannte Funker Wellen in den Äther schickte, machten sich zwei Abhörtrupps mit je einem Peilgerät auf, die Richtung der Wellen zu bestimmen. Die beiden Trupps postierten sich an zwei weit voneinander entfernten Plätzen und schnitten mit den Richtungsantennen ihrer Peilgeräte den Sender an.

Die ermittelten Werte wurden dem Einsatzleiter gemeldet, der sie — eine Straßenkarte vor sich — auf zwei durchsichtige Gradmesser übertrug. Jeder Gradmesser, auf der Karte getreu dem Einsatzplatz der jeweiligen Peiltrupps verteilt, enthielt einen seidenen Faden, den der Einsatzleiter entsprechend dem gemeldeten Orientierungswinkel über den Stadtplan spannte. Wo sich die beiden Fäden überkreuzten, stand der Sender; ein Blick auf die Karte genügte — und schon wußte man, in welchem Stadtteil oder in welcher Straße der Sender arbeitete.

Der praktischen Auswertung dieser theoretischen Erkenntnis, der Aushebung des Agentensenders, stellten sich jedoch schier unüberwindliche Hindernisse entgegen. Die Seidenfäden konnten nur den ungefähren Standort des Senders angeben; fuhren die Abhörtrupps in den ermittelten Stadtteil, so bot sich ihnen eine verwirrende Häuserwüste, in der irgendwo ein Funkgerät stehen sollte. Man mußte also erneut peilen — und damit begannen die Schwierigkeiten. Der Anmarsch der Lkw mit den Antennen-Aufbauten alarmierte die Vorposten des Agentenfunkers. Ehe die Funküberwacher ihre Peilgeräte in Stellung gebracht hatten, war der Sender längst verstummt.

An dieser Schwierigkeit scheiterte auch der erste Versuch der Funkabwehr, den kommunistischen Agenten auf die Spur zu kommen. Drei Monate nach den ersten Zeichen von PTX[78] hatte Fu III die Chance gewittert, einen Schlag gegen die unbekannten Sender zu führen. Noch suchten die unzulänglichen Peiler in Cranz und in Breslau nach dem Standort des zuerst registrierten Kent-Senders PTX und ließen die Funküberwacher rätseln, ob er in Norddeutschland, Belgien, Holland oder Frankreich arbeite[79], da lief am Matthäikirchplatz die Meldung ein, drei Sender seien sicher lokalisiert worden. Ihr Standort: Berlin, kaum drei Kilometer von der Funkabwehr-Zentrale entfernt[80].

Der biedere Nachrichtensoldat Kopp wollte nicht glauben, daß mitten im Herzen des Großdeutschen Reiches feindliche Agenten saßen und funkten. Er ließ wieder und wieder peilen, aber es stimmte: in Berlin arbeiteten drei Sender, die ständig ihre Rufzeichen, Frequenzen und Verkehrszeiten änderten.

Kopp beorderte den Peilzug einer Funküberwachungskompanie der Luftwaffe nach Berlin, da die Soldaten Görings noch immer über die besten Geräte verfügten[81]. Vorsichtig pirschten sich die Fahnder an den Gegner heran; zur Tarnung trugen die Soldaten die Uniformen von Postbeamten. Ihre Straßenzelte, unter denen die Peilgeräte versteckt waren, ließen die Funksoldaten als Kabelarbeiter der Reichspost erscheinen, die Reparaturen ausführten[82]. Kopps Leute mußten unter schwierigen Bedingungen arbeiten. Die Peilungen, erinnert sich ein Teilnehmer, der Techniker Leo Liske, »erfolgten zum größten Teil aus den U-Bahn-Tunnels und zum anderen Teil aus Flakständen auf den Dächern. Die U-Bahn-Tunnels waren für uns nicht ideal, aber es ging doch, und zwar besser, als wir dachten«[83].

Von Straße zu Straße arbeiteten sich zwei Trupps, jeweils mit einem Peil- und einem Empfangsgerät ausgerüstet, an die Agentensender heran. Der unbekannte Gegenspieler funkte allerdings in so kurzen Sendeperioden, daß die Zeit oft nicht ausreichte, das Funkgerät anzupeilen. Zudem setzten die Sendungen tagelang völlig aus, manchmal kamen sie auch aus einer ganz neuen Richtung.

Doch am 21. Oktober 1941 hatten die Peiltrupps ihr Ziel erreicht[84], der ungefähre Standort der Sender war ermittelt: Ein Funkgerät stand in der Nähe des Bayrischen Platzes, ein zweites im Norden Berlins unweit des Invalidenparks, ein drittes am Moritzplatz im Südosten der Stadt[85]. Fu III ordnete die Nahpeilung an — nur noch wenige Tage würden vergehen, dann mußte die Funkabwehr wissen, aus welchen Häusern gefunkt wurde.

Da unterlief Kopps Ätherdetektiven ein kleiner, aber entscheidender Fehler: Die Lastkraftwagen, die das Peilgerät der vermeintlichen Postarbeiter in Stellung fuhren, trugen nicht die Kennzeichen der Reichspost, auf ihren Nummernschildern standen vielmehr die Initialen »WL« (= Wehrmacht/Luftwaffe)[86]. Der rote Agentenfunker Hans Coppi sah bei einem Spaziergang die falschen Postler mit den WL-Wagen, wurde mißtrauisch und alarmierte sofort seinen Chef Schulze-Boysen[87]. Jäh verstummten am 22. Oktober die Berliner Sender[88].

Der Fehlschlag in Berlin zwang Fu III, die vernachlässigte Spur des im Westen arbeitenden Senders PTX verstärkt aufzunehmen. Neue Peilungen hatten inzwischen zur Gewißheit werden lassen, daß der Sender in Belgien operierte; Experten tippten auf das Küstengebiet um Brügge — dort mußte PTX stehen[89]. Die Zeit aber drängte, denn es war immer deutlicher geworden, daß PTX ähnliche Sendezeiten und Frequenzen benutzte wie die Berliner Sender, möglicherweise sogar so etwas wie die Hauptstation der vier Sender war.

Die Funküberwacher riefen die alten Kameraden von der Abwehr zu Hilfe. Die Abwehr-Gruppe III F, die Spezialisten der Gegenspionage unter Oberst Rohleder, mußten wissen, wo in Belgien PTX zu suchen sei. Seit Kriegsbeginn war die Abwehr-Abteilung III zu der personalstärksten Sektion des deutschen Geheimdienstes geworden; die besten Abwehroffiziere saßen auf den III-F-Posten der Abwehrstellen und Abwehrnebenstellen, die netzartig das deutschbesetzte Europa überzogen[90]. In Zusammenarbeit mit III N (Briefzensur) entging der Gegenspionage kaum eine verdächtige Bewegung im Besatzungsgebiet; die Rohleder-Gruppe übertraf sogar zuweilen den Einfluß von Gestapo und SD[91].

Die Experten von III F beteiligten sich an der Jagd auf PTX. Über die ›Adolf-Leitung‹, die abhörsichere Telephonlinie, die das OKW-Amt Ausland/Abwehr in Berlin direkt mit allen seinen Dienststellen im Reich und in den besetzten Gebieten verband[92], alarmierte Gegenspionage-Chef Rohleder seinen III-F-Offizier in Gent.

Doch der Mann in Gent wußte anfangs nicht, wo er in dem benachbarten Brügge den Feindsender suchen sollte. Hauptmann der Reserve Harry Piepe, Jahrgang 1893, Kavallerieleutnant des Ersten Weltkriegs, später Chef einer Panzerjäger-Kompanie während des Frankreichfeldzuges, war erst Ende 1940 zur Abwehr abkommandiert worden[93]. Seine Welt war der Schreibtisch, die Akte, die administrative Ordnung: Der gebürtige Uelzener stammte aus dem Justizdienst, aus jenem Zweig der Staatsanwaltschaft, dessen Beamte an den Amts- und Schöffengerichten wirken. Der Oberamtsanwalt Piepe war nahe dran gewesen, zum Chef der Harburger Amtsanwaltschaft aufzurücken[94], als auch ihn der Einberufungsbefehl erreicht hatte.

Wegen seiner Vernehmungspraxis hatte man ihn in die Gegenspionage geholt, wegen seiner französischen Sprachkenntnisse an die Abwehrnebenstelle Gent versetzt[95]. Gleichwohl blieb ihm das Metier der Spionage und Gegenspionage lange Zeit fremd; das Temperament drängte den ehemaligen Staatsanwalt zum sofortigen Zuschlagen, die Spionejagd aber ist ein mühseliges, oft vergebliches Geduldspiel, in dem es nicht (wie bei der Verfolgung eines Verbrechens) um die Verhaftung eines Einzeltäters geht, sondern um die Entlarvung ganzer Täterkreise.

Zudem fehlten dem Spionejäger Piepe notwendige Kenntnisse über die Arbeitsmethoden roter Agenten. Arglos ließ er seine V-Männer in Brügger Lokale ausschwärmen und nach Sowjetagenten dort fahnden, wo sie kein Kenner gesucht hätte: in den Kreisen belgischer Kommunisten[96]. »Unsere Agenten berichteten«, erinnert sich Piepe, »daß alles ruhig sei, die Kommunisten hätten Angst und verhielten sich passiv«[97]. Er meldete nicht ohne Stolz nach Berlin, der Raum Brügge sei frei von Spionen. Die Funkabwehr aber begnügte sich nicht mit seiner Auskunft[98]. Die Peilgeräte von Fu III hatten einen neuen Operationsraum von PTX ausgemacht: Gent. Piepe suchte in Gent[99].

Als der unfreiwillige Detektiv abermals negativ nach Berlin berichtete, wurde Rohleder ärgerlich. Der Oberst belehrte Piepe, er solle gefälligst seinen Schreibtisch verlassen und sich an die Spitze der Fahnder stellen[100]. Piepe wachte auf und setzte sich mit der Beharrlichkeit des routinierten Vernehmungsbeamten auf die Spur der Funkspione.

Die Fahndungen in Gent blieben weiterhin erfolglos, doch die Funküberwacher vom Matthäikirchplatz nannten nun Brüssel als mutmaßlichen Standort von PTX[101]. Die Kurzwellenüberwachungsstelle ›West‹ war ihrer Sache so sicher[102], daß Fu III den Hauptmann Dr. Hubertus Freyer, Chef der Funkkompanie des OKW-Stabsquartiers, mit einer Truppe erfahrener Funkabhörer und neuen Peilgeräten nach Brüssel in Marsch setzte[103].

Ende November fanden sich Piepe und Freyer zur gemeinsamen Hatz[104]. Hierfür hatte Piepe gut vorgearbeitet. Als angeblicher Kaufmann zog er in eine Wohnung des Brüsseler Boulevard Brand Witlock[105]. Er überflog immer wieder in einem mit Peilgerät ausgerüsteten Fieseler Storch die Stadt und hörte die Sendungen von PTX[106]. Piepe war überzeugt, daß der Agentensender in Brüssels Stadtteil Etterbeek stand[107]. Die Gelegenheit für den Zugriff war günstig. Der gegnerische Funker hatte offenbar Order, ohne Rücksicht auf die eigene Sicherheit, stets fünf Stunden lang und immer zur selben Zeit (von Mitternacht bis fünf Uhr) seine Sprüche abzusetzen. Außerdem hatte die deutsche Besatzungsmacht in Brüssel eine nächtliche Ausgangssperre verhängt; der Funker konnte sich also nicht durch Wachtposten absichern[108].

Mehr noch: Freyers Leute brachten neue Nahfeldpeiler mit. Dazu gehörte auch ein unscheinbarer Koffer, in den ein Peilrahmen eingebaut war; von dem Peilkoffer führte eine dünne Verbindungsschnur zu einem Mini-Hörer im Ohr des Funksoldaten[109]. Kein lautes Motorengeräusch eines mit auffallenden Antennen-Aufbauten versehenen Lkw kündigte mehr das Herannahen der Wellendetektive an; hinter den harmlosen Spaziergängern mit dem Mini-Hörer im Ohr würde der Gegner schwerlich die Trupps der deutschen Funkabwehr vermuten.

Die Männer machten sich an die Arbeit. Zwei Wochen genügten, den Sendeplatz von PTX einigermaßen genau zu bestimmen[110]. In der Empfangszentrale, die Freyer auf dem Hof der Leopoldskaserne errichtet hatte, stießen die Spezialisten eine Nadel in den Stadtplan von Brüssel, dort, wo die Rue des Atrébates verlief[111]. An dieser Stelle, so ermittelten Piepes Späher, lagen drei Häuser mit den Nummern 99, 101 und 103. Das Haus 103 stand leer, in Nummer 99 wohnte eine flämische Familie, im dritten Haus residierten Südamerikaner, die für deutsche Behörden arbeiteten[112].

In welchem Haus aber mochte der Sender stehen? Piepe kam das unbewohnte Haus verdächtig vor, aber er wollte kein Risiko eingehen. Er quartierte sich in einer von Angehörigen der Organisation Todt bewohnten Villa im Rücken der drei Häuser ein und ließ von dort aus erneut peilen[113]. Für Freyers Spezialisten gab es keinen Zweifel mehr: Der Sender stand im Haus der vermeintlichen Südamerikaner, im Haus 101.

In der Nacht vom 13. zum 14. Dezember 1941 war es soweit. Mit 25 Mann eines Landesschützen-Bataillons, die Sokken über ihre Stiefel gezogen hatten, und zehn Mann der Geheimen Feldpolizei (GFP) umstellte Piepe die Häuser. Lampen, Äxte und sogar Feuerwehrleitern standen bereit[114]. Dann gab der Hauptmann das Zeichen zum Angriff. Die Männer stürmten auf die drei Häuser zu, allen voran Piepe, der mit zwei GFP-Beamten das leerstehende Haus erreichte[115]. Da hörte er aus Haus 101 einen Soldaten schreien: »Hierher, hier sind sie!«

Kurz darauf peitschten Schüsse durch die Nacht. Im Licht der Taschenlampen sah Piepe, daß die Polizisten einen Mann verfolgten, der zu entkommen versuchte. Inzwischen hatte der Hauptmann das Haus 101 erreicht, er jagte an einem bellenden Hund vorbei und prallte gegen eine dunkelhaarige Frau im Morgenrock. Piepe stürmte mit seinen Leuten weiter die Treppe empor und stieß in der ersten Etage auf ein Zimmer, in dem wenige Minuten zuvor noch gefunkt worden war. Auf einem Tisch stand ein Funkgerät, daneben lagen Papiere mit schier endlosen Zahlenkolonnen. Der Stuhl des Funkers aber war leer, auf ihm hatte offenbar der Mann gesessen, der geflohen war[116].

Verfolger Piepe lief weiter. Er kam in eine zweite Etage. Dort fand er eine weitere Frau, die weinend im Bett lag. Doch noch ehe sich Piepe mit der Frau befassen konnte, schrien Stimmen von unten: »Wir haben ihn, wir haben ihn!« Piepe stolperte die Treppe wieder hinab. Die Soldaten und Militärpolizisten hielten einen Mann fest, der Piepe gleichgültig entgegenstarrte. Es war der Funker.

Der Mann verweigerte jede Aussage, nur seine Personalien wollte er angeben: Carlos Alamo, uruguayanischer Staatsbürger, geboren in Montevideo. Erst später erfuhr Piepe, daß es sich um den russischen Funker Michail Makarow handelte. Die Frau im Morgenrock, Chiffriererin der Agentengruppe, nannte sich Anna Verlinden und verschwieg, daß sie in Wahrheit Sophie Posnanska hieß. Und auch der Besucher, der wenige Stunden später an der Haustür klopfte und sofort verhaftet wurde, stellte sich als Albert Desmet vor — es war Anton Danilow. Nur die Frau im Bett gab ihren wahren Namen an: Rita Arnould, sie war Hausdame und Kurier der Brüsseler Agentengruppe[117].

Die deutsche Kommunistin faßte zu Piepe (»Die war sehr aussagefreudig«)[118] Vertrauen und verriet, was die anderen verschwiegen. »Passen Sie unten auf«, flüsterte sie Piepe zu. Piepe: »Worauf?« Rita Arnoulds Hinweis blieb dunkel: »Sie werden es schon finden.« Der Abwehrmann gab seinen Männern einen Wink und ließ das Zimmer durchsuchen, in dem ihm die Chiffrier-Dame Posnanska begegnet war. Die Beamten klopften die Wände ab, bald war eine Tapetentür entdeckt, hinter der ein dunkler Raum lag: eine komplette Fälscherwerkstatt, mit Pässen, Formularen, unsichtbarer Tinte, Stempeln. Unter den Papieren fanden die Eindringlinge auch die Paßbilder zweier Männer, die Piepe nicht kannte[119].

Rita Arnould klärte ihre deutschen Landsleute auf: Das eine Bild stelle einen Mann dar, den ihre Genossen immer nur den ›Grand Chef‹ genannt hätten, das andere Bild den ›Petit Chef‹, seinen Stellvertreter, der oft in die Rue des Atrébates gekommen sei und ihnen die Aufträge erteilt hätte[120]. Piepe konnte mit beiden Namen nichts anfangen. Hätte er besser und schneller verstanden, wäre ihm sogar der Chef des ganzen Unternehmens in die Hände gefallen.

Denn kaum hatten die Deutschen das Spionagehaus geräumt und zwei Feldgendarmen zurückgelassen, da klopfte es abermals an der Tür. Vor den Gendarmen stand ein zerlumpter Mann mit einem Korb voller Kaninchen; er verkaufe, erzählte er den beiden Deutschen, seine Tiere stets der Dame des Hauses. Die Deutschen scheuchten ihn davon[121] — und ahnten nicht, daß ihnen soeben der sowjetische Spionagechef Westeuropas, Leopold Trepper, gegenübergestanden hatte. Piepe gesteht heute: »Na ja, wir waren noch Anfänger, wir mußten unser Handwerk erst noch lernen.«[122]

Allmählich wurde aber auch Harry Piepe klar, daß ihm ein entscheidender Einbruch in die russische Westeuropa-Spionage gelungen war. Er durfte von nun an hoffen, den Grand Chef und dessen weitverzweigte Organisation eines Tages zur Strecke bringen zu können. Die in der Rue des Atrébates gefundenen Papiere und die Aussagen Rita Arnoulds wiesen neue Spuren, die irgendwie in die Zentrale des Gegners führen mußten.

Am Vormittag des 14. Dezember 1941 meldete Piepe dem Leiter der Abwehrstelle Brüssel, Oberstleutnant Dischler, den erfolgreichen Abschluß des Unternehmens gegen PTX[123]. Der Oberstleutnant wies ihn an, sofort in Berlin Bericht zu erstatten, denn jetzt mußte die große Fahndungsaktion gegen die Sowjetspione von der Berliner Zentrale übernommen werden. Wie aber sollte man die ›Kapelle‹ (so hießen im Abwehrjargon die Funkgruppen des gegnerischen Geheimdienstes) nennen? Einer hatte die Idee: ›Rote Kapelle‹[124]. Der Name für das größte Spionageunternehmen des Zweiten Weltkrieges war gefunden.

Doch noch ehe Piepe nach Berlin aufbrach, begann der Grand Chef seine Organisation neu zu formieren. Er wußte nur allzu gut, daß sein Apparat von einem nahezu tödlichen Schlag getroffen worden war.

Der zentrale Sender der Roten Kapelle funkte nicht mehr, praktisch war Moskau damit nach dem gleichzeitigen Verstummen der Berliner Sender von seinen Nachrichtenquellen im Westen abgeschnitten — und dies zu einer Stunde, da der Generalstab der Roten Armee dringender denn je auf die Meldungen der Spione im feindlichen Lager angewiesen war: Am 5. und 6. Dezember 1941 waren die Verbände der sowjetischen Westfront, des linken Flügels der Kalinin- und des rechten Flügels der Südwestfront zur ersten russischen Gegenoffensive in der Geschichte des deutsch-sowjetischen Krieges angetreten[125].

Jetzt rächte sich bitter, daß Moskau für das Operationsgebiet Frankreich nicht rechtzeitig Funkgeräte zur Verfügung gestellt hatte. Nach dem Ausfall des Kent-Senders in Brüssel war Trepper jeder Funkverbindung mit Moskau beraubt. Ohne Genehmigung des Direktors aber konnte er keinen neuen Schritt gegen die deutschen Einbruchsversuche unternehmen; keinen neuen Agentenchef in Brüssel ernennen, keines der in Belgien versteckten Funkgeräte in Aktion setzen, ja nicht einmal die örtliche kommunistische Partei um die Weiterleitung der Nachrichten nach Moskau bitten[126].

Dem Grand Chef blieb nichts anderes übrig, als auf ein Zeichen aus Moskau zu warten und in der Zwischenzeit wenigstens die gefährdeten Agenten des belgischen Netzes in Sicherheit zu bringen. Den Brüsseler Chefagenten Kent und dessen Freundin Margarete Barcza holte er nach Paris, um sie Ende Dezember im unbesetzten Frankreich untertauchen zu lassen; in Marseille sollte Kent eine neue Agentengruppe aufbauen[127]. Den Freund Rita Arnoulds, den Diamantenhändler Isidor Springer, schob er zum gleichen Zweck nach Lyon ab[128].

Mehr als zwei Monate lang harrte der Grand Chef auf ein Signal des Direktors[129]. An der Ostfront waren die sowjetischen Angriffsverbände bis Mitte Februar 1942 trotz der hartnäckigen deutschen Abwehr 400 Kilometer vorangekommen[130], sie hatten 50 russische Städte zurückerobert[131], aber sie mußten ohne Hilfe der Roten Kapelle operieren. Der Generalstab in Moskau wußte nicht, welche und wie viele neue Divisionen die Deutschen an die Front warfen, er kannte nicht die Pläne für die kommende deutsche Frühjahrsoffensive, er wußte nichts von den Auseinandersetzungen zwischen Hitler und seinen Generalen über die strategischen Ziele des Rußlandfeldzuges.

Erst im Laufe des Februar gelang es Trepper, einen Kontakt mit der französischen KP herzustellen[132]. Er traf sich mit dem Vertrauensmann der Partei, einem Genossen namens

›Michel‹, und weihte ihn in seine Schwierigkeiten ein; er bat die Partei, über ihre (vom Spionageapparat streng getrennten) Sender das liegengebliebene Nachrichtenmaterial nach Moskau zu funken und einen Sender zur Verfügung zu stellen[133]. Die Genossen ermöglichten dem Grand Chef die Verbindung nach Moskau, und endlich konnte Trepper auch wieder die Befehle des Direktors entgegennehmen: Der in Brüssel lebende Kriegsingenieur Jefremow sollte mit Johann Wenzel als Funker die belgische Agentengruppe übernehmen[134], während die französische KP von Moskau die Genehmigung erhielt, ihre Sender für eine begrenzte Anzahl von Trepper-Meldungen (wöchentlich etwa 300 verschlüsselte Wortgruppen) herzugeben[135], bis die Partei in Frankreich dem Grand Chef ein Sendegerät zur alleinigen Verfügung abtreten könne.

Die KPF-Sender waren freilich so rar, daß der Funkspezialist der Partei, Ferdinand Pauriol, für die Trepper-Organisation eigens ein Sendegerät basteln mußte[136]. Es erwies sich als zu schwach, um nach Moskau funken zu können. Seine Wattstärke reichte gerade eben aus, die sowjetische Botschaft in London zu erreichen, von der aus die Nachrichten nach Moskau weitergegeben wurden[137]. Trepper war froh, wenigstens das Pauriol-Gerät zu besitzen; ab Ende Februar begannen Treppers einzige Funker, die polnischen Eheleute Hersch und Myra Sokol, die Nachrichten der Roten Kapelle erneut zu senden[138].

Die deutschen Verfolger aber ahnten nicht, in welchen Schwierigkeiten ihr unsichtbarer Gegenspieler steckte. Sie wähnten vor sich eine unheimlich präzise und reibungslos arbeitende Super-Organisation meisterhafter Spione, die unschädlich zu machen es der geballten Kraft des deutschen Polizei- und Abwehrapparates bedürfe. Hauptmann Piepe war Mitte Dezember 1941 eiligst nach Berlin gereist, seine höchsten Vorgesetzten über die Rote Kapelle zu informieren[139]. Sein Bericht löste in Berlin einen Großalarm aus: Abwehr, Funkabwehr, Ordnungspolizei und Geheime Staatspolizei begannen die Jagd auf die Organisation des Grand Chef.

Das Reichssicherheitshauptamt wußte freilich, welches Unbehagen die düstere Vokabel ›Gestapo‹ bei Abwehroffizieren auslöste, und spielte deshalb zunächst weiterhin nur am Rande mit. Gestapo-Chef Müller stellte dem deutschnationalen Vaterlandsverteidiger Piepe einen Polizeibeamten alten Schlags an die Seite, der gewohnt war, konservativen Soldaten über die mörderischen Untiefen der nationalsozialistischen Diktatur hinwegzuhelfen.

Der Kriminalkommissar und SS-Hauptsturmführer Karl Giering, Jahrgang 1900, Sohn eines Gemeindevorstehers in Pechlüge bei Schwerin, war ein bedächtiger Mecklenburger, der es gut verstand, auf militärische Denk- und Verhaltensweisen einzugehen. Er konnte sogar eine bescheidene Soldatenlaufbahn vorweisen, wenn er es auch nur zum Unteroffizier gebracht hatte: Er war noch 1918 Soldat geworden, hatte sich 1919 in Berlin dem Freikorps Lüttwitz angeschlossen und war 1920 ins Reichswehrministerium übergewechselt, aus dem er drei Jahre später — er litt an einem Tumor — aus Gesundheitsgründen ausgeschieden war[140]. Nach zweijährigem Dienst als Werkschutzmann der Glühbirnenfirma ›Osram‹ und nach Besserung seiner Gesundheit hatte Giering 1925 bei der Kriminalpolizei Berlins eine neue Karriere begonnen, war schon in Weimarer Zeiten zur politischen Polizei gestoßen und später von der Gestapo übernommen worden. Den Weg in die NSDAP aber hatte er für einen Gestapobeamten erstaunlich spät, erst 1940, gefunden. Das hinderte ihn freilich nicht, einer der härtesten Regime-Wächter der Gestapo zu sein. Durch die tätige Mithilfe an der Aufklärung des Hitler-Attentats im Münchner Bürgerbräu hatte er im November 1939 das Wohlwollen seines Führers erregt, während er in der Prinz-Albrecht-Straße schon lange Zeit als einer der listigsten Vernehmer des Referats IV A 2 (Sabotageabwehr) galt[141].

Der Alt-Polizist Giering schien seinen Gestapooberen der rechte Mann, gemeinsam mit dem Hauptmann Piepe die Fährte der Roten Kapelle aufzunehmen. Das umsichtige Auftreten des »netten Kerls«, wie Piepe noch heute seinen Partner Giering nennt[142], erleichterte später dem Hauptmann, zu jener freundlichen Legende Zuflucht zu nehmen, die in der Vorstellung gipfelt, nichts sei den Offizieren der Abwehr ungeheuerlicher vorgekommen als eine Zusammenarbeit mit der Gestapo[143]. Der arglose Chronist Perrault schreibt ihm denn auch tapfer nach, Piepe sei über solche Zumutungen »so erschüttert gewesen, wie es jeder andere Gentleman von der Abwehr gewesen wäre«[144].

Tatsächlich war das Zusammenwirken von Gestapo und Abwehr ein alltäglicher Vorgang im Dritten Reich, zumal bei der Bekämpfung der kommunistischen Spionage, die kaum Meinungsverschiedenheiten unter den beiden Konkurrenten aufkommen ließ. Ein Abwehr-Gestapo-Abkommen vom 21. Dezember 1936 regelte die Zusammenarbeit: Spionage- und Landesverratsfälle waren so lange Sache der Abwehr, wie »die Interessen des geheimen Meldedienstes und der Gegenspionage« berührt wurden; die Gestapo durfte mit ihren Ermittlungen erst beginnen, wenn »nach dem Urteil der Abwehrdienststelle der Wehrmacht kein Interesse des geheimen Meldedienstes und der Gegenspionage mehr entgegensteht«. Übernahm die Gestapo den Fall, so konnte die Abwehr an Vernehmungen teilnehmen, Häftlinge der Gestapo selber verhören oder Vernehmungsakten der Gestapo anfordern. Umgekehrt galt das gleiche¹⁴⁵.

Es war mithin eine Selbstverständlichkeit, nicht eine »verblüffende Entscheidung« (Perrault)¹⁴⁶, daß sich die Gestapo an den Ermittlungen Harry Piepes beteiligte. Piepe und Giering wurden zu einem unzertrennlichen Verfolgerpaar. Der Hauptmann und der Kommissar gingen jeder Spur nach, die das ausgeschaltete Agentennetz in der Rue des Atrébates mit anderen sowjetischen Spionagegruppen in West- und Mitteleuropa verband.

Rita Arnould lieferte manches Indiz: die Adresse des Chefagenten Kent, der freilich aus Brüssel verschwunden war, Details über Verbindungslinien zur Brüsseler Börse, Angaben über den Fälscher Abraham Rajchman, dessen Produkte Piepe in dem Spionagehaus entdeckt hatte, und über die Makarow-Freundin Suzanne Schmitz¹⁴⁷. Die anderen Verhafteten aus der Rue des Atrébates, in das deutsche Militärgefängnis Saint-Gilles eingeliefert¹⁴⁸, schwiegen jedoch. Makarow und Danilow verweigerten die Aussage¹⁴⁹, Sophie Posnanska wollte sich lieber töten, als die Genossen preiszugeben — später, im Herbst 1942, wird sie in der Tat Selbstmord verüben¹⁵⁰.

Giering versuchte, die Front der Schweigsamen aufzubrechen. Nicht ohne hellseherische Fähigkeiten suchte er sich den schwächsten unter den verhafteten Rote-Kapelle-Leuten heraus, den Funker Makarow, der sich noch immer Carlos Adamo nannte. Giering nahm den Russen mit nach Berlin, quartierte ihn in seiner Privatwohnung (Telephon: 93 78 18)¹⁵¹ ein und begann freundschaftlich plaudernd den Ex-Funker zu vernehmen. Bei Kaffee und Kuchen taute der Russe auf und gab manchen Hinweis¹⁵². Als er nach Saint-Gilles zurückkehrte, hatte er sein Pseudonym abgelegt: Er nannte sich von nun an wieder Makarow¹⁵³.

So bahnten sich Giering und Piepe Zug um Zug einen Weg in das Spionagenetz des Grand Chef. Die Makarow-Freundin Suzanne Schmitz wurde verhaftet und rasch wieder freigelassen¹⁵⁴, die Agenten Goddemer und Vrankx verhört¹⁵⁵, der Fälscher Rajchman unter Beobachtung gestellt und durch Mittelspersonen zu Treffs mit noch unbekannten Mitgliedern der Roten Kapelle animiert¹⁵⁶. Allmählich bekamen die Deutschen eine Vorstellung von dem kontinentalen Ausmaß der Spionageorganisation.

Ebenso schnell aber erkannten die beiden Verfolger Piepe und Giering, daß inzwischen das gegnerische Nachrichtennetz in Belgien stillgelegt worden war und der Grand Chef von Frankreich aus weiterzuarbeiten versuchte. Anfang 1942 fuhr Giering nach Paris¹⁵⁷, wo die Gestapo über das größte polizeiliche Geheimarchiv der besetzten Westgebiete wachte: die

1940 erbeuteten Personalakten der Pariser Sureté Nationale und die Sachakten anderer französischer Polizeibehörden[158]. Hätte das für Spionageabwehr zuständige Gestapo-Referat IV A unter dem Kriminalkommissar Heinrich Reiser, untergebracht im ehemaligen Sureté-Hauptquartier in der Pariser Rue de Saussaies[159], nicht an Personalschwäche (Bestand: sechs Beamte und einige Sekretärinnen) gelitten[160], so wäre es unschwer in den Akten des Fantomas-Falles von 1932 auf die Spur Leopold Treppers gestoßen.

Giering ließ die Akten der Sureté nicht durchforschen, aber er zog die in Paris arbeitenden RSHA-Kameraden zu Rate, unter ihnen vor allem Reiser und dessen Chef, den Kriminalrat Beumelburg[161]. Sie wurden von Giering gebeten, auch dem geringsten Anzeichen nachzuspüren, das auf die Existenz sowjetischer Spionage- und Funkgruppen schließen ließ. Reiser hatte Order, im Falle verdächtiger Indizien sofort die Dienststelle des Sipobeauftragten in Brüssels Avenue Louise 453 anzurufen, in der sich Giering niedergelassen hatte[162].

Während sich V-Männer auf die Lauer legten und die Peiltrupps von Wehrmacht und Ordnungspolizei nach neuen Agentenfunkern fahndeten, versuchten die Dechiffrierer der Funkabwehr, die aufgefangenen Meldungen der roten Spione zu entziffern. Die Beutepapiere aus der Brüsseler Rue des Atrébates zeigten ihnen einen schmalen Weg in jene bizarre Welt, die noch kein deutscher Entschlüßler betreten hatte: die Welt der sowjetischen Kryptographie.

In der Kunst der Geheimschriften hatten die Sowjetrussen von jeher als unübertroffene Meister gegolten. Seit es eine Sowjetunion gab, stand ihr Geheimdienst in dem Ruf, die verwickeltsten Kodesysteme zu besitzen. Es war bis in die dreißiger Jahre nicht gelungen, sowjetische Kodes zu entschlüsseln[163]. Keine Großmacht konnte bis dahin die Geheimschriften der sowjetischen Diplomatie mitlesen, und selbst die scheinbar harmlosen Verschlüsselungsziffern sowjetischer Handelsmissionen im Ausland erwiesen sich als undurchdringlich.

Dem amerikanischen Kongreßabgeordneten Hamilton Fish, Vorsitzender eines Ausschusses zur Untersuchung kommunistischer Umtriebe, gelang es 1930, 3000 verschlüsselte Telegramme der in New York residierenden sowjetischen Handelsgesellschaft ›Amtorg‹ in die Hand zu bekommen. Fish übergab sie der Dechiffrierabteilung der US-Marine, die nach erfolglosem Bemühen um Entzifferung berichtete: »Der Amtorg-Kode ist der komplizierteste und geheimste, von dem wir je gehört haben.« Daraufhin zog der Abgeordnete das Kriegsministerium heran, wiederum ohne Erfolg. Fish resignierte: »Nicht einem Experten — und sie hatten bis zu einem Jahr

Zeit — gelang es, ein einziges Wort dieser Telegramme zu entschlüsseln.«[164] Nicht besser erging es den japanischen Verfolgern des sowjetischen Chefspions Richard Sorge. Seit 1938 registrierten vier Abhörorgane Japans den Funkverkehr von Sorge im Raum Tokio, jedes Jahr notierten sie die Zahlenbotschaften des Spions: 1939 waren es 23 139 Zifferngruppen, ein Jahr darauf 29 179 — aber kein Japaner konnte hinter den Sinn der rätselhaften Zahlen kommen[165]. Erst der Verrat eines Mitarbeiters von Sorge klärte das Geheimnis auf[166]. Ohne Verrat aber war der Sorge-Kode unbezwingbar. Das einfache und doch äußerst verwirrende Kodesystem Sowjetrußlands ging auf die Zahlenspiele sozialrevolutionärer Vorläufer der Bolschewiki zurück, der Nihilisten. Sie hatten sich in den Kerkern des Zaren eine Geheimsprache ausgedacht, die es den Häftlingen ermöglichte, sich durch Gefängnismauern zu verständigen. Sie entwickelten ein Schachbrett, dessen einzelne Felder Buchstaben darstellten; die oberste Horizontale und die linke Vertikale des Schachbretts waren mit Zahlen gefüllt, denn nur mit einzelnen Schlägen an die Zellenwand — sie entsprachen den Ziffern des Systems — ließen sich die Buchstaben übermitteln[167]. Das Zahlen- und Buchstabensystem, auch Schachbrettchiffre genannt, sah so aus:

	1	2	3	4	5
1	a	b	c	d	e
2	f	g	h	ij	k
3	l	m	n	o	p
4	q	r	s	t	u
5	v	w	x	y	z

Jeder Buchstabe setzte sich aus der Ziffer der Vertikale und jener der Horizontale zusammen, also: a = 11, c = 13, h = 23 und so weiter[168]. Wollten sich die Häftlinge ›Achtung‹ zurufen, so hämmerten sie an die Wände: 11 13 23 44 45 33 22. Als die Gefängnisbeamten die Geheimsprache der

Häftlinge durchschauten, verfeinerten die Eingeschlossenen ihr System. Sie begannen, ihre Botschaften zu verschlüsseln — durch ein vorher verabredetes Schlüsselwort.

Die Nachricht wurde zunächst in Schachbrettzahlen umgewandelt, dann kleidete man auch das Schlüsselwort (Kodewort) in Zahlen; schließlich wurden beide Zahlengruppen — die der Nachricht und die des Schlüsselworts — miteinander addiert. Wollte man das Wort ›Achtung‹ etwa mit dem Schlüsselwort ›Paris‹ verschlüsseln, so ergab sich:

Klartext:	a	c	h	t	u	n	g
Deckzahlen:	11	13	23	44	45	33	22
Schlüsselwort:	35	11	42	24	43	35	11
Chiffretext:	46	24	65	68	88	68	33

Die Sowjets übernahmen das Schachbrettsystem der Nihilisten und komplizierten es durch immer weitere kabbalistische Einfälle. Sie erfanden neue Zahlenabfolgen in der obersten Horizontale des Schachbretts und setzten in die zweite Horizontale ein Schlüsselwort, dem in den weiteren Felderreihen die Buchstaben des Alphabets folgten, die in dem Wort noch nicht enthalten waren.

Dann führten sie in ihre Geheimschriften auch Buchstaben ein, die nur durch eine einzige Ziffer ausgedrückt wurden; der Gegenspieler konnte nicht mehr erkennen, ob es sich um ein- oder zweiziffrige Buchstaben handelte. In einem 1937 verwendeten Kode hieß ›España‹ (Spanien)[169] nahezu unlesbar: 8281 15 125, aber der Eingeweihte wußte, daß der Zahlenrhythmus lautete: 8 28 11 5 12 5. Später gingen die Sowjets dazu über, die Texte in Gruppen zu je fünf Ziffern zu ordnen.

Aber auch dieses System schien noch nicht sicher genug. Denn allen verschlüsselten Zahlengruppen wohnen Frequenzgesetze inne, die dem Fachmann dank des regelmäßigen Vorkommens bestimmter Buchstaben die Struktur einer Verschlüsselung verraten. Mit Tabellen ließen sich die häufigsten Buchstaben ermitteln — im Deutschen ist es zum Beispiel das ›e‹ mit einer Häufigkeit von 18,7 Prozent, gefolgt vom ›n‹ (11,3 Prozent) und vom ›i‹ (7,9 Prozent)[170].

Daher begann Moskau, seine verschlüsselten Texte noch einmal zu überschlüsseln, wobei man sich meist seltener, im Handel schwer erhältlicher Bücher (Romane oder Theaterstücke) bediente. Der ehemalige Sowjetagent Otto Pünter hat das System erklärt[171]:

Er sollte nach Moskau melden, daß die Leibstandarte-SS Adolf Hitler in Warschau eingerückt sei. Zur Verschlüsselung seiner Meldung benutzte er das Reisebuch »Von Pol zu Pol« des schwedischen Forschers Sven Hedin; dort strich sich Pünter den Satz auf Seite 12 an: »Dokumentarfilme sind belegt, werden aber rasch wieder frei.« Da er als Schlüsselwort nur zehn Buchstaben benötigte, entnahm er dem Satz einen Teil des ersten Wortes, also »Dokumentar«. Pünter schrieb sich in großen Buchstaben das Schlüsselwort auf und setzte darunter in zwei Reihen alle die Buchstaben des Alphabets, die in dem Wort ›Dokumentar‹ nicht enthalten waren; an den linken Rand der drei Reihen und oberhalb der Buchstaben des Schlüsselworts schrieb er jeweils eine Zahl, so daß sich jeder Buchstabe durch eine zweistellige Zahl ausdrücken ließ, zum Beispiel A durch 14, B durch 26, C durch 76:

	2	7	4	0	5	3	6	9	1	8
4	D	O	K	U	M	E	N	T	A	R
6	B	C	F	G	H	I	J	L	P	Q
1	S	V	W	X	Y	Z	.			

Mit diesem Chiffresystem konnte nun Pünter seine Meldung verschlüsseln. Er brachte sie auf kürzeste Telegrammform (»Hitlerstandarte in Warschau«), wandelte sie in die Zahlen des Kodewortes um und ordnete diese in Fünfergruppen. Das Ergebnis sah so aus:

56369 49634 84219 41464 24148
49434 36644 11484 21765 61404

Dann folgte die Überschlüsselung. Pünter schrieb sich den ganzen Hedin-Satz (»Dokumentarfilme sind belegt, werden aber rasch wieder frei«) ab und verschlüsselte ihn ebenfalls in Ziffern, wobei sich freilich dieses Ziffernsystem von dem System der einfachen Verschlüsselung dadurch unterschied, daß die Buchstaben nicht mehr durch zweistellige, sondern durch einstellige Zahlen markiert wurden. Die zweite Zahlenstelle entfiel, aus A wurde 1, aus B 2, aus C 7 usw. Schließlich addierte Pünter die Zahlen der Verschlüsselung und die Zahlen der Überschlüsselung. Die Meldung war jetzt also doppelt verschlüsselt.

Am Ende der Zahlenbotschaft fügte Pünter eine letzte Zahl an, bestimmt für den Empfänger in Moskau, der erfahren mußte, wo er den Schlüssel in dem auch ihm vorliegenden Buch Sven Hedins finden werde. Die letzte Zahl der Meldung über die Leibstandarte lautete: »12085«. Das hieß im Klartext: Seite 12, Zeile 08, fünftes Wort[172].

Mit dieser Überschlüsselung war das Labyrinth der sowjetischen Geheimschriften nahezu undurchdringlich. Und doch hatte es eine schwache Stelle: Fiel ein Kodewort aus dem Schlüsselbuch oder gar das Buch selber in die Hand des Gegners, dann war es nur noch eine Frage der Zeit, wann es den feindlichen Dechiffrierern gelang, die verschlüsselten Funksprüche zu lesen.

Gerade dieses aber versuchten Anfang 1942 die Dechiffrierer von Fu III zu erreichen, als sie damit begannen, die Papiere aus Harry Piepes Beutezug in der Rue des Atrébates zu sichten. Die Funkabwehr am Matthäikirchplatz hatte inzwischen eine Gruppe von Dechiffrierern zusammengestellt, an deren Spitze einer der intelligentesten ›Geheimschreiber‹ (so nannte man offiziell die Kodespezialisten der Wehrmacht) stand: Dr. Wilhelm Vauck, Oberleutnant der Reserve und im Zivilberuf Studienrat[173]. Der Lehrer für Mathematik, Physik und Chemie an der späteren Wilhelm-von-Polenz-Oberschule in Bautzen gehörte zu den wichtigsten Spezialisten bei OKH/In7/VI/12 (wohinter sich die Funkleitstelle der Nachrichten-Inspektion im Oberkommando des Heeres verbarg) und war nur an die Funkabwehr ausgeliehen worden[174].

Vauck sammelte sprach- und mathematikkundige Studenten um sich, die in die Nachrichtentruppe von Heer und Luftwaffe einberufen worden waren, und zog sie in seiner neuen Dechiffrierabteilung in der Funkabwehr-Zentrale zusammen. Die jungen Intellektuellen im Wehrmachtsrock, die ins Anfertigen von Vergleichstabellen und Wahrscheinlichkeitsrechnungen vertieft, merkten in ihrem Eifer nicht, daß der Feind alles mithören konnte: Zu Vaucks Mitarbeitern gehörte auch der Gefreite Horst Heilmann von der Luftnachrichtentruppe, ein Vertrauter des Agentenchefs Schulze-Boysen und von ihm als Entziffer für englische, französische und russische Funksprüche in die Dechiffrierabteilung manövriert[175].

Zu einem Mißtrauen hatte der Oberleutnant Vauck keinen Anlaß, zumal die Arbeit seiner jungen Leute recht erfolgversprechend anlief. Schon eine kurze Durchsicht der Piepe-Beute hatte Vauck hoffen lassen, daß diesmal der Einbruch in den sowjetischen Kode glücken werde.

Unter den beschlagnahmten Papieren befand sich auch ein angekohltes Blatt, das Piepes Polizisten im Kamin des Hauses 101 der Rue des Atrébates gefunden hatten. Offenbar war es von dem Funker Makarow noch vor seiner Flucht ins Feuer geworfen worden. Der Papierfetzen enthielt einige Zahlenkolonnen. Vauck kam sogleich der Verdacht, das halbverbrannte Papier habe zu einer Verschlüsselungstabelle Makarows gehört[176]. Da der Russe damals noch jede Aussage verweigerte, mußte sich Vauck bemühen, hinter den Sinn der Zahlenwürmer zu kommen.

Sechs Wochen lang spielten die Dechiffrierer am Matthäikirchplatz alle mathematischen Möglichkeiten durch, um den Verschlüsselungsplan Makarows zu begreifen. Es gelang ihnen nicht; nur ein Wort vermochten die Spezialisten zu rekonstruieren: »Proctor«[177]. Jetzt mußte man herausfinden, wo Proctor zu suchen war. Inzwischen wußten die Deutschen auch, daß Moskaus Geheimdienst Schlüsselbücher aus der Belletristik verwendete; der Schluß lag nahe, daß Proctor in einem Roman oder in einem Theaterstück vorkommen mußte. Doch in welchem?

In Fu III machte sich einer der Hauptauswertungs-Offiziere, der Hauptmann Carl von Wedel, Leiter des Referats ›Inhaltsauswertung‹, auf den Weg nach Brüssel[178]. Er wollte klären, welche Schlüsselbücher die Makarow-Gruppe verwendet hatte. Wedel vernahm Rita Arnould, einzige Mitwisserin der Rue des Atrébates, die für Aussagen zur Verfügung stand[179].

Die ehemalige Hausdame Rita konnte sich erinnern, auf dem Schreibtisch der Chiffriererin Sophie Posnanska mehrere Bücher gesehen zu haben. Doch der Spionejäger Piepe hatte es versäumt, die scheinbar harmlosen Romane der Posnanska mitzunehmen; in dem geräumten Agentennest suchte sie Wedel vergebens. Nur mühsam brachte die Arnould die Titel der Schlüsselbücher zusammen. Einige der von ihr genannten Romane konnte Hauptmann von Wedel in Brüssel aufspüren und sofort durchlesen lassen — sie enthielten nicht den Namen Proctor[180].

Ein weiteres Buch blieb die letzte Hoffnung Wedels: der 1910 veröffentlichte Roman »Le Miracle du Professeur Wolmar« (Das Geheimnis des Professors Wolmar) aus der Feder des französischen Schriftstellers Guy de Téramond. Wedel fuhr nach Paris und durchstöberte ein Buchantiquariat nach dem anderen. Das Téramond-Buch war nie im Handel gewesen, es war nur als Gratiszugabe an die Leser des Pariser Bilderblattes ›Monde illustré‹ verschickt worden[181]. Der Hauptmann hatte Glück: Am 17. Mai 1942 fand er ein Exemplar — die Dechiffrierer fanden ihren Proctor[182].

Von nun an konnten Vaucks Leute die Funksprüche Makarows entziffern, aber die Arbeit schleppte sich mühsam voran. Man besaß zwar das Schlüsselbuch, aber jede der 286 Seiten mußte immer wieder durchforscht werden[183], bis festgestellt war, welche Buchstelle zu einem der 120 Funksprüche (so viele hatte die Funkabwehr von Makarows Sender aufgefangen)[184] paßte. Im Juni kamen die Dechiffrierer etwas schneller voran; jeden Tag konnten sie zwei bis drei Makarow-Sprüche entziffern[185]. Vor Vauck entfaltete sich, Funkspruch um Funkspruch, ein wesentliches Stück der sowjetischen Spionage: Informationen über militärische Anlagen, Rüstungsstatistiken, diplomatische Geheimberichte, Stärkeaufstellungen von Divisionen.

Dennoch wollte der Erfolg seiner Dechiffrierer den Oberleutnant Vauck nicht froh stimmen. Moskau hatte längst sein

Schlüsselsystem geändert, die dechiffrierten Funksprüche der Kent-Makarow-Gruppe nach Moskau hatten gleichsam nur noch historischen Wert. Ihre Entzifferung konnte vor allem nicht die entscheidende Frage beantworten, welche Agenten hinter den Funksprüchen standen. Vauck schlug daraufhin den umgekehrten Weg ein: Er ließ jetzt alle Funksprüche Moskaus nach Brüssel entschlüsseln. Vielleicht ergaben sie Hinweise auf das rote Agentennetz.

Noch blieb für Vaucks Wissenschaftler das fremde Agentennetz in tiefes Dunkel gehüllt, da halfen abermals Giering und Piepe. Ihre Horchkommandos in Brüssel und Paris hatten wieder Funksignale der sowjetischen Spionage ausgemacht.

Der Orpo-Major Schneider war der erste Fahnder, dem der Nachweis gelang, daß der in Brüssel angeschlagene Spionagering seine Arbeit in Frankreich fortsetzte. Schneiders Einheit, ein auf einem Anwesen bei Garches westlich von Paris liegender Peilzug der Ordnungspolizei, ortete einen unbekannten Sender in Maisons-Laffitte vor Paris. »Das ist ein Russenfunk«, mutmaßte Schneider und ließ seine Funkpolizisten in Maisons-Laffitte ausschwärmen[186]. Am 10. Juni 1942 alarmierte der Major den Kriminalrat Beumelburg, den höchsten Gestapofunktionär im besetzten Frankreich, und der wiederum alarmierte seinen Kommunismus-Spezialisten, den Kriminalkommissar Reiser[187].

Schneider meldete: »Wir überwachen seit Tagen einen Feindsender, der muß im Norden oder Nordwesten von Paris einen Standort haben. Wir waren bisher nicht ganz 'rangekommen, aber heute hat's geklappt. Wir haben ihn eingekreist und die Nahpeilung eingeleitet.« Zu Reiser: »Ihr müßt jetzt mit, wenn ihr die Leute vereinnahmen wollt.« Reiser rief einige seiner Beamten zusammen, ließ Zivilkleidung anlegen und fuhr dem Peilwagen Schneiders nach. »Das war so ein Lieferwägelchen«, berichtet Reiser, »von außen war gar nichts zu sehen. Unser Wagen war natürlich auch gut getarnt.«

Plötzlich hielt der Funkpeilwagen in der Grand Avenue von Maisons-Laffitte. Ein Melder sprang aus dem Orpo-Wagen und deutete auf zwei Villen, die jeweils rechts und links der Straße lagen. Reisers Männer rannten auf die beiden Häuser zu; der Kommissar drang mit gezogenem Revolver in das linke Haus ein, riß einen Mann von dessen Bett hoch, bis er merkte, daß er sich den Falschen gelangt hatte.

Aus dem anderen Haus ertönte eine Polizistenstimme: »Wir haben sie!« In einer Mansardenwohnung der Villa bemächtigten sich die Gestapobeamten eines dunkelhaarigen Mannes, der soeben noch an seinem Funkgerät gearbeitet hatte; andere Polizisten führten eine Frau herauf, die versucht hatte, mit einem Packen Papiere durch den Garten zu entkommen. Es war das Ehepaar Hersch und Myra Sokol, das Funker-Duo der Frankreich-Organisation des Grand Chef[188].

Der Überfall in Maisons-Laffitte brachte Vauck einen kräftigen Schritt vorwärts; die gefundenen Papiere gaben neue Hinweise auf das Kodesystem der Roten Kapelle. Dennoch hätten nur die Sokols die letzten Rätsel erklären können, aber die beiden Polen schwiegen.

Verärgert schlugen die Gestapofunktionäre auf den Funker Sokol ein; er wurde mit eiskalten Wasserduschen gefoltert[189]. Reiser will freilich heute von solchen Methoden nichts wissen: »Das gab es bei mir nicht. Es wäre der denkbar blödeste Nonsens, wenn man glaubte, mit solchen Mitteln Nachrichten gewinnen zu können.«[190] Immerhin, als die Gestapo der Funkerin Myra Sokol androhte, den Ehemann erschießen zu wollen, gestand sie manches: Thema der Funksprüche, Verbindungen zu anderen Mitgliedern des Trepper-Netzes und sogar den Decknamen des Grand Chef (›Gilbert‹)[191]. Trepper konnte sich glücklich schätzen, daß er den Sokols niemals seine Adresse verraten hatte.

Hastig ordnete der Grand Chef einen Rückzug an und gliederte seine Schattenarmee um. Doch Treppers Agenten waren bereits von der präzise zuschlagenden Funkabwehr so demoralisiert, daß manche von ihnen nur widerwillig ihre Arbeit fortsetzten. Wieder drohte der Trepper-Apparat an der leidigen Funkfrage zu scheitern. Der in Marseille operierende Kent besaß ein Funkgerät, aber er schob immer wieder technische Pannen vor, um seine Passivität zu begründen[192]. Auch der Chefagent Robinson verfügte über einen Sender, aber er weigerte sich, ihn in den Dienst des Grand Chef zu stellen[193].

Verzweifelt suchte der Agentenchef nach einer Möglichkeit, den Funkverkehr mit Moskau wieder aufzunehmen. Nach längeren Verhandlungen sprang abermals die Kommunistische Partei Frankreichs ein und lieh Trepper ein Funkgerät[194]. Wer aber sollte es bedienen? Zwei Kommunisten, die Eheleute Pierre und Lucienne Giraud, boten sich an, in ihrer Wohnung in dem bei Paris gelegenen Saint-Leula-Forêt für die Rote Kapelle zu funken. Der gute Wille der Genossen befreite Trepper nicht aus seinen Nöten, denn die Girauds verstanden nicht, das Gerät zu bedienen[195]. Sie gingen nun selber auf die Suche nach einem Funker und fanden ihn in dem Exilspanier Valentino Escudero. Aber gerade diese Wahl sollte sich als verhängnisvoll erweisen — nach kurzer Funkarbeit verriet Escudero, erpicht auf eine politische Rückfahrkarte in das Spanien Francos, die Sendegruppe an die deutsche Funkabwehr[196]. Während der Grand Chef noch immer einen Ausweg aus seinem Dilemma suchte, schickten sich seine Verfolger an, einen neuen und diesmal entscheidenden Schlag gegen die Rote Kapelle zu führen. Es war der Coup, der das Ende der sowjetischen Spionageorganisation in Westeuropa einleitete.

Den Fernpeilern der Funkabwehr war nicht entgangen, daß der rote Gegenspieler schon vor der Blitzaktion in Maisons-Laffitte begonnen hatte, das seit Dezember 1941 stillgelegte Nachrichtennetz in Belgien wieder zu aktivieren. Seit März/April 1942 arbeitete ein neuer Sender in Brüssel; die Deutschen nahmen an, ein neuer Mann habe die Nachfolge des geflohenen Petit Chef Kent angetreten — tatsächlich hatte Jefremow die Leitung übernommen[197].

Die überdimensionierten Richtungsantennen von Fu III fingen die Funksprüche des unvermutet in Brüssel erschienenen Gegners auf. Der Peilzug einer Funküberwachungskompanie wurde daraufhin erneut nach Brüssel verlegt, und in kurzer Zeit herrschte Gewißheit darüber, wo der neue Sender stand. Ende Juli 1942 deuteten alle Anzeichen auf den Brüsseler Vorort Laeken, genauer: auf ein alleinstehendes Haus nahe einer Bahnlinie[198].

Am 30. Juli schlug Piepe zu. Mit 25 Mann der Geheimen Feldpolizei und Soldaten einer nahe gelegenen Luftwaffen-Kaserne umstellte er das Haus, wenige Minuten später besetzten GFP-Beamte den in kleine Verschläge unterteilten Hausboden. Sie fanden ein noch warmes Funkgerät, der Funker war jedoch geflohen. Als Piepe seinen Kopf durch eine Dachluke steckte, sah er, wie der Flüchtling, einen Revolver in der Hand, über das Dach rannte. Einen Schuß nach dem anderen feuernd, hetzte der Mann vorwärts, riß eine Dachluke auf und verschwand. Von den Deutschen verfolgt, flüchtete der Funker in den Keller und versteckte sich dort. Die Feldgendarmen fanden ihn und schlugen wütend auf ihn ein.

Kurz darauf stand er blutend vor Piepe. Nur zögernd nannte er dem Hauptmann seinen Namen, wohl wissend, daß er seit Jahren einer der Spitzenkandidaten auf den Schwarzen Listen der Gestapo war: Johann Wenzel[199]. Doch Piepe sagte dieser Name nichts; er ließ den Chef-Funker der Roten Kapelle in Westeuropa ins Militärgefängnis abführen — erst ein Fernschreiben des Reichssicherheitshauptamtes klärte den Abwehrmann darüber auf, daß er einen der intelligentesten und aktivsten Agenten Moskaus gefangen hatte[200].

Als ihn das Fernschreiben erreichte, wußte freilich Piepe bereits, daß ihm ein großer Coup geglückt war. Am frühen Morgen des 31. Juli hatte der müde Spionejäger die bei Wenzel gefundenen Papiere mit in sein Quartier genommen und, auf dem Feldbett sitzend, die ärgste Überraschung seines Lebens gehabt[201]: Die Papiere erwiesen sich als Funksprüche, die Wenzel empfangen hatte oder durchgeben sollte; die meisten waren verschlüsselt, aber einige in Klartext verfaßt. »Da standen präzise Auskünfte über die deutsche Produktion von Flugzeugen und Panzern, über unsere Verluste und unsere Reserven«, erinnert sich Piepe[202].

Beim Durchblättern der Meldungen stieß Piepe auf einen Funkspruch, der ihn vollends alarmierte, weil die Meldung endlich eine Spur zu einem Rote-Kapelle-Agenten wies. Piepe: »In einem der Telegramme war die Rede von einer Berliner Adresse, die überaus wichtig war und um keinen Preis von den Deutschen entdeckt werden dürfe.«[203]

Auch ein anderer Abwehr-Hauptmann, Sachbearbeiter F 1 (Frankreich, Belgien, Luxemburg) in der Berliner III-F-Zentrale, bestätigte die Existenz dieses Funkspruchs: »Eines Tages kam zur Auswertung ein entschlüsselter Funkspruch der ›Roten Kapelle‹ auf meinen Tisch, in dem ein Agent angewiesen wurde, sich an ›Schubo‹ zu wenden, dessen Adresse mit Straßennamen und Hausnummer angegeben wurde. Da [...] habe ich mir sofort durchgeben lassen, wer in diesem Haus wohnt. Die Hausliste enthielt den Namen Schulze-Boysen.«[204]

Kaum hatte Piepe begriffen, was die von ihm erbeuteten Wenzel-Papiere bedeuteten, da meldete er sich bei dem neuen Leiter der Abwehrstelle Brüssel, Oberst Hans-Karl von Servaes[205]. Der Oberst machte sofort Meldung bei der Abwehr-Zentrale am Berliner Tirpitzufer, dann aber hatte er eine neue Idee: »Herr Piepe, Sie müssen nach Berlin!«[206] Da das nächste Flugzeug schon besetzt war, kletterte Piepe in seinen alten Chevrolet und raste nach Berlin, neben sich die Dienstpistole und eine Aktentasche mit den Wenzel-Meldungen. Als der wachhabende Offizier am Tirpitzufer den aufgeregten Hauptmann nicht eher passieren lassen wollte, bis er in die Aktentasche Einblick genommen hatte, zog Piepe seine Pistole und verwahrte sich gegen das Ansinnen. Der Wachhabende schloß ihn daraufhin ins Wachzimmer ein, aus dem ihn erst der herbeigerufene Gegenspionage-Chef Rohleder befreite[207].

Der Inhalt von Piepes Aktentasche erwies sich als so wichtig, daß Rohleder den Leiter der Abwehr-Abteilung III, Oberst von Bentivegni, informierte. Die beiden Obersten meldeten sich augenblicklich bei Admiral Canaris an und trugen ihm vor, was Piepe bei seinem Coup in Brüssel gefunden hatte[208]. Einen Augenblick noch zögerten die Militärs, den Fall an die Gestapo abzugeben. Die Abwehr-Gruppe III F verfügte auch im Reich über einen eigenen Agentenapparat, im Abwehrjargon ›Hauskapelle‹ genannt, die durchaus in der Lage war, verdächtige Personen zu beschatten und fremde Spionageringe zu infiltrieren. Die Hauskapelle hatte denn auch für III F/1 schnell herausgebracht, wer der Mann war, der in Piepes Funkspruch vor den Deutschen geschützt werden sollte: der

Oberleutnant Harro Schulze-Boysen, Referent im Reichsluftfahrtministerium[209]. Sollte man auf eigene Faust weiterarbeiten, ohne die Gestapo ins Vertrauen zu ziehen?

Doch dieser Weg war der Abwehr versperrt, die Gestapo wußte schon zuviel. Zwei Wochen vor Piepes Coup in Brüssel, am 14. Juli 1942, hatte der Chef-Dechiffrierer Vauck den alten Funkspruch Moskaus vom 10. Oktober 1941 entschlüsselt, in dem der Brüsseler Agent Kent aufgefordert worden war, drei führende Männer der in Berlin wirkenden Roten Kapelle aufzusuchen[210]. Und dieser Funkspruch war noch genauer gewesen als Piepes Beutestück — er nannte gleich drei Adressen einschließlich der Decknamen ihrer Bewohner: »Neu-Westend, Altenburger Allee 19. Drei Treppen rechts. Choro. — Charlottenburg, Fredericiastraße 26 a. Zwei Treppen links. Wolf. — Friedenau, Kaiserallee 18. Vier Treppen links. Bauer.«[211]

Auch die Funkabwehr hatte Bedenken, die Meldung ungeprüft weiterzugeben. Konnte man sich vorstellen, daß der sonst so raffinierte Geheimdienst Sowjetrußlands seine wichtigsten Agenten den deutschen Gegenspielern gleichsam auf einem Silbertablett reichte? Aber ein Zweifel war kaum noch möglich: Dem Namen Choro war Vauck in den Funksprüchen immer wieder begegnet, jetzt wurde auch klar, warum deutsche Namen und die deutsche Sprache im sowjetischen Funkverkehr eine so große Rolle gespielt hatten.

Wer aber war Choro, wer waren Bauer und Wolf? Hauptmann von Wedel verschaffte sich Gewißheit. Da die Funkabwehr über keine ›Hauskapelle‹ verfügte, rief er im Reichssicherheitshauptamt an und bat, die Namen festzustellen[212]. Die Gestapo wußte spätestens am 16. Juli 1942 Bescheid. ›Choro‹ war kein anderer als Schulze-Boysen, ›Wolf‹ der Deckname des Oberregierungsrates Dr. Arvid Harnack vom Reichswirtschaftsministerium, und hinter dem Pseudonym ›Bauer‹ verbarg sich der Schriftsteller Dr. Adam Kuckhoff[213]. So einfach war das also, so einfach konnte man Moskaus Spitzenagenten aufspüren.

Abwehr und Funkabwehr mußten nun auch offiziell die Gestapo informieren, zumal im Innern Deutschlands nur die Gestapo Verhaftungen vornehmen durfte. Piepe erhielt die Genehmigung, gemeinsam mit seinem Gestapo-Partner Giering in die Prinz-Albrecht-Straße zu fahren und sich dem Oberregierungsrat Friedrich Panzinger zur Verfügung zu stellen, der soeben im Begriff war, als Gruppenleiter IV A des Reichssicherheitshauptamtes den Feldzug der Gestapo gegen die Rote Kapelle auszuarbeiten[214].

Anfang August einigten sich Militärs und Polizisten auf höchster Ebene. Admiral Canaris, General Thiele, Oberst von Bentivegni und der Beauftragte Gestapo-Müllers, SS-Oberführer Schellenberg, legten fest, das RSHA werde allein den Schlag gegen die im Reich operierenden Agenten der Roten Kapelle führen, Abwehr und Funkabwehr hingegen weiterhin mit Beteiligung der Gestapo die Verfolgung der Rote-Kapelle-Gruppen in den besetzten Westgebieten vorantreiben[215]. »Daraufhin wurden in Berlin«, berichtete Schellenberg, »mehr als fünfzig Personen unter Bewachung gestellt.«[216]

Telephone wurden angezapft, fremde Briefe mitgelesen, Verdächtige beschattet. Das Ergebnis überraschte selbst die Experten der Gestapo. Vor den Augen und Ohren der Regime-Wächter Adolf Hitlers enthüllte sich eine der seltsamsten Spionageorganisationen der deutschen Geschichte.

4. Kapitel   Choro ruft Moskau

Im zweiten Stock des Hauses 8 der Berliner Prinz-Albrecht-Straße, im Dienstzimmer des Kriminalkommissars und SS-Untersturmführers Johann Strübing, herrschte Alarmstimmung. Auf dem Schreibtisch des 35jährigen Berliners, der die Dienststelle ›Fallschirm- und Funkagenten‹ im Sabotageabwehr-Referat der Gestapo leitete, lag seit Stunden ein blauer Aktenhefter, den die Zentrale der Funkabwehr vom nahe gelegenen Matthäikirchplatz herübergeschickt hatte[1].

Die Berichte der Funkabwehr ließen keinen Zweifel mehr, die von Fu III entschlüsselten sowjetischen Funksprüche bewiesen es: Mitten im Zentrum des totalitären Staates Adolf Hitlers, im Schatten der fast allmächtigen Geheimen Staatspolizei, arbeitete eine große Spionageorganisation der Sowjetunion. Die Russen mußten in Berlin über zahllose Agenten und V-Männer verfügen, sie mußten gute Beziehungen zu Behörden und Betrieben besitzen, ihr Informantennetz erstreckte sich womöglich über das ganze Reich.

Je mehr sich Strübing in die Akte der Funkabwehr vertiefte, desto phantastischer erschien ihm, was er da las. Wichtige Kriegsgeheimnisse Deutschlands waren an Moskau verraten worden[2]. Wer aber waren die Führer dieser Spionageorganisation, wo saßen die wichtigsten Agenten? Eine Spur verrieten die aufgefangenen Meldungen: In den Funksprüchen tauchten immer wieder die Namen ›Choro‹ und ›Arwid‹ auf. Strübing kam eine Idee.

Der Gestapokommissar griff nach dem Funkspruch, in dem die Moskauer Spionagezentrale am 10. Oktober 1941 ihren Chefagenten Kent in Brüssel angewiesen hatte, drei führende Mitglieder des Berliner Ringes in deren Wohnungen aufzusuchen: den Oberleutnant Harro Schulze-Boysen, den Oberregierungsrat Dr. Arvid Harnack und den Schriftsteller Dr. Adam Kuckhoff. Strübing verglich die Funksprüche mit den ermittelten Namen der drei Agenten. Sollte ›Choro‹ die russische Form von Harro sein und zu Harro Schulze-Boysen passen, ›Arwid‹ hingegen Arvid Harnack heißen?

Ein Blick in die Gestapo-Akte über Schulze-Boysen beseitigte Strübings anfängliche Zweifel. »Schulze-Boysen ist der Geheimen Staatspolizei seit 1933 bekannt«, wird später ein Mitarbeiter Strübings protokollieren[3] und damit nur bestätigen, was das Berliner Landeskriminalpolizeiamt schon am 1. April 1933 behauptet hatte: Eine von Schulze-Boysen geleitete Organisation sei »radikal kommunistisch eingestellt«[4]. Strübing gab Order, das Telephon Schulze-Boysens und der beiden anderen im Funkspruch genannten Personen zu überwachen. Die Tonplattengeräte der Gestapo zeichneten Gespräche der Verdächtigen auf, allmählich erkannte die Gestapo erste Umrisse des Berliner Teils der Roten Kapelle.

Immer deutlicher wurde, daß Harro Schulze-Boysen der Motor des gegnerischen Unternehmens war, eine Art charismatischer Führer, der seine Gruppe vorantrieb, energisch, rücksichtslos, unvorsichtig. Er war einer jener fanatischen Beweger, die keine temperierten Urteile über sich zulassen. Für die einen war er Idealist, Romantiker und Widerstandsheld, für die anderen Scharlatan, Wirrkopf und Landesverräter.

»Ein schönes, ein reines Gesicht«, so beschreibt ihn einer seiner treuesten Freunde, der Bühnenautor Günther Weisenborn. »Ein Bild dessen, das sie [seine Anhänger] sich in Romanen von einem jungen Offizier erträumten, herrlich gewachsen, blauäugig, kühn, dahinter der suggestive Schwung eines genialen Politikers.«[5] Dem NS-Gegner Rainer Hildebrandt fiel auf: »Das kalte Feuer, das in seinen Augen brannte, das große magere Kinn, in dem die Muskeln bisweilen spielten, konnte nur zu einer Natur gehören, der es ums Ganze geht.«[6]

Der Wetterdienstinspektor Heinrich Scheel, ein Mitarbeiter Schulze-Boysens, fand in ihm »einen Mann von faszinierender Intelligenz und Tatkraft, einen glänzenden Diskutanten von bewundernswerter intellektueller Redlichkeit«[7]. Noch heute schwärmen die Apologeten: »Schulze-Boysens vielseitige Begabung, seine Frische und Liebenswürdigkeit machten ihn zum Idol seiner jugendlichen Anhänger«[8].

Kritiker und Gegner sahen ihn in einem anderen Licht. Der Senatspräsident Dr. Alexander Kraell, dessen Gericht später Schulze-Boysen aburteilte, hielt ihn für einen Hasardeur, »klug, gewandt, rücksichtslos auch in der Ausnutzung seiner Freunde, im höchsten Grade ehrgeizig«[9]. Der Historiker David Dallin fand, Schulze-Boysen sei »in der Wahl seiner Mittel skrupellos« gewesen und »viel zu gefühlsbetont und unbeständig, um einen gehorsamen ›Apparatschik‹ abzugeben«[10]. Und den Analytikern eines graphologischen Instituts in Hamburg fiel beim Anblick der Schrift Schulze-Boysens die Formulierung ein: »Ein fanatisch glaubender Mensch, der einer Idee alles opfert.«[11]

Selbst manche seiner Gesinnungsgenossen erschraken vor Schulze-Boysens blindem Ungestüm. Kuckhoff vertraute seiner Frau an, Schulze-Boysen bedürfe dringend der Disziplinierung[12], während der Altkommunist Wilhelm Guddorf über das allen Konspirationsregeln hohnsprechende Revoluzzertum des Agentenchefs so bestürzt war, daß er sich von ihm distanzierte[13]. Und in ihrer Todeszelle mußte Cato Bontjes van Beek, ein Opfer der Unvorsichtigkeit des Agentenchefs, erkennen: »Sch.-B. war eben doch die ehrgeizige Abenteurernatur, für die Heinz [Strelow] und ich ihn gehalten haben.«[14]

Am ehesten konnten sich Freunde und Kritiker noch über einen der bezeichnendsten Wesenszüge Schulze-Boysens einigen: seinen Hang zum Irrationalen. »Er war durch eine völlig romantische Schulung gehandicapt«, urteilte der Schweizer Philosoph Adrien Turel über seinen Freund. »Dies hat dann in der Folge einen herostratischen Zug in ihm entwickelt.«[15] Ostdeutsche Historiker halten ihm noch heute vor, er sei »eine Weile auf die törichte, ja verderbliche Romantik des sogenannten ›Jungdeutschen Ordens‹ hereingefallen« und habe sich in »sektiererischen« Kreisen der Rechten bewegt[16] — Grund genug für die Geschichtsschreiber der DDR, Schulze-Boysen wohl als Antifaschisten, nicht aber als Kommunisten zu akzeptieren[17].

Nicht einmal seinem Partner Harnack, dem strengen Marxisten, wollte es gelingen, den »Wirrkopf« Schulze-Boysen von dessen politischem Irrationalismus zu befreien, der ihm vorgaukelte, auch als Agent des sowjetischen Geheimdienstes könne man deutscher Nationalist bleiben[18]. Der Mann, der sich einen Kommunisten nannte, war noch im September 1939 mit den simpelsten Grundvorstellungen des Kommunismus so wenig vertraut, daß er sich von seinem Freund Dr. Hugo Buschmann die Werke Stalins und Trotzkis auslieh. Buschmann erinnert sich: »Vom Kommunismus wußte er damals gar nix.«[19]

Mancher Zug seines Wesens verriet, daß er zur Nachhut einer deutschen Jugendbewegung gehörte, der die entscheidende politische Reife versagt geblieben war. In Schulze-Boysen verkörperte sich noch einmal der Aufbruch einer romantisch-revolutionär gestimmten Jugend, die alle Klassengrenzen sprengen und die bürgerliche Gesellschaftsordnung Deutschlands reformieren wollte. Sie nannten sich Nationalrevolutionäre und fühlten sich als »eine Auffangstation«, wie ihr mitfühlender Interpret Karl O. Paetel sie deutet, als »ein Forum rechts und links wegen ihrer unbequemen Eigenwilligkeit ausgeschalteter Elemente«[20]: junge Bürgersöhne in Rebellion gegen den Muff des Besitzbürgertums, junge Arbeitersöhne im Protest gegen sterilen Proletarier-Stolz, junge Adlige im Aufstand gegen antiquierten Aristokraten-Hochmut.

Eine ›Junge Front‹ wollten sie bilden gegen die erstarrten Parteien von rechts und links, als dritte Macht wollten sie sich zwischen die Marschkolonnen der Roten und Braunen schieben, die schon über den Leichnam der parlamentarischen Demokratie des Weimarer Deutschlands hinweg zur letzten Schlacht antraten. Die Jungen gaben sich einem verführerischen Traum hin: die Gegner zu versöhnen, sie zu vereinigen in einem neuen Glauben, der proletarischer Nationalismus oder nationaler Sozialismus hieß[21].

Freilich: Mochten auch die Köpfe der Jungen Front aus dem Bürgertum stammen, das Herz schlug links. Die Nationalrevolutionäre konnten sich eine Zukunft nur im Sozialismus vorstellen, weil allein der Sozialismus die beiden Gegenkräfte Nation und Proletariat versöhnen und zu jener Volksgemeinschaft vereinigen könne, die Voraussetzung des »echten autoritären Staates« sei[22]. 1932 formulierte Schulze-Boysen: »Dem mechanischen Staatsdenken und dem Begriff der Nation stellen wir den Gedanken der Volks-Gemeinschaft gegenüber. Das Volk wird als neues Ziel und neue Wesenheit erlebt und der Sinn des Staates im Dienst an der steten Verjüngung des Ganzen erschaut.«[23]

Die Idee des Klassenkampfes wurde von den Propheten der Jungen Front ins Weltweite gewendet, wobei sich der Gefühlssozialismus unverkennbar bürgerlicher Herkunft mit dem Expansionismus traditioneller Nationalisten auf eine seltsame Art vermischte. Mit Hilfe der Sowjetunion, deren planwirtschaftliches System auch für Deutschland als Vorbild galt, sollte ein »Völkerbund der unterdrückten Nationen« entstehen, dazu berufen, die »Ketten von Versailles« zu zerbrechen[24]. Der Sozialismus als Transmissionsriemen imperialer Politik – auch das steckte in dem Konzept der Jungen Front.

Anders als bei ihren bundesrepublikanischen Epigonen, die das Utopia einer herrschaftslosen Gesellschaft erstreben, wurden die Vorstellungen der Establishment-Kritiker des Jahres 1932 vom Ideal des starken Staates bestimmt, dem sie Weltmachtpflichten zuordneten. Schulze-Boysen: »Eine Staatsmacht, die weder imstande noch willens ist, imperial vorzustoßen, und die andererseits nicht die außenpolitischen Konsequenzen eines echten revolutionären Mythos zu ziehen vermag, [...] ist praktisch zur Ohnmacht verurteilt.«[25]

Der starke Staat aber, so dachten die Nationalrevolutionäre weiter, lasse sich allein mit sozialistischen Mitteln verwirklichen; nur der sozialistische Staat könne Europa von »Zuchtlosigkeit und Chaos« befreien, nur er werde den Kontinent gegen Amerikas »Verfolgungsfeldzug« schützen, gegen die »zersetzenden Tendenzen des kapitalistischen Denkens und der liberalen Scheinfreiheit der einzelnen«[26]. Was aber will, was ist der Sozialismus? Antwort: die totale Mobilmachung des Volkes. Schulze-Boysen interpretierte: »Sozialismus heißt nicht: Verantwortungslosigkeit, Führerlosigkeit, Verzicht auf Unternehmungsgeist. Sondern: Generalstab, Produktionsarmeen, Pläne, Gemeinschaftsarbeit. Restloser Einsatz und Verantwortung bis zum äußersten – das ist Sozialismus.«[27]

Die Sprache erinnerte an das braune Vokabular, dennoch verabscheuten die Nationalrevolutionäre die NS-Partei. Einen kurzen Augenblick freilich hatten auch sie sich von der Hitler-Bewegung beeindrucken lassen. Der schweizerische Flugzeugindustrielle Fred Schmid, Mäzen und Hohepriester der Jungen Front, bekannte, er habe die Parole ›Nationalsozialismus‹ als die Lösung schlechthin empfunden[28], und sein Landsmann Turel wollte sogar bis zu seiner Verhaftung durch die Nazis »eine Art Brücke zum Nationalsozialismus« bilden[29].

Aber das Abrücken der NSDAP von ihrem ursprünglich antikapitalistischen Programm, die Hinwendung Hitlers zum Großkapital und zu den Deutschnationalen zerstörte alle Illusionen der Nationalrevolutionäre. Von nun an verkörperte Hitler für sie nur rohen, ausschließlich Gewalt praktizierenden Faschismus. Seit sich der nationalsozialistische Linksaußen Otto Strasser (»Die Sozialisten verlassen die Partei«) von dem kleinbürgerlichen Opportunisten Hitler getrennt hatte[30], stand für die Führer der Jungen Front fest: Die Nazis waren Verräter am Sozialismus.

Dem Sozialismus aber gab Harro Schulze-Boysen oberste Priorität, obwohl er aus einem konservativen Haus stammte. Den Großneffen des Großadmirals Alfred von Tirpitz hatte der Protest gegen bürgerliche Lethargie mit dem deutschnationalen Elternhaus in Konflikt gebracht.

Vater und Mutter lebten dem am 2. September 1909 in Kiel geborenen Sohn jene Mischung aus kaisertreuem Beamtentum und großbürgerlicher Exklusivität vor, die Harro rasch verachten lernte: Der Fregattenkapitän Erich Edgar Schulze, Crew-Ältester von 1898, im Ersten Weltkrieg Stabschef des deutschen Marinebefehlshabers in Belgien, später in die Vorstände großer Industriekonzerne abgewandert[31], war über seine Mutter — eine Schwester des kaiserlichen Flottenchefs — mit dem Hause Tirpitz verwandt[32], während Marie-Louise Schulze aus der Flensburger Advokatenfamilie Boysen kam, deren Töchter zu den begehrtesten Damen der Kieler Society gehörten[33].

Die gesellschaftliche Selbstzufriedenheit der Eltern und ihrer Freunde in Wirtschaft und Militär konnten jedoch Harro, der sich seit Schulzeiten Schulze-Boysen nannte, nicht befriedigen. Revolution und Geheimbündelei zogen ihn frühzeitig an. Schon 1923 — er war damals noch Schüler auf einem Realgymnasium in Duisburg — beteiligte er sich am unterirdischen Kampf gegen die französische Besatzungsmacht im Ruhrgebiet und wurde von den Okkupanten, wie es später in seinen Personalpapieren hieß, wegen »aktiver Arbeit im Ruhrkampf« in kurzfristiger Untersuchungshaft gehalten[34].

Nach dem Abitur[35] (Note: ›Gut‹) trat er 1928 dem ›Jungdeutschen Orden‹ Arthur Mahrauns bei, dessen betont nationale, wiewohl republiktreue und paneuropäische Ordensmystik den Jura-Studenten Schulze-Boysen begeisterte³⁶. An der Freiburger Universität, seiner ersten akademischen Station, warb er eifrig für die deutsch-französische Verständigung³⁷. Wie immer er sich politisch weiterentwickelte, der Ordensgedanke ließ ihn nicht mehr aus dem Bann: Zur Ablösung der alten Gesellschaft, so glaubte er später, sei die Minderheit eines Ordens notwendig, einer Avantgarde, zu deren Ahnen er Bettelmönche, Geusen, Puritaner, Jakobiner und Bolschewisten zählte³⁸.

Die Übersiedlung an die Berliner Universität im Jahr 1930 entfremdete ihn dem bürgerlich-konservativen Weltbild des Ordensmeisters Mahraun³⁹. Schulze-Boysen hatte sich im Arbeiterviertel Wedding ein Zimmer gemietet; die Berührung mit dem Berliner Proletariat ließ ihn auf der Rechten weiter nach links rutschen⁴⁰. Bis 1931 blieb er noch Leiter der ›Jungdeutschen Einheit‹ in Wedding, dann aber näherte er sich Otto Strassers »revolutionären Nationalsozialisten« und anderen sektiererischen Gruppen im Lager der Rechtsextremisten⁴¹.

Im Sommer 1932 geriet er in einen Kreis Berliner Nationalrevolutionäre, die fast alle politischen Mächte der Republik befehdeten, auch die demokratischen Parteien; denn in der Optik der Ordensgläubigen war jede Partei ein verächtlicher »Lebensausdruck der bürgerlichen Gesellschaft«⁴². Schulze-Boysen fühlte sich angesprochen und wurde Redakteur an dem Kampfblatt, das die Nationalrevolutionäre herausgaben: dem ›Gegner‹.

Um den Schlesier Franz Jung, einen von seiner Partei abgefallenen Altkommunisten, hatten sich junge Nationalisten vieler Abstufungen zusammengefunden⁴³. Sie benannten ihre Gruppe nach dem ›Gegner‹, einer 64-Seiten-Zeitschrift im Großoktav-Format, die in einer Auflage von 3000 Exemplaren erschien⁴⁴ und wertvollstes Objekt aus der Konkursmasse eines in Steuer- und Devisenaffären untergegangenen Unternehmens war.

Der von Jung geleitete ›Deutsche Korrespondenz-Verlag‹ gehörte zu den führenden Gruppen einer Bewegung europäischer Gewerkschaften, die durch Gründung übernationaler Bau-Produktiv-Genossenschaften (›Bauhüttenbewegung‹) die kapitalistische Bauwirtschaft bekämpfen wollten. Ende der zwanziger Jahre hatten sich deutsche Gewerkschaften mit ihren französischen Parallelorganisationen zu Baupartnerschaften zusammengeschlossen; sie sollten den Bau großer Wohnungszentren in beiden Ländern ermöglichen⁴⁵.

Wortführer dieses sozialistisch getönten Unternehmens waren neben Gewerkschaftern der avantgardistische Architekt Le Corbusier und die Pariser Zeitschrift ›Plan‹, in der er einen eigenen Teil redigierte[46]. Die Franzosen regten an, die Deutschen sollten eine ähnliche Zeitschrift gründen; so entstand 1931 der ›Gegner‹[47]. Die Redaktion des ›Plan‹-Ablegers vermittelte Vertragsabschlüsse zwischen der französischen Gewerkschaften und der deutschen Bauhüttenbewegung, sie propagierte Le Corbusiers Ideen und übernahm auch das sozialrevolutionäre Programm des politisch ehrgeizigen Rechtsanwalts Philippe Lamour, des Chefs von ›Plan‹[48].

Herausgeber des ›Gegner‹ war Jung und blieb es auch, nachdem die deutsch-französische Baupartnerschaft in dem Gestrüpp der immer undurchdringlicheren Devisenvorschriften verendet war[49]. Jung hätte freilich das tief verschuldete Blatt eingestellt, wären nicht viele junge Menschen von den eigenwilligen Thesen des ›Gegner‹ angelockt worden.

Bald formierten sich die mit den deutschen Zuständen Unzufriedenen um das Blatt; der Titel wurde für sie zum Programm. Sie wollten die Gegner von rechts und links zu einer dritten Kraft zusammenschließen — gegen Demokraten, Totalitäre und Etablierte, vor allem aber gegen die Nazis oder genauer: gegen den Faschismus, in dem sie die größte Gefahr für Deutschlands und Europas Zukunft sahen[50].

Abseits des Anti-NS-Programms konnten sich die ›Gegner‹-Leute jedoch kaum auf ein gemeinsames Ziel verständigen. Sie huldigten im Grunde einem Programm der Programmlosigkeit, scheuten vor konkreten Formulierungen zurück und begnügten sich damit, dem Protest junger Deutscher gegen das Establishment der unglaubwürdig gewordenen Parteien als Forum zu dienen.

Gleichsam als Diskussionsleiter benötigte Jung einen Sprecher, der mit möglichst vielen im ›Gegner‹-Kreis vertretenen Gruppen vertraut war. Jung entschied sich für Schulze-Boysen[51]. Ihm ging der Ruf voraus, zu fast jeder oppositionellen Jugendgruppe Kontakt zu halten; gerieten die extremistischen Studentenparteien an der Berliner Universität in Streit, so wurde nicht selten der Student Schulze-Boysen (Hauptfächer: Staatslehre, Völkerrecht, Zeitungswissenschaft) gerufen, um zu vermitteln[52].

Schulze-Boysen wurde von Jung in die redaktionelle Arbeit eingeweiht und zeichnete später — nach dem Ausscheiden Jungs — als Herausgeber des ›Gegner‹[53]. Von Heft zu Heft steigerten sich die Polemiken gegen die nationalsozialistische Gefahr, von einer Nummer zur anderen wuchs der Beifall der Nonkonformisten. Schulze-Boysen ging dazu über, in Berliner Cafés sogenannte ›Gegner‹-Abende zu veranstalten. Er ließ junge Menschen im ›Gegner‹ erschienene Artikel diskutieren, lud Vertreter der Parteien ein und erörterte Zukunftsfragen deutscher Politik[54].

Selbst der Skeptiker Jung mußte später zugeben: »Die Abende, zuerst in kleineren Versammlungsräumen, waren bald so überfüllt, daß wir Parallel-Veranstaltungen abhalten mußten. Es herrschte eine außerordentliche Disziplin, eine merkwürdige Kameradschaft zwischen links und rechts. Junge Leute, die sich auf der Straße sofort verprügelt hätten, hörten sich Argumente an, einig in der gemeinsamen Ablehnung des doktrinären, bramarbasierenden Parteibonzentums und der steifnackigen Übermenschen.«[55]

Ein konkretes Programm konnten jedoch auch solche Erörterungen nicht zutage fördern; »fast panisch« blieb »die Befürchtung, festgelegt zu werden«[56]. Nur Schulze-Boysen und seine engeren Freunde begannen, ein nationalbolschewistisches Ziel zu formulieren:

Die Zukunft Europas, so etwa lautete Schulze-Boysens Leitgedanke, liege in dem Bündnis einer Elite der Jugendbewegung mit dem Proletariat und mit der Sowjetunion, in der »ein neuer Adam« gezüchtet werde[57]. Noch nahm er daran Anstoß, daß eine deutsche Partei, die KPD, von den Direktiven der sowjetischen Zentrale abhängig sei[58]; dennoch erhoffte er sich von Rußland die Rettung. Der Aufstand der deutschen Jugend gegen den erstarrten Westen sei das beherrschende »Urphänomen« der Zeit; Rußland sei und bleibe das Vorbild des neuen Menschentums, niemals dürfe sich Deutschland gegen die Sowjetunion entscheiden, denn am linken Rheinufer beginne bereits die amerikanische »Überfremdung«, der europäische Westen sei schon »Pan-Amerika«[59].

Bedenkenlos feierte der ›Gegner‹ die deutsch-sowjetische Bruderschaft. Dazu Jung: »Ich verrate kein Geheimnis mehr, wenn ich sage, daß die russische Botschaft für den Vertrieb des ›Gegner‹ regelmäßig einen Zuschuß gezahlt hat.«[60] Auch nach dem Sieg des Antibolschewisten Hitler bekannte sich der ›Gegner‹ zum östlichen Mekka: In Rußland, so hieß es im letzten ›Gegner‹-Heft (Frühjahr 1933), entstehe der »neue Mensch«, Deutschland aber sei von Krämpfen befallen; der Westen werde Deutschland immer fremder, mit dem Osten aber sei das deutsche Volk wahlverwandt[61].

Erbarmungslos schlugen Deutschlands neue NS-Herren nach dem 30. Januar 1933 auf ihre pro-sowjetischen Opponenten ein. Im April 1933 wurde der ›Gegner‹ verboten[62] Ein Rollkommando der SS-Standarte 6 überfiel die Redaktion in der Schellingstraße 1, verwüstete die Räume und beschlagnahmte sämtliche Exemplare der Zeitschrift[63]. Herausgeber Schulze-Boysen und seine beiden Freunde Turel und Henry

Erlanger wurden an den Stadtrand Berlins verschleppt[64], in eines jener ›wilden KZ‹, in denen NS-Rabauken mit ihren Gegnern ›abrechneten‹, wie sie es nannten.

Man warf die drei ›Gegner‹-Schreiber, notierte Turel, »in einen Kegelkeller, der als Polizeiwache eingerichtet war. Auf dem kahlen Boden lag Stroh. Darüber große schwarzrotgoldene Fahnen, die als Bettzeug dienten. Dort mußte ich mich unter greller Beleuchtung hinlegen«[65]. Der Schweizer Turel durfte bald wieder gehen, aber die beiden anderen sahen sich hemmungslosem Sadismus ausgeliefert[66].

Auf einem Hof stellten sich zwei Spießruten-Reihen bewaffneter SS-Männer auf, die durch Gebrüll ihre Häftlinge vorwärtstrieben und mit bleibestückten Peitschen auf Schulze-Boysen und Erlanger einhieben. Dreimal — das befohlene Pensum — kämpfte sich Schulze-Boysen nackt durch den Peitschenhagel, keuchend, blutend, verzweifelt. Plötzlich sprang er unaufgefordert zurück und lief ein viertes Mal durch die Reihen der Folterer. Kaum noch seiner Sinne mächtig, schlug er die Hacken zusammen und schrie: »Melde gehorsamst: Befehl ausgeführt plus Ehrenrunde.« Einige SS-Männer riefen beeindruckt: »Mensch, du gehörst doch zu uns!«[67]

Schulze-Boysen überlebte den Todeslauf, der sensible Intellektuelle Erlanger aber überstand ihn nicht[68]. Nie konnte Schulze-Boysen den Mord an seinem Freund überwinden, mehr als die eigenen Qualen und Wunden bestärkte ihn der Tod Erlangers darin, einem Regime mit solchen Sadisten niemals die Hand zu reichen.

Der geschlagene ›Gegner‹-Herausgeber wäre freilich dem Folterlager der SS kaum entronnen, hätte nicht seine Mutter, stets energischer als der Fregattenkapitän a. D., sofort eingegriffen. Marie-Louise Schulze war nach Berlin gefahren, als sie von ihrem Schwager, dem Kammergerichtsrat Werner Schulze, erfahren hatte, ihr Sohn sei verschwunden[69]. Schwager Schulze ermittelte, daß sein Neffe auf Veranlassung des Standartenführers Hans Henze verhaftet worden war, dessen Einheit als ›Hilfspolizeikommando‹ fungierte[70].

Frau Schulze erinnerte sich, daß sie Vorsitzende des Frauenbundes der NS-nahen ›Deutschen Kolonialgesellschaft‹ war und mithin Anrecht auf eine Vorzugsbehandlung im neuen Deutschland hatte. Sie steckte sich ein Parteiabzeichen an, aktivierte ehemalige Crew-Kameraden ihres Mannes (darunter den späteren Kapitän von Stosch) und fuhr in die Potsdamer Straße 29, Henzes Hauptquartier und zugleich Sitz des ›Reichsverbandes Deutscher Marineoffiziere‹[71].

Angesichts solchen Feuerschutzes der Frau Schulze ließ sich Henze erweichen. Einen Tirpitz-Nachfahren wollte auch er nicht länger eingekerkert wissen, zumal die Parteigenossin

Schulze versprach, ihr Sohn werde fortan von jeder »staatsfeindlichen Tätigkeit« Abstand nehmen und Berlin auf dem schnellsten Weg verlassen. Die Folterer gaben ihren Gefangenen frei[72].

Frau Schulze erinnert sich: »Aber wie sah er aus! Leichenblaß mit tiefen schwarzen Schatten unter den Augen, das Haar mit der Gartenschere abgehackt, keinen Knopf mehr am Anzug. Er erzählte, wie sie den Halbjuden Erlanger auf geradezu bestialische Weise totgeprügelt hatten.«[73] Doch die Advokaten-Tochter hatte noch immer nicht verstanden, was man im Reiche Adolf Hitlers Recht nannte — sie erstattete bei der Polizei Anzeige gegen die SS-Standarte 6 wegen des Mordes an Erlanger[74].

Die SS schlug zurück: Am 30. April griff sie sich erneut Schulze-Boysen, wieder verschwand er in einem Verlies. Empört intervenierte die Mutter bei dem Berliner Polizeipräsidenten, dem pensionierten Admiral Magnus von Levetzow. Dessen Stellvertreter ließ Schulze-Boysen gefesselt vorführen; erbittert rief der Häftling: »Mama, du hast mich hier hereingebracht, jetzt bring mich auch wieder heraus!« Darauf Frau Schulze: »Du bist morgen frei, oder ich bin auch gefangen.«[75]

Aus dem »Morgen« wurden zwei Wochen, Mitte Mai war der ›Gegner‹-Chef endgültig frei[76]. Am 19. Mai 1933 diktierte Sturmbannführer Kolow vom SS-Abschnitt III einen Einschreibebrief an »Herrn Schulze-Boysen, Duisburg, Düsseldorfer Str. 203«: »Nach Rücksprache mit der Kriminalpolizei werden Ihnen beigeschlossen die Hausschlüssel für die in der Schellingstr. 1 ermieteten Räume und [wird] Ihnen gleichzeitig mitgeteilt, daß die Räume hierdurch freigegeben werden.«[77] Die Redaktionsräume des ›Gegner‹ benötigte Schulze-Boysen nicht mehr, er kannte jetzt andere Methoden, die Nazis zu bekämpfen.

Denn: Seit seiner Freilassung konnte er an nichts anderes mehr denken als an den Sturz der nationalsozialistischen Tyrannei. Ernst von Salomon, auch er ein ehemaliger ›Gegner‹-Autor, traf Schulze-Boysen Ende 1933 auf der Straße und »erkannte ihn nicht. Sein Gesicht war sehr verändert. Ihm fehlte ein halbes Ohr, sein Antlitz war von rötlichen, kaum vernarbten Wunden gezeichnet. Er sagte: ›Ich habe meine Rache auf Eis gelegt!‹«[78]

Zunächst freilich galt es, eine schützende Stellung im Dschungel der neudeutschen Hierarchie zu gewinnen. Schon dem Mitarbeiter Salomon hatte Schulze-Boysen anvertraut, seine Zukunft liege in der Reichswehr[79]; das Militär bot noch den besten Schutz vor den Aufpassern des Regimes — viele Gegner des Nationalsozialismus waren in der Anonymität der Feldgrauen untergetaucht.

Schulze-Boysen wollte unter Hermann Görings Flieger gehen. Lange Zeit hatte der Sohn des Fregattenkapitäns geschwankt, ob er sich nicht zur Marine melden solle; schon 1929 hatte er an einem Lehrgang des ›Hochsee-Wehrsportverbands Hansa‹ in Neustadt an der Ostsee teilgenommen[80], er war seither ein passionierter Segler. Doch die Marine war ihm zu reaktionär, er wählte einen Kompromiß: die Laufbahn eines Marinefliegers.

Mitte 1933 belegte er einen einjährigen Kursus für Seebeobachter auf der Deutschen Verkehrsflieger-Schule in Warnemünde[81], unter deren zivilem Aushängeschild die deutsche Luftaufrüstung vorangetrieben wurde. Die Zeit in Warnemünde kam ihn hart an, denn es war ihm »unsinnig schwer, inmitten einer — geistig gesehen — fremden Umwelt mit einem anderen Bewußtsein als die anderen zu leben«[82]. Die Lehrgangskameraden ahnten instinktiv, daß Schulze-Boysen nicht an dem Begeisterungstaumel über die ›nationale Revolution‹ teilnahm, und stellten sich gegen den Außenseiter.

»Ja, die letzten Monate sind schon schwer gewesen«, schrieb er seinen Eltern am 3. September 1933. »Meine speziellen ›Freunde‹ haben mir hier manche Kränkung zugedacht, und zuerst war ich ratlos, wie ich das alles überstehen sollte.«[83] Er überstand es leidlich. Seit dem 1. Januar 1934 zum Marinefliegerkommando W (Warnemünde) abkommandiert[84], erwarb sich der Seebeobachter Schulze-Boysen die Sympathie seiner Vorgesetzten so rasch, daß sie ihn als ihren besten Mann mit Soldaten und SS-Führern zu einer Beobachtungsfahrt in die Tagungssäle des Genfer Völkerbundes ziehen ließen[85], bei der er, der Vielgereiste, seine Sprachbegabung anwenden konnte.

Seine immensen Sprachenkenntnisse — er beherrschte Französisch, Englisch, Schwedisch, Norwegisch, Dänisch und Holländisch[86] — verlockten ihn, dem eintönigen Seebeobachter-Dienst zu entrinnen und sich eine glänzende Karriere in der Zentrale deutscher Macht vorzustellen. Er lernte Russisch hinzu und empfahl sich der Luftwaffe als Dolmetscher[87]. Doch er mußte lange warten, ehe man seiner Dienste bedurfte.

Eine attraktive Blondine, begeisterte Nationalsozialistin und ehemalige Arbeitsdienst-Führerin, half dem Hitler-Gegner weiter. Beim Segeln auf dem Wannsee hatte Schulze-Boysen sie im Sommer 1935 kennengelernt. Sie hieß Libertas (›Libs‹) Haas-Heye und war die Enkelin des musizierenden Wilhelm-II.-Günstlings Fürst Philipp zu Eulenburg und Hertefeld (1847-1921); sie wollte zum Film oder zur Presse, sie hatte dichterischen Ehrgeiz:

> Weißt Du noch damals — bei Kerzenflimmern
> Roter Rosen duftigem Schimmern
> Bei Singen und Klingen ohne Ende
> — legte ich mein Herz in Deine Hände ...
> Mir klang es so süß: In Deine Hände —[88]

Seltsame Zufälle verbanden die Fürsten-Enkelin mit den Herrschenden des Dritten Reiches: Ihr Vater, Professor Wilhelm Haas-Heye, hatte in der Berliner Prinz-Albrecht-Straße 8 die Kunstgewerbeschule geleitet[89], in deren Räumen Gestapo-Gründer Göring die Zentrale des Schreckens einrichtete, und die Mutter, Thora Gräfin zu Eulenburg (wie sie sich nach ihrer Scheidung von dem Professor nannte), hielt auf dem väterlichen Gut Liebenberg bei Berlin engen Kontakt zu dem Nachbar Göring, der gern von seinem Prunklandsitz Karinhall herüberkam und sich von der Gräfin die Rosenlieder des alten Fürsten vorspielen ließ[90].

›Libs‹ fand Gefallen an dem Segelsportler Schulze-Boysen, am 26. Juli 1936 heirateten sie[91]. Trauzeuge Göring öffnete dem jungen Ehemann das Tor zum Reichsluftfahrtministerium (RLM), mochte auch Schwiegermutter Schulze von dem »naiv-optimistischen Mädchen, das gern Quatsch machte und sehr leicht beeinflußbar war« (so der Vermieter der ersten Wohnung des Paars), wenig erbaut sein[92]. Marie-Louise Schulze paßte die ganze Heirat nicht, das war ihr alles zu wenig bürgerlich: Libs nicht häuslich genug, zu unreif, dem unruhigen Harro Halt zu geben — in ihren Kreisen erinnerte man sich noch allzu gut an die Skandalgeschichten über die Homosexuellen-Runde des Fürsten Philipp[93].

Der Sohn dachte anders darüber. Mit seiner Frau verknüpfte ihn ein Band fast gieriger Lebenslust, zudem konnte er über die Verbindungen des Hauses Haas-Heye in den Machtapparat des Regimes eindringen. Noch 1936 bot ihm das RLM einen privaten Angestelltenvertrag, er wurde in die Pressegruppe des Ministeriums eingegliedert[94].

Der Posten war klein, aber ausbaufähig. Die Pressegruppe (›Genst Pr‹ = Generalstab Presse), die von dem Major Werner Bartz geleitet wurde[95], gehörte zur 5. Abteilung des Luftwaffen-Generalstabes, im Fachjargon ›Genst 5‹ genannt. Der einstige ›Gegner‹-Chef fand sich am Rande der Gehirnzentrale des RLM: Aufgabe dieser ›Abteilung Fremde Staaten‹ war die Beobachtung ausländischer Luftstreitkräfte, und in der Hierarchie der Generalstabsabteilungen trennten sie nur zwei Abteilungen (die ›Gruppe Kartenwesen‹ und die ›Führungsabteilung‹) vom Chef des Generalstabes der Luftwaffe[96].

Schulze-Boysen begann, seinen kleinen Bereich zu erweitern. Er begnügte sich nicht damit, fremde Zeitungen zu lesen,

Artikel aufzukleben und über Gelesenes Vortrag zu halten. Zu Hause in der Einzimmerwohnung am Hohenzollerndamm las er wehrpolitische Literatur, um militärische Kenntnisse vorweisen zu können[97], freiwillig meldete er sich, seit Juli 1937 Feldwebel und truppenmäßig bei der Fliegerersatzabteilung Schleswig geführt[98], zu Reserveübungen und wurde Leutnant. »Einen sehr gelehrsamen Menschen, der immer mehr wissen wollte«, nennt ihn sein ehemaliger Vermieter[99].

Er kehrte vor allem im Ministerium Diensteifer hervor, wo andere nachlässig waren. Die Oberen wurden auf den fleißigen Referenten aufmerksam. Hauptmann Dr. Hans Eichelbaum vom Pressedezernat der Zentralstelle (›Presse-Zentral‹) beim Staatssekretär des RLM, der eigentlichen Presseabteilung des Ministeriums[100], bediente sich oft des Leutnants Schulze-Boysen, wenn es galt, Artikelschreiber für das regelmäßig erscheinende und von Eichelbaum herausgegebene »Jahrbuch der deutschen Luftwaffe« zu finden.

Der Leutnant war stets schreibbereit. Da machte er sich dann — so im Jahrbuch von 1939 — Sorgen über die »militärpolitischen Pläne des Bolschewismus«, der mit »juristisch durchaus nicht immer einwandfreien Methoden« seine gefährliche Aufrüstung vorantreibe[101]. Befriedigt kommentierte Berichterstatter Schulze-Boysen die Pressionspolitik seines Führers in der Sudetenkrise: »Nach den Münchner Beschlüssen dürfte bei der geringen noch verbleibenden Wehrraumtiefe das tschechisch-slowakisch-karpato-ukrainische Restgebiet keine Drohung mehr für das Großdeutsche Reich darstellen. Die Gegner des Nationalsozialismus werden das so oft erwähnte und nunmehr torpedierte ›Flugzeugmutterschiff‹ verlassen müssen!«[102]

Unter solcher Tarnung drang er immer stärker in die geheimnisträchtigen RLM-Abteilungen vor, machte neue Bekanntschaften, knüpfte Verbindungen an. Die geheimen Unterlagen aber, die seinen offiziell-journalistischen Arbeiten zugrunde lagen, riefen in ihm eine unausrottbare Überzeugung wach: Adolf Hitlers Weg ging in den Krieg. »Ich habe das zwar unbestimmte, aber sichere Gefühl, daß wir — à la longue — einer europäischen Katastrophe von Riesenausmaßen entgegengehen«, hatte er schon am 15. September 1933 an seine Eltern geschrieben[103]. Jetzt bewies ihm Information auf Information, authentisch und unbezweifelbar, die gewissenlose Abenteurerpolitik des Diktators, die in einem neuen Weltkrieg enden mußte. Am 11. Oktober 1938 an die Eltern: »Ich sage jetzt für 1940/41 spätestens, vermutlich aber schon kommendes Frühjahr, den Weltkrieg mit anschließendem Klassenkrieg in Europa voraus. Und ich behaupte fest, daß Österreich und die Tschechoslowakei die beiden ersten ›Schlachten‹ des neuen Krieges gewesen sind.«[104]

Doch was konnte man mit dieser Erkenntnis anfangen, wie ließ sich die Katastrophe aufhalten? Der Leutnant beriet sich mit sechs Freunden, die seit geraumer Zeit regelmäßig zusammenkamen; sie waren die Urzelle jener Organisation, die man später die Gruppe Schulze-Boysen nannte.

Es hatte mit einer Zufallsbegegnung auf der Straße begonnen, wenige Monate nachdem Schulze-Boysen dem Folterkeller der SS entronnen war. Damals hatte er Kurt Schumacher getroffen, einen aus Stuttgart stammenden Bildhauer, den er aus der gemeinsamen Arbeit im ›Gegner‹ kannte. Der seit 1920 in Berlin lebende Schwabe, Sohn eines Gewerkschaftsfunktionärs, gehörte zu den Verfemten des neuen Regimes: Der einstige Absolvent der Berliner Hochschule für bildende Künste hing der abstrakten Kunst an und war von allen Ausstellungen vertrieben, seit das gesunde Volksempfinden der nationalsozialistischen Kunstzensoren triumphierte[105].

Nur mit Gelegenheitsarbeiten und dem Verdienst seiner halbjüdischen Frau, der Ingenieurs-Tochter und Gebrauchsgraphikerin Elisabeth Hohenemser, die sich später noch als Photographin ausbilden ließ, konnte sich Schumacher am Leben erhalten[106]. Desto mehr Zeit hatte der Künstler, über die Mächte nachzudenken, die sich seinem beruflichen Weg rüde in den Weg stellten. Er begann, die braune Zwangsherrschaft zu analysieren.

Die kommunistische und nationalsozialistische Geschichtslegende machte später aus den beiden Schumachers linientreue KPD-Mitglieder, bereit für jeden Auftrag der Partei[107]. Alles spricht dafür, daß sie niemals der Partei angehört haben, sich aber einer künstlerischen Elite zurechneten, die gegen jede Freiheitsbeschränkung durch Staat und bürgerliche Gesellschaft aufbegehrte. Kurt Schumacher »war nicht genügend stumpfsinnig und hatte ein zu fühlendes Herz, um nicht auch mitbestrebt zu sein, das zu erringen«, woran er zeitlebens glaubte: »eine friedliche Gemeinschaft der Völker, die mit ihrer Hände Arbeit ein menschenwürdiges Dasein schaffen können«[108].

Was ihm dabei an analytischer Begabung und ideologischem Schwung fehlte, lieh ihm ein Kommunist, dessen Verhältnis zur Partei freilich gebrochen war: Walter Küchenmeister, ehemaliger Kriegsfreiwilliger der kaiserlichen Marine, dann Mitglied der KPD und bis 1926 Redakteur am kommunistischen ›Ruhr-Echo‹[109]. Später hatte die Partei ihn aus ihren Reihen gestoßen — was immer auch die Partei dazu bewogen haben mochte, für einen linientreuen Kommunisten war der ehemalige Genosse Küchenmeister ein Verräter an der KPD[110].

Der ins Anzeigengeschäft übergewechselte Ex-Redakteur war schließlich nach der NS-Machtübernahme von der SA in ein Konzentrationslager verschleppt und dann im Zuchthaus Sonnenburg eingekerkert worden. Nach neun Monaten Haft hatte man den schwerkranken Mann — er litt an Magengeschwüren und Lungentuberkulose — in eine fragwürdige Freiheit entlassen[111].

Auch ihm, dem Arbeitsunfähigen, stand eine selbstlose Lebensgefährtin zur Seite, die Kommunistin Dr. Elfriede Paul, ehedem Leiterin des städtischen Kinderheims in Hamburg, seit 1936 praktische Ärztin in Berlin. Sie verkehrte mit Schumacher seit 1923 und hatte durch ihn Küchenmeister kennengelernt; sie zog mit dem Invaliden in eine gemeinsame Wohnung[112].

Zu diesem Kreis stießen 1936/37 noch zwei Aktivisten, denen es nicht genügte, in privaten Zusammenkünften über Hitlers Tyrannei zu lamentieren. Die Gesandten-Tochter Gisela Poellnitz, eine leidenschaftliche und kranke Jungkommunistin[113], Mitarbeiterin im Berliner Büro der amerikanischen Nachrichtenagentur ›United Press‹[114], forderte entscheidende Taten, und auch der nach mehrjährigem Amerika-Exil heimgekehrte Schriftsteller Günther Weisenborn, Pazifist und linksdemokratischer Gesellschaftskritiker (»U-Boot S 47«, »Barbaren«), wollte Aktionen gegen das Regime sehen[115].

Fast automatisch richteten sich ihre Blicke auf Schulze-Boysen, dem sie wie keinem anderen vertrauten. Küchenmeister und Schumacher kannten ihn seit 1930, Weisenborn seit 1932, Gisela von Poellnitz war mit ihm indirekt verwandt[116]. Er war die einzige Hoffnung der Gruppe. Er trug die Uniform des Regimes. Er verkehrte mit hohen NS-Funktionären. Er saß an einer — wenn auch kleinen — Schaltstelle des Machtapparates.

Die Diskussionsabende in den Wohnungen der Freunde hatten in Schulze-Boysen den Entschluß reifen lassen, etwas Spektakuläres gegen das System zu unternehmen. Seit Jahren litt er unter inneren Verkrampfungen, ertrug er nur mühsam das Doppelspiel im Reichsluftfahrtministerium; eine Aktion gegen das Regime würde ihn seelisch wieder freier machen. Und Ehefrau Libertas, oberflächlich längst zur Antifaschistin bekehrt, war bereit, jeden Coup des ›tollen‹ Harro zu decken.

»Wenn Sie dagegen sind«, fragte Schumacher eines Tages bei einer ihrer Zusammenkünfte, »müßten Sie dann eigentlich nichts dagegen tun?« Weisenborn nickte, Schulze-Boysen stimmte ein, und bald war ein Plan gefaßt, mit dem man das Regime an einer empfindlichen Stelle treffen wollte[117].

Der seit Monaten tobende Bürgerkrieg in Spanien gab eine Gelegenheit dazu; die blutigen Unruhen südlich der Pyrenäen luden die Simplifikateure der Ideologien geradezu ein, dort einen Kreuzzug gegen den Faschismus zu wittern. Ohne sonderlichen Einblick in die urspanischen Motive und Verstrickungen dieses Europa-fremden Bürgerkrieges eilten Tausende deutscher Kommunisten, Sozialisten und Demokraten der hartbedrängten Republik zu Hilfe — ein Freund Schulze-Boysens, der Sohn des Bauunternehmers Paul Scholz, war darunter[118]. Auch den Verschwörern rund um Schulze-Boysen erschien Spanien als der erste Testplatz eines Krieges, in dem sich bewähren sollte, was sie Antifaschismus nannten. Und der Leutnant Schulze-Boysen kannte eine Möglichkeit, den Faschisten einen Schlag zu versetzen.

Im Reichsluftfahrtministerium hatte sich der Sonderstab W des Generals der Flieger Helmuth Wilberg etabliert, der die deutschen Hilfsaktionen für die Bürgerkriegsarmee des Generals Franco lenkte[119]. Das RLM war dafür verantwortlich, Freiwillige, Waffen und Munition nach Spanien zu befördern[120]. Vom RLM liefen auch geheime Fäden zu allen Franco-Partisanen, die gegen jene spanische Linksrepublik kämpften, deren Stützung Moskau zum vordringlichsten Ziel der antifaschistischen Volksfrontarbeit erklärt hatte.

Schulze-Boysen sammelte, was er über den Sonderstab W erfahren konnte: Details über die deutschen Spanien-Transporte, über eingesetzte Offiziere und Truppen, über Unternehmen der deutschen Abwehr hinter der Front der Republik-Verteidiger. Die Informationen vertraute er Briefen an, die Gisela von Poellnitz in den Postkasten der sowjetischen Handelsvertretung in Berlins Lietzenburger Straße 11 warf[121].

»Geheimzuhaltende Abwehrvorgänge«, habe Schulze-Boysen den Sowjets verraten, hielt nachher die Gestapo fest[122], und Heinrich Scheel will sich an das Wort eines Gestapo-Kommissars erinnern: »Während des Spanischen Bürgerkrieges haben wir Leute von uns als Spione in die Internationale Brigade geschickt. Schulze-Boysen hat ihre Namen gewußt und den Roten übermittelt. Unsere Leute sind daraufhin an die Wand gestellt worden.«[123]

Die Gestapo kam jedoch den Verschwörern um Schulze-Boysen rasch auf die Spur. 1937 wurde Gisela von Poellnitz verhaftet, die Verschwörer sahen sich durchschaut[124]. Schon fuhr Küchenmeister nach Köln, um über die niederländische Grenze entkommen zu können[125], schon wollten Schulze-Boysen und Weisenborn nach Luxemburg flüchten[126], da wurde Gisela von Poellnitz wieder freigelassen[127]. Sie hatte nichts verraten. Schulze-Boysen kam mit einer Verwarnung durch die Gestapo davon[128].

Der RLM-Leutnant ließ sich nicht entmutigen, die Spionagearbeit war für ihn — damals noch — nur eine flüchtige Episode seiner Widerstandsarbeit gegen die nationalsozialistische Herrschaft; die Episode offenbarte allerdings bereits, wie weit der NS-Gegner zu gehen bereit war. Einen definitiven Eintritt in den Dienst des sowjetischen Geheimdienstes bedeutete sie jedoch noch nicht. »Eine politische Festlegung«, so glaubt Weisenborn, »war noch nicht erfolgt, politische Orientierung nach bestimmten ausländischen Mächten war damals nicht festzustellen.«[129]

Vielmehr erschien Schulze-Boysen zu jener Zeit die politische Aufklärung als der zukunftsträchtigste Part jeder Untergrundarbeit. Er wollte, so formuliert sein späterer Mitarbeiter Werner Krauss, durch Broschüren, Mundpropaganda und Maueranschläge »zur Aufklärung der verschiedensten Berufskreise« beitragen und »zur Bildung einer intellektuellen Elite« aufrufen[130]. Schulze-Boysen verfaßte in Heimabenden die Zeitschrift ›Der Vortrupp‹, Schumacher und Küchenmeister schrieben antifaschistische Proklamationen ab, andere verteilten sie nachts in den Straßen Berlins[131].

»Die Flugblätter«, berichtet Weisenborn, »wurden in den Verkehrsmitteln, in Telephonzellen usw. liegengelassen. Eine andere systematische Art der Vertreibung von Flugblättern war die Versendung in frankierten Umschlägen. Die Anschriften, meist aus dem Telephonbuch dem Beruf nach ausgewählt, schrieben sie auf einer Maschine. Die Flugblätter wurden auf Vervielfältigungsmaschinen hergestellt.«[132] In einem mit Hilfe des oppositionellen Rechtsanwalts Dr. Herbert Engelsing gemieteten Zimmer im Haus 2 der Waitzstraße wurden Flugzettel getippt, im Keller Schumachers das Propagandamaterial deponiert[133].

Die Gruppe Schulze-Boysen begann sich allmählich zu verbreiten, immer weitere Regime-Gegner fühlten sich von den Diskussionsabenden und heimlichen Propaganda-Aktionen angezogen. Zu den sieben Mitgliedern der Urzelle des Schulze-Boysen-Unternehmens gesellten sich NS-Gegner unterschiedlicher Entschlossenheit, unter ihnen die zarte Tänzerin und Bildhauerin Oda Schottmüller, eine Freundin Schumachers, die mit Schulze-Boysen auch bald persönlich eng verbunden und zu jedem Einsatz bereit war[134], ferner der vorsichtiger taktierende Zement-Kaufmann Dr. Hugo Buschmann[135] und der Bauunternehmer Scholz[136].

Doch die politische Widerstandsarbeit geriet rasch ins Zwielicht; die Briefe der Gisela von Poellnitz hatten inzwischen die Neugier des sowjetischen Geheimdienstes geweckt. In Schulze-Boysens Leben trat der Mann, der vielen Antifaschisten zum Verhängnis werden sollte: der sowjetische Agentenwerber Alexander Erdberg.

Sein wirklicher Name war ebenso unsicher wie die Welt, in der er sich bewegte. Als Mitarbeiter der sowjetischen Handelsdelegation in Berlin nannte er sich Erdberg, in Berliner illegalen KP-Kreisen hieß er Karl Kaufmann, im Spionagedienst der Raswedupr figurierte er als Oberst Alexandrow[137]. Ehemalige Freunde Schulze-Boysens sind heute davon überzeugt, daß er eigentlich Wassilij Berger hieß: 1905 in Moskau geboren, 1929 Lektor im Moskauer Verlag ›Geograski‹ und seit 1930 im Dienst der sowjetischen Spionage[138].

Ganz unbezweifelbar aber ist, daß Erdberg seit 1935 in der Berliner Handelsdelegation der UdSSR arbeitete und den Auftrag hatte, in Deutschland eine sowjetische Spionageorganisation aufzubauen[139]. Erste Ansätze dazu hatte ihm der Botschaftsrat Sergej Bessonow hinterlassen, der im Februar 1937 unter seltsamen Umständen aus Berlin verschwunden war und in die Schlangengrube der Stalinschen Säuberungen geriet[140]. Bessonow hatte der Handelsdelegation ein Informantennetz geknüpft, das bis in das Reichswirtschaftsministerium reichte. Der wichtigste Informant trug einen berühmten Namen: Dr. jur. et phil. Arvid Harnack war der Sohn des Literaturhistorikers Otto Harnack und Neffe des großen Theologen Adolf von Harnack, er selber gehörte zu den intelligentesten Köpfen der deutschen Bürokratie[141]. Zurückhaltend, geistvoll, nicht ohne Sinn für Humor und aggressive Polemik, mit einem Zug zum Asketischen, scheinbar der Urtyp des hohen deutschen Ministerialbeamten, diente er seit Jahren kompromißlos seinen sowjetischen Freunden. Von ihm ging die Strenge und Überzeugungskraft des Doktrinärs aus, ihm fehlte der Schwung, aber auch die Verschwommenheit seines späteren Partners Schulze-Boysen.

Die Beschäftigung mit der marxistischen Wirtschaftstheorie hatte den in Darmstadt am 24. Mai 1901 geborenen Professorensohn zum überzeugten Kommunisten werden lassen[142]. Er war Anhänger der sogenannten Gießener Schule, einer von dem Professor Friedrich Lenz vertretenen Richtung der deutschen Nationalökonomie, die dem »Prinzip der Totalplanung in einer ausbeutungsfreien Wirtschaft« (Lenz) huldigte[143].

Dieses Prinzip sah Lenz, der zeitweilig dem nationalbolschewistischen ›Widerstands‹-Kreis um den Ex-Sozialdemokraten Ernst Niekisch nahestand[144], in den sowjetischen Fünfjahresplänen verkörpert; für ihn war die sowjetische Planwirtschaft ein diskutables Vorbild für die zwischen Kapitalismus und Kommunismus schwankende Wirtschaft Deutschlands. Freilich scheute er vor einer sklavischen Übernahme der russischen Wirtschaftsplanung zurück; ein »nach Osten wie Westen unabhängiges Deutschland«, so die Grundthese des Professors, bedürfe der »positiven Auseinandersetzung mit der im Bolschewismus erneuerten Großmacht des Ostens«, um endlich für Deutschland eine »den Besonderheiten unserer Lage gemäße« Wirtschaftsordnung zu finden[145].

Darin aber ging sein Schüler Harnack weiter. Nichts dünkte ihn fragwürdiger als eine Schaukelstellung des Reiches zwischen West und Ost; Deutschlands Zukunft, so erklärte Harnack, liege im Osten, allein die Partnerschaft mit dem kommunistischen Rußland könne Deutschland eine nationale Eigenexistenz sichern[146].

Das war für ihn freilich keine Frage der Machtpolitik, sondern eine Frage der Ideologie und der Gesellschaftsordnung. Schon im Sommer 1931 hielt er seinem Freund, dem Historiker Egmont Zechlin, auf nächtlichen Spaziergängen in Marburg ungeduldig vor, die Zeit des Lavierens mit politischen Mitteln sei vorbei — jeder Deutsche habe sich zu entscheiden, ob er mit dem Arbeiter oder dem Kapitalisten gehen wolle, die nationale Frage sei zur sozialen geworden[147].

Ein zweieinhalbjähriges Studium an der amerikanischen Universität Madison (Wisconsin) hatte den Rockefeller-Stipendiaten zu dieser Überzeugung geführt[148]. Als Zögling eines ›nationalen‹ Elternhauses war er 1926 nach Amerika gefahren, aber die Beschäftigung mit seinem Dissertationsthema (»Die vormarxistische Arbeiterbewegung in den Vereinigten Staaten«) verband ihn immer mehr mit dem Sozialismus[149]. Nichts konnte dem Weg zum Marxismus förderlicher sein als der zügellose Kapitalismus Amerikas, der schnurgerade in die Katastrophe des Schwarzen Freitags und in die Weltdepression raste.

Eine herb-faszinierende Amerikanerin bestärkte Harnack in dem Glauben, daß die amerikanische Wirtschaftsordnung keine Antwort auf die Krise der Zeit wisse. Die Literatur-Dozentin Mildred Fish, Lehrbeauftragte an der Universität Madison, stand im Banne des sozialreformerischen Protestes, der die Universitäten Amerikas ergriffen hatte; ihre Kultiviertheit sprach Harnack ebenso an wie ihr radikaldemokratisches Temperament — 1926 heirateten sie[150]. Frau Mildred ordnete sich der geistigen Führung ihres Mannes unter, zumal sie im Grunde ein unpolitischer Mensch war: Ihr Interessengebiet blieb zeitlebens die Literatur, noch in der Todeszelle wird sie Goethe-Verse übersetzen[151].

Dem Studenten Arvid Harnack aber konnte Amerika innerlich nichts bieten. Schon in seiner Doktorarbeit über die amerikanische Gewerkschaftsgeschichte prophezeite er den Vereinigten Saaten, wofür er sich selbst entschieden hatte: den Weg in den Marxismus[152]. Die Vorlesungen seines Lehrers Lenz machten ihm zur Gewißheit, daß die Zukunft im Kommunismus liege.

Nach Abschluß seines volkswirtschaftlichen Studiums auf der Universität Gießen im Jahre 1930 nahm Harnack zum roten Rußland erste Beziehungen auf[153]. Gemeinsam mit Lenz gründete er in Berlin die ›Arbeitsgemeinschaft zum Studium der sowjetrussischen Planwirtschaft‹ (Arplan), die sich bald reger Förderung durch die sowjetrussische Handelsvertretung und Botschaft erfreute[154], obwohl die meisten Mitglieder der Arplan alles andere als Kommunisten waren: Wissenschaftler wie die Ostexperten Hötzsch und Mehnert offenbarten bei ihren jährlichen Tagungen im Berliner Hotel ›Deutscher Kaiser‹ schwerlich einen Hang zum Kommunismus[155].

Dennoch wußte der Botschaftsrat Bessonow, einer der verführerischsten Redner und Plauderer der damaligen Berliner Gesellschaft, die eher zum Marxismus tendierenden Arplan-Herren langsam für die Sowjetunion zu engagieren. Bessonow bahnte Kontakte an, die vor allem den Arplan-Sekretär Harnack immer stärker mit den Russen verbanden. 1932 ließ Bessonow seinen Freund Harnack und 23 andere Mitglieder der Gesellschaft nach Rußland reisen, wo sie auch von hohen Sowjetfunktionären empfangen wurden[156]. Für Harnack wurde die Begegnung mit dem Komintern-Funktionär Ossip Pjatnitzki zum entscheidenden Erlebnis, jenem OMS-Chef, in dessen Händen die Fäden eines der wichtigsten kommunistischen Agentenapparate zusammenliefen. Ein Freund Harnacks nimmt denn auch an, damals sei der Arplan-Sekretär in sowjetische Dienste getreten[157].

Der Machtantritt des Nationalsozialismus zwang Lenz und Harnack, die Arplan aufzulösen. Harnack mußte zeitweilig Berlin verlassen und in Jena seine juristische Ausbildung vollenden[158]. Dennoch hielt er an seiner Zukunftsvision fest, an einem aufgeklärten Kommunismus spezifisch deutscher Art. 1934 kehrte er wieder nach Berlin zurück, entschlossen, sein Reich vorzubereiten: das Reich der absoluten Planwirtschaft.

Der Assessor Harnack trat als wissenschaftlicher Hilfsarbeiter in das Reichswirtschaftsministerium ein und wurde Referent für Devisenbeschaffung[159]. Er avancierte zum Regierungsrat, 1942 zum Oberregierungsrat[160] — Bestätigung einer Tüchtigkeit, die das Wohlwollen seiner höchsten Vorgesetzten gefunden hatte. Kein Beamter im Ministerium zweifelte daran, daß der Referent für ›Amerika, Grundsatzfragen‹ ein emsiger Diener des Dritten Reiches war: Er hatte sich auch inzwischen, am 8. Juli 1937, in die NSDAP unter der Nummer 4 153 569 aufnehmen lassen und zeigte als Dozent im Außenpolitischen Schulungshaus des NS-Reichsleiters Rosenberg nationalsozialistischen Eifer[161].

Kaum einer aber wußte, daß hinter der Fassade des konventionellen Beamten der Fanatismus eines marxistischen Doktrinärs lag, der entschlossen war, seinen Weg gradlinig zu Ende zu gehen — in engster Tuchfühlung mit seinen russischen Freunden.

Wann er die ersten Aufträge für den sowjetischen Geheimdienst ausgeführt hat, läßt sich nicht mehr rekonstruieren. Als die Diplomvolkswirtin Margarethe (Greta) Lorke, überzeugte Marxistin wie Harnack, ihren ehemaligen Kommilitonen 1933 in Berlin wiedersah, gehörte er bereits zu den Informanten der Berliner Sowjetvertretung. Aus dem Bericht Greta Lorkes weiß man, daß Harnack Wirtschaftsberichte für Moskau verfaßte und von seinen russischen Auftraggebern strenge Weisung hatte, sich von der KPD fernzuhalten[162].

Greta Lorke war im Gegensatz zur Harnack Parteikommunistin und mit den illegalen Manövern des KP-Apparates wohlvertraut. Die beiden hatten sich auf der Universität Madison kennengelernt, dann aber aus den Augen verloren[163]. 1930 war Greta nach Zürich gegangen, offiziell als Assistentin eines Rechtsanwalts, in Wirklichkeit im Auftrag der Partei: Sie sollte KP-Interessen im ›Bund für geistige Berufe‹ wahren, einer Gruppe von Linksintellektuellen, »organisiert als Tarnorganisation, in der Leitung aber kommunistisch« — so Greta Lorke[164].

Erst drei Jahre später rief die Partei sie ins Hitler-Reich zurück. Dort wartete schon ihr neuer Mitarbeiter: Harnack. Greta Lorke übernahm die Stellung einer Lehrerin für amerikanisches Wirtschaftsrecht, arbeitete außerdem für das Rassenpolitische Amt der NSDAP und übersetzte Goebbels-Reden ins Englische, zuweilen auch Partien aus Hitlers »Mein Kampf«[165]. In ihrer Freizeit aber schrieb sie die geheimen Berichte ab, die Harnack aus dem Reichswirtschaftsministerium herausschmuggelte. Auch mündliche Mitteilungen Harnacks notierte sie. Dann gab sie die Berichte auf den Kurierweg[166].

In Neukölln wartete schon der nächste Empfänger: Johannes (›John‹) Sieg, Deutschamerikaner aus Detroit, seit 1929 Mitglied der KPD, seit 1931 unter dem Pseudonym ›Siegfried Nebel‹ Mitarbeiter des kommunistischen Zentralorgans ›Rote Fahne‹ und Kontaktmann des kommunistischen Untergrundapparates[167]. Im abenteuerlichen Auf und Ab seines Lebens — er war nacheinander Lehrerseminarist, Packer, Hilfsarbeiter, Automechaniker und Journalist gewesen[168] — hatte er sich eine listenreiche Beweglichkeit angeeignet, die er im illegalen Kampf gegen die Nazis nur allzu sehr benötigte. Er unterhielt Beziehungen zu einer illegalen KP-Gruppe in Leipzig, die Siegs Material, darunter auch die Berichte Harnacks, nach Rußland weitergab[169].

KP-Konfident Sieg verfügte in Berlin noch über weitere Informanten. Neben einigen Genossen in Berliner Betrieben gehörte auch ein massiger Mann zu seinen Zuträgern, mit dem sich Greta Lorke liieren sollte: der Schriftsteller Dr. Adam Kuckhoff.

Ihn kannte Sieg von seiner Mitarbeit an der jugendbewegten Zeitschrift ›Die Tat‹ her, die der Rheinländer Kuckhoff, Abkömmling einer Aachener Fabrikantenfamilie, bis 1930 als Chefredakteur geleitet hatte[170]. Er war romantischer Nationalist, hatte eine Zeitlang mit den Nationalsozialisten sympathisiert und war nach dem Gleichschaltungsterror von 1933 zum enragierten NS-Gegner geworden. Durch Sieg fand er Anschluß bei illegal arbeitenden Kommunisten[171].

Kuckhoff nannte sich seither selber einen Kommunisten, dennoch hatte der stets von Geldsorgen umwölkte Dichter Mühe, seine betont vaterländischen Werke, wie »Der Deutsche von Bayercourt« oder »Ein Leben für Irland«, mit der Arbeit für den kommunistischen Untergrund in Einklang zu bringen. Greta Lorke half ihm aus seinen ideologischen Schwierigkeiten: Sie führte den schwerfälligen Mann in das Einmaleins konspirativer Arbeit ein; 1937 heiratete sie ihn[172].

»Wir gaben Schulungsabende«, schreibt Greta Kuckhoff, »und sprachen über nicht-aktuelle Probleme, zum Beispiel über amerikanische Literatur und geistige Probleme, schließlich aber auch marxistische und die Wissenschaft des Nationalsozialismus, um recht viel davon zu kennen und ihm entgegentreten zu können.«[173] Zu den Zusammenkünften kamen auch die beiden Harnacks, John Sieg und einige seiner Freunde wie der Kommunist Schlösinger, dessen Ehefrau Rose und der AEG-Ingenieur Karl Behrens[174].

Ab 1937 hörte auch ein ehemals Prominenter der Weimarer Republik zu, Preußens letzter sozialdemokratischer Kultusminister Dr. Adolf Grimme[175]. Den einstigen Lehrer und Träger der Goethemedaille hatte sein Studienfreund Kuckhoff mitgebracht; sie kannten sich aus gemeinsamen Tagen an der Universität Halle, hatten sich dann entfremdet und waren nach 1933 wieder enger zusammengerückt[176]. Aber auch die Frontstellung gegen das NS-System konnte Grimme nicht bewegen, im Harnack-Kuckhoff-Kreis aktiv mitzuwirken — er blieb ein reservierter Zuhörer[177].

Frau Kuckhoff mußte nicht selten zwischen den unterschiedlichen Antifaschisten vermitteln; vor allem die Auseinandersetzungen zwischen Kuckhoff, der sich als Lektor im Deutschen Verlag mühsam durchschlug, und dem wohlhabenden Ministerialbeamten Harnack irritierten die Runde. Frau Kuckhoff bestätigt: »Harnack [...] hatte einen schweren Stand in unserem Kreis.«[178] Denn die KP-Agentin hatte ihren Genossen nicht die ganze Wahrheit über den Partner Harnack anvertraut. Keiner sollte — das war Befehl der Russen — von der Spionagearbeit Harnacks erfahren[179].

Kuckhoff hielt Harnack für einen prinzipienlosen Karrieremacher, der die Partei der Revolution aus kleinbürgerlichen

Erwägungen im Stich ließ. Einmal erregte sich Kuckhoff über ihn so, daß er ihn auf der Straße stellte und ins Gesicht schlug. »Aus der Reaktion merkte ich«, berichtet Frau Kuckhoff, »daß Harnack vollkommen im klaren mit sich war und mit ihm alles in Ordnung war.«[180]

Der gesprächige Dichter Kuckhoff wußte auch nicht, wer seit einiger Zeit die Arbeit der Harnack-Gruppe aus dem Hintergrund lenkte: Alexander Erdberg. Der Agentenwerber der Raswedupr saß zwar in der sowjetischen Handelsvertretung, aber »Auftraggeber für Harnack war die Botschaft«, wie Greta Kuckhoff berichtet[181]. Erdberg trat jetzt stärker hervor: Generalmajor W. I. Tupikow, der sowjetische Militärattaché in Berlin und Vorgesetzte Erdbergs, hatte neue Ordres aus Moskau erhalten.

Die vorwiegend wirtschaftlichen Informationen Harnacks waren für Moskau wichtig, aber der heraufziehende Zweite Weltkrieg machte es erforderlich, über jeden Aspekt der deutschen Kriegsmaschine unterrichtet zu sein. Was der sowjetische Geheimdienst jetzt benötigte, waren Details und noch einmal Details über Hitlers Wehrmacht. Die Briefe der Gisela von Poellnitz zeigten, wo die Raswedupr den Hebel ansetzen mußte. Schulze-Boysen war der Mann, der militärische Informationen liefern konnte. Erdberg faßte den Plan, die Gruppen Schulze-Boysens und Harnacks miteinander zu vereinigen.

Greta Kuckhoff tat den ersten Schritt, sie nahm Kontakt zu dem Ehepaar Schulze-Boysen auf. Noch im Sommer 1939 machte Rechtsanwalt Engelsing, Produzent bei der Filmgesellschaft ›Tobis‹, in seinem in Grunewald gelegenen Haus die Kuckhoffs und die Schulze-Boysens miteinander bekannt[182]. Das gemeinsame Interesse am Filmgeschäft bot den Vorwand dazu: Kuckhoff suchte für sich ein Spielleiter-Engagement, Libs Schulze-Boysen, inzwischen Dramaturgin in der Kulturfilmzentrale des Reichspropagandaministeriums, zählte Filmregisseure wie Wolfgang Liebeneiner zu ihren Freunden[183].

Kurz darauf geriet in diesen Kreis auch Harnack, der nun den neuen Partnern seinen Auftraggeber Erdberg vorstellte. Ehe Hitlers Divisionen in Polen einfielen, setzten sich Arvid Harnack und Harro Schulze-Boysen zu einer gemeinsamen Arbeit zusammen, die erst der Henker in Plötzensee beenden sollte.

Harnack war freilich nicht sonderlich angetan von dem jungenhaft-unbeherrschten Leutnant, der sofort die Führung der beiden Gruppen an sich zu reißen versuchte[184]. Dem unsentimentalen, gleichwohl im Privatleben auf gutbürgerliche Ordnung bedachten Marxisten Harnack mochte der national-revolutionäre Romantiker Schulze-Boysen mit seinen allzu flotten Segel- und Wohnungspartys wie ein unreifer Revoluzzer vorkommen, dem man schwerlich eine so gefahrvolle Arbeit wie die Leitung einer Widerstands- und Nachrichtenorganisation anvertrauen könne. Greta Kuckhoff erzählt, ihr Mann habe sofort erkannt, »daß Schu-Boy Zucht brauchte«[185] — eine Anspielung auf Schulze-Boysens exotisches Privatleben und die Sorglosigkeit, mit der Harro und Libertas, beide auf der Flucht aus ihrer rasch brüchig gewordenen Ehe, im bunten Wechsel neue Liebschaften eingingen.

Das hielten die beiden Kuckhoffs zwar nicht für einen Bruch bürgerlicher Moral, wohl aber für ein Vergehen gegen die Moskauer Konspirationsregeln. Diese Regeln sahen auch andere Kommunisten aus dem Lager Harnacks durch Schulze-Boysen gefährdet; mancher Genosse scheute vor einer Zusammenarbeit mit dem ›Salonkommunisten‹ zurück, zumal er wußte, daß die Partei Schulze-Boysens Partnerschaft mit dem aus der KPD gefeuerten Küchenmeister mißbilligte[186].

Auf die Anschauungen der offiziellen KPD-Führung aber mußten Schulze-Boysen und Harnack zusehends Rücksicht nehmen, weil sich nun an die Seite der beiden Gruppen eine Riege kommunistischer Berufsrevolutionäre stellte, die an Fanatismus und Härte alles übertrafen, was man selbst in den Reihen dieser Hitler-Gegner gewohnt war. Die Parteikommunisten folgten den Orders der Komintern-Führung, die den Wiederaufbau der von der Gestapo weitgehend zerschlagenen Kommunistischen Partei in Deutschland befohlen hatte, wobei Parteipolitik und das Informationsbedürfnis des sowjetischen Staates ein untrennbares Bündnis eingegangen waren.

Kurz nach der Unterzeichnung des deutsch-sowjetischen Nichtangriffspaktes im August 1939 hatte sich kommunistischer Führer in Moskau die wunderliche Illusion bemächtigt, die Allianz zwischen den beiden Diktatoren werde der deutschen KP bald eine legale Existenz im Dritten Reich ermöglichen. Wie der Krieg gegen Japan den antikommunistischen Diktator Chinas, Marschall Tschiang Kai-schek, zur Tolerierung des kommunistischen Gegners gezwungen habe, so werde auch der Krieg gegen den »westlichen Imperialismus« Hitler nötigen, die deutschen Kommunisten zu dulden[187].

Die in die Sowjetunion emigrierten KP-Führer waren geneigt, Hitler eine Tolerierung deutscher Kommunisten zu erleichtern. Walter Ulbricht mahnte die Genossen, sie dürften nicht durch »primitiven Antifaschismus« die »legalen Möglichkeiten« einer künftigen KPD-Arbeit erschweren[188], während der Komintern-Funktionär Fürnberg gar meinte, man müsse jetzt »viele Vorurteile über Bord werfen«; wenn es möglich sei, auf dem Weg über den deutsch-sowjetischen Pakt zum Sozialismus zu kommen, dann müsse die Partei auch

Konzentrationslager und Judenverfolgungen als notwendige Übel in Kauf nehmen[189].

Zudem wähnten die sowjetischen Deutschland-Beobachter, das rote Rußland sei im Reich so populär, daß die Nazis es gar nicht mehr wagen könnten, sich gegen Kommunisten und Sowjets zu stellen. Die sowjetische Funktionärin Samoilowitscha erzählte Wunderbares von einer Reise durch Polen: Die deutschen Soldaten an der Demarkationslinie seien begierig auf Sowjetsterne; ein ganzer Zug Rotarmisten habe beim Appell melden müssen, er hätte sämtliche Uniformknöpfe und Sterne deutschen Landsern auf deren Wunsch abgetreten[190].

Die Vorstellung, die deutsch-sowjetische Freundschaft werde zu einer Auflockerung des Hitler-Regimes führen, verlockte die Komintern zu einer spektakulären Aktion. Im Januar 1940 luden in Moskau die beiden Herren der Komintern, der Generalsekretär Georgij Dimitrow und der Zweite Sekretär Dimitrij Manuilski, die Mitglieder des Zentralkomitees (ZK) der KPD vor und hielten ein Scherbengericht über sie. Ohne Rücksicht auf die Gefühle der deutschen Freunde warfen sie den KPD-Führern vor, sie hätten im Kampf gegen den Faschismus völlig versagt[191].

Manuilski polterte, in Deutschland gebe es keine Kommunisten mehr. Auch Dimitrow zürnte, die KPD habe in Deutschland aufgehört, eine zusammenhängende Partei zu sein; seit dem Spanischen Bürgerkrieg höre man nichts mehr von ihr. Der KPD-Vorsitzende Wilhelm Pieck verbat sich solche Verallgemeinerungen — immer lauter wurde der Disput der Genossen[192].

Schließlich brach Dimitrow den Streit ab und kam zur Sache: Es gehe darum, erklärte er, in Deutschland neue KP-Zentren zu bilden und sie dann zu einer einheitlich handelnden Partei zu verbinden. In Stockholm sei ein Sekretariat bewährter Genossen zu errichten, das Verbindungen zu noch bestehenden KP-Gruppen in Deutschland aufnehmen, neue schaffen und sich dann selber in Berlin als Führungsorgan der neuen KPD niederlassen solle. Die örtlichen Leitungen der Partei seien mit ›legalen‹ Genossen zu besetzen, die allerdings von Männern des illegalen Apparates überwacht werden müßten; auch das Sekretariat bleibe eine illegale Einrichtung, bis es sich zur ›Reichsleitung‹ legalisieren könne[193].

Zum Chef des Unternehmens bestellte die Komintern den eigenwilligen ZK-Mann Herbert Wehner (Deckname: Kurt Funk), der als ein Meister konspirativer Parteiarbeit galt[194]; er war bis 1935 im deutschen Untergrund geblieben, hatte an der Saar gegen den Anschluß an Deutschland gekämpft und nach manchen Schwierigkeiten mit den Politruks der Parteiführung zum verschärften Kampf gegen das NS-Regime gedrängt[195]. Er sollte freilich erst eingreifen, wenn in Stockholm der für den Berliner Raum zuständige Abschnittsleiter Karl Mewis mit den beiden ZK-Mitgliedern Heinrich Wiatrek und Wilhelm Knöchel den Sprung ins Dritte Reich vorbereitet hatte[196].

Kaum aber war ZK-Mitglied Mewis alias Fritz Arndt an die Arbeit gegangen[197], da offenbarte Dimitrow durch die Entsendung eines seiner engsten Vertrauensmänner, daß es ihm nicht nur um die politische Parteiarbeit ging. In Stockholm tauchte als Aufpasser und Antreiber des Sekretariats ›Richard‹ auf, wie er in der Partei nicht ohne Gruseln genannt wurde: Arthur Illner, ein Schreiner aus Königsberg, aufgewachsen im alten M-Apparat der KPD, Kursant der Moskauer M-Schule, Agent der Raswedupr, später von der Komintern übernommen und im Spanischen Bürgerkrieg unter dem Decknamen ›Richard Stahlmann‹ als Stellvertretender Kommandant des 11. Bataillons der Internationalen Brigade eingesetzt, wo er für manchen Mord an Rechts- und Linksabweichlern verantwortlich gewesen war[198].

Illner hatte Weisung, in Deutschland einen Informantenapparat zu schaffen. Denn die neuen Pläne der KPD sahen auch eine von der Partei völlig losgelöste M-Organisation vor, deren Mitglieder Spionage- und Sabotageaufträge ausführen sollten[199]. Über ein Kuriersystem auf schwedischen Ostseeschiffen heuerte Illner erste Mitarbeiter für seinen Apparat an[200].

Auch Wehner, im Februar 1941 nach Stockholm entsandt, ließ jetzt seine internationalen Verbindungen spielen[201]. Über schwedische Seeleute unterhielt er einen geheimen Postverkehr mit dem westeuropäischen Nachrichtennetz der Komintern, dessen niederländischer Zweig bei dem Rote-Kapelle-Agenten Winterinck endete. ›Der Große‹ (Winterincks Deckname) hielt Tuchfühlung zu dem ZK-Mann Knöchel, der nun von Holland aus begann, seine ›Instrukteure‹ nach Westdeutschland zu schicken[202].

In Wehners geheimem Quartier im Haus 63 der Stockholmer Blekingegata häuften sich die chiffrierten Berichte der in Deutschland aktivierten Genossen[203]. Wehner rüstete auch selber Agenten für den Deutschland-Einsatz aus. Als seine Hauptvertraute entsandte er die Kommunistin Charlotte Bischoff, nicht ohne ihr vorher die Haare gekürzt und die Frau in Männerkleider gesteckt zu haben. Mit 700 Reichsmark und einigen Wehner-Materialien schiffte sich Frau Bischoff nach Bremen ein[204].

Doch Dimitrows Meisterplan ließ sich nicht verwirklichen. Nur wenigen vom Ausland eingesickerten Kommunisten gelang es, in Deutschland zu operieren; die meisten liefen der

Gestapo ins Netz. Mochte auch der in Moskau lebende Spitzenfunktionär Dengel die Genossen mit dem Ruf anfeuern, wer jetzt in Berlin arbeiten müsse, könne sicher sein, nicht mehr geköpft zu werden, weil Stalin dafür sorge, daß sich Hitlers Terror in Grenzen halte[205] — viele Beauftragte der Partei scheuten vor dem tödlichen Wagnis zurück.

Selbst die führenden Männer des Stockholmer Sekretariats wagten sich nicht nach Deutschland. Illner schob dringende Aufträge in Schweden vor, Wiatrek lehnte die Fahrt nach Deutschland ohne Beschönigung ab, Mewis wich jeder Festlegung aus, und Wehner berief sich auf eine in den ›Berliner Lokal-Anzeiger‹ gerückte Annonce Charlotte Bischoffs, die vor einer Reise an die Spree warnte[206]. Nur Knöchel schlug sich später nach Berlin durch[207].

Von ihren selbsternannten Führern im Ausland abgeschnitten, formierten sich gleichwohl die Kommunisten im Inland zu neuen Aktionsgruppen. Sie wußten freilich nichts von den komplizierten taktischen Überlegungen der Moskauer Zentrale — sie hätten sie auch gar nicht verstanden, wie so manches, was die ins Ausland geflohenen Führer der Partei proklamierten. Auch die KPD durchzog die unsichtbare Trennungslinie, die Emigranten und Daheimgebliebene voneinander schied.

Was sollten sich auch die Kommunisten im Reich unter der »Schaffung der antifaschistischen Volksfront gegen die antisowjetischen Kriegspläne imperialistischer Kräfte« vorstellen oder unter der »Gewinnung der sozialdemokratischen Arbeiter und der nationalsozialistischen Werktätigen für den gemeinsamen Kampf«, wie es die »Politische Plattform« der KPD vom Dezember 1939 verhieß?[208] Die daheimgebliebenen Genossen, ohnehin verwirrt vom Hitler-Stalin-Pakt, lasen da nur heraus, was sie verstanden: Wiederaufbau der KPD, Fortsetzung des Kampfes gegen Hitler. Und dazu waren sie bereit.

Ein Gnadenakt des NS-Regimes kam ihnen dabei zugute. Im Laufe des Jahres 1939 waren mittlere Funktionäre der alten KPD aus Konzentrationslagern und Zuchthäusern entlassen worden — gegen das Versprechen, sich nicht mehr politisch zu betätigen. Die Entlassenen machten sich alsbald daran, neue Widerstandsgruppen zu bilden[209].

Der KP-Funktionär und Metallarbeiter Robert Uhrig, auch er aus dem KZ entlassen, hatte schon einige Monate vorher einen Anfang gemacht. Er gründete in Berlin eine Widerstandsorganisation, die in mehreren Betrieben Zellen unterhielt und neben Kommunisten auch Sozialdemokraten zu ihren Mitgliedern zählte[210]. Zur gleichen Zeit schufen Kölner Kommunisten Fünfer-Gruppen mit einer zentralen Leitung, während in Mannheim der ehemalige KP-Landtagsabgeordnete Georg Lechleiter eine ähnliche Organisation bildete[211]. In Hamburg, Sachsen und Thüringen fanden sich unter den verschiedensten Tarnungen alte Genossen wieder zusammen[212].

Der Schwerpunkt ihrer Arbeit lag in Berlin. Dort hatten sich eines Tages einige eben erst freigelassene KPD-Journalisten bei ihrem alten Freund John Sieg gemeldet. Sie kannten sich alle von der gemeinsamen Arbeit bei der ›Roten Fahne‹ her: der Werkzeugmacher und Jugendfunktionär Walter Husemann[213], der Verlagsangestellte Martin Weise[214], der Buchdrucker Herbert Grasse[215], der Buchhändler Guddorf[216]. Sie beschlossen, zusammenzubleiben und in Berliner Betrieben gegen das Regime zu arbeiten.

Zu ihrem Anführer erkoren sie sich den klügsten und gebildetsten der Runde: Wilhelm Guddorf, Abkömmling einer Gelehrtenfamilie, selber Sprachwissenschaftler und Volkswirt, auf sowjetischen Parteischulen erzogen, dann Redakteur der ›Roten Fahne‹, 1934 wegen Vorbereitung zum Hochverrat zu drei Jahren Zuchthaus verurteilt, seit seiner Entlassung aus dem KZ Angestellter der Berliner Buchhandlung Gsellius[217].

In Firmen und Büros sammelte er gleichgesinnte Menschen und verfügte bald über eine Organisation, der in erster Linie Parteikommunisten der harten Linie angehörten wie der Elektriker Eugen Neutert[218], der ehemalige HJ-Fähnleinführer Wolfgang Thiess[219] und das Ehepaar Jutta und Viktor Dubinski[220].

Unermüdlich drängte Guddorf zur Tat, er wollte nicht auf die von Moskau angekündigten Instrukteure des Stockholmer Sekretariats warten. Er ernannte sich zum Mitglied der Reichsleitung, die es praktisch noch gar nicht gab[221], und bahnte sich Zugang zu anderen kommunistischen Gruppen in Deutschland; er suchte vor allem die Zusammenarbeit mit den Hamburger KP-Funktionären Bernhard Bästlein, Franz Jacob und Robert Abshagen, die im ehemaligen KPD-Bezirk Wasserkante Widerstandskämpfer um sich versammelten[222].

Sieg brachte Guddorf schließlich zur Widerstandsgruppe Schulze-Boysen/Harnack, die bereits praktizierte, was Guddorf vorschwebte. Bereitwillig nahmen Schulze-Boysen und Harnack den KP-Mann Guddorf auf, denn dessen Zellenapparat in den Berliner Betrieben konnte der Organisation einen Unterbau sichern, der ihr noch fehlte. Doch Guddorf zögerte, sich den beiden ›Salonkommunisten‹ anzuschließen; die Altkommunisten störte Schulze-Boysens Theatralik[223].

Die Zentrale Moskau mußte erst ein Machtwort sprechen, ehe sich Guddorf zur Zusammenarbeit mit Schulze-Boysen und Harnack bereit erklärte. 1941 trat er offiziell als Vertreter der KPD in die Widerstandsorganisation ein[224]. Auch Chefagent Erdberg half mit, das Bündnis zu festigen. Er mahnte immer nachdrücklicher zur Zusammenarbeit und drängte, die Organisation schnell auszubauen. Mit der diskreten Assistenz des Russen konnte Schulze-Boysen nun auch die letzten Überlebenden des deutschen Komintern-Apparates seiner Organisation anschließen.

Da war die Altkommunistin Klara Schabbel, Spartakuskämpferin, ehemalige Sekretärin der sowjetischen Handelsvertretung und Lebensgefährtin des für die Rote Kapelle in Paris arbeitenden Komintern-Beauftragten Henry Robinson[225]. Da war Kurt Schulze, in der Sowjetunion als Funker ausgebildet, 1927 auf Befehl der Partei aus der KPD ausgetreten und in den Nachrichtenapparat der Sowjets übernommen[226]. Und da war das wunderlichste Produkt geheimer Komintern-Arbeit: die Agentenfamilie Hübner/Wesolek.

Der Bäcker Emil Hübner, schon 1919 in die KPD eingetreten, arbeitete seit Ende der zwanziger Jahre für den sowjetischen Geheimdienst[227]. Einer seiner Söhne emigrierte nach 1933 in die Sowjetunion[228], ein anderer Sohn, Max Hübner, ebenfalls seit 1919 KP-Mitglied, half seinem Vater bei der Weiterleitung anreisender Sowjetagenten[229]. Rußlands Geheimdienst richtete den Hübners in Berlin ein Rundfunk- und Photogeschäft ein, in dessen Hinterzimmern eine Paßfälscherwerkstatt angelegt wurde. Bei Kriegsbeginn war das Hübner-Geschäft bereits das zentrale Berliner Absteigequartier für sowjetische Geheimdienstler[230], und je häufiger Sendboten aus Moskau eintrafen, desto mehr Familienmitglieder stellte Opa Hübner an: zunächst seine Tochter Frieda, dann deren Ehemann Stanislaus Wesolek, schließlich auch die Enkel Johannes und Walter Wesolek[231].

Neben den Komintern-Überlebenden trat eine neue Gruppe roter Hitler-Gegner in Schulze-Boysens und Harnacks Organisation ein. Auch hier spielte wieder der Zufall: Kurz nach Kriegsausbruch suchte die Bibliothekarin Lotte Schleif bei Freunden Schulze-Boysens Hilfe; sie wurde von der Angst gepeinigt, die Gestapo könnte ihr jeden Augenblick auf die Spur kommen. Lotte Schleif hielt in ihrer Wohnung einen Freund, den Sozialisten Rudolf Bergtel, versteckt, der wenige Tage zuvor aus einem Arbeitslager entflohen war; 1935 hatte man ihn wegen Vorbereitung zum Hochverrat zu acht Jahren Zuchthaus verurteilt. Die Frau aber kannte nur einen Gedanken: Rudolf muß weg[232].

Sie wandte sich in ihrer Bedrängnis an die ihr bekannte Kommunistin Ilse Schaeffer, deren Mann – der Stadtbibliothekar Dr. Philip Schaeffer – ebenfalls aus politischen Gründen im Zuchthaus saß[233]. Lotte Schleif wußte, daß die Frau ihres

Kollegen zu Widerstandskreisen Kontakt unterhielt, die verfolgte Antifaschisten ins Ausland brachten. Frau Schaeffer half. Sie brachte Lotte Schleif zu ihrer Freundin Elfriede Paul, die Küchenmeister-Gefährtin empfahl sie weiter an Elisabeth Schumacher, und bald war der Flüchtling Bergtel in Sicherheit. Kurt Schumacher brachte ihn über die Grenze, in die Schweiz[234].

Von nun an zählte auch die Bibliothekarin vom Prenzlauer Berg zu den Mitgliedern des Schulze-Boysen-Kreises. Sie eröffnete ihm neue Verbindungen zu anderen Gegnern der NS-Herrschaft. Lotte Schleif kannte den Philologie-Studenten Heinrich Scheel, der zu einem Schülerkreis gehörte, in dem Jungkommunisten den Ton angaben[235]. Neue Namen tauchten auf: Hans Coppi, Eisverkäufer und Dreher, wegen Verteilung von Zigarettenbildern mit antifaschistischen Texten zu einem Jahr Gefängnis verurteilt, zukünftiger Funker der Roten Kapelle[236], und Hans Lautenschläger, kaufmännischer Angestellter, seit 1938 Soldat, in Zukunft Flugblattverteiler der Gruppe Schulze-Boysen[237]. Scheel, Coppi und Lautenschläger hatten die gleiche Schule besucht, die als Experimentieranstalt gegründete Schulfarm auf der Insel Scharfenberg bei Tegel am Stadtrand Berlins[238].

Eine zweite und noch größere Schülergruppe trat 1941 in Schulze-Boysens Gesichtsfeld. Ihr Wortführer war der Nervenarzt Dr. John Rittmeister, ältester Sohn eines Hamburger Kaufmanns hugenottisch-holländischer Abstammung, »hochbegabt und hochsensibel, ein asthenischer Typ von zarter, fast graziler Erscheinung«, wie ihn sein Freund, der Psychologie-Professor Kemp, beschreibt[239]. Die Sehnsucht nach einem ›neuen Humanismus‹ hatte den an der bürgerlichen Ordnung zweifelnden Freud-Anhänger in einen radikalen Sozialismus geführt, von dem er sich die Befreiung des Menschen von allem Zwang erhoffte.

Er war dabei marxistischen Losungen so weit gefolgt, daß ihn die Schweizer Behörden — Rittmeister arbeitete damals an der Kantonalen Heilanstalt Münsingen — Ende 1937 wegen kommunistischer Propaganda auswiesen[240]. Tatsächlich stand er in keinerlei Verbindung zur Kommunistischen Partei, nichts hätte dem skeptisch-philosophierenden Ästheten ferner gelegen als Handlangerdienste für grobe Parteiinteressen. Er blieb zeit seines Lebens ein Grübler und Zweifler, tief verwirrt von der eigenen Sehnsucht, die seit Kindertagen verlorene Einheit mit der Umwelt zurückzugewinnen und »einen Schlußpunkt unter die Depressionen« seines Lebens zu setzen. Er litt an der Kinderlosigkeit seiner Ehe, an der »Sinnentleerung im Beruf«, an den brutalen Zeitläufen.

Das Ausbleiben des natürlichen Glücks versetzte John Rittmeister in eine »innere Unruhe und Gedrücktheit«, die »mich zusätzlich veranlaßte, mit [...] Sch-B [Schulze-Boysen] zusammenzusein, ganz abgesehen von der unerträglichen Situation, die rein äußerlich durch den von H[itler] heraufbeschworenen Krieg und durch das ganze System geschaffen worden war«[241]. Die »Lockerung bei SB« befreite ihn zeitweilig von den inneren Bedrängnissen, Schulze-Boysen bestärkte ihn in dem Widerwillen gegen das Regime. Doch die revolutionäre Tat lag dem Grübler Rittmeister nicht. Noch später notierte er: »Man scheint mir nicht glauben zu wollen, daß ich im wesentlichen unaktiv war.«[242]

Den Widerstand gegen das Hitler-System sah er weniger als einen äußeren Kampf zum Sturz einer verderblichen Diktatur denn als einen moralischen Prozeß. Nach der Übernahme der ärztlichen Leitung der Psychotherapeutischen Poliklinik am Berliner ›Institut für psychologische Forschung und Psychotherapie‹[243] sammelte Rittmeister einen Kreis junger Menschen um sich, die eher durch intensive Diskussionen und Lektüreabende als durch spektakuläre Plakataktionen die Bevölkerung für eine radikale Veränderung der politischen Verhältnisse gewinnen wollten.

Viele Rittmeister-Anhänger kamen von den Schulbänken des Dr. Heilschen Abendgymnasiums in Berlin, das auch die spätere Schauspielerin Eva Knieper besuchte[244]. Im Februar 1938 lernte sie Rittmeister kennen; er führte die aus einem verarmten deutschnationalen Bürgerhaus stammende Eva in seine Gedankenwelt (»Sozialwohl«) ein[245].

Im Juli 1939 heirateten sie[246]. Frau Rittmeister aber hielt weiterhin Kontakt zu den ehemaligen Schulkameraden, die mit ihr den Abendkursus für Abiturienten besucht hatten, und gewann einen nach dem anderen für die Ideen ihres Mannes: die Hoteliersstochter Ursula Goetze[247], den HJ-Führer Otto Gollnow[248], den Justierer Fritz Rehmer[249] und seine Freundin Liane Berkowitz[250], den Dreher Fritz Thiel[251] und seine Braut Hannelore Hoffmann[252].

Später kamen noch andere NS-Gegner in den Rittmeister-Kreis, so Rittmeisters Studienfreund Dr. Werner Krauss, Dozent der Romanistik an der Universität Marburg, der als Angehöriger einer Dolmetscher-Kompanie nach Berlin verschlagen worden war und bei Ursula Goetze in Untermiete wohnte[253], so der Zahnarzt Hans Helmuth Himpel, den die antisemitischen Gesetze des Regimes — er durfte seine ›nichtarische‹ Freundin Rosemarie Terwiel, Tochter eines Regierungsvizepräsidenten, nicht heiraten — zum Gegner des Nationalsozialismus hatten werden lassen[254], so die Bremer Kunstgewerblerin Cato Bontjes van Beek, durch das Erlebnis der Verschleppung zweier jüdischer Hausbewohner zum Widerstand getrieben[255], und ihr Freund, der aus der kommunistischen Jugendbewegung stammende Hamburger Kaufmannssohn Heinz Strelow[256].

Auch diesen Kreis gliederte Harro Schulze-Boysen seiner Schattenarmee ein. Von Monat zu Monat erweiterte sich das Netz seiner Kontaktleute, scherten immer mehr rote Antifaschisten in das Lager Schulze-Boysens und Harnacks ein. Doch noch ehe Schulze-Boysen und sein Partner ihre Organisation bis zum letzten Mann ordnen konnten, brach der Tag der Entscheidung heran. Adolf Hitlers Panzerarmeen rüsteten sich zum Überfall auf die Sowjetunion.

Agentenwerber Erdberg gab das Zeichen zum Einsatz. Die Führung des sowjetischen Geheimdienstes in Moskau, die früher und klarsichtiger als Diktator Stalin und dessen Diplomaten den deutschen Einfall vorhersah, funkte Erdberg die letzten Instruktionen: keine Zeit mehr verlieren, Agenten-Alarm auslösen[257].

Am 14. Juni 1941 rief Erdberg seine deutschen Konfidenten zu getrennten Treffs: Adam und Greta Kuckhoff bestellte er auf einen U-Bahnhof, Harro-Schulze-Boysen und Arvid Harnack mußten ihn in einem S-Bahnhof kontaktieren, und auch der künftige Funker Hans Coppi wußte, wo er den Beauftragten der Sowjets treffen werde[258].

Erdberg hatte einige Funkgeräte beschafft und jedes Gerät in einem Koffer verstaut. Dann begab er sich mit einer Fahrkarte auf den verabredeten Bahnhof. Dort wechselte der Koffer seinen Besitzer. Schweigend nahmen die Deutschen das Funkgerät entgegen, schweigend entfernten sie sich. Nach der Verteilung der Funkgeräte folgte ein letzter ideologischer Appell. Erdberg ermahnte seine deutschen Freunde, die Sowjetunion in der Stunde größter Not nicht im Stich zu lassen; jedes militärische Detail, jede Nachricht über die Wehrmacht werde der Roten Armee den Kampf gegen den faschistischen Aggressor erleichtern.

Jedes Mitglied des Berliner Spionagerings erhielt einen Decknamen, unter dem es in der Zentrale des Moskauer Direktors geführt wurde. Harnack (Deckname: »Arwid‹) bekam eine Chiffrierliste[259], Coppi (Deckname: ›Strahlmann‹) einen Funkverkehrsplan[260]. Ein Packen Geldscheine war für die Werbung neuer Mitarbeiter bestimmt; Erdberg zahlte 13 500 Reichsmark aus, die Harnack so verteilte: 3 500 an Kuckhoff, 5000 an Behrens, 1000 an Rose Schlösinger und 3000 an den Fabrikanten Leo Skrzypezinski, den Harnack für die Spionagearbeit zu gewinnen hoffte[261]. Den Rest behielt Harnack für sich.

Die Organisation wurde in zwei Teile zertrennt, in die Verschlüsselungsgruppe ›Arwid‹ unter Harnack und die Informantengruppe ›Choro‹ (das war Schulze-Boysens Deckname) unter der Leitung Schulze-Boysens, der überdies die Gesamtführung der Organisation übernahm[262]. Schulze-Boysen sollte nach dem Abzug der sowjetischen Mission in Berlin über die ausgeteilten Funkgeräte und über die in Westeuropa operierenden Gruppen der Roten Kapelle Kontakt mit Moskau halten.

Doch der Anfang stand unter einem ungünstigen Stern. Greta Kuckhoff hatte nach dem Treff auf dem U-Bahnhof bei der Heimfahrt den Koffer mit dem Funkgerät fallen lassen; als die Kuckhoffs den Sender zu Haus testen wollten, gab er keinen Ton von sich[263]. Die beiden Agenten wurden von Panik ergriffen. Sie versteckten den unbrauchbaren und doch so gefährlichen Sender im Hause. Aber auch das erschien ihnen noch nicht sicher genug. Adam Kuckhoff holte das Gerät wieder hervor und vergrub es im Garten eines Nachbarn[264].

Auch Coppi hatte mit seinem Gerät kein Glück. Dem Funkanfänger Coppi war von Erdberg ein veraltetes Batteriegerät ausgehändigt worden, das nur über eine geringe Frequenz und Reichweite verfügte. Coppi konnte mit dem Gerät so wenig umgehen, daß Schulze-Boysen von Erdberg einen besseren Sender anforderte[265].

Die Sowjets lieferten verbesserte Apparate. Dem Ehepaar Kuckhoff reparierten Russen den Sender[266], und auch dem Dreher Coppi wurde auf dem S-Bahnhof Deutschlandhalle ein neuer Koffer zugeschoben. Inhalt: ein modernes Sende- und Empfangsgerät für Wechselstrom[267]. Jetzt endlich konnte die Spionagegruppe ihre Arbeit aufnehmen. Hitlers Heeressäulen waren noch nicht in Rußland eingefallen, da tickten schon die Funkgeräte der deutschen Sowjetspione.

Meldung auf Meldung gab Schulze-Boysen an den sowjetischen Generalstab weiter, manche Information des deutschen Oberleutnants aus dem Reichsluftfahrtministerium verriet der Roten Armee, wo die Schwerpunkte der deutschen Angriffe zu erwarten waren. »Harro war unendlich nützlich«, berichtet Greta Kuckhoff. »Die ersten Nachrichten über die Vorbereitungen des Krieges kamen von Harro, und zwar, welche Städte zuerst angegriffen werden sollten.«[268] Auch Harnack konnte dem in Richtung Balkan abreisenden Erdberg erstklassige Informationen mitgeben: eine Denkschrift über Stärken und Schwächen der deutschen Rüstungsindustrie[269].

Kamen ihnen keine Zweifel, hatten sie kein Bedenken, die Geheimnisse des eigenen Landes dem Kriegsgegner auszuhändigen? Die meisten Mitglieder der Spionagegruppe scheuten nicht davor zurück, jene Grenze zu überschreiten, die jedem aus nationalen und freiheitlichen Motiven handelnden Widerstand gezogen sind. Bei den roten Agenten galt nicht das Axiom, daß man dem Kriegsgegner keine Staatsgeheimnisse anvertrauen dürfe, deren Preisgabe deutsche Interessen oder gar das Leben deutscher Soldaten gefährden konnte.

Viele Anhänger Schulze-Boysens ignorierten derartige Bedenken. Zu den energischsten Mitarbeitern der Spionagegruppe gehörten linientreue Kommunisten, die schon in der Weimarer Zeit darauf trainiert worden waren, im Falle eines deutsch-sowjetischen Krieges Moskau zu Hilfe zu kommen, wer immer diesen Krieg verschuldet haben mochte — und 1941 lag die Kriegsschuld nur allzu eindeutig auf der deutschen Seite.

Auch Schulze-Boysen wollte im Kampf gegen Hitler keine nationalen Grenzen ziehen. Schon 1932 hatte er als Herausgeber des ›Gegner‹ geschrieben, die Verteidigung der Sowjetunion werde »die Unterstützung aller revolutionären Minderheiten« finden, zu denen er auch die deutsche Jugend rechnete; Deutschland werde sich niemals gegen Rußland entscheiden[270].

Damals freilich hatte er deutschen Kommunisten noch deren Abhängigkeit von Moskau vorgeworfen, damals dünkte ihn, als treibe die Sowjetunion eine eigene Machtpolitik, die mit deutschen Interessen nicht immer übereinstimme. Jetzt aber war er bereit, auf Gedeih und Verderb jede Kursänderung Stalins gutzuheißen, erschienen ihm doch die Sowjets als »sehr vernünftige, kluge Rechner, nicht so dumm, daß sie den moralischen Kredit verscherzen, den sie als die ersten kompromißlosen Feinde des Faschismus gewonnen haben«[271].

Mit der Sorglosigkeit, die ihn Regierungslisten einer kommenden deutschen Räterepublik anfertigen ließ (Schulze-Boysen figurierte darauf als Kriegsminister), hatte er seit langem einen deutsch-sowjetischen Krieg eingeplant[272]. Mit fast masochistischer Freude malte er sich und seinen Freunden den Tag aus, an dem russische Invasionstruppen dem braunen Spuk ein Ende setzen würden. Schon im September 1939, auf dem Höhepunkt des Stalin-Hitler-Paktes, hatte er auf einer Geburtstagsparty prophezeit: »Wenn die Zeit reif ist, werden die Russen zuschlagen und als Sieger hervorgehen«[273].

Solchem politischen Fanatismus vermochten sich manche Antifaschisten nicht oder nur zögernd anzuschließen. Selbst Harnack wollte später seinen Richtern plausibel machen, nur das Erdberg persönlich gegebene Versprechen habe ihn während des Krieges in den sowjetischen Spionagedienst getrieben[274], und auch Greta Kuckhoff formulierte in der ihr eigenen verschleiernden Sprache, die nachrichtendienstliche Zusammenarbeit mit »ausländischen Stellen« habe für viele von ihnen einen »schweren Schritt« bedeutet[275].

Einige lehnten ihn eindeutig ab. Leo Schabbel, der Sohn des

Komintern-Beauftragten Robinson, beschimpfte seine Mutter, weil sie sowjetische Fallschirmagenten beherbergt hatte[276]. Die Mutter Kurt Schumachers verlangte, den in ihrem Keller abgestellten Sendeapparat zu entfernen[277]. Die meisten Mitglieder der Widerstandsgruppe Rittmeister erwiesen sich als so zurückhaltend, daß Schulze-Boysen es vorzog, sie nicht allzu sehr in die Spionagearbeit einzuweihen. Sogar einige KPD-Funktionäre wie Guddorfs ehemalige KZ-Gefährten Heinz Verleih und Heinrich Schrader[278] teilten die Auffassung des später in Stockholm verhafteten Herbert Wehner, der alle Spionageaufträge Moskaus zurückwies und erklärte, »daß mir meine grundsätzliche Auffassung über mein Verhältnis zum deutschen Volk, bei aller unbedingten Gegnerschaft gegen die Regierung Hitlers, verbietet, eine Tätigkeit auszuüben, die als spioneri [Spionage] zu qualifizieren wäre«[279].

Auch engste Mitarbeiter Schulze-Boysens offenbarten gelegentlich Skrupel. Horst Heilmann, eine Art Sekretär Schulze-Boysens, sagte zu seinem Freund Rainer Hildebrandt, man könne dem Kriegsgegner Nachrichten liefern, aber sie dürften nicht zur Vernichtung deutscher Soldaten beitragen[280]. Verzweifelt und schier ausweglos laborierte er an der Frage, ob man Landesverrat treiben dürfe. Es sei, so gestand er Hildebrandt, »nicht nur eine Schuld, die man vor sich selber habe, auch nicht nur gegenüber seinem Vaterlande, es sei eine Schuld, die man vor der Weltordnung und als Mensch habe. Bis man soweit sei, nur den Gedanken [des Landesverrats] ins Auge zu fassen, müsse man ein schwer ermeßbares Ausmaß an Schuld begreifen«[281].

Was aber konnte diese Schuld mildern? Die Empörung über die Verbrechen eines Regimes, das Deutschland und Europa in eine Katastrophe gestürzt hatte. Die Entrüstung über ein politisches System, das mit seinen Konzentrationslagern, seinen Judenverfolgungen, seinem Meinungsterror und seiner Gleichschaltungsmaschinerie das Deutsche Reich zum Synonym für Barbarei und Unrecht gemacht hatte.

Das reichte freilich den Skrupelhaften zur Motivation des Landesverrats noch nicht aus. Das Unrecht der nationalsozialistischen Diktatur erklärte nicht hinreichend, warum man sich in den Dienst eines fremden Spionageapparates begeben hatte, warum man ausschließlich mit einem Land kooperierte, das mit seinem Terrorsystem, seinen Millionen hingemordeter Bürger und gespenstischen Schauprozessen die Demokraten ebenso schockte wie der Unrechtsstaat des Nationalsozialismus.

Die Skrupelhaften entdeckten für sich ein zusätzliches Motiv, das bis dahin dem herkömmlichen Begriff des Landesverrats fehlte: das nationale. Adam Kuckhoff wollte ein Rätedeutschland »auf nationaler Grundlage« errichten[282], Schulze-Boysen kam es darauf an, durch Dienst für die Russen dem künftigen Reich eine bescheidene Eigenexistenz an der Seite Moskaus zu sichern[283], Wilhelm Guddorf lag an der »Schaffung eines Sowjetdeutschlands, um eine Knechtschaft Deutschlands [durch die alliierten Sieger] zu verhüten und eine Zerstückelung Deutschlands zu vermeiden«[284].

Arvid Harnack projektierte gar einen konventionellen deutschen Staat, der an Rußland angelehnt, aber völlig selbständig sein sollte. Konservativen Hitler-Gegnern erklärte er, wie er sich die Zukunft vorstellte: Deutschland werde gemeinsam mit Rußland und China einen Block bilden, der »wirtschaftlich und militärisch uneinnehmbar« sei; Stalin werde keineswegs auf die Sowjetisierung Deutschlands drängen, er werde sich mit einem friedlichen Reich abfinden[285].

Solche national motivierte Begründung des Landesverrats befriedigte jedoch nicht lange, denn sie war allzu illusionär. Unbeantwortet blieb die Frage, wie Männer, die auf der Gehaltsliste des sowjetischen Geheimdienstes standen, später als Führer eines Rätedeutschland freien Spielraum gegenüber Moskau würden gewinnen können.

Harnacks Konzeption gründete sich auf die Vorstellung, zwischen Deutschland und Rußland werde es keine Interessenkollision geben. Wie aber, wenn sie doch eintrat — dann war der Staatsmann Harnack jeder Sowjetpression ausgesetzt, ebenso wie der zögernde Gesandtschaftsrat Rudolf von Scheliha, dem die sowjetische Geheimdienstführung die Photokopien der ihm gezahlten Spionagegelder ins Haus schickte, um ihm seine jäh erwachten Skrupel auszutreiben[286].

Damit aber waren die Gewissensfragen nicht gelöst, sie bohrten, solange es eine Rote Kapelle gab — und sie bohren auch heute noch. Nach dem Ende des Zweiten Weltkrieges kam daher ein neuer Erklärungs- und Rechtfertigungsversuch auf. Schulze-Boysens Freund Weisenborn verfocht ihn in seinen Büchern: Die Gruppe Schulze-Boysen/Harnack sei in erster Linie als Widerstandsorganisation zu würdigen, die Spionagearbeit sei zweitrangig gewesen; es habe einen »inneren Kreis« ausschließlich innenpolitisch arbeitender Widerständler gegeben und einen »äußeren Kreis« spionierender Antifaschisten[287].

Diese These hält genauerer Prüfung nicht stand. Einem inneren Kreis konnten nur die engsten Mitarbeiter Schulze-Boysens angehören, und gerade sie waren in die Spionagearbeit eingeschaltet. Gliedert man die Organisation Schulze-Boysens in ihre Bestandteile auf, nämlich in die eigentliche Gruppe Schulze-Boysen, die Gruppe Harnack, die Gruppe Guddorf, die Gruppe der Scharfenberg-Schüler und die Gruppe Rittmeister, dann erweisen sich die ersten vier Gruppen als Träger der Spionage, sieht man von einigen Ausnahmen ab. Die fünfte Gruppe, John Rittmeisters Widerstandsring, bildete dagegen einen äußeren Kreis — hier allein wäre ein solcher Begriff berechtigt: Die Rittmeister-Gruppe war nur locker mit Schulze-Boysens Organisation verbunden, sie kannte kaum die Spionagearbeit der anderen.

Aber auch das Schicksal der ersten vier Gruppen offenbart, wie künstlich Weisenborns Unterscheidungsmerkmale sind. Nicht immer ließ sich Informations- und Widerstandsarbeit trennen. Oft entschied der Zufall.

Weisenborn hatte es an sich selber erfahren. Sein demokratisch-westliches Weltbild hinderte ihn, für die Sowjetspionage zu arbeiten, dennoch prüfte auch er, der 1941 als Redakteur in die Nachrichtenabteilung des Großdeutschen Rundfunks eingetreten war, ob sich in die Nachrichtensendungen verschlüsselte Informationen für Moskau einbauen ließen. Er kam zu einem negativen Ergebnis. Ihm schien der für die Endfassung der Nachrichten zuständige Redakteur nicht vertrauenswürdig. Der Plan scheiterte — Günther Weisenborn blieb Widerstandskämpfer[288]. Am Fall Weisenborn ließ sich ablesen, daß es in die Macht Schulze-Boysens gestellt war, fast jedem Antifaschisten seines Kreises Spionageaufgaben zu übertragen. Zunächst hatte freilich auch er gehofft, die Arbeit für Moskaus Geheimdienst auf wenige Vertraute beschränken zu können. Die Spionagearbeit, das Sammeln und Wirken im verborgenen, lag ihm im Grunde nicht; er wollte nach außen wirken, wollte Befriedigung für seinen Ehrgeiz, der nicht ohne einen selbstzerstörerischen Zug war.

Zudem war ihm noch immer der aktive Widerstand gegen das NS-System wichtigste Aufgabe der antifaschistischen Arbeit. In kühnen Propagandaaktionen, an der Spitze nachts vorrückender Klebekolonnen, sah er seine eigentliche Berufung. Nur im offensiven Kampf gegen das Regime konnte er die Bedenken abtöten, die auch in ihm aufkeimten. Ohne Rücksicht auf die eigenen Freunde stürmte er gegen das System an, so daß mancher unter den Mitarbeitern sich zu fragen begann, ob er sich nicht einem gewissenlosen Abenteurer anvertraut habe.

Zweiflern wie seinem Freund Hugo Buschmann (»Mach doch nicht den Quatsch mit den jungen Leuten, die gefährdest du doch nur«)[289], der Schulze-Boysen von Propagandaaktionen abriet, hielt er entgegen: »Das müssen wir machen. Wenn die Russen nach Deutschland kommen, und sie werden kommen, und wenn sie in Deutschland eine Rolle spielen werden, dann muß nachgewiesen werden, daß es in Deutschland eine wesentliche Widerstandsgruppe gegeben hat. Sonst können die Russen mit uns machen, was sie wollen.«[290]

Er hatte nicht abgelassen, fest daran zu glauben, daß es seine historische Aufgabe sei, das Nazisystem mit revolutionären Mitteln zu stürzen. Von einem Attentat auf den Diktator hielt er nichts, nur eine soziale Revolution — so predigte er — werde in Deutschlands Staat und Gesellschaft den entscheidenden Wandel erzwingen[291]. Und er sah sich schon an den Schalthebeln dieser Revolution, er sah sich bereits als den Lenin des neuen Umsturzes.

Der in seiner Sehnsucht nach Gelöstheit und menschlicher Wärme unbefriedigte Mann glaubte sich in der Rolle des Auserwählten, dem auch das Unmöglichste gelingen werde. »Er wollte«, berichtet Gesprächspartner Hildebrandt, »ein Netz aus vielen Widerstandsgruppen über Deutschland legen [...] und dabei jede Zelle und jede Gruppe so [...] lenken, daß ihre Aufdeckung nicht zur Aufdeckung anderer oder der zentralen Führungsstellen führe. Durch ein System von fiktiven und wirklichen Verbindungsleuten sollten die Mitglieder der einzelnen Gruppen selbst getäuscht werden, wer ihr wahrer Auftraggeber sei«[292]. Schulze-Boysen meinte, durch revolutionäre Kampfmittel könne er Hitler-Deutschlands »schnellen, lawinenartigen Zusammenbruch« erzwingen, den er für 1943 voraussah[293]. Bis dahin aber sollten seine Propagandisten das politische Bewußtsein der gleichgeschalteten Deutschen verändern, ja sogar die Fremdarbeiter im Reich für die Revolution reif machen.

Im Mittelpunkt stand, was Werner Krauss die »Aufklärung der verschiedensten Berufskreise« nennt. Durch Flugblätter, Wandparolen und illegale Zeitschriften sollte die Bevölkerung »bei ihren vitalen Interessen angesprochen und durch eine konkrete Beweisführung gezwungen werden, ihren Blick auf die Zukunft zu richten und aus der Unhaltbarkeit der militärischen Lage ihre Konsequenzen zu ziehen«[294]. Die Führung dieser Propagandaoffensive übernahmen die routinierten KPD-Schreiber um Guddorf, gestützt auf die geheimen Materialien, die Schulze-Boysen und Harnack heranschafften.

In der Laube des KPD-Genossen Max Grabowski in Berlin-Rudow richteten Guddorf und Sieg eine Druckerei ein, in der Handzettel und Flugschriften hergestellt wurden. Ab Ende 1941 entstand dort auch die Halbmonatszeitschrift ›Die Innere Front‹, die Sieg redigierte[295]. Schulze-Boysen und Harnack beteiligten sich daran mit Unterlagen und eigenen Beiträgen; dennoch blieb die ›Innere Front‹ ein Organ der Kommunistischen Partei, das jeder Wendung der sowjetischen Propaganda folgte[296].

»Nicht Herr Churchill ist der Garant der Zweiten Front. Träger und Garant der Zweiten Front sind die arbeitenden Massen aller Länder, die entschlossen sind, Schluß zu machen mit dem kannibalischen Mordbrennerregime Hitlers«, schrieb die ›Innere Front‹ und wußte schon 1942: »Die geniale Strategie Stalins, der Heroismus der Roten Armee, der Widerstand der Werktätigen der Sowjetunion haben der Armee Hitlers das Rückgrat gebrochen«[297]. Es blieb das Geheimnis der KPD-Redakteure, wie man in der Ära der größten militärischen Erfolge Hitlers mit solchen hohlen Parolen die Deutschen zum Widerstand gegen das Regime bewegen wollte.

In einem Zimmer der Waitzstraße 2 saß, sorgfältig mit Handschuhen arbeitend, der Unteroffizier Heinz Strelow mit seiner Freundin Cato Bontjes van Beek und vervielfältigte Aufklärungsschriften[298]. Zu ihm stieß auch die Buchhändlerin Eva-Maria Buch, Guddorfs Geliebte, die Widerstandstexte ins Französische übersetzte[299].

Über den Inhalt der Schriften entschieden meistens Schulze-Boysen und Rittmeister bei ihren Zusammenkünften in der neuen Wohnung des Agentenchefs, die im Haus 19 der Altenburger Allee lag[300]. Rittmeister hatte die Idee, die Schriften unter dem Verfasserpseudonym Agis erscheinen zu lassen, nach dem Spartaner-König Agis IV., der im dritten Jahrhundert vor Christus versucht hatte, das Volk von der Schuldenlast zu befreien und das Land unter die Bürger aufzuteilen[301]. Schulze-Boysen steuerte oft zu den Agis-Schriften Geheiminformationen aus seiner Dienststelle bei, darunter »unbekannte Fakten wie die Produktionsstärke der Flugzeugindustrie in den USA und tiefschürfende Interpretationen der sowjetrussischen Strategie«[302].

Über Berlin ergoß sich daraufhin eine Welle antifaschistischer Literatur. Jeder Titel verriet, was die Deutschen begreifen sollten; der Krieg sei verloren, Hitler müsse rechtzeitig gestürzt werden, ehe das Reich zugrunde geht: Da gab es einen »Aufruf zum Widerstand aller Berufe und Organisationen gegen die Regierung«, da wurde ein »entlarvendes Gutachten der norddeutschen Industrie über die zum Kriege führenden Verhältnisse« vorgelegt, da philosophierte man über »Freiheit und Gewalt«, da erscholl ein Appell »an die Arbeiter der Stirn und der Faust, nicht gegen Rußland zu kämpfen«[303]. Auch Schulze-Boysen griff zur Feder und schrieb »Das Leben Napoleons«. Buschmann: »Er war sehr stolz darauf. Ich fand's Käse.«[304]

Doch Schulze-Boysen beschränkte sich nicht darauf, Widerstandsschriften zu verfassen und zu verteilen, ihn drängte es zur revolutionären Aktion. In den ausländischen Zwangsarbeitern des Dritten Reiches sah er einen Sturmtrupp der Revolution, mit den fremden Sklaven Hitlers — so dünkte ihm — müsse sich das Nazisystem stürzen lassen.

Er faßte einen phantastischen Plan: Die Fremdarbeiter wollte er zu Legionen zusammenfassen und gegen ihre deutschen Herren aufputschen[305]. Immer wieder führte ihn der Weg in das Berliner Ausländerlokal ›Bärenschenke‹ in der Friedrichstraße — dort sollte die Revolution Wahrheit werden[306]. Doch Schulze-Boysen wurde enttäuscht, die Arbeiter Westeuropas verstanden nicht seine Sprache: Krauss berichtet: »Die psychologischen Schwierigkeiten waren sehr groß, da besonders bei den französischen Arbeitern damals die Bereitschaft zur Akkommodation oder wenigstens zu einem politischen Nicht-Widerstand sehr verbreitet war.«[307]

Wieder suchte Schulze-Boysen nach einem Ansatz für die Revolution. Er fand keinen, ihm blieben schließlich nur Propagandaaktionen. Das dramatischste Unternehmen war zugleich das seltsamste, das jemals einem Spionagechef eingefallen ist.

Er wollte, so Krauss, »der Bevölkerung das Gefühl geben, daß wir noch lebten und daß die Kräfte im Innern bereitständen«[308]. Anlaß der Aktion war die NS-Propagandaschau »Das Sowjetparadies« im Berliner Lustgarten, gegen die Moskau einen spektakulären Schlag zu führen befahl. Eine kleine Widerstandsgruppe der KPD unter dem Funktionär Herbert Baum erhielt Order, in der Nacht vom 17. zum 18. Mai 1942 die »Hetzausstellung gegen die Sowjetunion«[309] durch Brand zu vernichten. Mit einer Sprengbombe und einigen Brandkörpern machten sich Baums Genossen auf den Weg[310].

Baum hielt Kontakt zu Schulze-Boysen, der von der Aktion erfuhr und sogleich zum Mitmachen bereit war. Schulze-Boysen ließ Handzettel drucken, die seine Getreuen über die Regimeparolen kleben sollten: »Ständige Ausstellung: Das Naziparadies / Krieg — Hunger — Lüge — Gestapo. Wie lange noch?«[311] In voller Uniform zog Schulze-Boysen in der verabredeten Nacht mit seinen Klebern los. Kaum einer von ihnen hielt die Aktion für opportun (Krauss: »Augenblick [...] denkbar schlecht gewählt«), doch der Agentenchef duldete keine Opposition[312]. In seinem Eifer trieb er die Freunde mit der Pistole voran; mancher mochte fürchten, sie könne gegen ihn losgehen.

Die Gestapo stichelte später in einem Bericht: »Bezeichnend für seine radikale Einstellung ist, daß er, als einige seiner Mitarbeiter ihre Tätigkeit einstellen wollten, sie mit entsicherter Dienstpistole bedrohte.«[313] Der Unmut der Freunde war nur allzu berechtigt. Wenige Tage nach dem Brand auf dem Ausstellungsgelände[314] wurde Baums gesamte Gruppe von der Gestapo ausgehoben, ihre Mitglieder verurteilte der

Volksgerichtshof zum Tode[315] — später traf auch die meisten spionagefernen Widerstandsfreunde Schulze-Boysens die Todesstrafe nur deshalb, weil sie an der Aktion des 18. Mai teilgenommen hatten.

Allmählich wurde manchem Antifaschisten der sektiererische Eifer Schulze-Boysens unheimlich. Schon einige Monate früher hatten Cato Bontjes van Beek und Strelow den Kontakt zu Schulze-Boysen abgebrochen, weil sie befürchteten, der Hasardeur werde sie noch alle in die Arme der Gestapo treiben[316]. Auch KPD-Mann Guddorf kappte seine Verbindungen zu Schulze-Boysen, weil er von dem konspirativen Dilettanten Gefahr witterte[317]. Ebenso stiegen in Rittmeister Zweifel auf, ob Schulze-Boysen der geeignete Führer einer Widerstandsgruppe sei[318]. Buschmann moniert: »Gerade sein Leichtsinn hat uns veranlaßt, äußerst vorsichtig zu sein. Wenn Schulze-Boysen daherredete, konnte man glauben, er wäre ein Spitzel der Gestapo — so unvorsichtig war er.«[319]

Je fragwürdiger aber Schulze-Boysens Führungskunst wurde, desto hartnäckiger widmete er sich der Spionage. Moskaus Wünsche zwangen ihn ohnehin, sich immer stärker auf den Ausbau des Nachrichtennetzes zu konzentrieren. Der Krieg stand schlecht für die Sowjets — um so erregter forderten sie den vollen Einsatz ihrer Freunde im feindlichen Lager.

Schulze-Boysen hatte inzwischen sein Informantennetz immer stärker ausgebaut. Im Anfang waren es vier Ehepaare gewesen, mit denen Schulze-Boysen seine nachrichtendienstliche Arbeit begonnen hatte. Die Kuckhoffs, die Coppis, die Harnacks und die Schulze-Boysens wußten genau, was Moskau von ihnen erwartete; bei ihren regelmäßigen Zusammenkünften auf dem Wannsee in Schulze-Boysens und Weisenborns gemeinsamer 25-Quadratmeter-Wanderjolle ›Duschinka‹ besprachen sie ihre Einzelpläne[320].

Jeder kannte seinen Platz, jeder sammelte Nachrichten aus seinem Arbeitsbereich. Greta Kuckhoff saß im Rassenpolitischen Amt der NSDAP und registrierte NS-Interna, der Schriftsteller Kuckhoff horchte in Künstlerkreisen herum, Harnack forschte das Reichswirtschaftsministerium aus, Ehefrau Mildred behielt als Sprachlehrbeauftragte der Auslandswissenschaftlichen Fakultät der Berliner Universität die akademische Welt im Auge, Libertas Schulze-Boysen bediente sich ihrer Verbindungen zum Reichspropagandaministerium (in der Promi-abhängigen Kulturfilmzentrale hatte sie Zugang zu Verschlußsachen des Ministeriums) und zur Filmwelt, Hilde und Hans Coppi funkten.

Die gehaltvollsten Nachrichtenkanäle hatte sich jedoch der Gruppenchef selber geschaffen. Seit Januar 1941 saß der Oberleutnant Schulze-Boysen in der Ersten Staffel des Luftwaffen-

Führungsstabes, untergebracht in einem Barackenviertel im Wildpark Werder bei Potsdam[321]. Das Lager umschloß das Geheimste der deutschen Luftwaffe: Wildpark Werder war Sitz des ›HQ Reichsmarschall‹ (HQ = Hauptquartier), Befehlsstelle des Chefs des Nachrichtenverbindungswesens der Luftwaffe und des Luftnachrichtenregiments Ob.d.L. (Oberbefehlshaber der Luftwaffe), Ausweichstelle des Reichsluftfahrtministeriums[322].

Schulze-Boysen hatte inzwischen die Pressegruppe des Majors Bartz verlassen und war in die Attachégruppe, zugleich aber auch — und das mußte für seine geheime Arbeit entscheidend sein — in den Ic-Dienst übernommen worden, also in jene Sektion der Generalstabsarbeit, die sich mit der Feindaufklärung befaßt. Beide Gruppen gehörten zur 5. Abteilung, die der Oberst Beppo Schmidt leitete[323]

In dieser Abteilung liefen die diplomatischen und militärischen Berichte zusammen, die von den Luftwaffenattachés der deutschen Botschaften und Gesandtschaften stammten[324]. Schulze-Boysen brauchte die Geheimberichte nur abzuschreiben oder zu photographieren — und schon wußte er, wie die Achsenmächte die militärische Lage beurteilten. Das Hinausschmuggeln der Berichte aber war nicht schwierig, denn gegenüber den eigenen Offizieren zeigten sich die Wachen von Wildpark Werder äußerst lax; am Ausgang war lediglich das Soldbuch vorzuzeigen, eine Taschenkontrolle fand niemals statt[325].

Schulze-Boysens dienstlicher Auftrag erweiterte ihm noch den Blick in die Geheimnisse der Hitler-Koalition. Ihm oblag auch die Verbindung zu den Luftattachés der mit dem Dritten Reich verbündeten Mächte und der neutralen Staaten. Er erfuhr manches über die Sorgen und Probleme der Achsen-Luftstreitkräfte, er registrierte vieles, was man sich unter den ausländischen Militärs erzählte.

Außerdem suchte er engsten Kontakt zu seinem Vorgesetzten, denn Beppo Schmidt hütete im Wildpark Werder nicht nur den in einen Bunker verlagerten Sarg Friedrichs des Großen, er wachte auch über einen für Spione interessanten Schatz: die Zielkarteien der Bomberwaffe[326]. Oberst Schmidt schätzte den Diensteifer des Oberleutnants; bald waren die beiden Offiziere so vertraut, daß Schulze-Boysen im Hauptquartier als die rechte Hand Schmidts erschien. Man fand nichts daran, denn trotz einer gewissen Nervosität galt Schulze-Boysen den Kameraden als »unerhört sympathisch, wendig und fröhlich«[327].

Derartige Verbindungen genügten jedoch Schulze-Boysen nicht. Er verkehrte mit einem zweiten Oberst, mit dem er etwas offenherziger umgehen konnte als mit dem Göring-Günstling Schmidt. Dem Obersten Erwin Gehrts, Gruppenleiter III in der Vorschriften- und Lehrmittelabteilung beim Chef des Ausbildungswesens, durfte er sich freilich nur als NS-Gegner zu erkennen geben, für die Spionage zugunsten des Kriegsgegners hätte der Bekenntnis-Christ Gehrts kein Verständnis gehabt[328].

Die beiden Hitler-Opponenten kannten sich seit Ende der zwanziger Jahre, in denen sie sich als Journalisten angefreundet hatten. 1932 waren sie in Berlin wieder zusammengekommen: Schulze-Boysen als Herausgeber des ›Gegner‹, der Weltkrieg-I-Flieger Gehrts als Redakteur der ›Täglichen Rundschau‹, die das linksdemokratische Experiment des Kanzler-Generals Kurt von Schleicher unterstützte[329]. Die Machtergreifung des Nationalsozialismus hatte den Konservativen Gehrts dann ebenso wie Schulze-Boysen in den militärischen Dienst getrieben. Er stieg im Reichsluftfahrtministerium in die höhere Führungsgarnitur auf, aber der melancholische, wegen seiner unberechenbaren Wutausbrüche gefürchtete Mann, trotz seiner christlichen Überzeugungen sternengläubig, wurde seines Lebens nicht mehr froh[330].

Schulze-Boysen wußte sich in das Vertrauen des höheren Kameraden durch manche Gefälligkeit einzuschmeicheln, und fast in jedem Fall hieß die Gefälligkeit Anna Kraus. Sie unterhielt im Berliner Stadtteil Stahnsdorf eine einträgliche Praxis als Wahrsagerin. Für den Obersten, der oft Nostradamus zu Rate zog, war die Wahrsagerin eine geeignete Gesprächspartnerin[331].

Als Gehrts dem jüngeren Mann seine Sorgen anvertraute, verwies ihn Schulze-Boysen an die Lebenshelferin Kraus. Sie linderte seine ehelichen Qualen, sie beriet ihn bei seinen erotischen Problemen im Büro, sie wirkte auch bei dienstlichen Entscheidungen des Obersten mit[332]. Ob es um Beförderungsfragen ging oder um neue Vorschriften der Luftwaffe oder um disziplinäre Schwierigkeiten — stets führte Gehrts ein paar Geheimakten bei sich, um sie vor Anna Kraus im Dämmerlicht der Orakelstube auszubreiten.

Der Oberst wußte nicht, daß die Wahrsagerin zu Schulze-Boysens Informantenring gehörte. Witwe Kraus brachte jede von Gehrts stammende Nachricht zu ihrer alten Freundin Toni Graudenz[333]. Deren Ehemann wiederum, der Danziger Johannes (›John‹) Graudenz, gehörte zu den wichtigsten Figuren im Ausforschungssystem Schulze-Boysens. In dem Kreis der Idealisten und Fanatiker nahm sich der lebenslustige Vertreter Graudenz etwas fremdartig aus; viele hielten ihn für einen Opportunisten, der nur darauf bedacht sei, sich in eine sichere Zukunft zu retten[334].

Sein bunter Lebenslauf offenbarte zumindest Unternehmungslust: Kellner in Westeuropa, Fremdenführer in Berlin, ›United-Press‹-Mitarbeiter in Moskau, Korrespondent der ›New York Times‹, Inhaber eines Photogeschäfts, schließlich Industriekaufmann[335]. Er vertrat jetzt die Wuppertaler Firma Blumhard, die Fahrgestelle für Flugzeuge baute; daher hatte er oft im Reichsluftfahrtministerium zu tun[336]. Dort lernte er auch Schulze-Boysen kennen. Er teilte dessen Abneigung gegen den Nationalsozialismus, zumal Anna Kraus beizeiten warnte, sich auf den sowjetischen Einmarsch in Berlin vorzubereiten.

Die Kartenlegerin übte durch manche Proben ihrer hellseherischen Kunst großen Einfluß auf die Spionageorganisation aus. Schon 1940 hatte sie den Krieg mit Rußland und die sowjetische Besatzung Deutschlands prophezeit — nur in einem fatalen Augenblick sollte ihr Seherblick versagen: im Sommer 1942, als sie Schulze-Boysen auf einer Dienstfahrt erblickte, während er längst in einer Gestapozelle saß[337]. Frau Graudenz glaubt noch heute: »Meiner Überzeugung nach hatte diese Frau tatsächlich eine hellseherische Begabung.«[338]

Von Frau Kraus auf die Zukunft vorbereitet, hatte sich Graudenz in die Schar der Kundschafter Schulze-Boysens eingereiht. Ihm gelang es leicht, enge Verbindungen zu Ingenieuren der RLM-Abteilung ›Generalluftzeugmeister‹ zu knüpfen. Bald stand er in dem Ruf, eine besondere Vertrauensstellung im Ministerium zu genießen[339]. Er verkehrte mit hohen Offizieren, die ihm wiederholt Geheimbücher mit Produktionsstatistiken ausliehen. Zu seinen — unfreiwilligen — Informanten zählte mancher, dem jede Opposition gegen das NS-Regime fernlag, so der Regierungsbauinspektor Hans Henniger, Referent für Planungsaufgaben[340], so der Oberstingenieur Martin Becker, der die Konstruktionsabteilung leitete[341]. Sorgfältig trug Graudenz das Gelesene und Gehörte in ein Notizbuch ein, wobei der Feinschmecker zur Verschlüsselung der Informationen Wurstsorten verwandte. »2500 Gramm Jagdwurst« hieß im Klartext: 2500 Jagdflugzeuge[342].

Schulze-Boysen bahnte sich auch eine Verbindung zu den Kommandostellen anderer Wehrmachtteile. Er wollte den Sonderführer Werner Krauss, der in Berlin auf der Auslands-Briefprüfstelle der Abwehr saß, in das Oberkommando des Heeres (OKH) einschleusen und die Besatzungspolitik des Heeres in Rußland beobachten lassen[343]. Ihm ging es darum, alle Versuche gemäßigter Heeresoffiziere — wie etwa des Obersten Graf Stauffenberg — zu konterkarieren, die dem besetzten Rußland eine politische Autonomie einräumen und die russische Bevölkerung als Bundesgenossen gegen Stalin gewinnen wollten.

Auch hier zeigte sich, wie wenig die Organisation Schulze-

Boysens mit den Plänen der 20.-Juli-Bewegung harmonierte. Für die nationale Motivation der Männer, die das Attentat gegen Hitler inszenierten, hatte Schulze-Boysen ohnehin kein Gehör. Während er im deutschen Besatzungsgebiet die Sowjetherrschaft wiederherstellen wollte, planten die Offiziere um den späteren Attentäter Stauffenberg eine Ordnung, die sich von Hitlers Untermenschenpolitik ebenso abheben sollte wie von Stalins Unterdrückungsmethoden. Schulze-Boysen aber gab vor, vom Terror des Stalinismus nichts zu wissen – deshalb war ihm nichts selbstverständlicher, als die stalinistische Herrschaft im Osten wiederherzustellen.

Doch der Dolmetscher Krauss war zu vorsichtig, um auf Schulze-Boysens OKH-Pläne einzugehen. Er begnügte sich, wie er formulierte, mit »der dankbaren Aufgabe einer Zersetzung der Truppe« und schlug für den OKH-Posten seinen Freund Martin Hellweg vor, der bereits im Osten praktizierte, was Schulze-Boysen vorschwebte[344]. »Hellweg war als Funker eingesetzt«, rühmt Krauss, »und hatte sowohl bei diesem Einsatz wie durch seinen ständigen Umgang mit dem sowjetfreundlich gebliebenen Teil der Bevölkerung (die er z. T. in der deutschen Militärverwaltung unterbrachte) in unserem Sinne gewirkt.«[345]

Ins OKH rückte auch der Funker und Dolmetscher Horst Heilmann ein, auf den Schulze-Boysen große Hoffnungen setzte. Der Agentenchef hatte den früher vom Nationalsozialismus begeisterten Studenten im Auslandswissenschaftlichen Institut der Berliner Universität kennengelernt, in das Schulze-Boysen als Seminarleiter eingetreten war[346].

Schon mit 17 Jahren hatte Heilmann sein Abitur gemacht. Er war zur Luftnachrichtentruppe eingezogen worden und galt dort als genialer Kopf[347]. Bei der Nachrichten-Dolmetscher-Abteilung in Meißen bestand der begabte Mathematiker eine Kombinationsaufgaben-Prüfung mit Auszeichnung und kam zu der Dechiffrierabteilung Ost im WNV/Fu III, in der später die Funksprüche der sowjetischen Spione entschlüsselt wurden[348]. Der gehemmte Kleinbürgersohn schloß sich dem weltgewandten Schulze-Boysen an, zumal er sich vom Nationalsozialismus gelöst und im Marxismus eine zukunftsträchtige Denk- und Lebensart entdeckt hatte.

Heilmann wurde der engste wissenschaftliche Berater Schulze-Boysens, sein Mentor und Gehilfe. Er schrieb für den Gruppenchef grundsätzliche Erklärungen und erarbeitete der Gruppe, was man das Leitbild eines auf das Rätesystem gegründeten Deutschlands nennen könnte[349]. Zudem fesselte den klugen, aber glücklosen Mann die irrlichternde Fraulichkeit der Libertas Schulze-Boysen, mit der ihn eine enge Freundschaft verband.

Nebenbei flocht er mit an dem geheimen Nachrichtennetz Schulze-Boysens. Im OKH gewann er der Agentenorganisation neue Mitarbeiter, die allerdings nicht wußten, wem sie gefällig waren. Auch Heilmanns Kamerad Alfred Traxl, ehemaliger Unterleutnant der tschechoslowakischen Armee, war ahnungslos; der Wachtmeister in der 4. Nachrichten-Abteilung des OKH, Leiter der Dechiffrierabteilung West, plauderte aus purer Erzähllust über die erfolgreiche Entschlüsselung sowjetischer Funksprüche[350].

Ebenso arglos arbeitete Schulze-Boysens bester Informant mit, der Abwehr-Oberleutnant Herbert Gollnow, der ein Liebesverhältnis mit der Harnack-Gattin Mildred unterhielt[351]. Der lebensunerfahrene Offizier, Sachbearbeiter in der für Sabotageaufträge zuständigen Abwehr-Abteilung II, merkte nicht, daß er bei seinen intimen Zusammenkünften mit der Frau des Oberregierungsrates systematisch ausgehorcht wurde.

Freilich, die feinnervige und hochbegabte Amerikanerin Mildred Harnack war weit entfernt von der sexuellen Unrast, die unter manchen führenden Mitgliedern der Gruppe Schulze-Boysen/Harnack die seltsamsten Querverbindungen entstehen ließ. Es war ein offenes Geheimnis: Schulze-Boysen unterhielt Liaisons mit Oda Schottmüller und zwei RLM-Sekretärinnen[352], Ehefrau Libertas war mit Kurt Schumacher verbunden[353], Hans Coppi wiederum mit der Gräfin Erika von Brockdorff, einer ehemaligen Amüsierdame, Tochter eines Kolberger Postboten, die über die Bekanntschaft mit Elisabeth Schumacher (beide waren in der Reichsstelle für Arbeitsschutz beschäftigt) zur Gruppe Schulze-Boysen gekommen war und ihr Bett jedem interessierten Rote-Kapelle-Mitglied offenhielt[354].

In der Erwähnung solcher Verbindungen wollten sensible Antifaschisten später eine Diffamierung der Toten sehen; in der Tat verbreiteten ehemalige NS-Funktionäre nach dem Krieg genußvoll Geschichten von Sexorgien, die in der Wohnung Schulze-Boysens stattgefunden haben sollten. Das meiste solcher Erzählungen gehört in das Reich der Phantasie. »Ich bin einmal dabeigewesen«, erinnert sich Buschmann. »Wenn das eine Orgie war, dann ist es auch eine Orgie, wenn die jungen Leute heute im Beatschuppen Coca-Cola trinken. Natürlich waren die Leute damals lustig, sie lebten schließlich gefährlich und brauchten wahrscheinlich einen Ausgleich. Aber Orgien waren das bestimmt nicht.«[355]

Gleichwohl ist den Verteidigern und Empfindlichen offenbar entgangen, daß sie einem bürgerlichen Puritanismus huldigen, der den ehemaligen Akteuren völlig fremd war. Man bekannte sich zu seinen Liebschaften, schon 1932 hatte Schulze-Boysen gegen »die bürgerlichen Ehegefängnisse« polemisiert:

»Wir wollen keinen Verzicht auf Leben, Wachstum und Lust.«[356] Schulze-Boysens Onkel Dr. Jan Tönnies bestätigt, »daß mit gegenseitigem Wissen und Einverständnis des Ehepaares Schulze-Boysen von beiden Seiten Beziehungen zu anderen Partnern vorhanden« waren und »daß die Ehebrüche nicht die Merkmale von Vertrauensbrüchen« hatten[357].

Solche Lebensgier aber lag der zurückhaltenden Wissenschaftlerin Mildred Harnack fern, deren »edle Erscheinung« jeder rühmte, der sie kannte[358]. Deshalb blieb ein Rätsel, was sie zu Gollnow getrieben hatte. War es Liebe zu dem seltsam unbeholfenen, aber stürmischen Offizier, der nichts von den Enttäuschungen eines Lebens an der Seite eines Doktrinärs wußte, oder war es einfach ein Auftrag des Ehemannes — Frau Harnacks einzige überlieferte Erklärung deutet die zweite Möglichkeit an. »Weil ich meinem Mann Gehorsam leisten mußte«, gab sie als Motiv ihres Handelns bei der Gestapo zu Protokoll[359].

Arvid Harnack nahm tatsächlich an Gollnow starkes Interesse, der durch eine Zeitungsannonce in das Haus Harnacks gekommen war. Der ehrgeizige Offizier, aus einer Berliner Familie stammend, im Zivilberuf Konsulatssekretär im Auswärtigen Amt, wollte in den diplomatischen Dienst[360]. Er hatte sich durch Selbststudium vorwärtsgebracht und nach einem Privatlehrer zur Erlernung fremder Sprachen Ausschau gehalten[361]. Der Privatlehrer hieß Mildred Harnack; sie nahm den jungen Mann in ihre Schule.

Ehemann Harnack förderte die Zusammenkünfte, weil Gollnow einen wichtigen Posten im Apparat des Admirals Canaris bekleidete: Er war Referent für Luftlandetruppen und Fallschirmspringer in der Sabotageabteilung der Abwehr; er kannte die Nacht-und-Nebel-Einsätze, die deutsche Agenten hinter der sowjetischen Front unternahmen[362]. Harnack zog Gollnow ins Gespräch und verlockte ihn durch skeptische Reden über die Kriegslage dazu, Dienstgeheimnisse preiszugeben. Je pessimistischer die Einwände des Oberregierungsrats klangen, desto eifriger belegte ihm der Oberleutnant mit Zahlen, Namen und Einsatzdetails, wie gut es um Führer und Front bestellt sei. Nichts schien dem gläubigen Hitler-Jünger frivoler als Zweifel am Endsieg[363].

Und während Mildred Harnack in ungestörter Zweisamkeit den Schüler zu weiteren Mitteilungen ermunterte, meldete sich bereits ein neuer Besucher an, der ebenfalls Nachrichtendienst-Offizier war. Leutnant Dr. Wolfgang Havemann, im Zivilberuf Gerichtsassessor, zu einem Kursus nach Berlin abkommandiert, gehörte zur Verwandtschaft: Er war ein Neffe des Oberregierungsrats, seine Mutter war Harnacks Schwester[364].

Auch dieser Offizier saß in einer für die Sowjetspione interessanten Dienststelle. Havemann arbeitete beim Chef der Abteilung III des Marinenachrichtendienstes in der Seekriegsleitung und kannte zweifellos manche geheimen Vorgänge im Oberkommando der Kriegsmarine[365]. Hätte sich Harnacks Neffe für die Sache seines Onkels gewinnen lassen, wäre die Rote Kapelle auch ins OKM eingesickert.

Er hatte sich bereits ein paarmal so verplappert und geheime Details ausgeplaudert, daß die Moskauer Spionageführung ihm intern den Decknamen ›Italiener‹ reservierte und den Chefagenten Kent anwies, Havemanns Eignung für die Spionagearbeit zu prüfen[366]. Doch Havemann entzog sich den Überredungskünsten von Onkel und Tante, sobald er gemerkt hatte, was im Haus des Oberregierungsrats gespielt wurde. Mochte Harnack noch so erregt argumentieren, der Neffe blieb bei seiner Meinung, was der Onkel vorhabe, sei Verrat am Vaterland[367]. Er warnte Harnack immer wieder, aber anzeigen wollte er den Onkel nicht.

Auch ohne Havemanns Hilfe verfügten Harnack und Schulze-Boysen jetzt über ein Nachrichtensystem, das ihnen wichtige Geheimnisse der deutschen Kriegsführung bloßlegte. Nacht für Nacht, wann immer die Sender der Agentengruppe in Berlin arbeiteten, erfuhr der sowjetische Generalstab, was der Gegner dachte und plante, was ihm mißlang und was er fürchtete.

Schulze-Boysens Nachrichtendienst meldete nach Moskau, daß deutsche Soldaten bei einer Durchsuchung des sowjetischen Konsulats in der finnischen Stadt Petsamo einen Chiffrierschlüssel erbeutet hatten[368]. Er erfuhr, daß die Abwehr durch die Eroberung britischer Funkschlüssel alliierte Geleitzüge zwischen Island und den nordrussischen Häfen schon vor ihrem Auslaufen kannte[369]. Er wußte, an welchen Punkten deutsche U-Boote vor Murmansk lauerten, um die Geleitzüge abzufangen[370].

Er konnte manchen Befehl, manchen Konstruktionsplan der Deutschen mitlesen: Orders für den Einsatz russisch-antikommunistischer Freiwilligenverbände an der Ostfront, Zeichnungen neuer Luftwaffengeräte, Produktionstabellen der Rüstung[371]. Schulze-Boysen funkte nach Moskau: »Neues Messerschmitt-Kampfflugzeug hat zwei Geschütze und zwei MG seitlich in den Flügeln montiert. Entwickelt Geschwindigkeit bis zu 600 Kilometer in der Stunde.«[372]

Schulze-Boysens Kundschafter wußten von einer sogenannten ikonoskopischen Bombe zu berichten[373], ihnen waren neue Ortungsgeräte der Luftwaffe bekannt[374], und sie informierten über Wasserstoffsuperoxyd-Antriebe für Abwehrwaffen[375]. Sie erforschten ferngesteuerte Torpedos, kannten die Abwehrwaffe ›Luftengel-Bodenengel‹ und zauberten Hand-

zeichnungen aus den Safes der supergeheimen Auerfabrik in Oranienburg heraus[376]. Und sie funkten auch strategische Informationen nach Moskau.

Am 9. Dezember 1941 meldeten Schulze-Boysens Agenten: »Neuer Angriff auf Moskau ist nicht Folge einer strategischen Entscheidung, sondern entspricht der in deutscher Armee herrschenden Mißstimmung darüber, daß seit 22. Juni immer wieder neugesteckte Ziele nicht erreicht werden. Infolge Sowjetwiderstandes muß Plan I Ural, Plan II Archangelsk-Astrachan, Plan III Kaukasus aufgegeben werden.«[377] Drei Tage später funkten sie: »Überwinterung deutscher Armee Anfang November für Linie Rostow zwischen Smolensk und Wjasma—Leningrad vorgesehen. Deutsche werfen gegen Moskau und Krim alles in den Kampf, was sie an Material überhaupt haben.«[378]

Die Offensivpläne der deutschen Heeresgruppe B im Raum Woronesch für den Frühsommer 1942 waren den Spionen teilweise bekannt[379], auch die Zielvorstellungen der deutschen Kaukasus-Offensive gaben sie nach Moskau weiter[380]. Schulze-Boysens Funkgerät tickte: »Quelle: Choro. Plan III mit Ziel Kaukasus tritt im Frühjahr 1942 in Kraft. Aufmarsch soll bis 1. Mai beendet sein. Aller Nachschub geht am 1. Februar mit Hinblick auf dieses Ziel. Aufmarschraum für Kaukasus-Offensive: Losowaja—Balakleja—Tschungujew—Belgorod—Achtyrka-Krasnograd.«[381]

Begierig griffen Schulze-Boysens Agenten jede Information auf, die den Russen enthüllen mußte, was der deutsche Generalstab dachte. »OKW hält alle Informationen über besondere russische Winterarmee für falsch. OKW überzeugt, daß Russen alles für jetzige Offensive einsetzen und keine Reserven mehr haben«, hieß es in einer Meldung[382] vom 22. September 1941, und einen Monat später wußten die Spione: »Führende Generale im OKW rechnen jetzt mit noch 30 Monaten Kriegsdauer, wonach Kompromißfriede möglich.«[383]

Am 12. August 1942 bot sich ihnen wieder ein anderes Bild: »Ernste Meinungsverschiedenheiten im OKW betreffs Operationen im Südteil der Ostfront. Vorherrschende Meinung, daß Angriff in Richtung Stalingrad zwecklos und Erfolg Kaukasus-Operation in Frage gestellt. Hitler verlangt Stalingrad-Offensive und wird hierbei von Göring unterstützt.«[384]

Schier pausenlos forderte Moskau neue Details über die deutsche Kriegsführung an, schier pausenlos versuchte Schulze-Boysen, die Fragen des Direktors zu beantworten. »Division Hermann Göring ist keine Panzerdivision, sondern nur motorisierte Division. Ihr Standort ist Ansbach in Württemberg« lautete eine Meldung[385], und eine andere: »1.) Bestand deutscher Luftwaffe jetzt 22 000 Maschinen erster und zweiter

Linie, dazu 6000 bis 6500 Junkers-52-Transportflugzeuge. 2.) Gegenwärtig werden in Deutschland täglich 10—12 Stuka gebaut. 3.) Kampfverbände der Luftwaffe, die bisher in Kreta stationiert waren, wurden nach Ostfront gesandt. Ein Teil davon zur Krim, Rest auf übrige Front verteilt. 4.) Zahl der deutschen Flugzeugverluste an der Ostfront betrug ab 22. Juni bis Ende September täglich im Durchschnitt 45.«[386]

Immer wieder offenbaren die Meldungen aus Berlin die Absichten und Pläne der deutschen Führung: den Angriff auf Maikop[387], die Serienproduktion deutscher Flugzeuge in den besetzten Gebieten[388], die Treibstofflage in Deutschland[389], die Konzentration chemischer Kampfstoffe im Reich[390]. Und wieder kamen Anfragen aus Moskau, wie dies vom 25. August 1942: »Stellen Sie fest und melden Sie sofort: ob existieren und wo disloziert Infanteriedivision 73, 337, 709 und SS-Division ›Reich‹. Es sind Anzeichen da, daß Divisionen 337 und 709 vom Westen nach Osten transportiert wurden und die 73. Division und Div. ›Reich‹ vom Osten nach Westen. Wo sind sie zur Zeit?«[391]

Besonders über die deutschen Kommandounternehmen hinter den sowjetischen Linien zeigten sich die roten Späher gut informiert. Sie hörten mit, was bei ›Walli II‹ geplant und befohlen wurde, bei dem Stab der Frontaufklärungsstelle II der Abwehr, dessen fliegende Einsatztrupps Brücken und Eisenbahnlinien im sowjetischen Hinterland sprengten, Rotarmisten angriffen und strategische Punkte besetzten[392]. Die Sowjets kannten 12 Sabotageunternehmen der Abwehr im voraus, zehn deutsche Kommandotrupps liefen in das Maschinengewehrfeuer russischer Hinterhalte[393].

In manche Operation des deutschen Geheimdienstes bekam die Raswedupr Einblick. Der Moskauer Direktor kannte den Einsatzplan, der vorsah, das Ölzentrum Baku durch deutsche Fallschirmeinheiten zu besetzen[394]. Er erfuhr von der Vorbereitung deutscher Sabotageaktionen gegen Amerikas Transozean-Flugzeuge[395]. Er wußte, daß die Abwehr von Norwegen aus Agenten in England einschleusen würde[396].

Den Führern der geschlagenen Sowjetarmeen mußten die Funksprüche der Roten Kapelle wie Signale der Rettung klingen. Der Generalstab in Moskau konnte freilich nicht beurteilen, ob die Meldungen aus Berlin Ergebnisse einer systematischen, alle Aspekte der deutschen Führung erfassenden Aufklärung oder nur Zufallsprodukte einer fleißigen, aber unsystematischen und laienhaften Spionage waren; dennoch verlangten die sowjetischen Generale mehr und mehr Informationen.

Jede Meldung gab ihnen neue Hoffnung, jede Botschaft aus dem Äther offenbarte Schwächen der deutschen Kriegsmaschinerie, ließ die Russen trotz aller Niederlagen und Demütigungen hoffen, eines Tages würden sie die Oberhand gewinnen und den Eindringling zurücktreiben.

Doch die Agentengruppe in Berlin litt an einer Schwäche: Immer wieder versagte ihr Kommunikationssystem. Der Kurzwellen-Dilettant Coppi, von dem Altkommunisten Husemann notdürftig eingewiesen, versuchte zu funken, wie er es verstand. Und er verstand nur wenig. Dabei war Coppi der einzige Funker, der Schulze-Boysens Organisation überhaupt zur Verfügung stand. Die Sowjets hatten drei einsatzfähige Sender (je einen an Harnack, Kuckhoff und Coppi) verteilt, aber Funker für diese Geräte gab es nicht. Hans Coppi sollte sie alle bedienen[397].

Da aber »passierte es«, wie Coppis Sohn erzählt: »Mein Vater steckte den Stecker des Funkgerätes in eine Steckdose mit Wechselstrom! Aber das Gerät durfte nur mit Gleichstrom gespeist werden. Ergebnis: Sicherungen und andere Teile des Gerätes waren zerstört. Alle diese Teile mußten neu besorgt werden. Damit waren viele Schwierigkeiten verbunden.«[398] Ein 17jähriger Technik-Amateur, Helmut Marquardt, reparierte den Sender[399].

Eine neue Schwierigkeit tauchte auf: Coppi mißdeutete Moskaus Funkverkehrsplan. Der Funker begriff nicht, wann er senden und wann er empfangen sollte; er brachte ständig die von der Raswedupr festgelegten Verkehrszeiten und Frequenzen durcheinander. Folge: Der Berliner Agentensender war nicht auf Empfang gestellt, wenn Moskau seine Orders durchgab, und Berlin funkte, wenn die Zentrale Moskau nicht hinhörte[400].

Je drängender aber die Sowjets immer zahlreichere Informationen von ihren Berliner Aufklärern anforderten, desto fahriger wurde Coppi. Er mußte von Sender zu Sender jagen, denn drei Sender — in den auseinandergelegenen Wohnungen Kuckhoffs, Harnacks und Schumachers untergebracht — sollten zum Schutz vor den Peiltrupps der deutschen Funkabwehr in unregelmäßigem Wechsel arbeiten[401]. Wieder ging ein Sendegerät zu Bruch, wieder brachte Coppi die Zentrale in Verwirrung. Der Spionage-Direktor wurde ärgerlich — und ließ alle Vorsicht fahren.

Moskau hatte schon bis dahin nahezu jede Konspirationsregel verletzt. Es bediente sich eines Agentenchefs, der seit 1933 bei der Gestapo als Regimegegner bekannt war und nachts in Uniform mit antifaschistischen Klebekolonnen durch die Straßen zog. Es verließ sich auf Laien, denen jedwede geheimdienstliche Schulung fehlte. Es hatte versäumt, den Agenten einen ausgebildeten Funker beizugeben. Und es ließ seine V-Männer in Berlin im bunten Reigen durcheinanderwirbeln, so daß bald jeder jeden kannte — ein Hohn auf die vielgepriesene Konspirationsvorschrift, allenfalls drei Mitglieder einer Agentengruppe dürften einander kennen. Jetzt verzichtete Moskau vollends auf jede Diskretion. Am 10. Oktober 1941 wies die Zentrale den Brüsseler Chefagenten Kent an, zu den genau angegebenen Adressen der Berliner Spitzenagenten zu gehen und zu erkunden, »weshalb Funkverbindung ständig versagt«. Ein Zusatz folgte: »Erinnern Sie hier an ›Eulenspiegel‹« — ein Theaterstück, das Adam Kuckhoff geschrieben hatte[402]. Selbst dem Amateurspion Kuckhoff dämmerte, daß Moskaus Funkspruch — würde er von der Gestapo entschlüsselt — einem Todesurteil gleichkam. Erregt erzählte er seiner Frau: »Es ist etwas ganz Dummes passiert. Man hat einen Funkspruch herübergeschickt, aus dem man mich deutlich erkennen kann.«[403]

Chefagent Kent, umgehend nach Berlin geeilt, beruhigte die Kollegen und stellte die Funkordnung wieder her. Wenige Tage später brach die Verbindung zwischen Berlin und Moskau erneut ab — die Peiler der Funkabwehr, ganz dicht an die Sender herangekommen, zwangen Schulze-Boysen zu sofortiger Funkstille.

Moskau gruppierte daraufhin den Berliner Agentenring um. Das Informationsmaterial wurde auf dem Kurierweg nach Brüssel geleitet und von dort an die Zentrale gefunkt; zugleich bezog Coppi mit seinen Sendern neue Quartiere. Ein Gerät baute er im Schlafzimmer seiner Freundin Erika von Brockdorff auf, ein zweites in der Atelierwohnung von Schulze-Boysens Freundin Oda Schottmüller[404].

Außerdem schloß die Zentrale eine außerhalb der Roten Kapelle arbeitende Gruppe an, die den professionellen Maßstäben des sowjetischen Geheimdienstes eher entsprach. Führerin dieser Gruppe war die Journalistin Ilse Stöbe (Deckname: ›Alta‹), die als Sekretärin im Referat III der Informationsabteilung des Auswärtigen Amtes arbeitete[405]. Sie hatte durch ihren Lebensgefährten, den späteren SED-Funktionär Rudolf Herrnstadt, den Weg in den sowjetischen Geheimdienst gefunden.

Die beiden Journalisten kannten sich vom ›Berliner Tageblatt‹ her, in dessen Redaktion der KPD-Mann Herrnstadt sich auf die Tätigkeit eines Osteuropa-Korrespondenten vorbereitet und Ilse Stöbe als Privatsekretärin für den Chefredakteur Theodor Wolff gearbeitet hatte[406]. 1936 war Herrnstadt als Korrespondent der deutschsprachigen ›Prager Presse‹ mit Freundin Ilse erneut zusammengetroffen, die in den Polen-Metropole Schweizer Zeitungen vertrat und als Kulturreferentin der NS-Ortsgruppe Deutsche betreute. Herrnstadt gab seine wahre Funktion zu erkennen: Er arbeitete für die Deutschlandabteilung des sowjetischen Spionageapparates[407].

Die leidenschaftlichen NS-Gegner fanden einen dritten Partner, der zugleich Opfer und Bundesgenosse war: den Lebemann Rudolf von Scheliha, Gesandtschaftsrat an der Deutschen Botschaft in Warschau. Herrnstadt verwickelte den schlesischen Edelmann in fragwürdige Devisengeschäfte, durch die Scheliha immer tiefer in das russische Spionagenetz verstrickt wurde[408]. Seit spätestens 1937 stand ›Arier‹ (so Schelihas Deckname) im festen Sold der Sowjets und lieferte alle ihm bekannten AA-Vorgänge nach Moskau[409]. Er ließ sich seine Dienste gut honorieren: Die Sowjets zahlten insgesamt 50 000 Reichsmark, überwiesen auf ein Scheliha-Konto des Bankhauses Julius Bär & Co. in Zürich[410].

Als Scheliha bei Kriegsbeginn nach Berlin ins Auswärtige Amt zurückberufen wurde, blieb Ilse Stöbe in seiner Nähe und hielt den Kontakt zwischen ihm und der Zentrale aufrecht. Jede Anfrage des Raswedupr-Hauptmanns Petrow, ihres Führungsoffiziers in Moskau, überbrachte ›Alta‹ an Scheliha[411]. Und Scheliha gab, wenn auch von Monat zu Monat zurückhaltender, Auskunft: über diplomatische Geheimverhandlungen des Dritten Reiches, außenpolitische Pläne der Reichsregierung, Interna über die Führer der Achsenmächte[412].

Zur Gruppe ›Arier‹ gehörte auch der kommunistische Spionage-Profi Kurt Schulze, Fahrer bei der Reichspost und auf Sowjetschulen ausgebildeter Funker[413]. Ihn dirigierte Moskau nun in die Reihen der Roten Kapelle mit dem Auftrag, Coppi endlich das Funken beizubringen. Coppis erster verzweifelter Lehrmeister, KPD-Funktionär Husemann, stellte den Kontakt zwischen den beiden Genossen her[414], im November 1941 begann Schulze mit seinem Kursus[415].

Von nun an floß der Funkverkehr zwischen Berlin und Moskau wieder flotter. Die sowjetische Führung konnte zufrieden sein. Da brach plötzlich der Kontakt abermals ab. Schulzes Funkgerät, das er schon vor 1939 übernommen hatte, fiel aus und konnte nicht mehr repariert werden; Hauptmann Petrow verlor jede Verbindung zur Arier-Gruppe[416]. Auch Coppi mußte seine Funksprüche kürzen, denn die deutsche Funkabwehr hatte die Jagd auf die Berliner Sender wieder aufgenommen.

In dieser Bedrängnis griff Moskau zu einem letzten, verzweifelten Mittel, besonders riskant gegenüber einem Lande, das die polizeistaatliche Überwachung zu einem schier undurchdringlichen System perfektioniert hatte. Der sowjetische Geheimdienst beschloß, Fallschirmagenten nach Deutschland einzuschleusen, die neue Funkgeräte mitbringen und die Führung der Berliner Agentengruppe antreiben sollten[417].

Gleich nach Beginn des deutsch-sowjetischen Krieges hatten Offiziere der Raswedupr in zwei Ausbildungslagern bei Ufa und Puschkino deutsche Exil-Kommunisten zusammengezogen, die sich zum Agenteneinsatz in Deutschland gemeldet hatten[418]. Da die Grenzen des Dritten Reiches hermetisch abgeriegelt und für Agenten völlig undurchlässig waren, hatte die Raswedupr nur einen Infiltrationsweg gewußt: durch die Luft. Nachts sollten die Agenten aus sowjetischen Flugzeugen über Deutschland abspringen.

Folgerichtig wurden die KPD-Freiwilligen in den beiden Lagern zu Fallschirm- und Funkagenten ausgebildet. Die politischen Lehrfächer übernahmen KPD-Führer wie Ulbricht, Pieck und Weinert, während Geheimdienstoffiziere die deutschen Amateuragenten im Nachrichtensammeln, Chiffrieren und Funken schulten[419]. Ein einwöchiger Kursus bei einer sowjetischen Fallschirmjägereinheit schloß sich an. Den Abschluß bildete ein ideologischer Lehrgang in einem Sonderlager bei Moskau[420].

Dann wurden die Agenten mit falschen Identitäten versehen. Meistens bediente man sich dabei der Soldbücher deutscher Kriegsgefangener oder gefallener Soldaten; frisch nachgedruckte (meist ungenau ausgefallene) Lebensmittel- und Kleiderkarten sollten dem abgesetzten Fallschirmagenten die nötige Sicherheit vor mißtrauischen Deutschen geben[421]. »Die Agenten werden oft«, meldete später das SS-Führungshauptamt, »mit den Papieren gefallener deutscher Offiziere und mit entsprechenden Uniformen ausgestattet in der Annahme, daß sie sich so unbehindert im deutschen Hinterland bewegen können. Auch Mißbrauch des Ritterkreuzes ist dabei beobachtet worden.«[422]

Anfang 1942 machten sich die ersten Fallschirmagenten für den Einsatz fertig[423]. Die Raswedupr-Führung beurteilte allerdings einen Direktabsprung über Deutschland skeptisch und wollte die Agenten zunächst von Westen aus ins Reichsgebiet einsickern lassen. Deshalb mußten die ersten Agententrupps in England starten: Über die Murmansk-Route wurden die Agenten nach Manchester geflogen, von dort nach der Londoner Sowjetbotschaft weitergeleitet und mit britischen Funkgeräten ausgestattet; schließlich ging es zu dem südlich Londons gelegenen Heimathafen des 138. Bombergeschwaders der Royal Air Force, wo bereits eine Maschine wartete, um die Spione auf den Kontinent zu fliegen[424].

Das Verfahren erschien den Sowjets bald zu umständlich. Als nun auch ständig der Funkkontakt zu den Berliner Spionagetrupps abbrach, ordnete die Raswedupr den unmittelbaren Einsatz der Fallschirmagenten in Deutschland an.

Mitte Mai präparierten sich zwei Agentenpaare für den Sprung in das Reich der Gestapo: Der ehemalige KP-Jugendfunktionär Erwin Panndorf (Deckname: Erwin Stepanow), mit falschen Papieren auf den Namen Rudolf Scheffel ausgestattet[425], sollte sich mit dem sächsischen KP-Funker Anton Börner[426] (Deckname: Anton Belski) nach Berlin durchschlagen, während der KP-Funktionär Wilhelm Fellendorf[427] mit der Komintern-Beauftragten Erna Eifler[428] Kontakt zur Hamburger Bästlein-Gruppe aufzunehmen hatte.

In der Nacht vom 16. zum 17. Mai 1942 sprangen die beiden Agentenpaare über Ostpreußen ab[429]. Die vier Agenten verstauten ihre Ausrüstung in der Nähe der Absprungstelle, am 27. Mai trennten sie sich[430]. Börner und Panndorf fuhren über Konitz und Berlin nach Thüringen, Fellendorf und die Eifler in Richtung Hamburg[431]. Später folgten ihnen zwei weitere Fallschirmagenten aus der Sowjetunion: der Spanien-Kämpfer Albert Hößler[432] und der ehemalige ›Rote-Fahne‹-Journalist Robert Barth[433].

Der massive Einsatz sowjetischer Fallschim- und Funkagenten aber zog manchen Freund Schulze-Boysens in den Sog der russischen Spionage, der sich bis dahin auf den innenpolitischen Widerstand beschränkt hatte. Guddorfs KP-Gruppe, nur für agitatorische Aufgaben eingesetzt, mußte jetzt auch für die sowjetische Spionage arbeiten, und selbst argloseste Idealisten in der Widerstandsorganisation Schulze-Boysens sahen sich plötzlich der Verpflichtung konfrontiert, Handlangerdienste für die Russen zu leisten: Die Gräfin Brockdorff beherbergte den Agenten Hößler[434], die Schumachers halfen anderen Fallschirmagenten weiter[435], der Wetterdienstinspektor Scheel nahm die Uniform eines Fallschirmspringers an sich und versteckte dessen Pistole[436]. Der Bibliothekar Schaeffer verschafften einem Agenten Quartier[437], Hans Lautenschläger kleidete einen anderen Sendboten Moskaus ein[438].

Eine breite Spur verband die Widerstandskämpfer mit den eingeschleusten Sowjetspionen, nur allzu leicht erkennbar für die Fahnder der Gestapo. Jetzt offenbarte sich die ganze Torheit des von Moskau angeordneten Agenteneinsatzes: Die Fallschirmspringer tappten auf das Minenfeld des Gestapo-Überwachungssystems und führten die Späher des Reichssicherheitshauptamtes mitten hinein in das Lager des Gegners.

Bereits drei Tage nach dem Agentenabsprung in Ostpreußen erfuhr das RSHA von dem Einsatz der Fallschirmspione und löste eine Verfolgungsjagd auf die gelandeten Kundschafter aus[439]. Am 22. Mai hielt ein Fernschreib-Erlaß der Gestapo fest, daß »am 19. 5. 42 bei Insterburg 3 ehemalige KPD-Funktionäre mit Fallschirm aus einem sowjet-russischen Flugzeug abgesprungen« waren[440]. Am 30. Mai forderte Nürnbergs Polizeipräsident, SS-Gruppenführer Martin, »schärfste Fahndungsmaßnahmen« und lieferte »Personenbeschreibungen«, so etwa diese: »Börner, 34 Jahre alt, etwa 1,74 Meter groß, schwarzes Haar, braune Augen.«[441]

Der Gestapo entging nichts. Aus einem Fahndungsschreiben: »Die Schwester des Panndorf, Frau Elli Örtel, in Gera, Städtisches Krankenhaus, wohnhaft, wurde am 26. 5. 42 gegen 7.15 Uhr von einer unbekannten Frau angesprochen, die im Auftrage von Erwin Panndorf einen Zettel überbrachte, auf dem stand, daß sie ihren Bruder bei sich aufnehmen sollte. Erwin Panndorf soll kranke oder wunde Füße haben und bedarf dringend der Ruhe. Wahrscheinlich hat er sich beim Fallschirmabsprung eine Verstauchung oder Verletzung der Füße zugezogen.«[442] Am 9. Juni wußte das RSHA, daß die gesuchten Agenten »im Besitz von total gefälschten Pässen, Arbeitsbüchern, Kennkarten, polizeilichen An- und Abmeldescheinen, größeren Mengen von Reisemarken für Fleisch, Butter und Brot und umfangreichen Geldmitteln in deutscher (auch Reichskreditkassenscheinen) und amerikanischer Währung sind«[443].

Einem so systematisch arbeitenden Polizeiapparat konnten die Fallschirmagenten nicht lange entgehen. Am 8. Juli spürte die Gestapo in Wien Börner auf, der alles gestand und die deutschen Spionjäger in das ostpreußische Versteck führte, wo die Agentenpaare auch ihre Funkapparate abgelegt hatten[444]. Zur gleichen Zeit konnte die Gestapo Panndorf verhaften[445]. Die Aussagen der beiden Gefangenen setzten die Gestapo auf die Spur der anderen Fallschirmagenten, immer näher kamen die Regimewächter dem roten Spionageapparat.

Doch Schulze-Boysen und seine Freunde wiegten sich in Sicherheit. Nur einer ahnte die Gefahr, nur einer versuchte zu warnen: Horst Heilmann. Er saß in der Nähe des Chefentschlüsselers der Funkabwehr, des Oberleutnants Dr. Wilhelm Vauck, der seit Wochen einen sowjetischen Funkspruch nach dem anderen dechiffrierte. Kamerad Traxl erzählte dem Gefreiten Heilmann stolz, wie weit es Vauck schon gebracht habe[446].

Ende August 1942 erkannte Heilmann, in welcher Gefahr sein Freund Schulze-Boysen schwebte. Bis dahin hatte er nicht gewußt, daß der mysteriöse Choro, dem Gestapo und Abwehr auf der Spur waren, mit Harro Schulze-Boysen identisch war[447]. Da zeigte ihm Traxl den entschlüsselten Funkspruch, der alles verriet: Moskaus Weisung vom 10. Oktober 1941 mit den drei Adressen Kuckhoffs, Schulze-Boysens und Harnacks. Horst Heilmann stürzte los, den Freund zu warnen.

5. Kapitel Verrat in der Prinz-Albrecht-Straße

Horst Heilmann wollte die Freunde warnen. Ein Zufall hatte dem Gefreiten und Dechiffrier-Gehilfen in der Funkabwehr verraten, daß die Spionageorganisation Harro Schulze-Boysens tödlich bedroht war. Jeden Tag konnte die Gestapo zum Schlag ausholen.

Heilmann hatte schon lange die Gefahr gewittert. Auf der Straße fühlte er sich ständig verfolgt, in seiner Berliner Wohnung glaubte er sich von der Gestapo beschattet[1]. Mit seinem Freund Rainer Hildebrandt erörterte er, was er tun könne, wenn die Gestapo eines Tages zugreifen werde. Über die Schweizer Grenze fliehen, riet ihm Hildebrandt. Doch das erschien dem Gefreiten als Verrat an seinem Freund Schulze-Boysen. Heilmann: »Das kann ich nicht. Denn sollte für Harro noch eine Möglichkeit bestehen, sich herauszuwinden, dann würde ich sie ihm dadurch nehmen.«[2]

Seither war er entschlossen, Schulze-Boysen zu retten oder mit ihm gemeinsam zu sterben. Und jetzt war der Augenblick gekommen, den Freundesschwur in die Tat umzusetzen, an diesem 29. August 1942, da ihm sein schwatzhafter Kamerad Traxl den entschlüsselten Funkspruch aus Moskau mit den Adressen der drei Berliner Spitzenagenten zugeschoben hatte. Heilmann las die Meldung vom 10. Oktober 1941 wieder und wieder. Ihm klang sie wie eine Einladung an die Gestapo, Stalins Spionen den Todesstoß zu versetzen. Die Gestapo brauchte nur zuzulangen — wenn nicht er, Horst Heilmann, in letzter Minute die Opfer warnte.

Er rief in der Privatwohnung Schulze-Boysens an, konnte den Freund jedoch nicht erreichen. Heilmann hinterließ bei Schulze-Boysens Hausmädchen die Nummer seines Diensttelephons und bat, Schulze-Boysen solle sofort zurückrufen[3] — ein riskanter Schritt, da schon die Preisgabe der Telephonnummer einer Geheimdienststelle als militärischer Ungehorsam bestraft wurde.

Als Heilmann bis zum Mittag des 30. August noch immer nichts von dem Agentenchef gehört hatte, hastete er in die Altenburger Allee, zu Schulze-Boysens Ehefrau Libertas. Er reichte ihr die dechiffrierte Sowjetmeldung; die Frau verstand sofort, was der Funkspruch bedeutete[4]. Sie griff zum Telephon und rief das Reichsluftfahrtministerium an. Harro mußte gewarnt werden, ehe es zu spät war.

Doch anstelle der vertrauten Stimme des Ehemannes meldete sich am Apparat die kühle Stimme eines Majors, dessen Namen Libertas Schulze-Boysen noch nie gehört hatte. Major

Seliger bedeutete ihr, Oberleutnant Schulze-Boysen habe vor wenigen Stunden eine Dienstreise antreten müssen, die ihn einige Tage von Berlin fernhalten werde; Frau Schulze-Boysen möge sich nicht beunruhigen, wenn sich ihr Gatte zunächst nicht melde[5]. Die beiden in der Altenburger Allee ließen sich nicht täuschen, die Auskunft des Majors konnte nur eines bedeuten: Die Gestapo hatte Schulze-Boysen verhaftet.

Zwar orakelte Wahrsagerin Anna Kraus, Schulze-Boysen befinde sich tatsächlich auf einer ganz geheimen Dienstreise[6], dennoch schlugen Heilmann und Frau Schulze-Boysen Alarm. Erregt holten sie Schulze-Boysens politische Papiere aus den Verstecken und warfen alles in einen Koffer: illegale Druckschriften, Notizen, Entwürfe, darunter auch ein Manuskript Schulze-Boysens über die »Entstehungsursachen des Ersten und Zweiten Weltkrieges«[7].

Doch wohin mit dem Koffer? Heilmann hatte eine Idee: Er brachte den Koffer zu der mit ihm befreundeten Schauspielerin Reva Holsey, die in Haus 8 der Hölderlinstraße wohnte, in dem auch Heilmann mit seinen Eltern lebte[8]. Die Aktrice wollte freilich das gefährliche Gut nur einen Monat lang in ihrer Wohnung aufheben, dann sollte es ein Studienfreund Schulze-Boysens übernehmen, der Journalist Arnold Bauer[9]. Frau Holseys Nerven versagten jedoch schon nach einigen Tagen; aufgeregt sandte sie den Theaterdirektor Ingenohl zu dem Schillertheater-Dramaturgen Günther Weisenborn[10].

Weisenborn öffnete ahnungslos den Koffer und wurde »kalt vor Schrecken« wie er berichtet[11]. Augenblicklich schloß er sich der Warnaktion Heilmanns an und alarmierte andere Freunde. Von Haus zu Haus lief die Hiobsbotschaft, jeder warnte den nächsten, alle Mitarbeiter Schulze-Boysens säuberten die Quartiere von belastenden Materialien. Die Mutter und die Ehefrau Hans Coppis schleppten gemeinsam ein Funkgerät aus dem Haus[12], Hannelore Thiel brachte in ihrem Kinderwagen einen anderen Sender fort, den sie in die Spree versenkte[13]. Und auch Johann Graudenz mühte sich, ein Funkgerät loszuwerden. Er brachte den Sender in einem dicken, mit Draht umwickelten Koffer unter und wollte ihn bei dem Zahnarzt Hans Helmuth Himpel abstellen[14].

Himpel aber mußte als enger Mitarbeiter Schulze-Boysens selber mit einer Verhaftung durch die Gestapo rechnen. Er kannte ein besseres Versteck: die Wohnung des Pianisten Helmut Roloff, der mit den Widerständlern der Gruppe Rittmeister zusammenarbeitete. Roloff war bereit, den Koffer zu verstecken[15]. Als er das unförmige Paket sah, schoß ihm »gleich der Gedanke durch den Kopf, daß es sich darum handle, den Sender in Sicherheit zu bringen«. Roloff nahm den Koffer mit in seine Wohnung, hinter einem Notenschrank versteckte er ihn. »Eins wissen wir«, sagte er zum Abschied, »wenn der Koffer gefunden wird, ist der Kopf ab.« Himpel rief ihm nach: »Deshalb darf er auch nicht entdeckt werden!«[16]

Mochte auch jeder mit seiner eigenen Verhaftung rechnen, viele hofften doch, die Gestapo werde sie übersehen. Anna Kraus prophezeite unverdrossen, es werde »keinem der Männer etwas passieren«[17], und die Gräfin Brockdorff, wie immer leichtsinnig und optimistisch, beruhigte die Frau eines Mitkämpfers: »Wenn es weit kommt, dann kann es nur bis Coppi kommen.«[18]

Am 5. September 1942 kam die Gestapo zunächst einmal bis zu Heilmann: Beamte der Gestapo verhafteten den Gefreiten in der Hölderlinstraße in Anwesenheit seines Bruders Hans (die Eltern waren auf Ferienfahrt) und führten ihn in das Hausgefängnis des Reichssicherheitshauptamtes in der Prinz-Albrecht-Straße[19]. Weinend stürzte Frau Holsey dem Heilmann-Freund Bauer entgegen: »Meinen Horst haben sie abgeholt!«[20]

Heilmann erfuhr nie, daß es just sein dramatisches Rettungsunternehmen gewesen war, das die Gestapo zu einer überstürzten Verhaftungsaktion gezwungen hatte. Sein Versuch, nach der Lektüre der entschlüsselten Drei-Adressen-Meldung aus Moskau sofort Schulze-Boysen telephonisch zu erreichen, hatte das RSHA aufgeschreckt[21].

In der Nacht vom 29. zum 30. August war der Oberleutnant Dr. Wilhelm Vauck, Chefdechiffrierer der Funkabwehr, noch lange im Dienst gewesen. Da hörte er ein Telephon im Nebenzimmer pausenlos läuten. In dem Zimmer arbeitete Heilmann, der bereits nach Hause gefahren war. Vauck ging schließlich an den Apparat. Am anderen Ende meldete sich Harro Schulze-Boysen; es war der Anruf, auf den Heilmann vergebens gewartet hatte. Vauck war kaum seiner Stimme mächtig, als er den Namen des Mannes hörte, der wie kein anderer seit Wochen Funkabwehr und Gestapo elektrisierte. »Schreiben Sie sich mit einem Ypsilon?« war alles, was ihm in dem Augenblick einfiel. Schulze-Boysen bestätigte. In wenigen Sekunden war das Gespräch beendet[22].

Verwirrt legte Vauck den Hörer auf die Gabel zurück. Wie kam der Gefreite Heilmann dazu, Kontakte zu jenem Offizier zu unterhalten, in dem die Eingeweihten den Chef der kommunistischen Spionagegruppe sahen? Vauck zögerte keinen Augenblick, sofort rief er das RSHA an und machte Meldung[23]. Vaucks Panik griff auf die führenden Männer des RSHA über. War der Funkabwehr-Angehörige Heilmann, so spekulierten sie, mit Schulze-Boysen im Bunde, dann kannte der Gegner den Stand der Ermittlungen und konnte sich auf den Zugriff der Gestapo einrichten. Konsequenz: Man mußte zuschlagen, ehe Schulze-Boysen Agenten und Materialien in Sicherheit gebracht hatte.

Die Gestapoführung ließ freilich ihre Verhaftungskommandos nur widerwillig ausschwärmen, denn Heilmanns Rettungsversuch durchkreuzte die Taktik, die das Reichssicherheitshauptamt eingeschlagen hatte, seit der Fall ›Berliner Rote Kapelle‹ in den alleinigen Zuständigkeitsbereich der Geheimen Staatspolizei übergegangen war. Zunächst hatte der Leiter der Gestapo, SS-Gruppenführer Heinrich Müller, gehofft, durch geduldige Observierung alle Mitarbeiter des Spionagerings feststellen und sie dann mit einem Schlag ausheben zu können[24].

Mit der Beobachtungsaktion wurde der Kriminalrat und SS-Sturmbannführer Horst Kopkow beauftragt, der in der Gestapozentrale das Referat IV A 2 (Sabotageabwehr) leitete und als einer der härtesten Verfechter des Regimes galt[25] Der ehemalige Lehrling aus der ›Rathaus‹-Drogerie in Allenstein, seit 1931 Nationalsozialist und in zahlreichen Saalschlachten für Adolf Hitler »an erster Stelle aktiv« gewesen, von Himmler wiederholt belobigt und mit dem Deutschen Kreuz in Silber für »besondere Verdienste um die Bekämpfung des Fallschirmagentenwesens« ausgezeichnet, schärfte seinen Männern immer wieder ein, der Reichsführer-SS erwarte von ihnen im Kampf gegen die Rote Kapelle bedingungslosen Einsatz und sicheren Erfolg[26].

Zum Leiter der Ermittlungen wählte sich Kopkow den klügsten Kriminalisten seines Referats aus, den Kriminalkommissar und SS-Untersturmführer Johann Strübing, Urtyp des routinierten, allzeit einsatzbereiten und politisch instinktlosen Exekutivbeamten, der jedem Regime dient[27]. Strübing, Jahrgang 1907, war in der Schutzpolizei der Weimarer Republik aufgewachsen, er gehörte seit 1937 zur Gestapo und zur Allgemeinen SS, er fand aber auch später als Amtmann den Weg in den bundesdeutschen Verfassungsschutz, bis ihn die Telephonabhör-Enthüllungen des Verfassungsschutz-Angestellten Werner Pätsch 1963 aus dem liebgewordenen Milieu autoritärer Spionageabwehr vertrieben[28].

Gestapokommissar Strübing bearbeitete im Kopkow-Referat das Sachgebiet ›Bekämpfung feindlicher Fallschirm- und Funkagenten‹[29]. Er war mithin zum Jäger der Roten Kapelle prädestiniert: Lange hatte er die Methoden der sowjetischen Spionage studiert. Er machte sich an die Arbeit.

Wie aber konnte man die Rote Kapelle in Berlin möglichst umfassend ausschalten? Die entschlüsselten Meldungen in der Funkabwehr-Akte, die ihm die Kameraden von Fu III Ende Juli überstellt hatten, wiesen eine Spur in das Zentrum der Organisation, aber die Funksprüche stellten nur einige leitende

Mitglieder des Agentenrings bloß, nicht das ganze Informantennetz. Eben darauf kam es jedoch an: die Gesamtorganisation mit allen ihren Agenten, V-Männern und Verbindungen zu erkennen und zu zerschlagen.

Die Gestapo kannte lediglich die Namen der drei führenden Agenten Schulze-Boysen, Harnack und Kuckhoff, sie kannte einen Teil der nach Moskau gefunkten Meldungen. Damit erschöpfte sich aber auch schon ihr Wissen. Man mußte mehr in Erfahrung bringen, ehe man zugriff. Strübing ließ die Telephone der drei Rote-Kapelle-Führer überwachen, jeden Besucher in den Häusern der Spitzenspione unauffällig kontrollieren. In kurzer Zeit verlängerte sich Strübings Überwachungsliste Name um Name. Immer deutlicher wurde Strübing das Spinnennetz des Gegenspielers.

Kaum aber hatte der Kriminalkommissar seinen ersten Ermittlungsbericht bei Kopkow abgeliefert, da durchkreuzte Heilmann die Beschattungsaktion der Gestapo. Kopkow und Strübing befürchteten, Heilmanns Informationen aus der Zentrale der Funkabwehr würden den Gegner in die Lage versetzen, sich dem Zugriff der Gestapo vollends zu entziehen[30]. Sie stürzten sich nervös in eine hektische Aktion, als seien die Spione drauf und dran, sich in Nebel aufzulösen.

Noch am frühen Morgen des 30. August entschloß sich das RSHA, sofort loszuschlagen. Wenige Stunden später rasten schwarze Gestapolimousinen durch die Straßen Berlins; Schlag auf Schlag wurden Mitglieder der Roten Kapelle verhaftet. Agentenchef Schulze-Boysen war der erste, den der Gestapocoup traf. Kriminalrat Kopkow verhaftete ihn selber[31]. In den Mittagsstunden des 30. August meldete sich Kopkow bei Oberst Bokelberg, dem Kommandanten des Stabsquartiers im Reichsluftfahrtministerium, und weihte ihn ein. Da die Gestapo Offiziere auf militärischem Territorium nicht verhaften durfte[32], rief Bokelberg den Oberleutnant Schulze-Boysen zu sich, erklärte ihn für verhaftet und übergab ihn dem Kriminalrat[33]. Ebenso reibungslos, wenn auch weniger umständlich, rollte die übrige Verhaftungsaktion ab.

Strübing verhaftete Libertas Schulze-Boysen am 3. September auf dem Anhalter Bahnhof, als sie in einem Zug saß, der sie aus ihrem Versteck — sie war zunächst in der Wohnung ihres Freundes Alexander Spoerl jun. untergetaucht — zu Freunden an der Mosel bringen sollte[34]. Am 7. September durchkämmte ein Gestapo-Kommando das Fischerdorf Preil auf der Kurischen Nehrung in Ostpreußen und fand noch vor dem Frühstück, wen es suchte: die Feriengäste Harnack. Mildred Harnack schlug die Hände vor das Gesicht und stöhnte: »Welche Schande, oh, welche Schande.«[35]

Einer nach dem anderen geriet in die Gewalt der Gestapo,

lautlos und unauffällig. In der zweiten Septemberwoche waren Adam Kuckhoff, Graudenz, Coppi, Sieg, Kurt Schumacher und Ilse Stöbe an der Reihe[36], ihnen folgten am 16. September Küchenmeister, Scheel, Schulze und Weißensteiner[37], am 17. September Himpel und Roloff[38], am 26. September Weisenborn und Rittmeister[39].

Das roboterhafte Zupacken der Gestapokommandos konnte freilich nicht darüber hinwegtäuschen, daß die Verhaftungsaktion zunächst nur eine Verlegenheitslösung war. Strübing tappte noch im dunkeln, er wußte kaum, wie er die Verhafteten und Verdächtigen des Landesverrats überführen sollte. Daß in den ersten zehn Tagen nach dem 30. August nur fünf Personen festgenommen worden waren[40], dokumentierte bereits, wie wenig die Gestapo über die Rote Kapelle wußte. Chefermittler Strübing mußte also versuchen, die verhafteten Agenten zu Aussagen zu zwingen. Doch das Personal des Referats IV A 2 reichte nicht aus, Strübing mußte Kollegenhilfe erbitten.

Im Reichssicherheitshauptamt trat eine ›Sonderkommission Rote Kapelle‹ zusammen, in der sich die besten Vernehmungsbeamten der Gestapozentrale vereinigten[41]; die meisten der 25 Mitglieder der Sonderkommission, 13 Beamte, kamen aus A 2, der Rest aus den benachbarten Referaten A 1 (›Kommunismus, Marxismus‹), A 3 (›Reaktion, Opposition‹), A 4 (›Schutzdienst, Sonderaufträge‹)[42]. Die organisatorische Leitung lag in der Hand von Gestapo-Müllers bayrischem Jahrgangskameraden und Oberregierungsrat Friedrich Panzinger[43], dem Gruppenleiter A im Gestapoamt des RSHA; die eigentliche Führung hatte Kopkow.

Ein Jahrzehnt lang geschult in listiger und gewissensfreier Vernehmungstechnik, zuweilen brutale Zwangsmittel anwendend oder zumindest androhend, bearbeiteten nun die RSHA-Inquisitoren ihre Opfer. Zunächst verweigerten jedoch die Verhafteten jede Aussage, kaum einer wollte sprechen. Schulze-Boysen gab nichts zu, was ihm nicht schwarz auf weiß nachgewiesen wurde. »Anfänglich bestritt er«, erinnert sich Strübing, »jede Verbindung mit ausländischen Agenten und stellte selbstverständlich eine landesverräterische Tätigkeit unter Berufung auf seine Herkunft [. . .] in Abrede.«[44] Auch die ihm vorgelegten Photokopien der entschlüsselten Funksprüche Moskaus konnten den Häftling nicht bewegen, ein Geständnis abzulegen. Schulze-Boysen blieb bei seiner Version: Er habe sich mit anderen Freunden zu privaten Zwecken getroffen, gelegentlich habe man auch über Politik diskutiert, aber von landesverräterischen Umtrieben wisse er nichts[45].

Strübing ließ das Thema fallen. Er zog Schulze-Boysen, der zunächst seine Uniform behalten durfte, in tiefsinnige Unterhaltungen über Literatur und Naturwissenschaften und trug dafür Sorge, daß kein Wort des Häftlings protokolliert wurde. Mit ihm wandelte er stundenlang, fast freundschaftlich plaudernd, durch den Park des RSHA[46]. Doch der Agentenchef wollte nichts ausplaudern.

Nicht anders erging es dem Kriminalsekretär Reinhold Ortmann mit seinem Häftling Johann Graudenz. »Ich habe Graudenz«, erzählt der Gestapomann, »einige Male ohne jeden Erfolg vernommen. Er gab mir lediglich zu, daß er mit Schulze-Boysen eng befreundet war und daß sie einen gemeinsamen Sommerurlaub verlebten.«[47] Ortmann hielt den Fall für so aussichtslos, daß er die Graudenz-Akten an Kopkow zurückgab[48].

Auch von den anderen Vernehmungsbeamten liefen nur negative Berichte im Büro Kopkow ein. Adam Kuckhoff weigerte sich ebenso beharrlich wie Arvid Harnack, ein Geständnis abzulegen oder mit sachdienlichen Mitteilungen die Arbeit der Gestapo zu erleichtern[49]. Einen kurzen Augenblick schien es, als bildeten alle verhafteten Mitarbeiter Schulze-Boysens eine gemeinsame Front, die auch nicht durch den raffiniertesten Vernehmungstrick aufzuweichen war.

Doch das Bild der verschworenen Gemeinsamkeit täuschte, die Fassade verdeckte nur notdürftig die inneren Spannungen und Konflikte, die nicht erst seit der Verhaftung unter den Freunden Schulze-Boysens rumorten. Schon nach einigen Tagen begann, was noch heute schwer zu erklären ist: die Selbstpreisgabe der kommunistischen Agenten, der »Verrat en gros«, wie der Historiker David Dallin formuliert[50].

Libertas Schulze-Boysen brach zuerst das Schweigen. Die Verhaftung hatte in ihr eine Welt der Illusionen zerstört. Lange Zeit glaubte sie nicht an die Ernsthaftigkeit von Schulze-Boysens konspirativen Aktionen; sie hielt für Spiel, was ihm Schicksal und Berufung war. Erst in den letzten Monaten, in denen auch die menschliche Entfremdung zwischen den Eheleuten unerträglich geworden war, hatte sich Libertas scheiden lassen wollen — nur Schulze-Boysens beschwörender Appell, die ›Sache‹ nicht im Stich zu lassen, ließ die naive Lebenskünstlerin an der Seite des Agentenchefs ausharren.

Sie redete sich ein, es werde schon alles nicht so schlimm kommen, wie sie es selber manchmal befürchtete. Die Verhaftung aber hatte sie eines anderen belehrt. Doch an die Stelle der alten trat nun eine neue Illusion: der Glaube, die Gestapo werde die Fürsten-Enkelin freilassen, wenn sie in dem bevorstehenden Prozeß als ›Kronzeugin‹ gegen ihre Freunde aussage. Diese Hoffnung nährte eine Frau, der die Verhaftete mit letzter Verzweiflung vertraute. Sie hieß Gertrud Breiter und wurde in den Personallisten der Gestapo als Kanzleiangestellte im Referat IV E 6 geführt[51]. Sie war als

Stenotypistin dem Kriminalobersekretär Alfred Göpfert zugeteilt worden, der Libertas Schulze-Boysen verhörte[52]. In Göpferts Büro hatten sich die beiden Frauen kennengelernt. Als Göpfert einmal sein Zimmer verließ, kamen die beiden ins Gespräch. Es war ein später Nachmittag, und die Gestapostenotypistin fühlte sich zu dem aufgelegt, was sie später »eine rein menschliche Unterhaltung« nannte. Frau Schulze-Boysen begann: »Na, wie kommen Sie denn hierher?« Gertrud Breiter zuckte mit den Schultern und murmelte: »Wie man so herkommt, man muß nicht hundertprozentig mit dem hier einverstanden sein. Es ist ja Krieg.«

Frau Schulze-Boysen faßte Vertrauen zu der Schreibmaid. Nach zehn Minuten vorsichtigen Lavierens sprudelte sie heraus: »Ich bitte Sie nur um eines, ich kann Ihnen die Adresse nicht sagen, aber warnen Sie Hans Coppi.«. Da wußte die Nationalsozialistin Breiter, was zu tun war.

»Ich war ganz aufgeregt«, berichtet sie. »Ich hatte bloß Angst, daß Göpfert zu lange wegblieb und mir der Name wieder entfiel. Als der Göpfert zurückkam, machte ich ein Zeichen und sagte: ›Entschuldigen Sie, aber ich muß mal raus.‹« Dann rannte sie in den dritten Stock des RSHA-Gebäudes hinauf, in das Büro Kopkows, und meldete dem Kriminalrat, was sie gehört hatte. Kopkow war zunächst ungehalten über die reglementswidrige Einmischung der Sekretärin und belehrte sie, solche Meldungen seien schriftlich und auf dem Dienstweg einzureichen. Erst als die Breiter patzig wurde, nahm er den Hinweis ernst. Noch in der darauffolgenden Nacht wurde Coppi verhaftet[53].

Der Erfolg inspirierte Kopkow, Gertrud Breiter zu weiteren »rein menschlichen Unterhaltungen« einzusetzen. Noch 25mal kamen die beiden Frauen zusammen, 25mal umarmten sie sich, 25mal plauderte Libertas Schulze-Boysen Geheimnisse der Roten Kapelle aus. »Sie war intelligent, aber sehr, sehr labil. Typmäßig hätte ich ihr entsprochen« — so Gertrud Breiter heute[54]. Und Hugo Buschmann meditiert: »Weshalb hat sie uns verraten? Ja, das gute Mädchen war jung, wollte nur überleben. Libertas war eben eine charmante, lebenslustige Person, die an sich für die Tätigkeit von Harro recht wenig Verständnis hatte.«[55]

Die Frau des Agentenchefs nannte Namen, die das Vernehmerteam des RSHA noch nie gehört hatte: Jan Bontjes van Beek, seine Tochter Cato, den Harnack-Neffen Havemann, die Gräfin von Brockdorff, Buschmann, Rosemarie Terwiel und andere. »Sie gab die ganze Gruppe ihres Mannes preis«, behauptet Schulze-Boysens jugendlicher Gehilfe Willi Weber[56], und auch Schulze-Boysens Mutter klagt: »Dadurch sind sehr viele an den Galgen gekommen. Sehr traurig.«[57]

Die Enthüllungen der Libertas Schulze-Boysen standen nicht vereinzelt da. Auch Harnack begann, Aussagen zu machen, und desavouierte seinen Partner Schulze-Boysen, der seinerseits die Namen mancher Mitarbeiter und Gesinnungsfreunde nannte[58]. Als Strübing nach einem Monat Seelenmassage Schulze-Boysen fragte, wer seine Mitwisser gewesen seien, spottete der Häftling: »Ja, wenn Sie das alles wüßten. Es sind einige hohe Herren dabei, die sich noch heute im Amt befinden.«[59] Und er zählte auf: Oberst Gehrts, Oberleutnant Gollnow, die Wahrsagerin Kraus, Mildred Harnack[60].

Ebenso wurde Adam Kuckhoff jäh gesprächig und verriet seine Mitarbeiter Sieg und Grimme[61]. Mancher war »bei seiner Vernehmung moralisch zusammengebrochen«, wie der Häftling Werner Krauss im Falle des Antifaschisten Fritz Thiel notierte: »Er versuchte sich und seiner Frau das Leben dadurch zu retten, daß er sich als ein verführtes Opfer einer intellektuellen Verschwörung hinstellte — insbesondere hat er Ursula Goetze aufs schwerste belastet.«[62] Und Cato Bontjes van Beek schrieb an ihre Mutter: »Soweit ich es überblicken kann, haben sich Sch[ulze]-B[oysen] und noch viele andere führende Köpfe sehr schändlich benommen und dadurch unendlich vielen das Leben genommen.«[63] Zuweilen erschrak die eigene Ehefrau über die Aussagen ihres Mannes. Greta Kuckhoff berichtet: »Schließlich haben sie [Harnack und Adam Kuckhoff] alles gesagt und alle Namen genannt, in dem Glauben, die Leute sind getürmt. Ich war sprachlos, als ich hörte, daß Adam gestanden hatte, und das Todesurteil hat mich nicht so sehr erschüttert wie diese Mitteilung. Ich habe mit Adam gehadert.«[64]

Am meisten fürchteten die Häftlinge die Mitteilsamkeit des Ehepaares Schumacher, das seine Freunde verriet. Die Frau des Widerstandskämpfers Philipp Schaeffer mußte sich wegen Beihilfe zu einer Häftlingsflucht verantworten, von der die Gestapo erst durch die Aussagen Elisabeth Schumachers erfahren hatte[65]; und nächtelang pochte der Häftling Weisenborn Signale an die Wand: »Du... mußt... deine... Aussage... zurück... nehmen.« In der Nachbarzelle 8 des RSHA-Gefängnisses saß Kurt Schumacher, der Weisenborn so belastet hatte, daß der Schriftsteller mit einer Todesstrafe rechnen mußte. Schumacher zog dann seine Aussage zurück[66].

Der Kriminalsekretär Ortmann, erster Vernehmer Kurt Schumachers, konnte nie eine Szene vergessen, die sich in seinem Büro Mitte September abgespielt haben soll. »Eines Tages«, erzählt Ortmann, »wollte ich mein Frühstück essen. Da ich dieses ungestört tun wollte, mußte ich Schumacher, der bei mir am Schreibtisch saß, beschäftigen. Um dies tun zu können, nahm ich das ›Verzeichnis der flüchtig gegangenen Kommunisten‹ und übergab es Schumacher mit der Aufforderung, sich die Lichtbilder [in dem Verzeichnis] anzusehen und mir zu sagen, welche der abgebildeten Personen er davon kenne.«[67]

Ortmann beteuerte später, er habe mit seiner Aufforderung »keinen bestimmten Zweck« verfolgt, er habe lediglich in Ruhe sein Brot essen wollen. Plötzlich sei er von Schumacher durch den Ruf unterbrochen worden: »Dieser ist es!« Ortmann berichtet weiter: »Ich war natürlich erstaunt, sah sofort nach der Nummer des Lichtbilds und stellte auch sofort anhand eines zweiten Verzeichnisses den Namen der im Lichtbild dargestellten Person fest.« Es handelte sich um Albert Hößler, einen der im Sommer 1942 in Deutschland eingesetzten Fallschirmagenten Moskaus. Schumacher gab laut Ortmann zu Protokoll, Hößler sei — wie von Moskau angekündigt — bei ihm erschienen und habe um Weiterleitung an Schulze-Boysen gebeten; er sei zwei Tage lang geblieben und auch bei Coppi gewesen, dem er ein Funkgerät übergeben habe.

»Der Fallschirmspringer«, sagte Schumacher aus, »war sehr daran interessiert, festzustellen, ob er mit dem Kurzwellengerät Verbindung mit Moskau bekäme. Wir haben das Gerät an die Lichtleitung angeschlossen, und der Fallschirmspringer versuchte, mit Moskau Verbindung aufzunehmen, was auch sofort gelang. Die Kopfhörer des Sendegerätes hatten wir auf den Tisch der Wohnung gelegt. Wir mußten aber die Verbindung mit Moskau sofort abbrechen, da die Sendung von Moskau im Kopfhörer so stark zu hören war, daß ich befürchten mußte, daß die Nachbarn dies hören könnten.«[68]

Wie immer es zu Schumachers Geständnis gekommen sein mochte — seine Aussagen und die Mitteilungen anderer Häftlinge über den Einsatz sowjetdeutscher Fallschirmagenten bewogen die Gestapo, verstärkt nach diesen Agenten zu fahnden und sich ihrer Sendegeräte zu einem listigen Funkgegenspiel mit Moskau zu bedienen.

Funkgegenspiele gehörten zu den beliebtesten Kampfmitteln der deutschen Spionageabwehr. Das Reglement schrieb vor, jeder erbeutete Geheimsender des Gegners sei einschließlich seines Bedienungspersonals sofort ›umzudrehen‹ und gegen den ursprünglichen Auftraggeber, die feindliche Spionagezentrale, einzusetzen. Die Operation sollte zwei Zielen dienen: die Arbeit der gegnerischen Spionage im eigenen Lager besser zu durchschauen und die andere Seite durch frisierte Informationen zu irritieren.

Nach der Beschlagnahme der Berliner Rote-Kapelle-Funkgeräte hatte sich der Funkspielexperte von IV A 2, Kriminalkommissar Thomas Ampletzer, sofort an die Vorbereitung eines Gegenspiels mit Moskau gemacht[69]. Ein umgefallener

Sowjetagent half ihm dabei: Johann Wenzel, der im Juni 1942 verhaftete Cheffunker der Roten Kapelle in Westeuropa. Er hatte der Gestapo schon manchen Dienst geleistet. An der Jagd auf die Agenten des Grand Chef in Belgien war er ebenso maßgeblich beteiligt wie bei der Entschlüsselung der sowjetischen Funksprüche durch Fu III[70].

Jetzt assistierte er dem Funkkommissar Ampletzer bei der Installierung zweier Sendelinien zu dem geheimnisvollsten Mann, den sich die Spionageabwehrer der Gestapo vorstellen konnten: zu dem Direktor, dem Chef des sowjetischen Geheimdienstes. Wenzel schrieb seinem neuen Auftraggeber den russischen Chiffrierschlüssel auf, und bald hatte Ampletzer Kontakt mit der sowjetischen Geheimdienstzentrale[71]. Zweck des Manövers: neue Fallschirmagenten ins Reich zu locken, von denen die Gestapo hoffte, sie würden noch unbekannte Rote-Kapelle-Adressen anlaufen.

Die Rechnung der Gestapo ging auf. Um den 16. September herum erfuhr Ampletzer von seinen sowjetischen Funkpartnern, ein erst kürzlich eingesetzter Fallschirmagent werde am 17. September um 16.41 Uhr auf Berlins Potsdamer Bahnhof einen wichtigen Informanten treffen[72]. Als Erkennungszeichen trage der Agent das Stück einer entzweigerissenen Karte mit sich, deren andere Hälfte der Informant besitze[73].

Die Beamten der Gestapo waren pünktlich zur Stelle, als sich die beiden Männer trafen. Als Informant entpuppte sich der Fernmeldeingenieur Dr. Hans Heinrich Kummerow, ein geldsüchtiger Einzelgänger, der in den zwanziger Jahren für westeuropäische Geheimdienste gearbeitet, seit 1932 nur noch Moskau beliefert hatte: mit allen möglichen Fabrikationsgeheimnissen der deutschen Rüstungsindustrie[74].

Von ihm waren Handskizzen einer geplanten ferngesteuerten Bombe nach Moskau geliefert worden, Konstruktionspläne der Luftjagdgeräte ›Luftengel-Bodenengel‹, Zeichnungen neuer Ortungsgeräte. Zugleich hatte er den Russen eigene Erfindungen angeboten, so eine ferngesteuerte Blinkanlage, die er auf den Dächern deutscher Rüstungswerke anbringen wollte, um sowjetischen Bombern Angriffe zu erleichtern[75]. Als Strübing die Skizze der ferngesteuerten Bombe — das Papier hatte Kummerow seinem Mittelsmann auf dem Potsdamer Bahnhof übergeben wollen — vorgelegt wurde, fragte er im Oberkommando der Wehrmacht an, ob man an einer solchen Bombe arbeite, und löste damit bei den Rüstungsexperten einen Schock aus. Strübing erinnert sich: »Ich wurde wegen des besonderen Grades der Geheimhaltungsbedürftigkeit persönlich mit der Führung der Ermittlungen beauftragt, wobei ich mich noch schriftlich verpflichten mußte, unter keinen Umständen irgend jemandem, auch nicht meinen Kameraden, von der geplanten Bombe etwas zu sagen.«[76]

Der Gestapo-Kommissar fuhr in die zuständige Versuchsanstalt in Nauen. Dort aber war »man erstaunt, daß die Existenz bzw. Planung überhaupt zu den Ohren von Kummerow gekommen war, und vermutete daher, daß er irgendwelche Mittelsleute haben müsse, die mit der Nauenschen Versuchsanstalt Verbindungen unterhielten. Mittelsleute sind jedoch seinerzeit nicht gefunden worden.«[77] Strübing spürte nur einen Mitarbeiter Kummerows auf, dessen Ehefrau Ingeborg; sie hatte auf einer speziell präparierten Schreibmaschine, deren Typen seltsam verwischt wirkten, technische Memoranden ihres Mannes für Moskau getippt, darunter auch eines, in dem Kummerow entwickelte, wie man den Propagandaminister Goebbels in die Luft sprengen könne[78]. Die weiteren Nachforschungen erwiesen, daß Kummerow nicht zur Gruppe Schulze-Boysen/Harnack gehörte; nur weil ihm ein regelmäßiger Funkkontakt mit Moskau fehlte, hatte er eine Verbindung zu den an der Seite Schulze-Boysens arbeitenden Fallschirmagenten gesucht[79]. Und an eben diesen Fallschirmagenten zeigte sich die Gestapo äußerst interessiert — auch Kummerows Aussagen halfen den Verfolgern weiter. Ein Zufall ermöglichte schließlich der Gestapo den entscheidenden Durchbruch. Zu den von ihr überwachten Personen gehörte auch die Kommunistin Klara Nemitz, die mit mehreren roten Widerstandsgruppen in Verbindung stand[80]. Anfang Oktober wurde sie von dem KPD-Funktionär Wilhelm Guddorf angerufen, der sich von Schulze-Boysen zurückgezogen hatte, inzwischen aber mit den in Deutschland eingeschleusten Fallschirmagenten zusammenarbeitete[81]. Am Telephon erzählte Guddorf der Klara Nemitz, in Hamburg stehe mit den Vertrauensleuten des Genossen Bästlein ein großer Treff bevor[82].

Die Gestapo reagierte sofort. Am 10. Oktober verhafteten Gestapo-Beamte Guddorf und seine Freundin Eva-Maria Buch, während zugleich die Organisation des Hamburger KP-Chefs Bästlein eingekreist wurde[83]. Mitte Oktober flog Bästlein mit seinen Untergrundmännern auf, kurze Zeit später fielen auch die Fallschirmagenten Fellendorf und Erna Eifler in Gestapogewalt[84]; ihre Kameraden Hößler und Barth waren schon Anfang des Monats verhaftet worden[85].

Von Hamburg führten neue Spuren nach Berlin zurück, in das Radio- und Photogeschäft der Hübners und Wesoleks, das im Auftrag Moskaus die Fallschirmagenten mit Geld und falschen Pässen versorgt hatte. Zwischen dem 18. und 20. Oktober führten die Häscher der Gestapo die Kommunisten-Familien Emil und Max Hübner sowie Frieda, Stanislaus, Johannes und Walter Wesolek ab[86].

Mitte Oktober konnte Kriminalkommissar Strübing seinem Chef Kopkow melden, daß die ganze Rote Kapelle in Berlin ausgehoben sei. 116 Personen hatte inzwischen die Geheime Staatspolizei verhaftet[87], festgehalten im Hausgefängnis des RSHA und im Untersuchungsgefängnis des Berliner Polizeipräsidiums, eine schillernde Gruppe aus Überzeugungsspionen, Widerstandskämpfern, käuflichen Landesverrätern und unfreiwilligen Informanten, zusammengepreßt von der rabiaten Staatsschutzideologie der Machthaber — Beginn jener Legende, die da besagt, alle Freunde Schulze-Boysens seien Spione und Landesverräter gewesen.

Nur ein Fragezeichen blieb auf Strübings Erfolgsliste: Noch wußte er nicht, wie der hohe deutsche Beamte hieß, der jahrelang unter dem Decknamen ›Arier‹ im Auswärtigen Amt für die Sowjets gearbeitet hatte. Doch Strübing konnte sicher sein, daß die sowjetische Geheimdienstzentrale auch diesmal — ungewollt — die Probleme der Gestapo lösen würde.

Wie im Falle Schulze-Boysens, Harnacks und Kuckhoffs war die Gestapo durch einen sowjetischen Funkspruch auf den kleinen Agentenring ›Arier‹ aufmerksam geworden. Am 28. August 1941 hatte die Kurzwellen-B-Stelle in Prag einen Funkspruch Moskaus aufgefangen, den ein Jahr später Wenzel für die Gestapo entschlüsselte. Inhalt des Spruchs: Der Chefagent Kent in Brüssel solle die Berliner Agentin Ilse Stöbe alias ›Alta‹ in deren Wohnung im Haus Wielandstraße 37 aufsuchen[88]. Nach der Entschlüsselung der Funkmeldung wurde Ilse Stöbe beschattet, die inzwischen in die Saalestraße 36 umgezogen war und bei der Familie Schulz in Untermiete wohnte[89]. Am 12. September wurde sie verhaftet[90]. Doch der Häftling verriet nicht, wer ›Arier‹ war. »Das erste Verhör«, so malen sich Ilse Stöbes sowjetische Biographen die Szene aus, »dauerte fast ununterbrochen drei Tage und drei Nächte. Man ließ Ilse nicht schlafen, nicht essen, nicht trinken.«[91] Ilse Stöbe hielt durch — sieben Wochen lang schwieg sie[92].

Dann befreite Funkkommissar Ampletzer die Inquisitoren aus ihrer Verlegenheit. Er funkte seinen sowjetischen Partnern, Moskau möge sofort einen Fallschirmagenten in Marsch setzen, da ›Alta‹ Schwierigkeiten habe; vor allem fehle es an Geld. Hauptmann Petrow, der Führungsoffizier Ilse Stöbes, fiel auf den Gestapotrick herein; ein Fallschirmagent wurde sofort in Marsch gesetzt[93]. In Moskau rüstete sich Heinrich Koenen zum Einsatz. Er war emigrierter KPD-Jugendfunktionär und Sohn aus der ersten Ehe des ZK-Mannes Wilhelm Koenen; nach 1933 Ingenieur in einem sibirischen Kraftwerk, wurde er 1941 von der Roten Armee als Funker und Fallschirmspringer ausgebildet[94].

Am 23. Oktober sprang er, mit falschen Papieren auf den

Namen Koester und mit Geld ausgerüstet, über dem Ostpreußischen Osterode ab. Er schlug sich nach Berlin durch[95]. Am 28. Oktober gegen 17 Uhr rief er bei Ilse Stöbe in der Saalestraße an. Am Apparat meldete sich eine Frauenstimme. Koenen: »Ich möchte Sie gerne mal sprechen.« Er bestellte ›Alta‹ zum S-Bahnhof Savignyplatz, die Frau sollte sofort kommen[96].

Sie kam. Der Mann holte zwei Fahrkarten aus der Tasche, dann bestieg er mit seiner Begleiterin einen Zug in Richtung Tiergarten. Unterwegs forschte er die Frau aus und stellte ihr auch Fangfragen. »Ich soll Sie«, berichtete Koenen, »von Ihrem Ehemann grüßen, von Rudi.« Gemeint war Rudolf Herrnstadt, der Geliebte Ilse Stöbes, der sie einst für den sowjetischen Geheimdienst angeworben hatte. Die Frau korrigierte Koenen: »Entschuldigen Sie, das ist nicht mein Ehemann, das ist mein Lebensgefährte.« Koenen bat, sie möge ihm zwei Oberhemden kaufen; am nächsten Tag wollten sie sich wieder treffen, um 12 Uhr. Treffpunkt: U-Bahnstation Wittenbergplatz, an der Normaluhr[97].

Doch statt in die Saalestraße zurückzufahren, eilte die Frau in die Prinz-Albrecht-Straße, nicht ohne Zittern: Bis zum letzten Augenblick hatte Gestapo-Angestellte Gertrud Breiter gefürchtet, Koenen werde doch noch merken, daß sie nicht Ilse Stöbe war. Sie machte Strübing Meldung — am 29. Oktober wurde Koenen verhaftet[98].

In seiner Brusttasche fand man neben Geldscheinen endlich, was man suchte: Hinweise auf die Identität des ›Arier‹. Eine von Moskau mitgegebene Photokopie der ersten Zahlungsanweisung in Höhe von 5000 Franken, gerichtet an das Züricher Bankhaus Julius Bär & Co., brachte den Beweis, daß der Legationsrat Erster Klasse Rudolf von Scheliha seit Februar 1938 von den Sowjets als Agent besoldet wurde[99]. Koenen wußte sogar, wozu das Geld in der Schweiz gedient hatte. Er »erklärte mir gegenüber«, so Strübing, »er sei von seinen Moskauer Auftraggebern dahingehend informiert worden, daß Scheliha das Geld in der Schweiz für eine dort von ihm unterhaltene Mätresse verwendet hat«[100].

Doch als die Gestapo den Diplomaten im Auswärtigen Amt verhaften wollte, trafen die Beamten ihn nicht an. Scheliha war in die Schweiz gefahren[101]. Alarmiert reiste der Sonderkommissions-Chef Panzinger mit einem Kriminalbeamten nach Basel, kaum noch davon überzeugt, den Agenten jemals wiederzusehen. Panzinger irrte. Noch in der Nacht vom 29. zum 30. Oktober tauchte Scheliha auf dem Badischen Bahnhof von Basel auf und kletterte in den Zug nach Deutschland. Kaum war Reichsgebiet erreicht, da verhaftete Panzinger den Legationsrat[102].

So waren denn Berlins Rote Kapelle und Moskaus Einzelgänger an der Spree vor allem durch Unvorsichtigkeit und Verrat in den eigenen Reihen enttarnt. Kaum einer, der nicht durch die Aussagen der Freunde fiel: Schulze-Boysen, Harnack und Kuckhoff — von der sowjetischen Geheimdienstzentrale leichtfertig bloßgestellt. John Sieg — von Kuckhoff verraten. Anna Kraus — von Schulze-Boysen preisgegeben. Ursula Goetze — von den Thiels belastet. Familie Schaeffer — von den Schumachers im Stich gelassen. Coppi, Cato Bontjes van Beek, Buschmann — von Libertas Schulze-Boysen ausgeliefert.

Freilich, nicht alle Gefangenen wichen dem Druck der Gestapo. Vor allem die Funktionäre der KPD, für den Untergrundkampf geschult und auf härteste Belastungen vorbereitet, hielten den Pressionen ihrer Vernehmer stand — an ihnen scheiterten die Gestapo-Vernehmer.

»Es ist leicht, sich Kommunist zu nennen, solange man nicht dafür zu bluten hat. Ob man wirklich einer war, beweist man erst, wenn die Stunde der Bewährung gekommen ist«, schrieb Walter Husemann im Angesicht des Todes. »Hart bleiben, Vater! Hart! Nicht nachgeben! Denke in jeder schwachen Stunde an diese letzte Forderung.«[103] Und Wilhelm Thews blieb dabei: »Ich bin mit meinem Leben zufrieden. Es war ein Kampf für Freiheit, Wahrheit und Gerechtigkeit, und ich kann ohne Bedauern Schluß machen.«[104]

Walter und Martha Husemann, die Hübners und Wesoleks, John Sieg, Herbert Grasse, Eugen Neutert, Ilse Stöbe, Wilhelm Thews — jeder von ihnen riskierte eher Drangsalierungen und Folterungen, als daß er die Gestapo informierte. Auch mancher der jungen Idealisten aus dem Kreise John Rittmeisters schwieg — Ursula Goetze belastete sich selbst, um andere zu retten[105], Eva-Maria Buch erschien dem Anstaltspfarrer »wie eine Heilige«[106]. Aber die wichtigsten Frauen und Männer aus der engeren Umgebung Schulze-Boysens kapitulierten.

Wie läßt sich eine solche Selbstpreisgabe erklären? Die Hinterbliebenen und Verteidiger der Roten Kapelle kennen nur eine Erklärung: Gestapo-Brutalität. Nur durch »schwerste Vernehmungen und Folterungen«[107] habe die Gestapo die Häftlinge zur Preisgabe der Mitkämpfer zwingen können; eine geheimnisvolle Folterkammer namens ›Stalinzimmer‹ will Greta Kuckhoff für den Umfall der Freunde verantwortlich machen[108].

Tatsächlich waren die verhafteten Mitglieder der Roten Kapelle von Gestapo-Beamten hart behandelt worden; mancher Gestapo-Mann reagierte seine kleinbürgerlich-nationalistischen Instinkte an den Eingekerkerten ab. Dem Häftling Heinrich Scheel schlug ein Beamter »ins Gesicht, auch würgte er mich, indem er meinen Schlips zusammendrehte«, wie Scheel berichtet[109]. Von dem Kriminalsekretär Habecker erhielt der Widerständler Weißensteiner »sofort Schläge, weil er wahrheitsgemäß sagte, daß Nummern, die er sich auf einem Zettel notiert hatte, Radioröhren waren und keine Telephonnummern, wie Habecker vermutete« — so Weißensteiners Witwe[110].

Ebenso erging es Isolde Urban, die mit dem KPD-Funktionär Schürmann-Horster zusammengearbeitet hatte; schon bei ihrer ersten Vernehmung wurde sie von Habecker geschlagen[111]. Auch Frieda Wesolek erhielt Schläge[112], und der Abwehrhauptmann Piepe konnte sein Leben lang nicht vergessen wie sehr sich Johann Wenzel verändert hatte, nachdem er von der Gestapo vernommen worden war[113].

Jede Maßnahme ihrer Wächter im Hausgefängnis des Reichssicherheitshauptamtes und im Untersuchungsgefängnis am Alexanderplatz sollte den ›Roten‹ das Gefühl geben, hilflose Parias der NS-Volksgemeinschaft ohne weitere Lebenschance zu sein. Sie mußten auch in den Zellen Handschellen tragen, die meisten von ihnen wurden mit Schreib- und Besuchsverbot belegt. Viele der weiblichen Häftlinge (sie waren fast ausnahmslos am Alexanderplatz untergebracht) mußten die Zeit in lichtlosen Zellen verbringen, selbst Bücher und Photos engster Familienangehöriger waren den Häftlingen entzogen[114]. Drakonische Befehle der Gestapoführung hielten die Vernehmer an, kein Mitleid mit den Häftlingen zu zeigen. Gestapo-Chef Müller bestand in sturer Ausführung seines Befehls, der vorschrieb, jeder Häftling sei auch bei dem kürzesten Transport zu fesseln; gelinge einem Häftling die Flucht, dann sei der für ihn zuständige Beamte automatisch zu verhaften[115]. Wie Weisenborn konnte jeder Häftling aus der nächsten Nachbarzelle »das Schließen der Fesseln, ein spezifisches Knacken, zu jeder Mahlzeit hören«[116].

»Kann je ein Mensch«, schrieb Kurt Schumacher »gefesselt«, wie er selber notierte, »das Maß an Schmerzen, Kummer, Not, Elend und Verzweiflung ermessen, das all die Armen zu erdulden haben, weil sie an eine friedliche Gemeinschaft der Völker glauben?«[117] Gefangene wurden nach einem Bericht von Werner Krauss »vor eine ultraviolette Beleuchtung gesetzt. Sie lagen wochenlang mit dick verquollenen Augen herum«[118]. John Sieg hielt die Vernehmungspraktiken der Gestapo nicht durch und verübte Selbstmord[119]; auch sein Mitkämpfer Herbert Grasse resignierte und stürzte sich vom fünften Stockwerk des Berliner Polizeipräsidiums zu Tode[120]. Und nur mit äußerster Mühe ließ sich ein Selbstmordversuch Mildred Harnacks verhindern[121]. Später tötete sich auch Kummerow nach seiner Verurteilung[122]. Immer wieder kündigten die Vernehmer brutalste Folterungen an. Kriminalkommissar

Hans Henze drohte Greta Kuckhoff: »Nachdem Ihr Mann und Arvid Harnack nichts dazu beigetragen haben, den Fall zu klären, haben wir jetzt die richtigen Mittel angewandt, sie zum Sprechen zu bringen.« Frau Kuckhoff fragte: »Leben sie noch?« Henze: »Ja, aber es wird von Ihnen abhängen, ob sie das nächste Mal überstehen!«[123]

Einige Häftlinge wurden wirklich gefoltert, mit jener seelenlos-bürokratischen Pedanterie, die Gestapo-Beamte für Korrektheit hielten. Eine ›verschärfte Vernehmung‹, wie man eine solche Folterung euphemistisch nannte, mußte schriftlich beim Chef der Sicherheitspolizei beantragt werden; stimmte er zu, so erschien ein zu Folterungen berechtigter Beamter mit einem SS-Arzt und verabreichte dem Häftling eine vorher festgelegte Anzahl von Schlägen. Der Arzt hatte die gesundheitlichen Folgen der Folterungen zu begutachten. Dann wurde ein Protokoll aufgenommen, denn in der Welt Heinrich Himmlers mußte auch der Sadismus seine papierene Ordnung haben[124].

Die Zahl dieser Folterungen hielt sich jedoch in Grenzen. Als Schulze-Boysen anfangs nicht aussagen wollte, erhielt er zwölf Stockhiebe[125]. Ebenso schlugen Gestapo-Beamte auf Harnack, Graudenz und Kuckhoff ein[126], sie bekamen »eine Anzahl Schläge auf das Gesäß mit dem Gummiknüppel«, wie sich der Senatspräsident Alexander Kraell erinnert[127]. Mehr als diese vier Folterungsfälle sind nicht erwiesen. Meist blieb es bei Drohungen und psychologischen Tricks, fast alle Häftlinge erlebten, was Alexander Spoerl von sich berichtet: »Übrigens waren diese Vernehmungen durchaus korrekt — wenn auch raffiniert —, sie waren zermürbend, aber ich wurde nie gefoltert.«[128] Jeder Trick wurde von den Inquisitoren ins Spiel gebracht:

Mehreren Häftlingen legte die Gestapo Spitzel, als Gefangene getarnt, in die Zelle[129]. Den Dozenten Krauss sprach ein Ingenieur Schulze-Boysen an, der ein Vetter Harros sein wollte, der ganzen Familie aber unbekannt war[130]. »Seien Sie vernünftig, Schumacher«, redete ein Gestapo-Mann auf den Bildhauer ein, »sagen Sie die Wahrheit. Ihr Körper hält nicht aus, was Schulze-Boysen und Coppi ausgehalten haben.«[131] In Wirklichkeit war Coppi nicht mißhandelt worden. Nicht ungern verbreiteten Gestapo-Vernehmer Storys von entsetzlichen Verhören, die ebenso gern von Häftlingen weitererzählt wurden, denen allzu viele Geständnisse entlockt worden waren.

Solche ›harmloseren‹ Praktiken waren entnervend genug für Menschen, die in der Zentrale des bürokratisierten Terrors nicht einen Augenblick daran zweifeln konnten, daß die Gestapo-Funktionäre wahrmachen würden, was sie da kaltblütig androhten. Zweifellos aber hätte die Gestapo schlimmer gefoltert, wären die Eingekerkerten zurückhaltender gewesen.

Dennoch erklären — tatsächliche oder angedrohte — Mißhandlungen allein noch nicht die Selbstpreisgabe der verhafteten Freunde Schulze-Boysens. Was sie vor den Verhörscheinwerfern der Gestapo zu Fall brachte, war die »plötzliche moralische Aufweichung und das unvermittelte Nachlassen des Kampfwillens, psychologische Vorstufe der Unterwerfung«, wie David Dallin urteilt[132]. Die antifaschistischen Legendenschreiber stilisierten später das Verhalten der Häftlinge zu einem heroischen Martyrium empor — in Wahrheit waren die Zellen der Prinz-Albrecht-Straße stumme Zeugen eines menschlich-moralischen Zusammenbruchs, der in der Geschichte der Spionage einmalig sein dürfte.

In den Einzelzellen der Gestapo isoliert, von der Außenwelt abgeschnürt, von den raffinierten Vernehmern des totalitären Polizeiapparats malträtiert, geriet die antifaschistische Front ins Wanken, weil sie konträrste Elemente in sich barg, die der letzten und brutalsten Prüfung nicht gewachsen waren: Idealisten und Abenteurer, Spione und Widerstandskämpfer, NS-Gegner und Opportunisten, Menschen des Engagements und des sinnlosen Zufalls. Was sollten sie noch miteinander gemeinsam haben, der gläubige Hitler-Jünger Herbert Gollnow und der kompromißlose Stalin-Verteidiger Schulze-Boysen, der Bekenntnischrist Gehrts und der marxistische Doktrinär Harnack, der linkssozialistische Theoretiker Rittmeister und der Opportunist Kummerow, die Wahrsagerin Anna Kraus und der sowjetdeutsche Fallschirmspringer Koenen? Selbst der konsequente Harnack gestand, aus welchen Gründen auch immer, er hätte als Deutscher im Krieg nicht so handeln dürfen, wie er gehandelt habe[133]. Cato Bontjes van Beek: »Mama, es ist kein besonders großer Ruhm, mit dieser Sache etwas zu tun zu haben.«[134]

Woran konnten sie auch noch glauben, nachdem sie erfahren hatten, daß die Organisationen der Roten Kapelle in Westeuropa zerschlagen worden und, schlimmer noch, deren sowjetische Anführer in den Dienst von Himmlers Gestapo getreten waren? Rüsteten sich doch die verhafteten Sowjetoffiziere, ihren neuen deutschen Herren bei der Überführung des letzten Rote-Kapelle-Agenten behilflich zu sein! Schon hatte sich herumgesprochen, daß im Keller der Prinz-Albrecht-Straße der gefangengenommene Chefagent Kent saß und für die Gestapo umfangreiche Memoranden über seine Zusammenarbeit mit Schulze-Boysen und Harnack schrieb[135].

Die Meldungen von den Fronten ließen ihnen auch keine Hoffnungen mehr. Hitler und seine Verbündeten stürmten dem Höhepunkt ihrer Macht entgegen: im Kaukasus, wo die

Rote Armee ihre letzte Stunde zu erleben schien, in Nordafrika, wo der Wüstenfuchs Rommel die britischen Truppen vor sich hertrieb, im Fernen Osten, wo das Empire und Amerikas asiatisches Imperium unter den japanischen Angriffen zerbrachen.

Nur Schulze-Boysen wollte das Spiel noch immer nicht verloren geben, bis zuletzt blieb er dem Irrationalismus seines Lebens treu: In der Zelle hatte er sich einen Plan ausgedacht, mit dem er die Verurteilung seiner Freunde verhindern zu können glaubte. Schon Ende September war von dem Agentenchef angedeutet worden, er habe Geheimdokumente der Reichsregierung nach Schweden geschmuggelt, die im Falle einer Veröffentlichung die Führer des Dritten Reiches auf die peinlichste Art bloßstellen würden. Kopkow und Panzinger waren so beeindruckt, daß sie sofort Schulze-Boysens Vater, der inzwischen wieder in die Marine eingerückt war und als Stabschef des deutschen Marinebefehlshabers in den Niederlanden diente, kommen ließen und um seine Hilfe baten[136]. Was es mit den Schweden-Papieren auf sich hatte, notierte sich der Fregattenkapitän Erich Edgar Schulze: »Im Falle, daß er [Schulze-Boysen] oder seine Freunde zum Tode verurteilt würden, sollten diese Dokumente der englischen oder Sowjetregierung übergeben und von diesen veröffentlicht werden. Für den Fall, daß seine Pläne unentdeckt blieben, Deutschland den Krieg verliert und die Hitler-Regierung gestürzt wird, sollten die Dokumente ihn und seine Gruppe als zur Führung einer neuen deutschen Regierung geeignet ausweisen.«[137]

Panzinger machte dem Vater Schulze ein Angebot: Könne er seinen Sohn bewegen, die Papiere nach Deutschland zurückzuholen, so werde man im Prozeß gegen Schulze-Boysen den Landesverratsvorwurf fallenlassen und nur auf Hochverrat plädieren. Gehorsam machte sich der Fregattenkapitän an die Arbeit, doch Schulze-Boysen wies den Vater ab[138].

Erst Anfang Oktober ließ er sich scheinbar umstimmen. Er schlug ein Tauschgeschäft vor: Auslieferung der Schweden-Papiere gegen das Versprechen der Gestapo, die zu erwartenden Todesurteile gegen Schulze-Boysen und seine Freunde nicht vor Weihnachten 1943 zu vollstrecken — bis dahin hielt er das Kriegsende für gekommen[139].

Kaltblütig stimmte Kopkow dem Handel zu, wußte er doch, daß die für die Vollstreckung von Todesurteilen zuständigen Organe sich niemals um Gestapo-Versprechen kümmern würden. Wieder mußte Fregattenkapitän Schulze anreisen, am 12. Oktober trat er abermals vor seinen Sohn. Da aber gestand Schulze-Boysen, es gebe gar keine Schweden-Papiere — er habe die Geschichte nur erfunden, um seinen Freunden zu helfen[140]. Besorgt erkundigte sich Schulze, ob die Gestapo dennoch bei ihrem Versprechen bleibe. Strübing erinnert sich: »Kopkow hat etwa so geantwortet, daß er nicht autorisiert sei, ein solches Versprechen abzugeben.«[141] Schulze-Boysen verstand. Er hatte das Spiel vollends verloren.

In manchem Häftling aber wuchs der Zweifel an der Richtigkeit seines Handelns, nicht jeder teilte den glühenden Wunsch Horst Heilmanns, an der Seite des Gruppenchefs zu sterben. Auch Schulze-Boysen verriet Zeichen der Resignation. Immer deutlicher gewann der animalische Lebenswille die Herrschaft über alte Ideale; der Instinkt der Selbsterhaltung überschattete Maximen, die man einmal für unerschütterlich gehalten hatte. Der Lebenswille trieb manchen in die Dienste des verhaßten Regimes, allen voran Schulze-Boysen, der in einer seltsamen Stimmung zwischen Spott und Zynismus bei der Jagd auf ehemalige RLM-Freunde half. Libertas Schulze-Boysen hoffte auf die Rolle einer Kronzeugin der Gestapo, Kummerow bot vor seinem Selbstmord an, neue Waffen für die Wehrmacht zu konstruieren[142], und Koenen assistierte der Gestapo bei ihrem falschen Funkspiel mit Moskau[143]. Selbst Greta Kuckhoff begann schon, an Versen zu Ehren Adolf Hitlers zu formulieren[144].

Ein derartiger innerer Zusammenbruch aber bekräftigte die Verfolger der Roten Kapelle nur allzu sehr in ihren kleinbürgerlichen Instinkten und ihren antikommunistischen Wahnvorstellungen. So hatten sie sich immer den ›bolschewistischen Weltfeind‹ vorgestellt: ohne sittlichen Halt, jederzeit bereit, das eigene Vaterland zu verraten, Verächter nationaler Normen und bürgerlicher Moral.

Da das NS-Regime kein Interesse daran haben konnte, die Motive der einzelnen Freunde und Mitarbeiter Schulze-Boysens zu differenzieren, vielmehr alle in den diffamierenden Kollektivbegriff des Landesverrats pressen wollte, blieben auch die Handlanger dieses Regimes der Mühe enthoben, über die Beweggründe ihrer Häftlinge nachzudenken. Da lief mit erbarmungsloser Monotonie der Denkmechanismus nationalsozialistischer Funktionäre ab: Hier waren Gegner des Staates, Landesverräter gar, käufliche Agenten, womöglich noch Ehebrecher — also Kopf ab!

Schon Mitte Oktober hatte Gestapo-Müller den Fall für abgeschlossen gehalten und dem SS-Chef Himmler vorgeschlagen, die Angehörigen der Roten Kapelle sofort vor einem Volksgericht abzuurteilen[145]. Himmler trug den Vorschlag prompt ins Führerhauptquartier; er fand bei Hitler günstiges Echo. »Äußerst erregt«, wie sich Hitler-Adjutant Karl Jesko von Puttkamer merkte, befahl der Diktator, die Bolschewiken in den eigenen Reihen auszulöschen, augenblicklich und ohne Gnade[146].

Wenn jedoch Himmler gehofft hatte, Hitler werde ihn mit der Leitung des Verfahrens beauftragen, so sah er sich enttäuscht. Himmlers Rivale erhielt den Zuschlag: Hermann Göring sollte als Gerichtsherr die juristische Liquidierung der Gruppe Schulze-Boysen/Harnack überwachen[147]. Warum er damit beauftragt wurde, läßt sich nur erraten. Er war der zweite Mann des nationalsozialistischen Regimes, einige der wichtigsten Häftlinge (Schulze-Boysen, Gehrts, Gollnow, Heilmann) gehörten zur Luftwaffe — darum wohl die Beauftragung des ›Reichsmarschalls‹.

Er machte sich auf, den Befehl Hitlers auszuführen. Der letzte Akt im Drama der Berliner Roten Kapelle hatte begonnen.

6. Kapitel   Der Weg nach Plötzensee

Am Nachmittag des 17. Oktober 1942 berief Luftwaffen-Chef Hermann Göring den Oberstkriegsgerichtsrat Dr. Manfred Roeder, dienstaufsichtführenden Richter im Luftgaukommando III, in seinen Befehlswagen nahe der ukrainischen Stadt Winniza. Roeder erfuhr von seinem Reichsmarschall, es gehe um eine ›Geheime Reichssache‹ von äußerster Dringlichkeit.

Ein Ermittlungsbericht der Gestapo, den Göring-Adjutant Major Berndt von Brauchitsch dem Richter aushändigte, klärte Roeder auf: Es handelte sich um die Spionagegruppe Schulze-Boysen/Harnack. Der Richter sollte den Bericht lesen und sich am späten Abend bei Göring wieder einfinden. Als sich Roeder erneut bei seinem Chef meldete, hörte er nähere Einzelheiten[1].

»Mir wurde erklärt«, entsinnt sich Roeder, »daß unter strengster Geheimhaltung das Verfahren sofort summarisch gegen die 117 Verhafteten [der Berliner Roten Kapelle] durchgeführt werden solle. Der Führer billige den Vorschlag der Gestapo, den Prozeß vor dem Volksgericht abzuwickeln; Göring werde als Gerichtsherr das Verfahren überwachen, allerdings habe sich Hitler die Bestätigung der wichtigsten Urteile vorbehalten.«[2]

Roeder mißfiel das Projekt eines summarischen Volksgerichtsprozesses. Die strafrechtliche Schuldfrage, erläuterte er Göring, sei noch nicht in allen Fällen geklärt; die Schuldverhältnisse erschienen ihm so unterschiedlich, daß er starke Bedenken gegen ein summarisches Verfahren habe. Zudem komme schwerlich der Volksgerichtshof in Frage; es gehe um militärische Spionage, und dafür sei nach Paragraph 2 Absatz 4 der Kriegssonderstrafrechtsverordnung allein das Reichskriegsgericht (RKG) zuständig, das oberste Militärtribunal des Dritten Reiches[3].

Göring erschrak. Das könne er, gab Göring zu bedenken, dem Führer nicht zumuten, der gerade auf dieses Gericht äußerst schlecht zu sprechen sei. Ob Roeder denn Hitlers Reichstagsrede vom April 1942 mit ihren Ausfällen gegen die Juristen vergessen habe[4] — die seien doch eindeutig auf die Männer des Reichskriegsgerichts gemünzt gewesen!

Der Diktator trug den RKG-Richtern noch immer nach, daß sie sich seinem Wunsch widersetzt hatten, Anklage gegen Generale zu erheben, die im Winterkrieg 1941/42 ihre Verbände befehlswidrig aus den Stellungen vor Moskau herausgenommen hatten[5]. In dieser Eigenwilligkeit der Richter spiegelte sich die paradoxe Tatsache wider, daß sich in einem der abhängigsten Gerichte Deutschlands noch ein kleiner Rest rechtsstaatlicher Normen hielt, die in der übrigen Justiz längst von den Gehilfen nationalsozialistischer Rechtswillkür beseitigt worden waren. Das Reichskriegsgericht war ursprünglich nur ein Revisionsgericht gewesen, das über die Einheitlichkeit der Rechtsprechung wachen sollte, in diesem Falle: der Rechtsprechung innerhalb der Wehrmachtjustiz. 1938 aber hatte das Regime die Wehrmacht jedweden Rechtsmittels in sogenannten Kriegsstrafverfahren beraubt, wodurch auch das RKG aufhörte, Revisionsgericht zu sein; es war nur noch erstinstanzliches Gericht, zuständig für Hoch- und Landesverrat, Spionage und Wehrmittelbeschädigung[6]. Nichts konnte die Abhängigkeit des RKG deutlicher unterstreichen als der Umstand, daß seine Urteile nicht (wie bei anderen Gerichten) nach Ablauf einer bestimmten Rechtsmittelfrist rechtskräftig wurden, sondern erst nach Bestätigung durch einen höheren militärischen Kommandeur, in besonderen Fällen durch Hitler selbst[7]. Damit erschöpfte sich die Abhängigkeit des RKG noch nicht.

Das Reichskriegsgericht unterstand unmittelbar dem Oberkommando der Wehrmacht und mußte dessen Weisungen folgen; der Leiter der Rechtsabteilung des OKW überprüfte stets die Richtigkeit und Opportunität der RKG-Urteile, bevor er sie zur Bestätigung vorlegen ließ. Präsident des RKG war denn auch nicht ein unabhängiger Richter, er mußte vielmehr immer ein weisungsgebundener Offizier sein[8]. Zwar durften Berufsrichter den vier Senaten des Reichskriegsgerichts präsidieren, aber auch in jeder Hauptverhandlung sollte durch die Verteilung der Richtersitze die Vormachtstellung der weisungsgebundenen Offiziere gesichert werden: Neben zwei Berufsrichtern saßen drei Militärs im Generals- oder Admiralsrang[9]. Wann immer Militärs und Richter zusammenstießen, stets mußten die Juristen zurückweichen, weil sie weder Macht noch Unabhängigkeit besaßen. Wo freilich das natürliche Unabhängigkeitsstreben der Berufsjuristen mit der Verteidigung traditioneller Werte des preußisch-deutschen Militärs zusammenfiel, da offenbarte das Reichskriegsgericht eine Eigenständigkeit, die im Dritten Reich fast ein wenig sensationell wirkte. Im Kampf gegen die Aushöhlung der Wehrmacht durch die NS-Ideologie ließen die Militärs den Juristen nicht ungerne den Vortritt, zumal auf der Richterbank des RKG konservative Juristen saßen, deren forensische Kunst schon manchen stumpfsinnigen Militär umgestimmt hatte.

Profilierte Richterpersönlichkeiten wie Darmstadts ehemaliger Oberstaatsanwalt Dr. Alexander Kraell, Vorsitzender des Zweiten Senats des Reichskriegsgerichts[10], nutzten den Schutz des Militärs, um rechtsstaatliche Normen aufrechtzuerhalten — gegen den Widerstand der NS-Justiz, der Gestapo und der

Partei. Kraells Überredungskunst gelang es nicht selten, den soldatisch-phantasielosen RKG-Präsidenten, Admiral Max Bastian, ehedem Kommandant des Linienschiffes ›Schlesien‹[11], auf der schmalen Gratwanderung zwischen Rechtlichkeit und offenem Ungehorsam gegenüber dem Regime mitzureißen — vorausgesetzt freilich, er konnte nachweisen, das alles liege im Interesse der Wehrmacht.

Der Generaloberstabsrichter Dr. Rudolf Lehmann, Leiter der Rechtsabteilung des OKW, deckte meist die Entscheidungen des RKG und wußte sogar gelegentlich die Hilfe Görings zu mobilisieren, dem es von Zeit zu Zeit gefiel, den Militärs als ein vernünftiger, nationalsozialistischer Justizverachtung abholder Traditionalist zu erscheinen, solange er sich dabei nicht den Zorn Hitlers zuzog[12]. Doch der mißtrauische Diktator durchschaute die ›weichlichen‹ Touren des Reichskriegsgerichts, das er von Mal zu Mal mehr im Verdacht hatte, braune Rechtswahrer von der Wehrmachtjustiz fernhalten zu wollen.

Deshalb mußte Göring zurückschrecken, als ihm der Oberstkriegsgerichtsrat Roeder erklärte, allein das Reichskriegsgericht sei dazu berufen, die Spione der Roten Kapelle abzuurteilen. Göring befürchtete einen Konflikt mit seinem Führer und widersprach grob. Als sich Roeder nicht durchsetzen konnte, alarmierte er zwei ebenfalls im Befehlszug Görings weilende Bundesgenossen: den Senatspräsidenten Kraell und den Chef der Luftwaffenjustiz, Ministerialdirektor Christian von Hammerstein[13].

Hammerstein machte auch Bastian und Lehmann mobil, und zu fünft kam man rasch überein, Roeders Vorschlag zu unterstützen, da es nicht im Interesse der Wehrmacht liegen konnte, Offiziere und Soldaten vor dem allen Gestapo-Pressionen ausgelieferten Volksgerichtshof aburteilen zu lassen[14]. Lehmann, Hammerstein und Roeder wandten sich daraufhin an Göring.

Sie redeten so lange auf den schwankenden Hitler-Paladin ein, bis er nachgab[15]. Nur schweren Herzens wagte sich Göring Ende Oktober vor seinen Führer und empfahl ihm, den Rote-Kapelle-Prozeß dem Reichskriegsgericht zu übertragen. Um dem befürchteten Zorn Hitlers zuvorzukommen, schlug er vor, Roeder solle mit der Anklagevertretung betraut werden. Hitler stimmte zu, denn der Oberstkriegsgerichtsrat Roeder galt als einer der härtesten und regimetreuesten Militärrichter[16].

Einige Tage später zog Ankläger Roeder mit zwei Sekretärinnen, den Damen Adelheid Eidenbenz und Erika Strey, in die Zimmer des Reichsluftfahrtministeriums, in denen vorher der Generalstabschef der Luftwaffe, Generaloberst Jeschonnek, amtiert hatte[17]. Später kam noch der Kriegsgerichtsrat Werner Falkenberg vom Feldgericht des Luftgaukommandos III zur Unterstützung Roeders hinzu[18].

Roeder mußte noch zwei Wochen warten, ehe sich das Reichssicherheitshauptamt bequemte, die Vernehmungsprotokolle der Gestapo an die Reichskriegsanwaltschaft, die Anklagebehörde des RKG, der auch Roeder als ›Sonderbeauftragter des Reichsmarschalls‹ formell unterstellt war, abzugeben. »Anfang November«, so Roeder, »gingen die ersten Akten ein mit dem Abschlußbericht der Geheimen Staatspolizei, und zwar die Akten Schulze-Boysen, Harnack, Graudenz und Coppi. Einige Tage später gingen die Akten Schumacher ein, es fehlten aber die für das Verständnis der ganzen Angelegenheit noch notwendigen Akten Kent alias Vincente Sierra.«[19]

Denn inzwischen, am 12. November, war in Marseille der ehemalige Chefagent Kent verhaftet und nach Belgien gebracht worden, wo ihn die Gestapo verhörte[20]. Schon die ersten Aussagen Kents machten den Vernehmern deutlich, daß ein großer Teil des Nachrichtenmaterials der Berliner Agentengruppe über Kent nach Moskau gelangt war — mit Kent ließ sich also mühelos nachweisen, daß Schulze-Boysens Freunde für die Sowjets gearbeitet hatten. Roeder schickte einen Beamten nach Brüssel, der dort die Kent-Protokolle abholte; ein paar Tage später wurde der Chefagent selbst in die Prinz-Albrecht-Straße überführt[21].

Mitte November besaß der Oberstkriegsgerichtsrat alle Rote-Kapelle-Akten[22]. Manfred Roeder konnte mit seiner düsteren Arbeit beginnen. Von nun an war die Geschichte der Roten Kapelle weitgehend seine Geschichte, die Chronik ihres Untergangs seine Chronik. Der »Blutrichter«, wie ihn Greta Kuckhoff nannte[23], wurde für die Häftlinge zu einem Alpdruck.

Roeders martialisches Auftreten war nur allzusehr dazu angetan, ihn als den eigentlichen Bösewicht des Stücks erscheinen zu lassen. Seine barsch-zackige, an Zynismus grenzende Art bedrückt noch heute die Überlebenden der Roten Kapelle so heftig, daß sie Roeder als Mörder und Unmenschen verteufeln. Für Falk Harnack, den Bruder des Rote-Kapelle-Führers, ist er »einer der blutigsten und grausamsten Verfolger deutscher Antifaschisten«[24], Greta Kuckhoff hält ihn für einen Quäler »aus persönlicher Machtgier und Rachelust«[25], der Mutter von Heinz Strelow dünkt er »lediglich ein Gestapoagent«[26], und Marie-Louise Schulze nennt ihn gar »ein Tier von einem Menschen, von einer Roheit, die unbeschreiblich ist«[27]. Auch Adolf Grimme urteilte, Roeder habe sich »als einer der unmenschlichsten, zynischsten und brutalsten Nationalsozialisten erwiesen, die mir überhaupt begegnet sind«[28].

In ihrem leidenschaftlichen Zorn über den Ankläger bildeten sich die Häftlinge ein, Roeder besitze eine nahezu magische Macht über Generale, Richter und NS-Führer. Er habe »sein ständiges Zimmer in der Prinz-Albrecht-Straße« gehabt, weiß Greta Kuckhoff zu berichten; »ein Flugzeug stand stets bereit, damit er ohne Verzögerung Hitler und Göring Bericht erstatten könne«[29]. Mit seinen Drohungen habe er das Reichskriegsgericht »gefügig gemacht«[30].

»Seine Position war so gewaltig«, vermutet Jan Bontjes van Beek, »daß er die Menschen hätte retten können, wenn er gewollt hätte.«[31] Nach Falk Harnack machte »der bekannte Mörder zahlloser deutscher und ausländischer Antifaschisten« durch seine Interventionen bei Hitler »eine Verteidigung oder Hinauszögerung unmöglich«[32]. Und die Mutter von Liane Berkowitz hielt dafür, Roeder habe »diesen Schauprozeß nur zum Gefallen des damaligen Reichsführers-SS Himmler getan«[33].

Diese Berichte und Urteile spiegeln freilich nur die haltlosen Gerüchte wider, die in den Zellen der Häftlinge umliefen; sie gehen an der Wirklichkeit völlig vorbei. Das wartende Flugzeug war ebenso Legende wie Roeders ständige Besuche im Führerhauptquartier — er hat Hitler nie Vortrag gehalten. Seine dämonische Macht über das Gericht — eine Mär. Sein Zimmer im Reichssicherheitshauptamt — ein Mißverständnis. Seine Anbiederungen bei Himmler — ein Phantasieprodukt.

Dennoch konnte Roeder nach dem Krieg, als westdeutsche Staatsanwaltschaften sein Verhalten zu klären versuchten, nicht alle Vorwürfe gegen sich entkräften. Auffallend blieb immerhin, daß die Überlebenden der Roten Kapelle nur ihn belasteten, nicht aber einen der RKG-Richter, die Todesurteile und harte Zuchthausstrafen verhängt hatten. Einmal mehr wurde deutlich, daß die Geschichte der deutschen Militärjustiz kaum einen umstritteneren Richter kennt als Roeder.

Selbst viele Kameraden und Vorgesetzte mochten den ehrgeizigen und ruhmsüchtigen Ankläger nicht. Mancher wird dem Generalrichter Dr. Eugen Schmitt zugestimmt haben, der sich fragte, »weshalb sich Roeder den Haß so vieler Menschen zugezogen« habe. Schmitt: »Mein allgemeines Urteil über Roeder ist, daß es ihm etwas an Gemüt fehlt, daß er nicht das normale Gefühl für das Leiden anderer Menschen hat, so daß es ihm nichts ausmachte, sich Vollstreckungen anzusehen oder unangenehme Aufträge zu übernehmen.«[34]

Der Holsteiner Manfred Roeder, Jahrgang 1900, Sohn eines Kieler Landgerichtsdirektors, im Ersten Weltkrieg Leutnant des Feldartillerie-Regiments 83, dann im bunten Wechsel Student, juristischer Firmenberater, Gutsbewirtschafter und wieder Student, 1934 für kurze Zeit Richter an Berliner Amtsgerichten, dann rasch in die Militärjustiz hinübergewechselt, gehörte schwerlich zu den bedeutenderen Figuren der deutschen Richterschaft[35]. Manche hielten ihn, der sein Referendarexamen mit der Note ›Vollausreichend‹ und seine Assessorprüfung nur mit Aktenvermerk bestanden hatte, für einen recht durchschnittlichen Juristen[36].

»Für einen guten Richter war er zu kalt und zu einseitig«, urteilte Kraell[37]. Roeders harte Verhandlungsmethoden gaben immer wieder zu Beanstandungen Anlaß, hinter sich zog der Militärrichter eine breite Spur von persönlichen Anrempelungen, Dienstaufsichtsbeschwerden und Disziplinarverfahren. Mancher Offizier rebellierte gegen Roeders grobe Touren — bis hin zu dem Schlag, den ihm der Kommandeur der Division ›Brandenburg‹ verabreichte, weil er seine Truppe von Roeder beleidigt glaubte[38].

Je weniger sich aber Roeder als Richter respektiert fühlte, desto aggressiver kehrte er den polternden und rauhbauzigen Soldaten hervor, der er gar nicht war. Denn er gehörte zu den wenigen Militärrichtern, die Görings Forderung nicht erfüllen konnten, jeder Luftwaffen-Richter müsse zumindest Reserveoffizier sein; im Kameradenkreis erzählte man sich sogar, die Luftwaffe habe bei Beginn der deutschen Wiederaufrüstung den Antrag des Weltkrieg-I-Leutnants Roeder um Aufnahme in die Göring-Truppe abgelehnt[39].

Was immer daran wahr sein mochte — der Militärrichter Roeder begegnete Offizieren mit einem Mißtrauen, in dem die Betroffenen Spuren von Haßgefühlen zu erkennen glaubten[40]. Desto beliebter war er bei seinen Untergebenen, für die der Grobian fast rührend sorgte. Stets stellte er sich vor seine Mitarbeiter, und wenn es galt, Korruption und Herrenwahn unter höheren Chargen aufzuspüren, gab es keinen mutigeren Wahrheitsapostel als Manfred Roeder[41].

Seine Ernennung zum dienstaufsichtführenden Richter im Luftgaukommando III brachte ihn schließlich auch in die vordersten Reihen der militärischen Justiz[42]. Da zum Luftgaukommando III auch die Reichshauptstadt mit ihren Ministerien und Kommandobehörden gehörte, fielen Roeder automatisch die großen, politisch bedeutsamen Fälle der Luftwaffe zu.

Der Selbstmord des Generalluftzeugmeisters Ernst Udet, des Teufels General, im November 1941 bot Roeder die Chance seines Lebens. Udets Ende hatte die militärische Hierarchie des Regimes so geschockt, daß Göring den mysteriösen Fall gründlich untersuchen lassen mußte, zumal der Verdacht bestand, der Selbstmord des Generals habe das Versagen der deutschen Luftrüstung verschleiern sollen, für das Udet verantwortlich gewesen war[43]. Hammerstein erhielt als Chef der Rechtsabteilung des Reichsluftfahrtministeriums den Auftrag, eine Untersuchungskommission aus Richtern des Reichskriegsgerichts zusammenzustellen; Hammerstein entschied sich für die RKG-Mıtglieder Kraell, Ernst und Grell — Kraell übernahm den Vorsitz. Zur Unterstützung der Kommission wurde später auch Roeder abkommandiert, der sich als ein findiger Untersuchungsführer erwies[44]. Nicht zuletzt dank seinem Spürsinn wurde von der Kommission »festgestellt, daß Udet seine Pflichten in sträflicher Weise vernachlässigt hatte und, nachdem das aufkam, sich erschossen hat« — so Hammerstein[45].

Die Udet-Untersuchung begründete den Ruf Roeders, ein scharfsinniger, instinktsicherer und hart zupackender Staatsanwalt zu sein. Hatte er einmal eine Spur entdeckt, so konnte nichts und niemand ihn daran hindern, das Opfer bis zum letzten Atemzug zu jagen und es zu stellen. Der OKW-Justitiar Lehmann spöttelte: »Wir müssen den Roeder aus der Untersuchung herausnehmen, er ist imstande und verhaftet uns noch den Papst.«[46]

Wichtiger für Roeders Aufstieg aber war, daß ihn der Fall Udet in eine enge persönliche Verbindung zu Göring gebracht hatte. Dem Luftwaffen-Chef gefiel die Art Roeders; dessen Geschwätzigkeit und Poltereien gegenüber der militärischen Hierarchie berührten in Göring eine verwandte Saite. »Er verstand, sehr elegant vorzutragen, und wußte, was Göring gerne hörte«, berichtet Hammerstein, stets ein bißchen neidisch auf den erfolgreicheren Konkurrenten. »Er erzählte auch nebenbei so kleine Geschichten und machte sich auf diese Weise sehr beliebt.«[47] Göring war in der Tat von Roeder so angetan, daß er ihn unter Beibehaltung von Roeders bisheriger Dienststellung zu seinem Sonderbeauftragten beim Reichskriegsgericht ernannte[48]. So war Roeder der erste Anwärter auf die Star-Rolle eines Anklägers, als Göring die Leitung des Prozesses gegen die Berliner Rote Kapelle übertragen wurde.

Die konservativen Herren des Reichskriegsgerichts zeigten sich von dem neuen Kollegen weniger erbaut. Senatspräsident Kraell (»Roeder ist kein großer Jurist, sein theoretisches Wissen übersteigt nicht den Durchschnitt«) fand, daß »Roeders Art mitunter polizeimäßig« wirke und seine Plädoyers »nicht den Anforderungen des Reichskriegsgerichts entsprachen«[49]. Auch dem Beisitzer Schmitt kamen Bedenken: »Er war der Typus eines Anklagevertreters, der sich schlecht zum Richter eignet. Nach meinem Empfinden renommierte er zu sehr mit seinen Erfolgen als Untersuchungsführer. Er wurde deshalb im Kollegenkreis oftmals nicht ganz für voll genommen.«[50] Was ihm an juristischer Brillanz fehlte, suchte Roeder durch regimefrommen Eifer wettzumachen. Er wurde zum Schrecken der Beschuldigten, jeder konnte Beispiele von Roeders NSkonformer Großmannssucht nennen — auch die Angeklagten der Roten Kapelle und ihre Angehörigen.

»Das könnte Ihnen so passen! Wir schaffen keine Märtyrer. Wie stehen Sie überhaupt zum nationalsozialistischen Staat?!« fuhr er Falk Harnack an, der eine Bitte vorgetragen hatte[51]. Nicht selten kam es zu heftigen Szenen mit den Angeklagten. Als Schulze-Boysens Mutter Roeder fragte, was man ihrem Sohn vorwerfe, gab er erregt zurück: »Hoch- und Landesverrat in größtem Ausmaß. Ihr Sohn hat sich dafür bezahlen lassen.« Frau Schulze sprang von ihrem Stuhl auf und schrie: »Das ist nicht wahr!« Da stürzte auch Roeder hoch und brüllte: »Ich möchte Sie darauf aufmerksam machen, daß Sie vor dem Vertreter des höchsten deutschen Gerichts stehen und daß Sie die Folgen dieser Beleidigung zu tragen haben.«[52]

Auch andere hatten manche »große Auseinandersetzung mit Dr. Roeder, dessen Kälte und Brutalität mir mein ganzes Leben lang unvergessen bleiben wird« — so Elsa Boysen, die Tante Schulze-Boysens[53]. Und der Vater von Ursula Goetze konnte den Anblick Roeders nicht mehr loswerden, wie er da »blasiert in seinem Sessel lehnte und eine Zigarette nach der anderen rauchte, ohne sich in irgendeiner Weise um mich zu kümmern«[54].

Seine Auftritte entsprachen freilich weniger nationalsozialistischem Fanatismus als eigenem Ehrgeiz und persönlicher Eitelkeit; die Polterreden paßten so recht in das Bild, das er sich von einem gefürchteten Ankläger machte. Wenn er jedoch die Robe des Anklägers auszog und in einem Kriegsgerichtsverfahren selber den Vorsitz führte, dann erwies er sich meistens als »sehr milde«, wie einer seiner Kriegsrichter, der NS-Gegner und spätere Staatsanwalt Graf Westarp, bezeugt[55]. Denn trotz aller NS-Treue war der Jurist Roeder den nationalsozialistischen Rechtsverkürzungen eines Freisler abhold. Er verwahrte sich gegen die Einmischung der Gestapo in die gerichtliche Voruntersuchung ebenso wie gegen die Praktik des RSHA, den Untersuchungshäftlingen Gestapo-Spitzel in die Zellen zu legen[56]. Wann immer ihm Häftlinge gefesselt vorgeführt wurden, ließ er ihnen sofort die Handschellen abnehmen[57]. Er wachte auch über den formalrechtlichen Schutz der Verhafteten.

Bei Frauen fiel es ihm zuweilen besonders schwer, die Rolle des erbarmungslosen Anklägers durchzuspielen. »Lassen wir sie laufen!« kommentierte Roeder, als Mildred Harnack zunächst zu einer Zuchthausstrafe verurteilt wurde[58], und der Häftling Eva Rittmeister, von Beruf Schauspielerin, revanchierte sich im Büro des Anklägers für dessen faire Haltung während des Prozesses mit der Privatrezitation aus einem Gretchen-Monolog des »Faust«; sie schenkte ihm sogar ein

Photo von sich mit der Widmung: »In Dankbarkeit für Ihr loyales Verhalten. Ihre Eva Rittmeister.«[59]

Bei Göring setzte er sich wiederholt dafür ein, die Todesstrafen verurteilter Frauen in Haftstrafen umzuwandeln. Als er später in Frankreich und Belgien den Kriegsgerichtsverfahren gegen die dortigen Rote-Kapelle-Spione vorsaß, kam manche Angeklagte mit einer auffallend geringen Strafe davon[60]. Und die Frau des Angeklagten Henniger wollte noch nach dem Kriege an der honorigen Behandlung ihres Mannes durch den Ankläger nachweisen, daß Roeder »nicht nur ›unmenschlich‹, sondern auch menschlich-mitfühlend sein konnte«[61].

Solche Episoden bestätigten, daß Roeder mit dem Standardbegriff des ›Nazirichters‹ nur ungenau charakterisiert wird. Der ehemalige ›Stahlhelm‹-Anhänger, SA-Mann (bis 1935) und Nicht-Parteigenosse konnte denn auch in der Ära der Entnazifizierung auf mancherlei Persilscheinen nachweisen, daß er der Partei ferngestanden, in der kirchenfremden Luftwaffe christliche Bestrebungen gefördert und die »Exzesse« des NS-Regimes mißbilligt habe[62].

Tatsächlich verkörperte Dr. Manfred Roeder eher den autoritär-reaktionären Richter, stand er für die konservative Variante des Nationalsozialismus, deren Anhänger im Staat Adolf Hitlers eine Fortsetzung des Kaiserreiches sahen. Nicht die nationalsozialistische Ideologie, allein der verabsolutierte, mit pseudoreligiösen Emotionen umgebene Staat war der Kompaß seines Handelns.

Wie viele seiner Generations- und Standesgenossen vertrat Roeder eine bürgerlich-konservative Staatskonzeption, die eine seltsame Eigenexistenz hinter der nationalsozialistischen Einheitsfassade des Dritten Reiches führte: oft mißbraucht und deformiert von den braunen Emporkömmlingen, aber stets zur Hand, wenn es galt, die Staatsautorität durchzusetzen. Welche Autorität? Die des Staates schlechthin, der von den juristischen Funktionalisten nicht anders als absolut, unabhängig von jeder politischen oder gesellschaftlichen Ordnung, interpretiert wurde.

Hinzu kam die Glorifizierung militärischer Werte, die jener Generation eigentümlich war. Dem blessierten Weltkrieg-I-Veteranen Roeder, im Oberschenkel verwundet, Opfer eines Giftgasangriffes, Träger des Eisernen Kreuzes II. Klasse und des Verwundetenabzeichens, schien nichts ungeheuerlicher, als den Sinn soldatisch-patriotischer Aktivität anzuzweifeln[63]; er konnte sich die Tätigkeit deutscher Menschen im Krieg nicht anders vorstellen denn in widerspruchsloser Eingliederung in den militärischen Apparat, mochte nun der Staat ein braunes oder ein schwarzweißrotes Vorzeichen tragen. Eben dies machte den Ankläger Roeder zu einer Symbolfigur jener Denkformen und Verhaltensweisen der deutschen Führungsschicht, die sich in die Bundesrepublik hinübergerettet haben und noch heute das Bild der Berliner Roten Kapelle bestimmen. Roeder hing einem totalitären Vaterlandsbegriff an, in dem die innerste Natur des Hitler-Regimes ignoriert wurde; Kommunisten und pazifistische Widerständler hatten in ihm keinen Platz. Was so verschiedene Männer wie den Scharfmacher Roeder, den aristokratischen Senatspräsidenten Kraell und den konservativen Rote-Kapelle-Jäger Harry Piepe miteinander verband, war der Glaube, auch der Staat der Konzentrationslager und der Unfreiheit habe ein Anrecht auf die Loyalität seiner Bürger. Widerstand gegen den Staat, zumal im Krieg und dann auch noch mit Hilfe der Sowjets, war in ihrer Sicht ein Verbrechen, das gnadenlos bestraft werden mußte.

Bis heute wehren sie sich erbittert gegen die Erkenntnis, daß auch die Spionagearbeit eines Schulze-Boysen, wie fragwürdig sie gewesen sein mag, Elemente des innerdeutschen Widerstandes in sich barg. »Das waren doch alles nur Landesverräter, mit Widerstand hatte das nichts zu tun«, zürnt Ex-Hauptmann Piepe, wenn man ihn zu diesem Thema befragt[64], und auch Kraell erklärte noch nach dem Krieg mit sichtlicher Empörung, er »widerspreche dem Versuch, die ›Rote Kapelle‹ als eine primär innenpolitische Widerstandsbewegung anzusprechen«[65]. Die Formulierung enthüllt, daß der Rechtsstaatsanhänger Kraell sich in seiner staats- und gesellschaftspolitischen Mentalität kaum von dem Ankläger Roeder unterschied. Kraell blieb dabei: Die Rote Kapelle Schulze-Boysen/Harnacks »war in allererster Linie und im Kern eine Spionageorganisation zugunsten Sowjetrußlands. Die hochverräterische Betätigung war Nebenzweck und Mittel zum Zweck. In dem Augenblick, in dem die Vorkämpferin des Kommunismus [die Sowjetunion] als der militärische Gegner Deutschlands auf den Plan trat, war jede Unterstützung des Kommunismus zugleich eine Unterstützung des militärischen Gegners.«[66]

Eine solche historisch falsche, politisch fragwürdige Gleichung besagte praktisch, daß der ultralinke Widerstand gegen das Regime eine Förderung des Kommunismus und mithin eine Unterstützung des sowjetischen Kriegsgegners sei; folglich mußte jeder Hochverrat (= innenpolitischer Kampf zum Sturz einer Staatsführung) zugleich Landesverrat (= Zusammenarbeit mit dem und Spionage für den Kriegsgegner) sein.

Diese Logik aber schrieb zwingend vor, bei den Tätern der Roten Kapelle unter keinen Umständen eine Berücksichtigung innenpolitischer Beweggründe zuzulassen. Wer das Dritte Reich als *den* deutschen Staat verabsolutierte, gleichsam seinen spezifisch nationalsozialistischen Charakter leugnete, konnte nicht anerkennen, daß es Menschen gab, die aus Empörung über ganz bestimmte Erscheinungsformen dieses NS-Staates Widerstand leisteten.

Hier liegt denn auch der Punkt, der den Rote-Kapelle-Fall des Dritten Reiches von ähnlichen Hoch- und Landesverratsfällen anderer Staaten unterscheidet. Auch die alliierten Länder kannten strenge Feindbegünstigungs-Gesetze (wenn sie auch meist die Todesstrafe aussparten), aber ihre Gerichte differenzierten stärker zwischen Hoch- und Landesverrat. Sie erklärten nicht zu schimpflichem Verrat, was Sorge um das Land war.

Nicht daß der Ankläger Roeder die kommunistischen Spione vor Gericht stellte, ist ihm anzulasten; er war als Staatsanwalt weisungsgebunden, er konnte nur im Rahmen der vorhandenen Gesetze agieren. Zu keiner Zeit hat er auch nur einen Paragraphen des Zivil- oder Militärstrafrechts verletzt. Seine wahre historisch-menschliche Schuld liegt darin, daß er die Todesstrafe für Menschen verlangte, die niemals an der Spionagearbeit Schulze-Boysens mitgewirkt hatten, ja sie sogar vereinzelt mißbilligten und mit dem Agentenchef gebrochen hatten.

Auch dies tat Roeder nicht aus purer Lust; er handelte auch hier im Auftrag seiner Oberen, freilich mit jenem fürchterlichen Eifer, mit dem subalterne Geister die Exekutivbefehle ihrer Vorgesetzten ausführen, wenn es gilt, auch den eigenen Ehrgeiz zu befriedigen. Immer wieder verlockte es ihn, die Freunde und Mitarbeiter Schulze-Boysens in das düstere Licht unehrenhafter Motive zu tauchen.

Manfred Roeder war entschlossen, ihnen viele Motive zu attestieren – mit Ausnahme des einen zentralen, ohne das die Geschichte der Roten Kapelle undenkbar ist: das Motiv des politischen Widerstandes. Für den Ankläger war und blieb es »eine historische Lüge, wenn man behauptet, die ›Rote Kapelle‹ sei als Widerstandsorganisation gegen Hitler aufgebaut worden«[67]. Sie war nichts als »ein getarnter Feind, der aus dem Hinterhalt mit neuartigen, aber heimtückischen Methoden arbeitete, der die Wörter Freiheit, Menschenliebe, Vaterlandsliebe nur im Munde führte«[68].

Zwei Wochen angestrengten Aktenstudiums genügten, in Roeder das Bild einer gigantischen Verschwörung dunkler Existenzen entstehen zu lassen[69]. Da waren sie und übten ihr ruchloses Handwerk aus: »Spieler aus Leidenschaft, kommunistische Fanatiker, seelisch zerrissene Grübler und Süchtige, unzufriedene Bürgerliche, Umstürzler aus Prinzip, von hemmungsloser Lebensgier Getriebene, illegale kommunistische

Kuriere, Agenten und Saboteure, Fahnenflüchtige und Emigranten.«[70]

Hatten sie politische Motive gehabt, die über das normale Maß kommunistischer Linientreue hinausgingen? Roeder mußte das verneinen. Seine bürgerlich-nationalistische Vorstellungswelt erlaubte ihm allenfalls, den kommunistischen Funktionären und KP-Anhängern idealistische Beweggründe zu unterstellen, denn es gehörte zu den wunderlichen Glaubenssätzen des autoritären Antibolschewismus, Kommunisten seien immer fanatisch und stur, gleichsam selbstmörderisch jederzeit bereit, sich für Moskau zu opfern.

Dem KPD-Mann Wilhelm Guddorf wollte Kraell, darin zweifellos einig mit Roeder, stets »das Zeugnis ausstellen, daß er lediglich als Idealist aus politischer Überzeugung gehandelt hat«[71], und dem Fallschirmspringer Heinrich Koenen bezeugte Roeder seinen Respekt[72]. Auch andere Apparatschiks des Weltkommunismus erhielten erstaunlich gute Noten, ja sie konnten von der Anklagebehörde gar nicht hoch genug gehoben werden, wollte man mit ihnen doch den Nachweis führen, die Rote Kapelle habe nicht gegen den NS-Staat, wohl aber gegen Deutschland schlechthin intrigiert.

Wer freilich nicht dem KP-Apparat angehörte, gleichwohl Kommunist war, mußte auf Roeders gefährliches Wohlwollen verzichten. Es paßte nicht in das antibolschewistische Weltbild des Anklägers, daß auch Menschen aus ›guter Familie‹ den Kommunismus akzeptieren konnten. Da er innenpolitische Beweggründe, Motive des antinationalsozialistischen Widerstandes, ignorieren mußte, fand Roeder gängige Erklärungen: Opportunismus und Ehrgeiz. Selbst der asketische Doktrinär Harnack wurde zu einem Mann von »charakterlicher Gespaltenheit«, weil er angeblich Wirtschaftsminister einer deutschen Räterepublik hatte werden wollen[73], und auch Schulze-Boysen kreidete er dessen Kriegsminister-Ambitionen an[74]. Adam Kuckhoff geriet zu einem Opportunisten, der sich als Schriftsteller nicht durchgesetzt habe[75], während Graudenz untergeschoben wurde, allein aus Besitzerhaltungsinstinkt in sowjetische Dienste getreten zu sein[76].

Doch das genügte Roeder noch nicht. Schulze-Boysen mußte als Zentralgestalt voll niederer Instinkte aufgebaut werden, als der große Verführer, der junge Menschen ins Verderben gezogen hatte. Was aber verführte die Menschen? Roeder wußte es nicht anders: Geld und Frauen.

Der Begriff ›Verratsgelder‹ erschien Roeder bald als das Schlüsselwort, das ihm alles erklärte. Bei ihm wurde es zur Manie, sowjetische Spionagehonorare überall dort zu wittern, wo Schulze-Boysen und seine engsten Freunde agiert hatten. Die Anschaffung eines Segelbootes durch Schulze-Boysen —

Verratsgelder[77]. Die Erwerbung eines Grundstücks in Teupitz
— Verratsgelder[78]. Die Beschaffung von Lederwaren bei einer
Reise durch die Niederlande — Verratsgelder[79].

Unermüdlich zeigte er sich in der Aufdeckung immer neuer
Geldspuren. Im Kleiderschrank von Grimmes Frau waren
2000 Reichsmark gefunden worden, die Kuckhoff seinem
Freund Grimme zur Aufbewahrung gegeben hatte — es waren
natürlich Verratsgelder[80]. Die Gräfin Brockdorff hatte sich
ihren Ehemann mit Geld dunkler Herkunft »gekauft«[81], der
Altkommunist Hübner als vermeintlicher »Bankier der Roten
Kapelle« mit einer Barschaft von 230 000 Goldmark die Organisation
gestützt[82]. Kurzum: »Alle, die in Moskaus Diensten
standen, sind für ihre Tätigkeit, die ungezählten deutschen
Soldaten, Frauen und Kindern das Leben kostete, von
den Sowjets bezahlt worden.«[83]

Wo er aber keine Verratsgelder nachweisen konnte, da erblickte
der bürgerliche Moralist Roeder das wüste Treiben von
Sexualprotzen und Ehebrechern. Noch heute, ein Vierteljahrhundert
später, weiß er detailliert anzugeben, wer mit wem
was getrieben hat. Schulze-Boysen unterhielt danach »Verhältnisse
zu Oda Schottmüller, Gräfin Brockdorff, Frau Schumacher
und 2 Stenotypistinnen im RLM, Attaché-Gruppe«[84],
während Roeder Libertas Schulze-Boysen zur Lesbierin erklärte,
die zudem auch mit anderen Männern verkehrt habe[85].
Ihre Schwiegermutter fragte der Ankläger Roeder empört, ob
sie »wisse, daß meine Schwiegertochter Verhältnisse mit drei
oder vier Männern gehabt habe und dabei sogar nicht einmal
in den Grenzen ihres Standes geblieben sei«[86]. Kein erotisches
Detail erschien Roeder zu nebensächlich, um ihm kriminalistische
Bedeutung beizumessen. Die Gestapo hatte Aktphotos
von Libertas Schulze-Boysen gefunden, die von Schumacher
aufgenommen worden waren — Roeder ließ nicht ab, sie
den Verwandten Schulze-Boysens vorzulegen, obwohl die
meisten fanden, die Photos würden jeder erregenden Note
entbehren[87]. In der Optik Roeders aber waren sie harte Indizien
für die vermeintlichen Orgien, die sich nach der Meinung
des Anklägers in Schulze-Boysens Wohnung abgespielt
hatten. Da waren, so malte es sich Roeders nimmersatte
Phantasie aus, »ständig ausgefallene Feste veranstaltet« worden,
auf denen »die weiblichen Gäste nicht mehr auf dem
Leibe tragen durften als das, was man auf 15 Punkte der
Kleiderkarte kaufen konnte — und das war äußerst wenig«[88].
Da hatte es die Gräfin Brockdorff über sich gebracht, »in
einer einzigen Nacht intime Beziehungen mit 4 sowjetischen
Agenten aufzunehmen«[89], da machte »leidenschaftliche Zuneigung
zu Frau Libertas Schulze-Boysen« den Literaten
Kuckhoff »zum willenlosen Werkzeug Moskaus«[90], da er-

reichte Ilse Stöbe bei ihren Opfern »mit Leidenschaft, was ihre Argumente nicht erzwangen«[91]. Selbst unter den harm- und arglosen Mitläufern Schulze-Boysens wollte Roeder nur noch Spuren der Erotik entdeckt haben. Bei den jugendlichen Mitgliedern der Rittmeister-Gruppe deckte er ein sexversessenes »leichtfertiges Milieu« auf[92], und von Cato Bontjes van Beek nahm er an, »daß sie in die Sache hineingerutscht sei, weil sie sich mit ihrem Freundeskreis sexuell verbunden fühlte und ihm gefällig sein wollte«[93].

Diese Erotisierung des Rote-Kapelle-Falles verfolgte einen ganz bestimmten Zweck. Mit der dramatischen Hervorkehrung der in der Tat recht freien Umgangsformen von Schulze-Boysens Freunden wollte Roeder den Eindruck erwecken, Anarchismus und Triebhaftigkeit hätten die meist jungen Widerständler zu dem Agentenchef gedrängt.

»Hörigkeit« hieß denn auch eine weitere Vokabel Roeders. Die Buchhändlerin Eva-Maria Buch war dem Funktionär Guddorf »restlos hörig«[94], der Romanist Krauss hatte durch »das Erlebnis mit der Ursula Goetze« zum Kreis Schulze-Boysens gefunden[95], und auch bei Männern fand der Ankläger so etwas wie psychische Abhängigkeit: Schulze-Boysen hatte Heilmann »in sein Haus« gezogen und »zu seinem willigen Werkzeug« umgeformt[96].

So war Roeder der Notwendigkeit enthoben, die politischen Antriebe der Häftlinge untersuchen und akzeptieren zu müssen. Erotik, Anarchismus, Geldgier, kommunistischer Fanatismus — jedes Motiv war ihm lieb, das die entscheidenden innerpolitischen, für das Regime entlarvenden Beweggründe außer acht ließ.

Der Oberstkriegsgerichtsrat hatte dann rasch seine Anklage parat. Am 16. November 1942 begann er eiligst, die Anklageschriften zu formulieren; in einem Monat setzten er und sein Gehilfe, der Kriegsgerichtsrat Falkenberg, 800 Seiten Anklagetext ab[97]. Schier pausenlos diktierten sie ihren zwei Sekretärinnen und schliefen nachts allenfalls drei Stunden auf ihren im Büro aufgestellten Feldbetten. Hitler und Gestapo drängten: Der Diktator forderte, bis Weihnachten müsse der Hauptprozeß beendet sein; Gestapo-Müller mäkelte, er verstehe nicht diese »unnütze Zeitvergeudung bei so klarem Sachverhalt«[98].

Angesichts solcher Prozedur konnte weder der Inhalt der Anklageschrift noch der Ausgang der Hauptverhandlung ungewiß sein. Schulze-Boysen und seine engeren Freunde hatten Spionage für den Feind getrieben, und darauf stand im Dritten Reich (wie auch in anderen kriegführenden Staaten) die Todesstrafe. Fraglich war nur, wie man Schulze-Boysens politische Anhänger, die keine Spionagearbeit geleistet hatten, und seine unfreiwilligen militärischen Mitläufer einstufen würde. Aber auch diese beiden Gruppen konnten sich wenig erhoffen, da das Regime mit härtesten Bestimmungen jede Form der politischen Opposition und des militärischen Ungehorsams als ›Feindbegünstigung‹ bestrafte.

Danach verübte todeswürdige Feindbegünstigung, »wer es unternimmt, während eines Krieges gegen das Reich der feindlichen Macht Vorschub zu leisten oder der Kriegsmacht des Reiches einen Nachteil zuzufügen« (Paragraph 91 b des Reichsstrafgesetzbuches). Schlimmer noch: Nach Paragraph 5 der Kriegssonderstrafrechtsverordnung hatte wegen »Zersetzung der Wehrkraft« die Todesstrafe verdient, »wer öffentlich auffordert oder anreizt, die Erfüllung der Dienstpflicht in der deutschen Wehrmacht zu verweigern«, oder »wer es unternimmt, einen Soldaten zum Ungehorsam zu verleiten«.

Für die militärischen Mitläufer Schulze-Boysens konnte bereits der Staatsgeheimnis-Paragraph des Reichsstrafgesetzbuches verhängnisvoll werden: »Wer es unternimmt, ein Staatsgeheimnis zu verraten, wird mit dem Tode bestraft.« Auch der Ungehorsamkeits-Paragraph (§ 92) war für die Beschuldigten gefährlich. Absatz 1 besagte: »Wer einen Befehl in Dienstsachen nicht befolgt und dadurch vorsätzlich oder fahrlässig [...] eine Gefahr für die Sicherheit des Reiches oder für die Schlagfertigkeit oder Ausbildung der Truppe herbeiführt, wird mit geschärftem Arrest nicht unter einer Woche oder mit Gefängnis oder Festungshaft bis zu 10 Jahren bestraft.« Absatz 2: »Wird die Tat im Felde begangen oder liegt ein besonders schwerer Fall vor, so kann auf Todesstrafe oder auf lebenslanges oder auf zeitiges Zuchthaus erkannt werden.«[99]

Diese Paragraphen erlaubten Roeder formaljuristisch, die Hinrichtung von nahezu allen wichtigen Freunden und Mitarbeitern Schulze-Boysens und Harnacks zu fordern. Schon eine Flugblattverteilung deutete er als Sabotage und Wehrkraftzersetzung, jeder Transport von Sendegeräten, jede Reparaturarbeit an sowjetischen Funkgeräten war ihm fluchwürdige Spionage.

Adolf Hitler konnte mit seinem Inquisitor zufrieden sein. Roeder teilte zwar die 76 Angeklagten — so viele waren von den 117 Verhafteten übriggeblieben — aus verfahrenstechnischen Gründen in mehrere Prozeßgruppen ein, aber das war auch die einzige wesentliche Differenzierung: Schulze-Boysen und die Seinen sollten in zwölf Einzelverfahren als gemeine Landesverräter abgeurteilt werden[100].

Der groben Anklage entsprach der Verfahrensmechanismus der Militärjustiz. Kaum hatte der Präsident des Reichskriegsgerichts nach Billigung von Roeders Anklageschriften und Anklageverfügungen in den letzten Novembertagen des Jahres 1942 angeordnet, daß die einzelnen Prozesse vor dem Zweiten Senat des RKG stattzufinden hätten[101], da erfuhren die Untersuchungshäftlinge auf drastische Art, was die großdeutsche Wehrmachtjustiz unter Recht verstand.

Wenige Tage vor Beginn der Hauptverhandlung wurden die Türen der Zellen im Hausgefängnis des Reichssicherheitshauptamtes und im Untersuchungsgefängnis des Polizeipräsidiums aufgerissen. Beamte erschienen, um den Gefangenen kurz mitzuteilen, wann ihr Prozeß beginnen werde.

»Es mag kurz vor Mitternacht gewesen sein«, erzählt Ex-Häftling Heinrich Scheel, »da wurde die Zelle Kurt Schumachers aufgeschlossen, der gefesselt auf der Pritsche lag. Schumacher wollte sich aufrichten. Der Zivilist, der in Begleitung des wachhabenden Gefängnisbeamten die Zelle betrat, sagte: ›Bleiben Sie liegen! Sie sind Kurt Schumacher. Sie werden morgen dem Zweiten Senat des Reichskriegsgerichts vorgeführt. Sie sind folgender Verbrechen angeklagt: (Es folgte die Aufzählung der Paragraphen.) Haben Sie alles verstanden? Gut.‹ Das Ganze dauerte kaum eine Minute.«[102]

Kein Gefangener kannte den genauen Inhalt seiner Anklageschrift, nur wenige konnten wie Weisenborn zumindest einen Blick in das Papier werfen. Der Zellenbesucher, so berichtet Weisenborn, »hielt mir ein Aktenstück vor, das er mit den Händen bedeckte, so daß nur einige Zeilen für mich in aller Eile lesbar waren«[103]. Adolf Grimme berichtet: »Mir selbst ist niemals eine Anklageschrift zugestellt worden [...]. Ich war daher bis zu meiner eigenen Vernehmung zur Sache auf bloße Vermutungen über das, was man mir zur Last legte, angewiesen.«[104]

Auch die Verteidiger sahen sich anfangs in ihrer Arbeit behindert. Für den Geheimprozeß waren nur die beim Reichskriegsgericht akkreditierten Anwälte zugelassen worden — vier Verteidiger für 76 Angeklagte![105] Sie wurden ebenfalls äußerst spät von der Eröffnung der Hauptverhandlung benachrichtigt, der Grimme-Anwalt Dr. Kurt Valentin zum Beispiel erst einen Tag vor Prozeßbeginn[106].

Der Angeklagte Grimme lernte seinen Verteidiger wenige Minuten vor der Hauptverhandlung kennen, in dem Augenblick, als Rechtsanwalt Valentin »das Zimmer betrat, in dem wir auf die Hauptverhandlung warteten. Er kam auf mich zu und erklärte mir, daß er [...] noch keine Gelegenheit gehabt hätte, die Akten zu studieren.«[107] Für den Anwalt war »es ungemein schwierig, im Anfang der Verhandlung die einzelnen Fälle auseinanderzuhalten«[108]. Kannten wenigstens die Verteidiger die Anklageschriften? Sie wurden den Anwälten tatsächlich ausgehändigt, allerdings mußten sich die Verteidiger zuvor verpflichten, die Anklageschriften ihren Mandanten nicht zu zeigen, sie nach Urteilsverkündung wieder zurückzugeben und danach »ausnahmslos Stillschweigen und Geheimhaltung« zu wahren[109].

Der Prozeß vor dem Reichskriegsgericht wäre zu einer juristischen Farce geworden, hätten nicht die RKG-Richter auf einem Mindestmaß forensischer Sauberkeit bestanden. Das aus zwei Berufsrichtern und drei Militärs zusammengesetzte Gericht[110] sicherte schließlich doch den Angeklagten ihre Rechte: Die Verteidiger erhielten volle Akteneinsicht, die Angeklagten hatten nahezu unbeschränkte Redefreiheit.

Zudem stand der Zweite Senat in dem Ruf, der liberalste des Reichskriegsgerichts zu sein. Das war nicht zuletzt das Verdienst seines Vorsitzenden Kraell, der die Angeklagten oft vor den groben Ausfällen Roeders schützte, mochte er auch innerlich die Taten der Angeklagten ebenso hart verurteilen wie der Ankläger. Aber ein waches Mißtrauen ließ den Richter Kraell befürchten, mit Roeder drohe nun auch der braune Ungeist in das Reservat des Reichskriegsgerichts einzubrechen.

Das Reichskriegsgericht, so merkte sich Werner Krauss, habe sich »durchaus bemüht, die juristische Form zu wahren«, während Roeder »mit seiner groben Parteiphraseologie gänzlich aus dem Rahmen gefallen« sei[111]. Selbst die strenge Kritikerin Greta Kuckhoff nannte Kraell später einen »moralisch hochstehenden und verantwortungsbewußten« Richter[112]. Und auch der Kummerow-Verteidiger Werner Müller-Hoff fand in Kraell einen »militärischen Richter von persönlich lauterster Gesinnung« — ein Urteil, dem nie widersprochen worden ist[113].

Am 14. Dezember 1942 um 9.15 Uhr brachte Manfred Roeder im Hauptverhandlungssaal des Reichskriegsgerichts in Berlin-Charlottenburgs Witzlebenstraße Nr. 4–10 seine ersten Angeklagten vor Gericht: den Legationsrat Rudolf von Scheliha und dessen Mitarbeiterin, die Agentin Ilse Stöbe[114].

Die Hauptverhandlung dauerte nur wenige Stunden, noch am selben Tag erging das Urteil. »Der Fall war von vornherein, wie auch von Scheliha mir zugab, völlig aussichtslos«, berichtete Scheliha-Verteidiger Rudolf Behse[115]. Das Belastungsmaterial der Anklage war allzu stichhaltig: Roeder konnte entschlüsselte sowjetische Funkmeldungen mit den Namen der beiden Agenten und die bei dem Fallschirmspringer Koenen gefundenen Photokopien sowjetischer Zahlungsanweisungen für Scheliha vorlegen, die eindeutig bewiesen, daß die Angeklagten seit Jahren für den sowjetischen Geheimdienst gearbeitet hatten[116].

Rudolf von Scheliha legte (ebenso wie Ilse Stöbe) ein volles Geständnis ab, wollte allerdings nicht gewußt haben, für welches Land er spioniert hatte[117]. Doch Ilse Stöbes kommunistischer Stolz ließ diese Ausflucht nicht zu; sie gab zu Protokoll, man habe von Anfang an für Moskau gearbeitet[118]. Kurz darauf stand das Urteil fest: »Die Angeklagten Scheliha und Stöbe werden wegen Landesverrats zum Tode und zum dauernden Verlust der bürgerlichen Ehrenrechte verurteilt.«[119]

Fast ebenso zweifelsfrei war das Belastungsmaterial, das Roeder am 16. Dezember vorlegte, als die zweite und wichtigste Angeklagtengruppe vor den Schranken des Zweiten Senats erschien: Harro Schulze-Boysen und Dr. Arvid Harnack, ihre beiden Ehefrauen, die Funker Kurt Schulze und Hans Coppi, das Ehepaar Schumacher, die Funkhelferin Erika Gräfin von Brockdorff, der Schulze-Boysen-Sekretär Horst Heilmann, der Nachrichtensammler John Graudenz und die Militärinformanten Erwin Gehrts und Herbert Gollnow[120].

Vier Tage lang währte der Prozeß, aber keiner der Angeklagten konnte die Beweise der Anklagebehörde widerlegen. Schulze-Boysens engste Freunde hatten bei den Vernehmungen so umfangreiche Geständnisse abgelegt, daß die Richter nur noch den Schlußstrich zu ziehen brauchten.

Schulze-Boysen vertraute seinem Verteidiger an, er habe so viel gegen den NS-Staat gearbeitet und dies bei der Polizei auch zugeben müssen, daß jede Verteidigung nutzlos sei[121]. Den Anführern blieb nur noch der Stolz vor Gericht und Geschichte. »In der Hauptverhandlung hat er [Schulze-Boysen] sich offen und teilweise mit einem gewissen Stolz [...] zu seinen Handlungen bekannt«, erinnerte sich Kraell[122], während der Beisitzer Schmitt lange Zeit nicht den »besonderen Eindruck« vergessen konnte, den das Schlußwort Arvid Harnacks auf ihn gemacht hatte, in dem der Rote-Kapelle-Mann erläuterte, »wie er auf Grund eines Versprechens, das er dem mit ihm befreundeten russischen Staatsangehörigen Erdmann [richtig: Erdberg] vor Ausbruch des deutsch-russischen Krieges gegeben hatte, sich moralisch gebunden fühlte, den ihm zugeschickten Agenten zu helfen«[123].

Auch Horst Heilmann beteuerte, als überzeugter Kommunist habe er nicht anders handeln können[124]. Kurt Schumacher bekannte sich so leidenschaftlich zu seinen Taten, daß ihn sein Verteidiger »zu den politischen Fanatikern dieses Prozesses« rechnete[125]. Einer nach dem anderen schrie noch einmal dem verhaßten Regime die ganze Verachtung und Empörung entgegen, die sie einst alle zusammengeführt hatte.

Nur eine der Angeklagten bäumte sich gegen die Wahrheit auf: Libertas Schulze-Boysen. Bis zur Hauptverhandlung hatte sie in der Illusion gelebt, man werde sie als ›Kronzeugin‹ gleich nach dem Prozeß freilassen, weil sie alles ausgeplaudert hatte, was sie wußte. Als sie jedoch hörte, auch sie solle die Todesstrafe treffen, brach die Frau des Agentenchefs zusammen. Verteidiger Behse mußte um eine Unterbrechung der Verhandlung bitten; es dauerte lange, ehe Libertas das schändliche Spiel begriff, das die Gestapo mit ihr getrieben hatte[126].

Die Richter aber ließen sich nicht hindern zu tun, was man von ihnen erwartete. Am 19. Dezember 1942 war die Kerngruppe der Berliner Roten Kapelle juristisch liquidiert, der Wunsch Hitlers erfüllt: Die Hauptangeklagten wurden zum Tode verurteilt[127]. In vier Fällen wich das Gericht freilich von der Roeder-Linie ab. Zwei davon betrafen jene unfreiwilligen Helfer Schulze-Boysens, die militärische Informationen geliefert hatten, ohne in die Arbeit der Spionagegruppe eingeweiht gewesen zu sein, die also eher Opfer und Werkzeuge denn Agenten der Roten Kapelle waren.

In dem einen Fall ging es um den Oberst Erwin Gehrts, »eine psychisch etwas merkwürdige Persönlichkeit«, wie ihn sein Verteidiger nannte[128]. Der schwatzhafte, an allerlei okkulte Mächte glaubende Offizier hatte Schulze-Boysen und der Wahrsagerin Anna Kraus manches Dienstgeheimnis anvertraut, aber einen Akt des Widerstands hatte er darin nicht gesehen. Der NS-Gegner Gehrts, so bezeugt seine Frau, »war durch und durch Offizier und Deutscher, so daß er sich niemals zu landesverräterischen Handlungen oder zur Spionage hergegeben hätte«. Er habe sich nicht einmal »aktiv an einer hochverräterischen Verbindung beteiligt«, denn trotz seiner Gegnerschaft zum Nationalsozialismus habe er vorgehabt, auch nach dem Krieg »mitzuarbeiten ohne Rücksicht auf die Richtung der politischen Führung«[129].

Gehrts-Anwalt Behse aber wollte die Wunderlichkeiten im Charakterbild seines Mandanten dazu benutzen, ihn am Todesurteil vorbeizumanövrieren. Er beantragte, den Oberst auf seine geistige Zurechnungsfähigkeit untersuchen zu lassen. Der Zweite Senat trennte daraufhin den Fall Gehrts vom Hauptverfahren ab – es war wohl keiner unter den Richtern, der nicht insgeheim hoffte, Behse werde seinen Mandanten unter dem Schutz des Paragraphen 51 vor dem Henker retten[130].

Auch Frau Mildred Harnacks Liebhaber, der Abwehr-Oberleutnant Herbert Gollnow, hatte Dienstgeheimnisse ausgeplaudert, ohne zu wissen, daß er damit indirekt zum Mitarbeiter einer feindlichen Spionageorganisation geworden war; dem Nationalsozialisten Gollnow war es nur darum gegangen, durch konkrete Informationen den vermeintlichen Skeptiker Arvid Harnack zum Glauben an den deutschen Endsieg zu bekehren. Gericht, Verteidigung und selbst Roeder verbargen kaum ihre Sympathie zu einem »jungen Menschen, der ohne bösen Willen in diese Affäre hineingeschlittert war«[131].

Dennoch hielt es der Zweite Senat für erwiesen, daß Gollnows

Informationen zum Tod zahlreicher deutscher Soldaten an der Ostfront beigetragen hatten. Die Richter verurteilten ihn wegen militärischen Ungehorsams (nicht wegen Landesverrats) zum Tode, beantragten jedoch zugleich im Führerhauptquartier, Gollnow zu begnadigen[132].

Mußten schon die Gehrts- und Gollnow-Urteile des Gerichts den Ankläger Roeder verstimmen, so brachten ihn die Entscheidungen des Kraell-Senats in den Fällen Mildred Harnack und Gräfin Brockdorff vollends gegen das Gericht auf, denn in den letzten beiden Fällen kehrte das Gericht Roeders Taktik der Erotisierung gegen deren Urheber.

Der Zweite Senat urteilte, die Gräfin Brockdorff habe bei der Zusammenarbeit mit den kommunistischen Funkagenten nur die Befriedigung ihrer privaten Lüste gesucht und sei daher lediglich wegen Beihilfe zur Spionage zu verurteilen. Die Richter nahmen an, »das Motiv ihrer Handlung sei letztlich nicht ein politisches gewesen«[133]. Kraell: »Alle jungen Männer, die aus dem angeführten Anlaß [Funkverkehr] bei ihr übernachtet haben, haben bei ihr geschlafen.«[134] Das aber bedeutete für die Angeklagte Brockdorff: zehn Jahre Zuchthaus[135].

Frau Harnack hingegen erhielt eine sechsjährige Zuchthausstrafe, weil das Gericht der Auffassung war, »daß sie weniger aus eigenem Antrieb als aus Anhänglichkeit an ihren Mann gehandelt habe«, wie Beisitzer Ranft begründete[136]. Auch hier hatten offensichtlich menschliche Sympathien mit der »hochgebildeten und an allen Fragen des öffentlichen, namentlich des sozialen Lebens interessierten Frau« (Kraell) das Urteil beeinflußt[137]. »Der unter meinem Vorsitz tagende Senat«, so Kraell, »trug angesichts des persönlichen Eindrucks von Frau Harnack Bedenken, ihr zu unterstellen, daß sie Gollnow mit Verratsvorsatz ausgefragt hatte.«[138] Folglich kam eine Verurteilung nur wegen Beihilfe, nicht wegen Mittäterschaft zur Spionage in Frage.

Erschreckt beobachtete Gerichtsherr Göring, daß schon wieder das Reichskriegsgericht dabei war, den Diktator zu verärgern. Die beiden Justizfunktionäre Roeder und Lehmann, die Göring kurz nach der Beendigung des Schulze-Boysen-Prozesses aufsuchten, erfuhren von ihm, so lasse er sich vor Adolf Hitler nicht bloßstellen. »Göring explodierte bei dem Wort ›Freiheitsstrafen‹«, berichtet Lehmann. »Er sei vom Führer beauftragt, ›dieses Geschwür auszubrennen‹. Niemals werde der Führer damit einverstanden sein.«[139]

Der Luftwaffen-Chef behielt recht. Die Rechtsabteilung des OKW befürwortete sämtliche Urteilssprüche des Zweiten Senats und ließ sie routinemäßig Hitler vorlegen[140], doch Hitler weigerte sich, die Urteile gegen die beiden Frauen zu bestätigen; sie kamen kommentarlos aus dem Führerhauptquartier wieder zurück[141]. Ein Urteilsspruch ohne Bestätigung aber bedeutete: neue Verhandlung.

Kraell mußte die beiden Fälle an den nächsthöheren Senat, den Dritten, abgeben. Dessen Vorsitzender aber, Senatspräsident Dr. Karl Schmauser, teilte nicht die ›weichen‹ Auffassungen des Kollegen Kraell. Schmauser machte sich denn auch sofort anheischig, den Nachweis zu erbringen, dem Zweiten Senat sei ein Fehlurteil unterlaufen.

Schmauser warf den Amtsbrüdern vor, die vom Zweiten Senat selber entworfenen Leitsätze des Reichskriegsgerichts mißachtet zu haben, wonach »eine nach Ausbruch des Rußlandfeldzuges bewußt zugunsten des Bolschewismus und Kommunismus geleistete Vorbereitung zum Hochverrrat rechtlich mit einem Verbrechen der Feindbegünstigung zusammentreffe, daß die Strafe also nach § 73 StGB aus § 91b Abs. 1 zu entnehmen sei«. Dieser Paragraph aber schreibe Zuchthaus auf Lebenszeit oder die Todesstrafe vor[142].

Noch entscheidender aber schien dem Kritiker Schmauser, daß »die Angeklagte Harnack wie die Angeklagte von Brockdorff die von dem Kreis Schulze-Boysen/Harnack zugunsten Rußlands verfolgten Bestrebungen auch aus eigener Weltanschauung und politischer Einstellung heraus billigte und zu ihren eigenen Bestrebungen gemacht hatte«. Es müsse also »statt der vom Zweiten Senat angenommenen bloßen Beihilfe zur Vorbereitung des Hochverrats, soweit es diese strafrechtlich überhaupt gibt, in Mittäterschaft mit den übrigen Angeklagten begangene Vorbereitung zum Hochverrat angenommen werden«[143].

Außerdem berief sich Schmauser darauf, daß nach der Verurteilung Gollnows neue Tatsachen über dessen Geheimnisverrat und damit auch über Mildred Harnacks Rolle bekannt geworden seien[144].

Gollnow hatte gegenüber Frau Harnack zwölf unmittelbar bevorstehende Sabotageunternehmen der Abwehr hinter der sowjetischen Front ausgeplaudert; die Nachrichten waren von der Frau an ihren Mann, von Harnack wiederum an Moskau weitergegeben worden — die Saboteure der Abwehr waren in das MG-Feuer der Sowjets gelaufen[145]. Schmauser: »Die Mitteilung der Angeklagten Harnack an ihren Ehemann hatte also nicht nur den Tod Gollnows, sondern auch den Tod von schätzungsweise zwei bis drei Dutzend deutscher Soldaten zur Folge.«[146]

Der Dritte Senat hielt es für erwiesen, daß Mildred Harnack bei ihren intimen Zusammenkünften mit Gollnow ihn systematisch ausgeforscht hatte. Das Gericht folgte mithin der späteren Argumentation des Kriminalkommissars Strübing, der in der unnachahmlichen Funktionärssprache der Gestapo erklärte, es sei ihm »unverständlich, wie eine Frau ihrem Liebhaber im Bett Fragen stellt, die in keinem ursächlichen Zusammenhang zu dem augenblicklichen Geschehnis stehen, wenn sie nicht Verratsvorsatz hatte«[147].

Schmausers Senat verurteilte am 12. Januar 1943 Mildred Harnack zum Tode, ebenso die Gräfin von Brockdorff[148], in deren Fall auch neues Beweismaterial vorgelegt worden war. Zudem hatte die Rote-Kapelle-Kurtisane das Gesicht durch ihre (wie selbst der milde Brockdorff-Anwalt fand) »etwas übertriebene Einlassung« provoziert[149]. Die Gräfin unterbrach die Verhandlung durch Zwischenrufe und Gelächter derart, daß der Vorsitzende sie ermahnte: »Mir ist die Sache zum Lachen zu ernst, auch Ihnen wird noch einmal das Lachen vergehen.« Darauf schrie Erika von Brockdorff durch den Saal: »Und auf dem Schafott werde ich Ihnen noch ins Gesicht lachen!«[150]

Roeder konnte in seinem Feldzug fortfahren. Kurz darauf brach auch der Zweite Senat über den Oberst Gehrts den Stab, weil sich, wie Kraell es ausdrückte, »die zu seinen Gunsten gehegte Erwartung nicht erfüllte«[151]. Die medizinischen Gutachter erklärten ihn für vollverantwortlich; er wurde daraufhin wegen Geheimnisverrats und Wehrkraftzersetzung zum Tode verurteilt[152]. Daß Gehrts von Schulze-Boysens Spionagearbeit nicht gewußt hatte, wollte das Gericht nicht als entlastend werten; dem Senat genügte, daß der Oberst dem Agentenchef Geheimmaterialien ausgehändigt hatte, die unter Verschluß zu halten er verpflichtet gewesen war.

Roeder stellte seine nächsten Todesstrafen-Anträge. Jetzt, am 14. Januar 1943, führte er zum erstenmal Angeklagte vor, die überhaupt keine Spionage getrieben und sich sogar zum Teil in der innenpolitischen Arbeit von Schulze-Boysen getrennt hatten. Der Justierer Fritz Rehmer und seine Braut Liane Berkowitz, das Ehepaar Thiel, der Unteroffizier Heinz Strelow, die Kunstgewerblerin Cato Bontjes van Beek, der Professor Werner Krauss und seine Freundin Ursula Goetze, der Landesschütze Otto Gollnow[153] — sie alle hatten Widerstand gegen das Unrechtsregime geleistet, Flugblätter gedruckt, antifaschistische Parolen verbreitet, in Diskussionen ein anderes Deutschland herbeigesehnt. Aber Spionage, Landesverrat?

Die Anklagebehörde mochte noch gerade der 18jährigen Hannelore Thiel anlasten, sie habe ein sowjetisches Funkgerät vor der Gestapo versteckt[154], oder sie mochte Fritz Thiel verdächtigen, von der nachrichtendienstlichen Arbeit der engeren Gruppe um Schulze-Boysen gewußt zu haben[155]. Die übrigen Angeklagten aber standen dem Moskauer Spionageapparat völlig fern.

»Eine lautere, von edlen Motiven getriebene Persönlichkeit« nannte der Gefängnispfarrer August Ohm die Angeklagte Cato Bontjes van Beek[156], und auch Kraell hat nach dem Krieg »klar genug ausgesprochen, daß Cato Bontjes an der besonderen Spionagetätigkeit nicht beteiligt war«[157]. Der Mutter des Angeklagten Strelow wiederum bestätigte dessen Gestapo-Vernehmer, ihr Sohn habe sich (ebenso wie Cato Bontjes van Beek) schon im Januar/Februar 1942 von Schulze-Boysen wegen politischer Meinungsverschiedenheiten getrennt[158]. Das Ehepaar Thiel erschien der Gestapo so unbedeutend, daß sie es in ihrem Abschlußbericht über die Rote Kapelle nicht einmal erwähnte[159]. Otto Gollnow hingegen konnte laut Kraell »eine nachrichtendienstliche Betätigung nicht nachgewiesen werden«[160], und nach der Erinnerung des Verteidigers Bergmann hatten »Ursula Goetze und vielleicht auch Professor Krauss nichts mit der Sendetätigkeit zu tun gehabt«[161].

Gewiß, die meisten von ihnen waren Kommunisten; sie hielten zu Rußland, was immer auch die Nationalsozialisten sagen mochten. Aber ihr Widerstand gegen das Dritte Reich ging über einen moralischen Protest nicht hinaus. Soldat Fritz Rehmer im Lazarett: »Wenn man mit angesehen hat, was wir in Rußland gemacht haben, muß man es für eine ewige Schande ansehen, ein Deutscher zu heißen.«[162] So dachten sie fast alle.

Sie hatten ein so gutes Gewissen, daß keiner von ihnen auf die Idee kam, man könne gegen sie die Todesstrafe beantragen. Heinz Strelow schob dem Vater der Cato Bontjes van Beek einen Kassiber zu, auf dem stand, er rechne für Cato mit einer zweijährigen Gefängnisstrafe, für sich selber mit vier Jahren Zuchthaus[163]. Cato erinnerte sich später bitter: »Mit welchen Hoffnungen bin ich zur Verhandlung gegangen!«[164]

Doch erbarmungslos hämmerte der Ankläger Roeder auf die jungen Angeklagten ein, jeder von ihnen schien ihm den Tod verdient zu haben. Für ein Todesurteil, so begründete Roeder seine Anträge, genüge schon all das, was man über die Angeklagten wisse, ganz zu schweigen von dem, was man über all ihre unbekannt gebliebenen Verbrechen nicht wisse[165]. Sie hätten sich sämtlich der Feindbegünstigung, möglicherweise auch des Landesverrats schuldig gemacht, und darauf stehe die Todesstrafe.

Der Zweite Senat wollte nicht die Möglichkeit ausschließen, daß die Angeklagten trotz mangelnder Beweise doch Zuliefererdienste für die Spionagegruppe geleistet hatten, und verurteilte am 18. Januar 1943 die Angeklagten wegen Feindbegünstigung zum Tode[166] — ausgenommen die Jugendfälle Otto Gollnow und Hannelore Thiel, die Freiheitsstrafen erhielten[167]. Kaum einer konnte die Entscheidung des Gerichts begreifen. Cato Bontjes van Beek klagte: »Alles ist so unwirklich, daß ich immer weiter hoffen werde — es kann einfach gar nicht sein. Es war auch jeder erstaunt, Kommissare, Anwälte und wir.«[168]

Die überlebenden Mitglieder des Reichskriegsgerichts hatten denn auch nach dem Krieg alle Mühe, zu erklären, warum auch diese rein politischen Widerständler in den Tod geschickt worden waren. Bei den meisten RKG-Richtern setzte jäh die Erinnerung aus. Beisitzer Franz Ernst kombinierte dunkel: »Mein heutiger — und auch wohl damaliger — Gesamteindruck ist jedenfalls der, daß, soweit Hochverrat überhaupt in Frage kommt, es sich hierbei nur um Nebenerscheinungen gehandelt hat.«[169]

Kraell hingegen wollte sich mit dem Hinweis rechtfertigen, dem Gericht sei nichts anderes übriggeblieben, als die Angeklagten des Rehmer-Prozesses zum Tode zu verurteilen. Zwar seien »nicht alle, die hochverräterisch tätig waren, auch im Spionagedienst eingespannt« gewesen, gleichwohl komme der Hochverrat einem Landesverrat im Sinne der Feindbegünstigung (§ 91b RStGB) gleich, »weil die Angriffe sich auf die Zersetzung der Wehrkraft richteten«[170].

Der Senatspräsident übersah dabei jedoch, daß selbst der harte Feindbegünstigungs-Paragraph dem Gericht einen stattlichen Ermessensspielraum ließ: Nach Absatz 1 wurde »mit dem Tode oder mit lebenslangem Zuchthaus bestraft«, wer es unternahm, »der feindlichen Macht Vorschub zu leisten oder der Kriegsmacht des Reiches [...] einen Nachteil zuzufügen«; Absatz 2 ließ sogar »Zuchthaus nicht unter zwei Jahren« zu, »wenn die Tat nur einen unbedeutenden Nachteil für das Reich [...] und nur einen unbedeutenden Vorteil für die feindliche Macht herbeigeführt hat«.

Das bedeutet: Kraells Senat hätte die Angeklagten zumindest mit lebenslänglichen Zuchthausstrafen belegen können, wenn nicht gar mit kleineren Freiheitsstrafen — denn wer konnte schon ernsthaft glauben, die Widerständler hätten mit ihren Flugblättern dem sowjetischen Kriegsgegner einen »bedeutenden Vorteil« verschafft? Das spätere Verhalten der RKG-Richter bewies, daß sie selber nicht daran glaubten.

Kaum war das Urteil ergangen, da kamen dem Rechtsgutachter des Reichskriegsgerichts, dem Senatspräsidenten Neuroth, Bedenken, ob er das Urteil befürwortend weiterreichen könne; ihm schwebte zumindest im Fall der Cato Bontjes van Beek ein Gnadengesuch an Hitler vor[171]. Er besprach sich mit Kraell, der sofort beipflichtete, und bald beantragte der gesamte Zweite Senat die Begnadigung fast aller Angeklagten[172]. Kraell fuhr zu Göring und gewann auch ihn für das Gnadengesuch. Es wurde von Hitler, wie nicht anders zu erwarten, abgelehnt[173]. (Nur den Angeklagten Krauss konnte Kraell später vor der Hinrichtung bewahren[174].)

Die Reue der RKG-Richter kam zu spät, der Schaden war schon angerichtet. Jetzt war kein Zweifel mehr: Die deutschnationalen Militärrichter zögerten nicht, auch die von Spionage völlig unberührten Antifaschisten mit dem mehrdeutigen Feindbegünstigungs-Paragraphen zu verfolgen. Das Rehmer-Urteil legte die Grundlage für die unheilvolle Verquickung reiner Widerstandsarbeit mit einer (aus dem Widerstand geborenen, aber längst zum Selbstzweck gewordenen) Agententätigkeit für Moskau.

Roeder sah jetzt freie Bahn vor sich: Schlag um Schlag verwickelte er den ultralinken Widerstand in die tödlichen Verstrickungen des Landesverratsbegriffs, die auch den selbstlosesten NS-Gegner erdrosseln sollten. Am 18. Januar hatte das Gericht die Nur-Widerständler um Rehmer abgeurteilt, am 19. Januar präsentierte Roeder die Spionagehelfer Hilde Coppi, Karl Behrens, Rose Schlösinger — sie wurden sämtlich zum Tode verurteilt[175]. Am 26. Januar erschien Schulze-Boysens Freundin Oda Schottmüller und mußte sich nachweisen lassen, daß mit ihrem Einverständnis von der Schottmüller-Wohnung aus mit Moskau Funkverkehr unterhalten worden war — das bedeutete für sie die Todesstrafe[176]. Am 27. Januar schickte das Gericht die mit Spionageaufträgen betrauten Antifaschisten Hans Helmuth Himpel und Marie Terwiel in den Tod[177], am 28. bot der Ankläger mit Paul Scholz, Richard Weißensteiner, Klara Schabbel und Else Imme (drei Todesurteile, eine Zuchthausstrafe) eine raffinierte Mischung von Agenten und Widerständlern[178].

Unerbittlich hagelten die Roeder-Anträge und die RKG-Urteile auf die Angeklagten nieder. Adam Kuckhoff — Todesstrafe[179]. Wilhelm Guddorf — Todesstrafe[180]. Walter Küchenmeister — Todesstrafe[181]. Philipp Schaeffer — Todesstrafe[182]. Die Hübners und Wesoleks — Todesstrafe[183]. John Rittmeister und seine engsten Freunde — Todesstrafe[184].

Immer härter wurden die Plädoyers von Roeder, immer erbarmungsloser attackierte der Ankläger seine Opfer. Seine Polterreden dröhnten durch den Saal, unterbrachen die Erklärungen der Angeklagten, diffamierten die Motive der Widerständler. »Die ganze Verhandlung war eine Farce, weil Roeder mir [...] keinerlei Gelegenheit gab, mich gegen seine Anwürfe und Beschimpfungen zu verteidigen«, erinnert sich Lotte Schleif[185].

Die Jugendlichkeit eines Verbrechers, rief Roeder der Guddorf-Freundin Eva-Maria Buch entgegen, sei durch zu Sentimentalitäten neigende Richter häufig als Milderungsgrund aufgefaßt worden; die abgrundtiefe Infamie aber, die in den

Erklärungen der Angeklagten (sie hatte einen von ihr verfaßten Artikel gegen das Regime verlesen) zum Ausdruck komme, zeige, daß diese Jugend, zumal die weibliche, bis in den Kern verderbt sei[186]. Als Professor Krauss dem Verteilen von Flugblättern jede politische Bedeutung absprach, schnellte Roeder von seinem Sitz hoch und brüllte: »Das ist eine Unverschämtheit!«[187] Im gleichen Verfahren erklärte er, man könne dem Staat nicht zumuten, derartige Verbrecher noch in den Zuchthäusern zu päppeln[188].

Roeders rhetorische Exzesse gingen schließlich selbst den Richtern auf die Nerven. Den Vorsitzenden Kraell störte in den Roeder-Plädoyers der »Mangel an Gehalt«, der »oft durch Redensarten ersetzt wurde, die zwar auf das Gericht keinen Eindruck machten, von den Beschuldigten aber als unangemessen empfunden worden sein mögen«[189], und dem Beisitzer Schmitt mißfiel »die Art, in welcher er [Roeder], ohne auf die Ergebnisse der Beweisaufnahme oder die rechtlichen Einzelheiten einzugehen, ziemlich summarisch auf den Antrag der Todesstrafe zusteuerte. Ich kann mir wohl denken, daß dieses Auftreten von ihm auf die Angeklagten niederschmetternd gewirkt hat, wenn er immer nur die negativen Seiten des Sachverhalts hervorhob und zur Grundlage seiner Anträge machte«[190].

Bald merkten die Angeklagten, daß sie von den Richtern nicht selten vor dem Ankläger in Schutz genommen wurden. »Es war für die Verteidiger«, bestätigt Rechtsanwalt Dr. Valentin, »bei der sehr menschlichen Einstellung des Gerichts darum auch nicht allzu schwer, über das Ziel hinausschießenden Anträgen des Dr. Roeder zu begegnen.«[191]

Der mit ihrem Verteidiger unzufriedenen Lotte Schleif erlaubte das Gericht, ihre Verteidigungsrede allein auszuarbeiten. Lotte Schleif berichtet: »Ich wies nach, daß die Anklageschrift Fehler enthielt, und legte dar, daß alle mir nahestehenden Menschen schwer unter dem Nationalsozialismus zu leiden hatten. Welche Begründung der Vorsitzende dafür gab, daß nicht auf Todesstrafe erkannt wurde, ist mir entfallen. Es ist mir aber noch bewußt, daß das Gericht meinen Ausführungen sehr aufmerksam folgte.«[192] Paul Scholz erinnert sich: »Ich hatte den Eindruck, daß Roeder sich darüber ärgerte, daß einer der Beisitzer, meiner Meinung nach ein Oberst, Fragen an mich stellte, die mir meiner Meinung nach entlastende Behauptungen suggerieren sollten.«[193]

Angesichts solcher Widrigkeiten ermattete allmählich auch des Führers Advokat. Seine Plädoyers wurden fahriger, seine Strafanträge fadenscheiniger — manchem schien es, als verliere Roeder das Interesse an dem Fall der Roten Kapelle. Ein Richter raunte dem Beisitzer Ernst zu: »Die Plädoyers von

Roeder werden immer dünner und dünner, genau wie der Suppenkasper; schließlich ist überhaupt nichts mehr dran.«[194]

Die maßvolleren RKG-Richter nutzten die Chance, ihm manches Opfer wieder zu entreißen. Da Hitler nach den Urteilen gegen die Hauptgruppe Schulze-Boysen/Harnack das Bestätigungsrecht an Göring und danach an den Präsidenten des Reichsgerichts übertragen hatte, konnte Admiral Bastian wiederholt intervenieren: Er ließ ein Wiederaufnahmeverfahren für den Todeskandidaten Krauss[195] zu (Ergebnis: fünf Jahre Zuchthaus), er setzte die Gefängnisstrafe des Angeklagten Henniger zugunsten einer Frontbewährung aus[196], er verweigerte die Bestätigung des Todesurteils im Fall Greta Kuckhoffs[197].

Kraell hatte Bastian die Zurückweisung des Kuckhoff-Urteils nahegelegt und Ermittlungen anstellen lassen, die ein neues Verfahren ermöglichten. Doch Frau Kuckhoff mochte nicht mehr an ein gutes Ende glauben. Da ermutigte sie gerade der Mann, von dem sie die geringste Hilfe erwartet hatte: der Anklagevertreter. Er hieß allerdings nicht mehr Roeder — ein anderer Militärrichter war an seine Stelle getreten.

In einer Verhandlungspause kam er auf die Angeklagte zu und legte ihr seine Hand auf die Schulter. »Frau Kuckhoff«, mahnte er, »seien Sie doch nicht so stumpf und teilnahmslos. Sie müssen mir helfen. Dieses Mal müssen wir es schaffen, Sie durchzukriegen.«[198] Sie schafften es beide: Greta Kuckhoff wurde im Oktober 1943 zu fünf Jahren Zuchthaus verurteilt, nachdem der Ankläger, wie Frau Kuckhoff notierte, »ausdrücklich erklärt« hatte, selbst die Freiheitsstrafe beantrage er nur »mit Widerstreben«, weil er wisse, »daß ich mich keiner ehrlosen Tat schuldig gemacht hätte«[199].

Dennoch hatte Roeder in nahezu allen Fällen erreicht, was sein Führer von ihm erwartete. Er hatte 46 Todesurteile (bei 76 Angeklagten) durchgesetzt, 15 Zuchthaus- und 13 Gefängnisstrafen. Nur sechs Anträge auf Todesstrafe waren ihm abgewiesen worden[200]. Befriedigt konnte Manfred Roeder den anderen die letzte Arbeit überlassen.

Die ersten Todesurteile waren schon Ende 1942 vollstreckt worden. Damals freilich wäre beinahe noch der Termin verpaßt worden, den der Diktator gestellt hatte. Bis Weihnachten 1942 sollten Schulze-Boysen und seine engsten Mitarbeiter ›ausgelöscht‹ sein, das hatte einst Göring im Namen Hitlers von den Militärjuristen gefordert — der deutsche Bürokratismus aber drohte das zu verhindern.

Das Urteil gegen die Hauptgruppe der Roten Kapelle war schon am 19. Dezember 1942 gefällt worden, am 24. begann jedoch bereits die traditionelle Hinrichtungssperre, die bis zum 6. Januar währte[201]. Dem Henker blieb nicht mehr viel

Zeit, denn trotz Hitlers Befehlen mußte — wie konnte es in Deutschland anders sein — der Dienstweg eingehalten werden: Zunächst kam die Überweisung der Urteile des Reichskriegsgerichts an die Rechtsabteilung des Oberkommandos der Wehrmacht, dann folgte die Weiterleitung der Urteile an den Führeradjutanten und von diesem an Hitler, dann die Bestätigung, schließlich die Rücksendung an die Reichskriegsanwaltschaft.

Erst am Vormittag des 21. Dezember trafen die von Hitler bestätigten Todesurteile in der Reichskriegsanwaltschaft ein[202]. Wenige Stunden später wurde die Generalstaatsanwaltschaft beim Landgericht Berlin informiert, denn die Exekution aller der ›Wehrwürdigkeit‹ beraubten Verurteilten war Sache der zivilen Justiz; der Berliner Generalstaatsanwalt erfuhr, die Hinrichtungsstätte in der Haftanstalt von Berlin-Plötzensee sei sofort für elf äußerst wichtige Delinquenten herzurichten[203].

Zudem hatte Hitler verfügt, die männlichen Verurteilten müsse der schimpflichste Tod ereilen — der Tod durch Erhängen. In Plötzensee aber hatte man bis dahin nur geköpft. Eiligst zogen Handwerker in einem Schuppen der Strafanstalt einen großen T-Träger mit acht Fleischerhaken unter der Decke ein[204]. Nun aber wurde noch der Chef der Reichskriegsanwaltschaft krank; ohne seine Unterschrift konnte die Hinrichtung nicht stattfinden. Der zuständige Beamte der Vollstreckungsabteilung, Amtsrat Eichler, eilte an das Krankenbett des Chefs und holte sich die Unterschrift[205].

Die Todgeweihten wußten, daß ihnen nur noch wenig Zeit blieb. Am Abend des 21. Dezember wurden sie nach Plötzensee übergeführt; jeder von ihnen — Schulze-Boysen, seine Mitverurteilten und das Paar Scheliha-Stöbe — setzte seinen Abschiedsbrief auf[206]. »Dieser Tod paßt zu mir. Irgendwie habe ich immer um ihn gewußt«, schrieb Schulze-Boysen an seine Eltern. »Alles, was ich tat, tat ich aus meinem Kopf, meinem Herzen und meiner Überzeugung heraus.«[207] Und Arvid Harnack bat seine Verwandten: »Weihnachten müßt Ihr richtig feiern. Das ist mein letzter Wille. Singt dann auch: ›Ich bete an die Macht der Liebe‹.«[208]

Sie waren gefaßt, nur Libertas Schulze-Boysen haderte mit sich und ihrem Los. »Ich hatte noch«, vertraute sie ihrer Mutter an, »den bitteren Kelch zu trinken, daß ein Mensch, dem ich mein volles Vertrauen geschenkt hatte, Gertrud Breiter, mich (und Dich) verraten hat, aber ›nun iß die Früchte Deiner Taten, denn wer verrät, wird selbst verraten‹. Auch ich habe aus Egoismus Freunde verraten, ich wollte frei werden und zu Dir kommen. Aber glaube mir, ich hätte an dieser Schuld unsagbar schwer getragen. Jetzt haben mir alle verziehen, und in einer Gemeinsamkeit, die nur angesichts des Todes möglich ist, gehen wir dem Ende entgegen.«[209]

Am Abend des 22. Dezember 1942 traten sie ihren letzten Gang an[210]. Still marschierten sie durch die Korridore der Strafanstalt. Harro Schulze-Boysen hatte in einer Zelle des RSHA-Gefängnisses eine letzte Botschaft für die Nachwelt versteckt:

> Die letzten Argumente
> sind Strang und Fallbeil nicht,
> und unsere heut'gen Richter sind
> noch nicht das Weltgericht.[211]

»Die Vollstreckung«, so registrierte Amtsrat Eichler, »erfolgte in einzelnen Kabinen, die durch Vorhänge innerhalb eines Saales abgeteilt waren. Der Scharfrichter stand auf einem Schemel. Der gefesselte Delinquent wurde hochgehoben, der Scharfrichter legte ihm die Schlinge um den Hals. Dann wurde der Delinquent nach unten gleiten gelassen. Nach meiner Beobachtung trat in dem gleichen Augenblick, in dem die Schlinge sich zuzog, bereits vollständige Bewußtlosigkeit ein.«[212]

Die drei weiblichen Todeskandidaten wurden durch das Fallbeil getötet, die acht Männer erhängt. Schulze-Boysen und Harnack starben ruhig, Scheliha wehrte sich bis zum letzten Augenblick. Harnack rief: »Ich bereue nichts. Ich sterbe als ein überzeugter Kommunist.«[213] Von Libertas Schulze-Boysen ertönte der Schrei: »Laßt mir doch mein junges Leben!«[214]

Den ersten Hinrichtungen folgten bald weitere. Als nächste waren die beiden Militärs Gehrts und Gollnow sowie Mildred Harnack an der Reihe. Am 19. Februar stieg Gehrts in Plötzensee auf das Schafott[215], zwei Tage später wurde Herbert Gollnow erschossen — es war die einzige »Gnade«, die ihm sein Führer zugebilligt hatte[216]. Vier Tage darauf wurde seine Geliebte abgerufen, grauhaarig geworden und erschreckend abgemagert. Die letzten Worte der Amerikanerin Mildred Harnack vor der Hinrichtung: »Und ich habe Deutschland so geliebt!«[217]

Am 13. Mai trat eine weitere Delinquenten-Gruppe zu ihrem Gang an, wiederum in Plötzensee: Behrens, die Gräfin Brockdorff, Guddorf, Himpel, Husemann, Küchenmeister, Rehmer, Schaeffer, Rittmeister, Strelow, Thiel, Thomfor[218]. »Mein lieber Vater«, schrieb Husemann in seinem Abschiedsbrief, »sei stark! Ich sterbe, als was ich gelebt habe: als Klassenkämpfer.«[219] Auch Erika von Brockdorff blieb ihrem Lebensstil treu. Als der Gefängnisgeistliche Ohm ihr Trost spenden wollte, wies sie ihn ab. »Noch unmittelbar vor der Tür des Hinrichtungsraumes«, berichtet der Pfarrer, »sagte sie mir, es mache ihr nichts aus, daß aus ihrem Körper in wenigen Stunden ein Stück Seife gekocht werde.«[220]

Drei Monate später, am 5. August 1943, starb die größte Gruppe der verurteilten Schulze-Boysen-Anhänger, neben zwei Männern (Emil Hübner und Adam Kuckhoff) nur Frauen: Liane Berkowitz, Cato Bontjes van Beek, Eva-Maria Buch, Hilde Coppi, Ursula Goetze, Else Imme, Anna Kraus, Ingeborg Kummerow, Klara Schabbel, Rose Schlösinger, Oda Schottmüller und Marie Terwiel[221]. Ihren Abschiedsworten fehlte das Pathos, zu dem sich die Männer verpflichtet fühlten. »Daß jetzt alles aus ist«, schrieb Oda Schottmüller an ihre Mutter, »liegt eben in meiner Linie. Ich habe nie alt werden wollen — langsam verkalken ist bestimmt nicht schön.«[222] Und Cato Bontjes van Beek resignierte: »Traurig ist es nur, daß ich gar nicht weiß, wofür ich sterben soll. Mama, es ist kein besonders großer Ruhm, mit dieser Sache etwas zu tun zu haben.«[223] Gefaßt gingen sie in den Tod. Der Ankläger aber hörte die Worte seiner Opfer nicht mehr. Mitte Februar hatte den Oberstkriegsgerichtsrat Roeder ein neuer Befehl nach Brüssel und Paris gerufen[224]. Es galt, die letzten Festen der Roten Kapelle in Westeuropa juristisch zu liquidieren: den verlorenen Haufen des Grand Chef.

7. Kapitel   Umgedreht

Unruhig irrte Leopold Trepper durch den Untergrund seines angeschlagenen Spionageimperiums, jeden Augenblick auf einen neuen Schlag der deutschen Gegenspieler gefaßt. Die Spitzenagenten des Grand Chef waren in Deckung gegangen, die Ausweichquartiere standen bereit, ein Teil des Informantennetzes in Frankreich war stillgelegt — kein Indiz sollte den deutschen Verfolgern die Arbeit erleichtern.

Der Grand Chef sah sein Werk von tödlichen Schlägen bedroht. Seit am 30. Juli 1942 die Deutschen den Rote-Kapelle-Cheffunker Johann Wenzel und dessen Funkstation in Brüssel ausgehoben hatten, war die sowjetische Spionage in Westeuropa ihrer Schwungkraft beraubt. Die Spionagegruppe in Belgien hatte mit dem Verlust der Wenzel-Station ihr Herzstück verloren, die Gesamtorganisation ihr funktechnisches Meistergehirn eingebüßt.

Auch in den anderen Arbeitsgebieten der Roten Kapelle zerstörten die deutschen Verfolger einen gegnerischen Stützpunkt nach dem anderen. Die gesamte Berliner Gruppe, beste Informationsquelle des Grand Chef, hatte die Gestapo zur Strecke gebracht, während schon früher mit der Verhaftung des Funkerehepaars Sokol den Deutschen ein bedeutender Einbruch in die Frankreich-Organisation Treppers gelungen war. Noch ärger für den Grand Chef aber mußte sein, daß er durch den Ausfall Wenzels jede Funkverbindung mit Moskau verloren hatte. In Frankreich verfügten zwar noch seine Mitarbeiter Robinson und Kent über je ein Funkgerät, aber die beiden waren von den deutschen Abwehrerfolgen so entnervt, daß sie sich weigerten, dem Grand Chef ihre Sender zur Verfügung zu stellen.

Noch wollte sich Trepper nicht geschlagen geben. Zwei Funkgeräte der in Belgien operierenden Spionagegruppe wußte er einsatzbereit, die meisten Agenten von Konstantin Jefremows Brüsseler Organisation noch in Freiheit. Vor allem die Organisation in den Niederlanden, Anton Winterincks Gruppe ›Hilda‹, funkte unermüdlich nach Moskau, was immer sie an Nachrichten sammeln konnte.

Die Rolle der noch arbeitsfähigen Agentengruppen in Belgien und Holland aber wurde immer wichtiger, je mehr sich der sowjetische Generalstab ein Bild über die Möglichkeiten einer Zweiten Front angloamerikanischer Verbände in Westeuropa verschaffen wollte. Schon vor der Aushebung Wenzels hatte der Direktor den Grand Chef angewiesen, alle vorhandenen Sender im Westen zusammenzufassen, damit die

Raswedupr im Falle einer Landung britischer und amerikanischer Truppen in allen wichtigen Invasionsräumen beobachten könne; alle zwei Tage müsse Trepper nach Moskau berichten[1].

Die Erkundungsaufträge des Direktors für die Gruppen in Brüssel und Amsterdam bezeugten das Interesse Moskaus für die Zweite Front. Am 13. April 1942 hatte der Direktor wissen wollen, wie stark die deutschen Verbände in Belgien seien, wo ihre neuen Einsatzorte lägen und wie ihre Marschbewegungen verliefen[2]. Am 31. Mai sollte Jefremow feststellen, wo sich Feldmarschall von Rundstedt und die ihm unterstellten drei Armeekorps in Frankreich befänden[3]. Am 27. Juni 1942 ein neuer Auftrag: Feststellung der Stärke und Zusammensetzung deutscher Infanterie-Divisionen in der Normandie, Bretagne und in Holland[4].

Und ›Bordo‹ — so Jefremows Deckname — hatte pflichtschuldig nach Moskau zurückgefunkt: am 28. April einen Bericht über deutsche Truppenkonzentrationen im Raum Cambrai[5], am 4. Mai einen Report über die Beschlagnahme belgischer Privatkraftwagen und Pferde durch die Besatzungsmacht sowie über den verstärkten Transport deutscher Einheiten von Belgien nach Frankreich[6], am 12. Mai eine Meldung über die Stärke der deutschen Besatzungstruppen in Brüssel[7].

Auch an ›Tino‹ (Winterincks Deckname) in Amsterdam richtete der Direktor immer häufiger Anfragen. Am 1. Mai erhielt Winterinck aus Moskau Weisung, die Stimmung der deutschen Truppen in den Niederlanden zu erkunden und außerdem festzustellen, wo und welche deutschen Fliegerverbände in Holland stationiert seien[8]. Am 15. Juni wollte der Direktor wissen, wo sich das Hauptquartier der deutschen Truppen in den Niederlanden befinde und ob es zutreffe, daß die deutsche Militärverwaltung im Rathaus zu Hilversum sitze[9].

Nach dem Schlag gegen die Wenzel-Station in Brüssel rückte die niederländische Agentengruppe vollends in die erste Reihe der Moskauer Feindaufklärung. Sie erhielt nun den Auftrag, auch Nachrichten aus Deutschland zu beschaffen und ihren Funkverkehr mit Moskau zu verstärken[10]. Sie stellte schließlich sogar ein altes Batteriefunkgerät zur Verfügung, mit dem der Grand Chef wieder den Direktor unmittelbar ansprechen sollte[11].

Doch wie lange würde es dauern, bis die Deutschen auch ›Hilda‹ auf die Spur kamen? Trepper konnte sich von einem Gefühl des Unbehagens nicht befreien. Der Grand Chef vermochte nicht darüber hinwegzusehen, daß den Deutschen mit Wenzel ein Mann in die Hände gefallen war, der fast alle Geheimnisse der Roten Kapelle in Westeuropa kannte — und bis dahin hatten die Deutschen nahezu jeden gefangenen Agenten zum Sprechen gebracht. Verrat war ein alter Weggenosse kommunistischer Spionageorganisationen.

Treppers Instinkt trog nicht: Wenzel verriet Kurierlinien, Chiffriersysteme und Kodetechniken. Dennoch hatte Trepper einen anderen Verräter dabei übersehen. Die Aufrollung der letzten Agententrupps der Roten Kapelle gelang den Deutschen mit der tätigen Hilfe eines Spions, dem der Grand Chef vertraute.

Schon bei dem ersten geglückten Unternehmen gegen die Rote Kapelle, dem Zugriff in der Brüsseler Rue des Atrébates im Dezember 1941, war die Abwehr auf die Fährte des polnischen Fälschers Abraham (›Adasch‹) Rajchman gestoßen. Aus den Aussagen verhafteter Agenten gewann die Abwehr rasch den Eindruck, bei Rajchman müsse es sich um eine Schlüsselfigur der Roten Kapelle handeln; denn wo immer er auftauchte, ob in Belgien oder in Frankreich — seine gefälschten Pässe, seine kunstvoll nachgemachten Stempel waren die Lebensgrundlage der kommunistischen Spione. ›Der Fabrikant‹, wie der Fälscher in der Kodesprache der Roten Kapelle hieß, galt der Abwehr als ein so wichtiger Agent, daß sie beschloß, ihn und seine Kontakte unter Beobachtung zu stellen, um dadurch mehr über den Umfang der Gesamtorganisation zu erfahren[12]. Eine Verhaftung Rajchmans aber hätte alle möglichen Fäden abgeschnitten. Statt dessen folgte ihm der Schatten der Abwehr.

Im Frühjahr 1942 wußte es die Abwehrstelle in der Brüsseler Rue de la Loi zu arrangieren, daß Rajchman die Bekanntschaft des belgischen Kripo-Hauptinspektors Mathieu machte, der insgeheim Verbindungen zu Resistancegruppen unterhielt[13]. Die Freunde im Untergrund ahnten freilich nicht, daß ›Carlos‹ (so Mathieus Deckname) zu den wichtigsten V-Männern des Oberleutnants Bödiker gehörte, der im Gegenspionage-Referat der Abwehrstelle Brüssel saß[14].

Rajchman pflegte die Bekanntschaft mit Mathieu, denn der Hauptinspektor der Brüsseler Kriminalpolizei war für den Fälscher ein unentbehrlicher Helfer: Er konnte echte Ausweise beschaffen. Bald waren die beiden so miteinander vertraut, daß Rajchman (vermutlich ohne Wissen des Grand Chef) seinen neuen Freund im Mai 1942 bat, ihm einen Koffer abzunehmen, der ihm zu ›heiß‹ geworden war. Der Koffer enthielt eines der Reserve-Funkgeräte, die nach den Plänen Treppers zu einem späteren Zeitpunkt zum Einsatz kommen sollten. Mathieu willigte ein und stellte das Gerät in seiner Garage unter[15].

Anderntags informierte der Polizist seinen Chef Bödiker, und kurz darauf schickte die Abwehr einige Experten, die behutsam alle Teile des Funkgerätes photographierten. Bödiker verständigte den für die Rote Kapelle zuständigen Hauptmann Harry Piepe und dessen Gefährten, den Gestapo-Kommissar Karl Giering. Die drei Spionejäger verglichen das photographierte Rajchman-Gerät mit dem in der Rue des Atrébates beschlagnahmten Sender — ein Zweifel war nicht mehr möglich: Beide Geräte stammten offensichtlich aus der gleichen Sammlung[16].

Piepe und Giering verschärften daraufhin die Beschattung des ›Fabrikanten‹, doch die Beobachtung blieb zunächst ergebnislos. Rajchman schien mit seiner Geliebten Malvina Gruber ein nahezu langweiliges Leben zu führen. Erst im Juli rührte sich Rajchman wieder. Abermals war es Mathieu, der die Deutschen informierte. Rajchman habe ihn, meldete ›Carlos‹ an Bödiker, gebeten, eine polizeiliche Kennkarte für einen Freund zu besorgen. Bödiker wollte wissen, wer der Freund sei. Mathieu wußte es nicht. Daraufhin instruierte der Abwehroffizier seinen V-Mann, er solle dem ›Fabrikanten‹ die Kennkarte versprechen, aber vorher ein Paßbild des Rajchman-Freundes verlangen — mit dem Argument, er, der Inspektor, könne die Kennkarte sogar von der zuständigen Behörde abstempeln lassen, wenn ihm das Paßbild vorliege[17]. Rajchman lieferte das Bild und eine sensationelle Nachricht dazu: Sein Freund sei der Chef einer kommunistischen Agentengruppe, mit der auch er zusammenarbeite[18].

Vergebens nahmen Piepe und Giering das Bild unter die Lupe, denn die Photographie zeigte das Gesicht eines jungen blonden Mannes, das den beiden Rote-Kapelle-Jägern völlig unbekannt war[19]. Aber ein unerklärliches Gefühl sagte ihnen, der Mann gehöre irgendwie zu der Organisation des Grand Chef. Da beschlossen Hauptmann und Kommissar, va banque zu spielen: den Fremden einfach zu verhaften.

V-Mann ›Carlos‹ animierte Rajchman, den Freund zu ihm, Mathieu, zu schicken und bei ihm die Kennkarte abholen zu lassen. Man wollte sich in der Mittagszeit des 30. Juli treffen. Ort der Zusammenkunft: die Brücke des Botanischen Gartens in Brüssel[20]. Piepe wartete mit einigen Männern der Geheimen Feldpolizei kurz hinter der Brücke. Kaum hatte Mathieu dem Unbekannten die Kennkarte ausgehändigt, da griffen die GFP-Beamten zu[21].

Vor Piepe und Giering stand ein Mann, dessen Papiere ihn als den finnischen Studenten Eric Jernstroem aus Vasa legitimierten. Er bestritt leidenschaftlich, für die sowjetische Spionage zu arbeiten; er studiere an der Brüsseler Universität Chemie und sei im übrigen dem finnischen Generalkonsulat bestens bekannt[22]. Die Vertretung Finnlands in Brüssel bestätigte in der Tat die Angaben Jernstroems. Auch eine Haussuchung förderte keine verdächtigen Indizien zutage; man fand lediglich ein paar Postkarten aus Amerika, denen zu entnehmen war, daß Jernstroem in den Vereinigten Staaten gelebt habe und von dort auch regelmäßig Geldsendungen erhielt[23].

Seine Tarnung wäre undurchdringlich gewesen, hätte der vermeintliche Finne besser Finnisch gesprochen. Er konnte kaum einen Satz flüssig herausbringen[24]. Zudem begann er, sich jetzt auch in kleine Widersprüche zu verheddern, die freilich nur geschulten Ohren auffielen. Giering und Piepe waren ratlos.

In ihrer Verlegenheit flüchteten sich die beiden Vernehmer in einen verzweifelten Trick. Sie arrangierten ein scheinbar zufälliges Zusammentreffen zwischen Jernstroem und (dem ebenfalls am 30. Juli festgenommen) Wenzel. Wenn der Finne zur Roten Kapelle gehörte, dann mußte ihn Wenzel kennen. Die beiden Häftlinge prallten aufeinander, Wenzel konnte sich nicht schnell genug beherrschen: Das sei ›Bordo‹, gab er zu, das sei sein Chef, der sowjetische Kriegsingenieur Dritten Grades Konstantin Jefremow[25].

Jetzt konnten Piepe und Giering den letzten Akt ihrer Verfolgungsjagd einleiten. Die Aussagen Wenzels ließen Jefremow keinen anderen Ausweg, als das Spiel der Deutschen mitzuspielen; vor die Wahl gestellt, sofort erschossen zu werden oder durch eine Mitarbeit das Leben zu verlängern, entschied sich der Ukrainer für die Kollaboration[26]. Ein paar Tage lang versuchte er, seine Aussagen vorsichtig zu dosieren und die Deutschen auf falsche Spuren zu führen. Eine Woche später war er jedoch schon auf die Seite der Deutschen gerückt, war in ihm eine seltsame Wandlung vorgegangen, die auch anderen verhafteten Spionen nicht unbekannt blieb: Das Interesse des Profis erwachte in ihm, die Faszination der Jagd.

Bald sah er sich in der Rolle des Ratgebers, der den tölpelhaften Deutschen den richtigen Weg wies. »So ist das falsch«, belehrte er sie, »so muß das gemacht werden.«[27] Und Piepe und Giering hörten zu, fast enthusiasmiert von ihrem neuen Mitarbeiter, der sie immer tiefer in das Netz der sowjetischen Spionage hineinführte.

Der nächste Schlag gegen die belgische Spionagegruppe ging denn auch auf das Konto Jefremows. Einen nach dem anderen verriet er an die Deutschen. Die Wenzel-Freundin Germaine Schneider (›Schmetterling‹), Kurier der Gruppe, wurde von der Abwehr verhaftet, dann freilich wieder freigelassen[28]. Auch den Reservefunker Augustin Sesée und dessen Funkgerät in Ostende hoben die Deutschen aus[29].

Mitte August öffnete Jefremow seinen neuen Herren auch den Weg in das holländische Agentennetz. Piepe und Giering hatten es auf die Holländer besonders abgesehen; seit Anfang 1941 wußten Funkabwehr und Ordnungspolizei, daß in den Niederlanden eine kommunistische Funkgruppe arbeitete[30]. Anfang Juli war zudem in Belgien der wenige Tage vorher gelandete Fallschirmspringer Kruyt aufgegriffen worden, ein holländischer Ex-Pfarrer und KP-Funktionär, der mit seinem Sendegerät die belgische Spionagegruppe unterstützen sollte; mit ihm war ein Genosse abgesprungen, der den Auftrag hatte, im Raum Den Haag zu arbeiten[31]. Für die Abwehr lag die Vermutung nahe, in Belgien und Holland agiere die gleiche Spionageorganisation.

Wo aber lag das Bindeglied zwischen den Spionen in beiden Ländern, wie arbeiteten die zwei Gruppen zusammen? Jefremow versprach, auch hier zu helfen. Zweimal in der Woche, vertraute der ehemalige Agentenchef seinen Vernehmern an, habe er einen Kurier treffen müssen, der ihm aus Holland Nachrichten brachte; es habe sich um den Verbindungsmann zwischen der belgischen und der niederländischen Gruppe gehandelt[32].

Die Deutschen hatten zu Jefremow schon solches Vertrauen gefaßt, daß sie es wagten, den ehemaligen Agentenchef — nur von ferne durch GFP-Beamte beschattet — zu dem gewohnten Treff gehen zu lassen. Doch Jefremow und die Deutschen warteten vergebens, der Kurier kam nicht. Ein paar Tage später versuchten sie es noch einmal. Diesmal tauchten an der verabredeten Stelle gleich zwei Kuriere auf — sie wurden sofort verhaftet[33].

Jefremow klärte die Deutschen auf, wen sie arretiert hatten: Der eine war Maurice Peper, der unter dem Decknamen ›Wassermann‹ Kontakt zur Winterinck-Gruppe in Amsterdam hielt[34], der andere hieß Hermann Isbutzky (Deckname: ›Lunette‹) und erwies sich als ein ehemaliger KPD-Funktionär, der schon zur Kent-Gruppe gehört hatte[35]. Der deutsche Genosse lehnte jede Zusammenarbeit mit den Faschisten ab, Peper aber erklärte sich bereit, die Deutschen ins holländische Versteck zu bringen[36].

Gemeinsam mit Peper brach Abwehrhauptmann Piepe nach Amsterdam auf, um auch ›Hilda‹ den Todesstoß zu versetzen. Wieder mußte er sich darauf verlassen, daß die kommunistischen Agenten einander selbst zerstören würden. Peper machte sich anheischig, die deutschen Spionjäger in das Amsterdamer Café zu führen, in dem er sich mit dem niederländischen Agentenchef Winterinck zu treffen pflegte. Am 17. August hoffte der Kurier, Winterinck in dem Café zu erreichen; Piepe verteilte seine Beamten, doch ›Tino‹ erschien nicht[37].

Verstimmt ließ Piepe seinen Häftling zu einer verabredeten ›Briefkasten‹-Adresse fahren, zur Wohnung der Eheleute Jacob und Hendrika Rillboling, in der Peper immer Nachrichten für Winterinck hinterlassen konnte. Er fand diesmal eine Nachricht von ›Tino‹ vor: Er werde am nächsten Tag ins Café kommen[38].

Wieder legten sich Piepes Leute auf die Lauer, wieder hielt Peper nach seinem Opfer Ausschau. Piepe wollte schon resignieren, da tauchte ein großer, massiger Mann auf, dessen Körperfülle verständlich machte, warum man ihm in der kommunistischen Partei den Spitznamen ›Der Große‹ gegeben hatte. Winterinck sah sich suchend nach Peper um; jäh stürzten sich Piepes Beamte auf ihn und zerrten ihn zum Lokal hinaus[39].

»Drinnen gab es einen Tumult«, erinnert sich Piepe, »die Gäste ergriffen Partei für den Gefangenen und bedrohten meine Feldgendarmen. Mit gezogenen Pistolen bahnten diese sich einen Weg zur Tür. Schließlich konnten wir uns durchschlagen.«[40] Das alte Spiel wiederholte sich: Erst wollte der Gefangene nichts aussagen, nicht einmal seinen Namen mochte er nennen, später arbeitete aber auch er mit[41].

Piepe wußte ohnehin genug, um das Holland-Netz des Grand Chef zu zerreißen. Die Eheleute Rillboling wurden verhaftet, die Wohnung Winterincks besetzt und das dort abgestellte Funkgerät beschlagnahmt[42]. Die übrigen Mitglieder der niederländischen Gruppe jedoch, der Winterinck-Vertreter Johannes Lüteraan, der Reservefunker Wilhelm Voegeler, der Komintern-Funktionär Daniel Goulooze und die Agentin Hendrika Smith, konnten mit zwei Funkgeräten fliehen[43]. Gleichwohl war die Gruppe ›Hilda‹ tot.

Piepe reiste nach Brüssel zurück, um weitere Verbindungen der belgischen Spionagegruppe nach den Nachbarländern aufzuspüren. Er ließ sich keine Zeit, denn jeden Augenblick konnte der Gegenspieler Jefremows Verrat entdecken und Rajchman die wahre Rolle seines Freundes Mathieu durchschauen. Zur Irreführung des Grand Chef hatte Piepe denn auch veranlaßt, daß Jefremow schon wenige Tage nach seiner Verhaftung wieder entlassen wurde und scheinbar als freier Mann in seiner Wohnung leben durfte[44].

Doch so eifrig sich auch Jefremow das Gehirn zermarterte, um Piepe neue Auslandsverbindungen der belgischen Gruppe nennen zu können — ihm fiel nichts ein. Er wußte nur, daß die Wenzel-Freundin Germaine Schneider im Auftrag des Grand Chef oft nach Frankreich und in die Schweiz gefahren war. Doch den ›Schmetterling‹ hatte die Abwehr entkommen lassen, überzeugt, daß sie nur die Geliebte Wenzels gewesen sei und nichts anderes[45].

Keiner wußte also, so mußten die Spionejäger folgern, über

die Gesamtorganisation des Grand Chef besser Bescheid als Germaine Schneider. Man mußte unbedingt der Frau wieder habhaft werden. Piepe kam eine Idee: Jefremow solle noch einmal seine alten Untergrund-Kontakte spielen lassen und mit der untergetauchten Agentin in Verbindung treten. Tatsächlich ließ sich Germaine Schneider sprechen. Was Jefremow der Wenzel-Freundin vorgeschlagen hat, ist nicht bekannt. Vermutlich wird er ihr geraten haben, angesichts des zusammenbrechenden Trepper-Reiches mit den Deutschen zu kollaborieren[46].

Germaine Schneider indes hielt weiterhin zum Grand Chef und alarmierte ihn, worauf die Agentin die Order bekam, sich zu der noch ungefährdeten Spionagegruppe in Lyon zurückzuziehen[47]. Beinahe wäre sie freilich doch noch den Deutschen ins Garn gegangen. Denn Germaine fehlte ein Passierschein für das unbesetzte Frankreich — was lag da für sie näher, als Rajchman um die Beschaffung eines entsprechenden Papiers zu bitten?

Rajchman mußte wieder Mathieu kontaktieren, und auf diesem Weg erfuhren die Deutschen von der Sache. Piepe wollte den Trick noch einmal anwenden, mit dem er schon Jefremow gefangen hatte. Eine Zusammenkunft zwischen ›Schmetterling‹ und Mathieu wurde vereinbart, doch die Agentin kam nicht[48]. Statt der Schneider erschien Rajchman — im Auftrag der Agentin[49].

Die Abwehroffiziere verstanden die Geste nur allzu gut: Ihr Spiel war durchschaut, Jefremow, Rajchman und Mathieu hatten ihren Wert als freiwillige oder unfreiwillige Agentenfänger für die Deutschen verloren. Jefremow wurde wieder ins Gefängnis abgeführt, am 2. September ließ Piepe auch Rajchman und dessen Freundin Malvina Gruber verhaften, die in das bei Brüssel liegende Gestapo-Gefängnis Breendonck kamen[50]. Der Pole erklärte sich sofort zur Mitarbeit bereit, aber als seine Aussagen die Vernehmer nicht befriedigten, schlugen die beiden wichtigsten Helfer Gierings, der Kriminaloberassistent Richard Voß, auf den Häftling wütend ein[51].

Als Piepe einmal unangemeldet in eine solche Folterung Rajchmans geriet, will er die Mißhandlung des Häftlings unterbunden haben. Piepe: »Nehmt es mir nicht übel, aber das ist Verbrechen im Amt.«[52] Ihm tat der Gefolterte so leid, daß er sofort — wie Piepe sich zu erinnern weiß — »losging und dem Rajchman eine Tüte Weintrauben holte, damit er sich wieder beruhigte«. Piepe vereinbarte mit dem Gestapo-Kommissar Giering, daß Rajchman nur noch in Anwesenheit Piepes vernommen werden solle[53].

Bei all seiner unbezweifelbaren Menschlichkeit hatte Harry

Piepe einen besonderen Grund, den Häftling Rajchman gut zu behandeln, denn ein letztes Produkt Jefremowscher Erinnerungsbemühungen hatte den Zwischenträger Rajchman wieder zu einem wichtigen Kontaktmann werden lassen.

Jefremow berichtete, während seiner Tätigkeit als Chef der Funkgruppe ›Bordo‹ habe es in Brüssel eine etwas mysteriöse Firma gegeben, die irgendwie mit dem Grand Chef in Frankreich in Geschäftsbeziehungen gestanden haben müsse; er selber sei allerdings angehalten worden, jeden Kontakt mit dieser Firma zu unterlassen[54]. Jefremow wußte von der Firma nur so viel, daß sie sich ›Simexco‹ nannte und ihre Geschäftsleitung im Haus 192 der Brüsseler Rue Royale unterhielt. Piepe glaubte nicht richtig gehört zu haben. Denn: In der Rue Royale 192 wohnte auch er, unter dem nicht sonderlich einfallsreichen Decknamen Riepe[55].

Piepe war von dieser Entdeckung so verblüfft, daß er noch heute ernsthaft glaubt, er sei damals wiederholt dem Grand Chef und dessen Spitzenagenten im Treppenhaus der Rue Royale 192 begegnet. Piepe: »Wir hatten immer höflich den Hut gezogen! Läse man so etwas in einem Roman, würde man dem Verfasser vorwerfen, er habe zu dick aufgetragen.«[56] Wie immer es auch gewesen sein mag — die Enthüllung Jefremows veranlaßte Piepe, sofort Erkundigungen über die Simexco einzuziehen.

Die Recherchen der Abwehr ergaben freilich, daß die Aktionäre der Simexco recht harmlose belgische Geschäftsleute waren, die schwerlich Spionage trieben[57]. Es bestand also nur die Möglichkeit, daß sich die kommunistischen Spione der Firma bedient hatten, um im Schatten normaler Geschäfte Kurierlinien unterhalten und Gelder für illegale Zwecke schmuggeln zu können. Dafür sprach, daß ein Mitglied des Verwaltungsrates der Firma immer im Ausland weilte: Señor Vincente Sierra.

Die Abwehr wußte längst, daß Sierra mit dem Chefagenten Kent identisch war, der nach Piepes Überfall in der Rue des Atrébates im Dezember 1941 nach Frankreich geflohen war. Und da sich Malvina Gruber erinnerte, die Kent-Freundin Margarete Barcza habe ihr damals anvertraut, sie werde nach Marseille gehen[58], zudem auch die Telephonüberwachung der Simexco einen regen Verkehr mit Paris enthüllte[59], beschlossen Piepe und Giering, in Frankreich nach dem Grand Chef und seinen letzten Getreuen zu fahnden.

Als Pfadfinder wollten sie Abraham Rajchman benutzen, der sich angeboten hatte, die Spionejäger zum Grand Chef zu führen. Im Oktober zogen Piepe, Giering und 20 weitere Gestapo-Beamte nach Paris. Das war der Kern des ›Sonderkommandos Rote Kapelle‹, das einige Wochen später nach dem

Vorbild der Sonderkommission des Reichssicherheitshauptamtes (und ihr unterstellt) in Paris gebildet wurde⁶⁰. Im vierten Stock des Hauses 11 der Rue de Saussaies, ehemaligem und künftigem Sitz der Generaldirektion der französischen Sicherheitspolizei, ließen sich die Gestapo-Männer nieder⁶¹.

Bald warfen Giering und Piepe ihre ersten Köder aus. Sie gaben Rajchman in Paris frei, der nun alle ihm bekannten ›Briefkästen‹ der Trepper-Organisation anlief, um immer wieder die gleiche Nachricht zu hinterlassen: Er müsse sofort den Grand Chef sprechen⁶². Doch seit der Affäre mit ›Schmetterling‹ war Trepper mißtrauisch. Er kam nicht.

Verdrießlich ließ sich Piepe jeden Morgen, wenn er sich mit Rajchman im Café ›Viel‹ auf dem Boulevard des Italiens zum Frühstück traf, über die Mißerfolge seines Lockvogels unterrichten⁶³. Rajchman versuchte erneut, mit dem Grand Chef ins Gespräch zu kommen. Er vernachlässigte keinen Kontakt, der ihm die Aussicht eröffnete, einen Weg zu Trepper zu finden. Doch der Grand Chef blieb unauffindbar. Piepe und Giering mußten erkennen, daß Rajchman zu wenig V-Leute in Paris kannte.

Dem Kriminalkommissar und dem Hauptmann blieb nichts anderes übrig, als selber auf die Suche nach dem Grand Chef zu gehen. Sie hatten nur einen kleinen Anhaltspunkt: die auffallend häufigen Telephongespräche zwischen der Brüsseler Simexco und einer Pariser Firma mit ähnlichem Namen, der Simex. Den abgehörten Gesprächen hatten die beiden Verfolger entnommen, daß es immer wieder um Bauaufträge für die Wehrmacht ging. Darüber aber konnte niemand besser informiert sein als die Organisation Todt.

Giering und Piepe ließen sich in der Pariser OT-Hauptverwaltung bei dem zuständigen BB(= Baubetriebe)-Verbindungsführer Nikolai melden, zu dessen Aufgaben es gehörte, die für Wehrmachtsanlagen arbeitenden französischen Firmen zu kontaktieren und zu beaufsichtigen⁶⁴. Er mußte auch die Simex kennen. Er kannte sie. Giering und Piepe erfuhren, die Simex sei ein zuverlässiges Unternehmen, mit dem die OT gerne zusammenarbeite⁶⁵.

Als Piepe dem Verbindungsführer Nikolai das in der Rue des Atrébates gefundene Trepper-Photo zeigte, nickte der OT-Mann: Jawohl, das sei Monsieur Jean Gilbert, Geschäftsführer der Simex, wohnhaft Boulevard Haussmann 8, dritter Stock. Die beiden Besucher weihten daraufhin Nikolai ein, wer Gilbert in Wirklichkeit war⁶⁶. Die drei beschlossen, dem Grand Chef eine Falle zu stellen: Da Treppers Ausweis für die unbesetzte Zone Frankreichs in den nächsten Tagen ablief, sollte er bei der Erneuerung des Papiers in der OT-Zentrale verhaftet werden⁶⁷.

Nikolai machte indes durch seinen Übereifer den Plan zunichte. Er schrieb dem Geschäftsführer der Simex und bat um seinen Besuch, da der Ausweis erneuert werden müsse. Nur mühsam konnten Piepe und Giering ihre Wut über den vorlauten OT-Funktionär unterdrücken, denn der Brief hatte zweifellos den Grand Chef vorzeitig alarmiert[68]. Ein neuer Plan wurde entworfen: Piepe und Giering wollten in der Maske deutscher Kaufleute Industriediamanten von der Simex kaufen und dabei nur mit Monsieur Gilbert verhandeln. Sie legten sich die Version zurecht, sie seien aus Mainz gekommen, um in Paris Industriediamanten zu kaufen[69]. Piepe war sich des Erfolgs sicher: »Diamanten für anderthalb Millionen Mark – das mußte jeden locken.«[70]

Doch wie kam man mit der Simex in Kontakt? Nikolai wußte einen Weg: Bei der OT arbeitete die weißrussische Offizierswitwe Maria Likhonine geborene Kalina; sie verfüge über gute Beziehungen zur Simex, sie habe schon manches Geschäft zwischen der Organisation Todt und der Firma vermittelt[71].

Die Weißrussin, eine geldsüchtige Abenteurerin, zeigte sich äußerst interessiert an dem Diamantengeschäft, das ihr Piepe vorschlug[72]. Daß der vermeintliche Kaufmann aus Mainz darauf bestand, das Geschäft nur mit Gilbert abzuschließen, schien ihr durchaus einzuleuchten. Sie beeilte sich, den Simex-Chef zu finden. Die Deutschen erfuhren freilich nicht, daß sie den Grand Chef warnte: Die Deutschen seien hinter ihm her[73].

Von Woche zu Woche schob die Russin die Zusammenkunft zwischen Gilbert und dem Kaufmann aus Mainz hinaus. Mal war Monsieur Gilbert in ein Sanatorium gefahren, mal war er geschäftlich verhindert[74]. Schließlich wollte man sich auf dem Brüsseler Südbahnhof treffen und gleich darauf den Diamantenvertrag unterschreiben. Doch der Grand Chef kam nicht. Piepe: »Er hatte eine gute Nase.«[75]

Allmählich merkten auch Piepe und Giering, daß sie auf so simple Art den Grand Chef nicht fangen würden. Erst wenn man ihm alle Ausweichmöglichkeiten abschnitt und sein Netz an mehreren Punkten zugleich aufriß, hatten die Verfolger eine Chance, den Grand Chef auszumanövrieren. Noch war der Süden Frankreichs völlig unbeobachtet, noch hatte der Grand Chef die Aussicht, seine besten Agenten über Südfrankreich nach Nordafrika entkommen zu lassen.

Tatsächlich war Trepper schon lange auf die Idee gekommen, seinen französischen Apparat langsam abzubauen und in Nordafrika zu etablieren. Zunächst hatte er alle gesuchten Agenten — Germaine Schneider, Kent, Schumacher, Isidor Springer u. a. — in Lyon und Marseille untergebracht; auch er selber und seine beiden engsten Mitarbeiter, Katz und Großvogel, sollten notfalls in Südfrankreich untertauchen[76]. Aber schon Mitte Juni hatte Jules Jaspar den Auftrag erhalten, ein neues Quartier in Algier zu suchen[77].

Die Landung amerikanisch-britischer Truppen in Nordafrika am 8. November 1942 und die drei Tage später von Hitler befohlene Besetzung Südfrankreichs durch deutsche Verbände machten die Fluchtpläne Treppers zunichte. Schlimmer noch: Gestapo und Abwehr konnten jetzt ungehindert in dem nicht mehr unbesetzten Frankreich nach kommunistischen Agenten fahnden. Ein Suchtrupp Piepes und Gierings setzte sich in Marsch, angeführt von dem nach neuer Bewährung lechzenden Rajchman[78].

»Er hat uns«, erinnert sich Piepe, »doch noch sehr, sehr viel verraten, er konnte uns vor allem Lyon bringen.«[79] In Paris mochte sich Rajchman nicht sonderlich ausgekannt haben, aber in Südfrankreich fand er nur allzu schnell die Spur seiner alten Freunde aus der Brüsseler Zeit. Er klapperte einen Briefkasten nach dem anderen ab, horchte gemeinsame Freunde aus, entdeckte Schlupfwinkel der Untergetauchten. Die deutschen Spionejäger begannen, die Agentengruppen in Marseille und Lyon einzukreisen[80].

Am 12. November drangen fünf französische Polizisten, von den deutschen Abwehrmännern vorgeschickt, in eine Wohnung der Rue de l'Abbé-de-l'Epée in Marseille ein und verhafteten deren illustre Bewohner: den einstigen ›Petit Chef‹ Kent und seine Geliebte Margarete Barcza[81]. Sie wurden einen Tag später einem Gestapo-Kommando übergeben, das die Verhafteten nach Paris brachte. Piepe und Giering gaben die Weisung, Kent nach Brüssel zu überführen, an die Stätte seiner früheren Tätigkeit. In Brüssel, so mögen die Verfolger gedacht haben, hatte die Geschichte der Roten Kapelle begonnen, in Brüssel sollte sie auch enden[82].

Zudem konnten Giering und Piepe nicht ausschließen, daß Kent noch Mitarbeiter seines alten belgischen Netzes kannte, die nach wie vor im Untergrund arbeiteten. Inzwischen selber nach Brüssel zurückgereist, vernahmen die beiden Deutschen den einstigen Chefagenten mehrere Tage lang, ehe sie ihn als Kronzeugen für den damals bevorstehenden Prozeß gegen die Berliner Rote Kapelle an die Spree schickten. Nach anfänglichem Zögern erklärte sich Kent bereit, alles auszusagen[83].

Kents Aussagen vermittelten Giering und Piepe zum erstenmal ein konkretes Bild über Ausmaß, Personal und Arbeitsweise der Roten Kapelle. Mochte auch Kent mit den augenblicklichen Plänen des Grand Chef nicht mehr vertraut sein — seine Informationen waren ausreichend, um Giering und Piepe zum letzten, gleichzeitigen Schlag gegen die Reste der Spionageorganisation zu veranlassen.

Inzwischen hatten die Suchtrupps von Abwehr und Gestapo in Südfrankreich den Gegner derartig umstellt, daß sie jederzeit zugreifen konnten. Der letzte Brüsseler Schlupfwinkel der Organisation, die Hauptgeschäftsstelle der Simexco, lag ebenfalls unter Kontrolle, und auch die Simex in Paris konnte notfalls sofort ausgehoben werden. Piepe und Giering beschlossen daraufhin, eine gleichzeitige Großrazzia in Brüssel, Paris, Lyon und Marseille zu veranstalten. Am 24. November 1942, so wurde vereinbart, sollten die Einsatzkommandos in den vier Städten zupacken[84].

Die beiden Führer der Aktion hatten freilich nicht mit dem brennenden Ehrgeiz des Kriminalobersekretärs Erich Jung gerechnet, der nach der Abreise seines Chefs Giering in die belgische Hauptstadt das Pariser Einsatzkommando in der Rue de Saussaies leitete. Er fieberte danach, den Grand Chef allein zur Strecke zu bringen.

Ohne Giering in Brüssel zu informieren, schlug Jung schon am 19. November in Paris los[85]. Er lockte den Simex-Direktor Alfred Corbin und den Simex-Dolmetscher Vladimir Keller in die Hauptverwaltung der OT und ließ sie dort verhaften, während zugleich Gestapo-Beamte und französische Polizisten die Zwölf-Zimmer-Geschäftsstelle der Trepper-Firma durchsuchten, alle Akten beschlagnahmten und das anwesende Personal ins Gefängnis abführten[86].

Doch wenn Jung gehofft hatte, eine Spur zu Trepper zu finden, so sah er sich enttäuscht. Vergebens stürzte er sich auf den Häftling Keller, den Jung für einen besonders intimen Kenner der Simex-Verhältnisse hielt. Als Keller nicht die gewünschten Auskünfte erteilte, schlug Jung wie besessen auf den Verhafteten ein. Nach jedem Faustschlag brüllte er erneut: »Wo ist Gilbert?« Keller zuckte mit den Schultern. Neue Schläge, neues Schweigen[87]. Erich Jung war am Ende seiner Weisheit.

Verärgert eilte Kriminalkommissar Giering am 23. November nach Paris zurück, den unbotmäßigen Gehilfen zur Rede zu stellen[88]. Jung wollte sein Vorpreschen mit dem Hinweis begründen, es habe Fluchtgefahr bestanden, doch Giering winkte ab[89]. Der Kommissar ließ sich die Vernehmungsprotokolle vorlegen, aber auch er konnte mit ihnen nichts anfangen. Giering verhörte von neuem. Nichts, keine Spur vom Grand Chef.

Da plötzlich, am 24. November gegen elf Uhr, erinnerte sich die Frau des Simex-Direktors Corbin eines winzigen Details, das sie den Deutschen mitzuteilen sich nicht scheute: Monsieur Gilbert habe kürzlich über Zahnschmerzen geklagt;

Ehemann Corbin habe seinem Chef daraufhin einen Zahnarzt genannt[90]. Giering und Jung horchten auf. Die Adresse des Zahnarztes? Dr. Maleplate, Paris, Rue de Rivoli 13[91]. Sofort benachrichtigte Giering den ebenfalls nach Paris zurückgekehrten Piepe, eine knappe Stunde später standen sie vor der Praxis des Dr. Maleplate. Er war nicht zu Hause — Maleplate arbeitete am Vormittag als Assistenzarzt im Hôpital Laennec —, nur der Zahntechniker öffnete den Besuchern. Er wurde angehalten, Maleplate sofort zu rufen. Der Arzt kam[92].

Giering und Piepe ließen sich den Terminkalender zeigen und jede Eintragung vorlesen, ohne dem Zahnarzt zunächst zu sagen, wen sie suchten. Maleplate las Zeile um Zeile vor. Endlich hörten die Deutschen den Namen, auf den sie warteten — für den 27. November 15 Uhr war er eingetragen: »Gilbert.«[93] Piepe und Giering ließen sich nichts anmerken, auch nicht, als der Zahnarzt sich plötzlich erinnerte, daß die Verabredung mit Gilbert vorverlegt worden sei. Malaplate: »Er kommt heute um zwei Uhr.«[94] Die beiden Besucher nickten, murmelten ein Dankeswort und verabschiedeten sich.

Giering und Piepe hielten in einem Café, das unten im Haus lag, kurzen Kriegsrat. Da ihnen bis zwei Uhr nicht mehr viel Zeit blieb, forderten sie von der nächstgelegenen deutschen Dienststelle zwei Unteroffiziere und einen Pkw an[95]. Um 13.45 Uhr standen sie wieder vor dem Zahnarzt und weihten ihn ein: »Wir wollen Gilbert verhaften!«[96] Maleplate wurde genötigt, seinen Zahntechniker fortzuschicken; er sollte Gilbert allein behandeln, während sich Piepe, Giering und ein weiterer Gestapo-Beamter in der Wohnung versteckten[97].

Im Behandlungszimmer aber wartete der Zahnarzt mit seinem Patienten aufgeregt auf den Zugriff der Deutschen, denn in all der Nervosität war Giering und Piepe entgangen, daß Gilbert bereits durch ein Hinterzimmer die Wohnung betreten hatte. Erst als aus dem Behandlungszimmer Stimmen drangen, stürmten Kommissar und Hauptmann in den Raum. Trepper sah zwei Pistolen auf sich gerichtet[98].

Er hob die Hände hoch und sagte ruhig: »Ich bin nicht bewaffnet.« Piepe konnte noch später kaum fassen, mit welcher Gelassenheit der Grand Chef reagiert hatte: »Trepper war der Ruhigste von uns allen. Nicht mal mit der Wimper hat er gezuckt.« Als ihm Giering die Handschellen anlegte, lächelte der Herr der Roten Kapelle: »Bravo, Sie haben gute Arbeit geleistet.«[99]

Mit der Verhaftung Leopold Treppers war das Ende der Roten Kapelle gekommen. Schlag um Schlag rollten die Kommandos von Piepe und Giering die letzten Stützpunkte der

Spionageorganisation auf. Am 25. November besetzte Geheime Feldpolizei die Büros der Simexco in Brüssel und verhaftete das dort arbeitende Personal, noch am gleichen Tag führten Gestapo-Beamte in Marseille die restlichen Mitarbeiter der dort tätigen Kent-Gruppe (Jules Jaspar, seine Frau, die Sekretärin Marguerite Marivet) ab, während einem anderen Suchkommando in Lyon die Agenten Isidor Springer und Otto Schumacher in die Hände fielen[100].

Noch fehlten einige Spitzenagenten der Roten Kapelle, doch die Verfolger konnten sicher sein, sie mit Hilfe der aussagefreudigen Häftlinge fangen zu können. Der Grand Chef, was immer er auch damit bezweckt haben mag, half selber den Menschenjägern der Gestapo. Er wußte, daß er mit dem Tode spielte – die Deutschen konnten ihn jederzeit erschießen.

»Ich bin Offizier und bitte, als solcher behandelt zu werden«, hatte er schon bei seiner Verhaftung in der Praxis des Dr. Maleplate zu Giering gesagt. Der Kommissar hatte ihm dies zugesagt, der Gefangene ihm die Hand geschüttelt. Trepper: »Ich danke Ihnen vielmals. Sie haben mein Wort.«[101] Und er machte sich alsbald daran, sich das Vertrauen der Deutschen zu verdienen. Er gab manchen Namen preis — in der verzweifelten Hoffnung, damit andere vor dem Zugriff der Deutschen bewahren zu können.

Trepper-Sekretär Hillel Katz war das erste Opfer seines Chefs, an dem der Pole mit fast religiöser Verehrung hing. Er schickte Katz eine kurze Nachricht, die den Mitarbeiter aufforderte, sich mit dem Grand Chef an der Metrostation ›Madeleine‹ zu treffen[102]. Giering schickte ein paar Beamte zu dem Treff und ließ Katz verhaften. Als Katz dann Trepper gegenüberstand, brach in ihm eine Welt zusammen. Doch der Grand Chef blieb ungerührt: »Katz, wir müssen mit diesen Herren zusammenarbeiten. Das Spiel ist aus!«[103]

Der ausgepunktete Spionagechef hielt sich für so verloren, daß er nun auch seine nachrichtendienstlichen Verbindungen zu deutschen Kommandostellen in Paris verriet. Seine Informationen ermöglichten es, den Baron Basil Maximowitsch am 12. Dezember zu verhaften, kurz darauf seine Schwester Anna und seine Geliebte Anna-Margaret Hoffmann-Scholtz, die wiederum weitere Informanten bloßstellten: die Sowjetagentin Käthe Voelkner, Sekretärin beim Frankreich-Stab der Dienststelle Sauckel, ihren Mann Johann Podsiadlo, den Militärverwaltungsoberrat Kuprian und den OT-Ingenieur Ludwig Kainz[104].

Es blieben nur zwei Asse aus dem Lager des Grand Chef übrig: der Finanzier Leo Großvogel und der Komintern-Beauftragte Henry Robinson. Aber auch hier wies Trepper seinen Vernehmern neue Spuren. Zwar kannte er nicht den augenblicklichen Aufenthaltsort seines alten Freundes Großvogel, aber er konnte der Gestapo wenigstens einen Tip geben, und dieser Tip hieß Simone Phelter. Sie war die Geliebte Großvogels und saß als Sekretärin in der Belgischen Handelskammer in Paris; Großvogel hatte sie wiederholt zu Kurierdiensten zwischen Brüssel und Paris eingesetzt[105].

Simone Phelter wurde zunächst unauffällig beobachtet; Mitte Dezember griff die Gestapo zu. Man lockte sie zu einem Rendezvous in das nahe der Oper gelegene ›Café de la paix‹; auf dem Weg dorthin wurde sie verhaftet. Bei ihrer Vernehmung ergab sich, daß die Angestellten der Handelskammer bereits in die Weihnachtsferien gegangen waren und die Großvogel-Freundin als einzige den Dienst in der Kammer wahrnehmen sollte[106].

Die Beamten argwöhnten, daß Simone Phelter möglicherweise in der leeren Handelskammer einen Anruf Großvogels erwarte. Die Handelskammer wurde von der Gestapo besetzt, Simone Phelter mußte weiterhin den Telephondienst versehen. Tatsächlich rief Großvogel am 16. Dezember an und verabredete sich mit seiner Freundin in einem Lokal; sie wollten sich um 16 Uhr treffen[107].

Das Lokal wurde besetzt; auf die Mitnahme von Simone Phelter verzichtete man, weil den Polizisten ein neues Großvogel-Photo vorlag, der Agent mithin den Verfolgern bekannt war. Wieder aber drohte der Übereifer des Kriminalobersekretärs Jung die Aktion scheitern zu lassen. Jung erschien plötzlich mit Simone Phelter im Lokal, die prompt zu schreien begann, um Großvogel noch in letzter Minute zu warnen. Zum Glück für die Verfolger war Großvogel noch nicht erschienen. Eine halbe Stunde später wurde er vor dem Lokal verhaftet[108].

Auch bei der Jagd auf den letzten wichtigen Rote-Kapelle-Mann, Henry Robinson, assistierte Trepper den Deutschen. Er lieferte Giering die Adresse von Medardo Griotto aus, einem italienischen Graveur, in dessen Wohnung sich ›Harry‹ (so Robinsons Deckname) mit anderen Agenten oft getroffen hatte[109]. Trepper-Adlatus Katz bewog nun Griotto, Robinson zu einem Treff an einer Endstation der Pariser Metro zu bestellen, um dort eine wichtige Nachricht des Grand Chef entgegenzunehmen[110].

Am 21. Dezember kam die Zusammenkunft mit Robinson zustande. »Die Festnahme des ›Harry‹ konnte«, so meldete die Gestapo drei Tage später, »nach umfangreichen Ermittlungen und Einsetzung verschiedener V-Personen anläßlich eines gestellten Treffs durchgeführt werden, wobei ›Harry‹ etwa 150 m vom vereinbarten Treffpunkt entfernt gesichtet und von einem Berliner Beamten [...] festgenommen werden konnte.«¹¹¹ Den ahnungslosen Helfer Griotto nahmen die Gestapo-Beamten gleich mit¹¹².

Was jetzt noch der Gestapo ins Netz lief, konnte nur noch zu den sekundären Mitarbeitern des Grand Chef gerechnet werden. Der tschechische Geheimdienstler Rauch, der belgische Maler Guillaume Hoorickx, der Simexco-Aktionär Nazarin Drailly, schließlich auch der wichtige Kurier Germaine Schneider¹¹³ — ihre Verhaftung rundete nur das Bild der Katastrophe ab. Mitte Januar 1943 konnten Karl Giering und Harry Piepe ihren Vorgesetzten in Berlin den Abschluß der Fahndungsaktion melden. Moskaus größte Spionageorganisation in Hitlers Machtbereich war ausgeschaltet.

Die Geschichte der Roten Kapelle hätte hier zu Ende sein können, wäre nicht noch das bizarre Ritual gefolgt, mit dem die Geheimdienstler des Zweiten Weltkrieges die Vernichtung eines gegnerischen Spionagerings abzuschließen pflegten: die Umkehrung der verhafteten Agenten gegen ihre eigenen Auftraggeber. Eine neue Rote Kapelle entstand: die der Gestapo. Bald ging in Abwandlung des bekannten Monarchistenspruchs die Parole um: Die Rote Kapelle ist tot — es lebe die Rote Kapelle!

An die Stelle der Spionageabwehr trat nun die Gegenspionage. Zunächst galt es freilich erst einmal, das bei den Agenten der Roten Kapelle beschlagnahmte Material zu sichten und sich über die Arbeitsweise der sowjetischen Spionage in Westeuropa klarzuwerden. Das war vor allem die Aufgabe der in Berlin sitzenden ›Sonderkommission Rote Kapelle‹ und ihres neuen Ablegers in Paris, des gleichnamigen ›Sonderkommandos‹¹¹⁴.

Das Pariser Sonderkommando übernahm ein Gegenspionage-Profi der Gestapo, der Kriminalkommissar und SS-Hauptsturmführer Heinrich Reiser, der schon Ende November 1942 — nach dem Ärger mit Jung — in die französische Hauptstadt gerufen worden war, um in die zeitweise herrenlose Mannschaft der Rote-Kapelle-Jäger in der Rue de Saussaies wieder Ordnung zu bringen¹¹⁵. Reiser kannte das Terrain; er war erst zwei Wochen zuvor von seiner zweieinhalbjährigen Tätigkeit als Referatsleiter IV A (Bekämpfung des Kommunismus) beim Befehlshaber der Sicherheitspolizei Frankreich nach Karlsruhe abkommandiert worden¹¹⁶.

Reiser rückte um so stärker in den Vordergrund, als der inzwischen zum Kriminalrat avancierte Giering an einem alten Tumorleiden erkrankte und im Frühjahr 1943 seinen Posten verlassen mußte¹¹⁷. Für die Auswertungsarbeit war der trockene Aktenmensch Reiser wie geschaffen; er galt als unermüdlicher, exzellenter Vernehmer, der nicht ruhte, bis auch die scheinbar entlegenste Partie einer Aussage durchgesprochen, immer wieder beleuchtet und schließlich ordentlich zu Papier gebracht worden war.

Zwei Monate genügten den Spezialisten des Sonderkommandos, um ein konkretes Bild von der sowjetischen Spionage und deren Methoden zu gewinnen. Das Material reichte aus, die Russen mit ihren eigenen Waffen zu schlagen. Man mußte versuchen, die gefangenen Spione ›umzudrehen‹ und mit ihrer Hilfe ein Funkspiel mit Moskau zu beginnen, das den Gegner durch eine raffinierte Mischung echter und falscher Meldungen irritieren sollte.

Seit es eine moderne Spionage gibt, kennt die Spionageabwehr das Kampfmittel des Funkgegenspiels; die Eröffnung eines Funkspiels mit den umgedrehten Agenten eines gegnerischen Spionagenetzes gehört gleichsam lehrbuchhaft zum Schlußkapitel jedes Agentenringes[118]. Die deutsche Spionageabwehr hat allein im Zweiten Weltkrieg 160 Funkspiele mit Moskau betrieben[119]; die Sowjets waren gegenüber solchen Methoden besonders anfällig: Ihr schlechtes Funkmaterial und die Verwendung allzu vieler Laienspione machten die Russen zu natürlichen Opfern raffinierter Funkgegenspiele.

Man muß freilich schon die Romantik eines Gilles Perrault besitzen, um hinter den Funkgegenspielen der Gestapo weltpolitische Kulissenschieberei zu wittern, etwa den Versuch, mit dem sowjetischen Kriegsgegner ins politische Gespräch zu kommen[120]. Tatsächlich hatten die Spiele des Kriminalkommissars Thomas Ampletzer, der im Sabotageabwehr-Referat des RSHA die Funkoffensive gegen Moskau koordinierte, Nüchterneres im Sinn: den Gegner zu verwirren, ihn zur Preisgabe seiner eigenen Geheimnisse zu verlocken.

Die Frage war nur, mit wem das Gegenspiel betrieben werden sollte. Schon nahte der juristische Liquidator der Roten Kapelle heran: Am 18. Februar 1943 war der Oberstkriegsgerichtsrat Dr. Manfred Roeder in Brüssel an der Spitze eines Sondertribunals erschienen, das sich umständlich ›Feldkriegsgericht z. b. V. des Kommandierenden Generals und Befehlshabers im Luftgau III‹ nannte[121]. Desto einfacher lautete Roeders Auftrag — die roten Spione nach Kriegsrecht abzuurteilen.

In zwei Wochen hatte Roeder die Mitarbeiter der belgischen Spionagegruppe verurteilt[122]. Die drei sowjetischen Offiziere Jefremow, Danilow und Makarow erhielten die Todesstrafe[123]; das Makarow-Urteil wurde freilich nicht vollstreckt, weil Roeder entdeckt hatte, daß Makarow ein Neffe des sowjetischen Außenministers Molotow war[124]. Die Simexco-Direktoren bestrafte das Gericht mit Zwangsarbeit[125], Isbutsky und der Funker Sesée wurden zum Tode verurteilt[126].

Am 8. März richtete sich Roeders Gericht in einem Haus

gegenüber dem Pariser Elysée-Palast ein und eröffnete eine Kette von neuen Prozessen[127]. Zug um Zug peitschten die Urteile des Gerichtsvorsitzenden Roeder durch den Saal: Großvogel, die Geschwister Maximowitsch, Robinson, Käthe Voelkner — sämtlich Todesstrafe[128]. Gegenüber den anderen Angeklagten zeigte Roeder unerwartete Milde. Anna-Margaret Hoffmann-Scholtz wurde wegen fahrlässigen Landesverrats zu sechs Jahren Zuchthaus verurteilt[129], Kuprian wegen militärischen Ungehorsams zu drei Jahren Gefängnis[130], der Simexco-Dolmetscher Keller erhielt die gleiche Strafe[131], Germaine Schneider KZ-Haft[132].

»Ich weiß«, erinnerte sich Roeder, »daß die Gesamtzahl der Urteile nicht über 20 bis 25 gelegen hat. Davon werden meiner Schätzung nach etwa ein Drittel Todesurteile gewesen sein.«[133] Als er Anfang April seinem Gerichtsherrn, Göring, Vortrag hielt, plädierte er sogar dafür, die verurteilten Frauen zu begnadigen, zumindest keine Todesurteile zu bestätigen. Göring willigte ein[134].

Aufschlußreicher für die künftige Funkarbeit der Gestapo aber war, wen Roeder nicht verurteilt hatte. Fast die ganze Elite der Roten Kapelle im Westen sah sich von dem gefürchteten Richter verschont: Trepper, Kent, Katz, Rajchman, Winterinck, Schumacher und ihre jeweiligen Frauen — sie alle hatte die Gestapo für das Funkspiel mit Moskau reserviert. Sie tauchten ein in jenes Zwielicht, in dem die politisch-ideologischen Loyalitäten erlöschen und der Professionalismus von Agenten ein seltsames Eigenleben zu führen beginnt.

Moralisten sahen später in der Mitarbeit von Treppers Leuten auf der deutschen Seite einen »Abgrund moralischen Verfalls und des Verrats [...], eins der erschreckendsten Kapitel in der über dreißigjährigen Geschichte des sowjetischen Geheimdienstes«[135]. Man erinnerte sich kluger Lehrbücher, in denen auseinandergesetzt wird, wie sich ein kommunistischer Agent in Gefangenschaft zu verhalten habe.

»Nie gestehe ich mir vorgeworfene Delikte ein«, hieß es da in einem Leitfaden (›Unser Kampf‹), 1935 in Prag herausgegeben. »Namen, Decknamen, Personenbeschreibungen, Adressen und Stellen, über die Genossen erreichbar sind, gebe ich prinzipiell nicht an [...]. Wenn man mir sagt, andere haben schon gestanden, dann glaube ich das nicht. Und falls andere wirklich gestanden haben, werde ich sie als Lügner hinstellen. Immer alles bestreiten.« Und selbst für den Fall von Folterungen wußte der Leitfadenverfasser einen papierenen Ausweg. »Wenn man mich martert, prügelt, so lasse ich mich eher totschlagen, totquälen, ehe ich meine Organisation, meine Genossen verrate.«[136]

Gewiß, einige wenige Mitglieder der Roten Kapelle hatten danach gehandelt; die Chiffriererin Sophie Posnanska wählte lieber den Freitod in der Zelle, als ihre Freunde preiszugeben[137], und auch Isidor Springer stürzte sich aus einem Fenster des Lyoner Gefängnisses, bevor er aussagte[138]. Aber das blieben Ausnahmefälle. Für die meisten Mitarbeiter der Roten Rapelle waren die Ratschläge der Spionagehandbücher wirklichkeitsfremd; sie ließen sich umdrehen.

War das alles nur Verrat, Kapitulation vor dem Stärkeren? Sicherlich nicht. Selbst Ex-Kommissar Reiser beschwichtigt: »Man sollte hier nicht das harte Wort ›Verrat‹ verwenden.«[139] In der Tat bietet sich zur Erklärung ein Knäuel von Motiven, Selbstrechtfertigungen und Ausreden an, der kaum zu entwirren ist: Fatalismus, Lebensgier, die Hoffnung, in einem unbeobachteten Augenblick der Gestapo wieder entkommen zu können, Abenteuerlust und nicht zuletzt die unausrottbare Neugier des Profis, der einmal erfahren möchte, wie der Gegenspieler seine Probleme löst.

Was immer die Häftlinge auch zur Mitarbeit im feindlichen Lager trieb — ein gängiges Motiv, immer wieder von Legendenschreibern vorgetragen, entfiel fast völlig: die Zerstörung des eigenen Willens unter den Schlägen brutaler Folterer. Natürlich wandte die Gestapo in einzelnen Fällen auch Torturen an; Keller war geschlagen worden, Hersch Sokol wurde zu Tode geprügelt[140], seine Frau mit Peitschen und Knüppeln gefoltert[141]. Nie oder selten aber trafen Schläge die Häftlinge, die am Funkspiel der Gestapo teilnehmen sollten.

Selbst Gestapo-Gehirne hatten begriffen, daß mit Brutalität kein verhafteter Feindagent zu Aussagen, geschweige denn zur Mitarbeit veranlaßt werden konnte. »Ich kann die Wahrheit aus einem Menschen nicht mit physischen Druckmitteln herauspressen«, formuliert einer, der es wissen muß. »Er würde zwar Suggestivfragen beantworten, niemals jedoch seine wahren Geheimnisse preisgeben [...]. Niemals sind alle Verbindungen und Möglichkeiten ohne weiteres so bekannt, daß lediglich ein Indizienbeweis zu führen ist.«[142]

Wollte man die ehemaligen Agenten der Roten Kapelle für die Arbeit gegen Moskau engagieren, so mußte man sie zumindest anständig behandeln. Das Sonderkommando Reisers sorgte denn auch für eine behagliche Unterbringung seiner künftigen Mitarbeiter. Trepper und Katz wurden in einer feudalen, von einem Park umgebenen Villa des Pariser Vororts Neuilly einquartiert. Später kamen noch Großvogel, Otto Schumacher und Kent mit Margarete Barcza dazu, so daß die Villa einem Hauptquartier der gestapoeigenen Roten Kapelle glich[143].

Die Gestapo ließ es an nichts fehlen, ihren Sonderhäftlingen den Aufenthalt so angenehm wie möglich zu machen: Einzelzimmer mit einer kleinen Handbibliothek, gepflegtes Essen, von zwei Hausmädchen serviert, tägliche Spaziergänge, gelegentliche Kinobesuche in der kleinen Stadt am Westrand von Paris. Die Aufpasser hielten sich diskret zurück, wenn es die Häftlinge natürlich auch störte, daß ihre Zimmer immer hinter ihnen abgeschlossen wurden[144].

Die anderen unfreiwilligen Helfer der Gestapo saßen in Privatwohnungen in Paris und Brüssel. Jefremow und Wenzel waren in einer beschlagnahmten Wohnung auf der Brüsseler Rue l'Aurore untergebracht worden[145], Winterinck lebte ebenfalls in Brüssel[146], Rajchman residierte mit seiner Malvina in der alten Pariser Wohnung von Hillel Katz[147]. Sie wurden strenger bewacht als die Häftlinge in Neuilly, dennoch war die Gestapo bemüht, auch sie bei guter Laune zu halten — durch zusätzliche Verpflegung, Tabakwaren und Kinobesuche.

Das Sonderkommando hielt seine Sonderhäftlinge bald für so kooperationswillig, daß es mit dem Funkspiel Ernst machte. Bereits am 22. Dezember meldete die Sonderkommission Rote Kapelle an Himmler: »Um mit Moskau in Verbindung zu bleiben, werden laufend alle Möglichkeiten zu einem Funkspiel ausgenutzt. Infolgedessen wurden die Linien des Bordo in Belgien und des Winterinck in Holland — örtlich auch in Brüssel — in Betrieb genommen. Auch auf der Linie des Kruyt wird ein Verkehr zu erreichen versucht.«[148]

Gleich nach der Zerschlagung der Spionageringe in Belgien und Holland hatte der Berliner Funkkommissar Ampletzer befohlen, auf den erbeuteten Sendern Funksignale mit Moskau zu beginnen. Die bei Wenzel, Rajchman, Sesée, Kruyt und Winterinck gefundenen Funkgeräte standen zur Verfügung. Kruyts Sender ließ sich nicht mehr verwenden[149], mit den anderen vier Geräten bediente man je ein Funkspiel: das Unternehmen ›Eiche‹ (mit Sesées Sender), das Unternehmen ›Tanne‹ (mit Winterincks Sender), das Unternehmen ›Weide‹ (mit Wenzels Sender) und das Unternehmen ›Buche-Pascal‹ (mit Rajchmans Sender)[150].

Nachdem Treppers Frankreich-Organisation aufgerollt worden war, kamen noch zwei weitere Funkgegenspiele hinzu, ›Eifel I‹ und ›Eifel II‹, entsprechend den zwei Funkgeräten, die in Frankreich gefunden worden waren[151]. Die beiden Funkspiele wurden später zu einem einzigen zusammengelegt, das den Kodenamen ›Mars-Eifel‹ erhielt — ›Mars‹ kam von Marseille, denn man wollte die Fiktion aufrechterhalten, Kent sende noch immer von Marseille aus[152].

Im November 1942 begann das falsche Funkkonzert des Dirigenten Ampletzer. Der Kontakt mit Moskau war in kürzester Zeit hergestellt, und bald lief der Funkverkehr zwischen

Moskau und Westeuropa wieder so reibungslos, als sei der Kontakt niemals unterbrochen gewesen. Irgendein Mißtrauen war der Leitstelle Moskau nicht anzumerken; die Gestapo hatte erklären lassen, warum die Sender sich einige Zeit lang nicht gemeldet hatten (man schob technische Pannen vor) — Moskau akzeptierte die Version[153].

Die Funkspieler der Gestapo waren freilich viel zu vorsichtig, als daß sie den umgedrehten Funkern der Roten Kapelle den Verkehr mit Moskau überlassen hätten. Jederzeit mußten die Deutschen befürchten, ihre unfreiwilligen Mitarbeiter könnten durch ein verabredetes Zeichen die sowjetische Geheimdienst-Zentrale warnen. Die Durchgabe einer falschen Kenngruppe, eines falschen Rufzeichens genügte — und schon war das mühselig aufgebaute Funkgegenspiel gescheitert.

Deshalb ließ die Gestapo keinen ehemaligen Agenten an die Taste des Funkgeräts. Der umgedrehte Funker wurde vielmehr an ein Übungsgerät gesetzt, an dem er seine Sprüche durchgab; Schallplatten oder Tonbänder nahmen die Sprüche auf. Dadurch sollten die deutschen Spezialisten die ›Handschrift‹ des jeweiligen Rote-Kapelle-Funkers kennenlernen, um sie dann kopieren zu können[154]. Denn: Jeder Funker hat seine eigene Individualität. Der eine macht kürzere, der andere längere Pausen zwischen Wörtern und Sätzen, Rhythmus und Geschwindigkeit des Senders unterscheiden die Funker voneinander.

Derart in die Handschrift des ehemaligen Feindfunkers eingeübt, gaben die Gestapo-Funker das sorgfältig vorbereitete Spielmaterial nach Moskau durch. Dennoch mußte der umgedrehte Funker beim Senden und Empfangen von Meldungen stets anwesend sein; es kam vor, daß die Leitstelle Moskau plötzlich eine Sendung unterbrach und die Durchgabe eines früher verabredeten Kennwortes verlangte. Der anwesende Feindfunker mußte immer in der Lage sein, sofort das verlangte Kennwort zu liefern[155].

Welche Meldungen aber sollte das Sonderkommando Moskau anvertrauen? Es wäre selbstmörderisch gewesen, ausschließlich falsche Meldungen durchzugeben — man mußte immer unterstellen, daß der sowjetische Geheimdienst das Nachrichtenmaterial überprüfen konnte; frisiert werden durften nur solche Meldungen, die nicht einer Überprüfung durch die Gegenseite unterlagen. Und das waren nur wenige. Das Spielmaterial der Gestapo mußte also in der Masse aus echten Nachrichten bestehen.

Hier aber eröffnete sich ein großes Dilemma: Die Moskauer Zentrale verlangte in erster Linie militärische Informationen — wieweit aber konnte man sie dem Gegner preisgeben, ohne die Sicherheit der eigenen Truppen zu gefährden? Für die

Gestapo war diese Frage um so peinlicher, als ihre Funkspieler auf den guten Willen der Wehrmachtführung angewiesen waren, ohne die kein militärisches Nachrichtenmaterial weitergegeben werden durfte. Das unter Hitlers und Himmlers Augen operierende Oberkommando der Wehrmacht mochte noch zur Zusammenarbeit bereit sein, in Westeuropa aber kommandierte als höchste militärische Autorität der Oberbefehlshaber West, Generalfeldmarschall Gerd von Rundstedt, ein erbitterter Feind der Gestapo, der zudem den geheimdienstlichen Spielereien der Gegenspionage mißtraute[156].

Ampletzer mußte sich zu einem umständlichen Genehmigungsverfahren bereit erklären. Verlangte der ahnungslose Direktor in Moskau von seinen Agenten die Beantwortung militärischer Fragen, so bat das Sonderkommando die im Pariser Hotel ›Lutetia‹ sitzenden Abwehr-Leitstelle (Alst) Frankreich um die Freigabe entsprechenden Spielmaterials; die ›Alst‹ wiederum beantragte beim OB West oder bei dessen Feindaufklärungs-Offizier (I c) die Genehmigung dazu; erlaubte er, die Fragen des Direktors zu beantworten, so stellte die Alst das Spielmaterial zusammen.

Erst dann konnte das Sonderkommando Rote Kapelle darangehen, den Text des Funkspruches für Moskau mit dem zuständigen Ex-Agenten zu formulieren. Die Hauptarbeit leistete dabei Kent, der die Meldungen chiffrierte. In schwierigen Fällen mußte das Sonderkommando dabei noch das Funkabwehr-Referat des OKW auf dem Pariser Boulevard Suchet konsultieren, das den Text nochmals durchprüfte. Schließlich wurde er an das Reichssicherheitshauptamt weitergegeben; Ampletzer prüfte, ob sich das Spielmaterial in den Gesamtrahmen seiner Funkspiele mit Moskau einfügte, und ließ dann den Text der Meldung (wie auch alle militärischen Anfragen Moskaus) dem OKW-Amt Ausland/Abwehr, Abteilung III (Gegenspionage), vorlegen[157].

Angesichts einer so komplizierten Prozedur ist es erstaunlich, daß der Gegenspieler in Moskau lange Zeit hindurch getäuscht werden konnte. Ampletzer und seine Pariser Experten verstanden es jedoch, trotz aller bürokratischen Widrigkeiten den Direktor prompt zu bedienen. Von Woche zu Woche steigerte sich der Funkverkehr zwischen der Raswedupr und der Gestapo, immer interessierter wurden die Fragen der sowjetischen Zentrale.

Dabei kam es freilich gleich zu Anfang zu einer argen Panne, die Ampletzers Funkoffensive hätte scheitern lassen können. Kaum war das Funkspiel ›Weide‹ angelaufen, da nutzte Ex-Funker Johann Wenzel im Januar 1943 die Vertrauensseligkeit seines Bewachers zur Flucht[158]. Wenzels Wächter hatte an der Außenseite der Tür zum Funkraum den

Schlüssel stecken lassen; der Komintern-Veteran schlug den Beamten nieder, stürzte zur Tür hinaus und schloß sie hinter sich zu. In wenigen Minuten hatte ihn das Verkehrsgewühl Brüssels verschluckt[159].

Wenzel tauchte in Belgien, später in Holland unter, aber er mied den Kontakt mit sowjetischen oder kommunistischen Agenten, weil er offenbar befürchtete, seine Zusammenarbeit mit den Deutschen sei bereits bekannt geworden[160]. Das kam der Gestapo zugute. Sie versuchte, das Funkspiel ›Weide‹ allein fortzuführen, mußte aber schon im Februar 1943 das Unternehmen aufgeben[161].

Desto erfolgreicher entwickelte sich Ampletzers und Reisers Gegenspiel auf den anderen Linien. Moskau schwankte keinen Augenblick in seinem Vertrauen zu den West-Agenten, die es noch immer in Freiheit wähnte. Die Anfragen des Direktors wurden immer genauer und dringender.

»Versuchen Sie festzustellen«, funkte der Direktor am 1. Februar 1943, »a) die Nummern der Truppeneinheiten, die an die spanische Grenze transportiert werden, b) die Konstruktion der Kanonen und Tanks.«[162] Am 21. Februar folgte der Auftrag: »Veranlassen Sie Fabrikant, die Transporte von deutschen Truppen und ihre Ausrüstung, von Frankreich nach Deutschland an unsere Front vor allem und ihre Rückkehr nach Frankreich, unter seine Bewachung zu nehmen.«[163] Einen Tag später wollte der Direktor wissen: »Welche deutschen Divisionen werden in Frankreich als Reserve aufgestellt und insbesondere wo? Diese Frage ist für uns sehr wichtig.«[164]

Am 9. März 1943: »Teilen Sie mit, welche deutschen Truppen sich in Paris und Lyon befinden. Ihre Nummern, Waffengattung, Ist-Stärke und Bewaffnung.«[165] Am 18. März: »Überprüfen Sie und teilen Sie uns unverzüglich mit, ob sich die 462. Infanterie-Division in Nancy, die 465. Infanterie-Division in Epinal und die 467. Infanterie-Division in Frankreich — ihren genauen Standort kennen wir nicht — befinden.«[166] Zehn Tage später: »Welche Divisionen befinden sich in Châlons-sur-Marne und Angoulême? Wir haben Nachricht, daß sich in Châlons-sur-Marne die 9. Infanteriedivision und in Angoulême die 10. Panzerdivision befindet. Stellen Sie die Wahrheit dieser Nachrichten fest.«[167]

Die Gestapo-Funker beeilten sich, den Direktor zufriedenzustellen. »Aus zuverlässiger Quelle«, meldeten sie Ende Januar nach Moskau, »werden wir unterrichtet, daß die Deutschen in den letzten Dezemberwochen außerordentlich umfangreiche Truppenverschiebungen in Richtung der spanischen Grenze speziell im Raum von Bordeaux-Angoulême-Hendaye vorgenommen haben. In dem zweiten Dezemberdrittel war der Truppentransportverkehr derart stark, daß an manchen

Tagen bis zu acht Transportzüge auf der wichtigen Bahnstrecke Poitiers-Angoulême zu beobachten waren.«[168]

Am 16. März signalisierten sie »zahlreiche Truppen aus Antwerpen und Umgebung in Richtung Südfrankreich«, insgesamt« »26 Transportzüge, davon 18 mit mehr als 50 Waggons und 8 mit etwa 40 Waggons, vorwiegend Infanterie«[169]. Am 23. März wurden für den Direktor »in steigendem Maße Truppentransporte bzw. Truppenbewegungen in Belgien und Frankreich festgestellt«[170], fünf Tage später »neue Luftwaffenverbände« in der Bretagne: »Es scheint sich um eine neuartige Kombination von Luftlande- und Fallschirmjägereinheiten zu handeln.«[171] Bis in die kleinsten Einzelheiten bediente die Gestapo ihren Moskauer Auftraggeber. »Die neue Division der SS in Angoulême hat weder Nummer noch Abzeichen«, hieß es am 2. April. »Die Soldaten tragen graue Uniformen mit schwarzen Spiegeln, Waffenrock und SS-Abzeichen. Ausrüstung: außerordentlich viele motorisierte Fahrzeuge.«[172] Am 4. April wurden neue Informationen über die SS-Division nachgereicht: »Artillerie: mittlere und schwere Haubitzen und schwere Langrohrgeschütze, alles motorisiert. Ferner außerordentlich zahlreiche Panzerabwehrgeschütze moderner Bauart und zahlreiche Flak. Division verfügt über mittelschwere Panzerkampfwagen. Stärke der Division ungefähr 16 000 Mann.«[173]

Je detaillierter jedoch die Anfragen des Direktors wurden, desto mehr mußte er das Netz seiner im Westen noch arbeitenden V-Männer bloßlegen — und eben darauf kam es der Gestapo an. Die Gestapo konnte zwar sicher sein, daß die gesamte Spionageorganisation in Frankreich, Belgien und Holland vernichtet war, aber noch gab es Komintern-Netze und den Untergrundapparat der Kommunistischen Partei Frankreichs. Auch sie waren Träger der russischen Spionage.

Vor allem aber galt es, an die sowjetische Spionagegruppe Alexander Radós in der Schweiz heranzukommen, die nach der Vernichtung der Organisation Schulze-Boysen/Harnack die Aufgabe übernommen hatte, Moskau mit Nachrichten aus der deutschen Wehrmachtführung zu beliefern. Radó war allerdings davon abgekommen, eigene Agenten im deutschen Herrschaftsbereich zu unterhalten; er bediente sich vor allem der Nachrichtenkanäle des Geheimdienstes der schweizerischen Armee — die Eidgenossen verfügten über Verbindungen ins Führerhauptquartier[174].

Auf die Spur dieser restlichen Informationsquellen Moskaus (Komintern-Netz, KPF, Gruppe Radó) aber setzte sich nun von Paris aus ein Gestapo-Mann, der den allzu pedantischen Bürokraten Reiser zusehends in den Schatten stellte und ihn schließlich an der Spitze des Sonderkommandos ablöste. Der Kriminalrat Heinz Pannwitz, gebürtiger Berliner, Jahrgang 1911, ehemaliger Angehöriger der christlichen Pfadfinderschaft und auch als SS-Hauptsturmführer noch Anhänger der Bekennenden Kirche, war über die Berliner Kripo (er verwaltete dort das Dezernat ›Schwerer Einbruch‹) in den Dienst der Gestapo geraten und hatte schwer daran getragen, als Schutzdienst-Referent an der Prager Staatspolizeistelle zu der näheren Umgebung Reinhard Heydrichs zu gehören[175].

Die ihm übertragene Untersuchung über die Hintergründe des Mordanschlags auf Heydrich im Sommer 1942 hatten in ihm die Überzeugung reifen lassen, daß mit der brutalen Verfolgung antinationalsozialistischer Widerständler nichts zu erreichen sei. Im August jenes Jahres hielt er dem Gestapo-Chef Müller einen Vortrag, in dem er argumentierte, das RSHA müsse, wie er es heute formuliert, »von der reinen Verfolgung der Spionage- und Widerstandsgruppen zum Spiel mit ihnen übergehen«[176].

Pannwitz begründete: Es gehe darum, sinnloses Blutvergießen zu vermeiden; zerschlage man eine Gruppe vollends, so wüchsen ihr hundert neue nach. Das aber müsse verhindert werden[177]. Gestapo-Müller zeigte sich nicht sonderlich beeindruckt, aber als Reiser bei der Aufspürung neuer Agentengruppen im Westen nicht mehr vorankam, erinnerte sich der Gestapo-Chef des Kriminalrats Pannwitz. Müller: »Machen Sie, was Sie mir im vorigen Jahr vorgeschlagen haben. Spielen Sie um jeden Preis, wir werden sonst mit den wenigen Exekutivbeamten nicht mehr Herr der Lage.«[178]

Und Heinz Pannwitz begann zu spielen. Ihm kam es darauf an, den Direktor in Moskau zur Preisgabe seiner letzten West-Agenten zu bewegen. Schon unter Giering hatte das Sonderkommando die erste Falle aufgeklappt: Über ›Otto‹ (Treppers Deckname) war die sowjetische Geheimdienst-Zentrale animiert worden, einen Geheimsender der Kommunistischen Partei Frankreichs zu lokalisieren – die Gestapo hatte sofort zugegriffen[179].

Pannwitz setzte fort, was Giering begonnen hatte. Kents Funkgerät fiel eines Tages aus; ein Techniker des Sonderkommandos hätte den Schaden sofort beheben können. Die Gestapo in Paris aber ließ den Direktor bitten, einen zuverlässigen Radiotechniker der KPF zur Verfügung zu stellen[180]. Moskau nannte daraufhin prompt den Genossen ›Jojo‹, der Kurzwellengeräte für die Partei baute. Jojo wurde verhaftet; nach seinen Aussagen wurde eine neue Kette kommunistischer V-Männer sichtbar, die sämtlich der Gestapo in die Hände fielen[181].

Mit den gewonnenen Erkenntnissen und Materialien setzte Pannwitz neue Spiele in Bewegung, diesmal gegen Radós

›Rote Drei‹. Der deutsch-französische Schriftsteller Yves Rameau, der eigentlich Zweig hieß und wegen seiner jüdischen Abstammung von der Gestapo abhängig war, lief im Sommer 1943 — vom Sonderkommando geschickt — Radó in Genf an; er gab sich als Mitglied der Roten Kapelle zu erkennen, berief sich auf gemeinsame Freunde in Paris und bat um Informationen[182].

Doch die Gestapo hatte Radó unterschätzt. Der Residenturleiter beteuerte, Monsieur Rameau nicht verstehen zu können, es müsse wohl eine Verwechslung vorliegen — tatsächlich hatte ihm Moskau den Besuch nicht angekündigt, und das war für den Spionageveteran Radó ein verdächtiges Zeichen[183]. Nicht anders erging es Pannwitz mit einem Kurier, den er gegen Radós Cheffunker Alexander Foote ins Feld schickte.

Kent hatte folgenden Plan gehabt: Um Einzelheiten über den schweizerischen Apparat zu erfahren, müsse man einen V-Mann als Kurier ausstaffieren, der den Auftrag habe, die regelmäßig fälligen Gelder für den französischen KP-Untergrund bei Foote abzuholen. Der V-Mann konnte dann auch bis zu Foote vordringen, doch er gebärdete sich dabei so geschwätzig, daß Foote mißtrauisch wurde[184]. Kent konnte gerade noch Moskau einreden, der Kurier sei von den Deutschen abgefangen und durch einen ihrer Agenten ersetzt worden. »Vierzehn Tage später«, erinnert sich Foote, »teilte mir die Zentrale mit, daß mein Verdacht zu Recht bestanden habe, denn der Kurier sei ein deutscher Agent gewesen.«[185]

Erfolgreicher war Pannwitz bei einem anderen Spiel, durch das eine ganze kommunistische Spionage- und Widerstandsorganisation in den Dienst der Gestapo geriet, ohne es zu wissen.

Der litauische Komintern-Funktionär Waldemar Ozols hatte 1940 im Auftrag des sowjetischen Luftwaffenattachés in Vichy mit einigen Genossen eine Spionagegruppe aufgebaut, deren Arbeit jedoch den Direktor nicht befriedigte; ihr einziger Wert für die sowjetische Spionage bestand darin, daß sie Kontakt zu anderen Agentengruppen hielt. Als zwei ihrer V-Männer 1942 von der Gestapo verhaftet wurden, beschloß der Direktor, die restliche Ozols-Gruppe der Roten Kapelle anzuschließen. Kent erhielt im Sommer 1943 vom Direktor die Weisung, die Ozols-Leute in seiner Organisation zu V-Mann-Aufträgen heranzuziehen[186].

Prompt ließ Pannwitz über Kent die Ozols-Männer zu anderen kommunistischen Gruppen ausschwärmen, die daraufhin unter die Kontrolle der Gestapo gerieten. Wichtigste dieser Gruppen war die ›Mithridate‹, eine Wiederstandsorganisation des Capitains Paul Legendre, den Kent bewegen konnte, nach Paris zu übersiedeln und dort als ›Agent 305‹ in die Dienste Moskaus zu treten. Bis zum deutschen Rückzug aus Frankreich im Herbst 1944 wußte weder Legendre noch Ozols, daß ›Moskau‹ in Wirklichkeit die Gestapo war[187].

Gestützt auf diese beiden Gruppen, konnte Pannwitz immer weitere Teile des französischen Untergrunds unter Bewachung stellen. Die Meldungen des Legendre-Ozols-Netzes, so erzählt der Funkabwehr-Hauptmann Carl von Wedel, »boten wertvolle Einblicke in die Schwächen der eigenen Sicherung gegen Geheimhaltung und konnten zum Teil benutzt werden, um Moskau glaubwürdig bei der Stange zu halten. Auf diese Weise gelang es, weiter einzudringen in die KPF und zu erkennen, welche Ziele und Meldungen Moskau besonders wichtig waren.«[188]

Gleichwohl wurde es für das Sonderkommando immer schwieriger, die Funkspiele mit Moskau glaubwürdig zu halten. Der Direktor verlangte stets detailliertere Berichte über die deutsche Wehrmacht, der Oberbefehlshaber West aber zeigte sich zunehmend weniger bereit, militärische Geheiminformationen freizugeben. Feldmarschall von Rundstedts Abneigung gegen die geheimdienstlichen Unternehmen der Gestapo erreichte ihren Höhepunkt, als am 31. Mai 1943 auf der Funklinie ›Eifel I‹ der folgende Spruch einlief:

> Otto. Beauftragen Sie den Fabrikanten, nachzuforschen, ob die Besatzungsarmee sich vorbereitet, Giftstoffe in Anwendung zu bringen. Wird der Giftstoff rein (ohne Beimischung) transportiert? Andere geheime Ladungen bzw. Sendungen werden ja immer sorgfältig getarnt. Gibt es Gasbombenvorräte auf den Flugplätzen und wenn ja auf welchen? Welches ist ihre Menge, ihr Kaliber, welches Gift enthalten sie, und wie ist die Wirkung ihres Giftes? Werden Versuche über die Wirkung von Giften der verschiedenen Gase gemacht? Haben Sie etwas bezüglich des neuen Gases mit dem Namen Gay-Hale gehört? Beachten Sie dieselben Fragen auch für Gastronomie [= Frankreich]. Teilen Sie mir alle Nachrichten über Gase und Giftstoffe so schnell wie möglich mit. Nr. 38. Direktor[189].

Die Abwehr-Leitstelle Frankreich wurde vom Sonderkommando informiert, sie beauftragte daraufhin im Hauptquartier Rundstedts die Freigabe von Spielmaterial zur Beantwortung der Anfrage des Direktors, doch der Ic-Offizier des Oberbefehlshabers West legte sich quer: »Beantwortung der Anfrage ist ausgeschlossen.«[190]

»Die Stellungnahme des Oberkommandos West«, schrieb die ›Alst‹ am 21. Juni 1943 nach Berlin, »geht dahin, daß der Leitsender Moskau seit geraumer Zeit Fragen militärischer Art in so präziser Form stellt, daß eine Fortsetzung des Funkspieles nur dann möglich ist, wenn präzise Fragen auch in präziser Form beantwortet werden, da andernfalls der Leitsender Moskau das Spiel durchschaut. Oberbefehlshaber West aber kann aus militärischen Gründen die von Moskau aus gestellten präzisen Fragen, die immer wieder genaue Angaben der Nummern der Divisionen, Regimenter verlangen sowie Namen der Kommandeure usw. nicht in Form von Spielmaterial beantworten [...] Oberbefehlshaber West steht auf dem Standpunkt, daß bei der derzeitigen militärischen Lage im Westraum an einer Irreführung des Leitsenders Moskau kein Interesse besteht.«[191]

So leicht freilich wollte sich der Funkkommissar Ampletzer sein Spielzeug von den Militärs nicht aus der Hand schlagen lassen. Er gab Abwehr und OB West zu verstehen, das Reichssicherheitshauptamt sei der »Auffassung, daß im Interesse der lückenlosen Klärung der Organisation in gewissem Umfang zur Fortführung des Funkspieles Irreführungsmaterial beschafft werden muß«[192]. Der OB West wurde daraufhin noch deutlicher: Er lege »auf die Weiterführung des Funkspiels keinen Wert«[193].

Die Abwehr-Leitstelle Frankreich zog am 25. Juni 1943 einen Schlußstrich: »Die Beschaffung des irreführenden Materials durch Oberbefehlshaber West stößt in den letzten Wochen insofern auf Schwierigkeiten, als der Oberbefehlshaber West die Auffassung vertritt, daß der Gegner in Moskau das Spiel bereits erkannt hat und [...] der Oberbefehlshaber West aus militärischen Gründen nicht in der Lage ist, das zur Beantwortung dieser präzisen Fragen notwendige Material freizugeben«[194]. In der Tat mußte sich auch der Kriminalrat Pannwitz fragen, ob Moskau nicht längst die Funkspiele der falschen Roten Kapelle durchschaute. Auch Reiser bestätigt, selbst im Reichssicherheitshauptamt sei man zu »der Ansicht gelangt, daß die Rote Kapelle in Frankreich und in Belgien ein erledigter Fall war, und da hat man halt die Sache eingestellt«[195]. Die Spiele mit dem französischen Untergrund gingen weiter, aber das Funkunternehmen Rote Kapelle lief allmählich aus.

Niemand demonstrierte das Ende deutlicher als der Grand Chef selber. Am 13. September 1943 ließ er sich von seinem Bewacher, dem Kriminalobersekretär Berg, zur Bailly-Apotheke in der Nähe des Pariser Bahnhofs St. Lazare fahren, um sich ein paar Medikamente kaufen zu können. Berg blieb im Wagen sitzen und sah gelangweilt Trepper durch die Tür der Apotheke gehen. Er wußte nicht, daß sie noch einen Hinterausgang besaß. Leopold Trepper rannte auf die rückseitige Straße hinaus und tauchte unter, monatelang ebenso wütend wie erfolglos von der Gestapo gejagt[196]. Mochte der Flüchtling auch Pannwitz aus dem Untergrund ein paar ironische Briefe schreiben[197] — er blieb bis zum Kriegsende verschwunden. Doch noch ehe Trepper sich der erzwungenen Zusammenarbeit mit Pannwitz entzogen hatte, war der Gestapo aufgegangen, daß noch keineswegs alle Spionagegruppen Moskaus in West- und Mitteleuropa ausgeschaltet waren. Der Direktor hatte seine letzte Reservetruppe mobil gemacht, der deutschen Spionageabwehr kaum erreichbar: Radós Agentengruppe in der Schweiz.

8. Kapitel Moskaus letzte Hoffnung: Radó

Die Zerstörung der Roten Kapelle hatte den Generalleutnant Leonid Wassiljewitsch Onjanow, Leiter der für die Deutschland-Aufklärung zuständigen Abteilung der Raswedupr-Führung, einer seiner aussichtsreichsten Quellen beraubt. Der Schlag von Abwehr und Gestapo traf zudem den sowjetischen Generalstab in einem besonders kritischen Augenblick: Wie kaum andere Ereignisse seit dem deutschen Überfall zerrten Ende 1942 innere und äußere Vorkommnisse am Selbstbewußtsein der russischen Generalstabsoffiziere.[1]

Das lag nicht nur an den Anfangserfolgen des im Frühsommer wieder aufgenommenen deutschen Feldzuges, der die russische Gegenoffensive zunächst einmal wieder gestoppt hatte. Mehr noch irritierte die hohen Rotarmisten das hektische Durcheinander in den obersten Rängen des Generalstabes, das eingerissen war, seit Generalstabschef Schaposchnikow im Juni zurückgetreten war. An dessen Stelle hatte Stalin den Operationschef Wassilewsky gerückt, ihn jedoch zugleich mit so vielen Sonderaufträgen an die Front entsandt, daß der Generalstab praktisch keinen Chef besaß. Der Chef der Hauptverwaltung für Operationen hätte ihn vertreten müssen, doch es gab keinen; ein Wassilewsky-Nachfolger löste den anderen ab, innerhalb von sechs Monaten wurden sechs Generale von Stalin zu Operationschefs ernannt und schon nach Tagen wieder abgesetzt. So mußte der Kommissar des Generalstabs, General F. E. Bokow, den Chef spielen — mit fatalen Folgen.[2]

Eine ähnliche Fluktuation bestimmte auch die Arbeit des Geheimdienstes. Die Hauptverwaltung für Aufklärung hatte jetzt schon den dritten Chef seit Ausbruch des deutsch-sowjetischen Krieges; dem General Panfilow war Generalleutnant Iwan Iwanowitsch Iljitschow gefolgt, ein Offizier mit diplomatischen Ambitionen (er wurde später politischer Berater der sowjetischen Militärverwaltung in Ost-Berlin).[3] Nur Männer wie der Deutschland-Aufklärer Onjanow, eine Art sowjetischer Gehlen, sorgten für eine gewisse Kontinuität im Führungsapparat der Raswedupr. Er dürfte es auch gewesen sein, der nun Ersatz für die verlorene Rote Kapelle schuf. Seine Orders alarmierten die letzten Reserven der sowjetischen Deutschland-Spionage: die Agentengruppe Alexander Radós in der Schweiz.

Es ist nicht ohne Ironie, daß just dieses Schweige- und Reservenetz später die Phantasie westdeutscher Vergangenheitsbewältiger beschäftigen sollte. Radós Leute hatten nie eine nennenswerte Rolle gespielt; sie saßen in der Schweiz, fern von dem Zentrum und den Schaltstellen des gegnerischen Lagers. Niemand personifizierte das nachrichtendienstliche Mittelmaß der Gruppe überzeugender als Alexander (ungarisch: Sándor) Radó, der wie ein Bourgeois wirkte und es vermutlich auch immer war. Er hatte nie das Spionage-Handwerk erlernt, er war und blieb ein Außenseiter der Branche. Seine Sehnsucht galt der weiten Welt — er hatte immer Kartograph und Geograph werden wollen.

Am 5. November 1899 in Újpest bei Budapest geboren, Sohn eines jüdischen Kaufmanns, hatte Radó zunächst die normalen Stationen eines Jungen aus ›gutem Hause‹ durchlaufen: Volksschule, Gymnasium, Leiter eines Schülerorchesters, Unterricht in Geige, Klavier und Flöte, schließlich Abitur. Der Erste Weltkrieg drohte die Idylle zu zerstören: 1917 stand Alex die Einberufung zum Militär bevor. Doch ein Freund der Familie, der Generaloberst Samuel Baron Hazai, Chef des Ersatzwesens der ungarischen Armee, wußte das Ärgste, den Dienst an der Front, zu verhindern; er ließ Radó zur Festungsartillerie einrücken.[4]

Das Elend des Krieges und der Sturz der Habsburger Monarchie rissen den jungen Artillerieoffizier in den Sog der roten Revolution, die 1919 ein radikal neues Ungarn schaffen wollte. Über Nacht wurde der Bürgersohn zum Kommunisten. Zufälle wirkten dabei mit: Der Bruder eines Freundes, Polit-Kommissar eines roten Regiments, überredete Radó, mitzumachen. Radó bewarb sich als Kartenzeichner, doch der Polit-Kommissar der Division lehnte ab: »Wir haben jetzt keine Zeit, Karten zu zeichnen. Ich ernenne Sie zum Kommissar des 51. Infanterie-Regiments.«

Die Karriere währte jedoch nicht lange. Schon einige Wochen später mußten die kommunistischen Garden den Gegenrevolutionären Horthys weichen.[5] Radó floh nach Wien und glaubte für einige Zeit, er sei zum konspirativen Kämpfer für die neue Welt des Kommunismus bestimmt. Eine blonde Berlinerin bestärkte ihn in dem Glauben: Helene Jansen, Jahrgang 1901, Tochter eines SPD-Abgeordneten, Kurier der illegalen KP und künftige Ehefrau Radós.[6]

»Mit kaum sprießenden Bart« (Radó) gründete er, gestützt auf 10 000 Schwedenkronen aus dem Fonds der Sowjetregierung, die ›Russische Telegraphen-Agentur‹ (Rosta), die in Wien Linksblätter mit sowjetischem Propagandamaterial belieferte.[7] Er half auch beim Aufbau der konspirativen Komintern-Zentrale für den Balkan, er bahnte geheime Verbindungen nach Ungarn. Im Sommer 1922 reiste er mit Helene Jansen nach Deutschland, einem neuen Geheimauftrag entgegen: der Inszenierung eines KP-Aufstandes. Unter dem Decknamen ›Weser‹ wurde er Operativer Leiter der Proletarier-Hundertschaften in Sachsen und Thüringen, mit denen die Partei im Oktober 1923 den Umsturz erzwingen wollte.[8]

Der Mißerfolg des Aufstands ließ auch das revolutionäre Temperament Radós erkalten. Immer mehr schwebte ihm ein bürgerlicher Beruf vor: Er wollte endlich Kartograph werden. Er hatte schon zuvor an der Leipziger Universität Geographie belegt, jetzt trat er in die Dienste der Gesellschaft für kulturelle Auslandskontakte in Moskau. Dort erhielt Radó seinen ersten kartographischen Auftrag: einen Reiseführer der Sowjetunion zu entwerfen.[9]

Seine Arbeit fand Beifall. Radó gab einen ›Arbeiter-Atlas‹ heraus, der in viele Sprachen übersetzt wurde, er bearbeitete Karten und Stichwörter deutscher Lexika. Später veröffentlichte er den ersten Luftreiseführer der Welt. Radó entfernte sich so deutlich von jeder Parteiarbeit, daß der mächtige Komintern-Funktionär Mickevicius-Kapsukas zürnte, der Ungar sei kein hundertprozentiger Kommunist.[10] Tatsächlich verließ Radó die Sowjetunion und zog nach Berlin, wo er die kartographische Presseagentur ›Geopress‹ einrichtete — kaum noch erreichbar für Aufträge der Partei.

Doch der Machtantritt des Nationalsozialismus zerstörte Radós Berufschancen. Im Pariser Exil errichtete der Ungar mit Mitteln deutscher Hitler-Emigranten eine kleine antifaschistische Presseagentur, die über das NS-Regime aufklären sollte, jedoch kaum existieren konnte. Radó mußte sich nach einer solideren Beschäftigung umsehen. Im Oktober 1935 reiste er nach Moskau, weil er hoffte, die Redaktion des ›Großen Sowjetischen Weltatlas‹ werde einen Job für ihn haben. Tatsächlich erwartete ihn bereits ein anderer Auftraggeber: der sowjetische Geheimdienst.[11]

Die Hauptverwaltung für Aufklärung hatte just begonnen, das neue Agentennetz gegen Hitlers Deutschland aufzuziehen. Das alte war zerstört: Mitte 1935 hatte die Gestapo die letzten deutschen Raswedupr-Stützpunkte zerschlagen. Seither sammelte Raswedupr-Chef Uritzki Personal für die neue Geheimdienst-Offensive. Ein ungarischer Journalist, Freund Radós und V-Mann der Raswedupr, empfahl seinen Oberen den Kartographen als künftigen Chef einer Agentengruppe. Er erhielt die Genehmigung, Radó anzusprechen, und kontaktierte Radó in dem Moskauer Hotel, in dem er abgestiegen war. Radó willigte ein. Kurz darauf stand er in einer Konspirativen Wohnung Moskaus vor Uritzki.[12]

Der Geheimdienst-Boss erläuterte Radó, es gelte, die Sowjetunion vor den kriegerischen Absichten des Faschismus zu schützen; man müsse rechtzeitig alle gegen die UdSSR gerichteten geheimen Pläne der faschistischen Führer entdecken.

Radó erinnert sich nicht ohne Stolz: »Das sollte vor allem meine Aufgabe als Spion sein.« Uritzki: »Sie müßten wahrscheinlich ein anderes Land als Domizil wählen. Wohin wollen Sie gehen und womit wollen Sie Ihre Arbeit tarnen?« Prompt kam Radós Antwort: »Am leichtesten wäre es, wenn ich eine kartographische Agentur aufzöge. Ich könnte mich in Belgien oder in der Schweiz niederlassen. Meines Erachtens wird die Schweiz kaum in einen Krieg eintreten; in Belgien allerdings wäre es leichter, die behördliche Genehmigung für die Errichtung einer Agentur zu erhalten.«[13]

Uritzki war einverstanden, die Geheimmission Radós begann. Gesteuert von dem V-Mann-Führer ›Kolja‹ in Paris, sollte Radó unter den Decknamen ›Albert‹ und ›Dora‹ in Belgien »ohne Sorge vor Abwehr und Gestapo, die mich in einem neutralen Staat nicht fassen konnten« (Radó), militärisch wichtige Nachrichten über Deutschland und Italien sammeln.[14] Doch der Start des Spions im Dezember 1935 erwies sich als arger Fehlstart: Die belgischen Behörden verweigerten Radó eine Aufenthaltsgenehmigung. Daraufhin befahl Moskau, es in der Schweiz zu versuchen. Im März 1936 ließen die Eidgenossen den renommierten Gelehrten mit Ehefrau Helene, »Oma Jansen« (Radós Schwiegermutter) und den zwei Kindern Imre und Alexander willig ins Land.[15]

Die Gründung der kartographischen Presseagentur bereitete allerdings Schwierigkeiten, weil die Schweizer Behörden die Firma nur zulassen wollten, wenn mindestens zwei eidgenössische Staatsbürger in ihrem Direktorium säßen. Der Genfer Geographie-Professor Charles Burky war schließlich bereit, in Radós Firma einzutreten. Die Verhandlungen mit Burky müssen freilich Radó so verärgert haben, daß er in seinen Erinnerungen nicht nur Burkys Namen verschweigt, sondern ihn auch als geldgierigen Feilscher abqualifiziert: »Er beanspruchte für sich 75 Prozent der Firmenaktien (natürlich umsonst), außerdem ein hohes Monatsgehalt. Es kam so schlimm, daß ich den Abbruch unserer ›diplomatischen‹ Verhandlungen in Aussicht stellen mußte.« Die beiden einigten sich aber dann doch, am 21. August 1936 ließ Radó die ›Atlas Permanent S. A.‹ ins Handelsregister eintragen. Als Stammkapital waren 4000 Franken zu 200 Aktien ausgewiesen; davon gehörten 198 Radó, eine Burky und eine weitere dem dritten Partner, dem Berner Kaufmann Walter Kümmerly.[16]

Danach hielt Radó seine beiden Partner auf Distanz. Burky und Kümmerly bekamen stets pünktlich das ihnen zustehende Monatsgehalt von 100 Franken, aber sie hatten kaum Einblick in die Geschäfte der Firma. Radó wußte sich abzuschirmen: Er bezog keine Geschäftsräume, sondern etablierte die Firma in der Vier-Zimmer-Wohnung, die er inzwischen im fünften Stock des Hauses 113 der Genfer Rue de Lausanne gemietet hatte. »Ich wählte absichtlich«, so Radó, »ein Haus ohne Gegenüber, um zu vermeiden, daß man mich und die Wohnung beobachtete.«[17] Er stellte einen Zeichentisch in sein Arbeitszimmer, heuerte einen Zeichner an, Frau Helene tippte die Texte — die Firma stand.

Radó konzipierte einen Pressedienst, der seinen Kunden einen doppelten Service bot: den ›Atlas Permanent‹, eine Sammlung loser Karten, die alle fünf Monate auf den neuesten Stand gebracht wurden, und die ›Geopress‹, die wöchentlich dreimal Karten zu aktuellen Ereignissen lieferte.[18] Der Kartendienst fand bald Interessenten; Gesandtschaften und Konsulate, Zeitungsredaktionen und Bibliotheken nahmen die Radó-Produkte ab. Radó: »Sogar der deutsche Ex-Kaiser Wilhelm II. war unser Abonnent.«[19]

Die Geschäftslage des Unternehmens entwickelte sich allerdings nicht so bestechend, wie es Radó heute erscheinen will; die Firma kam nur selten aus den roten Zahlen heraus. Noch 1937 verlor die Firma ständig Geld, im September 358,63 Franken, im Oktober 472,67 Franken. Selbst 1940 verzeichnete sie nur einen Jahresgewinn von 125,52 Franken.[20] Radós Geldnöte waren bald sprichwörtlich in der Branche. Doch als Tarnfirma erfüllte ›Atlas Permanent‹ ihren Zweck: Sie legalisierte den Spion Radó in der Schweiz, ihre internationalen Verbindungen erleichterten ihm, zu reisen, wohin ihn der Auftrag der Moskauer Zentrale rief.

Er mußte freilich lange warten, ehe sich Moskau seiner erinnerte. Radós künftige Organisation war als Schweigenetz gedacht; ›Albert‹ sollte erst im Falle eines Krieges gegen die Sowjetunion aktiviert werden. Radó hatte sich mit nachrichtendienstlichen Gelegenheitsarbeiten zu begnügen. Er zeichnete anhand von Artikeln ausländischer Fachzeitschriften Karten über die Lage deutscher und italienischer Rüstungswerke, er schickte zuweilen eine verschlüsselte Nachricht an den V-Mann-Führer Kolja, manchmal traf er sich mit ihm in Paris.[21]

Nur der Todeskampf der spanischen Republik brachte etwas Abwechslung in Radós stilles Agentenleben. Moskau wollte wissen, welche italienischen Truppenverbände für den Einsatz im spanischen Bürgerkrieg bestimmt waren. Radó fuhr nach Italien, er recherchierte in Kriegshäfen und Garnisonstädten. Er kundschaftete dabei so eifrig, daß er sich in La Spezia unversehens auf verbotenes Militärgelände verirrte. Prompt stellte ihn eine italienische Patrouille, die den verdächtigen Fremden einem Wachoffizier vorführte. Radó baute auf die literarischen Kenntnisse des Vernehmers: »Ich wollte nur die Bucht sehen, in deren Nähe der große englische

Dichter Shelley seinen Tod fand.« Der Offizier strahlte und entließ den Spion.[22]

Solch Eifer mochte die Zentrale bewegen, Radó im April 1938 an die Stelle des heimberufenen Kolja zu setzen. Radó wurde Vormann einer kleinen Agentengruppe, die Kolja bis dahin geführt hatte. Sie scharte sich um den Berner Journalisten Otto Pünter, einen Linkssozialisten, der einen der Sozialdemokratischen Partei nahestehenden Pressedienst herausgab und seit Ausbruch des spanischen Bürgerkrieges für Moskau arbeitete.

Pünter hatte sich einen seltsamen Namen zugelegt: ›Pakbo‹, eine Zusammenstellung der Anfangsbuchstaben jener Orte, in denen er sich mit seinen V-Männern traf. Pakbos Informanten saßen in deutschen, italienischen und jugoslawischen Städten; zu den V-Männern gehörten ›Poisson‹, ein emigrierter deutscher Sozialdemokrat, und ›Gabel‹, ein Diplomat, der das spanische Konsulat in Susak leitete.[23]

Aber auch der Kontakt mit dem Pakbo-Ring konnte Radó nicht das Gefühl nehmen, auf einem unwichtigen Posten zu stehen. »Ich war enttäuscht«, berichtet er. »Alles, was Pakbo meldete, schien unbedeutend: in Journalistenkreisen kolportierte Nachrichten, billige Romantik.«[24] Der Ausbruch des Zweiten Weltkriegs isolierte Radó vollends — jede Verbindung zu Moskau riß ab. Monatelang wartete er auf ein Zeichen der Zentrale. Schon wollte er resignieren, da warf ein Unbekannter im Dezember 1939 in Radós Postkasten einen Brief, der dem Residenturleiter verhieß, in den nächsten Tagen werde sich ein Beauftragter der Zentrale bei ihm melden.[25]

Der Beauftragte kam: die V-Mann-Führerin ›Sonja‹, eine schlanke, fast zerbrechlich wirkende Frau, die Auftrag hatte, Radós nahezu eingeschlafene Organisation in Schwung zu bringen. Sonja war die Berliner Soziologen-Tochter Ursula Kuczynski, Schwester des späteren DDR-Wirtschaftswissenschaftlers Jürgen Kuczynski, mit dem Raswedupr-Agenten Rudolf Hamburger verheiratet. Mit einem Funkgerät ausgerüstet, assistiert von zwei britischen Mitarbeitern, dem Funker Alexander Foote (›Jim‹) und dem Chiffrierer León Charles Beurton (›Jack‹), kontrollierte Sonja die roten Agenten in der Schweiz.[26]

Radó brauchte einige Zeit, um mit der Tatsache fertig zu werden, daß seine Organisation nicht die einzige war, die für Moskau arbeitete. Doch bereitwillig diktierte er Sonja, was seine Gruppe dringend benötigte: Funkgeräte, Geheimkodes, Geld, Verschlüsseler. Sonja funkte Radós Hilferuf nach Moskau, die Zentrale setzte den Brüsseler Agentenchef Kent in Marsch. Kent brachte im März Geheimkodes mit und paukte Radó das Einmaleins des Funkens und Chiffrierens ein. Immer wieder schärfte er ihm ein, worauf es bei der Formulierung militärischer Meldungen ankam. Radó fand Kent unausstehlich: »Sein lehrhafter Ton reizte mich. Er war spürbar von sich äußerst überzeugt.«[27]

Dennoch spornte der Unterricht ihn an, seine Organisation zu verbessern und zu erweitern. Zunächst freilich mußte er die leere Agentenkasse auffüllen. Die Zentrale schickte ihm einen Geldboten nach Belgrad entgegen, doch tagelang irrten die beiden Männer aneinander vorbei, weil der von Moskau bestimmte Treffpunkt, eine Kapelle, längst nicht mehr existierte. Erst im letzten Augenblick konnte Radó das Geld einkassieren.[28] Jetzt trieb er seinen Agentenführer Pünter an, neue Informanten zu werben. Foote und Beurton von Sonjas Gruppe halfen mit, die Basis des Unternehmens zu erweitern; sie heuerten in Süddeutschland Informanten an und notierten sich Deckadressen.

Doch Hitlers Westoffensive im Mai 1940 brachte neue Unsicherheit in die Gruppe. Zum erstenmal in der jüngeren Geschichte der Schweiz wurde das Land von den Truppen einer fremden Mächtekoalition völlig eingeschlossen, jeden Augenblick konnten Hitlers Armeen zum Sprung auf die Schweiz ansetzen. Sonja wurde nervös und kannte nur noch einen Gedanken: raus aus dem Land. Schon im Februar hatte sie Beurton geheiratet, dessen britischer Paß ihr die Ausreise nach England sicherte; ab Juni drängte sie die Zentrale, sie ziehen zu lassen.[29]

Das bewog Radó, sein Netz noch rascher auszudehnen. Der Zusammenbruch Frankreichs spielte ihm neue gute Informanten zu, darunter gaullistische Offiziere wie den Journalisten Georges Blun (›Long‹) und einen berlinkundigen Elsässer mit dem Decknamen ›Salter‹.[30] Von Woche zu Woche wuchs die Agentenschar Radós, immer mehr Antifaschisten schlossen sich ihm an.

Kaum hatten Sonja und Beurton die Schweiz verlassen, da trat eine neue Agentengruppe aus dem Dunkel heraus, wiederum von einer Frau geführt. Helene Radó kam atemlos nach Hause: »Stell dir vor, Alex, soeben habe ich eine alte Bekannte aus Deutschland getroffen. Ich weiß nicht, ob das gut oder schlecht für uns ist.«[31] Die Bekannte war die polnische Komintern-Beauftragte Rachel Dübendorfer, geborene Heppner, geschiedene Caspari, damals 40 Jahre alt, mit dem Schweizer Heinrich Dübendorfer verheiratet und seit 1935 für Moskau konspirativ tätig.

›Sissy‹ (so ihr Deckname) war als Sekretärin im Völkerbundeigenen Internationalen Arbeitsamt untergekommen und hielt Kontakt zu Industriearbeitern in Süddeutschland.[32] Zwei Männer assistierten ihr dabei: der Alt-Kommunist Paul

Böttcher, Sachsens ehemaliger Finanzminister, mit dem Sissy nach der Trennung von Dübendorfer zusammengezogen war, und ein Arbeitsamt-Kollege namens Christian Schneider, Emigrant aus Wiesbaden und Ex-Journalist, der noch als ›Taylor‹ Radó zu internationalem Ruhm verhelfen sollte.[33]

Radó war von dem Auftauchen der neuen Gruppe wenig erbaut, zumal ihm die Primadonnen-Allüren Rachel Dübendorfers mißfielen. Doch die Zentrale wünschte die Zusammenarbeit, gehorsam baute Radó das Sissy-Netz in seine Organisation ein. Er verfügte jetzt über einen ansehnlichen Apparat, etwa 50 V-Männer hörten auf seine Order. Sie drängten sich so auffällig im Genfer Raum zusammen, daß die Zentrale befahl, Foote (er war als einziger der Sonja-Gruppe zu Radós Organisation gestoßen) solle mit seinem Funkgerät nach Lausanne ziehen und von dort die Verbindung mit Moskau halten. Ab März 1941 funkte Jim in Lausanne; die verschlüsselten Meldungen überbrachte der Kurier ›Maria‹ — Radós Frau[34].

Als die Wehrmacht drei Monate später in die Sowjetunion einfiel, war die Radó-Gruppe einsatzbereit. Von der ersten Stunde an informierten ihre Funksprüche den sowjetischen Generalstab über deutsche Absichten, Stärken und Schwächen. »Dora an Direktor«, »Dora an Direktor« — schier pausenlos drangen die Meldungen und Warnungen Radós durch den Äther. Oft saß Foote mehr als fünf Stunden in der Nacht an seinem Gerät, um die vielen Meldungen durchzugeben. Er konnte die Papierstöße nur mühsam bewältigen: Nicht nur wuchs die Zahl der Meldungen an, die Radós Informanten lieferten, Foote mußte auch Funksprüche der Agentengruppen in Berlin und Brüssel durchgeben, deren Geräte streikten.

Radó ließ sich von Genfer Kommunisten zwei zuverlässige Genossen nennen, die sich eigneten, Foote zu unterstützen. Der Linkssozialist Edmond-Charles Hamel und seine Frau Olga waren dazu bereit; Hamel besaß ein Radiofachgeschäft in Genf und ließ sich gerne von ›Monsieur Weber‹ (unter diesem Namen hatte sich Radó eingeführt) in nächtlichen Instruktionsstunden als Funker ausbilden. Auch Olga machte mit.[35] Ab Frühjahr 1942 entlastete das Funker-Ehepaar ›Eduard‹ und ›Maud‹ den übernächtigten Foote — am selbstgebastelten Sendegerät, das in Hamels Werkstatt im Hause 26 der Rue de Carouge stand.[36]

Aber auch dieser Ersatz genügte Radó noch nicht. Er fand einen dritten Funker, abermals eine Frau, die freilich auch seinen amourösen Bedürfnissen genügte: Margrit Bolli. Die damals 22jährige Kassiererin im Genfer Restaurant ›Stäffen‹ hatte Radó durch Zufall im Oktober 1941 kennengelernt. Er war von ihr so beeindruckt, daß er beschloß, sie in seinen Kreis zu ziehen. Radó ließ ›Rosa‹ als Funkerin ausbilden, Hamel baute für sie ein neues Funkgerät. Dann richtete ihr der Agentenchef eine Wohnung in der Henri-Mussard-Straße ein, deren häufiger Gast er selber war.[37]

Bald funkten drei Geräte nach Moskau — Anlaß genug für die mithörende deutsche Funkabwehr, der Agentengruppe den Kodenamen zu geben, unter dem sie in die Geschichte eingegangen ist: ›Rote Drei‹. Die Fülle der Funksprüche, deren Sinn ihm jedoch verschlossen blieb, mußte auch dem Gegner verraten, daß hier eine überaus aktive Spionageorganisation am Werk war. Adolf Hitlers Funkabwehr konnte nicht wissen, daß die Moskauer Zentrale längst begonnen hatte, über den Wert und Unwert der Radó-Meldungen nachzudenken. Nur allzu offenkundig war: Die Fülle der Funksprüche stand in einem argen Gegensatz zu ihrer Qualität.

Die meisten Mitarbeiter Radós waren allzu isoliert, um dem sowjetischen Generalstab bieten zu können, was er in der größten Not der Roten Armee dringend benötigte: konkrete Details über deutsche Verbände, Truppenbewegungen, Offensivpläne. Eine Sekretärin im Internationalen Arbeitsamt, ein stellungsloser Alt-Kommunist, ein Radiohändler, ehemalige Journalisten — wie sollten sie Geheimnisse des Führerhauptquartiers kennen? Sie konnten allenfalls weitergeben, was sie von zweiten und dritten Personen hörten. Keiner von ihnen saß in einer deutschen Dienststelle, ihre Kenntnisse stammten immer nur vom Hörensagen. Sie besaßen keine militärischen Erfahrungen, sie konnten nicht unterscheiden, was Gerücht, was Spielmaterial des Gegners, was Wirklichkeit war.

Entsprechend schwammig fielen ihre Meldungen aus. Da sollte bis Ende 1941 die Wehrmacht 1,2 Millionen Mann an der Ostfront verloren haben — eine Überschätzung um eine Million.[38] Ein V-Mann kündigte deutsche Operationen gegen Schweden und die Türkei an — sie wurden nie ernsthaft erwogen.[39] Radós Informanten entdeckten drei Festungslinien im Osten und fünf Luftflotten im Reich — maßlose Übertreibungen.[40] Salter meldete 150 neue deutsche Divisionen — 68 waren es in Wahrheit.[41] Die Gruppe funkte 1943, in Berlin sei ein Reichsverteidigungsrat gegründet worden, und merkte nicht, daß der seit 1933 bestand.[42] Sie kürte den (längst kaltgestellten) Generalfeldmarschall von Bock zum Oberbefehlshaber des Heeres und übersah, daß der Posten schon von Hitler besetzt war.[43]

Selbst Radó spürte, daß etwas nicht stimmte. »Einzelne unserer Informanten waren in der ersten Zeit des Krieges nicht gut genug plaziert, um sich entsprechend zu unterrichten«, klagt er in seinen Memoiren; zudem seien manche seiner V-Männer der deutschen Abwehr »auf den Leim gegangen«.[44]

Er geriet in solche Verlegenheit, daß er gegenüber der Zentrale nicht selten zu flunkern begann.

So nannte er in seinen Funksprüchen Ernst Lemmer, damals Berliner Korrespondent der ›Neuen Zürcher Zeitung‹ und später CDU-Minister in Bonn, ›unsere Berliner Quelle‹, der er sogar einen Decknamen gab. Moskau mußte annehmen, der im Büro Ribbentrop sitzende Lemmer sei ein Mitglied des Radó-Rings. In Wahrheit hatte Lemmer nie von Radó gehört; V-Mann ›Long‹ gab lediglich wieder, was er von einem NZZ-Redakteur erfuhr, der seinerseits mit Lemmer in Verbindung stand.[45] Nicht anders verhielt es sich mit dem »deutschen General Hamann«, den Radó plötzlich in einem Funkspruch vom 25. März 1942 als Informanten auftauchen ließ. Radó kann Hamann nicht gekannt haben; vermutlich hörte er über ihn durch dritte Personen. Sonst hätte er wissen müssen, daß Hamann im März 1942 noch Oberst war und keineswegs (wie der Memoirenschreiber Radó versichert) »zum Stab des OKW gehörte«. Hamann führte ein Infanterie-Regiment an der Ostfront.[46]

Eine so fragwürdige Agenten-Organisation aber mußte nun Feindaufklärer Onjanow aktivieren, um den Verlust der Roten Kapelle wettzumachen. Immer wieder apellierte der Direktor an Radós Ehrgeiz, immer wieder spornte er ihn zur Verbesserung seiner Aufklärungsmethoden an. »Berücksichtigen Sie, liebe Dora«, funkte der Direktor am 31. Oktober 1942, »daß die Arbeit Ihrer Organisation jetzt wichtiger ist als jemals zuvor.«[47] Auch Rachel Dübendorfer wurde ermuntert, ihre Leistungen zu steigern: »Liebe Sissy. In dieser ernsten Stunde erinnern wir Sie nochmals an Ihre Pflicht als alter Mitkämpfer. Zu dieser Zeit unseres harten Kampfes gegen den bösesten Feind der Menschheit muß man alle Kräfte anstrengen und sein Äußerstes tun für die gemeinsame Sache.«[48]

Radós Agentengruppe wäre kaum in der Lage gewesen, ihre Arbeit zu verbessern, hätte sich ihr nicht eine fremde Macht genähert, die allen Grund hatte, einen deutschen Sieg im Osten zu fürchten. Der geheime Nachrichtendienst der Schweizer Armee spielte den roten Agenten Material zu, das Radó in den Ruf brachte, auch die sichersten Panzerschränke des Führerhauptquartiers knacken zu können.

In der Tat kannte der Schweizer Armeestab deutsche Militärgeheimnisse wie kaum ein anderer fremder Spionageapparat. Das war gleichsam eidgenössische Tradition: Den unheimlichen Nachbarn im Norden mit seinen unberechenbaren Machtgelüsten unter Beobachtung zu halten, galt seit Jahrzehnten als oberstes Ziel Schweizer Geheimdienstarbeit. Nach dem ersten Weltkrieg war der Geheimdienst allerdings arg vernachlässigt worden. Der Dienst, zusammengefaßt in der

5. oder Nachrichten-Sektion der Generalstabsabteilung des Eidgenössischen Militärdepartments, gebot bei Hitlers Machtübernahme über einen Chef, einen Sekretär und einige zeitweilig dorthin abkommandierte Offiziere.[49] Stets in Etatnöten, besaß die Sektion kaum Informanten in Deutschland.

In die geheimdienstliche Lücke sprang der Teufener Photohändler und Miliz-Hauptmann Hans Hausamann, ein eifernder Advokat Schweizer Wehrfreudigkeit, der sein Land von Nazis und Pazifisten gleichermaßen bedroht sah. Um sozialistische Militär-Gegner wirkungsvoller bekämpfen zu können, hatte er Ende der zwanziger Jahre einen Pressedienst gegründet, mit dem er für eine stärkere Aufrüstung focht.[50] Nach 1933 aber erkannte Hausamann, daß von den Expansionisten des Dritten Reiches die größere Gefahr drohte.

Früh davon überzeugt, daß Hitler den Krieg wolle und nicht zögern werde, notfalls auch die Schweiz seinem Reich einzuverleiben, wollte Hausamann auf seine Art das Vaterland schützen. Er kontaktierte gutinformierte NS-Gegner in Deutschland und heuerte sie als vertrauliche Korrespondenten für seinen Pressedienst an, der sich in einen privaten Geheimdienst verwandelte. Das ›Büro Ha‹, wie Hausamann das Unternehmen nannte, knüpfte Beziehungen zu fremden Geheimdiensten an, ab 1939 stand es mit ihnen in ständigem Funkverkehr.[51]

Auch die Nachrichten-Sektion hielt Kontakt zum Büro Ha, zumal ein neuer Sektionschef, der Oberstleutnant Roger Masson, den offiziellen Geheimdienst immer mehr vergrößerte.[52] Hitlers Krieg und die Generalmobilmachung der Schweizer Armee beschleunigten noch den Ausbau des militärischen Nachrichtenapparats. Das Büro Ha wurde in lockerer Form der Nachrichten-Sektion attachiert, wenn auch Hausamann nie ein gewisses Mißtrauen gegenüber den neuen Kameraden überwand: In Massons Sektion saßen nicht nur Generalstabsoffiziere, die Hausamann verdächtigte, im Grunde ihres Herzens die Tüchtigkeit der großdeutschen Militärmaschine zu bewundern, dort arbeiteten auch dienstverpflichtete Bundespolizei-Offiziere, die mancher Erfahrungsaustausch mit der Gestapo verband.

Einen Offizier Massons freilich nahm Hausamann von solchem Mißtrauen aus: den Hauptmann Max Waibel. Deprimierende Erfahrungen als Gastoffizier auf der deutschen Kriegsschule und bei der Schweizer Gesandtschaft in Berlin, einer Hochburg eidgenössischer Hitler-Bewunderer, hatten ihn zu einem erbitterten Gegner jeder Annäherung an das Dritte Reich werden lassen.[53] Er entwarf ein ehrgeiziges Programm, das die Nachrichten-Sektion als Gehirnzentrale eidgenössischer Sicherheit anvisierte. Für Waibel war der Geheimdienst mehr als eine Behörde zur Beschaffung, Sammlung und Auswertung von Nachrichten; Waibel sah in ihm eine geheime Bruderschaft der Wissenden, dazu berufen, die Schweizer Unabhängigkeit zu schützen: nach außen gegen die Deutschen, im Innern gegen die Anpasser in Armee und Regierung.

Waibel gründete mit anderen Geheimdienstlern, darunter auch Hausamann, einen konspirativen ›Offiziersbund‹, dessen V-Männer in Schlüsselstellungen der Schweizer Armee einsickerten und Order hatten, bei einem deutschen Angriff kriegsunwillige Vorgesetzte auszuschalten und Schießbefehle zu erteilen, falls die Führung des Landes vor Hitler kapitulierer sollte.[54] Das Komplott flog bald auf, doch die Verschwörer (sie kamen mit geringfügigen Disziplinarstrafen davon) bauten ihre Stellungen im Geheimdienst weiter aus.[55] Sie konzentrierten sich auf die Erkundung der deutschen Gefahr; sämtliche Kommandoposten der Schweizer Deutschland-Spionage wurden von Waibel-Freunden besetzt.

Waibel-Kamerad Alfred Ernst hatte schon 1939 die Leitung des ›Büro D‹ im Armeestab übernommen, das alle Deutschland-Meldungen sammelte. Waibel hingegen zog in das Stabsgebäude des Territorialkommandos 8 in Luzern und errichtete dort die Nachrichtenstelle (NS) 1. Auch Hausamann ließ sich bewegen, das Büro Ha unter dem Kodenamen ›Pilatus‹ nach Luzern zu verlegen.[56] Luzern wurde zur eigentlichen Zentrale der Schweizer Deutschland-Spionage. Die NS 1 unterhielt in den Städten Außenstellen, darunter ›Speer‹ in St. Gallen, ›Pfalz‹ in Basel, ›Uto‹ in Zürich, ›Salm‹ in Schaffhausen und ›Nell‹ in Lugano, meist besetzt mit Offizieren der Grenzbrigaden, die deutsche Deserteure, Flüchtlinge und Schweizer Rückkehrer aus Deutschland vernahmen.[57]

In Zürich zum Beispiel saß der Nachrichten-Hauptmann Dr. J. C. Meyer, den die Deutschen als Berliner Korrespondenten der ›Neuen Zürcher Zeitung‹ ausgewiesen hatten. In seinem Büro verkehrten illustre Besucher aus dem Reich und vertrauten sich dem vermeintlichen Privatmann an, unter ihnen der Himmler-Konfident Carl Langbehn und der Rechtsanwalt Etscheit, Intimus des deutschen Generalstabschefs Halder.[58] Einige wichtige Informationen erhielt Waibel über eine eigene Linie, der er den Kodenamen ›Wiking‹ gab; sie verknüpfte ihn mit einem deutschen Kameraden aus Kriegsschul-Tagen, der als Übermittlungsoffizier im Führerhauptquartier diente. Auch ein OKW-Kurier, der regelmäßig zwischen Berlin und Bern verkehrte, ließ manches Detail nach Luzern gelangen.[59]

Je reichhaltiger aber die Informationen flossen, desto stärker stellte sich Waibel die Frage, wie die gewonnenen Erkenntnisse zu verwerten seien. Es genügte nicht, das Material in den Panzerschränken des Schweizer Armeestabs abzuheften. Es mußte denen zugute kommen, die Hitler aktiv bekämpften und deren Waffen mithin allein die Schweiz von dem übermächtigen Druck der Deutschen entlasten konnten: den Alliierten. Mit den westlichen Geheimdiensten stand Waibel längst in Kontakt, aber zu dem stärksten Gegenspieler der Wehrmacht, der Roten Armee, fehlte eine Verbindung. Die Schweiz unterhielt keine diplomatischen Beziehungen zur Sowjetunion, in Bern saß keine Sowjetvertretung. Waibel ahnte zwar, daß auch in der Schweiz sowjetische Agenten operierten — er wußte jedoch nicht wo.

Da wies ein Mitarbeiter Hausamanns eine entscheidende Spur. Er kenne, vertraute er seinen Oberen an, aus der Arbeit am Internationalen Arbeitsamt eine ehemalige Kollegin namens Rachel Dübendorfer, von der er annehme, daß sie für eine kommunistische Spionageorganisation arbeite. Der Name des Informanten: Christian Schneider, Radós V-Mann ›Taylor‹.[60] Es muß ungeklärt bleiben, ob der Schweizer Geheimdienst schon damals wußte, daß Schneider auch für die sowjetische Seite arbeitete. Unbezweifelbar aber ist, daß Schneider ermuntert wurde, gezielte Informationen des Waibel-Apparats in die Nachrichtenkanäle der Radó-Gruppe zu schleusen.

Der rote Agentenchef wunderte sich denn auch arg, als Taylor plötzlich ab Spätsommer 1942 »überraschend gut über die deutschen Operationen informiert war«. Radó rätselte: »Merkwürdig erschien uns die Sache, weil Taylor, der nur schlichter Übersetzer war, keine Möglichkeit hatte, militärische Informationen zu beschaffen. Bis dahin hatten wir von ihm wertvolle Angaben weder erwartet noch bekommen.«[61] Von Woche zu Woche wurden Taylors Berichte informativer. Die Moskauer Zentrale verlangte immer mehr Stoff von ihm, zeitweilig schienen nur noch seine Meldungen den Direktor zu interessieren. Und Taylor lieferte: Meldungen über deutsche Truppenbewegungen, Lagebilder, Rüstungsziffern.

Doch Schneider sollte die Russen nur neugierig machen, die eigentliche Arbeit war einem Mann im Dunkeln zugedacht. Mitte November 1942 ließ Taylor — so notierte Radó — »Sissy wissen, daß er seine Informationen von einem deutschen Freund erhalte, der bereit sei, den sowjetischen Nachrichtendienst regelmäßig mit Material zu versorgen«.[62] Allerdings: »Taylor stellte auch Bedingungen. Sein Freund werde nur dann mit uns zusammenarbeiten, wenn wir nicht versuchten, seinen Namen, seine Adresse und seinen Beruf in Erfahrung zu bringen.« Moskau war einverstanden. Monatshonorar für den Taylor-Freund: 3000 Franken.[63]

»Lucy«, wie Radó den großen Unbekannten taufte, befreite die rote Agentengruppe von dem Makel, über den deutschen

Gegner ungenügend informiert zu sein. Er spielte »von nun an eine Schlüsselrolle in unserer Arbeit« (Radó).[64] Es gab bald keine Anfrage Moskaus mehr, die er nicht beantwortete. Er beschrieb Cliquenkämpfe in der engsten Umgebung Hitlers, er detaillierte die rivalisierenden Fraktionen im OKW. Er skizzierte die Konzeptionen deutscher Offensivpläne, nannte Engpässe und Erfolge der deutschen Rüstung. Der Direktor war begeistert: »Geben Sie Lucy zum Neuen Jahr gute Geschenke.«[65]

Immer stürmischer verlangte der Direktor nach Lucy-Informationen. Wo immer die Rote Armee angriff oder in Bedrängnis geriet, stets sollte Lucy helfen. »Sofort Antwort von Lucy, wer jetzt die Heeresgruppen kommandiert«, hieß es da[66] oder: »Treffen Sie sofort Maßnahmen, um festzustellen durch Lucy, welche Divisionen und wieviel vom Westen nach der Ostfront gesandt werden, gesandt werden sollen und bereits unterwegs sind.«[67] Immer wieder: Lucy, Lucy, Lucy.

Lucy wurde in der Zentrale so populär, daß ihn Radó auf dem Papier multiplizierte, gleichsam eine ganze Truppe von Lucys schuf. Obwohl Lucy nie einen Informanten (auch nicht unter einem Pseudonym) nannte und Radó nicht wußte, woher der Unbekannte seine Nachrichten bezog, dachte er sich für jeden Meldebereich Lucys Kenn-Namen aus, die zwar nur den Informationsfluß übersichtlicher machen sollten, zugleich allerdings auch als Decknamen echter V-Männer mißdeutet werden konnten. Radó erinnert sich: »Werther bedeutete zum Beispiel Wehrmacht. Olga — Oberkommando der Luftwaffe. Anna — Auswärtiges Amt. Auch ›Teddy‹, ›Ferdinand‹, ›Stefan‹ und ›Fanny‹ tarnten nicht Personen, sondern Informationen.« Lieferte Chefagent Lucy, so erzählt Radó, »mir Informationen, dann bezeichnete er deren Herkunft, etwa: ›Aus dem OKW‹ oder ›Von der Luftwaffe‹. Bei der Verschlüsselung der Funksprüche kennzeichnete ich die Quellen mit ... Decknamen.«[68]

›Werther‹, ›Olga‹ und all die anderen Phantasiegestalten Radós begannen, ein Eigenleben zu führen. Moskau glaubte zuversichtlich an Lucys angebliche Unteragenten. »Erteilen Sie Auftrag an alle Leute der Gruppe Lucy«, funkte der Direktor am 20. Januar 1943.[69] Am 17. März: »Fragen Sie unbedingt bei Lucy an, wer formuliert Werthers Informationen, er selbst oder Lucy.«[70] Am 4. Juni: »Sonderauftrag für Anna, Olga und Teddy.«[71] Solche Funksprüche verlockten später die Historiker und Vergangenheitsbewältiger, Lucy zum größten Spion des zweiten Weltkriegs aufzuwerten. Sie werden noch heute nicht müde, ihn und seine vermeintlichen Informanten unter den Schreibtischen fast jeder wichtigen deutschen Kommandostelle zu wittern. Die Wirklichkeit sah freilich prosaischer aus:

Hinter »Lucy« verbarg sich der Luzerner Klein-Verleger Rudolf Roessler, ein deutscher Emigrant, der früh begonnen hatte, Material über die Wehrmacht zu sammeln. Der bayerische Förstersohn, 1897 geboren, Infanterist im Ersten Weltkrieg, dann Journalist, 1933 von den Nazis als Geschäftsführer des christlich-konservativen Bühnenvolksbundes vertrieben, 1934 nach Luzern emigriert und Gründer des Vita-Nova-Verlags, hatte seit seiner Flucht panische Angst vor dem neudeutschen Militarismus.[72] Er legte sich ein Archiv an, das Hitlers Willen zum Krieg dokumentieren sollte. Roessler stellte sich eine militärische Fachbibliothek zusammen und hob sich Meldungen aus der Presse auf (Bestand: 20 000 Zeitungsausschnitte). Zugleich suchte er den Kontakt zu Freunden in Deutschland, er sprach auch deutsche Schweiz-Touristen an; was er hörte, notierte er sich und ordnete es in sein Archiv ein.[73]

Das war die Hauptquelle der legendenumwobenen Lucy-Informationen. Der drohende Kriegsausbruch, aber auch die miserable Geschäftslage des Verlages brachten Roessler auf die Idee, sein Material kommerziell auszunutzen. Ein Interessent bot sich an: das Büro Ha. Über den Hausamann-Konfidenten Dr. Wallner lieferte Roessler ab Sommer 1939 Material, das ihm aus seinem Bekanntenkreis in Deutschland zuging und das er mit Erkenntnissen aus dem eigenen Archiv auffüllte.

Roessler fertigte zunächst für Wallner monatlich 80 Berichte gegen ein Honorar von 400 Franken; später erhöhte er seine Produktion auf 130 Reports pro Monat (Honorar: 1550 Franken). Seine Meldungen erweckten auch das Interesse von Waibels NS 1. Der Stellvertreter Waibels, Hauptmann Bernhard Mayr von Baldegg, kontaktierte Roessler und animierte ihn, der NS 1 ebenfalls Material zu liefern, zunächst zehn Berichte im Monat, wofür der Hauptmann 200 Franken zahlte.[74]

Roessler war in kurzer Zeit so fest an die beiden Schweizer Geheimdienste angeschlossen, daß sich Waibel und Hausamann gerne des Informanten bedienten, als es galt, der Radó-Gruppe Material zuzuspielen. Jetzt kehrte sich das Verhältnis um: Roessler ließ sich von den Schweizern mit Informationen ausstatten, die er — auf kleinen Zetteln an Schneider und von diesem an Sissy weitergereicht — als Erkundungsergebnisse eigener Zuträger in Deutschland ausgab.

Roesslers Hauptquellen waren die Vernehmungsberichte, die Waibels Außenstellen über die Befragung deutscher Deserteure und Internierter verfaßten. Mayr von Baldegg händigte ihm die Deserteurberichte aus und reicherte sie durch zusätzliche Mitteilungen an. Allein 40 Berichte, so gestand Roessler später, habe er aufgrund der Mayr-Informationen geschrieben.[75]

Radó blieb verborgen, daß die Masse der Lucy-Informationen nicht aus den Panzerschränken deutscher Führungsstellen stammten, sondern aus den Safes des Schweizer Armeestabs. Der rote Agentenchef glaubte, was Roesslers westliche Bewunderer noch immer wähnen: Lucy sei unmittelbar aus den zentralen Kommandostellen der Wehrmacht informiert worden.

Diese Mär konnte sich nur halten, weil sich kaum ein Historiker die Mühe machte, Roesslers Meldungen auf ihre sachliche Richtigkeit hin zu überprüfen. Eine solche Analyse aber würde nur unterstreichen, daß Roessler alles andere als ein Meisterspion war. Denn: Roessler konnte an wichtigen Meldungen nur liefern, was er von den Schweizern erfuhr. Und der Schweizer Geheimdienst wußte nicht alles — Grund für die zahllosen Fehler in Roesslers Berichten.

Schon die Entree-Meldung, mit der sich Roessler via Schneider/Taylor Eingang in Radós Organisation verschafft hatte, war eine Mischung aus Fakten, Halbwahrheiten und Irrtümern gewesen. Radó hatte Taylor, um dessen Möglichkeiten zu prüfen, die Aufgabe gestellt, alle deutschen Verbände im Südabschnitt der Ostfront aufzuzählen. Roessler lieferte das Material, Radó funkte nach Moskau: »15. August 1942. An Direktor. Von Taylor. Ich nenne die Ziffern fast sämtlicher deutscher Einheiten, die ab 1. Mai am südlichen Abschnitt der Ostfront an den Kämpfen teilnahmen. Panzerdivisionen: 1., 11., 14., 16., 22. Motorisierte Divisionen: 5., 99., 100., 101., das aus zwei Gebirgsdivisionen bestehende XXXXIX. Armeekorps. Infanterie-Divisionen: 15., 51., 62., 68., 75., 79., 95., 111., 113., 132., 164., 170., 211., 221., 216., 254., 251., 262., 298., 312. Das 61. Panzerregiment. Dora.« Tatsächlich fehlten in dieser Aufstellung 51 Divisionen, während zehn der aufgeführten Verbände nicht im Südabschnitt standen und vier weitere überhaupt nicht existierten.[76]

Ähnlich erging es Roessler mit anderen Meldungen. So legte er am 22. April 1943 eine Liste der »an der Ostfront aufgestellten Armeen« vor, die von den imaginären »Armeegruppen« A, B, C handelte und völlig unzutreffende Oberbefehlshaber nannte. Generaloberst Dietl sollte zum Beispiel eine 14. Armee führen, die es nicht gab, und die 1. Panzer-Armee den Generaloberst von Kleist zum Führer haben, den Roessler mit dem General von Mackensen verwechselte.[77]

Nicht anders eine Meldung vom 30. April: Der 6. Armee wurden Divisionen zugeordnet, die ihr nicht angehörten, der 16. Armee dagegen Divisionen vorenthalten, die ihr unterstellt waren.[78] Ebenso die Information Lucys vom 30. September, die Panzergrenadier-Divisionen fälschlich als motorisierte Divisionen ausgab und sie stets unkorrekt lokalisierte:

die 10. Panzergrenadier-Division, die 6. und 7. Panzer-Division sowie die 112. Infanterie-Division im Bereich der Heeresgruppe Mitte, obwohl sie zur Heeresgruppe Süd gehörten.[79]

Roessler hatte auch keinen Überblick über das Führungspersonal der Wehrmacht. Da wurde General Dollmann als ein General Kollmann vorgestellt, konnte Roessler die Generale Hasse und Haase nicht auseinanderhalten, wähnte er den Generalfeldmarschall von Bock an der Ostfront, obwohl er von Hitler längst kaltgestellt war. Selbst einfache Kommando- und Rangbegriffe der Wehrmacht blieben Roessler unbekannt. Da wimmelte es von Marschällen, Armeegruppen, Oberkommandos der Waffen-SS — kein deutscher Offizier hätte sich solcher Begriffe bedient. Daß die Wehrmacht-Elitetruppe ›Großdeutschland‹ keine SS-Division war, entging dem Spion ebenso wie die Tatsache, daß Himmler nicht »Oberbefehlshaber« der Waffen-SS war (die vielmehr an der Front dem Heer unterstand).[80]

Wer so einfache militärische Fragen nicht klären konnte, dem mußte auch verborgen bleiben, was in den höchsten Stäben der Wehrmacht vorging. Wo immer auch in Deutschland Roessler Informanten unterhielt — auf militärischen Schlüsselpositionen können sie nicht gesessen haben. Gewiß: Das Kasinogespräch im Führerhauptquartier und im Oberkommando des Heeres drang bis zu Roessler und seinen Schweizer Partnern; aber detaillierte Informationen über strategische Entschlüsse erhielt er nicht.

Das fiel auch allmählich der Moskauer Zentrale auf. Der Raswedupr-General Onjanow war klug genug, die Halbwahrheiten der Lucy-Meldungen zu durchschauen. Allzu oft werden Lucys Angaben mit den Details von Onjanows Truppenfeststellungs-Kartei nicht in Einklang gestanden haben, zumal die sowjetische Frontaufklärung immer besser wurde. Die Funksprüche des Direktors an Radó klangen denn auch von Mal zu Mal kritischer, mißtrauischer. Am 5. Februar 1943 rügte der Direktor: »Information von Werther über Zusammensetzung der Armeegruppen A und B ruft große Bedenken hervor.« Am 22. Februar mahnte er bereits, Lucy solle »versuchen, noch konkreter und aktueller zu werden«. Und fast ärgerlich am 9. April: »Es ist wichtiger, konkrete Antwort als eine größere Anzahl zweitklassiger Informationen zu erhalten.«[81]

Onjanow hatte bald noch ärgeren Anlaß, über die Stichhaltigkeit der Roessler-Informationen nachzudenken: Die Schlacht von Kursk im Juli 1943 verriet ihm vollends, wie wenig Lucy tatsächlich informiert war. Der Zufall will es, daß sich westdeutsche Historiker just diese Schlacht als ein Paradebeispiel von Roesslers konspirativer Meisterschaft auserwählt haben. Er soll, so lassen sich ihre Thesen zusammenfassen, den deutschen Operationsplan so frühzeitig nach Moskau gemeldet haben, daß die Sowjets ihre Truppen im Raum Kursk konzentrieren und dem deutschen Angreifer eine entscheidende Niederlage bereiten konnten — *die* entscheidende Niederlage des Krieges, wie die Interpreten wähnen.[82]

In der Tat erfuhr Roessler im Frühjahr 1943 (wie so mancher Diplomat in Berlin, Moskau und Tokio), daß Hitler plante, mit einer nord-südlichen Zangenoperation der Heeresgruppen Mitte und Süd die sowjetischen Verbände im Raum Kursk zu vernichten. Die einzelnen Stadien der Operationsplanung aber verfehlte er: Am 8. April meldete Roessler, die Kursk-Offensive sei »bis Anfang Mai« verschoben worden. In Wahrheit befahl Hitler erst am 15. April, mit dem Angriff am 3. Mai zu beginnen.[83] Am 20. April berichtete Roessler, der Angriffstermin sei abermals von Anfang Mai auf ein späteres Datum verlegt worden. In Wahrheit besagte Hitlers Befehl zu jener Zeit noch, am 3. Mai sei anzugreifen.[84] Am 29. April nannte Roessler einen neuen Angriffstermin: 12. Juni. In Wahrheit hatte Hitler zwei Tage zuvor den 5. Mai als Eröffnungstag festgelegt (der Juni-Termin wurde erst am 5. Mai bestimmt).[85]

Nie konnte Roessler die Gründe nennen, die das Führerhauptquartier veranlaßt hatten, die Angriffstermine immer wieder zu verschieben. Die Auffrischung der Divisionen, die Heranführung der neuen schweren Panzer, Hitlers jäh entflammte Skepsis nach dem Ende des Nordafrika-Feldzuges — kein Motiv fand sich in Roesslers Meldungen wieder. Ratlos fabulierte er am 2. Juni, die OKW-Befehle seien »charakterisiert durch zahlreiche Widersprüche, politische und militärische Prinzipienlosigkeit und Stümperei«.[86] Als jedoch die Beratungen im Führerhauptquartier Mitte Juni in ihre letzte entscheidende Phase eintraten, erfuhr der Meisterspion nichts. Schlimmer noch für Moskau: Zehn Tage vor dem Losschlagen der deutschen Verbände sagte er Hitlers Großoffensive ab.[87]

Der Memoirenschreiber Radó muß seine Funksprüche keck zurechtfrisieren, um die auch ihm nützliche Lucy-Legende vor Schaden zu bewahren. So legt er einen Funkspruch Roesslers vom 23. Juni 1943 vor, mit dem er Lucys Meisterschaft beweisen will. Damals soll Roessler gemeldet haben: »Der Angriff gegen Kursk, den die deutsche Kriegsführung bis Ende Mai erwogen hatte, erscheint jetzt riskanter, weil die Russen vom 1. Juni an so starke Kräfte im Raum Kursk konzentriert haben, daß die Deutschen nicht länger von Überlegenheit sprechen können. Hitler strebt dennoch nach einem Angriff.«[88] Der von den Deutschen aufgefangene und entschlüsselte Originaltext besagte jedoch das genaue Gegenteil: »Auch der bis

Ende Mai erwogene deutsche Angriff gegen Kursk *nicht mehr beabsichtigt*, da russische Kräfte-Konzentrationen im Kursker Raum seit Anfang Juni so groß, daß deutsches Übergewicht dort nicht mehr besteht.« Kein Wort über Hitlers weiterbestehende Angriffsabsichten.[89]

Damit verrät Radó noch nachträglich, wie stark er von den Meldungen Roesslers und dessen Schweizer Auftraggeber abhing. Eine solche Dependenz aber war nicht ungefährlich für einen Agentenchef, der auf dem Boden eines neutralen Staates hart am Rande des gegnerischen Machtbereiches operierte: Er war auf den guten Willen eines fremden Geheimdienstes angewiesen, dessen Aktionen und Überlegungen er nicht beeinflussen konnte.

Radós Gruppe geriet tatsächlich in das Magnetfeld der Cliquen- und Kompetenzkämpfe, die den Schweizer Geheimdienst nicht zur Ruhe kommen ließen. Gespalten zwischen den Anhängern Waibels und Hausamanns, pro-deutschen Gruppen und Vertretern der Bundespolizei, die nicht verwunden hatte, daß die Spionageabwehr allein in die Zuständigkeit des Militärs geraten war, fehlte dem Geheimdienst ein einheitlicher Wille. Nicht alle billigten das Zusammenspiel mit den roten Agenten. Vor allem der Oberstbrigadier Masson, der Chef der Nachrichtenabteilung des Armeestabs, steuerte einen entgegengesetzten Kurs: Durch engste Zusammenarbeit mit dem Sicherheitsdienst (SD) Heinrich Himmlers wollte er die Schweiz von dem Alpdruck einer deutschen Invasion befreien und den Herren des NS-Regimes einreden, eine neutrale Schweiz sei die beste Garantie für absolute Ruhe im Rücken der kämpfenden Wehrmacht.

Die Verhaftung eines Schweizer Spions, des Nachrichten-Leutnants Ernst Mörgeli, durch die Gestapo im Spätsommer 1942 nutzte Masson dazu, mit dem SS-Oberführer Walter Schellenberg, dem Leiter des Auslands-SD und Chef des Amts VI des Reichssicherheitshauptamtes, ins Gespräch zu kommen. Die beiden Geheimdienst-Bosse trafen sich Ende September im badischen Waldshut; sie tauschten Informationen aus und gelobten Zusammenarbeit.[90] Schellenberg gab den Spion frei, Masson intensivierte die Kontakte zum SD: Im Oktober war er erneut mit Schellenberg zusammen, diesmal auf dem nordschweizerischen Schloß Wolfsberg. Der SD-Chef ließ einen Konfidenten, den SS-Sturmbannführer Hans Eggen, zurück, der sich mit Masson zu regelmäßigen Aperitif-Sitzungen im Berner ›Schweizerhof‹ traf.[91]

Da erreichte Masson Anfang 1943 die Alarm-Meldung, das Oberkommando des Heeres habe von Hitler den Befehl erhalten, einen Plan zur Besetzung der Schweiz auszuarbeiten. Wieder appellierte der Schweizer an den Kollegen Schellenberg, der Abhilfe versprach: Er wußte nur allzu gut, daß die Schweiz-Invasion nicht ernsthaft erwogen wurde.⁹² Masson bewog sogar den Oberbefehlshaber der Schweizer Armee, General Henri Guisan, den Himmler-Sendboten zu empfangen. Im ›Gasthof zum Bären‹ in Biglen kamen die ungleichen Partner am 3. März zusammen. Schellenberg verlangte von dem General eine schriftliche Neutralitäts-Verpflichtung; nur so könne er Hitler — behauptete Schellenberg — von dem Invasionsplan abbringen. Masson entwarf einen Text, den dann Guisan abschrieb. Kernsätze: »Das Gleichgewicht Europas bedingt eine nach allen Seiten und in jeder Beziehung neutrale Schweiz. Die Erfüllung dieser Pflicht . . . betrachtet die Schweiz nicht nur als eine Ehre, sondern auch als eine Selbstverständlichkeit.«⁹³

In die Literatur ist der Verdacht eingegangen, Schellenberg habe damals von Masson die Liquidierung der ›Roten Drei‹, der Radó-Gruppe, verlangt. Das Thema hat in den Schellenberg-Masson-Gesprächen nie eine Rolle gespielt. Dennoch warf die Erklärung Guisans die Frage auf, ob es sich mit der Neutralität noch vereinbaren ließ, daß Offiziere des Schweizer Geheimdienstes Material an sowjetische Agenten lieferten. Masson hätte die Frage verneint, wäre ihm das Zusammenspiel Waibels mit Radó bekannt gewesen. (Doch er war nicht eingeweiht.)

Waibel und Hausamann aber mußten eine Diskussion dieser Frage befürchten und traten zum Gegenstoß an. Wiederholt warnte Hausamann den Nachrichten-Chef, immer wieder verlangte er, den Kontakt zu Schellenberg abzubrechen. Als Masson ablehnte, forderte Hausamann den General Guisan auf, Schellenbergs Freund zum Rücktritt zu animieren. Guisan: »Masson will nicht.« Hausamann: »Dann müssen Sie es eben befehlen!«⁹⁴

Die Kontroverse im Geheimdienst rief seinen heftigsten Rivalen auf den Plan: die Bundespolizei, kurz ›Bupo‹ genannt. Sie beobachtete seit langem die ins kommunistische Lager reichenden Querverbindungen des Waibel-Apparats, ohne freilich die Zusammenhänge zu erkennen; nicht selten fühlten sich Agenten der NS 1 von Bupo-Männern verfolgt. Erst im Sommer 1943 deutete ihr ein Gestapo-Spitzel an, worum es ging. Der deutsche Emigrant Ewald Zweig, der sich jetzt Ives Rameau nannte und Radó aus dem Pariser Exil kannte, war von dem Pariser Sonderkommando des Heinz Pannwitz in die Schweiz entsandt worden, um nach der ›Roten Drei‹ zu fahnden. Er enthüllte den Bupo-Kommissaren, in der Schweiz gebe es »russische Schwarzsender«.⁹⁵

Das war just die Stunde, auf die Adolf Hitlers Spionejäger schon lange warteten: Zug um Zug hatten die Peilgeräte der deutschen Funkabwehr die drei roten Agentensender geortet, waren Radós Funker von Fahndern der Abwehr und Gestapo eingekreist worden.

Bereits im Sommer 1942 hatte Schellenbergs SD den Versuch unternommen, in Radós Organisation einzusickern. Zwei verhaftete Komintern-Beauftragte, das Ehepaar Georg und Johanna Wilmer, wurden in die Schweiz geschickt, um Anschluß an ihre ehemaligen Genossen zu finden. Die beiden umgedrehten Agenten machten die Bekanntschaft Footes und konnten für kurze Zeit sein Vertrauen gewinnen; doch als sie allzu plump begannen, ihn heimlich auf Spaziergängen zu photographieren und seine Papiere zu durchwühlen, ließ Foote sie fallen.[96]

Wo die groben SD-Methoden versagt hatten, halfen die geduldigeren Mittel der Abwehr weiter. Im deutschen Konsulat zu Genf saß der Sonderführer Maximilian von Engelbrechten als Verbindungsoffizier der Abwehr; er hatte Auftrag, Radós Organisation unschädlich zu machen. Ein Zufall brachte ihn auf die richtige Spur: Im Konsulat arbeitete der Zivilangestellte Hermann Henseler, der früher (wie Rachel Dübendorfer und Schneider) im Internationalen Arbeitsamt tätig gewesen war; Henseler hatte einen Freund namens Hans Peters, Damenfriseur in Genf. Dieser Peters aber hatte ein seltsames Mädchen kennengelernt, das er im Verdacht hatte, kommunistische Agentin zu sein: die Radó-Funkerin Margrit Bolli.[97]

Engelbrechten griff zu und setzte Peters, der in die Dienste der Abwehr trat, auf die Bolli an. ›Romeo‹ (so Peters' Deckname) verdrängte den Agentenchef aus Margrit Bollis Bett und gewann ihr volles Vertrauen; es gab bald kein Geheimnis mehr, das ›Rosa‹ dem vermeintlichen Genossen vorenthielt. Schritt um Schritt tastete sich Peters an die Geheimnisse der Radó-Organisation heran.[98] Er beschaffte Engelbrechten das Kodebuch der Bolli, er fand Spruchfetzen in dem Papierkorb seiner Geliebten. Schließlich gelang auch der entscheidende Coup: Am 16. März 1943 konnte Peters der Funkerin einen Funkspruch im Klartext entwenden, der den Entschlüsselern in Berlin unter Hauptmann von Wedel ermöglichte, einen Teil der aufgefangenen Radó-Sprüche zu lesen.[99]

Die Texte spornten Abwehr und Gestapo an, der Gruppe ein Ende zu setzen. Pannwitz setzte den Spitzel Rameau in Marsch, der Radó in seiner Genfer Wohnung aufsuchte. Radó wies den verdächtigen Besucher ab. Daraufhin kontaktierte der Sendbote die Bupo. »Dieser Zweig alias Rameau war es, der seinerzeit die Bupo auf die russischen Schwarzsender aufmerksam machte«, notierte später der Schweizer Nachrichten-Hauptmann Meyer nicht ohne Ärger.[100]

Doch der Bundespolizei waren die Hände gebunden; die Spionageabwehr war allein Aufgabe der Untergruppe ›Nachrichten- und Sicherheitsdienst‹ des Armeestabs. Die Bupo-Kommissare hätten resignieren müssen, wäre einem jungen Armee-Offizier nicht ein Fehler unterlaufen. Der Leutnant Maurice Treyer, Führer einer Sondereinheit der Funkkompanie 7, hörte am 11. September 1943 im Raum des Genfer Sees verschlüsselte Signale eines fremden Senders, der offenbar in Genf stand. Treyer glaubte, es handle sich um einen politischen Schwarzsender, und alarmierte die Bupo.[101] Denn: Politische Schwarzsendungen gehörten zur Kompetenz der Bundespolizei.

Die Bupo bemächtigte sich der Affäre und ließ sich aus der Agentenhatz nicht mehr vertreiben. An die Spitze der Bupo-Fahnder trat der Inspektor Marc Payot, ein Entschlüsselungs-Experte und KP-Spezialist, der in türkischen Diensten 1942 das Attentat auf den deutschen Botschafter von Papen aufgeklärt und die sowjetischen Täter überführt hatte.[102] Payot ermunterte Treyer, nach weiteren Polit-Sendern zu fahnden. Am 20. September hatten Treyers Peiler die Funkstation der Radó-Konfidenten Edmond-Charles und Olga Hamel ausgemacht, fünf Tage später orteten sie den zweiten Radó-Sender: die Station der Margrit Bolli.[103] Jetzt wollte Payot nicht länger warten. In der Nacht vom 13. zum 14. Oktober hoben Bupo-Kommandos die beiden Stationen aus.

Schlag auf Schlag traf das Schattenreich des Alexander Radó. Am 19. November wurde Funker Foote verhaftet, kurz darauf floh der Agentenchef und überließ Rachel Dübendorfer die Leitung der restlichen Gruppe. Aber auch ›Sissy‹ hielt nicht lange durch; am 19. April 1944 führten die Polizisten sie und Paul Böttcher ab.[104] In ihrer Wohnung fanden die Polizisten sechs Deserteurberichte der NS 1, die nur allzu deutlich zeigten, daß Mitarbeiter des Schweizer Geheimdienstes der roten Agentengruppe assistiert hatten. Ungerührt brachten die Bupo-Leute auch die Geheimdienst-Mitarbeiter zur Strecke: Am 19. Mai verhafteten sie Roessler und Schneider, kurz darauf wurde Waibel-Stellvertreter Mayr von Baldegg arretiert.[105]

Empört verbat sich Waibel die Intervention der Polizei und verlangte die sofortige Entlassung seiner Mitarbeiter. Vier Tage behielten die Kommissare den Waibel-Vize vor ihren Verhörscheinwerfern; immer wieder wollten sie wissen, was ein Offizier der Schweizer Armee mit den Agenten Stalins zu schaffen habe. Erst eine Intervention General Guisans setzte Mayr frei; auch Roessler und Schneider durften nach 111 Tagen Haft gehen.[106] Die NS 1 hielt bis zum Schluß ihre schützende Hand über Roessler und Schneider. Als die beiden Doppelagenten 1945 vor ein Divisionsgericht mußten, stellte ihnen Waibel einen seiner Offiziere als Verteidiger zur Verfügung. Das Militärtribunal sprach die beiden frei; sie hätten »der Sicherheit der Schweiz große Dienste« geleistet.[107]

Nur Alexander Radó mußte das Abenteuer in der Schweiz bitter büßen. Ratlos irrte der ausmanövrierte Agentenchef durch Genf. Er hatte schon bei der ersten Bupo-Aktion »Die Nerven verloren« (Pünter)[108] und war geflohen, zunächst zu einem Genfer Arzt, dann nach Neuchâtel in eine kleine Kammer seines Schwagers, des Dirigenten Hermann Scherchen[109]. Er faßte den verzweifelten Entschluß, sich dem britischen Geheimdienst anzuschließen — eine Todsünde für einen roten Kundschafter.

Moskau verbot jede Verbindung mit dem Intelligence Service, dennoch kontaktierte Radó die Briten. Der Direktor funkte: »Ein unerhörter Bruch unserer Disziplin.«[110] Von Stund an war Radó ein gezeichneter Mann, er hatte das Vertrauen Moskaus verloren.

Er schlug sich im Herbst 1944 nach dem befreiten Frankreich durch, doch in Paris wartete bereits ein Ukas auf ihn: sofort nach Moskau kommen. Deprimiert setzte sich Radó Mitte Januar 1945 in eine Maschine, die ihn via Kairo nach Moskau bringen sollte. Unterwegs aber entschloß er sich jäh, mit Moskau zu brechen. Bei der Zwischenlandung in Kairo verließ er die Maschine und stellte sich den britischen Behörden, die ihn in ein Lager des Geheimdienstes einwiesen, in das ›Central Security Detention and Interrogation Camp‹ 15 Kilometer südlich Kairos. Radó weigerte sich, in die Sowjetunion zu reisen, und berief sich darauf, er sei ungarischer Staatsbürger.[111]

Moskau wollte jedoch auf den ungetreuen Agentenchef nicht verzichten, die Briten scheuten vor einem Ärger mit dem sowjetischen Bundesgenossen zurück. Als der britische Lagerkommandant Radó die Nachricht überbrachte, er werde wieder ausgeliefert werden, brach der Ungar zusammen. Der ehemalige deutsche Abwehr-Agent Hans Eppler, ebenfalls in dem Sonderlager festgehalten, schrieb sich in sein Tagebuch: »17. 1. 45. Der Neue hat einen Selbstmordversuch gemacht. Sie haben ihn auf einer Bahre weggebracht. Eine Woche bleibt die Baracke leer.«[112] Dennoch vergingen noch Wochen, ehe die britischen Vernehmer Radó freigaben.

Dann aber war Radós Traum endgültig zerronnen: Vier NKWD-Offiziere holten ihn ab, kurz darauf verschwand er in dem Moskauer Untersuchungsgefängnis, der Lubjanka.[113] In ihren Verliesen vollendete sich schließlich die Geschichte der Roten Kapelle. Zu Radó stießen auch die anderen Überlebenden der großen Spionageorganisation, allen voran Leopold Trepper, der Grand Chef, Kent, der Petit Chef, und ihr nimmermüder Verfolger Heinz Pannwitz.

Die sowjetischen Militärtribunale schrieben das Schlußwort: Radó wurde wegen Ungehorsams zunächst zum Tode verurteilt, dann zu zehn Jahren Arbeitslager begnadigt; Trepper mußte ebenfalls wegen seines — freilich erzwungenen — Zusammenspiels mit der Gestapo für zehn Jahre hinter Zuchthausmauern, Pannwitz kam in Sonderhaft. Über allem aber lag Treppers resignierte Erkenntnis, schon Ende 1942 formuliert: »Das Spiel ist aus.«

9. Kapitel   Die Rote Kapelle: Legende und Wirklichkeit

Die Agentengruppen der Roten Kapelle waren tot, ihre Mitglieder verhaftet und verurteilt, ihre Verbindungen im Untergrund zerrissen. Was blieb, war eine Legende: der Mythos, mit der Rote Kapelle sei die erfolgreichste und möglicherweise kriegsentscheidende Organisation des sowjetischen Geheimdienstes untergegangen.

Freunde und Gegner der Roten Kapelle förderten gleichermaßen diese Legende. Jeder wollte auf seine Art an Ruhm und Einmaligkeit der kommunistischen Spionagegruppen partizipieren — die einen als Mitkämpfer und Märtyrer des antifaschistischen Kreuzzuges, die anderen als Verfolger und Liquidatoren einer mächtigen Agentenorganisation. Mochte sie auch eine Welt der Ideologie und der politischen Moral trennen, in einem stimmten alle überein: Die Rote Kapelle war einmalig gewesen, unerhört erfolgreich und unverwechselbar.

Die Erinnerungen der einstigen Jäger und Gejagten ließen das Bild einer nachrichtendienstlichen Superorganisation entstehen, der nahezu alles geglückt zu sein schien. »In der Sicht des Historikers«, schrieb selbst der kritische Chronist David Dallin, »ist die Leistung des Gesamtapparates [...] fast einzigartig. Nie in der Geschichte der Kriegführung hat die Spionage eine solch entscheidende Rolle gespielt wie für die Sowjetunion in den Jahren 1941—1944.«[1]

Was war entschieden worden? Im Grunde alles: Gefechte, Schlachten, Offensiven, ja vielleicht sogar der ganze Krieg. In der Optik der repräsentativen Verleger-Zeitschrift Amerikas, ›Publisher's Weekly‹, war die Rote Kapelle eine Agentengruppe gewesen, »die im Herzen des deutschen Generalstabs [...] so wirkungsvoll arbeitete, daß die deutschen Schlachtpläne für Stalingrad in den Händen der Russen waren, noch ehe sie die deutschen Kommandeure an der Front erreicht hatten«[2].

Gilles Perrault resümierte: »Erinnern wir uns: von 1940 bis 1942 — bis Stalingrad — gab es Hunderte von Funksprüchen, die der Zentrale ankündigten, wo der Feind angreifen würde und wo er besonders verletzlich war; das gesamte deutsche Wirtschafts- und Wehrpotential aufgedeckt; der sowjetische Generalstab [konnte] ... die Operationen nach den ihm vorliegenden Angriffsplänen des Feindes leiten.«[3]

Die ehemaligen Mitarbeiter steuerten manches Detail bei, um ihre Thesen von der historischen Schlüsselrolle der Roten Kapelle zu belegen. »Es wird Zeit«, rief Günther Weisenborn

1946 in einer Rede im Berliner Hebbel-Theater, »daß unser Vaterland zu hören bekommt, was alles geschehen ist. Unser Volk muß hören, wer die Antisowjetausstellung im Lustgarten angezündet hat, wer in die Geleitzugschlachten nördlich Norwegen bestimmend eingriff, wer bei Stalingrad handelte [...], wer bei abertausend Unternehmungen im Dritten Reich und an den Fronten aktiv war.«4

Willy Weber, ein Mitarbeiter Harro Schulze-Boysens, wußte es noch genauer: »Seit Beginn des Rußlandfeldzuges 1941 hat Schulze-Boysen dem Direktor die Angriffsziele in den Räumen Leningrad, Smolensk, Orscha, Brjansk, Charkow, Woronesch usw. mitgeteilt. Er hat erreicht, daß 1941 die Front von Leningrad bis nach Rschew, Wjasma, Orel, Kursk, Rostow und Stalino zum Stehen kam. Hätte die ›Rote Kapelle‹ nicht bestanden, so wäre es möglich gewesen, daß der deutsche Generalstab seine ›Barbarossa‹-Ziele erreicht hätte.«5 Auch Greta Kuckhoff bestätigt: »Die ersten Nachrichten über die Vorbereitungen des Krieges konkret kamen von Harro, und zwar, welche [russischen] Städte zuerst angegriffen werden sollten.«6

Keine Tat war ihnen zu groß, kein Anspruch zu heikel, als daß sie nicht dem Konto der Roten Kapelle gutgeschrieben wurden. Sie glaubten allen Ernstes, durch ihre Arbeit Hitlers Wehrmacht um Hunderttausende dezimiert zu haben. Weisenborn: »Deutsche wurden doch sowieso getötet. Wir waren vor die Entscheidung gestellt: 100 000 Tote oder zwei Millionen. Wir entschieden uns für 100 000.«7

Und die einstigen Funktionäre des Dritten Reiches trugen noch das ihrige dazu bei, der Roten Kapelle die Konturen einer alles durchdringenden Gruselorganisation zu geben. Mit ihren Selbstrechtfertigungen, ihren Erinnerungstäuschungen und ihren primitiven Vorstellungen vom ›bolschewistischen Weltfeind‹ attestierten sie dem toten Gegner eine dämonische Tüchtigkeit, so recht nach dem Herzen deutscher Spießer, die ohnehin geneigt sind, das mißglückte Kriegsabenteuer des NS-Regimes auf Verräter und dunkle Mächte zurückzuführen.

»Es war ein tödliches Netz, das von der ›Roten Kapelle‹ über Europa gespannt war«, konnte man da aus dem Munde eines ›Wissenden‹ hören8. Ex-Ankläger Manfred Roeder erklärte: »Es war ein Kampf, den der deutsche Soldat gegen einen getarnten Feind führte, der aus dem Hinterhalt mit neuartigen, aber heimtückischen Methoden arbeitete.«9 Ex-Hauptmann Harry Piepe kannte »kaum eine Großstadt in unserem Machtbereich, vor allem aber in Deutschland«, in der er nicht eine Gruppe der Roten Kapelle arbeiten sah10, und gar im besetzten Frankreich erblickte er die ganze Wehrmacht vom Feind infiltriert: »Viele hohe Offiziere, die durch die beiden

Maximowitschs kompromittiert waren, sind schwer bestraft worden. War das ein Theater!«[11]

Für die ehemaligen Verfolger hatte die Rote Kapelle eine solche Überlebensgröße erlangt, daß sie die Organisation noch nach dem Krieg an der Arbeit wähnten. »Beinahe in jeder größeren Stadt Norddeutschlands, herunter bis Stuttgart, ist in maßgebender Stellung ein Angehöriger der ›Roten Kapelle‹ zu finden«, behauptete Roeder 1951, und selbst der zurückhaltende Ex-Kommissar Heinrich Reiser kombinierte: »Die ›Rote Kapelle‹ war schon im Zweiten Weltkrieg weit mehr, als wir damals ahnen konnten — sie spielt noch immer! Die ›Rote Kapelle‹ existierte nach wie vor.«[12]

Auch die Arbeit der Gruppe Radó, obwohl sie nur als eine Nachfolgeorganisation der Roten Kapelle gelten kann, erlangte nach dem Krieg eine geradezu mythische Bedeutung. »Den Sowjets wurden praktisch alle entscheidenden Geheimnisse und alle Feldzugspläne bekannt«, vermutete Paul Carell. »Es waren Informationen darunter, die nur von höchsten Stellen der deutschen militärischen Führung stammen konnten, ja, sie mußten aus dem Oberkommando und dem Führerhauptquartier selbst in die Funktasten der sowjetischen Agenten in Genf und Lausanne diktiert worden sein.« Und selbst der Generalstabschef Halder glaubte noch 1955 allen Ernstes: »Nahezu alle deutschen Angriffshandlungen wurden unmittelbar nach ihrer Planung im Oberkommando der Wehrmacht, noch ehe sie auf meinem Schreibtisch landeten, dem Feinde durch Verrat eines Angehörigen des OKW bekannt.«[13]

Solche Auslassungen spiegeln freilich eher die politische Gefühlswelt ihrer Sprecher wider als konkrete Tatsachen. Einen Wahrheitsgehalt haben sie nicht. Denn: Die Rote Kapelle besaß keine kriegsentscheidende Bedeutung. Sie hat nicht eine einzige Schlacht im Osten mitentschieden, keine deutsche Division ist durch sie zugrunde gegangen, kein Feldzug der Wehrmacht von ihr gestört worden. Der Zweite Weltkrieg wäre nicht anders verlaufen, hätte es keinen Trepper und keinen Kent, keinen Schulze-Boysen und keinen Radó gegeben.

Die Mär von der kriegsentscheidenden Rolle der Roten Kapelle konnte nur Glauben finden, weil jahrzehntelang eine Kolportageliteratur der Öffentlichkeit einsuggeriert hatte, das Schicksal der Völker hänge nicht zuletzt von dem unsichtbaren Wirken raffinierter Agenten und Spione ab. Die Spionage wurde maßlos überbewertet: Man glaubte ernsthaft, die Erkundungen eines Geheimdienstes könnten die Politik der Regierung oder die Maßnahmen des Generalstabs entscheidend beeinflussen.

Tatsächlich aber kennt gerade die Geschichte des Zweiten

Weltkriegs zahlreiche Fälle wirkungsloser Spionage, aus denen gefolgert werden kann, daß Regierungen oder Generalstäbe die Informationen ihrer Geheimdienste nur beachten und akzeptieren, solange sie den eigenen Wunschvorstellungen entsprechen. Wo sie jedoch mit einem einmal festgelegten Kurs oder mit vorgefaßten Meinungen der Regierenden kollidieren, werden sie meistens ignoriert. Das mußte der holländische Militärattaché in Berlin, Oberst Sas, der 1939/40 seine Regierung vergebens vor dem deutschen Überfall warnte, ebenso erfahren wie Görings Forschungsamt, das fruchtlos den Kriegsbeitritt Englands an der Seite Polens prophezeite, und der US-Geheimdienst, der umsonst vor dem japanischen Angriff auf Pearl Harbor warnte.

Die Rote Kapelle wiederum kündigte den deutschen Überfall auf Rußland an, ohne in Moskau Gehör zu finden. Ab Frühjahr 1941 hatte sie, wie sich W. M. Bereschkow, damals Erster Sekretär an der Berliner Sowjetbotschaft, erinnert, »Mittel und Wege gefunden, die Sowjetunion vor der sie bedrohenden Gefahr zu warnen«[14]. Schon Anfang Februar meldete Generalmajor W. I. Tupikow, der sowjetische Militärattaché und unmittelbare Auftraggeber der Gruppe Schulze-Boysen/Harnack, für den Angriff gegen die UdSSR würden drei deutsche Heeresgruppen aufgestellt, die jeweils gegen Leningrad, Moskau und Kiew vorstoßen sollten. Tupikow: »Angriffsbeginn ... ist schätzungsweise der 20. Mai.« Am 14. März gab er den Ausspruch eines deutschen Majors weiter: »Wir wenden uns nach Osten, gegen die UdSSR. Wir werden der UdSSR Getreide, Kohle, Erdöl abnehmen. Dann sind wir unbesiegbar.« Ein paar Tage später: Mit dem Beginn der Kriegshandlungen sei »zwischen dem 15. Mai und dem 15. Juni 1941« zu rechnen[15].

Doch die sowjetische Führung verbat sich solche Meldungen, sie witterte hinter ihnen das Werk britischer Provokateure. Stalin blieb bis zur letzten Minute bei seiner Meinung, Hitler wolle nicht Krieg, sondern nur Rußland erpressen[16]. Entsprechend wiesen auch die höchsten Militärs alle anderslautenden Meldungen des Geheimdienstes zurück. Als der Stellvertretende Volkskommissar für das Krriegswesen G. I. Kulik wenige Tage vor Kriegsausbruch einen Bericht der Raswedupr las, der den Aufmarsch des deutschen Heeres an der russischen Westgrenze beschrieb, kommentierte er nur: »Das ist hohe Politik. Geht uns nichts an!«[17]

Solche tödlichen Mißverständnisse verrieten etwas von der Schwierigkeit im Ausland operierender Sowjetagenten, sich bei ihren Oberen im Kreml verständlich zu machen. Das galt vor allem für die Rote Kapelle. Zwischen dem Direktor in Moskau und seinen Agenten blieb eine Pufferzone des Mißtrauens, zumal die Rote Kapelle oft auf sich allein gestellt war und der Direktor nicht immer wußte, was seine Agenten trieben. Nicht selten offenbarte sich, daß der sowjetische Geheimdienst keineswegs jene Systematik und Planmäßigkeit besaß, die westliche Bewunderer in ihn hineingeheimnissen.

Hinzu kam eine objektive Schwierigkeit, die allen Geheimdiensten vertraut ist, deren Agenten im feindlichen Lager arbeiten. Der sowjetische Generalstab durfte und konnte niemals die Möglichkeit ausschließen, daß seine Agenten den Irreführungsmanövern des Feindes erlagen oder Opfer eines Nachrichtenhandels wurden. Das schränkte von vornherein die Glaubwürdigkeit noch so guter Informationen über die Absichten des Feindes ein; bei dem ohnehin starken Mißtrauen der Russen können die Meldungen der Roten Kapelle nur einen sehr begrenzten Einfluß auf die militärischen Entscheidungen der Roten Armee im deutsch-sowjetischen Krieg ausgeübt haben.

Natürlich wissen wir nicht, bis zu welchem Prozentsatz sich das ständig wechselnde Feindlagebild des sowjetischen Generalstabs auf die Meldungen der Roten Kapelle stützte. Man kann jedoch die ähnlich gelagerten deutschen Verhältnisse zur Beurteilung heranziehen. Das Feindlagebild der deutschen Militärführung setzte sich aus fünf Faktoren zusammen: der Frontaufklärung, der Luftaufklärung, der Funkaufklärung, der Auswertung der gegnerischen und neutralen Presse und den Meldungen des Geheimdienstes. In der Skala der Zuverlässigkeit standen die Agentenmeldungen an letzter Stelle[18].

»Agentenmeldungen allein sind niemals als Grundlage für die Steuerung militärischer Gesamtoperationen benutzt worden«, urteilt der ehemalige Abwehr-Hauptmann Dr. Will Grosse. »Unter den Grundlagen für operative Entschlüsse spielt die allgemeine strategische Auffassung der Lage eine weitaus größere Rolle als die vom Nachrichtendienst vorgetragene Auffassung über Absichten, Stärke, Dislokation und Moral des Feindes.« Meist habe man »auf deutscher Seite Agentenmeldungen nur insoweit berücksichtigt, als sie sich der allgemeinen Lageauffassung einfügten«[19].

Aber selbst wenn man einmal unterstellt, daß der sowjetische Generalstab den Agentenmeldungen eine etwas größere Bedeutung beigemessen habe, so ist zu fragen, ob die Informationen der Roten Kapelle jene Qualität besaßen, die allein eine stärkere Berücksichtigung bei militärischen Entscheidungen gerechtfertigt hätte. Es fällt auf, daß die Legendenschreiber der Roten Kapelle einer detaillierten Erörterung dieser Frage bisher aus dem Wege gegangen sind.

Schon dem militärischen Laien muß rätselhaft bleiben, warum die Informationen der Spionagegruppen Treppers und

Kents über Stärke, Ausrüstung und Unterbringung deutscher Truppen im äußersten Westen Europas für die sowjetische Heeresführung im Osten von Bedeutung gewesen sein sollen. Kein Zweifel: Die im Westen eingesetzten Agenten waren fleißige Nachrichtensammler, sie meldeten jedes politisch oder militärisch wichtig erscheinende Detail nach Moskau, sie beobachteten die Deutschen, wo immer sie konnten.

Was aber nutzten ihre Informationen den hart um ihre Existenz kämpfenden Sowjetarmeen? Für den Generalstab in Moskau mochte noch von Belang sein, welche im Westen stationierten deutschen Truppen nach Osten verlegt werden sollten, mochte wichtig sein, wie diese Verbände ausgerüstet waren und welche Kampfmoral sie hatten.

Mit dem Gros der Meldungen aus dem Westen aber konnte die sowjetische Militärführung nichts anfangen: Da waren Informationen über die Herstellung holländischer Hochspannungsmasten für Deutschland, über Verteilung von Eisenblechen für belgische Schiffsbauten, über die Zustände in einem Treibstofflager bei Gent, über Engpässe im französischen Lokomotivbau, über Schwierigkeiten bei der Belieferung belgischer Fabriken mit deutschen Spezialventilen zur Herstellung von Kesselwagen, über die Lage von Schiffsreparaturwerkstätten in Amsterdam, über den Verwendungszweck belgischer Stahlerzeugnisse[20] — die Liste könnte beliebig fortgesetzt werden.

Der sowjetische Generalstab erfuhr aus dem Westen nahezu alles, nur nicht, was er am dringendsten benötigte: Informationen über Pläne, Überlegungen und Ziele deutscher Militärs. Das hatte einen einfachen Grund: Treppers V-Männern war der Einbruch in den deutschen Militärapparat nicht geglückt. Der Grand Chef erfreute sich guter Beziehungen zur Organisation Todt und zum Stab Sauckel, die militärischen Stäbe der Deutschen blieben indes für ihn unzugänglich.

Vier militärische Zentren unterhielten die deutschen Besatzer in Westeuropa: den Stab des Oberbefehlshabers der in Frankreich, Belgien und Holland belassenen Kampftruppen (den OB West in St. Germain) und die ihm mehr oder weniger unterstellten Stäbe des Militärbefehlshabers Frankreich (Paris), des Militärbefehlshabers in Belgien und Nordfrankreich (Brüssel) und des Wehrmachtsbefehlshabers in den Niederlanden (Den Haag). In keines dieser vier Hauptquartiere konnte der Grand Chef seine Agenten einschmuggeln.

Nur in die sogenannte Militärverwaltung, den administrativen Sektor des Militärbefehlshabers Frankreich, fand die Rote Kapelle zeitweilig Eingang. Ein Sachbearbeiter des Beauftragten für das Flüchtlingswesen beim Chef der Militärverwaltung, der Militärverwaltungsoberrat Hans Kuprian, hatte im Spätsommer 1940 den Flüchtling Wassilij Maximowitsch kennengelernt; seine Sekretärin Anna-Margaret Hoffmann-Scholtz verliebte sich in Maximowitsch und zog ihn in ihren Bekanntenkreis. Maximowitsch erhielt Zutritt zu den Büros der Militärverwaltung, freilich nicht lange: Schon Ende 1940 wurde das Amt des Beauftragten für das Flüchtlingswesen aufgelöst[21].

Aber die »vielen hohen Offiziere«, die laut Piepe von der Roten Kapelle korrumpiert und »schwer bestraft« worden waren? Und die Generale, die nach Gilles Perrault den Spionage-Baron Maximowitsch in ihre antinationalsozialistischen Pläne eingeweiht hatten? Sie haben nie existiert. Der »Oberst« Kuprian, den Perrault vorstellt, war ein schlichter MV-Oberrat, der überdies seit April 1941 als Verwaltungschef im fernen Bordeaux amtierte[22], und Perraults »General von Pfeffer«, der »eine Gruppe von Offizieren« um sich geschart haben soll, erweist sich als der Regierungspräsident von Pfeffer, für kurze Zeit Beauftragter für das Flüchtlingswesen beim Chef der Militärverwaltung, der noch vor Ausbruch des Rußlandfeldzuges — also vor dem Arbeitsbeginn der Roten Kapelle — Frankreich verlassen hatte[23].

Wie gering selbst der Scharfmacher Roeder die Spionagearbeit von Treppers V-Leuten in der Militärverwaltung einschätzte, offenbaren noch heute die von ihm ausgesprochenen Urteile: Kurpian drei Jahre Gefängnis wegen militärischen Ungehorsams, Anna-Margaret Hoffmann-Scholtz sechs Jahre Zuchthaus wegen fahrlässigen Landesverrats, drei mit ihr befreundete Stabshelferinnnen je sechs Wochen verschärften Arrest wegen Preisgabe ihrer Feldpostnummern[24].

Militärisch besser informiert hingegen war die Berliner Gruppe der Roten Kapelle unter Harro Schulze-Boysen. 500 Meldungen vorwiegend militärischen Inhalts hatte sie zwischen dem 14. Juni 1941 und dem 30. August 1942 nach Moskau gefunkt[25]: Produktionsziffern der Luftwaffe, Kommandoeinsätze der Abwehr an der Ostfront, Interna der deutschen Führung, neue Waffen, politische Situation in den besetzten Gebieten, Treibstofflage in Deutschland, Spannungen zwischen dem Führerhauptquartier und der Wehrmacht.

Was freilich der Direktor in Moskau besonders brauchte, konnten auch die Agenten Schulze-Boysens nicht oder nur in geringem Maße liefern: Truppennachrichten, Einsatzdaten, Operationspläne, Details über Lagebesprechungen des Führerhauptquartiers. Denn: Schulze-Boysens Informanten kamen selten über die Adjutantenebene hinaus; der Agentenchef konnte nur aus den Dienststellen Nachrichten liefern, in denen seine Informanten saßen. Und in den strategischen Planungsgremien Großdeutschlands saß kein Informant.

Ein Blick auf Schulze-Boysens Informantenliste verrät Stärke und Schwäche seines Nachrichtenringes. Durch Oberst Gehrts, Regierungsbauinspektor Henniger und seine eigene Dienststellung war er über die Luftwaffenführung gut informiert, durch Oberleutnant Gollnow erfuhr er einen Teil der Abwehr-Geheimnisse, durch den Gefreiten Heilmann und den Wachtmeister Traxl wußte er sich über die Funkabwehr unterrichtet, aber keiner seiner Vertrauensleute hatte Zugang zum Wehrmachtsführungsstab, zum Generalstab des Heeres oder zur Seekriegsleitung. So war Schulze-Boysen darauf angewiesen, nach Moskau zu kolportieren, was andere von dritter oder vierter Seite gehört hatten.

Hätte die sowjetische Führung ihre Entschlüsse allein auf die Nachrichten aus Berlin ausgerichtet, so wäre sie an der Front in arge Verlegenheit geraten. Schulze-Boysens Nachrichten waren ungenau, zum Teil sogar falsch. Die erhaltenen Funkmeldungen der Berliner Roten Kapelle beweisen es. Hier einige Beispiele:

Am 22. September 1941 meldete die Berliner Agentengruppe nach Moskau: »OKW beschloß Anfang August, Ostfront auf Linie Riga-Odessa zurückzunehmen. An Errichtung dieser Verteidigungslinie arbeiten jetzt 900 000 Mann der Organisation Todt.«[26] Tatsache aber ist: Am 12. August 1941 erließ das Oberkommando der Wehrmacht eine »Ergänzung zur Weisung 34«, in der es hieß, »noch vor Eintritt des Winters« müßten die deutschen Verbände bis in den Raum Moskau vorstoßen. An den Bau einer Verteidigungslinie hat damals niemand im siegestrunkenen OKW gedacht[27].

Am 21. Oktober 1941 erfuhr der sowjetische Generalstab von seinen Berliner Agenten: »Hitlers Befehl beruhte auf Einnahme Leningrads bis zum 15. September.«[28] Tatsache aber ist: Hitler entschied am 5. September, Leningrad solle »Nebenkriegsschauplatz« werden; es genüge, die Stadt einzuschließen. Mitte September befahl er, jeden Vorstoß in die Stadt zu unterlassen, da die Panzerverbände keinem Risiko ausgesetzt werden dürften[29].

Am 22. Oktober 1941 funkte Berlin an den Direktor: »Panzer der Propagandakompanien stehen in Brjansk in Erwartung des Einzuges in Moskau, der auf 14., dann auf 20. Oktober vorgesehen war.«[30] Tatsache aber ist: Hitler ordnete erst am 14. Oktober an, die Heeresgruppe Mitte solle Moskau bis zum Winteranbruch erobern; erst Anfang November gelang der Einbruch deutscher Verbände in die Moskauer Schutzstellung der sowjetischen Truppen[31]. PK-Panzer können sich zudem nicht versammelt haben, da die Propagandakompanie über keine Panzer verfügte.

Nicht besser informiert war die Berliner Agentengruppe

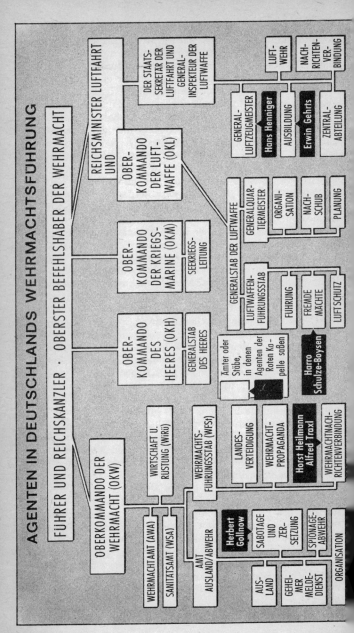

über andere Operationspläne. In den Meldungen Schulze-Boysens figurierte eine Art Monsterprojekt des deutschen Generalstabs, das aus drei Teilen bestehen sollte: »Plan I Ural, Plan II Archangelsk-Astrachan, Plan III Kaukasus.«[32] Man wird diesen Drei-Ziele-Plan in den Akten des Wehrmachtführungsstabs vergebens suchen; der deutsche Operationsplan kannte allerdings drei ähnliche Ziele: Moskau, Leningrad und Kaukasus. Vor allem die Kaukasus-Pläne der deutschen Führung interessierten Schulze-Boysen. Am 12. November 1941 meldete er dem Direktor, »Plan III mit Ziel Kaukasus«, sei von der Wehrmacht aufgegeben worden und werde erst wieder »im Frühjahr 1942 in Kraft« treten[33]. Auch hier irrte der Spion.

Offenbar war zu ihm gedrungen, daß der Oberbefehlshaber der Heeresgruppe Süd, Generalfeldmarschall von Rundstedt, am 3. November beim Oberkommando des Heeres beantragt hatte, die im Schlamm steckengebliebene Operation in Richtung Kaukasus einzustellen, da die Truppe »ohne ausreichende Versorgungsgrundlagen« sei. Der Informant scheint aber nicht gewußt zu haben, daß dieser Antrag vom OKH abgelehnt worden war, weil »der in Kürze zu erwartende Kälteeinbruch« noch einmal »ein rasches Vorwärtskommen der Operationen« ermöglichen werde, wie der Generalstabschef des Heeres, Generaloberst Halder, am 13. November auf einer Chefbesprechung in Orscha vortrug[34].

Dennoch meldete Schulze-Boysen den »Aufmarschraum für (die neue deutsche) Kaukasus-Offensive: Losowaja-Balakleija—Tschugujew—Belgorod—Achtyrka—Krasnograd«[35]. Als jedoch die Kaukasus-Offensive tatsächlich im Sommer 1942 erneut begann, brachen die deutschen Verbände auf einer um das Dreifache breiteren Front los, als Schulze-Boysen gemeldet hatte. Zudem traf die Russen die deutsche Sommeroffensive völlig überraschend. Das sowjetische Oberkommando hatte überall den neuen deutschen Schlag erwartet, nur nicht im Südwesten in Richtung Kaukasus[36]. Marschall Schukow bestätigt: »Die Ereignisse im Mai und Juni bewiesen, daß sich das Hauptquartier verrechnet hatte.«[37]

Völlig unhaltbar aber ist die Behauptung, durch die Arbeit der Roten Kapelle sei der sowjetische Sieg in Stalingrad und damit die Wendung des Krieges gesichert worden. Gilles Perrault stellt sich das so vor: Am 12. November 1941 habe Schulze-Boysen Moskau davon in Kenntnis gesetzt, daß die Deutschen ihre Kaukasus-Offensive im Frühjahr 1942 (»Aufmarsch soll bis 1. Mai beendet sein«) fortsetzen würden. »Mit dem historischen Telegramm vom 12. November«, so Perrault, gab die Rote Kapelle der sowjetischen Armee »bekannt, wo das entscheidende Treffen an der weitentfernten Wolga stattfinden wird: in Stalingrad [...] Trepper und seine Leute machen den Sieg bei Stalingrad möglich«[38].

Es ist schlechterdings rätselhaft, weshalb der sowjetische Generalstab aus der Ankündigung einer neuen Kaukasus-Offensive auf die entscheidende Begegnung bei Stalingrad geschlossen haben soll. Aus Schukows Memoiren geht vielmehr hervor, daß die Russen damals mit einer Schlacht im Raum Moskau gerechnet haben[39] (neben einer kleineren Südoffensive der Deutschen). Ihre Chance bei Stalingrad haben die sowjetischen Armeeführer erst im Frühherbst 1942 erkannt, als die deutsche Offensive versackte. Damals aber existierte die Berliner Rote Kapelle nicht mehr.

Außerdem konnte Schulze-Boysen im November 1941 die Schlacht von Stalingrad noch gar nicht ankündigen, weil sich die deutschen Generale keineswegs schlüssig waren, wie sie 1942 operieren sollten. Hitler war von Anfang an für die Kaukasus-Offensive, der Generalstab des Heeres aber wollte defensiv taktieren, bis sich die deutschen Verbände von ihren gewaltigen Kräfteverlusten erholt hatten[40]. Erst im Februar 1942 begann Hitler, die Kaukasus-Frage zu forcieren, frühestens Ende März 1942 fiel die grundlegende Entscheidung[41].

Wer noch heute behauptet, dank der Roten Kapelle habe die sowjetische Führung alle deutschen Pläne im voraus gekannt, weiß nicht, wovon er spricht. Es war geradezu ein Chrakteristikum des sowjetischen Oberkommandos bis zur Wende von Stalingrad, daß es äußerst schlecht über die Intentionen des Gegners unterrichtet war. Ob sich nun der sowjetische Geheimdienst bei der Berechnung der motorisierten und gepanzerten Verbände des deutschen Angreifers um die Hälfte verschätzte[42] oder ob Stalin prophezeite, der deutsche Angriff auf Moskau werde keinesfalls 1941 kommen[43] — immer wieder unterliefen den Sowjets arge Fehlkalkulationen.

Nichts war bezeichnender für den geringen Aktionsradius der Roten Kapelle als das Schicksal des Mannes, der sie einst aus dem sicheren Hintergrund heraus mit aufgebaut hatte. Generalmajor Tupikow, inzwischen Stabschef der Heeresgruppe Südwest, fiel im September 1941 in der größten Einkreisungsschlacht des Zweiten Weltkriegs, im Kessel von Kiew, weil er nicht rechtzeitig genug die Absichten des Gegners erkannt hatte. Keine Meldung der Roten Kapelle hatte ihm eröffnet, daß von Hitler am 21. August plötzlich befohlen worden war, die Hauptwucht des deutschen Vormarschs — bis dahin auf Moskau gerichtet — nach Südwesten umzuleiten. So blieb Tupikow verborgen, daß sich die Panzerarmee Guderian von den für Moskau bestimmten Verbänden gelöst hatte und auf die Stadt Romny östlich von Kiew losmarschierte, wo sie sich mit der aus Süden heranrückenden Panzergruppe Kleist vereinigen sollte. Als Tupikow das Manöver durchschaute, war es zu spät, die Einkesselung der sowjetischen Heeresgruppe Südwest bereits vollzogen[44].

Auch später hat keine Rote Kapelle die russischen Militärs daran gehindert, die deutschen Absichten falsch zu deuten. Das sowjetische Hauptquartier erwartete den deutschen Hauptschlag im Frühsommer 1942 im Raum Moskau — die deutschen Pläne sahen ihn nie vor[45]. Die sowjetischen Verbände wurden so unkonzentriert über die gesamte Ostfront verteilt, als hätte Moskau nie erfahren, daß der deutsche Angriff dem Südwesten galt[46]. Moskau plante eine Gegenoffensive im Raum Orel, in dem kein deutscher Angriff erfolgen sollte, und vernachlässigte den benachbarten Abschnitt Kursk, wo die deutsche Kaukasus-Offensive beginnen mußte[47]. Ohne die deutschen Pläne zu kennen, eröffneten die Russen am 12. Mai 1942 eine Offensive im Raum Charkow und lösten damit prompt die für den 18. Mai geplante deutsche Offensive aus. Ergebnis: Selbstzerstörung eines sowjetischen Frontabschnitts, der zum Sprungbrett des deutschen Vorstoßes nach Stalingrad wurde[48].

Bei solchen Fehlkalkulationen und Niederlagen der sowjetischen Heerführung können die Agentengruppen der Roten Kapelle die Wehrmacht schwerlich um hunderttausend Mann dezimiert haben. Selbst Roeder mußte nach dem Krieg an einer unauffälligen Stelle seiner Rechtfertigungsschrift »Die Rote Kapelle« zugeben, die »militärischen Nachrichten der Kurzwellensender« Schulze-Boysens und seiner Freunde seien »etwas dürftiger« gewesen als ihre anderen Meldungen[49]. Will man zahlenmäßig ausdrücken, in welchem Ausmaß die Rote Kapelle Adolf Hitlers Streitkräfte dezimiert hat, so schrumpfen die vermeintlichen 100 000 Opfer auf etwa 36 zusammen: jene Soldaten, die zu den zwölf (von Gollnow preisgegebenen) Sabotagetrupps der Abwehr gehörten, von denen zehn in den sowjetischen Hinterhalt gerieten[50]. Alle weitergehenden Behauptungen sind schiere Phantasie.

Die Spionage-Profis der Wehrmacht haben nie anders geurteilt. Einer der besten Kenner der Feindspionage, Oberst Joachim Rohleder, Gruppenleiter ›Gegenspionage‹ in der Abwehr, hatte sich schon im Kriege gewundert, warum die Spione der Roten Kapelle, namentlich der Berliner Gruppe, so ernst genommen wurden. Er hatte damals die entschlüsselten Agentenmeldungen gelesen, er kannte die Ermittlungsakten, er selber verhörte Schulze-Boysen. Sein Urteil: blutige Anfänger. »Die Spionagetätigkeit wurde erbärmlich dilettantenhaft betrieben«, so Rohleder, »erheblicher militärischer Schaden scheint nicht gelungen zu sein.« Aber die Funksprüche, die Meldungen? Rohleder: »Diesen Funkverkehr hörten wir ja mit. Meiner Erinnerung nach erfolgten auch über diesen Weg keine erschütternden Spionagenachrichten.«[51]

Auch das Informationsmaterial der Agentengruppe Radós kann nur in geringem Maße dazu beigetragen haben, den sowjetischen Generalstab über Motive und Bewegungen des Feindes aufzuklären. Schon die lange Laufzeit der Radó-Meldungen, meist vier bis sechs Tage, entwertete die Informationen; denn nach einer Faustregel der Geheimdienste verliert jede militärisch-taktische Meldung pro Tag zehn Prozent ihres Wertes. Zudem war auch oft der Inhalt der Meldungen fragwürdig.

Unzählige Beispiele — einige wurden bereits im 8. Kapitel erörtert — illustrieren, wie wenig die Agenten und Informanten Radós Einblick in die Entscheidungsprozesse der deutschen Militärführung hatten. Die ungenaue bis falsche Berichterstattung über die Planung der Großoffensive im Raum Kursk ist nur ein Fall unter vielen; das auffällige Schweigen der Radó-Gruppe zu den Kämpfen der Heeresgruppe Süd im Raum nordöstlich von Saporosche im März 1943, die völlig unzutreffenden Meldungen über einen Abzug deutscher Truppen aus Italien im Juni 1943, gänzlich aus der Luft gegriffene Zahlenangaben über die deutsche Flugzeug- und Panzerproduktion gehören dazu ebenso wie falsche Details über Einsätze und Verlegungen deutscher Divisionen.

Gerade die irrigen Truppen-Details mußten die Auswerter im Moskauer Generalstab oft auf falsche Spuren lenken. Was sollte der Direktor mit der Radó-Meldung vom 3./4. April 1942 anfangen, die 197. Infanterie-Division werde aus dem Baltikum nach Odessa und die 3. Infanterie-Division (mot) von Frankfurt a. O. nach Saporosche verlegt, wenn sie sich doch schon seit Monaten an der Ostfront befanden, freilich nicht im Südabschnitt (wie die Meldung suggerierte), sondern im Bereich der Heeresgruppe Mitte?[52] Oder nehmen wir die Meldung vom 8. Mai 1943, die »537. Grenadier-Division, bisher 532.« werde von ihrem Standort Graz an die Ostfront abgestellt. Wie konnte der Direktor ahnen, daß es die 537. damals nicht mehr gab, die 532. nie gegeben hatte?[53]

Man braucht nur die Funksprüche des Direktors vom 5. und 6. Februar 1943 an Radó nachzulesen, in denen sich Moskau über Fehler Roesslers beklagte, um zu erkennen, wie verwirrend Radó-Meldungen für Moskau gewesen sein müssen. Die beiden Funksprüche zählten eine Division nach der anderen auf, die den Auswertern des Direktors ein Rätsel blieben — zu Recht: Da gab es die 33. Infanterie-Division, die längst zur 15. Panzer-Division umgewandelt worden war; da gab es die 41. Infanterie-Division, die zu diesem Zeitpunkt nicht mehr existierte. Und da gab es all die vielen Phantasie-Divisionen, die auf dem geduldigen Papier der Funksprüche munter aufmarschierten, die 19. Infanterie-Division (mot), die 37. Infanterie-Division, die 236., die 701., die 117. — sämtlich Phantome eines fleißigen Agentenringes.[54]

Ohne militärische Erfahrungen und Kenntnisse, vom Geheimdienst niemals ausgebildet, von den unmittelbaren Informationsquellen abgeschnitten und auf eine Briefkasten-Funktion in neutralem Land beschränkt, fehlte den Agenten der Radó-Gruppe nahezu alles zur erfolgreichen Arbeit. Wo aber Kenntnisse und Quellen versagten, traten antifaschistische Glaubensgesten an ihre Stelle. Der NS-Gegner wird nicht ohne Rührung lesen, was Roessler als Grund für Hitlers Zögern vor der Schlacht von Kursk zu nennen wußte: »Das OKH wollte keine Offensive. Die Deutschen nahmen an, daß die Russen den Deutschen die Verantwortung für den Angriff zuschieben wollten, um dies bei den deutschen Soldaten propagandistisch ausschlachten zu können.«[55] Naiver konnte wohl kein ›Meisterspion‹ berichten.

Wenn aber die Agenten der Roten Kapelle keinen nennenswerten Einfluß auf den militärischen Verlauf des Zweiten Weltkriegs ausgeübt haben, so kann ihre Bedeutung nur im Politisch-Moralischen gesucht werden: Wie andere Europäer gehören sie auf ihre Art zu der großen Widerstandsbewegung, die in allen Teilen des Kontinents gegen die Tyrannei des Dritten Reiches aufstand. Das gilt vor allem für die Berliner Organisation Schulze-Boysens und Harnacks.

Aber auch hier sollte man die Legende von der Wirklichkeit unterscheiden. Eine hartnäckige Version der ehemaligen Mitarbeiter will, daß die Gruppe Schulze-Boysen/Harnack eine große repräsentative Organisation des innerdeutschen Widerstandes gewesen sei. Laut Weisenborn hatte sich die Gruppe »von Konservativen bis zu den Kommunisten« erstreckt[56], und der Schriftsteller Ernst von Salomon entdeckte in ihr sogar »junge Leute aus guten Positionen, Ministerialräte und SS-Offiziere«[57]. Falk Harnack, nimmermüder Apologet seines hingerichteten Bruders, konstruierte »breite und feste Querverbindungen zu der Gruppe ›20. Juli‹ sowie Auslandsbeziehungen zu allen Großmächten«[58].

Mit solchen Bemühungen wird der Gruppe Schulze-Boysen/Harnack ein politisches Vorzeichen aufgedrängt, das sie nie getragen hat. Sie war ein Zusammenschluß junger Kommunisten, Marxisten und linker Pazifisten, sie rekrutierte sich aus der Arbeiterschaft und linksintellektuellen Künstlerschaft, sie hatte sich — nicht ohne sektiererische Untertöne — zum kompromißlosen Kampf gegen die NS-Diktatur entschlossen, aber sie war schwerlich repräsentativ für den deutschen Nonkonformismus im Dritten Reich.

In der Gruppe war weder die sozialdemokratische Arbeiterschaft vertreten noch jener preußische Adel, der am 20. Juli 1944 gegen die braunen Reichsverderber revoltierte. In ihr saßen nicht die Repräsentanten des liberalen Bürgertums, fand kein Berufsoffizier, kein Gewerkschafter, kaum ein Beamter seine geistige Heimat.

Wer der Gruppe Mitglieder aus den Reihen der Konservativen unterstellen will, muß schon auf das verzweifelte Mittel mancher Apologeten verfallen, die alle jene Männer hinzurechnen, deren Tod die Rote Kapelle mitzuverantworten hat. Menschen wie Gollnow oder Gehrts sind für eine Sache gestorben, die sie nicht gebilligt haben. Durch diese Additionskünste wollen die Rote-Kapelle-Verteidiger die Gruppe möglichst vielgestaltig erscheinen lassen und sie ihres kommunistischen Grundcharakters entkleiden. So rechneten sie gerne selbst bürgerliche Profiteure wie Kummerow und Scheliha zu der Organisation hinzu; erst als deren wahre Motive bekannt wurden, distanzierten sich die Apologeten wieder von ihnen[59].

Ebenso erfordert es die historische Wahrheit, einen Trennungsstrich zu machen zwischen Schulze-Boysens engeren Gefährten und jenen reinen Widerstandskämpfern, die nichts von Spionage wissen wollten und ihr Leben nur dem Kampf gegen den nationalsozialistischen Unrechtsstaat weihten. Sie kannten nicht die Verstrickungen ihres Idols Schulze-Boysen in die nachrichtendienstlichen Machenschaften der sowjetischen Weltmacht, sie ahnten nichts von der Kaltblütigkeit, mit der ihr Freund junge Menschenleben dem Moloch eines wirren Fanatismus opferte. Für sie gab es nur eine Pflicht, ein moralisches Gesetz: der Barbarei im Gewand nationaler Tugenden entgegenzutreten und eine bessere, menschenwürdigere Welt zu erkämpfen.

Deshalb sind sie, die unbefleckten Widerstandskämpfer an der Seite Schulze-Boysens, die wahrhaft tragischen Figuren in dieser Geschichte. Was könnte erschütternder sein als die Erkenntnis der Cato Bontjes van Beek im Angesicht des Schafotts: »Mama, es ist kein besonders großer Ruhm, mit dieser Sache etwas zu tun zu haben [...] Traurig ist es nur, daß ich gar nicht weiß, wofür ich sterben soll.«[60] Ihr Leben und Sterben verdient unsere besondere Achtung, weil sie bis zur letzten Stunde unberührt blieben von der doppelbödigen Moral, die Schulze-Boysen und die Seinen in den Dienst einer fremden Macht trieb.

Diese anderen aber, die eigentlich verschworenen Kampfgenossen um Harro Schulze-Boysen und Arvid Harnack, nahmen bewußt den Bruch mit jeder Konvention und Tradition in Kauf, ja sie sahen darin geradezu den tieferen Sinn ihres

Kampfes gegen das Hitlertum und die bürgerliche Welt. Sie bleiben, was sie bis zu ihrem Tode waren: Laien-Agenten aus politischer Überzeugung, eher fleißige denn effektive Spione, Symbolfiguren eines politischen Protests, der den Nachkommenden bewies, daß es auch im Zeitalter der Anpassung und des Mitläufertums Menschen gab, die nur ihrem Gewissen folgten.

Gleichwohl sperrt die besondere Art ihres Kampfes, eben die Spionage für eine auswärtige Macht, die engeren Freunde Schulze-Boysens und Harnacks aus der Gemeinschaft der deutschen Widerstandskämpfer aus. Ihre Arbeit für den sowjetischen Geheimdienst hat zwischen ihnen und dem übrigen deutschen Widerstand eine Kluft aufgerissen, die vermutlich niemals überbrückt werden wird; für die meisten der deutschen Hitler-Gegner bleiben die Gefährten Schulze-Boysens Landesverräter, geheime Helfer einer Macht, die Deutschland ebenso unfrei halten wollte, wie dies der Nationalsozialismus tat.

Damit ist freilich noch nicht gesagt, daß auch auf das Reich Hitlers der formaljuristische Begriff des Landesverrats Anwendung finden kann. Er kann es nicht. Gerade die Geschichte der Widerstandsbewegung kennt den legitimen Landesverrat, jene Tat, von der Eberhard Bethge, der Biograph Dietrich Bonhoeffers, sagt, in Notzeiten müsse der Patriot tun, was sonst Sache eines gemeinen Lumpen sei[61]. Aber diese Art von Landesverrat muß und kann nur eine politische Funktion haben: Es sind Situationen denkbar, in denen man den Kriegsgegner informiert und kontaktiert, um ihn zu einem Schritt zu bewegen, der den Sturz des Unrechtsregimes im eigenen Lande erleichtert.

Aus diesem und keinem anderen Grund hat der Oberst Hans Oster 1940 in drei Fällen den Termin eines deutschen Angriffs den Westmächten preisgegeben; er wollte damit den Kriegsgegner zu Gegenmaßnahmen provozieren, die Hitlers Kriegsabenteuer im Ansatz zunichte und die Generalität putschbereit machen sollten[62]. Der Landesverrat hatte hier eine eindeutig politische Aufgabe — keinen Augenblick hat Oster daran gedacht, das militärische Potential des Kriegsgegners zu stärken oder gar einen Sieg des Gegners zu erleichtern. Dies wäre auch einem Oster als verwerflicher Landesverrat erschienen.

Es hat nicht an Versuchen gefehlt, unter Berufung auf das Beispiel Osters den Landesverrat der Gruppe Schulze-Boysen/ Harnack zu rechtfertigen. Diese Versuche enthüllen ein wesentliches Mißverständnis. Oster und seine Freunde in der deutschen Heeresführung haben ein gewagtes Spiel getrieben, um mit Rückendeckung durch den Kriegsgegner Deutschland vom Hitler-System zu befreien und einen Verständigungsfrieden mit den Alliierten zu erreichen. Schulze-Boysens Freunde aber, einflußlos und ohne jede Macht, haben sich in das Räderwerk eines fremden Spionageapparates eingeordnet, weil sie glaubten, nur durch den Sieg der Sowjetunion über Deutschland werde das Land vom Hitlerismus befreit werden können.

Eine solche Art des Widerstandes kann auch der demokratische NS-Gegner nur als eine bedauerliche Verirrung werten. Die Arbeit der Gruppe Schulze-Boysen/Harnack für den sowjetischen Geheimdienst hat denn auch dem Ansehen der deutschen Widerstandsbewegung mehr geschadet als genützt, denn kein Land erträgt es, daß sich seine politisch wachen Staatsbürger in die Abhängigkeit eines ausländischen Spionagedienstes begeben.

Verhaftet — hingerichtet — überlebt

Schicksale der wichtigsten Mitglieder und Verfolger der Roten Kapelle

Arnould, Rita; Hausdame. Kurier der Spionagegruppe Kent in Brüssel. 1943 hingerichtet.

Barth, Robert; Journalist. Fallschirmagent. In einem Konzentrationslager liquidiert.

Beek, Cato Bontjes van; Keramikerin. Mitglied der Widerstandsgruppe Rittmeister. Am 5. August 1943 hingerichtet.

Behrens, Karl; Ingenieur. Technischer Funkhelfer der Spionagegruppe Harnack. Am 13. Mai 1943 hingerichtet.

Berg, Wilhelm; Kriminalobersekretär. Mitarbeiter des Kriminalrats Giering. Angeblich im Staatsdienst der DDR.

Berkowitz, Liane; Sekretärin. Mitglied der Widerstandsgruppe Rittmeister. Am 5. August 1943 hingerichtet.

Bessonow, Sergej; Botschaftsrat. Agentenwerber der Raswedupr. 1938 in Moskau zu 15 Jahren Gefängnis verurteilt.

Böhme, Karl; Elektrotechniker. Konstrukteur mehrerer Sender der Spionagegruppe Schulze-Boysen. Am 29. Oktober 1943 hingerichtet.

Böttcher, Paul; Mitarbeiter der Agentengruppe Rachel Dübendorfers. Lebt in der DDR.

Bolli, Margrit; Funkerin der Organisation Radós. Lebt in Bale (Schweiz).

Breiter, Gertrud; Sekretärin. Kanzleiangestellte im Geheimen Staatspolizeiamt. Lebt in Lüneburg.

Brockdorff, Erika Gräfin von; Sekretärin. Mitarbeiterin der Funkgruppe Schulze-Boysen. Am 13. Mai 1943 hingerichtet.

Buch, Eva-Maria; Buchhändlerin. Mitarbeiterin der Widerstandsgruppe Guddorf. Am 5. August 1943 hingerichtet.

Buschmann, Dr. Hugo; Industriemanager. Freund von Schulze Boysen. Lebt in Westberlin.

Cointe, Suzanne; Sekretärin. Bürovorsteherin der Tarnfirma Simex in Paris. 1943 hingerichtet.

Coppi, Hans; Hilfsarbeiter. Funker der Spionagegruppe Schulze-Boysen. Am 22. Dezember 1942 hingerichtet.

Corbin, Alfred; Kaufmann. Direktor der Tarnfirma Simex in Paris. Im Sommer 1943 hingerichtet.

Danilow, Anton; Unterleutnant. Verbindungsoffizier der Gruppe Kent in Brüssel. 1943 hingerichtet.

Dübendorfer, Rachel; Leiterin einer Agentengruppe in der Schweiz. 1947 untergetaucht.

Eifler, Erna; Funktionärin der KPD. Fallschirmagentin. Hingerichtet.

Erdberg, Alexander; Geheimdienstoffizier. Agentenwerber der Raswedupr in Berlin. Soll in Ostberlin leben.

Fellendorf, Wilhelm; Funktionär der KPD. Fallschirmagent. Hingerichtet.

Foote, Alexander; Funker der Radó-Organisation. Starb 1956.

Gehrts, Erwin; Oberst. Informant der Gruppe Schulze-Boysen. Am 10. Februar 1943, hingerichtet.

Giering, Karl; Kriminalrat. Leiter der Gestapoermittlungen gegen die Rote Kapelle in Westeuropa. 1944 gestorben.

Giraud, Pierre und Lucienne; Eheleute. Funkhelfer der Spionagegruppe Gilbert in Paris. 1946 untergetaucht.

Goetze, Ursula; Studentin. Anhängerin der Widerstandsgruppe Rittmeister. Am 5. August 1943 hingerichtet.

Gollnow, Herbert; Oberleutnant. Informant der Spionagegruppe Harnack. Am 12. Februar 1943 hingerichtet.

Gollnow, Otto; Student. Anhänger der Widerstandsgruppe Rittmeister. Freiheitsstrafe, nach Kriegsende vermutlich nach Südamerika ausgewandert.

Grasse, Herbert; Funktionär der KPD. Mitarbeiter mehrerer kommunistischer Widerstandsgruppen. Am 24. Oktober 1942 Selbstmord in Untersuchungshaft.

Graudenz, Johann; Industrievertreter. Informant der Spionagegruppe Schulze-Boysen. Am 22. Dezember 1942 hingerichtet.

Grimme, Adolf; Kultusminister a. D. Mitglied der Diskussionsgruppe Harnack-Kuckhoff. 1963 in Degerndorf gestorben.

Griotto, Medardo; Graveur. Mitarbeiter der Gruppe Robinson in Paris. Im Sommer 1943 hingerichtet.

Großvogel, Leon; Kaufmann. Finanzleiter der Roten Kapelle in Frankreich und Belgien. 1944 hingerichtet.

Guddorf, Wilhelm; Funktionär der KPD. Leiter einer kommunistischen Widerstandsgruppe in Berlin. Am 13. Mai 1943 hingerichtet.

Hamel, Edmond-Charles und Olga; Funker der Organisation Radós. Leben in Genf.

Harnack, Dr. Arvid; Oberregierungsrat. Leiter der Spionagegruppe Harnack und Chiffrierer der Berliner Roten Kapelle. Am 22. Dezember 1942 hingerichtet.

Harnack, Dr. Mildred; Dozentin. Mitarbeiterin der Gruppe ihres Mannes. Am 16. Februar 1943 hingerichtet.

Havemann, Dr. Wolfgang; Gerichtsassessor. Neffe des Gruppenchefs Harnack. Lebt in Ostberlin.

Heilmann, Horst; Gefreiter. Sekretär und Informant des Gruppenchefs Schulze-Boysen. Am 22. Dezember 1942 hingerichtet.

Henniger, Hans; Regierungsbauinspektor. Informant der

Spionagegruppe Schulze-Boysen. Freiheitsstrafe, an der Ostfront 1944 gefallen.

Himpel, Dr. Hans Helmuth; Zahnarzt. Mitarbeiter der Spionagegruppe Schulze-Boysen. Am 13. Mai 1943 hingerichtet.

Hößler, Albert; Funktionär der KPD. Fallschirmagent. Hingerichtet.

Hoffmann-Scholtz, Anna-Margaret; Sekretärin, Informantin der Spionagegruppe Gilbert in Paris. Lebt in Westdeutschland.

Hübner, Emil; Radiohändler. Berliner Kontaktmann des sowjetischen Geheimdienstes. Am 5. August 1943 hingerichtet.

Husemann, Walter; Funktionär der KPD. Mitarbeiter einer kommunistischen Widerstandsgruppe in Berlin. Am 13. Mai 1943 hingerichtet.

Isbutzky, Hermann; Funktionär der KPD. Kurier der Spionagegruppe Kent in Brüssel. 1943/44 hingerichtet.

Jaspar, Jules; Geschäftsmann. Direktor der Tarnfirma The Foreign Excellent Trench-Coat in Brüssel. Lebt in Belgien.

Jefremow, Konstantin; Kriegsingenieur Dritten Grades. Leiter der Gruppe Bordo in Brüssel. Bei Kriegsende nach Südamerika entkommen.

Katz, Hillel; Angestellter. Sekretär des Residenturleiters Trepper. 1944 hingerichtet.

Kent, eigentlich *Viktor Sukuloff* oder *Gurjewitsch;* Hauptmann. Leiter der Spionagegruppen in Brüssel und Marseille. Lebt in Leningrad.

Koenen, Heinrich; Funktionär der KPD. Fallschirmagent. Soll bei Kriegsende untergetaucht sein.

Kopkow, Horst; Kriminalrat. Leiter der Gestapo-Ermittlungen gegen die Berliner Rote Kapelle. Lebt in Gelsenkirchen.

Kraell, Dr. Alexander; Senatspräsident am Reichskriegsgericht. Leitete die Gerichtsverhandlung gegen die Berliner Rote Kapelle. In den fünfziger Jahren in Westdeutschland gestorben.

Kraus, Anna; Wahrsagerin. Informantin der Spionagegruppe Schulze-Boysen. Am 5. August 1943 hingerichtet.

Krauss, Dr. Werner; Universitätsprofessor. Mitglied der Widerstandsgruppe Rittmeister. Lebt in der DDR.

Kruyt; Funktionär der holländischen KP. Fallschirmagent. 1943 hingerichtet.

Küchenmeister, Walter; Journalist. Mitarbeiter der Gruppe Schulze-Boysen. Am 13. Mai 1943 hingerichtet.

Kuckhoff, Dr. Adam; Schriftsteller. Mitarbeiter der Spionagegruppe Harnack. Am 5. August 1943 hingerichtet.

Kuckhoff, Dr. Greta; Funktionärin der KPD. Mitarbeiterin der Spionagegruppe Harnack. Lebt in der DDR.

Lautenschläger, Hans; Gewerkschaftsfunktionär. Mitarbeiter der Gruppe Schulze-Boysen. Lebt in der DDR.

Makarow, Michail; sowjetischer Oberleutnant. Funker der Spionagegruppe Kent in Brüssel. Soll bei Kriegsende untergetaucht sein.

Marquardt, Helmut; Techniker. Funkhelfer der Spionagegruppe Schulze-Boysen. Lebt in der DDR.

Mathieu; belgischer Polizeiinspektor. V-Mann der deutschen Abwehr in Brüssel; lebt in Belgien.

Maximowitsch, Wassilij und *Anna;* Geschwister. Informanten der Spionagegruppe Gilbert in Paris. 1943 hingerichtet.

Pannwitz, Heinz; Kriminalrat. Leitete das Funkgegenspiel in Zusammenarbeit mit den umgedrehten Agenten der Roten Kapelle. Lebt in Ludwigsburg.

Panzinger, Friedrich; Regierungsdirektor. Leitete die Sonderkommission ›Rote Kapelle‹ der Gestapo. Verübte Selbstmord 1959.

Paul, Dr. Elfriede; Ärztin. Mitarbeiterin der Gruppe Schulze-Boysen. Lebt in der DDR.

Peper, Maurice; Angestellter. Kurier der Spionagegruppe Kent in Brüssel. Vermutlich 1943 hingerichtet.

Piepe, Harry; Hauptmann. Leitete die Ermittlungen der Abwehr gegen die Rote Kapelle in Westeuropa. Lebt in Hamburg.

Posnanska, Sophie; Sekretärin. Chiffriererin der Spionagegruppe Kent in Brüssel. Verübte im Herbst 1942 Selbstmord in Untersuchungshaft.

Pünter, Otto; Journalist. Leiter einer Agentengruppe in der Schweiz. Lebt in Bern.

Radó, Alexander (Sándor); Residenturleiter aller sowjetischen Agentengruppen in der Schweiz. Lebt in Budapest.

Rajchman, Abraham; Graveur. Informant der Spionagegruppe Kent in Brüssel. Von einem belgischen Gericht wegen Kollaboration mit den Deutschen zu 25 Jahren Zwangsarbeit verurteilt.

Rehmer, Fritz; Justierer. Anhänger der Widerstandsgruppe Rittmeister. Am 13. Mai 1943 hingerichtet.

Rittmeister, Dr. John; Nervenarzt. Leiter einer Widerstandsgruppe in Berlin. Am 13. Mai 1943 hingerichtet.

Robinson, Henry; Funktionär der Komintern. Leiter einer Informantengruppe in Frankreich. Vermutlich 1943/44 hingerichtet.

Roeder, Dr. Manfred; Generalrichter. Vertrat die Anklage in den Prozessen gegen die Rote Kapelle in Berlin, Brüssel und Paris. Lebt in Glashütten im Taunus.

Roessler, Rudolf; Chefagent der Radó-Organisation. 1958 gestorben.

Schabbel, Klara; Funktionärin der KPD. Mitarbeiterin kommunistischer Fallschirmagenten. Am 5. Aug. 1943 hingerichtet.

Schaeffer, Dr. Philip; Bibliothekar. Mitarbeiter der Gruppe Schulze-Boysen. Am 13. Mai 1943 hingerichtet.

Scheel, Heinrich; Kindererzieher. Mitarbeiter der Gruppe Schulze-Boysen. Lebt in Ostberlin.

Schleif, Lotte; Bibliothekarin. Mitarbeiterin der Spionagegruppe Schulze-Boysen. Lebt in der DDR.

Schlösinger, Rose; Angestellte. Funkhelferin der Spionagegruppe Harnack. Am 5. August 1943 hingerichtet.

Schneider, Christian; Mitarbeiter der Agentengruppe Rachel Dübendorfers. 1962 gestorben.

Schneider, Germaine; Sekretärin. Kurier der Spionagegruppe Kent. Nach dem Zweiten Weltkrieg untergetaucht.

Schottmüller, Oda; Tänzerin. Mitarbeiterin der Funkgruppe Schulze-Boysen. Am 5. August 1943 hingerichtet.

Schulze, Kurt; Funktionär der KPD. Funker-Lehrer der Spionagegruppe Schulze-Boysen. Am 22. Dezember 1942 hingerichtet.

Schulze-Boysen, Harro; Oberleutnant. Leiter der Widerstands- und Spionageorganisation Schulze-Boysen/Harnack. Am 22. Dezember 1942 hingerichtet.

Schulze-Boysen, Libertas; Filmdramaturgin. Mitarbeiterin in der Organisation ihres Mannes. Am 22. Dezember 1942 hingerichtet.

Schumacher, Kurt und *Elisabeth;* Eheleute. Mitarbeiter der Spionagegruppe Schulze-Boysen. Am 22. Dezember 1942 hingerichtet.

Schumacher, Otto; Funktionär der KPD. Informant der Spionagegruppe Gilbert in Frankreich. Schicksal unbekannt.

Sieg, John; Funktionär der KPD. Informant der Spionagegruppe Harnack. Am 17. September 1942 Selbstmord in Untersuchungshaft.

Sokol, Hersch und *Myra;* Eheleute. Funker der Gruppe Gilbert in Paris. 1943 liquidiert.

Springer, Isidor; Kaufmann. Informant der Spionagegruppe Kent in Brüssel. Anfang 1943 Selbstmord in Untersuchungshaft.

Strelow, Heinz; Soldat. Mitarbeiter der Gruppen Rittmeister und Schulze-Boysen. Am 13. Mai 1943 hingerichtet.

Terwiel, Rosemarie; Stenotypistin. Mitarbeiterin der Spionagegruppe Schulze-Boysen. Am 5. September 1943 hingerichtet.

Thiel, Fritz; Justierer. Anhänger der Widerstandsgruppe Rittmeister. Am 13. Mai 1943 hingerichtet.

Traxl, Alfred; Wachtmeister. Informant der Spionagegruppe Schulze-Boysen. Freiheitsstrafe, Schicksal unbekannt.

Trepper, Leopold; Residenturleiter. Führte die gesamten Gruppen der Roten Kapelle in Westeuropa. Lebt in Warschau.

Weisenborn, Günther; Schriftsteller. Mitarbeiter der Gruppe Schulze-Boysen. Starb 1969 in Berlin-Charlottenburg.

Wenzel, Johann; Funktionär. Funktechnischer Leiter aller Rote-Kapelle-Gruppen in Westeuropa. Lebt in der DDR.

Wesolek, Stanislaus und *Frieda;* Eheleute. Helfer sowjetischer Fallschirmagenten in Berlin. Am 5. August 1943 hingerichtet.

Winterinck, Anton; KP-Funktionär. Leitete die Gruppe Hilda in Amsterdam. Bei Kriegsende untergetaucht.

Anmerkungen

Einleitung

1. Otto Pünter, Der Anschluß fand nicht statt, S. 141, 142.
2. Winfried Martini, Deutsche Spionage für Moskau 1939 bis 1945. ›Die Welt‹, 20. Oktober 1966.
3. David Dallin, Die Sowjetspionage, S. 17.
4. Näheres darüber im nächsten Kapitel.
5. Sammlung sowjetischer Funksprüche aus dem Nachlaß Wilhelm F. Flickes (künftig: Sammlung Flicke), S. 19; Privatarchiv, dessen Besitzer ungenannt zu bleiben wünscht.
6. Sammlung Flicke, S. 28.
7. Bericht des Chefs der Sicherheitspolizei und des SD, IVA 2-B, 22. Dezember 1942, Abschrift (künftig: Gestapo-Abschlußbericht), S. 7; Archiv des ›Spiegel‹.
8. Gilles Perrault, Auf den Spuren der Roten Kapelle, S. 11.
9. Dallin, a.a.O., S. 278, 291.
10. Gestapo-Abschlußbericht, S. 5, 2.
11. Dallin, a.a.O., S. 201.
12. Ebd.
13. Mündliche Mitteilung von Harry Piepe (künftig: Mitteilung Piepe), 14. März 1968.
14. Ebd.
15. Ebd. Dallin, a.a.O., S. 297.
16. Aussage von Frau Marie-Louise Schulze, 5. Dezember 1948, Schlußbericht des Staatsanwalts Dr. Finck im Ermittlungsverfahren gegen den ehemaligen Generalrichter der Luftwaffe Dr. Manfred Roeder (künftig: Schlußbericht Roeder), S. 555; Archiv des ›Spiegel‹.
17. Aussage von Frau Schulze; Schlußbericht Roeder, S. 556.
18. Eidesstattliche Erklärung von Dr. Falk Harnack, 11. Juni 1948; Schlußbericht Roeder, S. 465.
19. Mitteilung Piepe.
20. Wortlaut im Schreiben von SS-Gruppenführer Heydrich an die Befehlshaber der Sicherheitspolizei und des SD, 10. August 1941; Akten des Persönlichen Stabes Reichsführer-SS und Chef der Deutschen Polizei (künftig: RFSS), Filmrolle 72. Die Angaben Wilhelm von Schramms, Verrat im Zweiten Weltkrieg, S. 139, über Inhalt, Datum und Titel des Hitler-Befehls sind ungenau; der vermeintliche ›Führerbefehl Nr. 1‹ hieß ›Grundsätzlicher Befehl‹, wurde am 11. Januar 1940 erlassen und enthielt auch nicht, wie Schramm annimmt, eine Androhung strenger Strafen.
21. Mitteilung Piepe.
22. Mündliche Mitteilung von Heinrich Reiser (künftig: Mitteilung Reiser), 4. März 1968.
23. Schreiben von SS-Gruppenführer Müller an Himmler, 22. Dezember 1942; RFSS, Filmrolle 129.
24. Die Katze im Kreml. ›Kristall‹, Heft 25/1950 bis Heft 8/1951.
25. Ebd.
26. Das Geheimnis der Roten Kapelle. ›Norddeutsche Rundschau‹, 24. Januar 1951 bis 20. Februar 1951.
27. Rote Agenten mitten unter uns. ›stern‹, 6. Mai 1951 bis 1. Juli 1951.
28. Tox, Frauen im roten Spiel. ›Heidebote‹ (Lüneburg), 1951.
29. Eine Armee stirbt durch Verrat: Spione siegen bei Stalingrad. ›Der Hausfreund in Stadt und Land‹, November/Dezember 1953.
30. Fabian von Schlabrendorff, Offiziere gegen Hitler. 1946.
31. Rudolf Pechel, Deutscher Widerstand. Eugen Rentsch Verlag, Erlenbach-Zürich 1947.
32. Klaus Lehmann, Widerstandsgruppe Schulze-Boysen/Harnack. VVN-Verlag, Ostberlin 1948.
33. David Dallin, Die Sowjetspionage. Verlag für Politik und Wirtschaft, Köln 1956.
34. Gilles Perrault, Auf den Spuren der Roten Kapelle. Rowohlt Verlag, Reinbek 1969.
35. Deutsche Presse-Agentur, Information 1092, 5. September 1950.
36. ›Die Reichszeitung‹, 3. Juli 1951.
37. ›Die Reichszeitung‹, 5. Mai 1951.
38. ›Der Hausfreund für Stadt und Land‹, 21. November 1953.
39. Richard Wilmer Rowan und Robert G. Deindorfer, Secret Service, S. 631.
40. Günther Weisenborn, Im Widerstand. In: Adolf Grimme, Briefe, S. 58.
41. ›Die andere Zeitung‹, 21. Dezember 1961.
42. Schriftliche Mitteilung von André Moyen, 8. Juli 1968.
43. ›Der Journalist‹, Juni 1952.
44. Gerald Reitlinger, Die SS, S. 229.
45. Pechel, a.a.O., S. 88.
46. Karl Balzer, Der 20. Juli und der Landesverrat. S. 246.
47. Mitteilung Reiser.
48. Dallin, a.a.O., S. 11, 200. Vgl.

313

auch die Protokolle der Vernehmungen Roeders durch Professor Dr. Robert M. W. Kempner, 30. Juni 1947, und durch Mr. Rodell, 9. Juli 1948; Privatarchiv Kempner und Archiv des ›Spiegel‹.

49 Mitteilung Reiser. Die Nachkriegsschicksale führender Gestapo-Beamter liefen freilich nicht so abenteuerlich ab, wie das mancher Autor annimmt. So trifft die Darstellung Perraults, a.a.O., S. 332, 333, nicht zu, wonach der Kriminalrat Horst Kopkow, Referatsleiter IV A-2 im RSHA, vom britischen Geheimdienst offiziell für tot erklärt, 1949 nach Westdeutschland entlassen und ihm erst 1954 erlaubt worden sei, den Namen Kopkow-Cordes anzunehmen, während Kopkows ehemaliger Gruppenleiter, der SS-Standartenführer Friedrich Panzinger, sich in einem Kloster versteckt und nach seiner Entdeckung durch westdeutsche Staatsanwaltschaften 1961 Selbstmord verübt haben soll. Tatsächlich wurde Kopkow im Herbst 1947 aus britischer Gefangenschaft entlassen und nahm damals den Namen Cordes an; Panzinger kehrte 1955 aus sowjetischer Kriegsgefangenschaft zurück, wurde Anfang August 1959 der Beihilfe zum Mord beschuldigt und nahm noch vor der ersten Vernehmung am 9. August Gift; schriftliche Mitteilung von Kriminalrat a. D. Horst Kopkow-Cordes, 4. April 1968, ›Neues Deutschland‹, 13. Dezember 1955, und ›Münchner Abendzeitung‹, 12. August 1959.
50 Ebd.
51 Schlußbericht Roeder, S. 76.
52 Grimme, a.a.O., S. 162.
53 ›Neues Deutschland‹, 12. April 1947.
54 Schlußbericht Roeder, S. 76. Die drei Antragsteller stützten sich auf das Gesetz Nr. 10 des Alliierten Kontrollrats, das die Verfolgung aller von Deutschen begangenen Verbrechen gegen die Menschlichkeit vorsah. Falk Harnack, der die Aktion gegen Roeder stark unterstützte, argumentierte darüber hinaus: Der alliierte Gerichtshof in Nürnberg habe die Reichsregierung für verbrecherisch erklärt, folglich sei jeder Kampf gegen sie Notwehr gewesen; eine Notwehr gegen diese Notwehr aber könne es nicht geben, sondern nur strafbare Handlungen. Vgl. Schlußbericht Roeder, S. 82.
55 Schlußbericht Roeder, S. 78.
56 Schlußbericht Roeder, S. 89, 90.
57 ›Der Tagesspiegel‹, 5. Juni 1948. Verantwortlich für die Sammlung des Anti-Roeder-Materials war der Hauptausschuß ›Opfer des Faschismus‹ beim Magistrat der Stadt Berlin (Sachbearbeiterin: Frau Lippold) und eine Sonderkommission der Sowjetzonen-VVN (Sachbearbeiter: Klaus Lehmann, Verfasser der bereits genannten VVN-Dokumentation »Widerstandsgruppe Schulze-Boysen/Harnack«); das Zeugenschrifttum wurde vorher von Weisenborn geprüft. Vgl. dazu Briefwechsel zwischen Professor Dipl.-Ing. Adolf Heilmann und dem Generalsekretariat der Zonen-VVN sowie dem Magistrat Berlin; Privatarchiv Heilmann.
58 ›Tägliche Rundschau‹, 6. Mai 1951.
59 »Die Amerikaner wollen von ihm lernen. Unterlagen gegen Roeder liegen nur in ganz beschränktem Umfange vor, sie reichen nicht aus, ihn wegen eines Verbrechens gegen die Menschlichkeit anzuklagen. Dazu kommt sein frohes Auftreten, das ihm sein Ansehen bei den Amerikanern verschafft hat.« Brief Professor Heilmanns an Pfarrer Dr. Harald Poelchau, 22. Juni 1948; Privatarchiv Heilmann.
60 ›Neues Deutschland‹, 12. April 1947.
61 Schlußbericht Roeder, S. 2, 3.
62 Schlußbericht Roeder, S. 82, 83.
63 Schreiben des Berliner Generalstaatsanwalts an Professor Dr. Robert M. W. Kempner, 14. Januar 1948; Privatarchiv Kempner.
64 Schreiben des Generalsekretariats der Zonen-VVN an Professor Heilmann, 7. Juni 1948; Privatarchiv Heilmann.
65 Schlußbericht Roeder, S. 618.
66 Schreiben Professor Heilmanns an die Zonen-VVN, 22. Juni 1948; Privatarchiv Heilmann.
67 Schlußbericht Roeder, S. 621.
68 Schlußbericht Roeder, S. 622.
69 Ebd.
70 Schlußbericht Roeder, S. 463.
71 Ebd.
72 Ebd.
73 Erklärung des niedersächsischen Justizministers Dr. Otto Krapp, ›Frankfurter Allgemeine Zeitung‹, 16. November 1951. Roeder fand in dem Lüneburger Staatsanwalt Dr. Hans Jürgen Finck einen so milden Ankläger, daß noch heute die niedersächsische Justizministerium es ablehnt, Historikern in Fincks Schlußbericht über die Ermittlungssache Roeder Einblick zu gewähren; man weiß im niedersächsischen Justizministerium nur allzusehr, daß Fincks Werturteile über die deutsche Widerstandsbewegung — sie bewegen sich fatal in Roeders Denkkategorien — in der Öffentlichkeit einen Sturm der Empörung auslösen müßten, würden sie be-

kannt werden. Gleichwohl muß angemerkt werden, daß auch ein strenger urteilender Staatsanwalt Roeder vermutlich nicht angeklagt hätte, da dem ehemaligen Generalrichter wohl arge Mängel an Menschlichkeit, nicht aber Verletzungen des geschriebenen Rechts nachgewiesen werden können.

74 In einem Gespräch mit dem deutschbritischen Schriftsteller Heinrich Fraenkel; mündliche Mitteilung von Heinrich Fraenkel, 15. Juni 1968.
75 Vgl. Günther Weisenborn, Der lautlose Aufstand, S. 203 ff; desgleichen Günther Weisenborn, Memorial.
76 Schreiben Grimmes an seinen Jugendfreund Hans Friedrich, Mitte 1951; in: Grimme, a.a.O., S. 160, 161.
77 Mündliche Mitteilung von Ernst de Barry, 1. März 1968.
78 Ebd.
79 Schriftliche Mitteilung von H. Kettler, 22. April 1968.
80 Schreiben von Wilhelm F. Flicke an Staatsanwalt Roeder, 7. Juli 1949; Akten der Staatsanwaltschaft Lüneburg, Strafsache gegen Dr. Manfred Roeder, Band VII, Blatt 123.
81 Ebd. Mitteilung de Barry.
82 Schreiben von Flicke an Finck, 7. Juli 1949. Vgl. außerdem: Wilhelm F. Flicke, Agenten funken nach Moskau. München-Wels 1954. Ders., Spionagegruppe Rote Kapelle. Neptun Verlag, Kreuzlingen 1954.
83 Mitteilung de Barry.
84 Anonym, Wer jagte rote Agenten. ›Der Mittag‹, 11. Februar bis 15. März 1953. Erneut veröffentlicht unter dem Namen des Autors: Harry Piepe, Harburger jagte Agenten. ›Harburger Anzeiger und Nachrichten‹, 30. September bis 31. Oktober 1967.
85 Flicke, Spionagegruppe Rote Kapelle, S. 183.
86 ›Der Mittag‹, 19. Februar 1953.
87 ›Der Mittag‹, 12. Februar 1953.
88 Dallin, a.a.O., S. 185.
89 Paul Leverkuehn, Der geheime Nachrichtendienst der deutschen Wehrmacht im Kriege, S. 149.
90 Flicke, Agenten funken nach Moskau, S. 24. Kusnetzows Biographie weist aus, daß er erst am Ende dem Geheimdienst angehörte: 1904 geboren, 1921 Freiwilliger in der Roten Armee, in den dreißiger Jahren Besuch der Lenin-Militärakademie, nach dem Zweiten Weltkrieg Eintritt in die Politische Hauptverwaltung der Sowjetarmee, ab 1944 Leiter des Geheimdienstes. Die Leitung der Hauptverwaltung für Aufklärung hatten seit Kriegsbeginn nacheinander inne: General F. I. Golikow, Generalmajor A. P. Panfilow, Generalleutnant I. I. Iljitschow und schließlich Generaloberst F. F. Kusnetzow. Vgl. S. M. Schtemenko, Generalny Stab w gody woiny, S. 127.
91 Dallin, a.a.O., S. 335.
92 Schramm, a.a.O., S. 152.
93 Philip W. Fabry, War Verrat im Spiel? Deutschlandfunk, 2. Juli 1968 (Manuskript der Sendung).
94 Dallin, a.a.O., S. 312, 183, 207.
95 Perrault, a.a.O., S. 118, gibt dem deutschen Chefdechiffrierer Dr. Wilhelm Vauck das Pseudonym Kludow, während Flicke ihn bereits als Vauth in die Literatur eingeführt hat.
96 Hans Rothfels, Die deutsche Opposition gegen Hitler, S. 18.
97 Helmut Heiber, Hitlers Lagebesprechungen, S. 150.
98 Egmont Zechlin, Arvid und Mildred Harnack zum Gedächtnis, S. 4, 5; Privatarchiv Zechlin.
99 Erich Kern, Verrat an Deutschland. Verlag K. W. Schütz, Göttingen 1963.
100 ›Deutsche National-Zeitung‹, 10. Februar 1967.
101 ›Die Reichszeitung‹, 5. Mai 1951.
102 Balzer, a.a.O., S. 246.
103 Balzer, a.a.O., S. 261.
104 Paul Carell, Verbrannte Erde, S. 90, 91.
105 ›Der Hausfreund für Stadt und Land‹, 21. November 1953.
106 Gestapo-Abschlußbericht, S. 16.
107 Grimme, a.a.O., S. 161. Abschrift des Grimme-Urteils, 4. Mai 1943; Privatarchiv Grimme.
108 Grimme, a.a.O., S. 161.
109 Schriftsatz des Rechtsanwalts Dr. Noack in der Strafsache Keller, 8. Februar 1952; Privatarchiv Wolfgang Müller.
110 Günther Weisenborn, Rede über die deutsche Widerstandsbewegung. ›Aufbau‹, Heft 6, 1946, S. 576, 578.
111 Greta Kuckhoff, Ein Abschnitt des deutschen Widerstandskampfes. ›Die Weltbühne‹, Heft 3/4, 1948; S. 61, 62, 63.
112 Günther Weisenborn, Die Illegalen, S. 59.
113 Günther Weisenborn, Über die ›Rote Kapelle‹, in: Berlin im Widerstand, S. 64.
114 Entwurf Weisenborns für eine Broschüre über die Gruppe Schulze-Boysen/Harnack, von dem VVN-Autor Klaus Lehmann als Grundlage für seine Dokumentation verwendet; Schlußbericht Roeder, S. 120, 128, 151.
115 Aufzeichnung Frau Kuckhoffs für Weisenborn, ursprünglich für die Dichterin Ricarda Huch gedacht; Schlußbericht Roeder, S. 249.

116 Greta Kuckhoff, a.a.O., S. 61.
117 Schlußbericht Roeder, S. 249.
118 Greta Kuckhoff, a.a.O., S. 62.
119 Den Rotbannerorden erhielten Harro Schulze-Boysen, Arvid Harnack, Adam Kuckhoff, Ilse Stöbe, Hans-Heinrich Kummerow; den Orden des Vaterländischen Krieges I. Klasse: Günther Weisenborn, Karl Behrens und Albert Hößler; ›Neues Deutschland‹, 10. Oktober 1969.
120 Zitiert nach: ›Neues Deutschland‹, 10. Oktober 1969.
121 ›Neues Deutschland‹, 22. Dezember 1967.
122 ›Junge Welt‹, 22. Dezember 1967.
123 ›Für Dich‹, 2. März-Heft 1968.
124 ›Prawda‹, 1. bis 5. Juli 1967.

1. Kapitel   Im Dschungel der Apparate

1 George F. Kennan, Sowjetische Außenpolitik unter Lenin und Stalin, S. 207. Ruth Fischer, Stalin und der deutsche Kommunismus, S. 65.
2 Kennan, a.a.O., S. 207.
3 W. Nicolai, Geheime Mächte, S. 17.
4 Die ›Allerhöchsteigene Kanzlei‹ war eine Sonderbehörde des Zaren, die beaufsichtigte, was die kaiserliche Autokratie den Ministerien nicht anvertrauen wollte: Prüfung aller an den Zaren gerichteten Berichte der Behörden (Erste Abteilung), Redaktion der Gesetze (Zweite Abteilung), Leitung der Geheimpolizei (Dritte Abteilung), Ausrichtung der Wohltätigkeitsveranstaltungen der Zarin (Vierte Abteilung). Die Dritte Abteilung entstand nach dem Dekabristenaufstand von 1825, wurde 1879 von Zar Alexander II. wegen Unfähigkeit aufgelöst, unter dem Namen ›Ochrana‹ neu gebildet und dem Innenministerium unterstellt; vgl. E. H. Cookridge, Zentrale Moskau, S. 30 ff. Über die politisch-gesellschaftliche Stellung der Dritten Abteilung: Arthur von Brauer, Im Dienste Bismarcks, S. 72 ff. Über die Geschichte der russischen Geheimpolizei aus nationalsozialistischer Sicht: die Gestapo-interne Dienstschrift »Politische Polizei« von Kriminalkommissar Wendzio (Entstehungszeit: etwa 1937); Akten des Persönlichen Stabes Reichsführer-SS und Chef der Deutschen Polizei (künftig: RFSS), Filmrolle 432.
5 Nicolai, a.a.O., S. 18.
6 Nicolai, a.a.O., S. 31.
7 Ebd.
8 Nicolai, a.a.O., S. 32.
9 David Kahn, The Codebreakers, S. 621.
10 Nicolai, a.a.O., S. 33.
11 Nicolai, a.a.O., S. 19.
12 Nicolai, a.a.O., S. 88.
13 Über den russischen Bürgerkrieg: B. H. Liddell Hart (Herausgeber), Die Rote Armee, S. 31–55.
14 David Dallin, Die Sowjetspionage, S. 17.
15 Ebd. Der Name ›Raswedupr‹ wird hier statt des heute üblichen Begriffs ›GRU‹ beibehalten, da er in den dreißiger und vierziger Jahren gebräuchlich war. Auch deutsche Polizeiakten jener Zeit kennen die Raswedupr; vgl. Adolf Ehrt, Bewaffneter Aufstand, S. 67. Siehe auch Kyrill D. Kalinow, Sowjetmarschälle haben das Wort, S. 24.
16 ›Junge Welt‹ (Ostberlin), 23. Dezember 1964.
17 Dallin, a.a.O., S. 63.
18 Cookridge, a.a.O., S. 86.
19 Dallin, a.a.O., S. 22.
20 Organisation und Aufgabenbereich des sowjetischen Nachrichtendienstes, ungezeichnete Denkschrift, S. 1, 2; Archiv des ›Spiegel‹.
21 Dallin, a.a.O., S. 17.
22 Kahn, a.a.O., S. 643.
23 Dallin, a.a.O., S. 17.
24 Cookridge, a.a.O., S. 190.
25 Cookridge, a.a.O., S. 203.
26 Ebd.
27 Cookridge, a.a.O., S. 191.
28 Auszüge und Photokopien solcher Logbücher bei Cookridge, a.a.O., S. 196 ff u. S. 224.
29 Cookridge, a.a.O., S. 224.
30 Dallin, a.a.O., S. 20. ›Hamburger Tageblatt‹, 5. August 1941.
31 Dallin, a.a.O., S. 22.
32 Ebd.
33 Ebd.
34 Ehrt, a.a.O., S. 36.
35 Cookridge, a.a.O., S. 202.
36 Vgl. den Streit zwischen Bersin und dem französischen KP-Chef Henri Barbé, der sich in Moskau über die rücksichtslose Werbekampagne der Raswedupr in der KPF beschwerte; Dallin, a.a.O., S. 62 ff.
37 Cookridge, a.a.O., S. 32.
38 Anonym, Die sowjetischen Sicherheitsorgane. In: ›Das Parlament‹, 2. Dezember 1959, S. 665.
39 GPU = Gosudarstwennoje Polititscheskoje Uprawlenije; Anonym, Die sowjetischen Sicherheitsorgane, a.a.O., S. 667.
40 Abwehr-Abteilung ›Tod den Spionen‹ im Volkskommissariat für Verteidigung, Politische Informationen (= Informationsdienst des Reichssicherheitshauptamtes) vom

41 Ebd.
42 Kahn, a.a.O., S. 640.
43 Kahn, a.a.O., S. 641.
44 Dallin, a.a.O., S. 18.
45 Dallin, a.a.O., S. 16, 17.
46 Dallin, a.a.O., S. 16.
47 Dallin, a.a.O., S. 20.
48 Fischer, a.a.O., S. 121.
49 Ebd.
50 Günther Nollau, Die Internationale, S. 104 ff.
51 Nollau, a.a.O., S. 105.
52 Erich Wollenberg, Der Apparat, S. 9.
53 Leitsätze und Statuten der Kommunistischen Internationale, beschlossen vom II. Kongreß der Kommunistischen Internationale, Moskau, vom 17. Juli bis 7. August 1920, S. 19.
54 Nollau, a.a.O., S. 128, 130.
55 Nollau, a.a.O., S. 130.
56 Nollau, a.a.O., S. 108. Fischer, a.a.O., S. 440.
57 Nollau, a.a.O., S. 112.
58 Dallin, a.a.O., S. 117. Fischer, a.a.O., S. 388. Nollau, a.a.O., S. 128.
59 Nollau, a.a.O., S. 108.
60 Nollau, a.a.O., S. 144.
61 Fischer, a.a.O., S. 57.
62 Die offiziellen diplomatischen Vertreter Sowjetrußlands, Joffe, Bucharin und Rakowskij, waren im November 1918 ausgewiesen, der offizielle Vertreter der sowjetischen KP, Radek, im Februar 1919 verhaftet worden; Fischer, a.a.O., S. 250.
63 Fischer, a.a.O., S. 164.
64 Ebd.
65 Ebd.
66 Wollenberg, a.a.O., S. 9.
67 Fischer, a.a.O., S. 211.
68 Wollenberg, a.a.O., S. 8. Fischer, a.a.O., S. 69.
69 Wollenberg, a.a.O., S. 8.
70 Wollenberg, a.a.O., S. 9.
71 Ebd.
72 Ebd.
73 Cookridge, a.a.O., S. 37. Nollau, a.a.O., S. 112.
74 Nollau, a.a.O., S. 113.
75 Jan Valtin (= Richard Krebs), Tagebuch der Hölle, S. 165.
76 Nollau, a.a.O., S. 116.
77 A. M. Pankratowa, Der Ruhrkonflikt, in: W. P. Potjomkin, Geschichte der Diplomatie, Band III, S. 294.
78 W. G. Kriwitzki, Agent de Staline, S. 58.
79 Kriwitzki, a.a.O., S. 59.
80 Ebd.
81 Wollenberg, a.a.O., S. 11.
82 Wilhelm Bauer, Die Tätigkeit des BB-Apparates der KPD, S. 3.
83 Preußisches Staatsministerium, Abteilung P, Akten betreffend Kommunistische Bewegung, Band 4 (Stand: 31. Mai 1935), Nr. 618; Privatarchiv Wilhelm Bauer.
84 Dallin, a.a.O., S. 110.
85 Walter Zeutschel (= Adolf Burmeister), Im Dienst der kommunistischen Terror-Organisation, S. 20.
86 Kriwitzki, a.a.O., S. 59.
87 Fischer, a.a.O., S. 212.
88 Fischer, a.a.O., S. 396.
89 Wollenberg, a.a.O., S. 10.
90 Fischer, a.a.O., S. 395. Wollenberg, a.a.O., S. 10.
91 Nollau, a.a.O., S. 105.
92 Fischer, a.a.O., S. 395.
93 Peter Alexander Skoblewski, geboren am 16. Juni 1890 in der südrussischen Stadt Tambow, hieß eigentlich Rose, führte im russischen Bürgerkrieg eine Division der Roten Armee und benutzte bei seinem Einsatz in Deutschland die Decknamen ›Alex‹, ›Helmuth‹, ›Gorew‹, ›Pawel‹, ›Kyrlow‹, ›Wolf‹ und ›Goldmann‹. Vgl. Nachtrag zum Verzeichnis über flüchtig gegangene Kommunisten, herausgegeben vom Geheimen Staatspolizeiamt, 10. Juni 1936; Privatarchiv Wilhelm Bauer. Außerdem: Wollenberg, a.a.O., S. 10.
94 Zeutschel, a.a.O., S. 13.
95 Zeutschel, a.a.O., S. 16 ff.
96 Zeutschel, a.a.O., S. 24.
97 Zeutschel, a.a.O., S. 32.
98 Wollenberg, a.a.O., S. 11. ›Kölnische Zeitung‹, 17. Februar 1925.
99 ›Kölnische Zeitung‹, 17. Februar 1925.
100 Wollenberg, a.a.O., S. 11. Zeutschel, a.a.O., S. 32 ff. ›Kölnische Zeitung‹, 17., 19., 24. Febr. 1925.
101 Zeutschel, a.a.O., S. 65. Fischer, a.a.O., S. 395. ›Kölnische Zeitung‹, 23. Februar 1925.
102 Fischer, a.a.O., S. 396. Zeutschel, a.a.O., S. 65.
103 Zeutschel, a.a.O., S. 66.
104 Ebd.
103 Zeutschel, a.a.O., S. 66.
106 Zeutschel, a.a.O., S. 67.
107 Zeutschel, a.a.O., S. 68.
108 Zeutschel, a.a.O., S. 133. Um Skoblewski zu befreien, verhafteten die Sowjets drei deutsche Studenten in Moskau unter der Anklage, ein Attentat auf Stalin geplant zu haben, verurteilten sie zum Tode und boten dann Berlin einen Gefangenenaustausch an, der von der Reichsregierung akzeptiert wurde; Neumanns Todesurteil wandelte man hingegen zunächst in eine lebenslängliche Zuchthausstrafe um, dann in eine Strafe von siebeneinhalb Jahren Gefängnis. In der Zelle soll sich Neumann Nationalsozialisten angeschlossen haben

und mit deren Hilfe etwa 1928 aus dem Gefängnis geflohen sein. Vgl. Wollenberg, a.a.O., S. 10.
109 Kriwitzki, a.a.O., S. 68.
110 Fischer, a.a.O., S. 619. Wollenberg, a.a.O., S. 12.
111 Wollenberg, a.a.O., S. 13.
112 Fischer, a.a.O., S. 619. Über die Geschichte der Lenin-Schule: Nollau, a.a.O., S. 138.
113 Wollenberg, a.a.O., S. 13.
114 Wollenberg, a.a.O., S. 14.
115 Wollenberg, a.a.O., S. 15.
116 Eine der seltenen Ausnahmen war der M-Schüler Wollenberg, ehedem MP-Oberleiter Süd-West und Auftraggeber des T-Apparates, der trotz zeitweiligen Dienstes in der Roten Armee (Bataillonskommandeur) der Raswedupr fernblieb und später mit Stalin brach; Wollenberg, a.a.O., S. 46.
117 Wollenberg, a.a.O., S. 13.
118 Unter ihnen Wilhelm Zaisser, der 1927 mithalf, den kommunistischen Aufstand in Kanton auszulösen; Politisches Archiv, OKP 009, August 1953. Dem Beauftragten Zaisser folgte 1929 Bersins größter M-Schüler nach Shanghai: Dr. Richard Sorge, früher Mitarbeiter des M-Apparates der KPD, dann im Dienst der OMS und schließlich zur Raswedupr übergewechselt; ›Neues Deutschland‹, 18. Oktober 1964.
119 Dallin, a.a.O., S. 97.
120 Zeutschel, a.a.O., S. 89. ›Kölnische Zeitung‹, 5. Mai 1924. Wichtige russische Organisationen und Einrichtungen in Deutschland, Instruktionsschrift des Polizeiinstituts Berlin-Charlottenberg für den Lehrgang 1933/34; Privatarchiv Lothar Heimbach.
121 Dallin, a.a.O., S. 98.
122 Dallin, a.a.O., S. 99.
123 Dallin, a.a.O., S. 102.
124 Dallin, a.a.O., S. 99.
125 Dallin, a.a.O., S. 103.
126 Dallin, a.a.O., S. 100.
127 Wichtige russische Organisationen und Einrichtungen in Deutschland. Dallin, a.a.O., S. 108.
128 Wichtige russische Organisationen und Einrichtungen in Deutschland.
129 Fischer, a.a.O., S. 624.
130 Dallin, a.a.O., S. 115.
131 Ebd.
132 Dallin, a.a.O., S. 121.
133 Wollenberg, a.a.O., S. 14.
134 Ebd. Der Name ›Antimilitarismus‹ bezeichnete eine interkommunistische Bewegung, die einen 1927/28 vom Kreml befürchteten deutsch-britischen Kreuzzug gegen die Sowjetunion verhindern sollte. Deshalb wurden auf dem VI. Weltkongreß der Komintern (Juli/August 1928) alle kommunistischen Parteien zur »Leistung einer systematischen antimilitaristischen Arbeit« aufgefordert; Bauer, a.a.O., S. 2.
135 Der AM-Apparat sollte der Zersetzung des Gegners dienen und gliederte sich in folgende Ressorts: Zersetzung Polizei, Zersetzung Reichswehr, Zersetzung gegnerischer Organisationen, Abwehr, Betriebsberichterstattung; Bauer, a.a.O., S. 2.
136 Der BB-Apparat, Lagebericht des Geheimen Staatspolizeiamtes, 22. März 1937, S. 11; Privatarchiv Wilhelm Bauer.
137 Bauer, a.a.O., S. 3, 11. Dallin, a.a.O., S. 105.
138 Dallin, a.a.O., S. 67.
139 Dallin, a.a.O., S. 69.
140 Ebd.
141 Bauer, a.a.O., S. 3.
142 Dallin, a.a.O., S. 140.
143 Dallin, a.a.O., S. 139.
144 Ehrt, a.a.O., S. 59.
145 Ehrt, a.a.O., S. 148.
146 Wollenberg, a.a.O., S. 14.
147 Die beiden Maschkewitschs stammten aus Baku und leiteten die sowjetische Industriespionage von 1928 bis 1934; Dallin, a.a.O., S. 104.
148 Dallin, a.a.O., S. 104.
149 Die genaue Zahl der BB-Mitarbeiter ist unbekannt; Dallin, a.a.O., S. 108, nennt für das Jahr 1928 »mehrere tausend«.
150 Bauer, a.a.O., S. 4.
151 Ebd.
152 Ehrt, a.a.O., S. 61.
153 Ehrt, a.a.O., S. 64.
154 Dallin, a.a.O., S. 132.
155 Valtin, a.a.O., S. 164.
156 Wollenberg, a.a.O., S. 14.
157 Fischer, a.a.O., S. 620.
158 Bauer, a.a.O., S. 2.
159 Ehrt, a.a.O., S. 61.
160 Ehrt, a.a.O., S. 129.
161 Ebd.
162 Dallin, a.a.O., S. 130.
163 ›Kölnische Zeitung‹, 14. April 1931.
164 Ehrt, a.a.O., S. 61.
165 Ebd.
166 Ehrt, a.a.O., S. 64.
167 Dallin, a.a.O., S. 114.
168 Dallin, a.a.O., S. 43.
169 Valtin, a.a.O., S. 165.
170 Dallin, a.a.O., S. 135.
171 ›Kölnische Zeitung‹, 5. Mai 1924.
172 Zeutschel, a.a.O., S. 88.
173 ›Kölnische Zeitung‹, 5. Mai 1924.
174 Zeutschel, a.a.O., S. 89.
175 ›Kölnische Zeitung‹, 5. Mai 1924.
176 Ebd.
177 Ebd.
178 Hans Buchheim, SS und Polizei im NS-Staat, S. 32. Werner Best, Die deutsche Abwehrpolizei bis 1945, S. 24.
179 Ebd.

180 Gert Buchheit, Der deutsche Geheimdienst, S. 32.
181 Buchheit, a.a.O., S. 33.
182 Ebd.
183 Buchheit, a.a.O., S. 36.
184 Ebd.
185 Ebd.
186 Dallin, a.a.O., S. 146.
187 Dallin, a.a.O., S. 103.
188 Nollau, a.a.O., S. 116.
189 Valtin, a.a.O., S. 166.
190 Über die Entwicklung der Polizei im Dritten Reich vgl. Heinz Höhne, Der Orden unter dem Totenkopf, S. 162 ff.
191 Urzelle der Gestapo war die Abteilung I A des Berliner Polizeipräsidiums, die im April 1933 in das Haus 8 der Prinz-Albrecht-Straße umzog und den Namen ›Geheimes Staatspolizeiamt‹ annahm; das ›Gestapa‹ gliederte sich die politischen Abteilungen der preußischen Polizeiverwaltung an und bildete ab 30. November 1933 einen selbständigen Zweig der inneren Verwaltung. Eine ähnliche Herauslösung der politischen Polizei aus der allgemeinen Verwaltung vollzog sich auch in den anderen deutschen Ländern. Die einzelnen politischen Polizeien wurden unter dem Kommando des Reichsführers-SS Heinrich Himmler zusammengefaßt, praktisch im Frühjahr 1934, formell 1936 nach Himmlers Erhebung zum ›Chef der Deutschen Polizei‹. Siehe dazu Buchheim, a.a.O., S. 33 ff.
192 Gliederung, Aufbau und Personal des Geheimen Staatspolizeiamtes bei Shlomo Aronson, Heydrich und die Anfänge des SD und der Gestapo (1931–1935), S. 288 ff.
193 Höhne, a.a.O., S. 173.
194 Ebd.
195 Höhne, a.a.O., S. 174.
196 Höhne, a.a.O., S. 199, 200.
197 Buchheit, a.a.O., S. 34.
198 Buchheit, a.a.O., S. 55.
199 Buchheim, a.a.O., S. 65.
200 Die Beziehungen zwischen dem Leiter der Abwehr, Kapitän z. S. Conrad Patzig, und dem Leiter der Abwehrpolizei, Oberregierungsrat Dr. Günther Patschowski, wurden so unhaltbar, daß beide 1934/35 durch diplomatischere Männer abgelöst werden mußten: durch den Kapitän z. S. Wilhelm Canaris bzw. den SS-Oberführer Dr. Werner Best; vgl. Buchheit, a.a.O., S. 169, und Best, a.a.O., S. 27.
201 Wesen der Geheimen Staatspolizei, Dienstschrift des Gestapo, etwa 1937 entstanden, S. 1; RFSS, Filmrolle 432.
202 Heinrich Himmler, Die Schutzstaffel als antibolschewistische Kampforganisation, S. 8.
203 R. Heydrich, Wandlungen unseres Kampfes, S. 6.
204 Martin Broszat, Nationalsozialistische Konzentrationslager 1933 bis 1945. In: Anatomie des SS-Staates, Band II, S. 12, 14.
205 Broszat, a.a.O., S. 15.
206 Broszat, a.a.O., S. 19.
207 Dallin, a.a.O., S. 146.
208 Schätzung des ersten Gestapo-Chefs Rudolf Diels; Broszat, a.a.O., S. 21.
209 Dallin, a.a.O., S. 147.
210 Ebd.
211 Ebd.
212 Rede Himmlers vor dem Preußischen Staatsrat, korrigiertes Manuskript, etwa: 1936, S. 21; RFSS, Filmrolle 89.
213 Lothar Heimbach, Geheime Staatspolizei, Aufzeichnung aus dem Januar 1961, S. 21.
214 Heimbach, a.a.O., S. 22.
215 Der AM-Apparat, Lagebericht des Geheimen Staatspolizeiamtes, 22. März 1937, S. 10.
216 Arthur Koestler, Die Geheimschrift, S. 12.
217 Dallin, a.a.O., S. 145.
218 Für den Paßapparat ist die Bereitstellung solcher Männer belegt: Dallin, a.a.O., S. 116.
219 Lage und Tätigkeit des Marxismus, Lagebericht des Chefs der Sicherheitsamtes (SD) für Mai/Juni 1934, S. 55; RFSS, Filmrolle 415.
220 Wollenberg, a.a.O., S. 16.
221 Anklageschrift des Oberreichsanwalts beim Volksgerichtshof gegen Wilhelm Knöchel, S. 3; Privatarchiv Otto Schwardt.
222 Anklageschrift Knöchel, S. 4.
223 Ebd.
224 Anklageschrift Knöchel, S. 3.
225 Bauer, a.a.O., S. 11.
226 Bauer, a.a.O., S. 6.
227 Lage und Tätigkeit des Marxismus, S. 54.
228 Lage und Tätigkeit des Marxismus, S. 55.
229 Schreiben Heydrichs an alle Stellen und Leitstellen der Geheimen Staatspolizei, 7. Juli 1938; Akten RFSS, Filmrolle 491.
230 Exemplare sind enthalten in: Preußisches Staatsministerium, Abteilung P, Akten betreffend Kommunistische Bewegung; Privatarchiv Wilhelm Bauer.
231 Richtlinien für das abwehrpolizeiliche Fahndungswesen, Rundschreiben der Hauptabteilung III des Gestapa, 16. August 1938, S. 2; RFSS, Filmrolle 403.
232 Ebd.
233 Ebd.
234 Richtlinien . . ., S. 6.
235 Richtlinien . . ., S. 8.
236 Heinrich Müller, geboren am 28. April 1900 in München, Besuch der

Volksschule, Flugzeugmonteurlehre, im Ersten Weltkrieg Flugzeugführer, 1919 Entlassung als Unteroffizier, Hilfsarbeiter bei der Polizeidirektion München, 1923 Einjährigen-Prüfung und Beförderung zum Polizeiassistenten, 1929 Polizeisekretär, Sachbearbeiter für die kommunistische Bewegung in der Abteilung VI der Münchner Polizeidirektion, 1934 Versetzung an das Geheime Staatspolizeiamt in Berlin, ab 1935 Leiter der Hauptabteilung II (Gestapo) 1936 zum Chef des Amtes Gestapo im Hauptamt Sicherheitspolizei ernannt, 1937 Kriminalrat, 1939 Reichskriminaldirektor, 1941 SS-Gruppenführer und Generalleutnant der Polizei, Parteigenosse seit 1939; Aronson, a.a.O., S. 129, 130, 305.
237 Höhne, a.a.O., S. 167.
238 Aronson, a.a.O., S. 130.
239 Aronson, a.a.O., S. 146.
240 Aronson, a.a.O., S. 306.
241 Biographische Angaben zu Panzinger siehe Kapitel 5, Anmerkung 43.
242 Biographische Angaben zu Giering, siehe Kapitel 3, Anmerkung 140.
243 Biographische Angaben zu Kopkow, siehe Kapitel 5, Anmerkung 25.
244 Biographische Angaben zu Strübing, siehe Kapitel 4, Anmerkung 1.
245 Grundsätzliche Gedanken zur Neugliederung (der Abteilung II des Gestapo), Denkschrift aus dem Stab Heydrichs, etwa im Sommer 1939 entstanden, S. 8; RFSS, Filmrolle 239.
246 Ebd.
247 Nachtrag zum Verzeichnis über flüchtig gegangene Kommunisten, herausgegeben vom Geheimen Staatspolizeiamt, 15. März 1937, S. 23.
248 Nachtrag zum Verzeichnis über flüchtig gegangene Kommunisten, 7. September 1935, S. 8.
249 Nachtrag zum Verzeichnis über flüchtig gegangene Kommunisten, 15. März 1937, S. 14.
250 Bauer, a.a.O., S. 6.
251 Anklageschrift Knöchel, S. 4.
252 Bauer, a.a.O., S. 6.
253 Der BB-Apparat, Lagebericht des polizeiamtes, 22. März 1937, S. 2. Geheimen Staatspolizeiamtes, 22. März 1937, S. 12.
254 Dallin, a.a.O., S. 125.
255 Die kommunistische Paßfälscherorganisation, Lagebericht des Geheimen Staatspolizeiamtes, 22. März 1937, S. 8.
256 Die Auswirkungen des VII. Weltkongresses, Lagebericht des Geheimen Staatspolizeiamtes, 22. März 1937, S. 4.
257 Ebd.
258 Dallin, a.a.O., S. 149.
259 Anklageschrift Knöchel, S. 5.
260 Ebd.
261 Wollenberg, a.a.O., S. 17.
262 Anklageschrift Knöchel, S. 9.
263 Ebd.
264 Dallin, a.a.O., S. 149.
265 Ebd.
266 Ebd.
267 Dallin, a.a.O., S. 150.
268 Nollau, a.a.O., S. 116.
269 Die kommunistische Paßfälscherorganisation, Lagebericht des Geheimen Staatspolizeiamtes, 22. März 1937, S. 8.
270 Ebd. Dallin, a.a.O., S. 151.
271 Anonym, Die sowjetischen Sicherheitsorgane, S. 668.
272 Ebd.
273 Leonard Shapiro, Die große Säuberung. In: Hart, a.a.O., S. 74. Robert Conquest, Am Anfang starb Genosse Kirow, S. 279. Hugh Thomas, Der spanische Bürgerkrieg, S. 208, 232.
274 Nollau, a.a.O., S. 150.
275 Dallin, a.a.O., S. 166.
276 Nollau, a.a.O., S. 152.
277 Ebd.
278 Shapiro, Die große Säuberung. In: Hart, a.a.O., S. 75.
279 Murder International, Inc.: Hearings before the Subcommittee to investigate the administration of the Internal Security Act, 26. März 1965; S. 60.
280 Nollau, a.a.O., S. 151.
281 Ebd.
282 Koestler, a.a.O., S. 13.
283 Dallin, a.a.O., S. 151.
284 Ebd.
285 Murder International, S. 61.
286 Ebd.
287 Murder International, S. VI.
288 Lagebericht des Geheimen Staats-

2. Kapitel   Das Netz des Grand Chef

1 Rede Stalins auf dem 18. Kongreß der Kommunistischen Partei der Sowjetunion, 1939. In: B. H. Liddell Hart (Herausgeber), Die Rote Armee, S. 280.
2 Alexander Orlov, The Secret History of Stalin's Crimes, S. 238.
3 Anonym, Die sowjetischen Sicherheitsorgane. In: ›Das Parlament‹, 2. Dezember 1959, S. 670. Borys Lewytzkyj, Vom Roten Terror zur sozialistischen Gesetzlichkeit, S. 112.
4 Lewytzkyj, a.a.O., S. 115.
5 Lewytzkyj, a.a.O., S. 114.
6 Raymond L. Garthoff, Der Ober-

befehl und der Generalstab, in: Liddell Hart, Die Rote Armee, S. 267 ff.
7 Who's Who in the USSR, Ausgabe 1961/62, S. 584.
8 Iwan Terentjewitsch Peresypkin, geboren 1904, Eintritt als Freiwilliger in die Rote Armee 1919, dann drei Jahre lang Bergarbeiter im Donezbecken, 1923 Besuch der Militärpolitischen Schule der Roten Armee, von 1924 bis 1932 im Politapparat der Armee tätig, 1932–37 auf der Elektrotechnischen Kriegsakademie, 1937–39 Militärkommissar am Wissenschaftlichen Forschungsinstitut für Nachrichtenwesen, darauf Dienst in der Hauptverwaltung für Aufklärung, 1939 bis 1941 Volkskommissar für Ziviles Nachrichtenwesen, 1941–45 Oberbefehlshaber der Nachrichtentruppe. Vgl. Porträts der UdSSR-Prominenz, herausgegeben vom Institut zur Erforschung der UdSSR, April 1960.
9 Seweryn Bialer, Stalin and his Generals, S. 631. Abwehr-Abteilung ›Tod den Spionen‹ im Volkskommissariat für Verteidigung. In: Politische Informationen (= Informationsdienst des Reichssicherheitshauptamtes) vom 15. 12. 1944 bis 15. 1. 1945, S. 2; Akten des Persönlichen Stabes Reichsführer-SS und Chef der Deutschen Polizei (künftig: RFSS), Filmrolle 222.
10 Ebd.
11 Dallin, a.a.O., S. 27.
12 Bericht des Chefs der Sicherheitspolizei und des SD an den Reichsführer-SS, 10. Juni 1941. In: Walter Schellenberg, Memoiren, S. 380.
13 David Kahn, The Codebreakers, S. 643.
14 Lewytzkyj, a.a.O., S. 129.
15 Kahn, a.a.O., S. 644.
16 Lewytzky, a.a.O., S. 129.
17 Ebd.
18 Ebd.
19 Dallin, a.a.O., S. 153.
20 Nähere Einzelheiten im Kapitel 4 dieses Buches.
21 ›Neues Deutschland‹, 18. Oktober 1964.
22 Siehe Kapitel 4 dieses Buches.
23 Siehe Kapitel 4 dieses Buches.
24 John Nemo (= Pseudonym eines Gestapobeamten, dessen Name unbekannt ist), Das rote Netz, S. 7; Archiv des ›Spiegel‹.
25 Dallin, a.a.O., S. 167.
26 Nemo, a.a.O., S. 7.
27 Günther Nollau, Die Internationale, S. 113.
28 Sándor Radó, Dora jelenti. W. Flicke, Spionagegruppe Rote Kapelle, S. 14.
29 Dallin, a.a.O., S. 173.
30 Nachtrag zum Verzeichnis über flüchtig gegangene Kommunisten, herausgegeben vom Geheimen Staatspolizeiamt, B-Nr. 5925/37 g, 15. März 1937; Privatarchiv Wilhelm Bauer.
31 Wenzel war dem Apparat des westdeutschen BB-Beauftragten Hans Israel zugeteilt, der am 7. September 1936 vom Ersten Senat des Volksgerichtshofs zu einer lebenslänglichen Zuchthausstrafe verurteilt wurde. Siehe Wilhelm Bauer, Die Tätigkeit des BB-Apparates der KPD, S. 6; Privatarchiv Wilhelm Bauer.
32 Bericht des Chefs der Sicherheitspolizei und des SD, IV A 2-B, Nr. 330/42, 22. Dezember 1942 (künftig: Gestapo-Abschlußbericht), S. 2.
33 Ebd.
34 Dallin, a.a.O., S. 173.
35 Gestapo-Abschlußbericht, S. 4.
36 Gestapo-Abschlußbericht, S. 3.
37 Dallin, a.a.O., S. 173. Gilles Perrault, Auf den Spuren der Roten Kapelle, S. 139.
38 Dallin, a.a.O., S. 173.
39 Nemo, a.a.O., S. 10. Gestapo-Abschlußbericht, S. 3.
40 Capitaine ›Freddy‹ (= André Moyen), Vérité sur la Rote Kapelle. In: Europe-Amérique, 2. Oktober 1947, S. 15. Dallin, a.a.O., S. 172.
41 Perrault, a.a.O., S. 123.
42 Capitaine ›Freddy‹, a.a.O., S. 15.
43 Nemo, a.a.O., S. 10.
44 Ebd. Capitaine ›Freddy‹, a.a.O., S. 15.
45 Dallin, a.a.O., S. 173.
46 Dallin, a.a.O., S. 170.
47 Gestapo-Abschlußbericht, S. 2.
48 Dallin, a.a.O., S. 171.
49 Gestapo-Abschlußbericht, S. 3.
50 Perrault, a.a.O., S. 41.
51 Telegramm des SS-Obersturmbannführers Dr. Albath von der Staatspolizeileitstelle Düsseldorf an Kriminalrat Kopkow, Berlin, 11. September 1942; Archiv des ›Spiegel‹.
52 Ebd.
53 Perrault, a.a.O., S. 99.
54 Perrault, a.a.O., S. 41.
55 Nemo, a.a.O., S. 12.
56 Telegramm des Obersturmbannführers Dr. Albath an Kriminalrat Kopkow, 11. September 1942.
57 Perrault, a.a.O., S. 41.
58 Dallin, a.a.O., S. 171.
59 Perrault, a.a.O., S. 41.
60 Perrault, a.a.O., S. 42.
61 Nemo, a.a.O., S. 10. Dallin, a.a.O., S. 170.
62 Dallin, a.a.O., S. 170.
63 Gestapo-Abschlußbericht, S. 2.
64 Nemo, a.a.O., S. 12.
65 Nemo, a.a.O., S. 9.
66 Nemo, a.a.O., S. 11.

67 Gestapo-Abschlußbericht, S. 3.
68 Dallin, a.a.O., S. 168.
69 Perrault, a.a.O., S. 11.
70 Dallin, a.a.O., S. 168.
71 Nemo, a.a.O., S. 7.
72 Perrault, a.a.O., S. 12, 13.
73 Perrault, a.a.O., S. 13.
74 Aktennotiz über Broide Sarah Maya; Archiv des ›Spiegel‹. Perrault, a.a.O., S. 17.
75 Dallin, a.a.O., S. 176.
76 Nemo, a.a.O., S. 9.
77 Dallin, a.a.O., S. 73.
78 Nemo, a.a.O., S. 9.
79 Dallin, a.a.O., S. 72.
80 Dallin, a.a.O., S. 73.
81 Ebd.
82 Perrault, a.a.O., S. 13.
83 Dallin, a.a.O., S. 72.
84 Dallin, a.a.O., S. 74.
85 Perrault, a.a.O., S. 11. Dallin, a.a.O., S. 72, nimmt hingegen an, Bir sei der Älteste gewesen, aber offensichtlich war ihm das Geburtsdatum Treppers noch nicht bekannt.
86 Dallin, a.a.O., S. 74.
87 Ebd.
88 Perrault, a.a.O., S. 15.
89 Perrault, a.a.O., S. 16.
90 Nemo, a.a.O., S. 7.
91 Dallin, a.a.O., S 74.
92 Perrault, a.a.O., S. 17.
93 Dallin, a.a.O., S, 74, hält noch an der These von Riquiers Schuld fest, die neueren Forschungen Perraults, a.a.O., S. 17, widerlegen jedoch die alte Version.
94 Perrault, a.a.O., S. 14.
95 Dallin, a.a.O., S. 167.
96 Nemo, a.a.O., S. 9.
97 Nemo, a.a.O., S. 7.
98 Perrault, a.a.O., S. 21.
99 Nemo, a.a.O., S. 8.
100 Dallin, a.a.O., S. 171.
101 Nemo, a.a.O., S. 8.
102 Dallin, a.a.O., S. 171.
103 Die Zeitangabe (September 1939) bei Dallin, a.a.O., S. 171, ist offensichtlich falsch; vgl. Gestapo-Abschlußbericht, S. 2, 5. Danach kann man Makarows Ankunft auf etwa April 1939 ansetzen.
104 Dallin, a.a.O., S. 171.
105 Ebd.
106 Gestapo-Abschlußbericht, S. 2.
107 Ebd. Nemo, a.a.O., S. 9.
108 Nemo, a.a.O., S. 8.
109 Perrault, a.a.O., S. 22.
110 Dallin, a.a.O., S. 176, Perrault, a.a.O., S. 22.
111 Ebd.
112 Perrault, a.a.O., S. 28.
113 Gestapo-Abschlußbericht, S. 5. Nemo, a.a.O., S. 9. Perrault, a.a.O., S. 53, 54.
114 Gestapo-Abschlußbericht, S. 5. Perrault, a.a.O., S. 54.
115 Perrault, a.a.O., S. 40.
116 Telegramm des SS-Obersturmbannführers Dr. Albath an Kriminalrat Kopkow, 11. September 1942. Dallin, a.a.O., S. 172.
117 Nemo, a.a.O., S. 5.
118 Dallin, a.a.O., S. 173.
119 Nemo, a.a.O., S. 10.
120 Gestapo-Abschlußbericht, S. 3.
121 Dallin, a.a.O., S. 173.
122 Nemo, a.a.O., S. 15.
123 Gestapo-Abschlußbericht, S. 4.
124 Capitaine ›Freddy‹, a.a.O., S. 15.
125 Gestapo-Abschlußbericht, S. 3.
126 Perrault, a.a.O., S. 41.
127 Gestapo-Abschlußbericht, S. 4.
128 Nollau, a.a.O., S. 113.
129 Gestapo-Abschlußbericht, S. 4.
130 Anklageschrift des Oberreichsanwalts beim Volksgerichtshof gegen Wilhelm Knöchel, 1943; Privatarchiv Otto Schwardt.
131 Ebd.
132 Dallin, a.a.O., S. 616.
133 Dallin, a.a.O., S. 174.
134 Gestapo-Abschlußbericht, S. 4.
135 Ebd.
136 Ebd.
137 Ebd.
138 Gestapo-Abschlußbericht, S. 2.
139 Dallin, a.a.O., S. 170.
140 Perrault, a.a.O., S. 155.
141 Perrault, a.a.O., S. 29.
142 Perrault, a.a.O., S. 41.
143 Ebd.
144 Ebd.
145 Perrault, a.a.O., S. 30.
146 Dallin, a.a.O., S. 169.
147 Dallin, a.a.O., S. 174.
148 Perrault, a.a.O., S. 33.
149 Gestapo-Abschlußbericht, S. 2. Mündliche Mitteilung von Harry Piepe (künftig: Mitteilung Piepe), 14. März 1968. Dallin, a.a.O., S. 172.
150 Dallin, a.a.O., S. 172, Mitteilung Piepe.
151 Perrault, a.a.O., S. 35.
152 Perrault, a.a.O., S. 36.
153 Perrault, a.a.O., S. 41.
154 Nemo, a.a.O., S. 10.
155 Perrault, a.a.O., S. 39.
156 Ebd. Aktennotiz über Broide Sarah Maya; Archiv des ›Spiegel‹.
157 Bericht des Chefs der Sicherheitspolizei und des SD an den Reichsführer-SS, 24. Dezember 1942, S. 4. In: Wilhelm von Schramm, Verrat im Zweiten Weltkrieg, S. 369.
158 Dallin, a.a.O., S. 189.
159 Ebd.
160 Näheres über Klara und Leo Schabbel im Kapitel 5 dieses Buches.
161 Bericht des Chefs der Sicherheitspolizei und des SD an den Reichsführer-SS, 24. Dezember 1942, S. 5.
162 Dallin, a.a.O., S. 190.
163 Dallin, a.a.O., S. 191.
164 Dallin, a.a.O., S. 190.
165 Dallin, a.a.O., S. 194.
166 Bericht des Chefs der Sicherheits-

polizei und des SD an den Reichsführer-SS, 24. Dezember 1942, S. 5. Dallin, a.a.O., S. 192.
167 Perrault, a.a.O., S. 173, täuscht sich freilich, wenn er annimmt, Hoscho habe aus einer guten Hannoveraner Familie gestammt. Tatsächlich kam sie aus der Umgebung von Potsdam (Wendisch-Buchholz); vgl. Bericht des Chefs der Sicherheitspolizei und des SD an den Reichsführer-SS, 24. Dezember 1942, S. 5.
168 Hans Umbreit, Der Militärbefehlshaber in Frankreich 1940–1944, S. 36. Außerdem: Kuprian-Personalie, Archiv des ›Spiegel‹. Mithin erweist sich die Darstellung Perraults, a.a.O., S. 175, 188, wonach sich Maximowitsch in einer Art Widerstandskreis hoher deutscher Offiziere wie ›General‹ von Pfeffer und ›Oberst‹ Kuprian bewegt hat, als unzutreffende Vermutung; zur fraglichen Zeit, also nach Ausbruch des deutsch-sowjetischen Krieges, dienten Pfeffer und Kuprian nicht mehr in Paris — Pfeffer schied Anfang 1941 aus der Militärverwaltung Frankreich aus, Kuprian war im April 1941 zur Feldkommandantur 758 abkommandiert und am 1. September 1941 als Leiter der Verwaltung zum Bezirkschef Bordeaux versetzt worden.
169 Bericht des Chefs der Sicherheitspolizei und des SD an den Reichsführer-SS, 24. Dezember 1942, S. 6. Auch hier gilt es, Perraults Darstellung, a.a.O., S. 175, zu differenzieren: Anna-Margaret Hoffmann-Scholtz gehörte nicht zum Sekretariat des Botschafters Abetz, sondern sie war Sekretärin im Deutschen Konsulat.
170 Dallin, a.a.O., S. 193.
171 Nemo, a.a.O., S. 14.
172 Perrault unterliegt immer wieder dem Trugschluß, durch ein paar Beziehungen zur deutschen Militärverwaltung habe der Grand Chef die Militärgeheimnisse des Gegners erfahren. An keiner Stelle seines Buches macht er sich klar, daß die Militärverwaltung von der Truppe völlig getrennt war, dort also gar keine militärischen Geheimnisse zu erfahren waren.
173 Nemo, a.a.O., S. 14. Perrault, a.a.O., S. 152.
174 Perrault, a.a.O., S. 36.
175 Nemo, a.a.O., S. 9.
176 Ebd. Perrault, a.a.O., S. 155.
177 Nemo, a.a.O., S. 9.
178 Perrault, a.a.O., S. 36.
179 Dallin, a.a.O., S. 176.
180 Perrault, a.a.O., S. 153.
181 Ebd.
182 Perrault, a.a.O., S. 154.
183 Gestapo-Abschlußbericht, S. 5.
184 Gestapo-Abschlußbericht, S. 6, 8.
185 Perrault, a.a.O., S. 37.
186 Gestapo-Abschlußbericht, S. 8.
187 Ebd.
188 Perrault, a.a.O., S. 39.
189 Perrault, a.a.O., S. 37.
190 Ebd.
191 Ebd.
192 Perrault, a.a.O., S. 84.
193 Dallin, a.a.O., S. 177.
194 Ebd.
195 Ebd.
196 Ebd. Gestapo-Abschlußbericht, S. 5.
197 Perrault, a.a.O., S. 160.
198 Gestapo-Abschlußbericht, S. 5.
199 Perrault, a.a.O., S. 156. Im Februar 1942 zog die Firma in den Boulevard Haussmann 24 um; Gestapo-Abschlußbericht, S. 5.
200 Dallin, a.a.O., S. 178.
201 Perrault, a.a.O., S. 162.
202 Dallin, a.a.O., S. 177.
203 Perrault, a.a.O., S. 164.
204 Bialer, a.a.O., S. 238.
205 Dallin, a.a.O., S. 163.
206 Georgi K. Schukow, Erinnerungen und Gedanken, S. 227 ff.
207 Bialer, a.a.O., S. 250
208 Perrault, a.a.O., S. 101.
209 Ebd.
210 Ebd.
211 Nähere Einzelheiten im Kapitel 4 dieses Buches.
212 Dallin, a.a.O., S. 172.
213 Gestapo-Abschlußbericht, S. 2.
214 Perrault, a.a.O., S. 70.
215 Flicke, a.a.O., S. 44.
216 Gestapo-Abschlußbericht, S. 6.
217 Flicke, a.a.O., S. 43.
218 Dallin, a.a.O., S. 180.
219 Flicke, a.a.O., S. 80
220 Ebd.
221 Flicke, a.a.O., S. 62.
222 Flicke, a.a.O., S. 61.
223 Flicke, a.a.O., S. 62.
224 Perrault, a.a.O., S. 77.
225 Gestapo-Abschlußbericht, S. 10.
226 Ebd.
227 Dallin, a.a.O., S. 220.
228 Dallin, a.a.O., S. 223.
229 Dallin, a.a.O., S. 226.
230 Sammlung sowjetischer Funksprüche aus dem Nachlaß Wilhelm F. Flickes (künftig: Sammlung Flicke), S. 1.
231 Sammlung Flicke, S. 2.
232 Sammlung Flicke, S. 6.
233 Ebd.
234 Flicke, a.a.O., S. 59.
235 Gestapo-Abschlußbericht, S. 9.
236 Perrault, a.a.O., S. 74.
237 Gestapo-Abschlußbericht, S. 9. Aus dieser Quelle geht auch hervor, daß Kent den Auftrag hatte, die abgerissene Verbindung zu der sowjetischen Spionagegruppe ›Oskol‹ in Prag wieder herzustellen und die von Moskau festgelegten Arbeitswellen für den Oskol-Sender zu

nennen; Perrault, a.a.O., S. **74**, irrt also, wenn er annimmt, man wisse nichts über die Prager Mission Kents.

3. Kapitel   Alarm auf Linie Adolf

1 W. F. Flicke, Spionagegruppe Rote Kapelle, S. 8.
2 Flicke, a.a.O., S. 9.
3 Flicke, a.a.O., S. 12.
4 Flicke, a.a.O., S. 17.
5 Das Geheimnis der Roten Kapelle, ›Norddeutsche Rundschau‹, 30. Januar 1951.
6 Oscar Reile, Geheime Ostfront, S. 184.
7 Gert Buchheit, Der deutsche Geheimdienst, S. 110. Der damalige Oberstleutnant Rohleder hatte am 22. Januar 1938 die Gruppe III F der Abwehr übernommen. Er kam aus Stettin, war dort am 29. April 1892 geboren worden, hatte nach Besuch der Kadettenanstalt Oranienstein und der Hauptkadettenanstalt Berlin-Lichterfelde ab 1911 im Leibgrenadier-Regiment 8 gedient und 1930 den Abschied genommen. Erst 1935 kam er zum Geheimdienst, zunächst als Referent, drei Jahre später als Gruppenleiter; Archiv des ›Spiegel‹.
8 Entwurf einer Rede Himmlers vor dem Preußischen Staatsrat, vermutlich 1936, S. 30; Akten des Persönlichen Stabes Reichsführer-SS und Chef der Deutschen Polizei (künftig: RFSS), Filmrolle 89.
9 Reile, a.a.O., S. 226.
10 Reile, a.a.O., S. 228.
11 Reile, a.a.O., S. 174.
12 Reile, a.a.O., S. 228.
13 Reile, a.a.O., S. 227.
14 Alexander Dallin, Deutsche Herrschaft in Rußland, S. 125.
15 Reile, a.a.O., S. 234.
16 Vor Beginn des Polenfeldzugs stellte Abwehr II unter dem Tarnnamen ›Bergbauernhilfe‹ ein Regiment aus OUN-Mitgliedern auf, die hinter der Front Spionage- und Sabotageaufträge ausführen sollten; siehe dazu Dallin, a.a.O., S. 125.
17 Buchheit, a.a.O., S. 254.
18 Aktenplan der Abteilung II des Geheimen Staatspolizeiamtes, Zeit etwa: 1935/36, S. 5; RFSS, Filmrolle 229.
19 Grundsätzliche Gedanken zur Neugliederung des Geheimen Staatspolizeiamtes, Denkschrift aus dem Jahr 1939 (vermutlicher Verfasser: Schellenberg), S. 16; RFSS, Filmrolle 239.
20 Geschäftsverteilungsplan des Reichssicherheitshauptamtes, Stand: 1. 3. 1941; RFSS, Filmrolle 232.
21 Geschäftsverteilungsplan des Reichssicherheitshauptamtes, Stand: 1. 2. 1940; RFSS, Filmrolle 232. Shlomo Aronson, Heydrich und die Anfänge des SD und der Gestapo, S. 284.
22 Geschäftsverteilungsplan, RSHA, 1. 2. 1940.
23 Walter Schellenberg, Memoiren, S. 48.
24 Walter Hagen (= Dr. Wilhelm Höttl), Die geheime Front, S. 62. Schellenberg, a.a.O., S. 50.
25 Entwurf eines Vortrages über die Aufgabenstellung des Amtes VI, abgeschlossen am 23. Januar 1940, S. 13; Privatarchiv eines ehemaligen SD-Funktionärs, der nicht genannt zu werden wünscht.
26 Entwurf eines Vortrags über die Aufgabenstellung des Amtes VI, S. 14.
27 Entwurf einer Rede Himmlers vor dem Preußischen Staatsrat, S. 24.
28 Sonderbericht Tuchatschewski, herausgegeben vom IfA (= Informationsamt des SD-Hauptamtes), 1937, S. 7; RFSS, Filmrolle 467.
29 Ebd.
30 Bericht des Chefs der Sicherheitspolizei und des SD an den Reichsführer-SS, 10. Juni 1941. In: Schellenberg, a.a.O., S. 380.
31 Bericht an den Reichsführer-SS, 10. Juni 1941. In: Schellenberg, a.a.O., S. 387.
32 Ebd. Tatsächlich hatte Dekanosow in den ersten Jahren nach der Revolution zu den führenden Männern der Tscheka im Kaukasus gehört, war aber bereits Anfang der dreißiger Jahre stellvertretender Ministerpräsident der Georgischen Sowjetrepublik und im April 1939 in den diplomatischen Dienst getreten. Im Volkskommissariat für Auswärtige Angelegenheiten unterstanden ihm die Konsulats-, Verwaltungs- und Personalabteilungen; Internationales Biographisches Archiv 12/54.
33 Ebd.
34 Kyrill D. Kalinow, Sowjetmarschälle haben das Wort, S. 28. Dazu auch David Dallin, Die Sowjetspionage, S. 163, dessen Angaben freilich dadurch teilweise entwertet werden, daß er völlig kritiklos das Dekanosow-Bild der Gestapo übernimmt.
35 David Dallin, a.a.O., S. 26.
36 Buchheit, a.a.O., S. 121.

238 Nähere Einzelheiten im Kapitel 4 dieses Buches.

37 David Kahn, The Codebreakers, S. 454.
38 Ebd. Buchheit, a.a.O., S. 33.
39 Kahn, a.a.O., S. 454.
40 Buchheit, a.a.O., S. 113.
41 Dieser Horchdienst konnte sämtliche Truppeneinheiten identifizieren, die an den 35 von insgesamt 52 großen Manövern in Europa zwischen 1931 und 1937 teilnahmen; Kahn, a.a.O., S. 445, 459, 461, 465.
42 Buchheit, a.a.O., S. 110.
43 Ernst de Barry, Die Leistung der deutschen Funkabwehr. In: Wilhelm von Schramm, Verrat im Zweiten Weltkrieg, S. 342. Auf die Bedeutung des Schwarzsendergesetzes für die Polizeiarbeit machte noch Gestapo-Chef Müller in einem Schreiben an alle Staatspolizei(leit)stellen vom 31. Juli 1943 aufmerksam; RFSS, Filmrolle 15.
44 Gliederung des Hauptamtes Ordnungspolizei; RFSS, Filmrolle 229. Über die Stellung der Gruppe ›Nachrichtenverbindungswesen‹ im Kommandoamt der Ordnungspolizei siehe Hans-Joachim Neufeldt, Jürgen Huck, Georg Tessin, Zur Geschichte der Ordnungspolizei, S. 67.
45 de Barry, a.a.O., S. 344.
46 Aktenvermerk Schellenbergs vom 8. September 1939, S. 1; RFSS, Filmrolle 239.
47 Internationaler Militärgerichtshof, Der Prozeß gegen die Hauptkriegsverbrecher, Band XXXVII, S. 21.
48 Aktenvermerk Schellenbergs, 8. 9. 1939, S. 1.
49 Schriftliche Mitteilung Dr. Wilhelm Höttls, der als stellvertretender Gruppenleiter im RSHA-Amt VI saß; 21. Februar 1968.
50 de Barry, a.a.O., S. 342.
51 de Barry, a.a.O., S. 343.
52 Ebd.
53 Ebd.
54 Personalakte Kopp; Archiv des ›Spiegel‹.
55 de Barry, a.a.O., S. 343.
56 Buchheit, a.a.O., S. 110. de Barry, a.a.O., S. 343.
57 So lassen sich jedenfalls die Andeutungen des ehemaligen Funkabwehr-Leiters de Barry, a.a.O., S. 343, interpretieren.
58 Im Oktober 1937 wurde im Wehrmachtamt des Reichskriegsministeriums die ›Abteilung für Wehrmachtnachrichtenverbindungen‹ geschaffen, die 1938 nach der Umwandlung des Wehrmachtamtes zum Oberkommando der Wehrmacht in die Amtsgruppe Führungsstab einrückte. Im Frühjahr 1940 entstand aus der Amtsgruppe Führungsstab der neue Wehrmachtführungsstab, in dem die Abteilung WNV ein Amt bildete; Robert J. O'Neill, The German Army and the Nazi Party, S. 224, und Albert Praun, Soldat in der Telegraphen- und Nachrichtentruppe, S. 225.
59 Kahn, a.a.O., S. 455.
60 Praun, a.a.O., S. 225.
61 So Fellgiebels Nachfolger, General Praun, a.a.O., S. 225.
62 Praun, a.a.O., S. 218.
63 Kahn, a.a.O., S. 455.
64 Praun, a.a.O., S. 225.
65 Ebd.
66 Ebd.
67 Ebd.
68 Ebd.
69 Praun, a.a.O., S. 218.
70 de Barry, a.a.O., S. 343.
71 Kahn, a.a.O., S. 458.
72 de Barry, a.a.O., S. 343.
73 Flicke, a.a.O., S. 18.
74 Noch 1944 versuchte Göring den Fellgiebel-Nachfolger Praun zur Abgabe der Abteilung ›Chi‹ zu bewegen; Praun, a.a.O., S. 228.
75 Flicke, a.a.O., S. 18.
76 Flicke, a.a.O., S. 34.
77 Kahn, a.a.O., S. 657.
78 Ebd.
79 Gilles Perrault, a.a.O., S. 51.
80 Schlußbericht des Staatsanwalts Dr. Finck im Ermittlungsverfahren gegen den ehemaligen Generalrichter Roeder (künftig: Schlußbericht Roeder), S. 58.
81 Schlußbericht Roeder, S. 41.
82 Ebd.
83 ›stern‹, 1. Juli 1951.
84 Schlußbericht Roeder, S. 58.
85 Schlußbericht Roeder, S. 41. Das Geheimnis der Roten Kapelle, ›Norddeutsche Rundschau‹, 31. Januar 1951.
86 Schlußbericht Roeder, S. 41.
87 Ebd.
88 Schlußbericht Roeder, S. 58.
89 Perrault, a.a.O., S. 53.
90 Oscar Reile, Geheime Westfront, S. 482.
91 Reile, Geheime Westfront, S. 476.
92 Observator (= Hauptmann d. R. Dr. Will Grosse), Wir wissen alles. In: ›Echo der Woche‹, 5. Mai 1950.
93 Mündliche Mitteilung von Harry Piepe (künftig: Mitteilung Piepe), 14. März 1968.
94 Ebd.
95 Ebd.
96 David Dallin, a.a.O., S. 183.
97 Ebd.
98 Mitteilung Piepe.
99 Ebd.
100 Ebd.
101 Perrault, a.a.O., S. 80.
102 Bericht des Chefs der Sicherheitspolizei und des SD, VI A 2-B, Nr. 330/42, 22. Dezember 1942 (künftig: Gestapo-Abschlußbericht), S. 1.
103 Mitteilung Piepe.

104 Ebd.
105 Perrault, a.a.O., S. 82.
106 Mitteilung Piepe.
107 Ebd.
108 Ebd.
109 Perrault, a.a.O., S. 82.
110 Ebd.
111 Mitteilung Piepe.
112 Perrault, a.a.O., S. 83.
113 Ebd.
114 Das Datum des Zugriffs in Brüssel ist umstritten, amtliche Unterlagen sind nicht mehr vorhanden. Die meisten Autoren (so zum Beispiel Dallin, a.a.O., S. 184, Flicke, a.a.O., S. 101) haben sich auf die Nacht vom 13. zum 14. Dezember 1941 festgelegt, nur Perrault, a.a.O., S. 85, nennt die vorangegangene Nacht; er stützt sich dabei auf eine mündliche Mitteilung Piepes, berücksichtigt dabei aber nicht, daß auch Piepe in seinen gedruckten Berichten zum ›Mittag‹ und ›Harburger Anzeiger und Nachrichten‹ die Nacht vom 13. zum 14. Dezember als Angriffsdatum fixierte.
115 Mitteilung Piepe.
116 Ebd.
117 Telegramm des SS-Obersturmbannführers Dr. Albath von der Staatspolizeileitstelle Düsseldorf an Kriminalrat Kopkow, 11. September 1942; Archiv des ›Spiegel‹.
118 Mitteilung Piepe.
119 Ebd.
120 Ebd.
121 David Dallin, a.a.O., S. 184. Eine andere Version bringt der unter dem Pseudonym John Nemo schreibende Gestapo-Beamte in seinem Bericht: Das rote Netz, S. 4; danach erschien Trepper in der Rolle eines Reisenden und erkundigte sich bei den Gendarmen nach einer im Nebenhaus wohnenden Familie.
122 Perrault, a.a.O., S. 90.
123 Piepe, der annimmt, Chef der Abwehrstelle Brüssel sei Oberst von Servaes gewesen. Laut Auskunft des ehemaligen belgischen Geheimdienst-Capitains André Moyen vom 13. Juni 1968, der nach Kriegsende deutsche Abwehrakten überprüfte, amtierte Servaes in Brüssel erst ab 1942; dessen Vorgänger war Oberstleutnant Dischler.
124 Piepe gibt an, er habe in einem Gespräch mit dem Leiter der Abwehrstelle Brüssel die Formel ›Rote Kapelle‹ geprägt. Der Autor hat sich nicht entschließen können, diese Version zu übernehmen, zumal Piepe in Personen- und Datumsfragen (was angesichts des zeitlichen Abstands von den Ereignissen wahrlich nicht verwunderlich ist) ein recht unsicheres Gedächtnis zeigt. Der Belgier André Moyen, der 1945 deutsche Abwehroffiziere verhörte, bezeugt, Piepe habe damals mit keinem Wort die Autorschaft für den Begriff ›Rote Kapelle‹ beansprucht. So bleibt nur die Wahrscheinlichkeit, daß der Deckname in der Abwehrstelle Brüssel entstanden ist.
125 B. S. Telpuchowski, Die sowjetische Geschichte des Großen Vaterländischen Krieges, S. 92.
126 Perrault, a.a.O., S. 101.
127 Perrault, a.a.O., S. 98.
128 Ebd.
129 Perrault, a.a.O., S. 102.
130 Telpuchowski, a.a.O., S. 101.
131 Ebd.
132 Perrault, a.a.O., S. 102.
133 Ebd.
134 Perrault, a.a.O., S. 99.
135 Perrault, a.a.O., S. 102.
136 Ebd.
137 Ebd.
138 David Dallin, a.a.O., S. 175.
139 Mitteilung Piepe.
140 Karl Giering, geboren am 17. August 1900 in Pechlüge bei Schwerin, 1918 Soldat, 1919 Mitglied des Freikorps Lüttwitz, 1923 als Unteroffizier aus der Reichswehr ausgeschieden, 1923 bis 1925 Werkschutzmann bei der Firma ›Osram‹ in Berlin, am 1. April 1925 Eintritt in die Berliner Kriminalpolizei und deren Abteilung IA, Übernahme in die Gestapo 1933, vier Jahre später Besuch der Führerschule der Sicherheitspolizei, am 1. Juni 1938 Beförderung zum Kriminalkommissar, am 1. April 1940 Eintritt in die NSDAP, 1942 Kriminalrat; Archiv des ›Spiegel‹.
141 Ebd.
142 Mitteilung Piepe.
143 So ließ Piepe noch zur Einleitung seiner Rote-Kapelle-Serie in ›Harburger Anzeiger und Nachrichten‹ am 30. September 1967 über sich schreiben: »Nie arbeitete er mit der Gestapo zusammen.«
144 Perrault, a.a.O., S. 115, offenbart hier, wie wenig er trotz seiner guten Informationen über die Rote Kapelle in Westeuropa die Arbeitsweise des deutschen Abwehr- und Polizeiapparates durchschaut.
145 Der Text des Gestapo-Abwehr-Abkommens, von den Teilnehmern auch ›Vertrag der zehn Gebote‹ genannt, bei: Werner Best, Die deutsche Abwehrpolizei bis 1945, S. 19.
146 Perrault, a.a.O., S. 115.
147 Mitteilung Piepe.
148 Perrault, a.a.O., S. 88.
149 Perrault, a.a.O., S. 90.
150 Die Annahme Perraults, a.a.O., S. 99, und auch Dallins, a.a.O., S. 184, Sophie Posnanska habe bald nach ihrer Verhaftung Selbstmord verübt, trifft nicht zu.

Nach dem bereits öfter zitierten Telegramm der Staatspolizeileitstelle Düsseldorf vom 3. September 1942 an Kriminalrat Kopkow lebte Sophie Posnanska zu dieser Zeit noch. Da es in dem Telegramm heißt, die »Aburteilung und Urteilsvollstreckung« solle »nach Mitteilung der Dienststelle des Beauftragten des Chefs der Sipo und des SD in Brüssel demnächst erfolgen«, so kann geschlossen werden, daß Sophie Posnanska kurz vor ihrem Prozeß Selbstmord verübt hat.
151 Telephonverzeichnis des Reichssicherheitshauptamtes; RFSS, Filmrolle 232.
152 Perrault, a.a.O., S. 117. Mitteilung Piepe.
153 Perrault, a.a.O., S. 113.
154 Perrault, a.a.O., S. 112.
155 Telegramm der Staatspolizeileitstelle Düsseldorf an Kopkow, 3. September 1942.
156 Perrault, a.a.O., S. 123.
157 Mündliche Mitteilung von Heinrich Reiser (künftig: Mitteilung Reiser), 4. März 1968.
158 Ende 1942 wurden die Akten nach Berlin überführt und in die Zentralkartei des RSHA eingeordnet; Schreiben des Gestapo-Chefs Müller vom 8. Januar 1943 an alle Dienststellen der Sicherheitspolizei und des SD; RFSS, Filmrolle 463.
159 Dienststellenverzeichnis der Sicherheitspolizei und des SD, April 1943; RFSS, Filmrolle 232.
160 Mitteilung Reiser.
161 Ebd.
162 Dienststellenverzeichnis der Sicherheitspolizei und des SD, April 1943.
163 Kahn, a.a.O., S. 650.
164 Kahn, a.a.O., S. 635.
165 Kahn, a.a.O., S. 656.
166 Ebd.
167 Kahn, a.a.O., S. 620.
168 Ebd.
169 Kahn, a.a.O., S. 636.
170 W. M. Vilter, Die Geheimschriften, S. 2.
171 Otto Pünter, Der Anschluß fand nicht statt, S. 141–147.
172 Ebd.
173 Archiv des ›Spiegel‹.
174 Ebd. Schriftliche Mitteilung von H. J. Weber, einem Vauck-Schüler, 12. Juni 1968.
175 Gestapo-Abschlußbericht, S. 11.
176 David Dallin, a.a.O., S. 185.
177 Ebd.
178 Schriftliche Mitteilung von Ernst de Barry, 31. März 1968.
179 Mitteilung Piepe.
180 David Dallin, a.a.O., S. 185.
181 Perrault, a.a.O., S. 128.
182 Schlußbericht Roeder, S. 59.
183 Kahn, a.a.O., S. 658.
184 Ebd.
185 Perrault, a.a.O., S. 129.
186 Mitteilung Reiser.
187 Ebd.
188 Ebd. David Dallin, a.a.O., S. 194.
189 David Dallin, a.a.O., S. 194.
190 Mitteilung Reiser.
191 David Dallin, a.a.O., S. 194.
192 Perrault, a.a.O., S. 191.
193 Ebd.
194 Ebd.
195 Ebd.
196 David Dallin, a.a.O., S. 175.
197 David Dallin, a.a.O., S. 185.
198 Mitteilung Piepe.
199 Gestapo-Abschlußbericht, S. 1. Der Bericht enthält auch das Datum der Aushebung des Wenzel-Senders (30. Juli 1942), woraus hervorgeht, daß alle Zeitangaben in der Literatur falsch sind: Perrault, a.a.O., S. 131, und David Dallin, a.a.O., S. 185, nennen den 30. Juni, Piepe in seiner Artikelserie »Harburger jagte Agenten«, in: ›Harburger Anzeiger und Nachrichten‹, 4. Oktober 1967, hält die Nacht vom 19. zum 20. Mai für das entscheidende Datum.
200 Mitteilung Piepe.
201 Ebd.
202 Perrault, a.a.O., S. 134.
203 Perrault, a.a.O., S. 133.
204 Schriftliche Mitteilung von Dr. H. B., 14. Dezember 1966.
205 Mitteilung Piepe.
206 Ebd.
207 Ebd.
208 Ebd.
209 Mitteilung Dr. H. B., 14. Dezember 1966.
210 Schlußbericht Roeder, S. 59.
211 Flicke, a.a.O., S. 59.
212 Schlußbericht Roeder, S. 59.
213 Ebd.
214 Mitteilung Piepe. Perrault a.a.O., S. 114, 115, irrt sich, wenn er angibt, »Anfang 1942« sei die Sonderkommission Rote Kapelle gegründet worden; sie entstand erst im September 1942. Vgl. Schlußbericht Roeder, S. 61.
215 Schellenberg, a.a.O., S. 251.
216 Ebd.

4. Kapitel   Choro ruft Moskau

1 Johann Strübing, geboren am 24. Februar 1907 in Berlin, von 1927 bis 1937 Dienst in der Schutzpolizei Berlin, am 1. Februar Übertritt zur Gestapo, kurz darauf Beförderung zum Kriminalkommissar, Eintritt in die Allgemeine SS (1937) und die NSDAP (1940), am 1. September 1942 zum SS-Obersturmführer ernannt; Archiv des ›Spiegel‹.

Außerdem: Schlußbericht des Staatsanwalts Dr. Finck im Ermittlungsverfahren gegen den ehemaligen Generalrichter der Luftwaffe Dr. Manfred Roeder (künftig: Schlußbericht Roeder), S. 59, 60.
2 Bericht des Chefs der Sicherheitspolizei und des SD, IV A 2-B, Nr. 330/42, 22. Dezember 1942 (künftig: Gestapo-Abschlußbericht), S. 1.
3 Gestapo-Abschlußbericht, S. 14.
4 Otto-Ernst Schüddekopf, Linke Leute von rechts, S. 509.
5 ›Weltspiegel‹, 22. Februar 1948.
6 Rainer Hildebrandt, Wir sind die Letzten, S. 138.
7 ›Neues Deutschland‹, 29. Juni 1968.
8 ›Weltspiegel‹, 22. Februar 1948.
9 David Dallin, Die Sowjetspionage, S. 283.
10 Ebd.
11 Graphologisches Gutachten Schulze-Boysen, undatiert, Privatarchiv Ritter von Schramm.
12 Erklärung von Greta Kuckhoff; Akten der Staatsanwaltschaft am Landgericht Lüneburg, Strafsache gegen Dr. Manfred Roeder (künftig: StA Lüneburg); Bd. VIII, Bl. 131.
13 Schlußbericht Roeder, S. 169.
14 Brief von Cato Bontjes van Beek an ihre Mutter, 2. März 1943; Privatarchiv Bontjes van Beek.
15 Adrien Turel, Ecce Superhomo, Band I, S. 218.
16 Walter A. Schmidt, Damit Deutschland lebe, S. 321.
17 Institut für Marxismus-Leninismus beim Zentralkomitee der SED (künftig: IML), Geschichte der deutschen Arbeiterbewegung, Band V, S. 280.
18 Schlußbericht Roeder, S. 343.
19 Mündliche Mitteilung von Dr. Hugo Buschmann (künftig: Mitteilung Buschmann), 26. Juni 1968.
20 Karl O. Paetel, Versuchung oder Chance?, S. 33.
21 Paetel, a.a.O., S. 32.
22 Paetel, a.a.O., S. 33.
23 Harro Schulze-Boysen, Gegner von heute — Kampfgenossen von morgen, S. 17.
24 Paetel, a.a.O., S. 25.
25 Schulze-Boysen, a.a.O., S. 28.
26 Schulze-Boysen, a.a.O., S. 9, 13.
27 Schulze-Boysen, a.a.O., S. 23.
28 Schüddekopf, a.a.O., S. 353.
29 Franz Jung, Der Weg nach unten, S. 386.
30 Alan Bullock, Hitler, S. 151 ff. Paetel, a.a.O., S. 32.
31 Mündliche Mitteilung von Erich Edgar Schulze, 4. März 1968.
32 Olga Tirpitz hatte den Studiendirektor Georg Schulze geheiratet; Gestapo-Abschlußbericht, S. 10.
33 Aussage von Marie-Louise Schulze, 14. Februar 1950; StA Lüneburg, Bd. XII, Bl. 57.
34 Personalakte Schulze-Boysen; Archiv des ›Spiegel‹.
35 Ebd.
36 Mündliche Mitteilung von Marie-Louise Schulze, 4. März 1968.
37 Ebd.
38 Schüddekopf, a.a.O., S. 353.
39 Mitteilung von Marie-Louise Schulze, 4. März 1968.
40 Elsa Boysen, Harro Schulze-Boysen, S. 8.
41 Personalakte Schulze-Boysen.
42 Boysen, a.a.O., S. 9.
43 Paetel, a.a.O., S. 198.
44 Jung, a.a.O., S. 383.
45 Jung, a.a.O., S. 343 ff.
46 Jung, a.a.O., S. 371, 372.
47 Jung, a.a.O., S. 371.
48 Ebd.
49 Jung, a.a.O., S. 376 ff.
50 Paetel, a.a.O., S. 192.
51 Jung, a.a.O., S. 381.
52 Arnold Bauer, Erinnerungen an Harro Schulze-Boysen und Horst Heilmann, S. 1.
53 Paetel, a.a.O., S. 198.
54 Jung, a.a.O., S. 384.
55 Ebd.
56 Paetel, a.a.O., S. 195.
57 Schüddekopf, a.a.O., S. 352.
58 Schüddekopf, a.a.O., S. 354.
59 Schüddekopf, a.a.O., S. 352, 354.
60 Jung, a.a.O., S. 386.
61 Schüddekopf, a.a.O., S. 353.
62 Ebd.
63 Paetel, a.a.O., S. 203.
64 Turel, a.a.O., S. 219.
65 Ebd.
66 Turel, a.a.O., S. 220.
67 Mündliche Mitteilung von Marie-Louise Schulze, 4. März 1968.
68 Marie-Louise Schulze, Warum ich im Jahre 1933 Parteigenossin geworden bin, S. 3.
69 Schulze, a.a.O., S. 1.
70 Ebd.
71 Ebd.
72 Schulze, a.a.O., S. 2.
73 Schulze, a.a.O., S. 3.
74 Ebd.
75 Schulze, a.a.O., S. 5.
76 Mündliche Mitteilung von Marie-Louise Schulze, 4. März 1968.
77 Schreiben des Führers des SS-Abschnittes III, Hilfspolizeikommando Henze, 19. Mai 1933; Privatarchiv Willi Weber.
78 Ernst von Salomon, Der Fragebogen, S. 477.
79 Ebd.
80 Personalakte Schulze-Boysen.
81 Ebd.
82 Boysen, a.a.O., S. 16.
83 Boysen, a.a.O., S. 15.
84 Personalakte Schulze-Boysen.
85 Ebd.
86 Ebd.
87 Ebd.

88 Mündliche Mitteilung des Vermieters der ersten Wohnung Schulze-Boysens, der ungenannt bleiben will; 26. März 1968. Thora zu Eulenburg, Libertas, S. 11.
89 Aussage von Toni Gösch, 14. Dezember 1966.
90 Winfried Martini, Deutsche Spionage für Moskau. In: ›Die Welt‹, 17. Oktober 1966.
91 Boysen, a.a.O., S. 16.
92 Mündliche Mitteilung, 26. März 1968.
93 Aussage von Marie-Louise Schulze, 14. Februar 1950; StA Lüneburg, Bd. XII, Bl. 57.
94 Schriftliche Mitteilung von Chefredakteur Heysig, 19. November 1966.
95 Schriftliche Mitteilung von Dr. Lydia Franke verwitwete Bartz, 7. Juli 1968.
96 Hausverteiler des Reichsluftfahrtministeriums, 1. Dezember 1939, S. 3; Archiv des ›Spiegel‹.
97 Mündliche Mitteilung des Vermieters der ersten Schulze-Boysen-Wohnung, 26. März 1968.
98 Personalakte Schulze-Boysen.
99 Mündliche Mitteilung, 26. März 1968.
100 Schriftliche Mitteilung Heysigs, 19. November 1966.
101 Harro Schulze-Boysen, Wehrchronik (Luftwaffe) 1938; in: Jahrbuch der deutschen Luftwaffe 1939, S. 40.
102 Schulze-Boysen, Wehrchronik (Luftwaffe) 1938, a.a.O., S. 41.
103 Boysen, a.a.O., S. 16.
104 Boysen, a.a.O., S. 17.
105 Aussage von Schumachers Mutter, Julie Schumacher; 20. Oktober 1949; StA Lüneburg, Bd. X., Bl. 13. Gestapo-Abschlußbericht, S. 10.
106 Aussage von Julie Schumacher, 20. Oktober 1949. Gestapo-Abschlußbericht, S. 11.
107 So in Klaus Lehmann, Widerstandsgruppe Schulze-Boysen/Harnack, S. 46, 47. Vgl. dagegen das Dementi Fritz Hohenemsers, eines Bruders von Frau Schumacher, ›Spiegel‹, 29/1968.
108 Aufzeichnung Kurt Schumachers in der Haft, 2. November 1942; Archiv des ›Spiegel‹.
109 Gestapo-Abschlußbericht, S. 12, Lehmann, a.a.O., S. 69.
110 Nach Angaben des Senatspräsidenten Kraell wurde Küchenmeister wegen Unterschlagung von Parteigeldern ausgeschlossen; Schlußbericht Roeder, S. 168.
111 Lehmann, a.a.O., S. 69.
112 Aussage von Dr. Elfriede Paul, 7. Dezember 1949; StA Lüneburg, Bd. X, Bl. 100. Gestapo-Abschlußbericht, S. 12.
113 Sie starb 1939 in der Schweiz an Tuberkulose; Aussage von Günther Weisenborn, 6. März 1967; Privatarchiv Weisenborn.
114 Mündliche Mitteilung des Publizisten Gösta von Uexküll, 6. Dezember 1968.
115 Aussage von Günther Weisenborn, 29. Juli 1949; StA Lüneburg, Bd. VIII, Bl. 63.
116 Schlußbericht Roeder, S. 243, 352, 379. Mitteilung von Uexkülls, 6. Dezember 1968.
117 Günther Weisenborn, Memorial, S. 3.
118 Aussage von Paul Scholz, 30. November 1949; StA Lüneburg, Bd. X, Bl. 80.
119 Manfred Merkes, Die deutsche Politik gegenüber dem Spanischen Bürgerkrieg 1936–1939, S. 28.
120 Ebd.
121 Gestapo-Abschlußbericht, S. 20.
122 Ebd.
123 Lehmann, a.a.O., S. 29.
124 Weisenborn, a.a.O., S. 3.
125 Rote Kapelle, von Günther Weisenborn verfaßter Sammelbericht der Überlebenden; StA Lüneburg Bd. VIII, Bl. 109, 110.
126 Ebd.
127 Rote Kapelle, Sammelbericht; StA Lüneburg, Bd. VIII, Bl. 64.
128 Weisenborn, a.a.O., S. 3.
129 Rote Kapelle, Sammelbericht; StA Lüneburg, Bd. VIII, Bl. 64.
130 Schlußbericht Roeder, S. 334. Bericht von Werner Krauss, undatiert; StA Lüneburg, Bd. X, Bl. 159.
131 Günther Weisenborn, Der lautlose Aufstand, S. 206, 207.
132 Weisenborn, Der lautlose Aufstand, S. 206.
133 Schriftliche Mitteilung von Willi Weber, 8. Mai 1968. Schlußbericht Roeder, S. 352.
134 Aussage von Oda Schottmüllers Mutter, Dorothea Schottmüller, 2. Dezember 1949; StA Lüneburg, Bd. X, Bl. 84.
135 Mitteilung Buschmann.
136 Aussage von Paul Scholz, 30. November 1949; StA Lüneburg, Bd. X, Bl. 80.
137 Erklärung von Greta Kuckhoff; undatiert; StA Lüneburg, Bd. VIII, Bl. 131.
138 Schriftliche Mitteilung von Willi Weber, Mai 1968.
139 Schlußbericht Roeder, S. 37.
140 Dallin, a.a.O., S. 279. Die Behauptung Roeders, Bessanow sei gewesen, der 1941 das Geld an die deutschen Helfer ausgezahlt habe (StA Lüneburg, Bd. VIII, Bl. 25), ist unzutreffend, weil Bessanow bereits 1938 im Bucharin-Rykow-Prozeß zu 15 Jahren Gefängnis verurteilt worden war; Dallin, a.a.O., S. 279.
141 Dallin, a.a.O., S. 276.

142 Personalakte Arvid Harnack; Privatarchiv Weisenborn.
143 Weisenborn, Der lautlose Aufstand, S. 208.
144 Bericht des Sicherheitshauptamtes an das Geheime Staatspolizeiamt vom 22. März 1937; RFSS, Filmrolle 402.
145 Weisenborn, Der lautlose Aufstand, S. 208.
146 Egmont Zechlin, Arvid und Mildred Harnack zum Gedächtnis, S. 4.
147 Zechlin, a.a.O., S. 5.
148 Personalakte Arvid Harnack
149 Dallin, a.a.O., S. 276.
150 Personalakte Mildred Harnack; Privatarchiv Weisenborn.
151 Lehmann, a.a.O., S. 36, 37.
152 Dallin, a.a.O., S. 276.
153 Lehmann, a.a.O., S. 33.
154 Dallin, a.a.O., S. 276.
155 Zechlin, a.a.O., S. 5.
156 Personalakte Arvid Harnack. Dallin, a.a.O., S. 277.
157 Dallin, a.a.O., S. 277, 278.
158 Lehmann, a.a.O., S. 33.
159 Gestapo-Abschlußbericht, S. 10. Lehmann, a.a.O., S. 34.
160 Lehmann, a.a.O., S. 34.
161 Personalakte Arvid Harnack. Gestapo-Abschlußbericht, S. 10.
162 Erklärung von Greta Kuckhoff; StA Lüneburg, Bd. VIII, Bl. 131.
163 Ebd.
164 Erklärung von Greta Kuckhoff; StA Lüneburg, Bd. VIII, Bl. 131.
165 Personalakte Greta Kuckhoff; Archiv des ›Spiegel‹. Gestapo-Abschlußbericht, S. 10.
166 Erklärung von Greta Kuckhoff; StA Lüneburg, Bd. VIII, Bl. 131.
167 Lehmann, a.a.O., S. 55.
168 Gestapo-Abschlußbericht, S. 12.
169 Erklärung von Greta Kuckhoff; StA Lüneburg, Bd. VIII, Bl. 131.
170 Lehmann, a.a.O., S. 52. Personalakte Adam Kuckhoff; Archiv des ›Spiegel‹.
171 Bericht von Alexander Kraell, 30. Juli 1946; StA Lüneburg, Bd. III, Bl. 374.
172 Ebd. Erklärung von Greta Kuckhoff; StA Lüneburg, Bd. VIII, Bl. 132.
173 Erklärung von Greta Kuckhoff; StA Lüneburg, Bd. VIII, Bl. 132.
174 Schlußbericht Roeder, S. 35.
175 Bericht von Alexander Kraell; StA Lüneburg, Bd. III, Bl. 374.
176 Ebd.
177 Ebd.
178 Erklärung von Greta Kuckhoff; StA Lüneburg, Bd. VIII, Bl. 131.
179 Ebd.
180 Ebd.
181 Ebd.
182 Erklärung von Greta Kuckhoff; StA Lüneburg, Bd. VIII, Bl. 131.
183 Libertas verschaffte später Kuckhoff die Regie für den Dokumentarfilm »Posen — Stadt im Aufbau«; schriftliche Mitteilung von Alexander Spoerl, 27. Juni 1968.
184 Aussage von Johannes Strübing, 18. Januar 1950; StA Lüneburg Bd. X, Bl. 198.
185 Erklärung von Greta Kuckhoff; StA Lüneburg, Bd. VIII, Bl. 131.
186 Bericht von Alexander Kraell; StA Lüneburg, Bd. III, Bl. 375.
187 Herbert Wehner, Notizen, S. 186.
188 Wehner, a.a.O., S. 184.
189 Wehner, a.a.O., S. 181.
190 Wehner, a.a.O., S. 184.
191 Ebd.
192 Wehner, a.a.O., S. 185, 186.
193 Wehner, a.a.O., S. 186. Anklageschrift des Oberreichsanwalts am Volksgerichtshof gegen Wilhelm Knöchel (künftig: Anklageschrift Knöchel), 1943, S. 6; Privatarchiv Otto Schwardt.
194 Anklageschrift Knöchel, S. 7. Der Name »Kurt Funk« war Wehner auf dem VII. Komintern-Kongreß in Moskau 1935 übertragen worden; siehe Herbert Wehner, Erklärung zu einer Veröffentlichung der Zeitung ›Dagens Nyheter‹, 11. März 1957.
195 Näheres darüber in Wehners Notizen.
196 Anklageschrift Knöchel, S. 7.
197 Anklageschrift Knöchel, S. 6.
198 Wehner, Notizen, S. 189. Dallin, a.a.O., S. 113, 114. Nachtrag zum Verzeichnis der flüchtig gegangene Kommunisten, herausgegeben vom Geheimen Staatspolizeiamt, 5. Mai 1937; S. 32; Privatarchiv Wilhelm Bauer.
199 Anklageschrift Knöchel, S. 6.
200 Dallin, a.a.O., S. 114.
201 Wehner, Erklärung zu einer Veröffentlichung der ›Dagens Nyheter‹, S. 2.
202 Anklageschrift Knöchel, S. 13. Wehner, Erklärung zu einer Veröffentlichung der ›Dagens Nyheter‹, S. 4.
203 Wehner, Erklärung zu einer Veröffentlichung der ›Dagens Nyheter‹, S. 5.
204 Untersuchungsprotokoll der schwedischen Polizei vom 4. April 1942, abgedruckt in ›Rheinischer Merkur‹, 22. März 1957.
205 Wehner, Notizen, S. 186.
206 Untersuchungsprotokoll der schwedischen Polizei, 4. April 1942.
207 Knöchel blieb vom Januar 1942 bis zu seiner Verhaftung im Oktober jenes Jahres in Berlin; Anklageschrift Knöchel, S. 14 ff.
208 IML, a.a.O., S. 252 ff.
209 IML, a.a.O., S. 284.
210 IML, a.a.O., S. 278.
211 IML, a.a.O., S. 227.
212 Ebd.
213 Schmidt, a.a.O., S. 325.

214 Ebd.
215 Schlußbericht Roeder, S. 150.
216 Lehmann, a.a.O., S. 56.
217 Ebd. Personalakte Guddorf; Archiv des ›Spiegel‹.
218 Schmidt, a.a.O., S. 328.
219 Schmidt, a.a.O., S. 329.
220 Über die Gruppe um Neutert, Thiess, die Dubinskis und den noch ungenannten Wilhelm Schürmann-Horster vgl. das Urteil des Volksgerichtshofes 10. J 13/43 g vom 20./21. August 1943; StA Lüneburg, Bd. X, Bl. 104 ff.
221 Zur Geschichte der deutschen antifaschistischen Widerstandsbewegung, S. 188.
222 Ebd.
223 Schlußbericht Roeder, S. 169.
224 IML, a.a.O., S. 281.
225 Klara Schabbel hatte 1921 in Berlin den Komintern-Beauftragten Robinson kennengelernt, mit dem sie noch im selben Jahr nach Moskau zog. 1922 kehrte sie nach Berlin zurück, wo ihr Sohn Leo geboren wurde. Sie hielt auch später Kontakt zu dem im Westen eingesetzten Robinson; Leo Schnabel lebte zeitweilig, von 1934–1936, mit seinem Vater in Paris zusammen. Aussage der Schwester Klara Schabbels, Margarete Almstedt, 28. November 1949; StA Lüneburg, Bd. X, Bl. 71.
226 Gestapo-Abschlußbericht, S. 19, 20.
227 Schlußbericht Roeder, S. 215.
228 Aussage von Alexander Kraell, 15. März 1950; StA Lüneburg, Bd. XII, Bl. 109.
229 Ebd.
230 Ebd.
231 Aussage von Johannes Strübing, 18. Januar 1950; StA Lüneburg, Bd. X, Bl. 200.
232 Aussage von Lotte Schleif; 29. November 1949; StA Lüneburg, Bd. X, Bl. 73.
233 Ebd.
234 Ebd.
235 Aussage von Heinrich Scheel, 26. November 1949; StA Lüneburg, Bd. X, Bl. 65.
236 Aussage von Coppis Mutter, Frieda Coppi, 14. November 1949; StA Lüneburg, Bd. X, Bl. 45.
237 Ausage von Hans Lautenschläger, 30. November 1949; StA Lüneburg, Bd. X, Bl. 60.
238 Ebd.
239 Professor Kemp, John F. Rittmeister zum Gedächtnis, S. 1.
240 Lehmann, a.a.O., S. 58.
241 John Rittmeisters Tagebuchblätter aus dem Gefängnis, September 1942 bis März 1943; StA Lüneburg, Bd. X, Bl. 153, 141.
242 John Rittmeisters Tagebuchblätter; StA Lüneburg, Bd. X, Bl. 153, 141.
243 Kemp, a.a.O., S. 3.
244 Lehmann, a.a.O., S. 58.
245 Ebd.
246 Kemp, a.a.O., S. 3.
247 Schlußbericht Roeder, S. 34.
248 Ebd.
249 Ebd.
250 Ebd.
251 Ebd.
252 Ebd.
253 Bericht von Werner Krauss; StA Lüneburg, Bd. X, Bl. 158.
254 Aussage von Ursula Terwiel, 20. Oktober 1949; StA Lüneburg, Bd. X, Bl. 16.
255 Zeugenaussage von Jan Bontjes van Beek vor der Entschädigungskammer des Landgerichts Stade, 12. Februar 1958; Privatarchiv Bontjes van Beek.
256 Aussage von Strelows Mutter, Meta Strelow; Schlußbericht Roeder, S. 366.
257 Dallin, a.a.O., S. 163 ff.
258 Gestapo-Abschlußbericht, S. 16, Aussage von Alexander Kraell und Erklärung von Greta Kuckhoff; StA Lüneburg, Bd. XII, Bl. 96 und Bd. VIII, Bl. 131.
259 Bericht von Alexander Kraell, 30. Juli 1946; StA Lüneburg, Bd. III, Bl. 370.
260 Schlußbericht Roeder, S. 40.
261 Gestapo-Abschlußbericht, S. 16.
262 Erklärung von Greta Kuckhoff, StA Lüneburg, Bd. VIII, Bl. 132. Bericht von Alexander Kraell; StA Lüneburg, Bd. XII, Bl. 106.
263 Aussage von Alexander Kraell, 14. März 1950; StA Lüneburg, Bd. XII, Bl. 99.
264 Ebd.
265 Gestapo-Abschlußbericht, S. 19.
266 Gestapo-Abschlußbericht, S. 16.
267 Gestapo-Abschlußbericht, S. 19.
268 Erklärung von Greta Kuckhoff; StA Lüneburg, Bd. VIII, Bl. 132.
269 Bericht von Alexander Kraell, 6. August 1948; StA Lüneburg, Bd. III, Bl. 382.
270 Schüddekopf, a.a.O., S. 351.
271 Hildebrandt, a.a.O., S. 151.
272 Bericht von Alexander Kraell, 6. August 1948; StA Lüneburg, Bd. III, Bl. 387.
273 Dallin, a.a.O., S. 285.
274 Aussage von Eugen Schmitt, 25. Juli 1949; StA Lüneburg, Bd. VIII, Bl. 61.
275 Erklärung von Greta Kuckhoff, 21. März 1947; StA Lüneburg, Bd. VIII, Bl. 162.
276 Aussage von Margarete Almstedt, 28. November 1949; StA Lüneburg, Bd. X, Bl. 72.
277 Aussage von Julie Schumacher, 20. Oktober 1949; StA Lüneburg, Bd. X, Bl. 13.
278 Aussage von Alexander Kraell; StA Lüneburg, Bd. XII, Bl. 106.
279 Wehner in seinem Schlußwort vor

331

dem Stockholmer Gericht, das ihn 1942 wegen angeblicher Spionage zugunsten der Sowjetunion zu einem Jahr Zuchthaus verurteilte; Wehner, Notizen, S. 208.
280 Hildebrandt, a.a.O., S. 156.
281 Hildebrandt, a.a.O., S. 157.
282 Gestapo-Abschlußbericht, S. 16.
283 Mitteilung Buschmann.
284 Gestapo-Abschlußbericht, S. 17.
285 Zechlin, a.a.O., S. 5.
286 Aussage von Alexander Kraell; StA Lüneburg, Bd. XII, Bl. 104.
287 Weisenborn, Der lautlose Aufstand, S. 204.
288 Schlußbericht Roeder, S. 383.
289 Mitteilung Buschmann.
290 Ebd.
291 Ebd.
292 Hildebrandt, a.a.O., S. 154.
293 Hildebrandt, a.a.O., S. 155. Mitteilung Buschmann.
294 Bericht von Werner Krauss; StA Lüneburg, Bd. X, Bl. 159.
295 Schmidt, a.a.O., S. 323. IML a.a.O., S. 309.
296 Ebd.
297 Schmidt, a.a.O., S. 323.
298 Lehmann, a.a.O., S. 83. Weisenborn, Der lautlose Aufstand, S. 206.
299 Aussage von Alexander Kraell; StA Lüneburg, Bd. XII, Bl. 96.
300 Rote Kapelle, Sammelbericht; Aussage von Alexander Kraell; StA Lüneburg, Bd. VIII, Bl. 104, und Bd. XII, Bl. 103.
301 Aussage von Eva Hildebrand verwitwete Rittmeister vor der Entschädigungskammer des Landgerichts Stade, 12. Februar 1958; Privatarchiv Bontjes van Beek.
302 Bericht von Werner Krauss; StA Lüneburg, Bd. X, Bl. 159.
303 Weisenborn, Der lautlose Aufstand, S. 206.
304 Mitteilung Buschmann.
305 Bericht von Werner Krauss; StA Lüneburg, Bd. X, Bl. 159.
306 Ebd.
307 Ebd.
308 Bericht von Werner Krauss; StA Lüneburg, Bd. X, Bl. 159.
309 IML a.a.O., S. 314.
310 Urteil des Volksgerichtshofes gegen Heinz Rotholz u. a. (künftig: Urteil Rotholz), Dezember 1942; Privatarchiv Willi Weber.
311 Bericht von Werner Krauss; StA Lüneburg, Bd. X, Bl. 159. Photokopie eines Handzettels: IML, a.a.O., S. 240–241.
312 Bericht von Werner Krauss; StA Lüneburg, Bd. X, Bl. 159.
313 Gestapo-Abschlußbericht, S. 15.
314 Urteil Rotholz, Dezember 1942, S. 2.
315 Ebd.
316 Brief Cato Bontjes van Beeks an ihre Mutter, 2. März 1943. Aussage von Meta Strelow; Schlußbericht Roeder, S. 366.
317 Aussage von Alexander Kraell; StA Lüneburg, Bd. X, Bl. 110.
318 Typisch für das Verhältnis zwischen Rittmeister und Schulze-Boysen war, daß letzterer den Nervenarzt von der Aktion des 18. Mai erst gar nicht informiert hatte, »da man seine Ablehnung von vornherein kannte«; Bericht von Werner Krauss; StA Lüneburg, Bd. X, Bl. 160.
319 Mitteilung Buschmann.
320 Schriftliche Mitteilung von Alexander Spoerl, 27. Juni 1968.
321 Archiv des ›Spiegel‹.
322 Schriftliche Mitteilung des Schriftstellers August Noiret (künftig: Mitteilung Noiret), 3. Juni 1968.
323 Mündliche Mitteilung von Ingenieur Urbanek, ehemaligem Leiter des Pressedezernats im Reichsluftfahrtministerium (künftig: Mitteilung Urbanek), 25. April 1968.
324 Ebd.
325 Mitteilung Noiret, 3. Juli 1968.
326 Mitteilung Urbanek, 25. April 1968.
327 Ebd.
328 Gestapo-Abschlußbericht, S. 11.
329 Lehmann, a.a.O., S. 76, 77.
330 Aussage von Johannes Strübing, 18. Januar 1950; StA Lüneburg, Bd. X, Bl. 196.
331 Schlußbericht Roeder, S. 131, 134, 239.
332 Aussage von Johannes Strübing, 18. Januar 1950; StA Lüneburg, Bd. X, Bl. 196.
333 Aussage von Toni Graudenz, 15. November 1949; StA Lüneburg, Bd. X, Bl. 48.
334 Aussage von Alexander Kraell; StA Lüneburg, Bd. XII, Bl. 98.
335 Lehmann, a.a.O., S. 67. Gestapo-Abschlußbericht, S. 10.
336 Aussage von Toni Graudenz, 15. November 1949; StA Lüneburg, Bd. X, Bl. 48.
337 Ebd.
338 Ebd.
339 Bericht von Alexander Kraell, 30. Juli 1946; StA Lüneburg, Bd. III, Bl. 371.
340 Ebd.
341 Schriftliche Mitteilung von Willi Weber, Juni 1968.
342 Aussage von Reinhold Ortmann, 16. Februar 1950; StA Lüneburg, Bd. XII, Bl. 65.
343 Bericht von Werner Krauss; StA Lüneburg, Bd. X, Bl. 160.
344 Ebd.
345 Ebd.
346 Lehmann, a.a.O., S. 70. Gestapo-Abschlußbericht, S. 11.
347 Hildebrandt, a.a.O., S. 141.
348 Ebd. Aussage von Gerhard Ranft,

348 7. März 1950; StA Lüneburg, Bd. XII, Bl. 88.
349 Hildebrandt, a.a.O., S. 141.
350 Gestapo-Abschlußbericht, S. 11.
351 Aussage von Alexander Kraell, 14. März 1950; StA Lüneburg, Bd. XII, Bl. 98.
352 Aussage von Manfred Roeder, 1. Juli 1949; StA Lüneburg, Bd. VIII, Bl. 25.
353 Aussage von Alexander Kraell, 14. März 1950; StA Lüneburg, Bd. XII, Bl. 107.
354 Aussage von Johannes Strübing, 18. Januar 1950; StA Lüneburg, Bd. X, Bl. 195.
355 Mitteilung Buschmann.
356 Schulze-Boysen, a.a.O., S. 18, 20.
357 Aussage von Dr. Jan Tönnies; 10. März 1950; StA Lüneburg, Bd. XII, Bl. 143.
358 Axel von Harnack, Arvid und Mildred Harnack, in: ›Die Gegenwart‹, 31. Januar 1947, S. 15.
359 Personalakte Mildred Harnack; Privatarchiv Weisenborn.
360 Gestapo-Abschlußbericht, S. 11. Aussage von Gerhard Ranft, 7. März 1950; StA Lüneburg, Bd. XII, Bl. 87.
361 Ebd.
362 Gestapo-Abschlußbericht, S. 11.
363 Aussage von Johannes Strübing, 18. Januar 1950; StA Lüneburg, Bd. X, Bl. 197.
364 Aussage von Alexander Kraell, 14. März 1950; StA Lüneburg, Bd. XII, Bl. 112.
365 Gestapo-Abschlußbericht, S. 11.
366 Weisung der Zentrale Moskau an Kent, 18. Oktober 1941; Gestapo-Abschlußbericht, S. 8, 9.
367 Aussage von Alexander Kraell, 14. März 1950; StA Lüneburg, Bd. XII, Bl. 112.
368 Gestapo-Abschlußbericht, S. 7. Aussage von Johannes Strübing, 2. Februar 1950; StA Lüneburg, Bd. 1.
369 Gestapo-Abschlußbericht, S. 20.
370 Ebd. Bericht von Alexander Kraell, 6. August 1948; StA Lüneburg, Bd. III, Bl. 384.
371 Ebd.
372 W. F. Flicke, Spionagegruppe Rote Kapelle, S. 81.
373 Schreiben des Oberstaatsanwalts in Lüneburg an die Sozialbehörde Hamburg, 20. Januar 1951, S. 4; Akten des Amts für Wiedergutmachung der Hansestadt Hamburg.
374 Ebd.
375 Ebd.
376 Schreiben des Oberstaatsanwalts in Lüneburg an die Sozialbehörde Hamburg, 20. Januar 1951, S. 5.
377 Sammlung sowjetischer Funksprüche aus dem Nachlaß von Wilhelm F. Flicke (künftig: Sammlung Flicke), S. 8; Privatarchiv, dessen Besitzer ungenannt zu bleiben wünscht.
378 Sammlung Flicke, S. 10.
379 Aussage von Johannes Strübing, 2. Februar 1950; StA Lüneburg, Bd. XII, Bl. 2.
380 Ebd.
381 Flicke, a.a.O., S. 81.
382 Sammlung Flicke, S. 3.
383 Sammlung Flicke, S. 6.
384 Sammlung Flicke, S. 14.
385 Sammlung Flicke, S. 14.
386 Sammlung Flicke, S. 9.
387 Aussage von Johannes Strübing, 2. Februar 1950; StA Lüneburg, Bd. XII, Bl. 2.
388 Gestapo-Abschlußbericht, S. 7.
389 Ebd.
390 Ebd.
391 Sammlung Flicke, S. 14.
392 Gert Buchheit, Der Deutsche Geheimdienst, S. 261.
393 Aussage von Karl Schmauser, 9. September 1950; StA Lüneburg, Bd. XII, Bl. 188.
394 Aussage von Alexander Kraell, 14. März 1950; StA Lüneburg, Bd. III, Bl. 389.
395 Bericht von Alexander Kraell, 6. August 1948; StA Lüneburg, Bd. III, Bl. 389.
396 Ebd.
397 Schlußbericht Roeder, S. 129, 130.
398 ›Junge Welt‹, 22. Dezember 1967.
399 Ebd.
400 Schlußbericht Roeder, S. 40.
401 Ebd.
402 Flicke, a.a.O., S. 59.
403 Erklärung von Greta Kuckhoff; StA Lüneburg, Bd. VIII, Bl. 132.
404 Rote Kapelle, Sammelbericht; StA Lüneburg, Bd. XII, Bl. 107.
405 Martini, a.a.O., ›Die Welt‹, 15. Oktober 1966. Aussage von Johannes Strübing, 2. Februar 1950; StA Lüneburg, Bd. XII, Bl. 4.
406 Bericht von Alexander Kraell, 6. August 1948; StA Lüneburg, Bd. III, Bl. 377. Gestapo-Abschlußbericht, S. 24.
407 Ebd.
408 Ebd.
409 Gestapo-Abschlußbericht, S. 25. Dallin, a.a.O., S. 613.
410 Gestapo-Abschlußbericht, S. 25.
411 ›Für Dich‹, 2. März-Heft 1968.
412 Gestapo-Abschlußbericht, S. 25.
413 Bericht von Alexander Kraell, 6. August 1948; StA Lüneburg, Bd. III, Bl. 372. Gestapo-Abschlußbericht, S. 11.
414 Rote Kapelle, Sammelbericht; StA Lüneburg, Bd. VIII, Bl. 111.
415 Ebd. Gestapo-Abschlußbericht, S. 19.
416 ›Prawda‹, 5. Juli 1967.
417 Gestapo-Abschlußbericht, S. 23.
418 John Nemo, Das rote Netz, S. 20.
419 Ebd.
420 Nemo, a.a.O., S. 21.

421 Schreiben des Abwehrbeauftragten im SS-Führungshauptamt an die Abwehrbeauftragten der SS-Hauptämter, 17. Februar 1945; RFSS, Filmrolle 17.
422 Ebd.
423 Wilhelm Bauer, Fallschirmagenten, S. 1.
424 Bauer, a.a.O., S. 8.
425 Ebd.
426 Ebd.
427 Ebd.
428 Ebd.
429 Fahndungsschreiben der Geheimen Staatspolizei, gez. Schmidt, 9. Juni 1942; Archiv des ›Spiegel‹.
430 Bauer, a.a.O., S. 4.
431 Ebd.
432 Bauer, a.a.O., S. 8. Gestapo-Abschlußbericht, S. 23.
433 Ebd.
434 Erklärung von Greta Kuckhoff; StA Lüneburg, Bd. VIII, Bl. 131, Gestapo-Abschlußbericht, S. 24.
435 Aussage von Reinhold Ortmann, 16. Februar 1950; StA Lüneburg, Bd. XII, Bl. 62.
436 Aussage von Heinrich Scheel, 26. November 1949; StA Lüneburg, Bd. X, Bl. 65.
437 Aussage von Alexander Kraell, 14. März 1950; StA Lüneburg, Bd. XII, Bl. 104.
438 Aussage von Hans Lautenschläger, 23. November 1949; StA Lüneburg, Bd. X, Bl. 60.
439 Bauer, a.a.O., S. 4.
440 Aktennotiz einer nicht näher bezeichneten Gestapo-Dienststelle, 30. Mai 1942; Archiv des ›Spiegel‹.
441 Rundschreiben der Staatspolizeileitstelle Nürnberg-Fürth, 30. Mai 1942; Archiv des ›Spiegel‹.
442 Ebd.
443 Aktennotiz einer nicht näher bezeichneten Gestapo-Dienststelle, 30. Mai 1942.
444 Bauer, a.a.O., S. 4.
445 Ebd.
446 Aussage von Alexander Kraell, 14. März 1950; StA Lüneburg, Bd. XII, Bl. 109.
447 Rote Kapelle, Sammelbericht; StA Lüneburg, Bd. VIII, Bl. 102.

5. Kapitel   Verrat in der Prinz-Albrecht-Straße

1 Rainer Hildebrandt, Wir sind die Letzten, S. 157.
2 Hildebrandt, a.a.O., S. 158.
3 Schlußbericht des Staatsanwalts Dr. Finck im Ermittlungsverfahren gegen den ehemaligen Generalrichter der Luftwaffe Dr. Manfred Roeder (künftig: Schlußbericht Roeder), S. 60.
4 Rote Kapelle, von Günther Weisenborn verfaßter Sammelbericht der Überlebenden; Akten der Staatsanwaltschaft am Landgericht Lüneburg, Strafsache gegen Dr. Manfred Roeder (künftig: StA Lüneburg); Bd. VIII, Bl. 102.
5 Edgar E. Schulze, Zum Gedächtnis meines Sohnes Hasso; StA Lüneburg, Bd. XII, Bl. 40. Elsa Boysen, Harro Schulze-Boysen, S. 23.
6 Aussage von Toni Graudenz, 15. November 1949; StA Lüneburg, Bd. X, Bl. 48.
7 Rote Kapelle, StA Lüneburg, Bd. VIII, Bl. 114. Günther Weisenborn, Memorial S. 4.
8 Ebd.
9 Ebd.
10 Ebd.
11 Weisenborn, a.a.O., S. 4.
12 Aussage von Frieda Coppi, 14. November 1949; StA Lüneburg, Bd. X, Bl. 45.
13 Schlußbericht Roeder, S. 373.
14 Aussage von Helmut Roloff; StA Lüneburg, Bd. X, Bl. 176.
15 Ebd.
16 Ebd.
17 Aussage von Toni Graudenz, 15. November 1949; StA Lüneburg, Bd. X, Bl. 48.
18 Aussage von Hanni Weißensteiner, 24. Juli 1950; StA Lüneburg, Bd. XII, Bl. 199.
19 Brief von Helene Heilmann an den Generalstaatsanwalt am Kammergericht Berlin, 22. Dezember 1966; Privatarchiv Heilmann.
20 Mündliche Mitteilung von Arnold Bauer, 25. Mai 1968
21 Schlußbericht Roeder, S. 60.
22 Schlußbericht Roeder, S. 61.
23 Ebd.
24 Schlußbericht Roeder, S. 59.
25 Schlußbericht Roeder, S. 61.
26 Horst Kopkow, geboren am 29. November 1910 in Ortelsburg (Ostpreußen), 1928 Abitur, dann Drogistenlehre, bis 1934 Tätigkeit in der ›Rathaus‹-Drogerie in Allenstein, 1931 Eintritt in die NSDAP (Mitgliedsnummer: 607 161) und ein Jahr darauf in die SS, im September 1934 Laufbahnbeginn bei der Staatspolizeistelle Allenstein, 1938 Abkommandierung zum Geheimen Staatspolizeiamt, dann Leiter des Referats ›Sabotageabwehr‹ der Gestapo, 1941 Beförderung zum Kriminalrat, 1944 Kriminaldirektor; Archiv des ›Spiegel‹.
27 Schlußbericht Roeder, S. 60.
28 Personalakte Strübing; Archiv des ›Spiegel‹.
29 Schlußbericht Roeder, S. 62.
30 Schlußbericht Roeder, S. 61.
31 Mündliche Mitteilung eines Mili-

tärrichters. David Dallin, Die Sowjetspionage, S. 297.
32 Heinz Höhne, Der Orden unter dem Totenkopf, S. 229.
33 Mündliche Mitteilung eines Militärrichters.
34 Alexander Spoerl jun., Libertas Schulze-Boysen; StA Lüneburg, Bd. X, Bl. 186. Personalakte Libertas Schulze-Boysen; Archiv des ›Spiegel‹.
35 Egmont Zechlin, Arvid und Mildred Harnack zum Gedächtnis, S. 2.
36 Klaus Lehmann, Widerstandsgruppe Schulze-Boysen/Harnack, S. 52, 66, 38, 55. Bericht des Chefs der Sicherheitspolizei und des SD, IV A 2–B, Nr. 330/42, 22. Dezember 1942 (künftig: Gestapo-Abschlußbericht), S. 24.
37 Lehmann, a.a.O., S. 69. Schlußbericht Roeder, S. 303, 328, 386.
38 Lehmann, a.a.O., S. 83. Schlußbericht Roeder, S. 293.
39 Lehmann, a.a.O., S. 58. Weisenborn, a.a.O., S. 4.
40 Die ersten fünf Verhafteten waren: Harro und Libertas Schulze-Boysen, Arvid und Mildred Harnack, Heilmann.
41 Schlußbericht Roeder, S. 61.
42 Schlußbericht Roeder, S. 62.
43 Friedrich Panzinger, geboren am 1. Februar 1903 in München, 1919 Eintritt in den Polizeidienst, von 1927 bis 1929 gemeinsam mit Müller Vorbereitung für den mittleren Polizeidienst, Tätigkeit in der Abteilung VI der Münchner Polizeidirektion, 1934 Übernahme in den höheren Polizeidienst, 1937 Eintritt in die Staatspolizeistelle Berlin, 1939 Abkommandierung ins Reichssicherheitshauptamt, Amt IV (Gestapo), kurz darauf Gruppenleiter IV A der Gestapo-Zentrale; Aronson, a.a.O., S. 130, 307 und Archiv des ›Spiegel‹.
44 Aussage von Johannes Strübing, 18. Januar 1950; StA Lüneburg, Bd. X, Bl. 202.
45 Ebd.
46 Ebd.
47 Aussage von Reinhold Ortmann, 16. Februar 1950; StA Lüneburg, Bd. XII, Bl. 65.
48 Ebd.
49 Erklärung von Greta Kuckhoff; StA Lüneburg, Bd. VIII, Bl. 132.
50 Dallin, a.a.O., S. 200.
51 Telephonliste des Reichssicherheitshauptamtes, Stand: Mai 1942; Akten des Persönlichen Stabes Reichsführer-SS und Chef der Deutschen Polizei (künftig: RFSS), Filmrolle 232.
52 Mündliche Mitteilung von Gertrud Hoffmann-Breiter, 23. März 1968.
53 Ebd.
54 Ebd.
55 Mündliche Mitteilung von Dr. Hugo Buschmann, 26. Juni 1968.
56 Schreiben von Willi Weber an den Generalstaatsanwalt am Kammergericht Berlin, 16. November 1967.
57 Mündliche Mitteilung von Marie-Louise Schulze, 4. März 1968.
58 Aussage von Johannes Strübing, 18. Januar 1950; StA Lüneburg, Bd. X, Bl. 202 ff.
59 Aussage von Johannes Strübing, 18. Januar 1950; StA Lüneburg, Bd. X, Bl. 198.
60 Aussage von Johannes Strübing, 18. Januar 1950; StA Lüneburg, Bd. X, Bl. 196, 198, 199.
61 Erklärung von Greta Kuckhoff; StA Lüneburg, Bd. VIII, Bl. 132.
62 Bericht von Werner Krauss; StA Lüneburg, Bd. X, Bl. 160, 161.
63 Brief von Cato Bontjes van Beek an ihre Mutter, 2. März 1943; Privatarchiv Bontjes van Beek.
64 Erklärung von Frau Kuckhoff; StA Lüneburg, Bd. VIII, Bl. 132.
65 Aussage von Ilse Schaeffer; StA Lüneburg, Bd. VIII, Bl. 105.
66 Weisenborn, a.a.O., S. 5.
67 Aussage von Reinhold Ortmann, 16. Februar 1950; StA Lüneburg, Bd. XII, Bl. 62.
68 Ebd. Gestapo-Abschlußbericht, S. 23.
69 Schlußbericht Roeder, S. 65. Telephonliste des Reichssicherheitshauptamtes, Stand: Mai 1942.
70 Dallin, a.a.O., S. 186. Gestapo-Abschlußbericht, S. 3.
71 Gestapo-Abschlußbericht, S. 3.
72 Heinz Schröter, Der große Verrat, S. 40. Aussage von Johannes Strübing, 18. Januar 1950; StA Lüneburg, Bd. X, Bl. 220 ff.
73 Ebd.
74 Ebd.
75 Ebd. Bescheinigung des Rechtsanwalts Werner Müller-Hoff für den Hauptausschuß Opfer des Faschismus, 22. Februar 1946; Akten der Sozialbehörde der Hansestadt Hamburg.
76 Aussage von Johannes Strübing, 18. Januar 1950; StA Lüneburg, Bd. X, Bl. 220 ff.
77 Ebd.
78 Ebd.
79 Bericht von Werner Krauss; Schreiben des Oberstaatsanwalts in Lüneburg an das Amt für Wiedergutmachung der Stadt Hamburg, 20. Januar 1951; Akten der Sozialbehörde der Hansestadt Hamburg.
80 Rote Kapelle, Sammelbericht; StA Lüneburg, Bd. VIII, Bl. 107.
81 Ebd.
82 Ebd.
83 Gestapo-Abschlußbericht, S. 18, 25. Aussage von Günther Weisenborn; StA Lüneburg, Bd. VIII, Bl. 74.
84 Zur Geschichte der deutschen anti-

faschistischen Widerstandsbewegung, S. 187, 189. Gestapo-Abschlußbericht, S. 25.
85 Gestapo-Abschlußbericht, S. 23, 24.
86 Lehmann, a.a.O., S. 48, 49.
87 Nach dem Schlußbericht Roeder, S. I–III, waren es 117 Verhaftete (einschließlich des erst Ende Oktober verhafteten Scheliha). Der Gestapo-Abschlußbericht, S. 26, nennt 119 Verhaftete.
88 Gestapo-Abschlußbericht, S. 24.
89 Gestapo-Abschlußbericht, S. 8.
90 Gestapo-Abschlußbericht, S. 24.
91 W. Kudrjawzew und K. Raspewin, Man nannte sie ›Alta‹. In: ›Prawda‹, 5. Juli 1967.
92 Gestapo-Abschlußbericht, S. 24.
93 Aussage von Johannes Strübing, 18. Januar 1950; StA Lüneburg, Bd. X, Bl. 200.
94 Personalakte Koenen; Archiv des ›Spiegel‹.
95 Gestapo-Abschlußbericht, S. 25.
96 Mündliche Mitteilung von Gertrud Hoffmann-Breiter.
97 Ebd.
98 Ebd.
99 Aussage von Johannes Strübing, 18. Januar 1950; StA Lüneburg, Bd. X, Bl. 202.
100 Ebd.
101 Der braune Feind hört mit; ›Kristall‹ 3/1951.
102 Ebd.
103 Lehmann, a.a.O., S. 43.
104 Lehmann, a.a.O., S. 81.
105 Lehmann, a.a.O., S. 57.
106 Lehmann, a.a.O., S. 63.
107 Günther Weisenborn, Der lautlose Aufstand, S. 204.
108 Bericht von Greta Kuckhoff, 1. Februar 1947.
109 Aussage von Heinrich Scheel, 26. November, 1949; StA Lüneburg, Bd. X, Bl. 65.
110 Aussage von Hanni Weißensteiner, 24. Juli 1950; StA Lüneburg, Bd. XII, Bl. 199.
111 Aussage von Isolde von Brockdorff geb. Urban, 11. Januar 1967; Archiv des ›Spiegel‹.
112 Dallin, a.a.O., S. 204.
113 Gilles Perrault, Auf den Spuren der Roten Kapelle, S. 133.
114 Aufzeichnung von Kurt Schumacher, 2. November 1942.
115 Schlußbericht Roeder, S. 400, 401.
116 Aussage von Günther Weisenborn; StA Lüneburg, Bd. VIII, Bl. 73.
117 Aufzeichnung von Kurt Schumacher, 2. November 1942.
118 Bericht von Werner Krauss; StA Lüneburg, Bd. X, Bl. 161.
119 Am 13. Oktober 1942, laut Aufstellung von Kriminalkommissar Schwarz, 3. Januar 1967; Archiv des ›Spiegel‹.
120 Am 24. Oktober 1942, laut Aufstellung von Kriminalkommissar Schwarz, 3. Januar 1967.
121 Aussage von Manfred Roeder, 30. Juni 1949; StA Lüneburg, Bd. VIII, Bl. 12 ff.
122 Am 1. Februar 1944; Aufstellung von Kriminalkommissar Schwarz, 3. Januar 1967.
123 Erklärung von Greta Kuckhoff, 1. Februar 1947; StA Lüneburg, Bd. V, Bl. 628.
124 Im Fall der mit Schulze-Boysen zusammenarbeitenden Widerstandsgruppe Rotholz ist eine Aktennotiz über eine Folterung erhalten geblieben: Schreiben der Staatspolizeileitstelle Berlin an den Oberreichsanwalt am Volksgerichtshof, 5. Dezember 1942; Privatarchiv Willi Weber.
125 Schlußbericht Roeder, S. 66; Aussage von Adelheid Eidenbenz, 29. März 1950; StA Lüneburg, Bd. XII
126 Lehmann, a.a.O., S. 19.
127 Aussage von Alexander Kraell, 14. März 1950; StA Lüneburg, Bd. XII. Bl. 116.
128 Schriftliche Mitteilung von Alexander Spoerl, 31. Mai 1968.
129 Aussage von Adelheid Eidenbenz, 29. März 1950; StA Lüneburg, Bd. XII. Bl. 156. Lehmann a.a.O., S. 20.
130 Lehmann, a.a.O., S. 20.
131 Ebd.
132 Lehmann, a.a.O., S. 202.
133 In seinem Schlußwort vor Gericht; Aussage von Eugen Schmitt, 25. Juli 1949; StA Lüneburg, Bd. VIII, Bl. 61.
134 Brief von Cato Bontjes van Beek an ihre Mutter, 2. März 1943.
135 Perrault, a.a.O., S. 264, 265.
136 Aussage von Erich Edgar Schulze, 5. Dezember 1948; StA Lüneburg, Bd. VI, Bl. 783 ff.
137 Ebd.
138 Ebd.
139 Ebd.
140 Ebd.
141 Schlußbericht Roeder, S. 541. Aussage von Johannes Strübing, 2. Februar 1950; StA Lüneburg, Bd. XII, Bl. 3 ff.
142 Aussage von Alexander Kraell; Schreiben des Oberstaatsanwalts in Lüneburg an das Amt für Wiedergutmachung der Stadt Hamburg, 20. Januar 1951.
143 Aussage Johannes Strübing, 18. Januar 1950; StA Lüneburg, Bd. X, Bl. 200.
144 Schlußbericht Roeder, S. 615.
145 Aussage von Rudolf Lehmann, 28. September 1948; StA Lüneburg, Bd. IV, Bl. 525.
146 Aussage von Karl Jesko von Puttkamer, 30. September 1948; StA Lüneburg, Bd. IV, Bl. 537 ff.
147 Schlußbericht Roeder, S. 67.

6. Kapitel   Der Weg nach Plötzensee

1 Aussage von Manfred Roeder, 30. Juni 1949; Akten der Staatsanwaltschaft am Landgericht Lüneburg (künftig: StA Lüneburg), Bd. VIII, Bl. 13 ff.
2 Ebd.
3 Ebd.
4 Schlußbericht des Staatsanwalts Dr. Finck im Ermittlungsverfahren gegen den ehemaligen Generalrichter der Luftwaffe Dr. Manfred Roeder (künftig: Schlußbericht Roeder), S. 67.
5 Ebd.
6 Schlußbericht Roeder, S. 68.
7 Ebd.
8 Schlußbericht Roeder, S. 70.
9 Schlußbericht Roeder, S. 71.
10 Schlußbericht Roeder, S. 75. Dr. Alexander Kraell, geboren am 19. Mai 1894 in Kirch-Beerfurth im Odenwald, Rechtsstudium an den Universitäten Gießen, Berlin, Heidelberg und Marburg, Promotion 1922, ein Jahr später Eintritt in die Staatsanwaltschaft in Darmstadt; 1930 Landgerichtsrat in Darmstadt, 1933 Mitglied der NSDAP und Oberstaatsanwalt, 1938 Eintritt in der Dienst der Wehrmachtjustiz und Reichskriegsanwalt am Reichskriegsgericht, 1942 Senatspräsident am Reichskriegsgericht, 1943 Oberreichskriegsanwalt, 1944 Generalstabsrichter; Archiv des ›Spiegel‹.
11 Schlußbericht Roeder, S. 74.
12 Aussage von Rudolf Lehmann, 28. September 1948; StA Lüneburg, Bd. IV, Bl. 527.
13 Aussage von Manfred Roeder, 30. Juni 1949; StA Lüneburg, Bd. VIII, Bl. 14.
14 Aussage von Rudolf Lehmann, 28. September 1948; StA Lüneburg, Bd. IV, Bl. 527.
15 Ebd.
16 Schlußbericht Roeder, S. 68.
17 Aussage von Manfred Roeder, 30. Juni 1949; StA Lüneburg, Bd. VIII, Bl. 13 ff.
18 Ebd.
19 Ebd.
20 Gilles Perrault, Auf den Spuren der Roten Kapelle, S. 235 ff.
21 Perrault, a.a.O., S. 237.
22 Aussage von Manfred Roeder, 30. Juni 1949; StA Lüneburg, Bd. VIII, Bl. 13 ff.
23 Schlußbericht Roeder, S. 89.
24 Schlußbericht Roeder, S. 90.
25 Schlußbericht Roeder, S. 89.
26 Schlußbericht Roeder, S. 91.
27 Mündlicher Bericht von Marie-Louise Schulze, 4. März 1968.
28 Anzeige von Dr. Adolf Grimme gegen Roeder, 15. September 1945; Schlußbericht Roeder, S. 76.
29 Schlußbericht Roeder, S. 89.
30 Ebd.
31 Schlußbericht Roeder, S. 90.
32 Klaus Lehmann, Die Widerstandsgruppe Schulze-Boysen/Harnack, S. 22.
33 Schlußbericht Roeder, S. 92.
34 Aussage von Dr. Eugen Schmitt, 22. September 1948; StA Lüneburg, Bd. III, Bl. 510 ff.
35 Schlußbericht Roeder, S. 1. Dr. Manfred Roeder, geboren am 20. August 1900 in Kiel, Besuch einer Vorschule in Recklinghausen und eines Gymnasiums in Berlin, Ende 1917 Eintritt als kriegsfreiwilliger Fahnenjunker in Feldartillerie-Regiment 83, 1919 Anschluß an die Gardekavallerie - Schützendivision, 1920 in die Freiwillige Russische Westarmee im Baltikum, kurz darauf Verabschiedung als Leutnant, 1921/22 Jurastudium und Promotion zum Dr. jur., bis 1931 Tätigkeit in Wirtschaft und Landwirtschaft, am 4. Mai 1931 Referendarprüfung, am 17. August 1934 Ablegung der Großen Staatsprüfung, drei Monate später Antrag um Aufnahme in den Dienst des Reichsluftfahrtministeriums, am 1. April 1935 Eintritt in die Luftwaffenjustiz, zunächst beim Artillerie-Führer I in Königsberg, Ende 1935 Kriegsgerichtsrat im Luftkreiskommando I, 1937 zum Luftkreiskommando III als dienstaufsichtführender Richter versetzt, 1941 Oberstkriegsgerichtsrat, im April 1942 zum Generalrichter und Chefrichter der Luftflotte IV befördert; Archiv des ›Spiegel‹.
36 Ebd.
37 Bericht von Alexander Kraell, 25. August 1948; StA Lüneburg, Bd. III, Bl. 398.
38 Aussage von Alexander von Pfuhlstein, 10. März 1950; StA Lüneburg, Bd. IX, Bl. 140.
39 Aussage von Kurt Rheindorf, 1948.
40 Ebd.
41 Aussage von Christian von Hammerstein, 22. Juli 1948; Aussage von Joachim-Albrecht Graf von Westarp, 9. Dezember 1948; StA Lüneburg, Bd. V, Bl. 665.
42 Schlußbericht Roeder, S. 2.
43 Schlußbericht Roeder, S. 3.
44 Aussage von Christian von Hammerstein, 22. Juli 1948; StA Lüneburg, Bd. VIII, Bl. 54.
45 Ebd.
46 Aussage von Dr. Eugen Schmitt,

337

22. September 1948; StA Lüneburg, Bd. III, Bl. 510.
47 Aussage von Dr. Christian von Hammerstein, 22. Juli 1948; StA Lüneburg, Bd. VIII, Bl. 54.
48 Ebd.
49 Bericht von Alexander Kraell, 25. August 1948; StA Lüneburg, Bd. III, Bl. 398. Aussage von Alexander Kraell, 14. März 1950; StA Lüneburg, Bd. XII, Bl. 195.
50 Aussage von Dr. Eugen Schmitt, 22. September 1948; StA Lüneburg, Bd. III, Bl. 510.
51 Erklärung von Falk Harnack, 3. Februar 1947; StA Lüneburg, Bd. V, Bl. 634.
52 Aussage von Marie-Louise Schulze, 5. Dezember 1948; StA Lüneburg, Bd. VI, Bl. 734.
53 Aussage Elsa Boysen, 5. Juli 1948; StA Lüneburg, Bd. I, Bl. 109.
54 Aussage von Otto Goetze, 11. Oktober 1949; StA Lüneburg, Bd. VIII, Bl. 215.
55 Aussage von Joachim-Albrecht Graf von Westarp, 9. Dezember 1948; StA Lüneburg, Bd. VIII, Bl. 665.
56 Schlußbericht Roeder, S. 230.
57 Vernehmung von Manfred Roeder, 30. Juni 1947; StA Lüneburg, Bd. II, Bl. 262. Aussage von Adelheid Eidenbenz, 28. September 1948; StA Lüneburg, Bd. IV, Bl. 543.
58 Aussage von Alexander Kraell, 14. März 1950; StA Lüneburg, Bd. XII, Bl. 116.
59 Mitteilung eines Zeugen, der ungenannt zu bleiben wünscht. Bestätigt durch eine schriftliche Mitteilung von Eva Hildebrand, verwitwete Rittmeister, 27. August 1968.
60 Zum Beispiel im Fall der Anna-Margaret Hoffmann-Scholtz.
61 Schreiben von Marieluise Henninger an Staatsanwalt Dr. Heinke, 29. Juni 1948;
62 Schlußbericht Roeder, S. 2.
63 Schlußbericht Roeder, S. 1.
64 Mündliche Mitteilung von Harry Piepe, 14. März 1968.
65 Aussage von Alexander Kraell, 14. März 1950; StA Lüneburg, Bd. XII, Bl. 99.
66 Ebd.
67 ›Die Reichszeitung‹, 1. Juli 1951.
68 Dr. Manfred Roeder, Die Rote Kapelle, S. 36.
69 Aussage von Manfred Roeder, 30. Juni 1949; StA Lüneburg, Bd. VIII, Bl. 13.
70 ›Die Reichszeitung‹, 1. Juli 1951.
71 Aussage von Alexander Kraell, 14. März 1950; StA Lüneburg, Bd. XII, Bl. 110.
72 Mitteilung eines Informanten, der ungenannt zu bleiben wünscht.
73 ›Die Reichszeitung‹, 10. Juni 1951. Roeder, a.a.O., S. 15.
74 Roeder, a.a.O., S. 15.
75 Roeder, a.a.O., S. 14.
76 So auch Kraell in seiner Aussage vom 14. März 1950; StA Lüneburg, Bd. XII, Bl. 98.
77 Aussage von Manfred Roeder, 1. Juli 1949; StA Lüneburg, Bd. VIII, Bl. 25.
78 Aussage von Marie-Louise Schulze, 14. Februar 1950; StA Lüneburg, Bd. XII, Bl. 57.
79 Aussage von Jan Tönnies, 10. März 1950; StA Lüneburg, Bd. XII, Bl. 143.
80 Schlußbericht Roeder, S. 158.
81 ›Die Reichszeitung‹, 10. Juni 1951
82 Ebd.
83 ›Die Reichszeitung‹, 1. Juli 1951.
84 Aussage von Manfred Roeder, 1. Juli 1949; StA Lüneburg, Bd. VIII, Bl. 25.
85 Mitteilung eines Informanten, der ungenannt zu bleiben wünscht.
86 Aussage von Marie-Louise Schulze, 14. Februar 1950; StA Lüneburg, Bd. XII, Bl. 57.
87 Aussage von Jan Tönnies, 10. März 1950; StA Lüneburg, Bd. XII, Bl. 143.
88 ›Die Reichszeitung‹, 10. Juni 1951.
89 Ebd.
90 Ebd.
91 Ebd.
92 Aussage von Manfred Roeder vor dem Landgericht Stade, 20. Juni 1957; Privatarchiv Jan Bontjes van Beek.
93 Ebd.
94 So auch Kraell, 14. März 1950; StA Lüneburg, Bd. XII, Bl. 96.
95 Aussage von Alexander Kraell, 14. März 1950; StA Lüneburg, Bd. XII, Bl. 113.
96 Roeder, a.a.O., S. 26.
97 Aussage von Manfred Roeder, 30. Juni 1949; StA Lüneburg, Bd. VIII, Bl. 13.
98 Bericht von Alexander Kraell, 10. August 1948; StA Lüneburg, Bd. III, Bl. 396.
99 Gesetzestexte in: Schlußbericht Roeder, S. 95 ff.
100 Schlußbericht Roeder, S. 7.
101 Schlußbericht Roeder, S. 6.
102 Schlußbericht Roeder, S. 428.
103 Ebd.
104 Aussage von Adolf Grimme, 8. Dezember 1948; StA Lüneburg, Bd. VI, Bl. 791.
105 Verteidiger waren: die Rechtsanwälte Dr. Kurt Valentin, Dr. Rudolf Behse, Dr. Heinz Bergmann, Dr. Bernhard Schwarz; Lehmann, a.a.O., S. 88.
106 Aussage von Kurt Valentin, 14. Dezember 1948; StA Lüneburg, Bd. VI, Bl. 803.
107 Aussage von Adolf Grimme, 8. De-

107 zember 1948: StA Lüneburg, Bd. VI, Bl. 791.
108 Aussage von Kurt Valentin, 14. Dezember 1948; StA Lüneburg, Bd. VI, Bl. 803.
109 Ebd.
110 Zum Zweiten Senat gehörten außer Kraell die Berufsrichter Ranft und Schmitt sowie die Generale Mushoff und Bertram und Vizeadmiral Arps; Schlußbericht Roeder, S. 75.
111 Bericht von Werner Krauss; StA Lüneburg, Bd. X, Bl. 162.
112 Greta Kuckhoff zu Staatsanwalt Finck, Vermerk; Schlußbericht Roeder, S. 483.
113 Schreiben von Werner Müller-Hoff an die Sozialbehörde der Hansestadt Hamburg. 20. August 1951; Akten der Sozialbehörde Hamburg.
114 Schlußbericht Roeder, S. 7. Lehmann, a.a.O., S. 22.
115 Aussage von Rudolf Behse, 20. Februar 1950; StA Lüneburg, Bd. XII, Bl. 71.
116 Aussage von Gerhard Ranft, 7. März 1950; StA Lüneburg, Bd. XII, Bl. 85.
117 Aussage von Alexander Kraell, 14. März 1950; StA Lüneburg, Bd. XII, Bl. 104.
118 Ebd.
119 Urteil des Reichskriegsgerichts, Zweiter Senat, in Sachen Scheliha-Stöbe; Privatarchiv Weisenborn.
120 Schlußbericht Roeder, S. 7, 8, 9.
121 Aussage von Rudolf Behse, 20. Februar 1950; StA Lüneburg, Bd. XII, Bl. 71.
122 Aussage von Alexander Kraell, 14. März 1950; StA Lüneburg, Bd. XII, Bl. 106.
123 Aussage von Eugen Schmitt, 22. September 1948; StA Lüneburg, Bd. III, Bl. 510.
124 Aussage von Alexander Kraell, 14. März 1950; StA Lüneburg, Bd. XII, Bl. 112.
125 Aussage von Rudolf Behse, 20. Februar 1950; StA Lüneburg, Bd. XII, Bl. 72.
126 Aussage von Rudolf Behse, 2. Dezember 1948; StA Lüneburg, Bd. VI, Bl. 727.
127 Es waren dies: Harro und Libertas Schulze-Boysen, Kurt und Elisabeth Schumacher, Arvid Harnack, Horst Heilmann, Kurt Schulze, Hans Coppi, John Graudenz; Schlußbericht Roeder, S. 8, 9.
128 Aussage von Rudolf Behse, 20. Februar 1950; StA Lüneburg, Bd. XII, Bl. 68.
129 Ebd.
130 Aussage von Alexander Kraell, 14. März 1950; StA Lüneburg, Bd. XII, Bl. 97.
131 So Rechtsanwalt Behse in seiner Aussage vom 20. Februar 1950; StA Lüneburg, Bd. XII, Bl. 69.
132 Ebd.
133 Aussage von Alexander Kraell, 14. März 1950; StA Lüneburg, Bd. XII, Bl. 95.
134 Ebd.
135 Schlußbericht Roeder, S. 9.
136 Aussage Gerhard Ranft, 7. März 1950; StA Lüneburg, Bd. XII, Bl. 87.
137 Bericht von Alexander Kraell, 6. August 1948; StA Lüneburg, Bd. III, Bl. 389.
138 Ebd.
139 Aussage von Rudolf Lehmann, 28. September 1948; StA Lüneburg, Bd. IV, Bl. 527.
140 Ebd.
141 Schlußbericht Roeder, S. 8. Aussage von Karl Jesko von Puttkamer, 30. September 1948; StA Lüneburg, Bd. IV, Bl. 537.
142 Aussage von Karl Schmauser, 9. September 1950; StA Lüneburg, Bd. XII, Bl. 186.
143 Ebd.
144 Ebd.
145 Ebd.
146 Ebd.
147 Aussage von Johannes Strübing, 18. Januar 1950; StA Lüneburg, Bd. X, Bl. 198.
148 Schlußbericht Roeder, S. 8, 9.
149 Aussage von Heinz Bergmann, 20. Februar 1951; StA Lüneburg, Bd. XII, Bl. 228.
150 Ebd.
151 Aussage von Alexander Kraell, 14. März 1950; StA Lüneburg, Bd. XII, Bl. 97.
152 Ebd.
153 Schlußbericht Roeder, S. 11, 12.
154 Schlußbericht Roeder, S. 373.
155 Aussage von Hannelore Thiel, 8. Dezember 1949; StA Lüneburg, Bd. X, Bl. 93.
156 Erklärung von August Ohm, 7. März 1953; Privatarchiv Jan Bontjes van Beek.
157 Aussage Kraells in: Urteil des Landgerichts Stade in der Entschädigungssache Bontjes van Beek gegen Land Niedersachsen, 27. Februar 1958; Privatarchiv Bontjes van Beek.
158 Schlußbericht Roeder, S. 366.
159 Schlußbericht Roeder, S. 374.
160 Aussage von Alexander Kraell, 14. März 1950; StA Lüneburg, Bd. XII, Bl. 97.
161 Aussage von Franz Ernst, 17. März 1950; StA Lüneburg, Bd. XII, Bl. 130.
162 Schlußbericht Roeder, S. 283.
163 Aussage von Jan Bontjes van Beek vor dem Landgericht Stade, 12. Februar 1958; Privatarchiv Jan Bontjes van Beek.
164 Brief von Cato Bontjes van Beek an ihre Mutter, 2. März 1943; Privatarchiv Bontjes van Beek.

165 Bericht von Werner Krauss; StA Lüneburg, Bd. X, Bl. 162.
166 Schlußbericht Roeder, S. 11, 12.
167 Otto Gollnow erhielt eine Freiheitsstrafe (Dauer unbekannt), Hannelore Thiel wurde zu sechs Jahren Gefängnis verurteilt; Schlußbericht Roeder, S. 11, 12.
168 Brief von Cato Bontjes van Beek an ihre Mutter, undatiert; Privatarchiv Jan Bontjes van Beek.
169 Aussage von Franz Ernst, 17. März 1950; StA Lüneburg, Bd. XII, Bl. 130.
170 Aussage von Alexander Kraell vor dem Landgericht Stade, 12. Februar 1958; Privatarchiv Jan Bontjes van Beek.
171 Aussage von Friedrich Wilhelm Neuroth, 4. August 1949; StA Lüneburg, Bd. VIII, Bl. 139.
172 Aussage von Alexander Kraell, 14. März 1950; StA Lüneburg, Bd. XII, Bl. 94.
173 Ebd.
174 Aussage von Alexander Kraell, 14. März 1950; StA Lüneburg, Bd. XII, Bl. 113.
175 Schlußbericht Roeder, S. 12, 13.
176 Schlußbericht Roeder, S. 13. Aussage von Dorothea Schottmüller, 2. Dezember 1949; StA Lüneburg, Bd. X, Bl. 84.
177 Schlußbericht Roeder, S. 13.
178 Schlußbericht Roeder, S. 14.
179 Schlußbericht Roeder, S. 15.
180 Ebd.
181 Schlußbericht Roeder, S. 16.
182 Ebd.
183 Schlußbericht Roeder, S. 17.
184 Ebd.
185 Aussage von Lotte Schleif, 29. November 1949; StA Lüneburg, Bd. X, Bl. 73.
186 Bericht von Greta Kuckhoff in: ›Tägliche Rundschau‹, 7. März 1948.
187 Bericht von Werner Krauss; StA Lüneburg, Bd. X, Bl. 162.
188 Ebd.
189 Aussage von Alexander Kraell, 14. März 1950; StA Lüneburg, Bd. XII, Bl. 115.
190 Aussage von Eugen Schmitt, 22. September 1948; StA Lüneburg, Bd. III, Bl. 510.
191 Aussage von Kurt Valentin, 14. Dezember 1948; StA Lüneburg, Bd. VI, Bl. 803.
192 Aussage von Lotte Schleif, 29. November 1949; StA Lüneburg, Bd. X, Bl. 73.
193 Aussage von Paul Scholz, 30. November 1949; StA Lüneburg, Bd. X, Bl. 80.
194 Aussage von Franz Ernst, 17. März 1950; StA Lüneburg, Bd. XII, Bl. 135.
195 Aussage von Alexander Kraell, 14. März 1950; StA Lüneburg, Bd. XII, Bl. 113.
196 Schlußbericht Roeder, S. 12.
197 Schlußbericht Roeder, S. 15.
198 Aussage von Greta Kuckhoff (Vermerk von Staatsanwalt Finck, 18. November 1949); StA Lüneburg, Bd. X, Bl. 53.
199 Bericht von Greta Kuckhoff, 1. Februar 1947.
200 In den Fällen Otto Gollnow, Paul Scholz, Dr. Adolf Grimme, Dr. Elfriede Paul, Günther Weisenborn und Lotte Schleif.
201 Aussage von Alfred Eichler, 14. September 1950; StA Lüneburg, Bd. XII, Bl. 183.
202 Ebd.
203 Ebd., Lehmann, a.a.O., S. 23.
204 Schlußbericht Roeder, S. 500, 523.
205 Aussage von Alfred Eichler, 14. September 1950; StA Lüneburg, Bd. XII, Bl. 183.
206 Schlußbericht Roeder, S. 522.
207 Lehmann, a.a.O., S. 30.
208 Lehmann, a.a.O., S. 35.
209 Thora zu Eulenburg, Libertas, S. 30.
210 Schlußbericht Roeder, S. 500.
211 Lehmann, a.a.O., S. 31.
212 Schlußbericht Roeder, S. 500.
213 Lehmann, a.a.O., S. 24.
214 Mündliche Mitteilung von Marie-Louise Schulze, 4. März 1968.
215 Aufstellung über die bisher bekanntgewordenen hingerichteten Personen der Widerstandsgruppe Schulze-Boysen/Harnack, bearbeitet von Kriminalkommissar Schwarz, Stand: 3. Januar 1967 (künftig: Aufstellung Schwarz); Archiv des ›Spiegel‹.
216 Schlußbericht Roeder, S. 9. Aufstellung Schwarz.
217 Lehmann, a.a.O., S. 36.
218 Aufstellung Schwarz.
219 Lehmann, a.a.O., S. 43.
220 Aussage von August Ohm, 28. März 1950; StA Lüneburg, Bd. XII, Bl. 151.
221 Aufstellung Schwarz.
222 Lehmann, a.a.O., S. 54.
223 Brief von Cato Bontjes van Beek an ihre Mutter, 2. März 1943.
224 Schlußbericht Roeder, S. 19.

7. Kapitel Umgedreht

1 Bericht des Chefs der Sicherheitspolizei und des SD, IV A 2–B, Nr. 330/42, 22. Dezember 1942 (künftig: Gestapo-Abschlußbericht), S. 8.
2 Gestapo-Abschlußbericht, S. 6.
3 Ebd.
4 Ebd.
5 Ebd.

6 Gestapo-Abschlußbericht, S. 7.
7 Gestapo-Abschlußbericht, S. 6.
8 Ebd.
9 Ebd.
10 Gestapo-Abschlußbericht, S. 4.
11 John Nemo, Das rote Netz, S. 16.
12 Mündliche Mitteilung von Harry Piepe (künftig: Mitteilung Piepe), 14. März 1968.
13 Capitaine ›Freddy‹, La Vérité sur la Rote Kapelle. In: ›Europe-Amérique‹, 2. Oktober 1947, S. 14, 15.
14 Capitaine ›Freddy‹, a.a.O., S. 14.
15 Gilles Perrault, Auf den Spuren der Roten Kapelle, S. 125.
16 Mitteilung Piepe.
17 Nemo, a.a.O., S. 11.
18 Harry Piepe, Harburger jagte Agenten. In: ›Harburger Anzeiger und Nachrichten‹, 11. Oktober 1967.
19 Piepe, a.a.O., 11. Oktober 1967.
20 Angaben Piepes bei Perrault, a.a.O., S. 140; Piepe irrt sich allerdings, wenn er annimmt, die Verhaftung Jefremows sei am 30. Juni 1942 erfolgt. Bei David Dallin, Die Sowjetspionage, S. 187, wird das richtige Datum (30. Juli) genannt.
21 Nemo, a.a.O., S. 11.
22 Ebd.
23 Ebd.
24 Ebd.
25 Ebd.
26 Dallin, a.a.O., S. 187.
27 Ebd.
28 Perrault, a.a.O., S. 139.
29 Angaben Piepes bei Perrault, a.a.O., S. 142; die Vermutung Piepes, das Funkgerät habe man bei Sesée nicht gefunden, ist unzutreffend. Im Gestapo-Abschlußbericht, S. 3, heißt es: »Bei Sesée konnte auch ein Sender- und Empfangsgerät beschlagnahmt werden.«
30 Gestapo-Abschlußbericht, S. 4. Piepe (bei Perrault, a.a.O., S. 142) erliegt einer Erinnerungstäuschung, wenn er behauptet, die Spionageabwehr habe »keine Ahnung von der Existenz einer holländischen Gruppe« gehabt; das Gegenteil ist richtig. Es überrascht immer wieder, wie kritiklos Perrault die Angaben Piepes übernimmt.
31 Perrault, a.a.O., S. 146, 147.
32 Piepe, a.a.O., 12. Oktober 1967.
33 Gestapo-Abschlußbericht, S. 2, 3.
34 Gestapo-Abschlußbericht, S. 3.
35 Gestapo-Abschlußbericht, S. 2.
36 Dallin, a.a.O., S. 187. Piepes Erinnerung erweist sich auch hier wieder als trügerisch; bei Perrault, a.a.O., S. 142, gibt er an, er sei mit dem Belgien-Holland-Kurier ›Lunette‹ (= Isbutzky) nach Amsterdam gefahren — in Wirklichkeit hatte Isbutzky keine Kurieraufgaben, wohl aber Maurice Peper, wie aus dem Gestapo-Abschlußbericht, S. 3, hervorgeht.
37 Piepe, a.a.O., 13. Oktober 1967.
38 Ebd.
39 Ebd.
40 Perrault, a.a.O., S. 146.
41 Dallin, a.a.O., S. 187.
42 Gestapo-Abschlußbericht, S. 4.
43 Ebd.
44 Perrault, a.a.O., S. 151.
45 Perrault, a.a.O., S. 139.
46 Perrault, a.a.O., S. 150.
47 Perrault, a.a.O., S. 149.
48 Ebd.
49 Perrault, a.a.O., S. 151.
50 Capitaine ›Freddy‹, La Vérité sur la Rote Kapelle. In: ›Europe-Amérique‹, 9. Oktober 1947.
51 Mitteilung Piepe.
52 Ebd.
53 Ebd.
54 Perrault, a.a.O., S. 154.
55 Perrault, a.a.O., S. 155; Piepe gibt hier seinen Decknamen als ›Riepert‹ an, dagegen erklärt der ehemalige belgische Abwehroffizier André Moyen, der Piepe nach dem Krieg vernahm, Piepe habe sich damals Riepe genannt; Schreiben an den Autor, 8. Juli 1968.
56 Perrault, a.a.O., S. 155.
57 Ebd.
58 Perrault, a.a.O., S. 152.
59 Mitteilung Piepe.
60 Mündliche Mitteilung von Heinrich Reiser (künftig: Mitteilung: Reiser), 4. März 1968. An dieser Stelle sei angemerkt, daß nahezu alle organisationstechnischen Angaben über das ›Sonderkommando Rote Kapelle‹ in der Literatur falsch sind. Das Sonderkommando war weder, wie Jacques Delarue, Geschichte der Gestapo, S. 232, vermutet, eine Formation des SD noch eine Dienststelle, der Angehörige aller Organe der deutschen Gegenspionage zugeteilt waren, wie Dallin, a.a.O., S. 200, spekuliert. Auch Perrault, a.a.O., S. 114 ff, hält das Sonderkommando für eine Anfang 1942 angeblich auf Befehl Hitlers entstandene Koproduktion von Abwehr, Gestapo und SD. Tatsache hingegen ist: Anfang 1942 wurden nach Piepes ersten Erfolgen in Belgien einige Beamte des Reichssicherheitshauptamtes zu seiner Unterstützung nach Brüssel entsandt. Nach der Aushebung Schulze-Boysens und seiner Freunde gründete das RSHA im September 1942 eine ›Sonderkommission Rote Kapelle‹, die sich zunächst ausschließlich mit der Gruppe Schulze-Boysen/Harnack zu befassen hatte; erst nach-

dem die Westeuropa-Organisation des Grand Chef zerschlagen war, bildeten die in die Westgebiete entsandten RSHA-Beamten ein ›Sonderkommando Rote Kapelle‹, das der Berliner Sonderkommission unterstand. Beide Sondereinheiten blieben Einrichtungen des RSHA, die Abwehr war an ihnen nicht beteiligt.
61 Mitteilung Reiser.
62 Perrault, a.a.O., S. 225.
63 Ebd.
64 Mitteilung Piepe. Gestapo-Abschlußbericht, S. 5.
65 Mitteilung Piepe.
66 Ebd.
67 Ebd.
68 Ebd.
69 Ebd.
70 Perrault, a.a.O., S. 228.
71 Dallin, a.a.O., S. 195. Perrault, a.a.O., S. 228.
72 Mitteilung Piepe.
73 Perrault, a.a.O., S. 234.
74 Mitteilung Piepe.
75 Perrault, a.a.O., S. 235.
77 Ebd.
78 Mitteilung Piepe.
79 Ebd.
80 Perrault, a.a.O., S. 261.
81 Perrault, a.a.O., S. 235.
82 Mitteilung Piepe.
83 Ebd.
84 Nemo, a.a.O., S. 13.
85 Ebd.
86 Perrault, a.a.O., S. 241 ff.
87 Perrault, a.a.O., S. 244.
88 Nemo, a.a.O., S. 13.
89 Ebd.
90 Perrault, a.a.O., S. 248.
91 Ebd.
92 Ebd.
93 Nemo, a.a.O., S. 13.
94 Ebd.
95 Ebd.
96 Ebd.
97 Mitteilung Piepe.
98 Ebd.
99 Perrault, a.a.O., S. 254.
100 Dallin, a.a.O., S. 198. Perrault, a.a.O., S. 259 ff.
101 Nemo, a.a.O., S. 13, 14.
102 Dallin, a.a.O., S. 197.
103 Perrault, a.a.O., S. 298.
104 Dallin, a.a.O., S. 198. Perrault, a.a.O., S. 355.
105 Dallin, a.a.O., S. 198. Nemo, a.a.O., S. 15.
106 Nemo, a.a.O., S. 16.
107 Ebd.
108 Ebd.
109 Nemo, a.a.O., S. 15.
110 Piepe, a.a.O., 26. Oktober 1967.
111 Bericht des Chefs der Sicherheitspolizei und des SD, IV A 2–B, Nr. 330/42, an den Reichsführer-SS, 24. Dezember 1942. In: Wilhelm von Schramm, Verrat im Zweiten Weltkrieg, S. 367.
112 Ebd.
113 Perrault, a.a.O., S. 260.
114 Siehe Fußnote 60.
115 Mitteilung Reiser.
116 Ebd.
117 Ebd.
118 So zählt Werner Best, Die deutsche Abwehrpolizei bis 1945, S. 72, die Funkgegenspiele zu den normalen Aufgaben staatspolizeilicher Funküberwachung.
119 Nemo, a.a.O., S. 3.
120 Man kann es nur auf Perraults geringe Kenntnis der Macht- und Ämterstruktur des Dritten Reiches zurückführen, daß er behauptet, das Funkgegenspiel mit Moskau habe den Zweck gehabt, durch Falschmeldungen das Mißtrauen der Sowjets gegen die westlichen Alliierten zu schüren, die Anti-Hitler-Allianz zu sprengen und damit die geheimen Sondierungen Himmlers bei den Westmächten zu erleichtern. Richtig daran ist lediglich, daß der Reichsführer-SS in Schweden und in der Schweiz vorfühlen ließ, ob die westlichen Alliierten mit einem Deutschland ohne Hitler einen Sonderfrieden abschließen würden. Wer aber die panikartige Ängstlichkeit kennt, mit der Himmler diese Sondierungen mit einigen wenigen Männern seines engsten Vertrauens (SS-Oberführer Schellenberg, SS-Obergruppenführer Wolff, Rechtsanwalt Langbehn) betrieb, dem kann es nur grotesk erscheinen, daß normale Funkgegenspiele mit dem gewohnten Personal in Himmlers geheimste Pläne eingeschaltet worden sein sollen. Kein Himmler-Vertrauter hat jemals an diesen Funkgegenspielen teilgenommen; auffallend ist vor allem die Abwesenheit Schellenbergs und seines Ausland-SD, über die alle Sondierungsversuche Himmlers liefen. Auch bestreiten die noch heute lebenden Leiter des Sonderkommandos Rote Kapelle, der Kriminalrat Pannwitz und der Kriminalkommissar Reiser, jemals politische Meldungen der von Perrault angenommenen Art nach Moskau durchgegeben zu haben. Das »erschreckend ›Große Spiel‹« (Perrault, a.a.O., S. 308) kann schon deshalb nicht stattgefunden haben, weil das Reichssicherheitshauptamt bei seinen Funkgegenspielen mit Moskau kein militärisches Spielmaterial ohne Genehmigung des OKW-Amts Ausland/Abwehr und kein außenpolitisches Material ohne vorherige Kenntnis des Auswärtigen Amtes verwenden durfte,

Voraussetzung des Großen Spiels aber seine absolute Geheimhaltung sein mußte.
121 Schlußbericht des Staatsanwalts Finck im Ermittlungsverfahren gegen den ehemaligen Generalrichter der Luftwaffe Dr. Manfred Roeder (künftig: Schlußbericht Roeder), S. 19.
122 Vernehmung von Dr. Manfred Roeder, 16. September 1948; Akten des Ermittlungsverfahrens Roeder.
123 Dallin, a.a.O., S. 199.
124 Vernehmung Roeder, 16. September 1948. Auch die Hinrichtung Jefremows wurde ausgesetzt, weil man ihn für das Funkgegenspiel ›Buche-Pascal‹ benötigte; bei Kriegsende konnte er entfliehen.
125 Perrault, a.a.O., S. 323.
126 Dallin, a.a.O., S. 187.
127 Perrault, a.a.O., S. 321.
128 Dallin, a.a.O., S. 200. Perrault, a.a.O., S. 322 ff.
129 Vernehmung Roeder, 16. September 1948.
130 Ebd.
131 Perrault, a.a.O., S. 322.
132 Perrault, a.a.O., S. 323.
133 Vernehmung Roeder, 16. September 1948.
134 Ebd.
135 Dallin, a.a.O., S. 201.
136 Dallin, a.a.O., S. 203.
137 Dallin, a.a.O., S. 205.
138 Ebd.
139 Mitteilung Reiser.
140 Perrault, a.a.O., S. 327.
141 Ebd.
142 Nemo, a.a.O., S. 3.
143 Perrault, a.a.O., S. 315 ff.
144 Ebd.
145 Perrault, a.a.O., S. 311.
146 Ebd.
147 Perrault, a.a.O., S. 365.
148 Gestapo-Abschlußbericht, S. 5.
149 Mitteilung Reiser.
150 Ebd. Dallin, a.a.O., S. 208 ff. Nemo, a.a.O., S. 10 ff. Aufzeichnung einer Unterredung zwischen Major Brandt (Amt Ausland/Abwehr) und Kriminalkommissar Ampletzer, 9. Juli 1943; Abwehr-Akten, Bundesarchiv.
151 Nemo, a.a.O., S. 10.
152 Mitteilung Reiser.
153 Perrault, a.a.O., S. 311.
154 Nemo, a.a.O., S. 3.
155 Ebd.
156 Der Oberbefehlshaber West mit Sitz in St. Germain befehligte alle in den deutschbesetzten Westgebieten stationierten Truppen der Heeresgruppen und des Wehrmachtbefehlshabers in den Niederlanden; OB West war Rundstedt vom 30. Oktober 1940 bis zum 10. Juni 1941 und dann wieder vom 14. März 1942 bis zum 2. Juli 1944; vgl. Hans Umbreit, Der Militärbefehlshaber in Frankreich 1940 bis 1944, S. 99, 100.
157 Mitteilung Reiser. Außerdem ausführliche Belege im Briefwechsel zwischen Abwehr und RSHA in Sachen Funkspiel Rote Kapelle; Abwehr-Akten, Bundesarchiv.
158 Dallin, a.a.O., S. 209.
159 Ebd.
160 Ebd.
161 Mitteilung Reiser.
162 Zusammenstellung des militärischen Inhalts der auf der Linie Eifel gewechselten Funksprüche im Februar 1943; Abwehr-Akten, Bundesarchiv.
163 Ebd.
164 Ebd.
165 Zusammenstellung des militärischen Inhalts der auf der Linie Eifel gewechselten Funksprüche im März 1943; Abwehr-Akten, Bundesarchiv.
166 Ebd.
167 Ebd.
168 Funksprüche vom 17., 21. und 23. Januar 1943; Quelle: vgl. Anmerkung 165.
169 Vgl. Anmerkung 165.
170 Ebd.
171 Ebd.
172 Zusammenstellung des militärischen Inhalts der auf der Linie Eifel gewechselten Funksprüche für die Monate April bis Mai 1943; Abwehr-Akten, Bundesarchiv.
173 Ebd.
174 Näheres darüber im nächsten Kapitel.
175 Personalakte Pannwitz; Archiv des ›Spiegel‹. Außerdem schriftliche Mitteilung von Heinz Pannwitz, 26. März 1968.
176 Ebd.
177 Ebd.
178 Ebd.
179 Dallin, a.a.O., S. 210.
180 Ebd.
181 Ebd.
182 Schramm, a.a.O., S. 288.
183 Ebd.
184 Dallin, a.a.O., S. 212.
185 Dallin, a.a.O., S. 214.
186 Ebd.
187 Dallin, a.a.O., S. 215.
188 Ebd.
189 Schreiben des Chefs der Sicherheitspolizei und des SD an das Amt Ausland/Abwehr, Abteilung III, 2. Juni 1943; Abwehr-Akten, Bundesarchiv.
190 Schreiben der Abwehrleitstelle Frankreich III, Abteilung F 2, 21. Juni 1943; Abwehr-Akten, Bundesarchiv.
191 Ebd.
192 Schreiben der Abwehrleitstelle Frankreich, 25. Juni 1943; Abwehr-Akten, Bundesarchiv.

193 Ebd.
194 Ebd.
195 Mitteilung Reiser.
196 Dallin, a.a.O., S. 210. Perrault, a.a.O., S. 368.
197 Perrault, a.a.O., S. 375.

8. Kapitel   Moskaus letzte Hoffnung: Radó

1 S. M. Schtemenko, Generalny w gody woiny, S. 127.
2 Seweryn Bialer, Stalin and his Generals, S. 355.
3 Archiv des ›Spiegel‹.
4 Sándor Radó, Dóra jelenti, S. 19 ff.
5 Radó, a.a.O., S. 28.
6 Radó, a.a.O., S. 52.
7 Radó, a.a.O., S. 35 ff.
8 Radó, a.a.O., S. 57, 60.
9 Radó, a.a.O., S. 61 ff.
10 Radó, a.a.O., S. 64.
11 Radó a.a.O, S. 79–83, 9 ff. Über Radós Pariser Zeit siehe auch: Arthur Koestler, ›Die Geheimschrift‹, S. 318 ff.
12 Radó, a.a.O., S. 13.
13 Radó, a.a.O., S. 13, 14.
14 Ebd.
15 Drago Arsenijevic, Genève appelle Moscou, S. 21.
16 Arsenijevic, a.a.O., S. 29. Radó, a.a.O., S. 17.
17 Radó, a.a.O., S. 85.
18 Arsenijevic, a.a.O., S. 29.
19 Radó, a.a.O., S. 87.
20 Arsenijevic, a.a.O., S. 32.
21 Radó, a.a.O., S. 92.
22 Radó, a.a.O., S. 96.
23 Radó, a.a.O., S. 99 ff. Radó korrigiert hier die Angabe von Otto Pünter, Der Anschluß fand nicht statt, S. 115, wonach er erst Ende Juni 1940 in die Dienste Radós getreten sein will.
24 Radó, a.a.O., S. 106.
25 Radó, a.a.O., S. 112.
26 Personalie Kuczynski, ›Spiegel‹-Archiv.
27 Radó, a.a.O., S. 116.
28 Radó, a.a.O., S. 119 ff.
29 Arsenijevic, a.a.O., S. 44–48.
30 Pünter, a.a.O., S. 104–107.
31 Radó, a.a.O., S. 129.
32 Personalie Dübendorfer, ›Spiegel‹-Archiv.
33 Personalie Böttcher, ›Spiegel‹-Archiv. Wilhelm Ritter von Schramm Verrat im Zweiten Weltkrieg, S. 91.
34 Alexander Foote, Handbook for Spies, S. 46 ff. Radó, a.a.O., S. 129.
35 Arsenijevic, a.a.O., S. 61. Radó, a.a.O., S. 126.
36 Radó, a.a.O., S. 127.
37 Arsenijevic, a.a.O., S. 90. Radó, a.a.O., S. 159. Foote, a.a.O., S. 69.
38 Wilhelm Ritter von Schramm, Zu den Erinnerungen von Alexander Radó, S. 11. Radó, a.a.O., S. 156.
39 Schramm, Zu den Erinnerungen Radó, S. 12. Radó, a.a.O., S. 165.
40 Schramm, Zu den Erinnerungen Radó, S. 13. Radó, a.a.O., S. 172.
41 Schramm, Zu den Erinnerungen Radó, S. 14.
42 Radó, a.a.O., S. 261.
43 Ebd.
44 Radó, a.a.O., S. 176.
45 Radó, a.a.O., S. 153.
46 Keilig, Das deutsche Heer/Personalien, S. 211. Radó, a.a.O., S. 166.
47 Sammlung sowjetischer Funksprüche aus dem Nachlaß Wilhelm F. Flickes (künftig: Sammlung Flicke), S. 25.
48 Sammlung Flicke, S. 21.
49 Mitteilungen eines Schweizer Offiziers, der ungenannt zu bleiben wünscht.
50 Alphons Matt, Zwischen allen Fronten, S. 10.
51 Matt, a.a.O., S. 15.
52 Matt, a.a.O., S. 14.
53 Edgar Bonjour, Geschichte der schweizerischen Neutralität, S. 245.
54 Bonjour, a.a.O., S. 179 ff.
55 Bonjour, a.a.O., S. 189.
56 Schramm, Verrat im Zweiten Weltkrieg, S. 82.
57 Schramm, Verrat, S. 203.
58 Schramm, Verrat, S. 207. Schramm nennt allerdings die Namen Langbehn und Etscheit nicht, doch der Kenner der deutschen Widerstandsgeschichte wird sie zweifellos wiedererkennen: Der »Berliner Rechtsanwalt, der einem hohen SS-General nahesteht« ist zweifellos Langbehn, den der SS-Obergruppenführer und Himmler-Chefadjutant Karl Wolff zu Kontaktgesprächen mit Alliierten in die Schweiz entsandte, und »ein anderer Berliner Rechtsanwalt, mit dem Generalstabschef Halder . . . befreundet« ist mit Sicherheit als der Halder-Intimus Etscheit auszumachen, der im Auftrage des Widerstands Verbindung zu deutschen Emigranten in der Schweiz hielt. Zu Langbehn: Heinz Höhne, Der Orden unter dem Totenkopf, S. 485 ff. Zu Etscheit: Harold C. Deutsch, Verschwörung gegen den Krieg, S. 139 ff.
59 Mitteilung eines Schweizer Offiziers, der ungenannt zu bleiben wünscht.
60 Schramm, Verrat, S. 93.
61 Radó, a.a.O., S. 188.
62 Radó, a.a.O., S. 206.

63 Ebd.
64 Radó, a.a.O., S. 207.
65 Sammlung Flicke, S. 34.
66 Ebd.
67 Sammlung Flicke, S. 38.
68 Radó, a.a.O., S. 211. Der Verfasser muß es sich versagen, hier all die bizarren Kombinationen zu erörtern, mit denen später zahlreiche Autoren versuchten, das sogenannte Werther-Rätsel zu lösen. Sie gingen sämtlich von der falschen Annahme aus, Werther sei eine Person aus Fleisch und Blut gewesen. Welcher Scharfsinn, welche detektivische Kunstfertigkeit wurde aufgeboten, um die Taten eines Mannes zu rekonstruieren, der nie gelebt hat! Für den Historiker der Geheimdienste ist das freilich nur ein weiteres Beispiel für die wunderliche Kraft von Spionage-Legenden, denen oft auch die vernünftigsten Beobachter erliegen.
69 Sammlung Flicke, S. 39.
70 Sammlung Flicke, S. 49.
71 Sammlung Flicke, S. 80.
72 Schramm, Verrat, S. 19 ff.
73 Personalie Roessler, ›Spiegel‹-Archiv.
74 Mitteilungen eines Schweizer Offiziers, der ungenannt zu bleiben wünscht.
75 Ebd.
76 Radó, a.a.O., S. 188, Vgl. Kriegstagebuch des Oberkommandos der Wehrmacht, Bd. II 2. Burkhart Müller-Hillebrand, Das Heer 1933–1945, Bd. II.
77 Radó, a.a.O., S. 290.
78 Ebd.
79 Radó, a.a.O., S. 344.
80 Sammlung Flicke, S. 35 ff.
81 Sammlung Flicke, S. 42, 44, 52.
82 So unter anderem Paul Carell, Verbrannte Erde, S. 86, 87.
83 Radó, a.a.O., S. 258. Gotthard Heinrici und Friedrich Wilhelm Hauck, Zitadelle, in: Wehrwissenschaftliche Rundschau, Heft 8/65, S. 486.
84 Ebd.
85 Radó, a.a.O., S. 258. Ernst Klink, Das Gesetz des Handelns, S. 115 ff.
86 Radó, a.a.O., S. 299.
87 Sammlung Flicke, S. 87.
88 Radó, a.a.O., S. 302.
89 Sammlung Flicke, S. 87.
90 Schramm, Verrat, S. 266 ff. ›Neue Zürcher Zeitung‹, 5. Februar 1970.
91 Hans W. Eggen, Zusammenfassung meiner Ausführungen vom 13. 11. 45 und 15. 11. 45, Privatarchiv Dr. Buchheit.
92 Schramm, Verrat, S. 271.
93 ›Neue Zürcher Zeitung‹, 5. 2. 1970.
94 Matt, a.a.O., S. 228.
95 Schramm, Verrat, S. 290.
96 Schramm, Verrat, S. 247 ff.
97 Kriegstätigkeit der deutschen Abwehr in der Schweiz (Verfasser unbekannt), Privatarchiv Dr. Buchheit.
98 Ebd.
99 Schramm, Verrat, S. 284.
100 Schramm, Verrat, S. 290.
101 Mitteilungen eines Schweizer Offiziers, der ungenannt zu bleiben wünscht.
102 Schramm, Verrat, S. 296 ff.
103 Ebd.
104 Arsenijevic, a.a.O., S. 117.
105 Schramm, Verrat, S. 308.
106 Ebd.
107 Personalie Roessler, ›Spiegel‹-Archiv.
108 David Dallin, Die Sowjetspionage, S. 221.
109 Personalie Radó, ›Spiegel‹-Archiv.
110 Funkspruch vom November 1943, Sammlung Flicke, S. 180.
111 Auszug aus dem Tagebuch von Hans (John) W. Eppler, Januar bis Juli 1945.
112 Eppler, a.a.O., S. 2.
113 Radó-Personalie, ›Spiegel‹-Archiv.

9. Kapitel   Die Rote Kapelle: Legende und Wirklichkeit

1 David Dallin, Die Sowjetspionage, S. 179.
2 ›Publisher's Weekly‹, 28. April 1969.
3 Gilles Perrault, Auf den Spuren der Roten Kapelle, S. 502.
4 Günther Weisenborn, Rede über die deutsche Widerstandsbewegung; ›Aufbau‹, Heft 6/1946/; S. 576 ff.
5 Willi Weber an den Autor, 5. Juni 1968.
6 Erklärung an Greta Kuckhoff; Akten der Staatsanwaltschaft am Landgericht Lüneburg, Strafsache gegen Dr. Manfred Roeder (künftig: StA Lüneburg); Bd. VIII, Bl. 131.
7 Günther Weisenborn vor der Friedrich-Ebert-Schule in West-Berlin; ›Das Objektiv‹, Heft 4/1965, S. 10.
8 Die Reichszeitung, 17. Juni 1951.
9 Manfred Roeder, Die Rote Kapelle, S. 36.
10 Harry Piepe, Harburger jagte Agenten; ›Harburger Anzeiger und Nachrichten‹, 10. Oktober 1967.
11 Perrault, a.a.O., S. 264.
12 ›Die Reichszeitung‹, 8. Juli 1951. Mündliche Mitteilung von Heinrich Reiser, 4. März 1968.
13 Paul Carell, Verbrannte Erde, S. 86, 84.

14 Seweryn Bialer, Stalin and his Generals, S. 212.
15 Georgi K. Schukow, Erinnerungen und Gedanken, S. 227.
16 Schukow, a.a.O., S. 223 ff.
17 Bialer, a.a.O., S. 209. Schukow, a.a.O., S. 229.
18 Notizen aus dem Nachlaß von Hauptmann d. R. Dr. Will Grosse.
19 Ebd.
20 Bericht des Chefs der Sicherheitspolizei und des SD, IV A 2-B, 22. Dezember 1942 (künftig: Gestapo-Abschlußbericht), S. 7.
21 Hans Umbreit, Der Militärbefehlshaber in Frankreich 1940–1944, S. 36.
22 Siehe Anmerkung 168, Kapitel 2.
23 Ebd.
24 Siehe Kapitel 7.
25 Gestapo-Abschlußbericht, S. 1.
26 Sammlung sowjetischer Funksprüche aus dem Nachlaß Wilhelm F. Flickes (künftig: Sammlung Flicke), S. 6.
27 Alfred Philippi und Ferdinand Heim, Der Feldzug gegen Sowjetrußland 1941 bis 1945, S. 69, 70.
28 Sammlung Flicke, S. 7.
29 Philippi-Heim, a.a.O., S. 79, 80.
30 Sammlung Flicke, S. 7.
31 Philippi-Heim, a.a.O., S. 90.
32 So in einer Meldung vom 9. Dezember 1941, die über Dora nach Moskau gefunkt wurde; Sammlung Flicke, S. 8.
33 Wilhelm F. Flicke, Spionagegruppe Rote Kapelle, S. 81.
34 Philippi-Heim, a.a.O., S. 95.
35 Flicke, a.a.O., S. 81.
36 Bialer, a.a.O., S. 603.
37 Schukow, a.a.O., S. 358.
38 Perrault, a.a.O., S. 80.
39 Schukow, a.a.O., S. 356.
40 Generaloberst Halder, Kriegstagebuch, Bd. III, S. 401 ff.
41 Halder, a.a.O., S. 420.
42 Bialer, a.a.O., S.584.
43 Bialer, a.a.O., S. 588.
44 Bialer, a.a.O., S. 601.
45 Bialer, a.a.O., S. 603.
46 Ebd.
47 Ebd.
48 Ebd.
49 Roeder, a.a.O., S. 19.
50 Aussage von Karl Schmauser, 9. September 1950; StA Lüneburg, Bd. XII, Bl. 193.
51 Aussage von Joachim Rohleder, 2. Juli 1950; StA Lüneburg, Bd. XII, Bl. 193.
52 Sándor Radó, Dóra jelenti, S. 174. Kriegstagebuch des OKW, Bd. II 2.
53 Sammlung Flicke, S. 66. Burkhart Müller-Hillebrand, Das deutsche Heer 1933–1945, Bd. II und III.
54 Sammlung Flicke, S. 42. Kriegstagebuch des OKW, Bd. III 1. Müller-Hillebrand, Das deutsche Heer, Bd. III.
55 Funkspruch vom 10. Juli 1943; Sammlung Flicke, S. 93.
56 Günther Weisenborn, Der lautlose Aufstand, S. 204.
57 Ernst von Salomon, Der Fragebogen, S. 482.
58 Erklärung von Falk Harnack, 3. Februar 1947; StA Lüneburg, Bd. V, Bl. 634.
59 So zählt noch Klaus Lehmann, Widerstandsgruppe Schulze-Boysen/Harnack, S. 82, 84, Kummerow und Scheliha zu Mitgliedern der Berliner Roten Kapelle.
60 Schreiben Cato Bontjes van Beeks an ihre Mutter, 2. März 1943; Privatarchiv Bontjes van Beek.
61 Eberhard Bethge, Dietrich Bonhoeffer, S. 759.
62 Dazu jetzt die neue Darstellung des Amerikaners Harold C. Deutsch, Verschwörung gegen den Krieg; C. H. Beck, München 1969.

Quellennachweis

Unveröffentlichte Quellen

Akten des Persönlichen Stabes Reichsführer-SS und Chef der Deutschen Polizei. Mikrofilme der National Archives, Washington, D. C. Filmgruppe T-175. Akten der Staatsanwaltschaft am Landgericht Lüneburg, Strafsache gegen Dr. Manfred Roeder. 15 Bände.
Schlußbericht des Staatsanwalts Dr. Finck im Ermittlungsverfahren gegen den ehemaligen Generalrichter der Luftwaffe Dr. Manfred Roeder. Aktenzeichen 1 Js 16/49, Lüneburg 1951.
Anklageschrift des Oberreichsanwalts beim Volksgerichtshof gegen Wilhelm Knöchel, 1943. Privatarchiv Otto Schwardt.
Aufstellung über die bisher bekanntgewordenen hingerichteten Personen der Widerstandsgruppe Sch[ulze]-B[oysen]/H[arnack], bearbeitet von Kriminalkommissar Schwarz, Westberlin. Archiv des ›Spiegel‹.
Auszüge aus dem Tagebuch von Hans (John) W. Eppler, Januar bis Juli 1945. Privatarchiv Dr. Wilhelm Ritter von Schramm.
Bauer, Arnold. Erinnerungen an Harro Schulze-Boysen und Horst Heilmann. Aufzeichnung von 1968.
Bauer, Wilhelm. Die Tätigkeit des BB-Apparates der KPD. Manuskript. Köln 1968.
Bauer, Wilhelm. Fallschirmagenten. Aufzeichnung von 1968.
Best, Werner. Die deutsche Abwehrpolizei bis 1945. Aufzeichnung von 1949.
Buschmann, Hugo. Mein Freund Harro Schulze-Boysen. Aufzeichnung von 1968.
Bericht des Chefs der Sicherheitspolizei und des SD, IV A 2-B, 22. Dezember 1942. Archiv des ›Spiegel‹.
Eggen, Hans W. Zusammenfassung meiner Ausführungen vom 13. 11. 1945 und 15. 11. 1945. Privatarchiv Dr. Gert Buchheit.
Heimbach, Lothar. Geheime Staatspolizei. Aufzeichnung aus dem Jahr 1961. Privatarchiv Heimbach.
Professor Kemp, John F. Rittmeister zum Gedächtnis. Aufzeichnung von 1968.
Kriegstätigkeit der deutschen Abwehr in der Schweiz. Privatarchiv Dr. Gert Buchheit.
Nemo, John. Das rote Netz. Ohne Datum. Archiv des ›Spiegel‹.
Schriftsatz des Rechtsanwalts Dr. Noack in der Strafsache Keller. 8. Februar 1952. Privatarchiv Wolfgang Müller.
Organisation und Aufgabenbereich des sowjetischen Nachrichtendienstes. Archiv des ›Spiegel‹.
Preußisches Staatsministerium, Abteilung P. Akten betreffend Kommunistische Bewegung, Bd. IV, 1935. Privatarchiv Wilhelm Bauer.
Sammlung sowjetischer Funksprüche aus dem Nachlaß von Wilhelm F. Flicke. Privatarchiv.
Schramm, Wilhelm Ritter von, Zu den Erinnerungen von Alexander Radó.
Schröter, Heinz. Der große Verrat. o. J. Privatarchiv Schröter.

Schulze, Marie-Louise. Warum ich im Jahre 1933 Parteigenossin geworden bin. Aufzeichnung ohne Datum. Privatarchiv Schulze.
Vilter, W. M. Die Geheimschriften. Aufzeichnung von 1935.
Wehner, Herbert. Notizen. Aufzeichnung vom 23. Mai 1946. Archiv des ›Spiegel‹.
Wichtige russische Organisationen und Einrichtungen in Deutschland. Polizeiinstitut Berlin-Charlottenburg, 1933/34. Privatarchiv Lothar Heimbach.
Zechlin, Egmont. Arvid und Mildred Harnack zum Gedächtnis. o. J.

Veröffentlichte Quellen

Biographic Directory of the USSR.
Generaloberst *Halder*, Kriegstagebuch. Bd. III. Stuttgart 1964.
Heiber, Helmut. Hitlers Lagebesprechungen. Stuttgart 1962.
Internationaler Militärgerichtshof. Der Prozeß gegen die Hauptkriegsverbrecher. Bd. XXXVIII. Nürnberg 1947—1949.
Jahrbuch der deutschen Luftwaffe 1939. Verlag von Breitkopf & Härtel, Leipzig 1939.
Keilig, Wolf. Das deutsche Heer 1939—1945. Bad Nauheim o. J.
Koch, Hans. 5000 Sowjetköpfe.
Kriegstagebuch des Oberkommandos der Wehrmacht, Bd. II und III. Frankfurt 1963.
Leitsätze und Statuten der Kommunistischen Internationale, beschlossen vom II. Kongreß der Kommunistischen Internationale, Moskau, vom 17. Juli bis 7. August 1920. Verlag der Kommunistischen Internationale, Moskau 1920.
Murder International, Inc. Hearings before the Subcommittee to investigate the administration of the International Security Act. Washington 1953.
Müller-Hillebrand, Burkhart. Das deutsche Heer 1933—1945. Bd. III. Frankfurt 1969.
Who's Who in the USSR 1961/62.

Bücher

Aronson, Shlomo. Heydrich und die Anfänge des SD und der Gestapo 1931—1935. Diss., Berlin 1967.
Arsenijevic, Drago. Genève appelle Moscou. Paris 1969.
Balzer, Karl. Der 20. Juli und der Landesverrat. Göttingen 1967.
Bethge, Eberhard. Dietrich Bonhoeffer. München 1967.
Bialer, Seweryn. Stalin and his Generals. New York 1969.
Bonjour, Edgar. Geschichte der schweizerischen Neutralität. Basel 1970.
Boysen, Elsa. Harro Schulze-Boysen. Düsseldorf 1947.
Brauer, Arthur von. Im Dienste Bismarcks. Berlin 1936.
Broszat, Martin u. a. Anatomie des SS-Staates. Band II. Olten und Freiburg i. Breisgau 1965.
Buchheim, Hans. SS und Polizei im NS-Staat. Selbstverlag der Studiengesellschaft für Zeitprobleme, Duisdorf b. Bonn 1964.
Buchheit, Gert. Der Deutsche Geheimdienst. München 1966.
Bullock, Alan. Hitler. Düsseldorf 1957.
Carell, Paul. Verbrannte Erde. Frankfurt, Berlin, Wien 1966.

Conquest, Robert. Am Anfang starb Genosse Kirow. Düsseldorf 1970.
Cookridge, E. H. Zentrale Moskau. Hannover 1956.
Dallin, Alexander. Deutsche Herrschaft in Rußland. Düsseldorf 1958.
Dallin, David. Die Sowjetspionage. Köln 1956.
Deutsch, Harold C. Verschwörung gegen den Krieg. München 1969.
Dulles, Allen Welsh. Verschwörung in Deutschland. Kassel 1947.
Ehrt, Adolf. Bewaffneter Aufstand. Berlin—Leipzig 1933.
Eulenburg, Thora zu. Erinnerungen an Libertas. [o. J.].
Fischer, Ruth. Stalin und der deutsche Kommunismus. Frankfurt/M. 1948.
Flicke, Wilhelm F. Agenten funken nach Moskau. München—Wels 1954.
Flicke, Wilhelm F. Spionagegruppe Rote Kapelle. Kreuzlingen 1954.
Foote, Alexander. Handbook for Spies. London 1953.
Grimme, Adolf. Briefe. Heidelberg 1967.
Hagen, Walter. Die geheime Front. Linz und Wien 1950.
Hart, Liddell B. H. Die Rote Armee. Bonn [o. J.]
Hassel, Ulrich von. Vom andern Deutschland. Frankfurt/M. 1964 [Fischer Bücherei, Bd. 605].
Heilbrunn, Otto. Der sowjetische Geheimdienst. Frankfurt/M. 1956.
Heydrich, R. Wandlungen unseres Kampfes. München-Berlin 1935.
Hildebrandt, Rainer. Wir sind die Letzten. Neuwied/Berlin 1949.
Himmler, Heinrich. Die Schutzstaffel als antibolschewistische Kampforganisation. München 1936.
Höhne, Heinz. Der Orden unter dem Totenkopf. Gütersloh 1967.
Institut für Marxismus-Leninismus beim Zentralkomitee der SED. Geschichte der deutschen Arbeiterbewegung. Band V. [Ost-]Berlin 1966.
Jung, Franz. Der Weg nach unten. Neuwied 1961.
Kahn, David. The Codebreakers. New York 1967.
Kalinow, Kyrill D. Sowjetmarschälle haben das Wort. Hamburg 1950.
Keilig, Wolf. Das deutsche Heer 1939—1945. Bad Nauheim, o. J.
Kennan, George F. Sowjetische Außenpolitik unter Lenin und Stalin. Stuttgart 1961.
Kern, Erich. Verrat an Deutschland. Göttingen 1963.
Klink, Ernst. Das Gesetz des Handelns. Stuttgart 1966.
Koestler, Arthur. Die Geheimschrift. Wien—München—Basel 1955.
Kriwitzki, W. G. Agent de Staline. Paris 1940.
Laschitza, Horst und Vietzke, Siegfried. Deutschland und die deutsche Arbeiterbewegung 1933—1945. [Ost-]Berlin 1964.
Lehmann, Klaus. Widerstandsgruppe Schulze-Boysen/Harnack. [Ost-]Berlin 1948.
Leverkuehn, Paul. Der geheime Nachrichtendienst der deutschen Wehrmacht im Kriege. Frankfurt/M. 1964.
Lewytzkyj, Borys. Vom Roten Terror zur sozialistischen Gesetzlichkeit. München 1961.
Matt, Alphons. Zwischen allen Fronten. Frauenfeld 1969.
Neufeldt, Hans-Joachim, Jürgen Huck, Georg Tessin. Zur Geschichte der Ordnungspolizei. [Als Manuskript gedruckt] Koblenz 1957.
Nicolai, W. Geheime Mächte. Leipzig 1924.

Nollau, Günther. Die Internationale. Köln 1959.
O'Neill, Robert J. The German Army and the Nazi Party. London 1967.
Orlov, Alexander. The Secret History of Stalin's Crimes. New York 1953.
Paetel, Karl O. Versuchung oder Chance? Göttingen 1965.
Pechel, Rudolf. Deutscher Widerstand. Zürich 1947.
Perrault, Gilles. Auf den Spuren der Roten Kapelle. Reinbek 1969.
Philippi, Alfred und *Heim, Ferdinand.* Der Feldzug gegen Sowjetrußland 1941 bis 1945. Stuttgart 1962.
Potjomkin, W. P. Geschichte der Diplomatie. Band III. Moskau 1947.
Praun, Albert. Soldat in der Telegraphen- und Nachrichtentruppe. [Selbstverlag] Würzburg 1965.
Pünter, Otto. Der Anschluß fand nicht statt. Bern und Stuttgart 1968.
Radó, Sándor. Dora jelenti. Budapest 1971. (Dt. Ausgabe ab Herbst 1972: Stuttgart).
Reile, Oscar. Geheime Ostfront. München—Wels 1963.
Reile, Oscar. Geheime Westfront. München—Wels 1963.
Reitlinger, Gerald. Die SS. Wien—München—Basel 1957.
Rothfels, Hans. Die deutsche Opposition gegen Hitler. Krefeld 1949 [Auch Fischer Bücherei, Bd. 198].
Rowan, Richard Wilmer und *Deindorfer, Robert G.* Secret Service. New York 1967.
Salomon, Ernst von. Der Fragebogen. Hamburg 1951.
Schellenberg, Walter. Memoiren. Köln 1956.
Schlabrendorff, Fabian von. Offiziere gegen Hitler. Zürich 1946.
Schmidt, Walter A. Damit Deutschland lebe. [Ost-]Berlin 1959.
Schramm, Wilhelm von. Verrat im Zweiten Weltkrieg. Düsseldorf—Wien 1967.
Schtemenko, S. M. Generalny w gody woiny. Moskau 1968.
Schüddekopf, Otto-Ernst. Linke Leute von rechts. Stuttgart 1960.
Schukow, Georgi K. Erinnerungen und Gedanken. Stuttgart 1969.
Schulze-Boysen, Harro. Gegner von heute — Kampfgenossen von morgen. Berlin 1932.
Schwenger, Hannes (Herausgeber). Berlin im Widerstand. Berlin 1965.
Telpuchowski, B. S. Die sowjetische Geschichte des Großen Vaterländischen Krieges. Frankfurt/M. 1961.
Thomas, Hugh. Der spanische Bürgerkrieg. Berlin 1961.
Tomin, Valentin und *Grabowski, Stefan.* Die Helden der Berliner Illegalität. [Ost-]Berlin 1967.
Turel, Adrien. Ecce Superhomo. Band I. Stiftung Adrien Turel [hektographiert. o. J.]
Umbreit, Hans. Der Militärbefehlshaber in Frankreich 1940—1944. Boppard 1968.
Valtin, Jan. Tagebuch der Hölle. Köln—Berlin 1957.
Weisenborn, Günther. Memorial. Hamburg 1948.
Weisenborn, Günther. Der lautlose Aufstand. Hamburg 1953.
Weisenborn, Günther. Die Illegalen. [Ost-]Berlin 1946.
Wollenberg, Erich. Der Apparat. Essen 1950.
Zeutschel, Walter. Im Dienst der kommunistischen Terror-Organisation. Berlin 1931.

Zur Geschichte der deutschen antifaschistischen Widerstandsbewegung. [Ost-]Berlin 1958.

Zeitschriften-Aufsätze

***, Die sowjetischen Sicherheitsorgane. Das Parlament, 2. Dezember 1959.
›Freddy‹, *Capitaine*. La Vérité sur la Rote Kapelle. In: ›Europe-Amérique‹, 2. und 9. Oktober 1947.
Harnack, Axel von. Arvid und Mildred Harnack. In: ›Die Gegenwart‹, Heft 26/27, 1947.
Heinrici, Gotthard und *Hauck, Friedrich Wilhelm.* Zitadelle. In: ›Wehrwissenschaftliche Rundschau‹, Heft 8/1965.
Kuckhoff, Greta. Ein Abschnitt des deutschen Widerstandskampfes. In: ›Die Weltbühne‹, Heft 3/4, 1948.
Martini, Winfried. Deutsche Spionage für Moskau 1939 bis 1945. In: ›Die Welt‹, 15. Oktober bis 27. Oktober 1966.
Observator. Wir wissen alles. In: ›Echo der Woche‹, 5. Mai 1950.
Piepe, Harry. Harburger jagte Agenten. In: ›Harburger Anzeiger und Nachrichten‹, 30. September bis 31. Oktober 1967.
—, Ich jagte roten Agenten. In: ›Der Mittag‹, 11. Februar bis 15. März 1953.
Scheel, Heinrich. Wesen und Wollen der Widerstandsorganisation Schulze-Boysen/Harnack: In: ›Neues Deutschland‹, 29. Juni 1968.
Aus *Herbert Wehners* Akten. In: ›Rheinischer Merkur‹, 22. März 1957.
Weisenborn, Günther. Studenten und illegale Arbeit. In: ›Forum‹, Heft 1, Januar 1947.
Weisenborn, Günther. Rede über die deutsche Widerstandsbewegung. In: ›Aufbau‹, Heft 6/1946, S. 576ff.

Benutzte Zeitungen und Zeitschriften

Der Tagesspiegel, Jahrgang 1948.
Die andere Zeitung, Jahrgang 1961.
Frankfurter Allgemeine Zeitung, Jahrgang 1951.
Für Dich, Jahrgang 1968.
Gegner, Jahrgänge 1932 und 1933.
Heidebote, Jahrgang 1951.
Hamburger Tageblatt, Jahrgang 1941.
Junge Welt, Jahrgang 1967.
Kristall, Jahrgänge 1950 und 1951.
Kölnische Zeitung, Jahrgang 1925.
Münchner Abendzeitung, Jahrgang 1959.
Neues Deutschland, Jahrgänge 1947, 1955, 1964 und 1968.
Norddeutsche Rundschau, Jahrgang 1951.
Prawda, Jahrgang 1967.
Die Reichszeitung, Jahrgang 1951.
stern, Jahrgang 1951.
Tägliche Rundschau, Jahrgang 1951.

Bildnachweis

Willi Weber: Berlin 4; Ullstein: 5, 6, 9; Dietz Verlag, Berlin: 7; Archiv Gerstenberg: 10; Schröder, Osnabrück: 12; Fayard, Paris: 14; Le Lyux über Camara Press: 15; Paris Match: 16; Magenta-Film GmbH: 18; Camara Press: 20; Hassa, Aachen: 23; Joachim Gotzmann: 34.

Register

Abshagen, Robert 155
Abwehr 93 ff
—, Dechiffrierung von Funkmeldungen 120
—, deutsche, V-Männer 94 f
—, militärische 51
—, politische 50
—, Verfolgung der Roten Kapelle 125 f
—, Zusammenarbeit mit der Gestapo 114
— -Polizei 48
—stelle Königsberg 49, 94
—stelle München 94
—zentrale 48
»Agent 305« s. Legendre, Paul
Agentenfunknetze 98 f
Agentenjagd, antikommunistische 53
Agentenmeldungen 180, 294
»Agis« s. Rittmeister, John
»Alamo, Carlos« s. Makarow, Michail
»Alexandrow« s. Erdberg, Alexander
»Alta« s. Stöbe, Ilse
Ampletzer, Thomas 194, 197, 253, 256 ff, 264
Amsterdam 77
Arbeiterkorrespondenten und GPU 42 f
»Arier« s. Scheliha, Rudolf von
Arier-Gruppe 181
»Arndt, Fritz«, s. Mewis, Karl
Arnould, Rita 76, 79, 87, 110, 115, 121,
»Arwid« s. Harnack, Arvid

Bahnik, Wilhelm 54
Balzer, Karl 14, 22
Barbé, Henri 30
Barcza, Margarete 79, 82 f, 112, 244, 247, 255
Barth, Robert 183, 196
Bartz, Werner 139
Basarow, Boris 44
Bastian, Max 208, 232

Bästlein, Bernhard 155, 196
Bauer, Arnold 186
»Bauhüttenbewegung« 133
Baum, Herbert 167
Becker, Martin 171
Beek, Cato Bontjes van 158, 166, 168, 192, 202, 219, 227 ff, 235
Behrens, Karl 149, 159, 230, 234
Behse, Rudolf 222, 224
Belgien s. a. Rote Kapelle in Belgien 67, 78, 107, 124, 269
»Belski, Anton« s. Börner, Anton
Beobachtungsdienst der Kriegsmarine 99
Bereschkow, W. M. 293
Berg, Wilhelm 243, 264
»Berger, Wassilij« s. Erdberg, Alexander
Bergtel, Rudolf 156
Berija, Lawrentij 63
Berkowitz, Liane 158, 210, 227, 235
Berlin 46, 92, 106
Bersin, Jan Karlowitsch 28, 31, 36, 46, 60
Bessonow, Sergej 145, 147
Bethge, Eberhard 300
Beumelburg, Werner 116, 122
Beurton, León Charles 271 f
Bidet, Charles Faux Pas 73
Bir, Isaia 72
Bischoff, Charlotte 153
Boki, I. 32
Bokow, F. E. 266
Bolli, Margaret 91, 273 f, 286 f
»Bordo« s. Jefremow, Konstantin
Börner, Anton (»Belski, Anton«) 183 ff
Böttcher, Paul 273, 287
Boysen, Elsa 213
Bozenhardt, Hans 47
Brauchitsch, Bernd von 206
Breiter, Gertrud 191 f, 198, 233
Breslau 106
Brockdorff-Rantzau, Erika Gräfin von 23, 173, 180, 183,

187, 192, 218, 223, 225, 227, 234
Bronskij, M. G. 35
Brüssel s. a. Rote Kapelle in Belgien 75, 109, 124
»Brüsseler Konferenz« (4. Parteikonferenz der KPD) 58
Buch, Eva-Maria 166, 196, 199, 219, 230, 235
Burde, Friedrich (»Edgar«, »Dr. Schwartz«) 42, 44, 54, 60
Burky, Charles 269
Burmeister, Adolf 38
Buschmann, Hugo 130, 144, 164, 166, 168, 173, 192

Canaris, Wilhelm 103 f, 124 126, 174
Cara, Nila 83
»Carlos« s. Mathieu
Chiffrier- und Funkhorchdienst 99, 102 f
»Choro« s. Schulze-Boysen, Harro
Cointe, Suzanne 84
Cookridge, E. H. 31
Coppi, Hans (»Strahlmann«) 23, 92, 107, 157, 159 f, 168, 173, 179 ff, 186, 192, 223
—, Verhaftung 190
Coppi, Hilde 168, 230, 235
Corbin, Alfred 248
Cranz 106

Dallin, David 13, 20, 46, 53, 129, 191, 202, 290
Daluege, Kurt 101
Danilow, Anton (»Desmet, Albert«) 69 ff, 87, 110, 115, 253
Däumig, Richard 35 f
de Barry, Ernst 19
Dekanosow, Wladimir 98
de Pellepoix, Darquier 80
»Der Fabrikant« s. Rajchman, Abraham
»Der Große« s. Winterinck
»Der Vortrupp« (Zeitschrift) 144
»Desinformation« 28
»Desmet, Albert« s. Danilow, Anton

de Téramond, Guy 121
deutsche Abwehr, V-Männer 94 f
—, Kommandounternehmen 178
—, Spionageabwehr 93 ff
»deutsche Tscheka« s. Kommunistische Partei Deutschlands und Terror-Apparat
»Deutsch-Russische Luftfahrtgesellschaft (Deruluft) 41
»Deutsch-Russische Transportgesellschaft (Derop) 41
deutsch-sowjetischer Nichtangriffspakt 151
de Winter, Georgie 80
»Die innere Front« (Zeitschrift) 166
Dienstbach, Karl 45
Dimitrow, Georgij 152
»Domb, Leiba« s. Trepper, Leopold
»Dora« s. Radó, Alexander
»Dora«, Spionagegruppe 9
Drailly, Nazarin 252
Dserschinsky, Felix 31 ff
Dübendorfer, Heinrich 272
Dübendorfer, Rachel 272 f, 275, 278, 280, 286 f
Dubinski, Jutta 155
Dubinski, Viktor 155
»Dzumaga, Michael« s. Trepper, Leopold

Eberlein, Hugo 36
Ehrenburg, Ilja 14
Eidenbenz, Adelheid 208
Eifler, Erna 183, 196
Engelbrechten, Maximilian von 286
Eppler, Hans 288
Erdberg, Alexander (»Berger, Wassilij«; »Kaufmann, Karl«; »Alexandrow«) 24, 144, 150, 156, 159 f
Erlanger, Henry 135 f
Ernst, Alfred 277
Ernst, Franz 212, 229
Escudero, Valentino 123

Falkenberg, Werner 209, 219
Fallschirmagenten 181 ff, 195

—, sowjetische 194 ff, 197
»Fantomas« s. Trepper, Leopold
Feindbegünstigung 220, 228 f
Fellendorf, Wilhelm 183, 196
Fellgiebel, Erich 19, 103 ff
Fischer, Erwin 58
Fischer, Ruth 37, 45
Fish, Hamilton 116
Fish, Mildred 147, s. a. Harnack, Mildred
Flicke, Wilhelm F. 18 ff
Flieg, Leo 42, 62
Folterungen s. Gestapo
Fomferra, Heinrich 54
Foote, Alexander 91, 262, 271 ff, 286 f
Freyer, Hubertus 109
»Funk, Kurt« s. Wehner, Herbert
Funkabwehr 98, 102 f, 106, 123
—, neue 104
— in der Gestapo 101 f
— und Verfolgung der Roten Kapelle 124 ff
Funkaufklärungsdienst 98
Funkdienst 101
Funkgegenspiel 10, 194, 253, 256
— mit Moskau 253, 256, 263 ff
—, »Eifel I« 256
—, »Eifel II« 256
—, »Mars-Eifel« 256
— und »Spielmaterial« 257 ff
—, »Weide« 256
Funkmeßstellen 101
Funkmeßtechnik 99
Funkpeilung 101
Funkspionage 105
Funkspione 101
Funküberwachung 101, 105, 107

»Garantie- und Kreditbank für den Osten A. G.« (Garkrebo) 41
Gegenspionage 252, 301
— in Deutschland 94
»Gegner« (Zeitschrift) 133, 135
— Kreis 133
Geheimdienst, zaristischer 26 f
Geheimes Staatspolizeiamt 50, 61
Geheimpolizei, sowjetische (GUGB) 63
»Geheimschreiber« 120

Geheimschriften, sowjetische 116—121
Gehrts, Erwin 170, 193, 223 f, 227, 234
Gempp, Friedrich 48
Gent 108
Gestapo 50, 55, 95, 98, 114, 126
—, Agentenfahndung 183 f
—, Folterungen bei der 199—202, 243
—, Funkspiel mit Moskau 253, 256 f
— und »Berliner Rote Kapelle« 113 f, 124 ff, 128, 185, 187 f, 252
— und Fallschirmagenten 183
—, Verhaftung der Rote-Kapelle-Mitglieder in Berlin 187, 189—197, s. a. die Namen der Mitglieder
—, Vernehmung der Rote-Kapelle-Mitglieder 199—202
—, V-Männer-Netz 94 f
—, Zusammenarbeit mit der Abwehr 114
Giering, Karl 56, 113 ff, 122, 239 ff, 244 f, 247, 249, 252
»Gilbert, Jean« s. Trepper, Leopold
Giraud, Lucienne 123
Giraud, Pierre 123
Glöggler, Hermann 54
Goetze, Ursula 158, 193, 199, 219, 227, 235
Gollnow, Herbert 173, 193, 223 f, 226 f, 234
Gollnow, Otto 158, 227 f
Göpfert, Alfred 192
Göring, Hermann und »Rote Kapelle« 52, 104, 139, 205 f, 208, 211, 214, 225, 229, 232, 254
Goulooze, Daniel 76, 242
GPU (sowj.) 32 f, 43, 60
Grabowski, Max 25, 165
»Grand Chef« s. Trepper, Leopold
Grasse, Herbert 155, 200
Graudenz, Johann (John) 23, 170, 186, 190 f, 209, 217, 223
Graudenz, Toni 170
Grimme, Adolf 15—18, 22, 149, 193, 209, 218, 221

355

Griotto, Medardo 251 f
Grosse, Will 294
Großkopf, Richard 57
Großvogel, Leo 72, 75 f, 79, 81, 84, 247, 250 f, 254 f
Gruber, Malvina 68, 239, 243 f
»Gruppe Harnack« 22
»Gruppe Hermann« 68
»Gruppe Hilda« 77, 91, 236 f, 241 f
»Gruppe Kent« 80, 86, 244, 246 f
»Gruppe Schulze-Boysen« 83, 155 f, 173, 296, s. a. Rote Kapelle in Berlin
»Gruppe Trepper« 123
Guddorf, Wilhelm 129, 155 163, 165, 168, 196, 217, 219, 230, 234
GUGB (Glawnoje Uprawlenije Gosudarstwennoje Besopastnosti: Hauptverwaltung für Staatssicherheit) 59 ff, 63 f
Guisan, Henri 285, 287
Gutsche, Joseph 40

Haas-Heye, Libertas (»Libs«) s. Schulze-Boysen, Libertas
Hamburger, Rudolf 271
Hamel, Edmond 91, 273 f, 287
Hamel, Olga 91, 273, 287
Hammerstein, Christian von 208, 211
Harnack, Arvid (»Arwid«, »Wolf«) 10, 22, 24, 66, 74, 92, 126, 145 f, 148, 150, 155, 159, 163, 168, 174, 184, 191, 201 f, 209, 217, 223, 233 f
—, Beginn der Spionagearbeit 148
—, Einstellung zur Sowjetunion 147
—, im Reichswirtschaftsministerium 147
—, politische Einstellung 146
—, Verhaftung durch Gestapo 189
—, verrät Namen der Roten Kapelle 193
Harnack, Falk 12, 209 f, 213, 303
Harnack, Mildred 146, 173 f, 193, 200, 213, 223 f, 226, 234
—, Verhaftung durch Gestapo 189
»Harry« s. Robinson, Henry
Hausamann, Hans 276 ff, 280, 284 f
Havemann, Wolfgang (»Italiener«) 174 f, 192
Hazay, Samuel 267
Heeresnachrichtenwesen 103
Heiber, Helmut 20
Heilmann, Horst 17, 120, 162, 172, 184, 185 ff, 219, 223
Heimbach, Lothar 53
Hellmuth, Barbara 56
Hellweg, Martin 172
Henniger, Hans 171, 214, 232
Henseler, Hermann 286
Henze, Hans 136, 201
Herbst, Eugen 45
»Hermann« s. Wenzel, Johann
Herrnstadt, Rudolf 66, 180 f, 198
»Herta« s. Stassowa, Jelena
Heydrich, Reinhard 51 ff, 56, 95 ff, 101, 261
— und Funkabwehr 101
Hildebrandt, Rainer 129, 162, 165, 185
Himmler, Heinrich 13, 51 ff, 94, 97, 201, 204, 210, 256, 284
Himpel, Hans Helmuth 158, 186 f, 230, 234
Hinrichtungen 234 f
Hitler, Adolf 10, 13, 21, 77, 84, 104, 132, 204 f, 219, 225, 229, 272, 274
—, Reichstagsrede vom April 1942: 206
— und Rote Kapelle 13, 204 f
— und Rote-Kapelle-Prozeß 206
— und Urteile gegen Rote Kapelle 229, 232 f
Hitler-Stalin-Pakt 151, 154, 161
Hochverrat 215, 226, 229
Hoffmann, Hannelore 158
Hoffmann-Scholtz, Anna-Margaret (»Hoscho«) 81, 250, 254, 296
Hoorickx, Guillaume 78, 252
Horchdienst 99
»Hoscho« s. Hoffmann-Scholtz, Anna-Margaret

Hößler, Albert 183, 194, 196
Hübner, Emil 156, 196, 230, 235
Hübner, Max 156, 196, 218, 230
»Humanité« (Zeitung) 72
Husemann, Martha 199
Husemann, Walter 23, 155, 179, 199, 234

Iljitschow, Iwan Iwanowitsch 266
Illner, Arthur (»Richard«, »Stahlmann, Richard«) 40, 153
Imme, Else 230, 235
Industriespionage 44 f
— der KPD 44 f
— und Sowjetunion 46 f
»Internationale Instrukteure« 33
Isbutzky, Hermann (»Lunette«) 76, 241, 254
Israel, Hans 54
»Italiener« s. Havemann, Wolfgang

Jacob, Franz 155
Jaspar, Jules 75, 247, 250
Jefremow, Konstantin (»Bordo«, »Jernstroem, Eric«) 69 ff, 75, 113, 124, 237 ff, 240, 242, 253, 256
—, Arbeit als deutscher Agent 239 f
—, Entdeckung durch die Gestapo 239
»Jernstroem, Eric« s. Jefremow, Konstantin
Jeschow, Nikolai 59, 96
»Jesufa« s. Posnanska, Sophie
Joffe, Adolf 26, 34 f
Jost, Heinz 96
Jung, Erich 248, 251
Jung, Franz 133 ff

Kainz, Ludwig 250
Katz, Hillel 72, 76, 84, 247, 250 f, 254 f
Keller, Vladimir 248, 254 f
Kempner, Robert M. W. 16 f
»Kent« s. Sukulow-Gurewitsch, Viktor

Kernmayr, Erich (»Kern, Erich«) 22
Kippenberger, Hans 37 f, 40, 42 ff, 54, 58, 60
Klarnamen 30
Knieper, Eva s. a. Rittmeister, Eva 158
Knöchel, Wilhelm 58, 153
Knokke-le-Zoute 78
Kodesysteme, sowjetische 116—121
Koenen, Heinrich 197, 202, 217, 222
—, Arbeit für die Gestapo 204
Kohlberg, Erwin 57
Komintern 33, 36
—, Agentensender der 87 ff
—, westeuropäisches Büro 35, 59
Komintern-Kongreß, Zweiter 35
Kommandounternehmen, deutsche 178
Kommunistische Partei Deutschlands (KPD) 35 f, 38
—, (AM-) antimilitaristischer Apparat 42, 54 f
—, Auflösung der Agentenapparate 57 f
—, Betriebsberichterstattung (»BB-Apparat«) 42, 54, 58
—, Brüsseler Konferenz (4. Parteikonferenz) 58
—, Bürgerkriegsvorbereitungen 37
—, M-Apparat der 37 f
—, Nachrichten-Apparat 37, 53 f
— und Spionageabwehr der deutschen Polizei 47
— und Spionagetätigkeit 43, 45 f, 260 f
— und Terror-Apparat 38
—, Zerschlagung durch die Gestapo 52 f, 56 f
Königsberg, Abwehrstelle 94, 99
Konowalez, Eugen 94
Konzentrationslager 50, 53
Kopkow, Horst 56, 96, 188, 190, 192, 197, 203
Kopp, Hans 102, 104, 106
Köstring, Ernst 95
Kraell, Alexander 129, 201, 207, 211 f, 215, 217, 222, 225, 228, 231

Kraus, Anna 170, 186 f, 193, 199, 224, 235
Krauss, Werner 144, 158, 165, 167, 172, 193, 200 f, 218, 222, 227, 231
Krebs, Richard 46
Kriegsmarine, Beobachtungsdienst der 99
Kriegsstrafverfahren gegen die Rote Kapelle 206, s. a. Rote Kapelle, Prozeß gegen
Kryptographie s. a. Geheimschriften 116
Kubitzky, Walter 96
Küchenmeister, Walter 141, 143, 151, 190, 230, 234
Kuckhoff, Adam 15, 126, 148 f, 159 ff, 163, 168, 180, 184, 190 f, 193, 201, 217 f, 230, 235, s. a. Rote Kapelle in Berlin
Kuckhoff, Greta 15—18, 23 f, 148 f, 159 ff, 168, 190, 199, 201, 209, 222, 232, s. a. Rote Kapelle in Berlin
Kuczynski, Jürgen 271
Kuczynski, Ursula 271 f
Kümmerly, Walter 269
Kummerow, Hans Heinrich 195 f, 200, 204
Kummerow, Ingeborg 196, 235
Kuprian, Hans 81, 250, 254, 295 f
Kurzwellenfunk, Bedeutung für die Spionage 98 f, 105
Kusnetzow, Fjodor 20

Landesverrat 162 f, 215, 220, 227 f, 305
—, Rote Kapelle und 203, 228
Lautenschläger, Hans 157, 183
Lechleiter, Georg 155
Lehmann, Rudolf 208, 212, 235
Legendre, Paul (»Agent 305«) 262
Lemmer, Ernst 275
Lenz, Friedrich 145
Leverkuehn, Paul 20
Likkonine, Maria 246
Liquidierung der Spionageapparate und Stalin 58—61
Liske, Leo 106

Lorke, Margarethe (Greta) 148
»Luba« s. Maya, Broide Sarah
»Lunette« s. Isbutzky, Hermann
Lüteraan, Johannes 242

Maisons-Laffitte 122
Makarow, Michail (»Alamo, Carlos«) 70 f, 75 f, 78 f, 87, 92, 110, 115, 120, 253
Manuilski, Dimitrij 152
Marine, Spionageabwehr der 99
Marivet, Marguerite 250
Marquardt, Helmut 179
Martin, Reinhold 57, 183
Massenspionage 45
Masson, Roger 276, 284 f
Mathieu (»Carlos«) 238, 243
Maximowitsch, Anna Pawlowna 80, 250, 254
Maximowitsch, Wassilij Pawlowitsch 80, 250, 254, 296
Maya, Broide Sarah (Luba Trepper) 71 f
Mayr von Baldegg, Bernhard 280, 287
Melnyk, Andrej 94
Meyer, J. C. 277
Mewis, Karl (»Arndt, Fritz«) 153 f
Mignon, Emmanuel 84
»Mikler, Adam« s. Trepper, Leopold
militärische Abwehr 51
Militär-Politische Organisation (MP) 38
Mirow-Abramow 36, 60
»Mithidrate«, Widerstandsorganisation 262
Molotow, Wjatscheslaw 70, 253
Mörgeli, Ernst 284
Moyen, André 68
Müller, Heinrich 13, 55, 96, 102, 113, 188, 200, 204, 219, 261
Müller, Oskar 40
Müller-Hoff, Werner 222
München, Abwehrstelle 94

Nachrichtenagentur »Tass« 41
Nachrichten-Aufklärungs-Regiment 99
Nahfeld-Peiler 101, 104 f

»Nebel, Siegfried«, s. Sieg, Johannes
Nemitz, Klara 196
Neumann, Felix 38
Neutert, Eugen 155, 199
Nichtangriffspakt, deutsch-sowjetischer 151
Nicolai, Wilhelm 27
Niederlande 78
NKWD 59
Notverordnung »zum Schutz von Volk und Staat« 52

Oberkommando der Wehrmacht 12, 102, 177, 207, 258
Ochrana 26
Ohm, August 228, 234
OMS (Otdjel Mjeschdunarodnoi Swajazi: Abteilung für Internationale Verbindungen) 34
Onjanow, Leonid Wassiljewitsch 266, 275, 282
Ordnungspolizei (Orpo) 101
Organisation Todt 82, 245
Örtel, Elli 184
Ortmann, Reinhold 191, 193
Oster, Hans 305
Ott, Eugen 66
»Otto« s. Trepper, Leopold
Ozols, Waldemar 262

Paetel, Karl O. 130
»Pakbo« s. Pünter, Otto
Panndorf, Erwin (»Stepanow, Erwin«) 182, 184
Pannwitz, Heinz 14, 261 f, 264, 285 f, 289
Panzinger, Friedrich 56, 126, 190, 198, 203
Pätsch, Werner 188
Paul, Elfriede 142, 157
Pauriol, Ferdinand 113
Payot, Marc 287
Pechel, Rudolf 13 f
Peper, Maurice (»Wassermann«) 77, 241
Peresypkin, Iwan Terentjewitsch (»Direktor«) 64
Perrault, Gilles 13, 20, 68, 114, 253, 290
Peters, Hans 286

Phelter, Simone 76, 251
Philby, Kim 24
Pieck, Wilhelm 36, 54, 152
Piepe, Harry 12, 19 f, 108 ff, 113, 121 f, 124 ff, 200, 215, 239 ff, 252
—, Ausbildung 108
—, Aushebung der Funkstelle der Roten Kapelle in Brüssel 109 ff, 124
—, Aushebung der Roten Kapelle bei Paris 122
—, Nachforschungen in Gent 108 f
Pjatnitzki, Ossip 34, 36, 60
Podsiadlo, Johann 250
Poellnitz, Gisela von 142 ff
Posnanska, Sophie (»Jesufa«, »Verlinden, Anna [Anne]«) 72, 76, 79, 87, 110 f, 115, 121, 255
»Proctor« 121
Propagandaministerium 10
Pünter, Otto (»Pakbo«) 9 f, 118, 271 f, 288

Rabinowitsch, Gregor 58 f
Rabkor-Aktion (»rabotschij korrespondentie«) 43
Radó, Alexander (»Dora«) 14, 67, 91, 260 ff, 266 ff
Radó, Helene (geb. Jansen) 267, 269 f, 272
Rajchman, Abraham (»Der Fabrikant«) 68, 76, 79, 115, 238, 243 f, 247, 254, 256
Rameau, Yves (Zweig) 262, 285 f
Raswedupr 28, 31 f, 39 ff, 58 ff, 97, 266, 268
—, deutsche Agenten der 66 ff
—, Feindaufklärung, offensive 32
— in Belgien 66 ff
— in der Schweiz 91
—, Neuaufbau 64 f
»Rätekorrespondenz« (Zeitung) 36
Redl, Alfred 27
»Registrierungsabteilung der Roten Armee« 27
Rehmer, Fritz 158, 227, 230, 234
Reichskriegsgericht 206 f, 220
Reichsluftfahrtministerium 10

Reichssicherheitshauptamt 50 f,
   97, 183 f, 187, 258, 261
—, Aufbau 96
—, Verfolgung der Roten
   Kapelle im Reich 126 f
Reichstagsbrand 52
Reichswirtschaftsministerium 10
Reiser, Heinrich 12, 15, 116,
   122, 123, 252, 255, 260, 264,
   292
Reiss, Ignaz 60
Reitlinger, Gerald 14
Richter, Wilhelm 45
Richtungspeilung 99
Rillboling, Hendrika 77, 242
Rillboling, Jacob 77, 242
Rittmeister, Eva 158, 213 f
Rittmeister, John 157 f, 162,
   190, 219, 230, 234
Robinson, Henry (»Harry«) 80,
   123, 156, 236, 250 f, 254
Roeder, Manfred 11, 14 ff, 206,
   208 ff, 222 ff, 227 f, 230, 254,
   291, 301
—, Ankläger gegen die Rote
   Kapelle 219—221
—, Auslieferungsanträge 16 f
—, Einschätzung der Roten
   Kapelle 217—219
—, Einschätzung durch Rote-
   Kapelle-Mitglieder 209 f
—, Luftwaffenrichter 17
—, nach dem Krieg 210
—, Persönlichkeit 210—214
—, politische Einstellung 214 f
—, Prozesse gegen Rote Kapelle
   221 ff, 225 ff, 253 f
—, Prozeßvorbereitung 206
— und die Hinterbliebenen der
   Rote-Kapelle-Opfer 15 f
—, Urteile gegen Rote Kapelle
   225, 227 ff, 230 ff, 253 f
—, Voruntersuchung 209
Rohleder, Joachim 94, 107 f,
   125, 301
Roloff, Helmut 186, 190
Roessler, Rudolf (»Lucy«)
   280 ff, 284, 287
Rote Armee 40
»Rote Drei« 262, 285
Rote Kapelle
—, Agentenmeldungen 118,
   175 ff

—, Anfänge 68 ff
—, Anklage gegen 215—221
— bei Kriegsausbruch 78, 88
—, Beziehungen zur KPD
   152—155
—, Einschätzung 290
—, Einschätzung der Abwehr 303
—, Einstellung zur Spionagearbeit 160 f
—, Ende der 249—252
—, Funkverkehr mit Moskau 237
—, Geheimhaltung durch deut-
   sche Führung 11 ff
—, Geschichtsschreibung über
   17—20
— in Belgien 75, 236
— — —, Verurteilung der Mit-
   glieder 253 f
— in Berlin 92, 125, 128 f, 236,
   296 ff
— — —, Entdeckung 9 f
— — —, Verhaftung der Mit-
   glieder 187—190
— — —, Verhaftung abge-
   schlossen 200
— in Frankreich 79, 115 f, 121,
   245 ff
— — —, Verurteilung der Mit-
   glieder 253 f
— in der Schweiz 262
— in Holland 74, 76, 236, 241 f
—, Informanten der 296 f
—, Legende 197, 290
—, Literatur über 13
—, Mitarbeit in der Gestapo
   255 ff
—, Mitglieder 197
—, Name 11, 112
—, Neuaufbau der Gruppe in
   Belgien 112
—, Opposition gegen Schulze-
   Boysen 167
—, politische Bedeutung 303
—, Prozeß gegen 222
—, Selbstpreisgabe 191, 199
—, Sender 179
—, Standorte der Sender 23
—, Tarnfirmen der 75, 82, 84
— und DDR 25
— und Feindbegünstigung 220
— und Gestapo 125
— und Göring, Hermann 206
— und Hitler 206

— und Krieg in Rußland 297—301
— und Kriegsbeginn 293
— und Kriegsverlauf 295—301
— und Landesverrat 162 ff, 203, 215, 305
— und Legendenbildung 14
— und Linksextremisten 21
— und Mitglieder-Pseudonyme 19 f
— und Raswedupr bei Kriegsausbruch 78
— und Rechtsextremisten 21
— und Sowjetunion heute 24
— und Spionage 292
— und Spionagearbeit 290, 294, 296
— und Stalingrad 299—301
— und Verfolger 292
— und Widerstand 163, 215 f, 228
— und Widerstandsbewegung 183, 304 f
— und zweite Front in Europa 236
—, Urteile gegen 225 ff, 229 ff
—, Verleumdung 22
—, Verlust der Funkstelle in Brüssel 110
—, Verlust der Funkstelle in Frankreich 122 f
—, Verlust der zweiten Funkstelle in Brüssel 124
—, Vernehmung durch die Gestapo 199—205
—, Verrat durch Mitglieder 73, 198, 256
—, Widerstandsarbeit 164 ff
—, Ziele 161
Roth, Leo 57, 60
Rothfels, Hans 20
Rundstedt, Gerd von 258, 263

Schabbel, Klara 80, 156, 230, 235
Schabbel, Leo 161
Schachbrettchiffre 117 ff, s. a. Geheimschriften
Schaeffer, Ilse 156
Schaeffer, Philipp 156, 183, 193, 230, 234
Scheel, Heinrich 129, 143, 157, 183, 190, 199, 221

Scheer, Johnny 45, 54
Scheliha, Rudolf von (»Arier«) 66, 163, 181, 222 f, 233
—, Entdeckung durch Gestapo 198
—, Prozeß gegen 222
—, Verhaftung 198 f
Schellenberg, Walter 95, 97 f, 102, 127, 284 ff
Schlabrendorff, Fabian von 13
Schlake, Robert 101
Schleif, Lotte 156, 230 f
Schlösinger, Rose 149, 159, 230, 235
Schlüsselbücher 121
Schmauser, Karl 226
»Schmetterling« s. Schneider, Germaine
Schmid, Fred 132
Schmidt, Beppo 169
Schmitt, Eugen 210, 212, 223, 231
Schmitz, Suzanne 115
Schneider, Christian 273, 278, 280 f, 286 f
Schneider, Franz 68
Schneider, Germaine (»Schmetterling«) 68, 240, 242, 246, 252, 254
Scholz, Paul 230 f
Schottmüller, Oda 144, 173, 180, 218, 230, 235
Schrader, Heinrich 162
Schreiner, Albert 40
Schulze, Erich Edgar 132, 203
Schulze, Kurt 23, 156, 181, 190, 223
Schulze, Marie-Louise 11, 132, 136 ff, 210, 213
Schulze, Werner 136
Schulze-Boysen, Harro (»Choro«) 10, 13, 19, 24, 66, 74, 92, 107, 120, 125, 126, 128 ff, 134, 135 f, 138 f, 142 ff, 150 f, 155 f, 159, 160, 163, 164, 166, 167 f, 170 f, 173, 175, 184, 185 ff, 201, 202 f, 209, 217, 218, 219, 220, 291
—, Arbeit im Reichsluftfahrtministerium 139
—, Beginn der Spionagearbeit 143
—, Charakter 129 f

—, Einstellung zur Sowjetunion 135
—, Freundeskreis 141 f
—, Heirat 138 f
—, Herkunft 132 f
—, Hinrichtung 234
—, im Gestapoverhör 190
—, Informantenring 168 f
—, Informationsquellen 168 ff
—, Mitarbeit am »*Gegner*« 134 f
—, politische Einstellung 130 f
—, politische Widerstandsarbeit 142 f
—, Propagandaaktionen 165 f
—, Prozeß gegen 223
—, Spionagetätigkeit 160, 175
—, und Geheimpapiere in Schweden 203
—, und Nationalbolschewismus 135
—, und Spanienkrieg 143
—, und Widerstandskämpfer 170 ff
—, Verbindung mit der Gruppe Harnack 150
—, Verhaftung durch Gestapo 189
— verrät Namen der Roten Kapelle 193, 201

Schulze-Boysen, Libertas (»Libs«) 138, 150, 172, 173, 185, 191, 218, 223, 233 f
—, legt Geständnis ab 191 ff
—, Prozeß gegen 223
—, Verhaftung durch Gestapo 189
— verrät Namen der Roten Kapelle 191 ff

Schumacher, Elisabeth 141, 157, 193, 218, 223
— verrät Namen der Roten Kapelle 193

Schumacher, Kurt 141 f, 144, 157, 173, 183, 190, 193 f, 200, 221, 223

Schumacher, Otto 246, 250, 254, 255

Seeckt, Hans von 14, 38
Seidel, Rudolf 96
Sender PTX 106 ff
Senderortung 105 f
Sesée, Augustin 76, 240, 253, 256

Sicherheitsdienst (SD) 50, 54, 95
Sicherheitshauptamt 50
Sicherheitspolizei (Sipo) 50
— und kommunistische Spionage 52
Sieg, Johannes (»Nebel, Siegfried«, John) 148 f, 155 f, 165, 190, 193, 200
»Sierra, Vincente« s. Sukulow-Gurewitsch, Viktor
Simex 84, 245, 246, 248
Simexco 82, 244, 245, 248, 250, 253
Skoblewski, Peter Alexei 38 f
Skoblin, Nikolaj 96
Skrzypezinski, Leo 159
Smith, Hendrika 242
Sokol, Hersch 113, 123, 255
Sokol, Myra 113, 123, 255
Sonderkommando Rote Kapelle (Gestapo) 244 f, 252, 255, 260
»Sonderkommission Rote Kapelle« 190, 252, 256
Sorge, Richard 24, 66, 117
sowjetische Handelsvertretung in Berlin 41, 47
Sowjetunion, Agentenausbildung 31, 65
—, Auflösung der Agentenapparate in Deutschland 57 ff
—, Auslandsspionage 33, 65
—, Deutschlandbild 151
—, Geheimdienst 32, 39 f, 59, 62 f, 253
—, Geheimdienst, Neuaufbau unter Stalin 62 f
—, Geheimdienst, Organisation 27 ff
—, Geheimpolizei 31, 59
—, Industriespionage in Deutschland 46
—, Spionageapparat 46
—, Spionage, Arbeitsweise 34
—, Spionageausbildung 40
—, Spionage in Deutschland 26 ff, 40

Spionage 10
—, Kurzwellenfunk, Bedeutung des — für die 98 f
—, sowjetische in Deutschland 25
Spionageabwehr der deutschen Polizei und KPD 48

— der Reichswehr und KPD
   48
—, deutsche 93 ff
— und Marine 98 f
— gruppe »Dora« 9
Spoerl, Alexander 189, 201
Springer, Isidor 76, 112, 246
   250, 255
SS-Funküberwacher 101
Stalin, Josef 10, 22, 59, 62, 96,
   266, 293
—, Neuaufbau des Geheim-
   dienstes unter 62 f
— und Geheimpolizei 59 f
— und Liquidierung der
   Spionageapparate 57 ff
Stalingrad und Rote Kapelle
   177, 299
Stassowa, Jelena (»Herta«) 35 f
»Stepanow, Erwin«
   s. Panndorff, Erwin
Stöbe, Ilse (»Alta«) 25, 180,
   190, 197 ff, 219, 222, 233
»Strahlmann« s. Coppi, Hans
Strasser, Otto 132, 133
Strelow, Heinz 130, 159, 166,
   168, 227, 228, 234
Strey, Erika 208
Ström, Alter 72 ff
Strübing, Johann 56, 128, 188,
   190, 193, 195 ff
Sukulow-Gurewitsch, Viktor
   (»Kent«, »Petit Chef«,
   »Sierra, Vincente«) 10, 24,
   69 ff, 75, 77, 79, 82 f, 86 ff,
   91 f, 112, 115, 123, 126, 175,
   180, 202, 236, 244, 246, 254,
   255, 258, 262, 271 f, 289
—, Arbeit für die Gestapo 202
— in Marseille 123
—, Reise nach Berlin 92, 180
—, Reise nach Leipzig 83
—, Reise nach Prag 83
—, Verhaftung 209, 247

»Taylor« s. Schneider, Christian
Terwiel, Rosemarie 158, 192,
   230, 255
Thälmann, Ernst 54
Thews, Wilhelm 199
Thiel, Fritz 158, 193, 227, 234
Thiel, Hannelore 158, 186, 227
Thiele, Fritz 103
Thiess, Wolfgang 155
Thomas, J. 35
»Tino« s. Winterinck
Tirpitz, Alfred von 132
Tönnies, Jan 12, 174
Traxl, Alfred 173, 184
Trepper, Leopold 24, 71 ff, 83 ff,
   111 f, 123, 195, 236, 246,
   249 ff, 254, 255, 289
—, »Dzumaga, Michael«
   (»Domb, Leiba«) 71, 73
—, »Fantomas« 72
—, »Gilbert, Jean« 79, 84, 123,
   245, 248 f
—, »Grand Chef« 10, 77 f, 86,
   91, 111 ff, 115, 123, 195, 235,
   236 ff, 242, 244, 245 ff, 249 f,
   295
—, »Mikler, Adam« 74
—, »Otto« 261
—, Festnahme durch die Gestapo
   248 f
—, Flucht aus Gestapohaft 264 f
—, Verrat der Rote-Kapelle-
   Agenten 250
Trepper, Luba 80
»Tscheka« 31
Tuchatschewski, M. 60, 96, 97
Tupikow, W. J. 150, 293, 300
Turel, Adrien 130, 132, 135
Tuttas, Karl 57

Udet, Ernst 212
Uhrig, Robert 154
Ulbricht, Walter 54, 58, 151, 182
Unternehmen »Buche-Pascal«
   256
Unternehmen »Eiche« 256
Unternehmen »Tanne« 256
Unternehmen »Weide« 256, 258
Urban, Isolde 200
Uritsky, S. P. 59, 60, 268 f

Valentin, Kurt 221, 231
Vauck, Wilhelm 120, 122, 126,
   184, 187
Verleih, Heinz 162
»Verlinden, Anna [Anne]«
   s. Posnanska, Sophie
»Verordnung zum Schutz der
   Volkswirtschaft« 46

Voegeler, Wilhelm 77, 242
Voelkner, Käthe 81, 250, 254
Volksfrontregierung 38
Volksgericht 204
Volksgerichtshof 206
Voß, Richard 243

Waibel, Max 276 ff, 280, 284 f, 287 f
»Wassermann«, s. Peper, Maurice
Weber, Willi 192, 291
Wedel, Carl von 19, 121, 263, 286
Wehner, Herbert (»Funk, Kurt«) 77, 152 f, 162
Wehrmacht, Funküberwachung der 101
—, Oberkommando der 10
— nachrichtenverbindungen, Abt. für 103
Weise, Martin 155
Weisenborn, Günther 15 ff, 23 f, 129, 142 ff, 163 f, 186, 190, 193, 200, 221, 290 f
Weißensteiner, Richard 190, 200, 230
Wenzel, Johann (»Hermann«) 19 f, 67 ff, 74, 76, 113, 124, 195, 200, 240, 256, 258
Werkssicherheitsdienst 48 f

Wesolek, Frieda 156, 196, 200, 230
Wesolek, Johannes 156, 196, 230
Wesolek, Stanislaus 156, 196, 230
Wesolek, Walter 156, 196, 230
Westeuropa 83
»Westeuropäisches Büro« (WEB) und Komintern 35 f
Wiatrek, Heinrich 154
Widerstand 230
Widerstandsgruppe Rittmeister 158, 164, 230
Widerstand und Spionage, Hochverrat und Landesverrat 21
Wiehn, Karl 57
Wilberg, Helmuth 143
Wilmer, Georg 286
—, Johanna 286
Winterinck (»Der Große«, »Tino«) 77, 153, 237, 241, 254, 256
Winterinck-Gruppe 241
»Wolf« s. Harnack, Arvid
Wolff, Theodor 180
Wollenberg, Erich 36, 45
Wollweber, Ernst 66

Zaisser, Wilhelm 40
Zechlin, Egmont 146

Danksagung

Der Verfasser möchte an dieser Stelle allen Personen, Institutionen und Behörden danken, die ihm durch Informationen, Materialien und Ratschläge bei der Entstehung des vorliegenden Buches behilflich waren; ihrer sind so viele, daß sie nicht einzeln genannt werden können. Speziell verpflichtet fühlt sich der Autor der Geschäftsleitung des ›Spiegel‹, deren Großzügigkeit es allein zuzuschreiben ist, daß er Dokumente benutzen konnte, die bisher Historikern verschlossen waren. Der besondere Dank aber gilt seiner Frau, die mit Ermunterung und unendlicher Geduld die Arbeit an dem Buch begleitete. Ihr monatelanger Verzicht auf private Freizeit hat die Arbeit erst möglich gemacht. Ihr ist deshalb dieses Buch gewidmet.

Fischer Taschenbuch Verlag

Das Dritte Reich – Darstellungen und Dokumente.

Walther Hofer

Die Entfesselung des Zweiten Weltkriegs

Band 323

Heinz Höhne

Der Orden unter dem Totenkopf

Die Geschichte der SS
Zwei Bände 1052/1053

Justiz im Dritten Reich

Eine Dokumentation
Hrsg. v. Ilse Staff
Band 559

Ernst Loewy

Literatur unterm Hakenkreuz

Das Dritte Reich und seine
Dichtung · Eine Dokumentation
Band 1042

Der Nationalsozialismus

Dokumente 1933–1945
Hrsg. v. Walther Hofer
Band 6084

Bernd Naumann

Auschwitz

Bericht über die Strafsache
gegen Mulka u. a.
Band 885

Hans Rothfels

Deutsche Opposition gegen Hitler

(Neuausgabe) Band 1012

Inge Scholl

Die weiße Rose

Band 88

Tagebuch der Anne Frank

Band 77

Fischer Taschenbuch Verlag

Literatur.

**Günter Grass
örtlich betäubt**
Roman. 1248 DM 3,80

»Günter Grass liefert
in seinem Roman den
Steckbrief seiner Generation.«
Die WELT der Literatur

**Michail Bulgakow
Der Meister und Margarita**
Roman. 1098 DM 5,80

**Henri Charrière
Papillon**
1245 DM 7,80

**Joseph Conrad
Der Geheimagent**
Eine einfache Geschichte
1216 DM 4,80

Frankreich erzählt
Neue Folge
Hg.: Pierre Bertaux
1282 DM 3,80

**Thomas Mann
Doktor Faustus**
1230 DM 7,80

**Adolf Muschg
Mitgespielt**
Roman. 1170 DM 4,80

**F. M. Dostojewski
Erzählungen**
1263 DM 4,80

**Ota Filip
Das Café an der Straße
zum Friedhof**
Roman. 1271 DM 6,80

**Otto Flake
Das Bild und andere
Liebesgeschichten**
1209 DM 2,80

**Hans-Jürgen Schmitt (Hg.)
19 Erzähler der DDR**
1210 DM 4,80

**Alan Sillitoe
Der Tod des William Posters**
Roman. 1236 DM 4,80

**Arnold Zweig
Der Streit um den
Sergeanten Grischa**
Roman. 1275 DM 6,80

Fischer Taschenbuch Verlag

Spannung.

Eric Ambler
Topkapi
Roman. [1274]

Desmond Bagley
Erdrutsch
Roman. [1283]

Borges, J. L./A. Bioy Casares
Sechs Aufgaben für Don Isidro Parodi. Kriminalgeschichten aus Buenos Aires. [1202]

Wilkie Collins
Lucilla. Roman. [1201]

Einige Morde
Mordgeschichten. [1067]

Englische Gespenstergeschichten [666]

Peter Haining (Hrsg.)
Die Damen des Bösen. [1166]

Joseph Hayes
Der dritte Tag. Roman. [1071]
Sonntag bis Mittwoch
Roman. [1142]

Evan Hunter
Das 500 000-Dollar-Ding
Roman. [1242]

James Hall Roberts
Die Februar-Verschwörung
Roman. [1207]

Russische Gespenstergeschichten
Hrsgg. u. übers. v. Johannes von Guenther. [426]

Dorothy Sayers
Kriminalgeschichten. [739]
Lord Peters Hochzeitsfahrt
Roman. [1159]
Mein Hobby: Mord.
Roman. [897]
Die neun Schneider
Roman. [641]
Rendez-vous zum Mord.
[1077]

Robert J. Serling
Alarm im Pentagon
Roman. [1229]